U0115043

宋朝物质赏赐研究

A Study on Material Award Granted by Emperor in Song Dynasty

王 艳 著

人民出版社

国家社科基金后期资助项目
出版说明

　　后期资助项目是国家社科基金设立的一类重要项目，旨在鼓励广大社科研究者潜心治学，支持基础研究多出优秀成果。它是经过严格评审，从接近完成的科研成果中遴选立项的。为扩大后期资助项目的影响，更好地推动学术发展，促进成果转化，全国哲学社会科学工作办公室按照"统一设计、统一标识、统一版式、形成系列"的总体要求，组织出版国家社科基金后期资助项目成果。

全国哲学社会科学工作办公室

目　　录

序

程 民 生

物质和意识的关系问题是哲学基本问题,对这一问题的不同认识把哲学划分为两大基本派别。唯物主义的基本观点是:物质是第一性的,精神是第二性的,世界统一于物质。抛开这种抽象的理论不说,在现实生活中,物质需要是人们的第一需要,也是基本需求。至少在物质资料尚未极大丰富、贫富差别尚未消失的极其漫长时代,对物质的追求就是永恒的、天经地义的或者说是本能的。在我国的帝王时代,"普天之下莫非王土,率土之滨莫非王臣",理论上所有物质财富都是帝王的,拥有财物的支配权也就拥有了统治权。物质赏赐就是财物支配权的运用,事关统治权。与短期夺得政权相比,财物的支配权是长期的;与宏观拥有财物相比,物质赏赐是微观调控。千万别小看这个微观调控,那其实是执政能力的体现。赏赐制度是中国古代国家政治法律制度的重要组成部分,无论在太平盛世还是在荒乱衰世,都被用作维系统治的重要工具。最大的区别只是表现于效果,具体说在于运用的是否得当。

既然物质赏赐是整个历史时期的常态制度,人人熟知,所以通常不被注视。正因为如此,才更有研究的必要。尽管其不是新现象,并非独特发现,但把一个基本制度复原出来,难道不是一个贡献吗?显然是毫无疑问的。本书对宋朝物质赏赐的类型、内容、对象、特征、功能及存在问题等方面进行了研究。将物质赏赐的类型分为祭典、节庆、抚慰、贡赐、举告、军功等,说明了宋朝物质赏赐类型多样,涵盖内政外交及社会诸多方面。宋朝物质赏赐的内容有货币、服饰、土地、宅第、农畜产品、书籍、文具等,种类丰富,与前朝相比有质的变化。宋朝物质赏赐的对象主要是文武百官、皇亲贵戚,增加了一些特殊群体如归明、归正人、前割据政权统治者等。最后探讨了宋朝物质赏赐的特征、功能及存在问题,揭示宋朝物质赏赐的特点、影响及弊端,并对弊端的原因及社会后果进行分析评价。

这本书是王艳女士的博士论文。一般说来,一篇像样的博士论文应当是某一课题最新、最好的研究。本书即是宋朝物质赏赐制度最全面、系统、深入研究的新成果。采取了多种方法对赏赐制度运作层面进行解构,动态地呈现出宋朝物质赏赐运作层面和过程;并通过历时性的比较研究,进一步挖掘宋朝物质赏赐的时代特征。在探讨宋朝物质赏赐给社会带来的诸多负面影响时,本着历史唯物主义精神,肯定了物质赏赐在维护和加强专制统治、促进社会文明与发展、保持和发扬传统文化等方面所起的积极作用。作为指导老师,窃以为其基础扎实,方法得当,分析细致,观点正确、新颖,颇有学术价值。答辩委员会也认为是一篇质量较高的博士论文。

王艳博士早年在郑州大学读硕士,毕业后像许多女性一样,陆续被家务、教学以及行政事务湮没,但那颗追求学术之心始终没有泯灭。沉浮十多年后,终于按捺不住,毅然以妈妈、妻子、女儿、副教授的身份,再次求学踏进河南大学,而且是少见的停职脱产,实在难能可贵,令人感佩! 她的执着、真诚得到回报,她的细致、颖慧得以发挥,她获得了博士学位,她的学术成果就要出版。可喜可贺,因以为序。

衷心企盼,王艳博士的第一本著作不是最后一部。祝愿她在治学路上领略到更多人生新体验和快乐!

2020 年 8 月 2 日于河南大学

第一章 绪 论

第一节 宋朝物质赏赐研究状况及本书主要内容

一、研究目的及意义

作为中国古代重要治术之一,赏赐历来受到高度重视。管子曾说:"凡先王治国之器三……三器者何也? 曰:号令也,斧钺也,禄赏也"。[①] 商鞅认为"圣人之为国也,壹赏,壹刑,壹教",[②]将赏赐视为施政的三大手段之一。宋朝以仁治国,赏赐成为广施恩泽的重要途径。宋朝将钱财视作杠杆,充分发挥物质赏赐的激励作用,调动臣民的积极性。无论在太平盛世,还是在内忧外患之际,推行物质赏赐都是宋朝惯用的统治手段,因此,研究宋朝物质赏赐便有着非常重要的史学价值了。

(一) 弥补宋史研究的不足,丰富制度史研究内容

赏赐制度是中国古代国家政治法律制度的重要组成部分,被视为维系统治和稳定社会的重要工具。宋朝物质赏赐推行的广度和力度相当大,战争、庆典、贡赐贸易等均伴随着较大规模的物质赏赐,例行赏赐外,特恩赏赐更是不胜枚举。目前相关研究成果主要局囿在部分领域,缺乏整体性、系统性,尚存在较多的空白之处,那么深入地探讨宋朝物质赏赐便成为题中应有之义了。对宋朝物质赏赐进行专题研究,不仅能弥补宋史研究的不足,而且可进一步拓展制度史研究的领域。

(二) 可深化宋代政治、经济、军事、社会史研究

物质赏赐对宋代政治、经济、军事、社会生活等诸多方面的影响广泛而深入,它不仅强化了统治理念,维护了专制统治,而且在促进经济发展和文明进步等方面起着一定的积极作用。同时,随着北宋中期以来"三冗"局面的出现,物质赏赐逐渐成为一项财政负担。宋朝物质赏赐对象广泛,上自朝

---

① (春秋)管仲撰,黎翔凤校注:《管子校注》卷5《重令第十五》,中华书局2004年版,第290页。

② 高亨注译:《商君书注译·刑赏第十七》,中华书局1974年版,第340页。

堂,下至民间,而高昂费用却是由最基层的民众承担的。物质赏赐不仅在冗费问题上为统治阶级雪上加霜,而且还给社会增加了若干不稳定因素。由此,物质赏赐涉及宋代政治、经济、军事、社会生活等诸多方面。梳理和探讨物质赏赐必将会对宋代制度史有进一步的认识和了解,从而深化对宋代政治史、经济史、军事史、社会史等方面的研究和探讨。

（三）具有较强的现实意义

深入探讨宋朝物质赏赐制度不仅对史学研究颇有裨益,而且对建设当代奖励制度体系也具有一定的借鉴意义。只有以史为鉴,趋利避害,合理地运用奖励这一积极的社会管理手段,才能进一步构建出具有时代特点的奖励制度体系。

二、研 究 现 状

相对于宋史其他研究领域而言,物质赏赐的专题研究起步较晚,20世纪80年代起,该领域研究逐步有所发展,尤其是近年来,研究领域在相继拓展,研究水准日益提高。相关研究成果主要体现在以下几个方面。

（一）军功赏赐研究

对将帅士兵的赏赐是宋朝物质赏赐研究相对集中的领域。较早对军赏进行研究的是顾吉辰《北宋军赏制度考述》(《史林》1992年第3期)一文,该文考察了军赏条件、范围、物品、内容及弊端等诸方面。郭文佳《宋代社会保障研究》(新华出版社2005年版,第261—273页)论述了宋朝军人的立功奖赏。钱俊岭《宋代军队赏罚制度研究》(河北大学2011年博士学位论文)对宋朝军队赏罚制度形成的历史背景、赏罚机构、赏罚依据等进行了较为系统的梳理和研究。张春梅《宋代军赏内容考述》(《天中学刊》2014年第5期)、《宋代军赏条件考述》(《新乡学院学报》2013年第6期)对宋代军赏内容及条件进行了考证,认为宋代军赏名目繁多,细则增多,渐趋规范化,并具有一定的积极意义。

（二）节庆赏赐研究

韩国学者曹福铉《宋代对官员的郊祀赏赐》(姜锡东主编:《宋史研究论丛》第六辑,河北大学出版社2005年版)通过郊祀赏赐来考察官员所得,以及赏赐对经济生活的影响,认为郊祀赏赐呈现出日益减少的趋势。杨高凡《宋代明堂礼制研究》(河南大学2011年博士学位论文,第103—120页)从受赐对象入手,对明堂大礼的赏赐制度进行了梳理和研究。汪圣铎《两宋财政史》(中华书局1995年版,第816—822页)对郊祀费用进行了统计,史泠歌《宋朝皇帝对官员的节日物质赏赐》(《河北大学学报》2012年第3期)

分析和探讨了宋朝节日赏赐的物品及作用。

（三）回赐问题研究

相关的研究成果多散见于贡赐贸易研究中，有段绪光《论宋代湘鄂西土酋的"朝贡"与朝廷的"回赐"》（《民族论坛》1989 年第 2 期）、孙建民、顾宏义《宋朝与高丽"朝贡贸易"考论》（《河南大学学报》1997 年第 2 期）、章深《宋朝与海外国家的贡赐贸易》（《学术研究》1998 年第 6 期）、陈慧《论高丽与宋的朝贡贸易》（延边大学 2002 年硕士学位论文）、李云泉《略论宋代中外朝贡关系与朝贡制度》（《山东师范大学学报》2003 年第 2 期）、陈高华《两宋时期中国与东南亚的贸易》（《东南亚纵横》2004 年第 5 期）、李富森、董利江《宋朝与交趾的朝贡贸易》（《新乡教育学院学报》2005 年第 1 期）、李富森《略论占城与宋朝的关系》（郑州大学 2005 年硕士学位论文）、黄纯艳《宋代朝贡贸易中的回赐问题》（《厦门大学学报》2011 年第 4 期）、《唐宋政治经济史论稿》（甘肃人民出版社 2009 年版）等论著，这些论著多涉及回赐制度。

（四）举告赏赐研究

统治阶级将立赏告讦作为鼓励吏民揭发犯罪的一种手段。王云海《宋代司法制度》（河南大学出版社 1992 年版，第 141—144 页）、郭东旭《宋代法制研究》（河北大学出版社 2000 年版，第 548—549 页）均略有涉及，马永娟《宋代举告制度研究》（河北大学 2005 年硕士学位论文）探讨了宋代奖赏举告政策，郭东旭在《立赏告奸：宋代一个广泛的法域》（姜锡东等主编：《宋史研究论丛》第九辑，河北大学出版社 2008 年版）和《宋代经济领域中的告赏立法》（《河北法学》2008 年第 10 期）中认为宋代在政治、经济、军事等领域广立告赏之法。

（五）赏赐物品研究

该领域研究多集中在土地、宅第、服饰、货币赏赐上。关于宋朝赐田，学者多将关注点集中在宗教领域，通史类著作中虽有章节提及宋朝赐田，但基本为概括性描述，集中研究宋朝赐田的仅见徐黎丽《略论两宋的赐田》（《北方工业大学学报》1994 年第 4 期）一文，该文分析了赐田的渊源与演变、形式与性质，认为两宋赐田是官田私有化的重要契机，具有一定的学术价值，但某些观点仍值得商榷。魏华仙《宋代赐宅简论》（《四川师范大学学报》2012 年第 2 期）认为赐宅是一种赏赐方式和政府对官房的特殊分配方式，给国家财政带来了沉重负担，在社会上形成追求享受的不良消费风气。周锡保《中国古代服饰史》（中国戏剧出版社 1984 年版，第 259—261 页）、王雪莉《宋代服饰制度研究》（浙江大学 2006 年博士学位论文，第 101—104

页、第 111 页)中就服饰赏赐的若干问题进行了探讨。日本学者加藤繁《唐宋时代金银之研究——以金银之货币机能为中心》(中华书局 2006 年版,第 68—73 页、第 191—203 页)认为唐宋时期赏赐是金银货币在公经济方面的重要用途之一,探讨了历朝赏赐金银的背景、规模等问题。汪圣铎《两宋货币史》(社会科学文献出版社 2003 年版,第 868—877 页)认为金银数量在赏赐领域内有大幅度增加,不过仍不及铜钱与绢帛。汪先生在《试论宋代绢帛的货币功能》(《中国经济史研究》2004 年第 3 期)中认为绢帛在宋代仍发挥着货币功能,赏赐是发挥货币功能的最重要场合。货币赏赐的研究成果不少以资料汇编的形式出现,如白秦川《宋代货币史料汇编》(河南人民出版社 1993 年版)。

近两年学界拓展了对宋朝赏赐物品的研究,如冯尔才、荣欣《宋代男子簪花习俗及其社会内涵探析》(《民俗研究》2011 年第 3 期)、李晓霞《宋代官方宴饮制度研究》(河南大学 2015 年硕士学位论文)、杨倩丽、郭齐《论宋代御宴簪花及其礼仪价值》(《江西社会科学》2015 年第 12 期)分别对宋代朝宴制度中的簪花、赐花等相关礼仪进行了不同程度的探讨。卢艳秋、廖桔香《北宋赐茶初探》(《黑龙江史志》2014 年第 13 期)分析了北宋赐茶的概况、原因及影响。李静《宋代赏赐述论》(四川师范大学 2014 年硕士学位论文)认为宋朝赏赐物品相较于前朝有所拓展。纪昌兰《宋代宫廷的滥赏之风——以"包子"之赏为例》(《浙江学刊》2015 年第 6 期)一文从社会风俗角度考察了宋代宫廷赏赐之滥,为了解当时社会以士大夫为代表的官僚阶层之处世态度提供了新的观察视角。张彦晓《宋代的赐烛之制》(《文史知识》2015 年第 2 期)考察了宋代的赐烛制度,认为赐烛是帝王表达恩宠、倚重、劝勉的一种方式,并且逐渐形成一项制度。赵寅达《宋代赐姓与赐名现象探究》(《河北北方学院学报》2015 年第 6 期)认为,宋廷利用赐姓、赐名的手段,以期达到羁縻少数民族政权、安抚归顺者、旌表忠臣的目的。赐姓、赐名是宋代政治文化的一种反映,也和当时的战争局面有着密切的联系。汪圣铎、王德领《宋代寺院宫观中的御书阁、本命殿》(《河北科技大学学报》2008 年第 4 期)对宋朝宫观寺院中的御书阁进行了整理和研究。宋小希《御书赏赐的文治气象——宋太宗与唐宋御书政治文化的传承和转型》(《北京社会科学》2016 年第 12 期)、黄修珠《以书致治与祖宗之法——宋太宗的文治与书法》(南京艺术学院 2016 年博士学位论文)分别从不同角度探讨了宋太宗朝御书赏赐的时代背景及政治含义。

(六) 赏赐对象研究

现有研究成果多以将士、文官、僧道、高年为主。对将士的研究成果在军功赏赐中已有所述及。另外，淮建利《宋朝厢军研究》（中州古籍出版社2007年版，第169—174页）以黄河役兵为例探讨了宋朝治河厢军的赏赐问题。叶烨《北宋文人的经济生活》（百花洲文艺出版社2008年版，第48—58页）认为赏赐收入在文官总体收入中占有一定比重，高级文官占有明显优势。史泠歌、丁建军《宋代皇帝对官员物质赏赐考论》（《兰州学刊》2015年第2期）认为宋朝对官员的赏赐，其实质上是宋朝统治集团内部按照官僚等级进行的社会财富再分配，更多地体现了官员尊卑等级，加重了宋朝的财政负担。台湾学者黄敏枝《宋代佛教社会经济史论集》（台北学生书局1989年版）、顾吉辰《宋代佛教史稿》（中州古籍出版社1993年版）、游彪《宋代寺院经济史稿》（河北大学出版社2003年版）、刘长东《宋代佛教政策论稿》（巴蜀书社2005年版）、汪圣铎《宋代政教关系研究》（人民出版社2010年版）等著作虽以研究宋朝宗教政策、政教关系、寺院经济为主，但有不少关于寺院道观赐田的史料，尤以汪圣铎先生的述论最为详尽。同时，汪圣铎、马元元《黄敏枝〈宋代敕赐寺田表〉补正辨析》（《河北大学学报》2009年第1期）对黄敏枝《宋代敕赐寺田表》（《宋代佛教社会经济史论集》）中的失误和疏漏进行了补正，并分析了宋代寺院赐田的缘由。马晓燕《宋代赏赐高年政策述论》（《云南社会科学》2017年第1期）认为宋代赏赐高年政策在实践中得到较好贯彻，有助于尊老、养老社会风气的形成和传播，但也存在虚报年龄、地方州县奉行不力、城乡失衡等弊病。

（七）官吏考核和奖励制度研究

学者在探讨考课等相关制度的同时，均会不可避免地涉及赏赐领域，邓小南《宋代文官选任制度诸层面》（河北教育出版社1993年版）、《课绩、资格、考察：唐宋文官考核制度侧谈》（大象出版社1997年版）、苗书梅《宋代官员选任和管理制度》（河南大学出版社1996年版）、路欣《唐宋文官考课制度评析》（黑龙江大学2009年硕士学位论文）虽未专门述及赏赐，但在研究官员考课、磨勘、叙迁制度时多论及考课与奖惩之间的关系。李华瑞、郭志安《北宋黄河河防中的官员奖惩机制》（《河北大学学报》2007年第1期）论及宋廷对治河官员的褒奖措施和行为，张俊飞《北宋官员的奖惩与治水的关系》（《中国水利》2012年第13期）也论述了北宋对治河官员的奖惩措施。相关论著还有邓小南《北宋文官考课制度考述》（《社会科学战线》1986年第3期）、方宝璋《宋代对官吏经济政绩的考核》（《中国经济史研究》2007年第1期）、朱瑞熙《宋代官员行政奖惩制度》（《上海师范大学学报》1997年第2期）等。

当前学界关于宋代赏赐管理机构的探讨仍有极大空间，专门研究并不多见,近年来仅见吴红兵《略论南宋赏功房的设置》(《开封大学学报》2014年第2期)一文,该文考证了南宋赏功房设置的兴废、办事机构、人员编制及职权范围,认为赏功房是南宋君臣为提高军队赏功效率,继设置赏功司之后的又一次积极探索。

另外,戴羽《宋代体育赏赐研究》(《成都体育学院学报》2016年第6期)另辟蹊径,从宋代体育赏赐研究入手,认为该领域呈现出赏赐主体扩大、规范性更强等特征。王志跃《〈宋史·礼志〉所载赏赐考论》(《北方论丛》2011年第3期)则集中考证《宋史·礼志》中的赏赐事例,认为宋代赏赐与前朝区别不大,并存在严重弊端。

以上是关于宋朝物质赏赐研究的基本状况,前人丰富的研究成果以及研究方法、思路为本课题研究奠定了坚实的基础,但上述研究仍存在一些不足之处。如仍有大片可以深入和拓展的区域;整体研究缺乏全面性、系统性;部分研究领域相对薄弱,尤其缺乏对制度运行的考察。作为专制主义集权政治的产物,赏赐本质上是加强专制的手段,近年来学界对宋朝赏赐制度研究的深度和广度有所拓展,表明作为宋朝政治生活中的一项重要制度,赏赐逐渐引起学者的关注和重视。当前宋朝赏赐制度研究仍方兴未艾,如物质赏赐对社会经济发展所起的作用与反作用,处于社会转型期的宋朝物质赏赐的时代特征、来源渠道,以及耗资最大的郊祀、军功赏赐对宋朝财政的冲击力度,管理机构的设置与运行等重大问题,凡此种种,需要学者们继续深入探讨,进而扩大宋代制度史研究的视阈。

三、资料来源与研究方法

本书虽属制度史研究,但涉及领域广泛,涵盖政治、军事、经济、社会生活等诸多方面。因此,在资料收集过程中,除正史、政书、法律文献外,还需梳理文集、笔记小说等。此外,因赏赐属于现代激励理论范畴,还需借鉴社会学、管理学等相关学科理论。

（一）资料来源

1. 正史、政书

本书最基本的史料来源是与宋史相关的基础文献,如《宋会要辑稿》、《续资治通鉴长编》、《宋史》、《建炎以来系年要录》、《文献通考》、《群书考索》、《玉海》等,这些史料为本课题构建起基本框架。

2. 法律文献

研究赏赐制度离不开各类赏格规定,而《天圣令》、《宋大诏令集》、《庆元条法事类》等汇编了两宋时期的各类法律文献,内容涉及了不少重大史实和典章制度,史料价值极高,其中军功、赙赠、告赏、官员奖惩等相关条文规定为研究赏赐制度提供了基础性资料。

3. 文集

宋人撰著的文集内容丰富,包罗万象,是研究宋代社会不可或缺的重要资料。本课题引用大量宋人文集,以期深入、细致、全面地观察物质赏赐对社会诸多方面的影响。

4. 笔记小说

宋人笔记小说的史学价值堪与出土文书、石刻碑志相提并论,不少史实为正史所不载者,可为我们提供丰富的历史信息。本课题对宋人笔记小说爬梳整理,大量引用相关资料,以补正史之不足。

5. 地理、方志

地理、方志汇集了一定地域内的各种信息,是一种有形的文字信息载体,具有不可比拟的史料价值。它不仅能提供历史资料,还具有"参史之错,详史之略,续史之无"的重要功能,如《咸淳临安志》、《宝庆四明志》、《武林旧事》、《东京梦华录》等方志及都城类著作为本文提供了重要的信息资料来源。

(二) 研究方法

1. 历史比较法

历史比较法是将有一定关联的历史现象和概念进行比较研究,通过对历史事件共性和个性的分析,准确地把握历史发展进程的特征变化和发展规律。本文通过与以往各朝的历时性比较,进一步厘清隐藏在制度背后宋朝社会的多种面相,以期更好地揭示宋朝物质赏赐的特征、规模及对社会的影响程度。

2. 逻辑分析法

从事任何一项研究工作均离不开逻辑分析法,搜集、整理、分析文献资料只是历史研究的基础工作,逻辑分析是基于历史分析基础上更高层次的认识方法。因此,历史研究还须通过逻辑分析法对历史事实进行理论概括,以便发现和总结事物演变的规律性。

另外,本书还运用政治学、经济学、社会学、伦理学、统计学等多种学科的研究方法和视角。同时采用制度叙述与微观个案分析的研究方法,尽量复原宋朝物质赏赐的原貌,探讨制度的运行及社会效果等问题。

四、创 新 之 处

本书的创新之处大致有三点。

其一,对宋朝物质赏赐进行全面系统的研究。笔者在前人研究的基础上,通过对相关资料的梳理,进行了全面、深入、系统的研究,力求展现宋朝物质赏赐的类型、物品及对象等诸多方面,揭示其特征、功能及存在问题,分析宋朝物质赏赐制度发生变化的时代背景,探讨其与政治、经济、军事、外交等领域的关系,以填补史学空白。

其二,采取多种研究方法对赏赐制度运作层面进行解构。考察中国古代社会制度史,不仅要具备基础理论知识及掌握充足的史料来源,而且更须从运作层面上对相关资料进行梳理和研究。本书通过对物质赏赐的标准、管理和评议过程的考察,动态地呈现出宋朝物质赏赐运作层面和过程。同时通过历时性的比较研究,进一步挖掘宋朝物质赏赐的时代特征。处于历史大变革时期的宋朝,商品经济获得了前所未有的发展。那么,与唐代相比,赏赐标准、种类发生了何种变化? 变化程度如何? 对社会的影响又如何? 这些是本书探讨的重要问题。另外,本书还运用政治学、经济学、社会学、伦理学、统计学等多种学科的研究方法,同时注重运用现代激励机制理论。

其三,肯定宋朝物质赏赐的积极作用。目前相关研究成果多集中在宋朝物质赏赐的消极影响上,尽管宋朝物质赏赐存在着诸多问题,但积极意义也是不容置疑的,它同样是宋代社会进步的推动力。本书在探讨宋朝物质赏赐带来的负面影响的同时,肯定了物质赏赐在维护和加强统治、促进社会文明与发展、保持和发扬传统文化等方面所起的积极作用。

五、简单释义与主要内容

"赏赐"一词由来已久,《周礼·春官》曾载小宗伯"掌衣服、车旗、宫室之赏赐",当时已有掌管赏赐事宜的官员。赏赐,人们多解释为对有功者给予各类物质或精神的奖赏。如郑玄注:"王以赏赐有功者",[①]有功者才可得到赏赐。《辞源》对"赏"的解释是"对有功者赐与财物、官爵等","赐"即给予、恩惠,有由上至下之意,"上给下谓赐"。[②] 尤其在春秋战国时期,因生存和战争的需要,事功成为主要的赏赐领域与标准。自西汉以后,恩惠类赏赐在社会生产生活中起到的稳定作用开始受到重视,逐渐成为实施"仁政"的一项重要手段和内容。

本书中的赏赐多指皇帝对臣民的赐予,或出于布施恩泽的主观意愿,或

---

① 杨天宇撰:《周礼译注》,上海古籍出版社 2004 年版,第 287 页。

② 商务印书馆编辑部等编:《辞源》,商务印书馆 1988 年版,第 2967、2969 页。

出于奖励事功的客观需求。在具体执行过程中,多是各级机构以皇帝的名义赐予或颁发给臣民钱物、官爵、荣誉等。宋朝赏赐领域广泛,从类型上看,大致可分为恩惠类赏赐和事功类赏赐,前者属惠政推行的范畴,后者则多是为激励臣民在某一领域有所作为。从内容上可分为两大类,一是物质赏赐,即赐予钱粮等财物;二是精神赏赐,即加官晋爵、予以表彰等。从赏赐发生频率看,可分为例行赏赐和特恩赏赐。由于宋朝赏赐领域广泛,限于篇幅,也囿于学识,本书对宋朝赏赐制度的考察限定在物质赏赐领域。

本书从宋朝物质赏赐的管理机构、类型、物品、对象、特征、功能及存在问题等若干方面进行研究。正文分为六个方面,第一部分为绪论,介绍研究目的和意义,梳理相关研究成果,分析资料来源与研究方法,以及本书的创新之处,对赏赐做简单释义,概括主要内容,分析物质赏赐推行的时代背景。第二部分为宋朝物质赏赐相关的管理机构,在中央先后有三司、户部、三大财库系统、枢密院、礼部等机构,在地方有诸路转运司、提点刑狱司、经略安抚司、宣抚使司及总领所等机构。第三部分为宋朝物质赏赐的类型,分为祭典、军功、举告、朝贡、治绩、节庆等,旨在说明宋朝物质赏赐类型多样,涵盖内政外交及社会诸多方面。第四部分为宋朝物质赏赐的物品,有货币、服饰、田宅、农畜产品、书籍、御书、买扑及度牒等。宋朝赏赐物品种类丰富,与前朝相比有质的变化。第五部分为宋朝物质赏赐的对象,文武百官、皇亲贵戚是主体,同时增加了一些特殊群体,如归明、归正人、前割据政权统治者等,这一时期还加大对忠义之士的奖赏力度。第六部分为宋朝物质赏赐的特征、功能及存在问题,揭示宋朝物质赏赐的时代特征及社会影响,并对弊端产生的原因及后果进行分析和探讨。

第二节　宋朝物质赏赐推行的时代背景

处于社会转型期的宋朝,统治理念、时代背景和社会经济状况等产生重大变化,这对物质赏赐的推行带来巨大影响。

一、"崇文抑武"的治国思想与骄兵现象

唐末五代以来,门阀士族阶层已被彻底摧垮,宋朝出现了皇帝"与士大夫治天下"①的历史局面,统治者要从政治地位、经济利益等诸多方面满足

---

① （宋）李焘：《续资治通鉴长编》卷221,熙宁四年三月戊子,中华书局2004年版,第5370页。

官僚士大夫的需求,宋太宗甚而说出"朕于士大夫无所负矣"。① 官僚士大夫大多没有稳固的经济基础做后盾,难以承受较大的波折和动荡。再加上宋代商品经济异常活跃,土地使用权的转移更加迅速,社会各阶层的流动十分频繁,因此,为自身、为子孙、为家族谋求尽可能多的政治、经济利益成为多数官僚士大夫的终极目标。在这种时代背景和政治架构下,宋朝官僚士大夫的待遇相当优渥,赵翼曾在《廿二史札记》中罗列了宋朝诸多赏赐,涉及官员病、丧、事功、出知、升迁等多个领域。② 尽管宋朝官僚士大夫在国家遭遇严重的财政危机时痛心疾首,呼吁改革,减少恩赏,但这些呼声和改革不可能触及要害,更遑论以损害自身利益为代价了。改革者正是既得利益的享有者,若要从他们手中拿走已有恩泽,无异于虎口拔牙。这当是北宋中期以后,朝廷多次试图推行俭省措施,效果却差强人意的根本原因。

　　宋朝治国思想和方略发生了很大转变,"即长期贯穿着'崇文抑武'的原则。在这一原则的作用之下,其内政以及边防都深受影响"。③ 厚赏武将、尽收军权是宋朝"崇文抑武"治国思想和方略的产物。北宋初年,汲取唐末五代武夫跋扈的历史经验,宋太祖赵匡胤剥夺武将军事大权,建隆二年(961年)解除石守信等高级将领军权,"所以慰抚赐赉之甚厚",④石守信移镇天平军(今山东东平),诏赐本州宅第1区,⑤名义上恩赐,实际用意当是督促其尽快赴镇就藩。宋太祖"重名器如山岳,轻金帛为粪壤",对武将尤其如此,如曹彬受命讨伐江南,临行前宋太祖允诺功成后升为使相,实际上事后不过获赐500贯钱而已。⑥ 皇祐年间(1049—1054年)狄青大破侬智高,立下奇功,宋仁宗惊喜过望,欲命狄青为枢密使、同平章事,曾力主专任狄青的宰相庞籍却表示反对。庞籍认为,立下赫赫战功的宋初名将慕容延钊不过"迁官、加爵邑、赐金帛"而已,要职不可轻授。⑦ 在众多的反对声中狄青入主枢府,行事极为谨慎,但在强大的舆论攻势下不久便出职地方,并在人为编织的重重疑云中郁郁而终。朝廷对武将的防范贯穿整个宋朝,宋

① (宋)李焘:《续资治通鉴长编》卷24,太平兴国八年六月戊申,第547页。
② (清)赵翼撰,王树民校证:《廿二史札记校证》卷25《宋恩赏之厚》,中华书局1989年版,第537页。
③ 陈峰:《试论宋朝"崇文抑武"治国思想与方略的形成》,载《宋代军政研究》,中国社会科学出版社2010年版,第1页。
④ (宋)李焘:《续资治通鉴长编》卷2,建隆二年七月戊辰,第50页。
⑤ (元)脱脱等:《宋史》250《石守信传》,中华书局1977年版,第8810页。
⑥ (宋)司马光撰,邓广铭、张希清点校:《涑水记闻》卷1《曹彬平江南未得使相》,中华书局1989年版,第7页。
⑦ (宋)司马光撰,邓广铭、张希清点校:《涑水记闻》卷5《狄青终为枢密使》,第91—92页。

室南渡后,战争频仍,朝廷重用武将,授以实权,但当局势稍事稳定后,对武将的防范和压制又提到日程上。与北宋初年的做法如出一辙,"凡诸礼例恩赐,各自倍多",①以厚遇相继收归"中兴四将"的军权。不过,与唐末五代相比,宋朝悍将已失去赖以生存的环境,使用经济手段换取军政大权,在多数情况下已成为统治者主动的选择。

　　宋虽无悍将,却有骄兵,吾师程民生先生认为骄兵是宋朝虚弱的基本特征和重要根源。②宋朝骄兵是历史的"遗留物",唐朝常以赏赐作为消弭兵乱的一种手段,所谓"故事有大变,皆赏三军,三军乃安",③不少赏赐为藩镇军人邀求所至,这种迫于形势下的重赏,反而使将士愈发蛮横骄纵,如唐肃宗即位后,"倾竭府库以赏士卒,虽人获巨万,而横赐犹不敢已。是故军旅益骄,法令益失"。④五代也是如此:"五代乱离,四方多事,务推金帛,姑息将吏"。宋朝建立后,剥夺将帅军政大权,却未对骄兵采取相应措施。宋代骄兵难制虽有历史渊源,"圣宋有开,因仍难改,去则恐三军觖望",⑤但也与统治者过于宽大的政策息息相关。如宋太宗太平兴国八年(983年),军中捕获"累有罪罚、凶恶无赖者"数百人,羁押一段时间后全部释放,每人还赐钱3贯。⑥咸平五年(1002年)因士兵不断逃亡,知镇戎军(今宁夏固原)李继和要求朝廷加以严惩,宋真宗则将原因归咎于李继和统领无方,刻薄寡恩的个人能力和素质:"近日逃窜者多,盖继和峻刻少恩,不能抚下。国有常法,岂可踰之? 其特支钱,令有司以继和奏著宣命军中,俾军士感其惠。"⑦故对逃亡士兵宽大处理,并发放特支钱,以达到感化的目的。

　　宋朝推行养兵政策,士兵组成更加复杂,骄兵难制已成为一大社会难题。不少宋兵唯利是图,贪图享受,"兵之得赏,不以无功知愧,乃称多量少,比好嫌恶",一旦"小不如意,则群聚而呼,持梃欲击天子之大吏",⑧动

---

① (宋)周密撰,赵茂鹏点校:《齐东野语》卷13《秦会之收诸将兵柄》,中华书局1983年版,第232页。

② 程民生:《论北宋骄兵的特点及影响》,《史学月刊》1987年第3期。

③ (后晋)刘昫:《旧唐书》卷145《陆长源传》,中华书局1997年版,第3938页。

④ (明)黄淮、杨士奇:《历代名臣奏议》卷221,吕陶奏,上海古籍出版社1989年版,第2913页。

⑤ (宋)夏竦:《文庄集》卷13《省锡赍》,四库全书珍本初集本,沈阳出版社1998年版,第570页。

⑥ (清)徐松辑:《宋会要辑稿·刑法》5之2,中华书局1957年版,第6670页;李焘:《续资治通鉴长编》卷24,太平兴国八年十二月已酉,第562—563页。两书记载有出入,前者记载为30文,后者记载为3贯,似应以后者为准。

⑦ (宋)李焘:《续资治通鉴长编》卷52,咸平五年八月庚午,第1146页。

⑧ (宋)欧阳修撰,李逸安点校:《欧阳修全集》卷60《本论上》,中华书局2001年版,第681—682页。

辄以武力要挟,"或竭力战斗,则将党受赏而已,不与,怨愤而叛,则招以官",①要挟不成,便群起反叛,迫使朝廷招安。

由于军赏发放问题,士兵口出怨言者有之,聚众闹事者有之,离心离德者有之,反叛者亦有之。如宋仁宗朝定州士兵"狃平贝州功,需赏赉,出怨语,至欲噪城下",②险些酿成兵变。因赐绢质量低劣,天圣年间(1023—1032年)汾州(今山西汾阳)士兵发生叛乱。③ 宋哲宗即位,犒赏三军,万州拖延不发,厨师朱明持刀刺伤太守,州兵乘机谋乱。④ 宋哲宗朝德州(今山东陵县)还发生一起因长官贪婪,未及时发放赐赉而引发的士卒哗变事件。⑤ 宋度宗朝京湖制置使赵方犒赏将士,"恩不偿劳,军欲为变",兵变一触即发。其子赵葵正值年少,却能机智应对,面对来势汹涌的人群,他奋力疾呼道:"此朝廷赐也,本司别有赏赉",⑥这才制止了一场兵祸。

宋兵骄横难制,动辄作乱,朝廷束手无策,为稳定军心,每年拿出大量钱物进行额外赏赐。如宋仁宗嘉祐四年(1059年),朝廷赐钱给"孤穷老疾之民",共支1万贯,此举本为惠政,却因担忧赏赐"不及诸军,诸军其觖望矣",故又赐在京诸军班特支钱15万贯,⑦比预期支出高出15倍,这种超出预算之外的赏赐给宋朝财政带来额外负担。宋朝利用经济手段厚待将帅和安抚士兵,虽基于不同的目的和考虑,但均需雄厚的物质基础做保证,这也是宋朝军赏高居不下的重要原因。

二、繁荣昌盛的社会经济与"三冗"局面

快速发展的社会经济为宋代推行大规模赏赐提供了必要的物质基础。决定物质赏赐的规模与大小的条件很多,社会经济状况则是关键性因素,一方面,物质赏赐的规模与大小取决于社会经济的发展水平,另一方面对社会经济又有一定的反作用力。宋朝社会经济获得了长足发展,繁荣程度可谓前所未有,达到了自汉唐以来的峰值。经济的繁荣,物质生产的大发展,使宋朝物质赏赐整体规模高于前朝,并呈现出鲜明的时代特征。

而"三冗"局面又限制了宋朝物质赏赐的规模与水平。自北宋中期以

---

① (宋)胡宏撰,吴仁华点校:《胡宏集·练兵》,中华书局1987年版,第212页。

② (元)脱脱等:《宋史》卷312《韩琦传》,第10224页。

③ (宋)李焘:《续资治通鉴长编》卷105,天圣六年正月己酉,第2461—2462页。

④ (宋)李焘:《续资治通鉴长编》卷398,元祐二年四月丙戌,第9698页。

⑤ (元)脱脱等:《宋史》卷351《赵挺之传》,第11093页。

⑥ (元)脱脱等:《宋史》卷417《赵葵传》,第12498页。

⑦ (宋)李焘:《续资治通鉴长编》卷189,嘉祐四年正月壬寅,第4548页。

来,"三冗"局面日渐加深,迫使宋廷紧缩财政支出,调整赏赐规模。宋朝官员人数众多,"内外文武冗官日更增广",①增长速度极快。宋真宗景德(1004—1007年)、祥符年间(1008—1016年),官员总数为9785人,宋仁宗皇祐年间(1049—1054年)增至17300人,②宋神宗元丰初年增至24549人。③ 宋朝军队日益庞大,北宋初年军队人数不及十五万,宋太宗朝增为四十余万,宋仁宗宝元年间(1038—1040年)仅禁军已至四十二万余人。"通三朝旧兵且百万",而"乡军义勇,州郡厢军,诸军小分、半分、剩员等,不列于数",④养兵之费极高。冗费给宋朝财政带来巨大压力:"夫当仁宗四十二年,号为本朝至平极盛之世,而财用始大乏,天下之论扰扰,皆以财为虑矣"。⑤ 中央和地方财政均背负着沉重的包袱,每年常将"内藏银绢近三百万缗供助三司经费,仍复调拨诸路钱物应付",⑥财政调拨需要从中央到地方多个部门和机构的协调和配合。自北宋中期始,日益窘困的财政状况在一定程度上限制了赏赐规模与水平的进一步发展。

三、复杂多变的民族关系与频繁的对外战争

复杂多变的民族关系给宋朝政治、军事、经济、外交等诸多方面带来深远影响。通宋一朝与周边强势政权毗邻而居,长期面临着强大的军事压力。北宋与之对峙的政权先有辽、西夏,后有金朝;南宋与之对峙的政权则先有金朝,后有蒙古、元朝。鼎足而立的局面使宋朝国无宁日,宋太宗朝与辽朝发生了三次大规模战争。宋真宗朝辽军南侵,宋军顽强抵抗,最终签订"澶渊之盟"。宋仁宗朝不时受到西夏侵扰。宋神宗是一位有理想、有抱负的皇帝,视屈服于异族政权为奇耻大辱,希望通过富国强兵运动一雪前朝之耻,遂起征服辽、夏之心,发动了一系列军事行动,西部、西南、南部均有战事。宋哲宗统治初期虽已放弃主动出击的计划,但西夏不停地在边境制造摩擦,绍圣(1094—1098年)以后西北边境硝烟再起。宋徽宗朝权臣蔡京为制造盛世假象,不计国力继续扩大对西夏、辽等政权的战争,北宋最终在金人铁骑下覆灭。在战火连天中建立的南宋政权始终处于战争高压之下,金

① (宋)张方平撰,郑涵点校:《张方平集》卷23《论国计出纳事》,中州古籍出版社1992年版,第334页。

② (宋)李焘:《续资治通鉴长编》卷167,皇祐元年十二月戊子,第4026页。

③ (宋)方勺撰,许沛藻、杨立扬点校:《泊宅编》卷10,中华书局1983年版,第56页。

④ (宋)张方平撰,郑涵点校:《张方平集》卷23《再上国计事》,第336—337页。

⑤ (宋)叶适撰,刘公纯、李哲夫等点校:《叶适集·水心别集》卷15《上殿札子》、卷14《吏胥》,中华书局1961年版,第835、808页。

⑥ (宋)张方平撰,郑涵点校:《张方平集》卷23《论国计出纳事》,第335页。

兵紧追不放,大小战役不断,直至宋高宗绍兴十一年(1141 年)签订和议。二十年后金兵大举南下,在主战派张浚等人的力主下,宋军坚决抗击,最终宋金双方签订隆兴和议,大江南北终于有了一段难得的和平时期,而开禧北伐则使南宋再陷战争泥沼。蒙古铁骑崛起后,南宋被迫应战,直至亡国。

特殊的时代背景要求宋朝统治者维持一支庞大的常规军,"自咸平、景德以来,契丹内侵,继迁叛逆",而与周边政权的敌对状态使得宋朝军队数量一再攀升,"每有警急,将帅不问得失,辄请益兵。于是召募日增,而兵额之多遂倍前世"。军队是国防战备的核心,在冷兵器时代,一个国家的战斗力往往取决于军队数量。"其后宝元、庆历之间,元昊窃发,复使诸道点民为兵,而沿边所屯至七八十万。自是天下遂以百万为额"。① 西夏政权虽不足以对宋朝构成巨大威胁,但时而纵兵骚扰,朝廷遂在西北边疆广布重兵。"战争需要投资。这种投资大致有四个方面:环境、武器、兵源和管理。对军官和士兵的待遇也需要投资。当权者总是通过物质刺激来笼络或激励将士"。② 宋朝以重金笼络将士,平时例行恩赏,战时论功行赏,最大限度地以物质利益激发军人保家卫国的勇气和决心。

四、赏赐理论的丰富与发展

因其在国家政治生活中的重要性,赏赐成为宋朝君臣议政的重要话题,这些言论极大地丰富和发展了赏赐理论。

关于赏赐权柄。鉴于唐末五代以来君权式微的教训,入宋以来不断有大臣强调皇帝掌握赏罚大权的重要性。宋仁宗朝直集贤院尹洙曾说:"夫爵赏,陛下所持之柄也"。③ 刑部员外郎宋祁强调"赏罚操决,天子之权也";直史馆叶清臣上奏疏:"臣闻王者之所以横制六合,抚有万民者,在握刑赏之权,不授人以柄而已"。④ 三司使张方平则认为:"凡大赏罚,人主之事,非圣心自出,臣下不敢任之",⑤唯有皇帝才可拥有操纵赏罚的权力。

关于赏赐功能。赏赐被认为是君主统治天下的要术之一,宋高宗认为:"治天下之道,在乎必赏与必罚"。纵使财政窘迫,也不可削减军赏:"唯赡

① (宋)苏辙撰,高秀芳、陈宏天点校:《栾城集》卷 21《上皇帝书》,上海古籍出版社 1987 年版,第 468 页。
② 李安山:《论古代战争对政治权力的影响——以战利品赏赐与人力资源为例》,《世界历史》2006 年第 2 期。
③ (元)脱脱等:《宋史》卷 295《尹洙传》,第 9836 页。
④ (宋)李焘:《续资治通鉴长编》卷 121,宝元元年正月丙辰,第 2854 页;卷 121,宝元元年正月丁卯,第 2859 页。
⑤ (宋)张方平撰,郑涵点校:《张方平集》卷 20《陈政事三条》,第 272 页。

军赏功,务在激劝,此不可减耳",①应重赏立功将帅。"用兵惟在赏罚,若用命者必赏,不用命者必罚,何患人不尽力? 比闻大将奏赏往往任私不当人心。朕若亲提一军,明赏罚,以励士卒,必可擒取兀术"。② 赏罚得当是赢得战争胜利的关键因素。

宋朝不少重臣对赏赐功能有过论述。刑部尚书、参知政事宋琪曾与宋太宗讨论赏罚功能:"赏罚二柄,乃御世之衔勒。若马无衔勒,何以控御? 治天下者,苟赏罚至公,未有不致太平也",③赏与罚是治理国家的根本手段。知制诰田锡多次强调赏赐对战争的重要性:"又将帅行恩信,恤士卒,必丰财货,方得士心。昔赵奢为将,得赏赐尽与军吏",国家应不吝钱财,尽量拨款给将帅,将帅平时厚赐部下,便可培养出忠诚卫士,战时冲锋陷阵,各尽其力。田锡还提到厚赐在对敌作战中的另一作用,"事莫密于间,赏莫重于间",④即以重赏招募间谍,离间敌国,使其互相征伐,交相侵害,最终达到不战而胜的目的。司马光曾多次提及赏赐对治理国家的重要性,如"国家凡欲立事,当先使赏罚明白,然后事无不成",⑤赏罚分明是处理各类事务的先决条件;"臣闻致治之道无他,在三而已。一曰任官,二曰信赏,三曰必罚",⑥赏赐是君主统治臣民的三大要术之一。

关于赏罚失当。宋朝统治者认识到赏罚得当的重要性,宋太宗雍熙元年(984年)风雷大作,引发火灾,火势从月华门蔓延至乾元、文明二殿,当朝者反思火灾原因,认为:"岂非刑赏有愆,措置乖当;或近习屏蔽,致物情壅塞,赋调未得均一,贤良多所沦滞",⑦将赏罚失当视为导致天灾的重要因素。宋仁宗朝欧阳修曾指出朝政有三大弊端:"一曰不谨号令,二曰不明赏罚,三曰不责功实",以为"赏罚者,天子之权也。若号令烦而不信,赏罚行而不当,则天下不服。故又须责臣下以功实,然后号令不虚出,而赏罚不滥行。是谨号令、明赏罚、责功实,此三者帝王之奇术也"。⑧ 赏罚得当才能使政府取得公信力,畅通无阻地推行政令。

赏罚失当产生的负面影响极大。如宋太宗认为:"世之治乱,在赏罚当

---

① (宋)佚名:《皇宋中兴两朝圣政》卷19《治天下在赏罚》,台北文海出版社1967年版,第894页;卷18《论省节财用》,第825页。
② (宋)佚名:《皇宋中兴两朝圣政》卷26《论用兵在赏罚》,第1221—1222页。
③ (宋)李焘:《续资治通鉴长编》卷24,太平兴国八年十一月壬子,第556页。
④ (宋)李焘:《续资治通鉴长编》卷30,端拱二年正月乙未,第675—677页。
⑤ (宋)李焘:《续资治通鉴长编》卷194,嘉祐六年七月壬辰,第4691页。
⑥ (宋)李焘:《续资治通鉴长编》卷194,嘉祐六年七月壬寅,第4694页。
⑦ (宋)李焘:《续资治通鉴长编》卷25,雍熙元年五月丁丑,第579—580页。
⑧ (宋)李焘:《续资治通鉴长编》卷136,庆历二年五月甲寅,第3252页。

否,赏罚当其功罪,无不治,或以为饰喜怒之具,即无不乱"。① 赏罚得当,天下大治;赏罚失当,隐患无穷。宋真宗曾告诫辅臣:"赏罚二柄,乃驭民之衔勒,赏功而误,犹或可耳,行罚不当,人将何告,宜谨重之",②赏罚失当就会失去准则。宋神宗也表达过类似的看法:"天下事只要赏罚当功罪而已。若赏罚或以亲近之故,与疏远所施不同,则人不服",③赏罚不公,则人心浮动。御史里行钱顗曾说:"赏当功,则为善者无不劝;罚当罪,则为恶者无不沮。夫善者有所劝,而恶者有所沮,故朝无幸位,民无幸生"。④ 赏罚不当,则恶人横行不法,紊乱朝纲,减弱甚至失去激励功能,产生负面效应。

关于赏赐过滥。宋高宗曾对滥赏发表过看法:"朕于赏典,必务从厚,不然无以劝功。又不可滥,若厚赏而复滥,尤非劝功之道也",⑤人君当把握好赏赐的力度。宋朝滥赏问题较为突出,不少朝臣对此多有论述,以引起决策者的重视。宋徽宗宣和元年(1119 年),中书舍人许翰上书:"爵禄显设于朝,维其得之难也。是以人危身而取之",唯有赏赐难得,人们才甘愿冒着风险去获取。"使其欲而易得,得而已充。则人孰复肯轻身冒矢石,陷坚拔敌,为国行此危事而求奇功哉",若赏赐易得,人们则不肯付出代价。"无功而赏,则有功者怠。效薄而赏厚,则人无志于极力",⑥无功而赏会打击立功者的积极性,而赏赐过厚又不能使人尽其力。司马光在谈及滥赏引起的消极作用时说:

　　夫明主之不妄赏赐,非吝之也,诚以赐一无功,则天下无功之人皆有徼觊之心,有功之人皆怀怨望故也。借使一人有功,而人主赐之一金,无功者不得,其有功者必喜。何则?众人不得,而我独得之,是人主知我之功也,其荣多矣。如是则智者献其谋,勇者竭其力,虽使之赴汤火,犹将甘而乐之。若有功者赐千金,无功者亦赐千金,其有功者必不悦。何则?彼无功,而我与之钧,是人主待我无以异于彼也,其辱深矣。如是则有功者莫不解体,谁肯竭其智力,触冒死亡,以徇国家之急哉!

---

① (宋)李焘:《续资治通鉴长编》卷 24,太平兴国八年十一月壬子,第 556 页。

② (宋)李焘:《续资治通鉴长编》卷 45,咸平二年九月丁亥,第 962 页。

③ (宋)李焘:《续资治通鉴长编》卷 229,熙宁五年正月壬寅,第 5573 页。

④ (宋)赵汝愚撰,北京大学中国中古史研究中心校点:《宋朝诸臣奏议》卷 1,钱顗:《上神宗论要务十事》,上海古籍出版社 1999 年版,第 12 页。

⑤ (宋)李心传:《建炎以来系年要录》卷 179,绍兴二十八年五月癸亥,上海古籍出版社 1992 年版,第 327 册,第 530 页。

⑥ (明)黄淮、杨士奇:《历代名臣奏议》卷 188,许翰奏,第 2469 页。

故官爵金帛者,人主所以鼓舞群情,使之奔走左右而不自知者也。①

不可滥用赏赐,奖励先进,方可激劝后来者。若无限制地使用这一手段,激劝功能便会大为减弱。

宋人还看重赏赐的时效性。赏赐具有一定的时效性,若拖延发放,就会降低受赐者的期望值,继而减弱激劝功能,宋高宗曾对臣下说:"既已获贼,赏宜速行,若稍缓,即失信于人,无以示劝"。② 赏赐逾时将减退或失去激励效应,甚至带来负面影响。上述言论和思想为宋朝物质赏赐的推行提供了理论基础。

---

① (宋)司马光撰,李文泽、霞绍晖校点:《司马光集》卷37《辞赐金第二札劄子》,四川大学出版社 2010 年版,第 853—854 页。
② (宋)李心传:《建炎以来系年要录》卷 179,绍兴二十八年五月癸亥,第 327 册,第 530 页。

第二章　宋朝设立的相关管理机构

中国古代掌管赏赐事宜的机构设置较早。《周礼》载"职岁"的职责之一即"掌邦之赋出，以贰官府都鄙之财出赐之数，以待会计而考之。凡官府都鄙群吏之出财用，受式法于职岁。凡上之所赐，以叙与职币授之"，①负责发放赏赐品。经过历朝历代的建设和发展，与赏赐相关的管理机构和部门至宋代已相对成熟和完善。

第一节　中央各级职能部门

随着理财体制的建设与重组，宋朝与赏赐相关的各级职能部门前后发生了若干变化。

一、三司与户部

宋代理财体制大致可分为两个阶段：三司理财阶段和户部理财阶段。②元丰改制以前三司掌财政大计，"国初沿五代之制，置使以总国计，应四方贡赋之入，朝廷不预，一归三司。通管盐铁、度支、户部，号曰计省，位亚执政，目为计相"，③总理赋税，有"计省"之称，长官地位仅次于执政，又称"计相"。三司总管国家的财政收入与支出，而宋代又是赏赐规模极其宏大的朝代，每年难以计数的赏赐物品主要由三司筹措和调配。如南郊大礼前，三司事先调配物资，以防在典礼上出现纰漏。一旦物品有所缺失，朝廷首先问责的即是三司使。宋仁宗天圣六年（1028 年）郊赉中的军赏物资短缺，"三司官吏并劾罪以闻"，包括三司使在内的官员均受到责罚。④ 三司使还肩负调配大规模军赏物资的重任，尤其在战争期间更不能掉以轻心。庆历年间（1041—1048 年）为加强西北防务，朝廷大规模招募士兵，"赏赐、聘问之费，不可胜计"，身患疾病的权三司使事姚仲孙丝毫不敢懈怠，悉心经营，筹划得当。⑤

---

① 王华宝等注译：《周礼·天官冢宰》，岳麓书社 2001 年版，第 61 页。
② 汪圣铎：《两宋财政史》，中华书局 1995 年版，第 584 页。
③ （元）脱脱等：《宋史》卷 162《职官志二》，第 3807 页。
④ （宋）李焘：《续资治通鉴长编》卷 106，天圣六年正月己酉，第 2461 页。
⑤ （元）脱脱等：《宋史》卷 300《姚仲孙传》，第 9972 页。

三司下设盐铁、度支、户部三部，其中"盐铁，掌天下山泽之货，关市、河渠、军事之事，以资邦国之用。度支，掌天下财赋之数，每岁均其有无，制其出入，以计邦国之用。户部，掌天下户口、税赋之籍，榷酒、工作、衣储之事，以供邦国之用"。度支部专管财政分配，负责财赋支出，即是赏赐物品的发放机构。度支部下设八案，有赏给案、钱帛案、粮料案、常平案、发运案、骑案、斛斗案、百官案，其中赏给案主要负责赏赐物品的支出，"掌诸给赐、赙赠、例物、口食、内外春冬衣、时服、绫、罗、纱、縠、绵、布、鞋、席、纸、染料，市舶、榷物务、三府公吏"。① 具体调配和发放赏赐物品时，其余各案参与运作，如钱帛类物品从钱帛案支取。

宋神宗统治期间政治体制发生深刻变革，宰相权力再度扩张，北宋初年三权分立的格局和体制有所变化，主管财权的三司权力逐渐被削减。元丰五年（1082年），宋朝恢复了三省六部、二十四司及九司四监体制，尚书省户部正式取代了三司。户部下辖户部左曹、户部右曹、度支、金部、仓部五司，左曹、右曹负责财政收入，其余三部负责财政支出，其中度支部仍负责与赏赐相关的事宜，具体职责为：

> 参掌计度军国之用，量贡赋税租之入以为出。凡军须边备，会其盈虚而通其有无。若中外禄赐及大礼赏给，皆前期以办。岁终，则会诸路财用出入之数奏于上，而以其副申尚书省。凡小事则拟画，大事谘其长贰；应申请更改举行勘审者，则先检详供具。分案六，置吏五十有一。凡上供有额，封桩有数，科买有期，皆掌之。有所漕运，则计程而给其直。凡内外支供及奉给驿券，赏赐衣物钱帛，先期拟度，时而予之。分案五：曰度支，曰发运，曰支供，曰赏赐，曰知杂。②

即预算各项赏赐所需数额，并将各类物品提前筹备妥当。度支部下设五案，其中赏赐案主要应付各类赏赍。

户部应对的赏赐事务非常繁杂，大至南郊，小至个人。如绍兴元年（1131年）明堂礼毕，"例有给赐，除掌兵官及诸军并禁卫诸班直、亲从亲事官、辇官等令户部一切椿办给赐"。③ 当年内外诸军赏赍凡160万缗，户部桩办金银钱帛3054700余贯匹两；④绍兴二年（1132年），忠训郎赵子齐特

---

① （元）脱脱等：《宋史》卷162《职官志二》，第3807—3808页。
② （元）脱脱等：《宋史》卷163《职官志三》，第3849—3850页。
③ （清）徐松辑：《宋会要辑稿·礼》62之55—56，第1722页。
④ （宋）李心传：《建炎以来系年要录》卷46，绍兴元年九月辛亥，第325册，第646页。

添差临安府(今浙江杭州)兵马监押,宋高宗令户部赐钱100贯;绍兴三年(1133年),诏文思院打造蕉叶酒器一副赐岳飞,"其金仰户部支给",所需材料由户部支拨;宋光宗绍熙二年(1191年),四川安抚制置使、兼知成都府京镗除宝文阁待制再任,特赐带。祗候库上报称:"每遇初除宰执、侍从,合赐衣带,依格移关粮料院勘旁折色。今来系特赐,未审从例折色,或令本库打造给赐。"诏令户部划拨20两金至文思院打造给赐。

户部经常性地调拨财赋以应付军赏,如宋哲宗绍圣三年(1096年),户部从内藏库支拨银绢各5000匹两,度牒2000道,交付锺传,"除赏激汉蕃弓箭手及往来干边事,佗毋得关给。"①元符二年(1099年),洮西安抚司奏请支拨例物、银绢钱及袍带等,以招纳西蕃部族首领。户部调配金带、浑银交椅及锦袍、银带、金帛等物品,送至熙河经略司。②绍兴五年(1135年),宋高宗检阅诸班直、亲从等射击,户部支给枢密院激赏库金1000两,以备犒赏。③绍兴十年(1140年),户部支给招抚处置使刘光世银、绢各3万匹两,钱20万贯,15两、10两金带各20条,以充激赏。④

不过,户部虽取代三司主管财政,职权范围却远不及三司:"今户部尚书,旧三司使之任,左曹隶尚书,右曹不隶焉。天下之财分而为二"⑤,已失去三司原来无所不统的理财地位,并不能总领全国财政事务。

二、三大财库系统及其他库务

北宋初年,中央有两大财库系统——皇帝直接支配财赋的内藏库和隶属于三司或户部的左藏库,即御前财赋和三司(或户部)财赋系统。元丰改制后,宰相权力再度扩张,控制了国库中的部分储备财赋,自此又增加了朝廷财赋系统。⑥宋代赏赐物资主要出自上述三大财库系统,以及酒库、祗候

①　(清)徐松辑:《宋会要辑稿·兵》18之17,第7066页。
②　(宋)李焘:《续资治通鉴长编》卷513,元符二年七月甲寅,第12199页。
③　(清)徐松辑:《宋会要辑稿·礼》9之10,第533页。
④　(清)徐松辑:《宋会要辑稿·职官》42之67,第3268页。
⑤　(元)脱脱等:《宋史》卷179《食货志下一》,第4356页。
⑥　北宋中央财赋有御前、三司(或户部)及朝廷三大系统,这在学界已成共识,这种财政状况延至南宋,大部分学者将左藏南库及左藏封桩库归入朝廷财赋,包伟民《宋代的朝廷钱物及其贮存的诸库务》(《杭州大学学报》1989年第4期)即采用此说。近年来学者董春林围绕宋代中央财政的变迁撰写了系列文章,如《宋代中央财权的分割及其变迁——以内藏财政为中心的考察》(《求索》2015年第8期)、《角色转变与职能沿传:南宋内藏库的财政实态——以〈建炎以来朝野杂记〉相关记载为中心》(《北京社会科学》2016年第2期)等,对内藏财政的发展与变化进行了细致入微的考察与研究,认为上述认识不能够真实描述宋代中央财政的基本情况,左藏南库及左藏封桩库虽名义上归朝廷主管,实际上在财库性质上接近于内藏。

库、内衣物库、新衣库、鞍辔库及茶库等各类府库。

（一）御前财库

内藏库是皇帝个人的府库，财赋由皇帝亲自掌握，又称"内帑"或"内库"，前身为左藏北库和讲武殿后库（即封桩库）。① 宋太祖平定南方割据政权后将诸国珍宝、金帛尽入内库。宋太宗即位后，漳泉、吴越相次献地，"储积益厚"，于是分左藏北库为内藏库，又改讲武殿后库为景福内库，隶内藏库。宋真宗大中祥符五年（1012 年），内藏库扩建为金银、珠玉香药、锦帛及铜钱四库。② 南宋高宗朝御前财赋分内藏库和御前激赏库，③宋孝宗即位后将御前激赏库拨归朝廷财赋。④

内藏库虽为皇帝个人的"小金库"，但并不仅用于皇室开销上，有多种文献记载内藏库资金常用于军费、赈灾、庆典、赏赐等军国大政上，如《文献通考》载：

> 自乾德、开宝以来，用兵及水旱赈给，庆泽赉赐，有司计度之所缺者，必籍其数以贷于内藏矣，课赋有余则偿之。⑤

《宋史》载：

> 自乾德、开宝以来，用兵及水旱振给、庆泽赐赉、有司计度之所阙者，必籍其数以贷于内藏，候课赋有余，即偿之。淳化后二十五年间，岁贷百万，有至三百万者。累岁不能偿，则除其籍。⑥

《群书考索》载：

> 宋朝置内藏、奉宸等库，其实欲蓄积以待非常之用。军兴赏赉则用之，水旱灾伤赈济则用之，三司财用乏则出以助之，诸路财用乏则出以助之。⑦

---

① 李建国：《宋内藏库考》（《贵州社会科学》2006 年第 1 期）对内藏库进行过详细考证。

② （元）脱脱等：《宋史》卷 179《食货志下一》，第 4370 页。

③ （宋）李心传撰，徐规点校：《建炎以来朝野杂记》甲集卷 17《内藏库》，中华书局 1983 年版，第 384—385 页。

④ （清）徐松辑：《宋会要辑稿·职官》27 之 51，第 2962 页。

⑤ （元）马端临：《文献通考》卷 23《国用一》，中华书局 2011 年版，第 227 页。

⑥ （元）脱脱等：《宋史》卷 179《食货志下一》，第 4370 页。

⑦ （宋）章如愚：《群书考索续集》卷 45《财用门·宋朝内臧备非常之用》，广陵书社 2008 年版，第 1138 页。

"庆泽赐赉"是指各类节日庆典、恩泽赏赐等,赏赐的相当一部分费用出自内藏库,三司用度不足时常向内藏库借贷,用于包括赏赉在内的各项开支。如宋英宗治平元年(1064年),三司从内藏库支借绫、罗等76460匹赴左藏库,"以助支赏"。① 治平四年(1067年),三司请借银30万两以备支赐,诏令内藏库除"依嘉祐八年"支取银两外,再拨款5万两给三司。② 三司为应付赏赉常向内藏库借支物资。

举全国之力推行的郊赉更需从内藏库拨款。宋太祖、太宗两朝郊赉物资多出自内藏库:"凡郊祀所费巨万,皆出于此,不取于民"。③ 咸平年间(998—1003年)宋真宗曾提及此事,认为内藏库"所贮金帛,备军国之用,非自奉也,顾外庭不知耳。二圣之平荆湖、西蜀、岭表、江左、河东,祀祠郊丘,所费巨万,皆出于是,不求于民。"④咸平、景德年间内藏库一度不再应付郊赉,不过这种局面并未维持多久,因三司财政委实紧张,数年后又开始支借内藏库钱帛,大中祥符六年(1013年)三司借钱帛50万以备郊赉;⑤大中祥符九年(1016年),三司"依旧"借金1万两,银30万两,钱70万贯,绸绢100万匹,剩余部分则由三司自行筹划。⑥ 倘若三司从内藏库支取财物以应付郊赉在宋真宗朝属一时之举,尚未形成定例,那么自宋仁宗朝以后随着三司财政状况的日益窘迫,支借已然成为惯例:

> 天圣以后,兵师、水旱费无常数,三岁一赉军士,出钱百万缗,绸绢百万匹,银三十万两,锦绮、鹿胎、透背、绫罗纱縠合五十万匹,以佐三司。⑦

景祐元年(1034年),度支判官谢绛上言:"内藏库岁受铸钱百余万缗,而岁给左藏库及三年一郊,度岁出九十万缗,所余无几……又迩来用物滋侈,赐予过制,禁中须索,去年计为缗钱四十五万"。⑧ 内藏库每年拨给左藏库,以及应付郊祀费用后所剩不多,故司马光抱怨道:"祖宗所为置内藏者,

① (清)徐松辑:《宋会要辑稿·食货》64之24,第6111页。
② (清)徐松辑:《宋会要辑稿·职官》27之3—4,第2938页。
③ (宋)章如愚:《群书考索后集》卷54《财赋门·财赋总论》,第776页。
④ (宋)章如愚:《群书考索后集》卷64《财赋门·内库类》,第826页。
⑤ (宋)李焘:《续资治通鉴长编》卷81,大中祥符六年十月丁卯,第1850页;(宋)章如愚:《群书考索后集》卷64《财赋门·续宋朝内藏库》,第836页。
⑥ (宋)李焘:《续资治通鉴长编》卷87,大中祥符九年六月乙酉,第1995页。
⑦ (元)脱脱等:《宋史》卷179《食货志下一》,第4370页。
⑧ (宋)李焘:《续资治通鉴长编》卷114,景祐元年闰六月壬午,第2683页。

以备饥馑兵革非常之费，非以供陛下奉养赐予之具也。"①内藏库已失去了最初设置的本意，司马光因此要求减省赐赉，并停止从内藏库调拨财物。实际上，宋仁宗庆历二年（1042年）朝廷已经开始着手削减郊赉，但收效并不显著，而三司财政的窘迫状况又实难扭转，单凭一己之力着实难以应付，故三司仍长期从内藏库支借财物，如嘉祐四年（1059年）正月，三司请求从内藏库支拨钱、银、绸、绢、绮、绫、罗、纱、縠等，准备郊礼赏给。② 直至宋神宗熙宁年间（1068—1077年），三司依然每三年一次支借内藏库南郊钱100万贯。③

除大礼、军赏外，内藏库贮藏的财物还用于其他领域，如宋真宗大中祥符三年（1010年），朝廷曾从内藏库支拨5000贯赐故宰相吕端之子。④ 宋仁宗嘉祐八年（1063年），三司借内藏库钱150万贯、绸绢250万匹、银50万两，以支付丧葬费用及赏赉。⑤ 贾似道之母胡氏过世，内藏库支赐赙绢4000两匹。⑥ 宋高宗绍兴五年（1135年）内藏库划拨绢3600匹、绵1万两赐亲贤宅诸宗室。⑦

（二）三司（或户部）财库

左藏库隶属于三司或户部，初期分为铜钱、金银、丝绵、生色杂色匹帛四库。⑧ 作为国家的财政中心，左藏库应支配起整个国家的财政运行，除供给京都官员的俸禄、军队的兵食外，"还要承担战事来临时增募兵员及恩赏费用，以及日常生活中每年南郊大礼费、天灾救恤费等"。⑨ 宋英宗治平元年（1064年）三司使蔡襄道："今欲乞将左藏库、榷货务见管钱、帛、金、银等，比附明堂支数封桩，准备将来南郊支赐"，⑩左藏库需支拨部分物资以备郊赉。除郊赉外，左藏库还承担其他名目的赏赐费用。宋仁宗庆历三年（1043年），三司曾上言左藏库支用现钱数量浩大，随后朝廷下发诏令：

皇族迎嫁系亲下定诸般例物，并勾当行人钱，看经道场斋料等价

① （宋）李焘：《续资治通鉴长编》卷196，嘉祐七年五月丁未，第4758页。
② （清）徐松辑：《宋会要辑稿·食货》64之24，第6111页。
③ （宋）李焘：《续资治通鉴长编》卷230，熙宁五年二月丁卯，第5602页。
④ （宋）李焘：《续资治通鉴长编》卷73，大中祥符三年四月乙亥，第1668页。
⑤ （清）徐松辑：《宋会要辑稿·礼》29之37，第1082页。
⑥ （宋）周密撰，吴启明点校：《癸辛杂识》前集《贾母饰终》，中华书局1988年版，第48页。
⑦ （宋）李心传：《建炎以来系年要录》卷95，绍兴五年十一月乙未，第326册，第337页。
⑧ （宋）李焘：《续资治通鉴长编》卷33，淳化三年十一月乙亥，第742页。
⑨ 董春林：《财权转移：宋代内藏与左藏"博弈"的依归》，《中南大学学报》2015年第5期。
⑩ （清）徐松辑：《宋会要辑稿·食货》51之24—25，第5686—5687页。

钱,僧道等身死孝赠等钱,宣葬、敕葬并诸般支赐钱,皇亲房卧折诸物色价钱,并系亲折银马价钱,官员使臣身亡孝赠、御前支赐,并内中不显出名目取索制造诸般生活了当恩泽钱,以上并用绢折。如特旨令取见钱,即依临时指挥。赐皇亲并诸般支赐、恩泽,皇亲往西京汝州南祔葬,并系支见钱。①

可知宗室嫁娶、支赐,官员、僧道赙赠及御前支赐等均从左藏库支拨。宋神宗熙宁五年(1072 年)左藏库曾拨发 7 万贯给开封府,其中含有捕贼赏钱。② 元丰七年(1084 年)诏赏鄜延路军功,左藏库曾出绢 6 万匹。③

宋代从左藏库调拨赏赐物资的记载要少于内藏库,这种情况当是由以下几方面造成的:一是有关三司调拨物资的府库,常未见具体指向,作为国家财政的主管部门,三司可在财赋属性不同的府库之间调剂余缺,不过,三司调拨最多的财库当是左藏库,拨给三司的财赋也多贮藏在左藏库;二是由左藏库的财政职能所决定的,与内藏库设置的用意不同,左藏库主要供给京都官员俸禄及军队兵食;三是内藏库的设立直接影响了左藏库的收入来源,"县官有巨费,左藏之积不足给,则发内藏佐之。"④左藏库常处于捉襟见肘的境地,在理应承担财政职能时不得不从内藏库借贷,上述情况的存在使得宋代直接从左藏库调拨赏赐物资的相关记载较少。

(三) 朝廷财库

北宋朝廷财赋辖下的府库主要有元丰库和大观库。王安石为相期间推行变法,国库充盈,宋神宗元丰三年(1080 年)于司农寺南设元丰库,财政由宰相主管,"凡钱帛之隶诸司,非度支所主,输之,数益广,又以待非常之用云焉。"⑤调拨物资以充军赏当属其用途之一。上述所及,宋神宗朝调拨鄜延路的 10 万功赏绢中,4 万即出自元丰库。⑥ 宋徽宗朝设立的大观库实为宰臣为满足私欲所设,故少见应付赏赐的相关史料。

南宋朝廷财赋主要有三省、枢密院激赏库和左藏封桩库,三省、枢密院激赏库的前身为御营司激赏库,"专充军书警奏间探之用,凡银五百两、钱

① (清)徐松辑:《宋会要辑稿·食货》51 之 24,第 5686 页。
② (宋)李焘:《续资治通鉴长编》卷 232,熙宁五年四月甲戌,第 5638 页。
③ (清)徐松辑:《宋会要辑稿·职官》27 之 14,第 2943 页。
④ (元)脱脱等:《宋史》卷 179《食货志下一》,第 4369 页。
⑤ (宋)李焘:《续资治通鉴长编》卷 330,元丰五年十月壬申,第 7959 页。
⑥ (宋)李焘:《续资治通鉴长编》卷 342,元丰七年正月壬戌,第 8230 页。

千缗为一料,画旨取之。暨司废,库存,隶于三省",①设监官 2 人,初以武臣任职,因物品多有遗失,在宋宁宗嘉泰末年改用文臣。② 激赏库最初主要用于军赏,宋高宗绍兴四年(1134 年),朝廷任命赵鼎为川陕、荆襄都督,未能成行,便将督府钱物交付激赏库;翌年宋高宗检阅诸班直、亲从等射击,户部支金 1000 两给枢密院激赏库,以备犒赏。③ 绍兴七年(1137 年)诸路军事都督府撤销,钱物纳入激赏库,令三省、枢密院共同管理;绍兴十年(1140年)秦桧当国,以筹备军赏为名计亩算钱,五等户也要交纳,"然兵未尝举,而所敛钱尽归激赏库"。激赏库"岁支至三十八万缗",其中尚书省犒赏达13000 贯。因被指"冗费",自绍兴二十九年(1159 年)起开始节省用度,宋孝宗朝减至十余万缗。④

左藏封桩库创立于宋孝宗朝,当时明确规定封桩库"非奉亲、非军需不支",即主要用于皇室消费及军事用途。史载:

> 初,孝宗以户部经费之余,则于三省置封桩库以待军用,至绍熙移用始频。会有诏发缗钱十五万入内帑备犒军,(倪)思谓实给他费,请毋发,且曰:"往岁所入,约四百六十四万缗,所出之钱不及二万,非痛加撙节,则封桩自此无储。"遂定议犒军岁以四十万缗为额,由是费用有节。⑤

封桩库最初主要储备军用物资,其拨发军赏物资的渠道有两种,或直接拨发,或通过转给内藏库的方式拨发。南宋初年封桩库拨发军赏当在 40 万缗左右,当时御前财赋和朝廷财赋进出的渠道相对比较明确。不过至宋孝宗淳熙末年,封桩库"往往以犒军或造军器为名,拨入内库,或睿思殿,或御前库,或修内司",⑥不少库存物资拨入内藏库等。宋光宗绍熙二年(1191 年)正月朝廷规定,封桩库自当年始每年依淳熙十五年(1188 年)例将 45 万贯犒军会子转拨内藏库,⑦淳熙末年开始大量拨发军赏物资至内藏库,并在绍熙二年(1191 年)正式确定了具体数额。学者董春林认为:"南宋内藏库较

① (宋)李心传:《建炎以来系年要录》卷 34,建炎四年六月甲戌,第 325 册,第 505 页。
② (宋)佚名编,汝企和点校:《续编两朝纲目备要》卷 9,中华书局 1995 年版,第 158 页。
③ (清)徐松辑:《宋会要辑稿·礼》9 之 10,第 533 页。
④ (宋)李心传撰,徐规点校:《建炎以来朝野杂记》甲集卷 17《三省枢密院激赏库》,第 385—386 页;《建炎以来系年要录》卷 114,绍兴七年九月癸酉,第 326 册,第 551 页。
⑤ (元)脱脱:《宋史》卷 398《倪思传》,第 12114 页。
⑥ (宋)李心传撰,徐规点校:《建炎以来朝野杂记》甲集卷 17《左藏封桩库》,第 383 页。
⑦ (清)徐松辑:《宋会要辑稿·食货》52 之 19,第 5708 页。

之北宋时发生了重大变化,这种变化主要体现在由过去支助计司的形象转变为计司桩管财库支助内藏的境遇。"①南宋调拨军赏物资的路径恰与北宋相反,而这一变化支持了上述观点,之所以出现与北宋截然不同的情形,当与南宋内藏库岁入减少有关。

除定期定量支拨内藏库犒赏物资外,封桩库直接用于犒赏的费用也往往超出定额。如上文所述,宋宁宗庆元二年(1196年)、嘉泰二年(1202年)大阅犒设,封桩库与封桩下库共同应付军赏。庆元以后封桩库动辄支拨钱数十万缗,银数万两,金数千两以"奉神事亲"。如庆元六年(1200年)封桩库拨金2500两、银2万两充明堂使用,②其中不少充作赏赐费用。又如宋光宗绍熙二年(1191年),焕章阁学士、新知襄阳府张构朝辞,诏封桩库支拨金200两,③这说明封桩库赏赐范围有所扩大。

(四) 酒库及其他库务

以筹措军用物资为名创立的酒库始于南宋,"南宋以前,酒库一词的含义主要是指贮藏酒的库房",至南宋酒库则主要用于筹措包括军赏在内的军用物资,这从酒库的名称上大体能反映出来,如有激赏酒库、赡军酒库、赡军犒赏酒库、赡军激赏酒库等,另外还有回易酒库、公使酒库等。关于南宋酒库的设立与用途,李华瑞先生考之甚详,其在《南宋的酒库与军费》一文中将南宋酒库梳理为三个系统,一是属三省、枢密院的激赏酒库,二是户部设置的赡军酒库,三是主掌军队各司,如宣抚司、制置使司、都统司、安抚大使司、三衙等建置的回易酒库、犒赏酒库。④ 三省、枢密院的激赏酒库设立于宋高宗绍兴年间(1131—1162年),"因绍兴用兵,创以备边;后兵罢,专以备堂、东两厨应干宰执支遣。若朝廷军期急速钱物金带,以备激犒。"⑤储备物资可用于应付紧急状态下的军队犒赏。户部设置下的赡军酒库大致设立于绍兴七年(1137年)四月,"诏措户部赡军酒库所。"同年十一月,朝廷听从户部尚书章谊等建言,在临安设立赡军酒库。⑥ 赡军酒库还分布在其他地区,两浙路就有不少:"浙西一路八州,浙东绍兴皆有犒赏库。"⑦据李华瑞先生考证,军队诸司酒库在绍兴十一年(1141年)并归淮东、淮西、湖广东

① 董春林:《角色转变与职能沿传:南宋内藏库的财政实态——以〈建炎以来朝野杂记〉相关记载为中心》,《北京社会科学》2016年第2期。

② (宋)佚名编,汝企和点校:《续编两朝纲目备要》卷6,第107页。

③ (清)徐松辑:《宋会要辑稿·礼》62之83,第1736页。

④ 李华瑞:《南宋的酒库与军费》,《人文杂志》2016年第3期。

⑤ (元)脱脱等:《宋史》卷162《职官志二》,第3803页。

⑥ (清)徐松辑:《宋会要辑稿·食货》20之17,第5141页。

⑦ (宋)袁说友:《东塘集》卷9《犒赏酒库疏》,文渊阁四库全书影印本。

南三大总领所,名为"赡军酒库"。总领所赡军酒库还拘收原诸大将措置的酒库,如淮东韩世忠原有 15 库,鄂州(今湖北武汉)岳飞原有公使、备边、激赏、回易酒库 14 所。镇江驻军原有 10 库。① 四川总领所赡军酒库则设立于宋孝宗乾道五年(1169 年)。②

因酒库管理混乱,引起恶性竞争,导致经营不善,随着局势的稳定,宋廷开始禁止诸军擅立酒库,不少酒库先后被朝廷收回,如宋高宗绍兴三十一年(1161 年)二月,崇信军节度使赵密、宁远军节度使杨存中分别向朝廷上交酒坊,赵密上交殿前司诸军 66 处酒坊,杨存中则将"本家买扑湖、秀州、临安府界酒坊九处并发酒子坊一十三处进纳御前"。同年十月,户部将盐官等九处改为赡军激赏酒库,大致岁收息钱四十余万贯,用于大军支费。③ 宋孝宗乾道七年(1171 年),因侍卫亲军马军司所管酒库拖欠息钱过多,朝廷将其经营的 18 所酒库,除德清、练祁、练塘、莫城 4 库外,其余依殿前步军司例划归户部。④

祗候库是太府寺下辖的众多府库之一,"掌分受钱帛、器皿、什物、衣服、巾带、茶荈等,以备赐与",由诸司使、副、内侍三人主管。祗候库"据军头司、閤门每日御前宣赐及随驾准备赐物",每日御前宣赐等物多从祗候库支取。⑤ 衣带颁赐不少出自祗候库。宋室南渡后,文武官员初除正谢日、进士唱名时所赐袭衣、章服,及百官赐时服需遵守《崇宁看详祗候库格》。宋孝宗乾道四年(1168 年),医官朱仲谦因治愈有功获赐紫服,诏祗候库给赐,三月,诏令祗候库赐枢密院诸房副承旨金带。⑥ 祗候库还需核算赏赐物品的用度问题。如宋高宗绍兴十六年(1146 年)正月,文思院接到制作一万朵绢花,以备亲耕回銮给赐的指令。文思院向上申报:"乞朝廷指挥,下祗候库、閤门,指定亲耕有无合赐花朵行下",赐花与否以及具体数量需要祗候库、閤门司两个部门分别查核。祗候库回复道:"契勘回銮赐花,其合用花朵,依指挥,约度数目,报文思院造作准备",⑦祗候库核算赐花之数后上报文思院。

内衣物库、新衣库、鞍辔库及茶库等属颁赐专项物资的府库。内衣物库

①　李华瑞:《南宋的酒库与军费》,第 78 页。
②　(清)徐松辑:《宋会要辑稿·食货》21 之 8,第 5148 页。
③　(清)徐松辑:《宋会要辑稿·食货》21 之 2,第 5145 页。
④　(清)徐松辑:《宋会要辑稿·食货》21 之 9,第 5148 页。
⑤　(清)徐松辑:《宋会要辑稿·食货》52 之 35,第 5716 页。
⑥　(元)马端临:《文献通考》卷 113《王礼考八》,第 3481 页。
⑦　(清)徐松辑:《宋会要辑稿·礼》6 之 23,第 489 页。

和新衣库均为殿中省的下设府库,内衣物库设监官两人,以京朝官、内侍充任,主要储备衣物以待颁赐诸王、宗室、文武近臣、禁军将校时服,拨赐宰臣、亲王、皇亲、使相生日器币,以及应付两府臣僚、百官、皇亲转官中谢、朝辞特赐物和诸国使节朝辞、朝见的银器、衣带等物。内衣物库还曾因发放的金带有偷工减料之嫌被人告发,宋仁宗天圣七年(1029年),内衣物库奉诏赐给卢鑑20两金束带一条,卢鑑自感分量不足,称重后果然短缺4两,便向朝廷反映了此事。① 新衣库设监官两人,以诸司使副、三班及内侍充任,"掌受锦绮、杂帛、衣服之物,以备给赐及邦国仪注之用,并受纳衣服以赐诸司丁匠、诸军"。② 宋仁宗天圣七年(1029年),朝廷曾令新衣库支赐僧道黄绢宽袖汗衫,因库存无货,又令给赐白绢窄袖汗衫。③

鞍辔库是宋代颁赐鞍辔的府库,归属太仆寺,设使、副使及监官两人,以诸司副使及三班使臣、内侍充任,掌御马、金玉鞍勒,给赐王公、群臣、外国使节、国信鞯辔。④ 宋神宗熙宁二年(1069年),三司曾上言:"鞍辔库乞今后支赐臣僚对衣、腰带、鞍辔,如请本色者,依旧支给本料金银匹段外,其余随鞍辔名件物料靓衬,依南郊例,并支给价钱,愿请造成亦听。"熙宁九年(1076年)诏鞍辔库移于左骐骥院内。宋高宗建炎三年(1129年)诏罢鞍辔库,其所管官物、库级并入右骐骥院。⑤ 宋代茶叶颁赐多源自茶库,茶库归属太府寺,"掌受江、浙、荆湖、建、剑茶茗,以给翰林诸司及赏赉、出鬻",⑥每年颁赐规模较大。

上述不少府库的出纳由太府寺统一管理,太府寺接近于户部的下属部门:

> 凡四方贡赋之输于京师者,辨其名物,视其多寡,别而受之。储于内藏者,以待非常之用;颁于左藏者,以供经常之费。凡官吏、军兵奉禄赐予,以法式颁之,先给历,从有司检察,书其名数,钩覆而后给焉。

太府寺掌"库藏、出纳、商税、平准、贸易之事",隶属机构有25个,下辖左藏库、内藏库、奉宸库、祗候库、元丰库、布库、杂库等储物之库所。宋室南渡后,太府寺所属仅有粮料院、审计司、左藏东西库、交引库、祗候库、和剂局、

---

① (清)徐松辑:《宋会要辑稿·食货》52之24,第5711页。
② (元)脱脱等:《宋史》卷164《职官志四》,第3882页。
③ (清)徐松辑:《宋会要辑稿·食货》52之25,第5711页。
④ (元)脱脱等:《宋史》卷164《职官志四》,第3894—3895页。
⑤ (清)徐松辑:《宋会要辑稿·食货》52之38、41,第5718、5719页。
⑥ (元)脱脱等:《宋史》卷165《职官志五》,第3908页。

惠民局等。宋高宗建炎年间(1127—1130年)罢太府寺,所掌事务由金部接管,绍兴元年(1131年)复置太府寺丞。①

三、枢 密 院

宋代枢密院分掌军政大权:"掌军国机务、兵防、边备、戎马之政令,出纳密命,以佐邦治。凡侍卫诸班直、内外禁兵招募、阅试、迁补、屯戍、赏罚之事,皆掌之",②是制订、颁行军赏条例,评议军赏等级以及推行军赏的最高领导机构。

(一) 与赏赐相关的部门

宋代枢密院所属机构变化较大,北宋初年曾设兵、吏、户、礼四房,宋神宗熙宁四年(1071年)增置刑房,元丰改制后演变为十房,宋哲宗元祐年间(1086—1094年)形成十二房制度。两宋之际,战争频繁,下属机构猛增,竟至二十五房,与赏赐事宜直接相关的赏功房和机速房就设置于这一时期,③赏功房和机速房均带有临时性机构的性质。因硝烟蜂起,战事连绵不绝,南宋设立的临时性机构较北宋为多,这些机构多具有灵活机动的特点,更能适应瞬息万变的战情。

在赏功房设置以前,宋代类似的机构有功赏司、赏功司。功赏司设于宋钦宗靖康元年(1126年)十一月,时值国难之际,因不能及时行赏,军士多有怨言,为稳定军心,在左正言邓肃的建议下,尚书省设立功赏司,"使凡立功者得以自陈",评议军功,并督察行赏是否及时。④ 受时局所限,该机构设置时间不长。赏功司是三省和枢密院的共属机构,设于宋高宗建炎元年(1127年)六月,"置籍承据功状,次第取旨推赏,人吏承行,量事立程限",置办籍册,"月书已收行过某人功赏名件",登记功状,并制定章程,稽查、惩处拖延行赏及行贿之人,并许人陈告。朝廷限赏功司十日内解决宋室南渡前遗留下来的赏罚事宜:"自今月七日为头,限十日结局,应干以前积压文字,并于限内结绝,自十七日以后,生事更不收接"。后因无人专管,办事效率低下,建炎三年(1129年)撤销。⑤

---

① (元)脱脱等:《宋史》卷163《职官志三》,第3906—3909页。
② (元)脱脱等:《宋史》卷162《职官志二》,第3797页。
③ 贾玉英:《唐宋时期中央政治制度变迁史》,人民出版社2012年版,第253页。
④ (宋)徐梦莘:《三朝北盟会编》卷65,靖康元年十一月二十六日丁亥,上海古籍出版社1987年版,第486页;(元)脱脱等:《宋史》卷375《邓肃传》,第11603—11604页。
⑤ (宋)李心传:《建炎以来系年要录》卷24,建炎三年六月甲寅,第325册,第381—382页;(清)徐松辑:《宋会要辑稿·职官》1之47,第2353页;(明)黄淮、杨士奇:《历代名臣奏议》卷188《赏罚》、卷189《赏赐》,第2472、2482页。

赏功房正式设立于宋高宗绍兴元年（1131 年），又称"看详赏功房"，时人还习惯性地称之为"赏功司"。赏功房也是三省和枢密院的共设机构，其具体职责如下：

> 内除捕盗有格法赏功依旧三省行遣外，应干涉军事及别无成法功赏，并本院行遣。……诸军并诸路州军禁军副都头已上功过赏罚及拣切，应合降宣命。①

即主要负责颁行军赏，以及超出条例之外的功赏，并负责宣告禁军副都头以上将官的功过赏罚。朝廷设置赏功房的初衷在于提高办事效率："旧日功赏文字随隶所属，故多留滞，遂专置赏功房"。② 因机构过多，影响行政效率，宋孝宗乾道六年（1170 年）重组诸房，最终合并为五正房：

> 房分太多，名称不一，乞依旧制，并作五正房，以兵、吏、礼、刑、工房为名。兵房以兵籍房、机速房、教阅房、揭贴房、赏功房、在京房、支差房、河西房、民兵房并入。③

重组后的诸房以兵、吏、礼、刑、工房为名，赏功房和机速房同时并入兵房。

枢密院下设与赏赐相关的另一重要机构为机速房，宋高宗建炎四年（1130 年）御营司撤销，并入枢密院，"为机速房焉"，④此为机速房设置的开端，机速房主要负责处理原御营司的事务。据王青松考证，"机速房在机构编制上隶属枢密院，但机速房设立期间，均为宰相兼任枢密院长官，因此又称三省、枢密院机速房，事实上具备独立性。"⑤机速房几经废置，为临时性的军事机构。绍兴二十九年（1159 年）停罢，两年后复置，宋孝宗乾道六年（1170 年）再罢，钱粮之事归三省，边防、兵政则归枢密院。⑥ 宋宁宗开禧北伐期间，机速房曾短暂复置，仅存一年。宋度宗咸淳九年（1273 年）贾似道当政期间，再置机速房，"凡急切边事先行后奏，赏罚支用亦如之"，⑦被赋予

---

① （清）徐松辑：《宋会要辑稿·职官》6 之 13—14，第 2503 页。
② （清）徐松辑：《宋会要辑稿·职官》3 之 38，第 2416 页。
③ （清）徐松辑：《宋会要辑稿·职官》6 之 12，第 2502 页。
④ （宋）李心传：《建炎以来系年要录》卷 34，建炎四年六月甲戌，第 325 册，第 505 页。
⑤ 王青松：《南宋军事领导体制研究》，博士学位论文，陕西师范大学历史文化学院，2007 年，第 18 页。
⑥ （宋）李心传撰，徐规点校：《建炎以来朝野杂记》甲集卷 10《三省枢密院赏功司》，第 205 页。
⑦ （宋）周密撰，吴启明点校：《癸辛杂识别集》下《机速房》，第 313 页。

较重职权,赏罚可"先行后奏",以提高战时行赏的时效性。

（二）与赏赐相关的事务

宋代枢密院是制订、颁行军功赏格的核心机构。宋神宗熙宁六年（1073年),枢密院认为勇敢、效用兵的军功赏格"甚非朝廷第功均赏之意",要求重新修订,新订赏格详细规定了勇敢、效用兵在教阅及战阵中的战功等级、行赏标准等。① 元丰八年（1085年)四月,宋神宗曾面谕签书枢密院事曾孝宽修改教阅法及赏罚条格。② 不少军功赏格为临时制定,带有战前激励的功能,因此需随时根据战况予以调整。宋哲宗元祐元年（1086年)枢密院上言,元丰四年（1081年)曾重立赏格,激劝将士,以备强敌,"昨至还塞后来,凡遇巡绰、探事之类,逢贼斗敌,因循尚用此格,显涉侥幸",因此要求"今别修立捕获赏格",③应根据形势来调整赏格。

宋代枢密院另一重要职责是评议军赏,即根据下级部门呈报上来的战功评定战绩,按照赏格拟定军功等级。发生在宋真宗大中祥符七年（1014年)的一则事例大体反映了枢密院拟定军功的过程及上报程序。其时泸州都巡检王怀信等奏报平蛮功,枢密院照例评议功赏,而此等寻常之事在朝中竟掀起了一场不小的风波,累至枢密院三名长官同时被罢免。枢密使王钦若和陈尧叟两人意见一致,均认为按制度推赏,即转一资;枢密副使马知节则以"边臣久无立功者,请重赏以激其余"为由,建议破格重奖,以激励边官再建战功。双方互不相让,悬而未决。宋真宗亲自过问此事,愤懑已久的马知节说了王钦若的诸多是非。继而在未向宋真宗奏禀的情况下,枢密院擅自将商议结果报送政事堂,授予王怀信供备库副使一职。结果上达后,宋真宗龙颜大怒:

　　钦若等议怀信赏典,坚称与侍其旭例不同,当须加等。朕语之曰:"爵劳有功,国家不惜。"盖怀信来告,枢密院略无酬奖,止望依侍其旭例为幸。钦若等奏,当具取进止。今乃并与所奏不同,不具劄子,亦不进卷,便直劄送中书,怀信与供备库副使。始则稽留不行,终又擅自超擢,敢以爵赏之柄高下为己任,近位如此,朕须束手也。

宋真宗认为王钦若等人处事极其不当:先是阳奉阴违,拖延不办,后又擅作

---

①　（元)脱脱等:《宋史》卷190《兵志四》,第4724—4725页。

②　（宋)李焘:《续资治通鉴长编》卷262,熙宁八年四月己丑,第6411页。

③　（宋)李焘:《续资治通鉴长编》卷368,元祐元年闰二月甲午,第8874页。

主张,身居高位而操权柄之术。于是同时罢免涉事三人,王钦若、陈尧叟各守本官,马知节除防御使,出知潞州。① 这说明,枢密院功赏评定的结果应先上报皇帝,由皇帝过目并定夺后,再送达政事堂处理。

综上所述,制订军功赏格、评议军功等级是宋代枢密院的主要职责,不过,在统治者制衡之术的左右下,枢密院常受到中书门下的节制,使之呈现出较为复杂的局面。宋代"中书门下"为宰相的治事之所,又称"政事堂"、"中书",与枢密院对掌大政,并称"二府",分掌民政、军政,中书的序位本在枢密院之上,而枢密院又在统治者的刻意培植下拥有与中书分庭抗礼的能力,故二府之间权力分配错综复杂,总的趋势是中书常对枢密院的政务、事务加以节制。② 这种相互制约的政治格局在军赏的制订上也有所反映,如宋神宗熙宁六年(1073年)十月,诏令枢密院"重修行军赏格,与中书详定进呈",③二府聚议商讨,奏报批准。中书虽时常插手枢密院政务,而枢密院也参与军政之外的事务,如梁天锡先生就认为立捕盗赏格即是枢密院职责与三省混淆之处。④

宋哲宗朝要求枢密院与三省共同评议军功。宋初名义上保留三省制,但直至神宗改制前,三省徒有虚名,并无实权。神宗改制后,三省开始行使职权,中书省享有独尊地位。宋哲宗朝曾试图改变这一局面,⑤元丰八年(1085年),"诏三省合取旨事及台谏章奏,并同进拟,不专属中书",⑥要求三省参与军国大政。元祐二年(1087年)十月,因赏功旧格"未尽未便",范纯仁认为应根据实际情况予以改正,不然"赏典或有不均,必致人情失望,惰其斗志,后来虽有改更,众未必信,已于边事有损,追之莫及",建议三省、枢密院修正推赏旧格"有人情未便者",这说明当时已有不少军功赏格由三省、枢密院共同修订。⑦ 元祐三年(1088年),朝廷出台枢密院与三省共议国事的章程,与赏赐相关的事宜有:"凡与三省同施行者:……五曰诸军班特支……十二曰特立捕盗赏格。其与逐省同施行者:……七曰诸蕃国进奉差押伴官并进奉回赐,……其与枢密院同施行者:……十曰战阵赏罚。"⑧即特支钱、捕盗赏格、朝贡回赐及临战赏罚等要求两大机构共同制定、施行与

① (宋)李焘:《续资治通鉴长编》卷82,大中祥符七年六月乙亥,第1882—1883页。
② 诸葛忆兵:《宋代宰辅制度研究》,中国社会科学出版社2000年版,第201、208页。
③ (清)徐松辑:《宋会要辑稿·兵》18之5,第7060页。
④ (宋)梁天锡:《宋枢密院制度》,黎明文化事业股份公司1981年版,第837页。
⑤ 诸葛忆兵:《宋代宰辅制度研究》,第29页。
⑥ (宋)李焘:《续资治通鉴长编》卷359,元丰八年九月乙巳,第8596页。
⑦ (宋)李焘:《续资治通鉴长编》卷406,元祐二年十月庚子,第9886页。
⑧ (宋)李焘:《续资治通鉴长编》卷410,元祐三年五月己酉,第9989—9990页。

评议。

宋代枢密院与中书分掌大政,又在统治者的用心设计下相互牵制,故争斗、冲突不断:"中书、枢密制边事多不合,中书赏战功而枢密降约束,枢密诘修堡而中书降褒诏。"①两大军政机构在功赏问题上时常意见相左,多了意气之争。

四、吏部司勋司

北宋初年,吏部官失其守,实际职权基本被分散于其他机构。元丰改制后,吏部重新成为国家人事行政管理部门,"掌文武官吏选试、拟注、资任、迁叙、荫补、考课之政令,封爵、策勋、赏罚、殿最之法",②下设吏部四选、司封、司勋、考功等七司,其中司勋司"掌赐勋、定赏、录用、世劳,定无法,覆有法",设郎中一人,掌功勋酬奖、审覆赏格,下设功赏案、勋赏案等。③

与文武官员相关的赏赐法多出自司勋部:"凡赏有格,皆设于此",司勋部不仅要"定无法式酬赏",还负有"覆有法式酬赏"的职责。"定无法式酬赏",即"非格所载,则参酌重轻拟定,以上尚书省",若上报的劳绩无对应的条例,司勋部则要根据劳绩大小拟定赏赐标准,并上报尚书省审议。"覆有法式酬赏",即"若事应赏,从其所隶之司考实以报,则审其状,以格覆之",下级部门上报事例若符合赏格,有例可依,司勋部则需审核上报材料,并比照赏格推赏。如宋神宗元丰七年(1084 年),知开封府王存上言狱空,获得朝廷表彰,王存迁一官,其他官员"令第劳上司勋",④由司勋部按照相关条例推赏。又如"司勋掌行诸色告捕赏条格,依条据元勘案所犯情节、赃钱及断遣刑名定夺推赏",⑤司勋部掌各种告捕赏格,对相关人员根据案犯的情节、缴获赃款及判决结果等情况推赏。

司勋部编订赏格,如宋孝宗淳熙四年(1177 年),吏部侍郎司马伋上言:"臣昨任司勋郎官,将崇宁以来应系赏典格法取会类写成册,编至乾道六年二月",编写成册,"编类检照",以待查验推赏。⑥ 司勋部还负有复审之责:"诸色人酬赏,并由司勋勘覆,以防弊滥"。⑦ 申报部门需先行勘验,然后上

①　(元)脱脱等:《宋史》卷 332《滕元发传》,第 10674 页。

②　(元)脱脱等:《宋史》卷 163《职官志三》,第 3831 页。

③　(宋)李焘:《续资治鉴长编》卷 440,元祐五年三月甲午,第 10604 页;(清)徐松辑:《宋会要辑稿·职官》10 之 1,第 2600 页。

④　(清)徐松辑:《宋会要辑稿·刑法》4 之 85—86,第 6664 页。

⑤　(清)徐松辑:《宋会要辑稿·职官》10 之 1、11、16—17,第 2600、2605、2608 页。

⑥　(清)徐松辑:《宋会要辑稿·职官》10 之 11,第 2605 页。

⑦　(宋)李焘:《续资治通鉴长编》卷 440,元祐五年三月甲午,第 10598 页。

报司勋部。如宋高宗建炎元年(1127年)诏令自后杀获强盗,如无人证,所属州军应申报勘验,"即下所属依条保奏,从吏部定夺",保奏后再由司勋部审覆。地方若查验不实,则会给吏部增加额外工作量。绍兴二年(1132年),吏部侍郎綦崇礼上书抱怨道:"近关到命官并诸色人酬奖有法者,所属并自指定所该赏名,亦不勘当。无法者更不检照体例,勘验功状及往疏问,却下元保明州军,及回申又不看详可否,即关司勋。若不立约束,不能结绝"。① 地方官员未仔细审核,即上报吏部,导致推赏延后。最初司勋部勘验除三省以外的所有酬赏,"惟三省人劳绩,重者转官,轻者支赐,自来不送司勋",后因赏赐渐滥,"渐增优例",宋哲宗元祐元年(1086年)后,三省人员推赏也要求送司勋部覆核。②

因推赏事例过多,又"难以例夺",司勋部工作量逐年增加,事务日趋繁杂,故宋高宗绍兴五年(1135年),诏令"应臣僚有立定赏格,如养马及千匹,及州县官被差管押燕山免夫钱、部押人夫进筑、运粮、开河、修城被赏之类,今后更不审量",③减少该部的审核范围,缓解部分压力。

五、礼部、太常寺及太常礼院等礼仪机构

制礼机构是制订或推行赏赐法令的例行机构。宋代礼仪官署的设置错综复杂,除礼部与太常寺外,先后在枢密院、三省设有礼房,中书门下除设置制敕院兵礼房外,附属机构还设有太常礼院及礼仪院。此外,宋代还有一些临时性的制礼机构。④ 总体而言,礼部、太常寺及太常礼院是宋代赏赐法令出台或执行的主要机构。

太常礼院是北宋前期主要的礼仪机构。宋初礼部为闲散机构,少有职权,礼仪事务多归太常礼院:"凡礼仪之事,悉归于太常礼院"。⑤ 该机构设于唐代,宋初承袭前制,设置太常礼院,以分割礼部与太常寺等礼仪官署的职权,成为实际的制礼机构。其人员设置及执掌如下:

> 宋初,旧置判寺无常员,以两制以上充,丞一人,以礼官久次官高者充。别置太常礼院,虽隶本寺。实则专达。有判院、同知院四人,寺与礼院事不相兼。康定元年,置判寺、同判寺,始并兼礼院事。元丰正名,

---

① (清)徐松辑:《宋会要辑稿·职官》10之2、4,第2601、2602页。
② (宋)李焘:《续资治通鉴长编》卷440,元祐五年三月甲午,第10596页。
③ (清)徐松辑:《宋会要辑稿·职官》10之6,第2603页。
④ 张志云、汤勤福:《北宋太常礼院及礼仪院探究》,《求是学刊》2016年第3期。
⑤ (清)徐松辑:《宋会要辑稿·职官》13之1,第2664页。

始专其职。①

太常礼院名义上虽隶属太常寺，"实则专达"，实际上直接对皇帝负责，两大机构的事务并无交叉，互不统属，"详议典礼，率令太常礼院与崇文院详定以闻"，②元丰改制前太常礼院常参与集议，讨论礼仪等相关事项，并实际执行礼部、太常寺的部分职责。如宋真宗景德四年（1007 年）规定，官员五服内亲属丧亡，若无对应的赙赠条例，入内内侍省则需委托鸿胪寺移牒太常礼院，"比类服纪远近奏取旨"，③太常礼院参照旧例拟定发放标准，同时规定："鸿胪寺、入内内侍省、太常礼院关移不得过二日"，④限定了处理赙赠事宜的时间。

元丰改制后，礼部始掌礼乐、祭祀、朝会、燕飨、学校、贡举、册宝、印记、图书、表疏及祥瑞之事，设有四司，即礼部司、祠部司、主客司及膳部司，四司下设十案。⑤ 其中与赏赐事宜关联较多的是奉使账案、封册案及宗正案。凡大礼、生辰、后妃、亲王以下推恩，公主下嫁、宗室冠、婚、丧、葬之制，及赐旌节、章服、冠帔、旌表孝行之法，"例皆主行之"，如绍兴十九年（1149 年）礼部曾参照旧例制订北使赙赠条例。⑥

自元丰改制后，太常寺"始专其职"，权力复归，太常礼院至此罢废。唐代前期，礼部与太常寺有上行下承的关系，礼部制订政令后下于太常寺，由后者负责执行。宋代礼部与太常寺仍有类似的上下级关系，后者接受前者的指令与指导。宋高宗建炎三年（1129 年）以后太常寺隶属礼部。⑦ 太常寺虽为礼部的下级单位，不过"凡礼乐有所损益，（礼部）小事则同太常寺，大事则集侍从或百官议定以闻"。⑧ 修订相关礼仪法度时，礼部与太常寺共同商议。如绍兴五年（1135 年）九月，韩世忠妻秦国太夫人茆氏乞请依杨存中例赐予家庙仪制及祭器等，十二月，申请批送工部、礼部，审核后再送太常寺审议。⑨ 太常寺归属礼部后，相关事务渐次增加，常需检会旧例发放赙赠。遇有异议，礼部仍拥有最终的决定权。如淳熙三年（1176 年）

① （元）脱脱等：《宋史》卷 164《职官志四》，第 3883 页。
② （宋）程俱撰，张富祥校证：《麟台故事校证》卷 3《选任》，中华书局 2000 年版，第 144 页。
③ （清）徐松辑：《宋会要辑稿·礼》44 之 25，第 1444 页。
④ （宋）李焘：《续资治通鉴长编》卷 67，景德四年十一月丙寅，第 1503 页。
⑤ （清）徐松辑：《宋会要辑稿·职官》13 之 2—3，第 2665 页。
⑥ （清）徐松辑：《宋会要辑稿·职官》36 之 46—50，第 3094—3095 页。
⑦ （元）脱脱等：《宋史》卷 163《职官志三》，第 3852 页。
⑧ （清）徐松辑：《宋会要辑稿·职官》13 之 2，第 2665 页。
⑨ （清）徐松辑：《宋会要辑稿·礼》12 之 6—7，第 568—569 页。

安南国王李天祚身亡,太常寺本欲按照典故及条例赐赙,宋孝宗令礼部"重别议定以闻",尚书赵雄认为李天祚"承袭踰四十年,率职匪懈",应加倍赐赙。①

宋代与礼制赏赐事宜相关的部门还有鸿胪寺。唐朝礼部制定赙赠法后,由鸿胪寺具体负责执行。宋初赙赠具体事宜仍由鸿胪寺操办,据《两朝国史志》载,鸿胪寺掌"文武官薨卒赙赠之事"。② 官员身亡后,一般由相关机构先报鸿胪寺,"合赐赙物者,皆鸿胪寺具官名闻奏",③鸿胪寺将符合条例者报主管部门,同时检会条例赐赙,若无相应法令,则比照旧例赐赙。如宋哲宗元祐三年(1088 年),三佛齐国进奉判官地华加啰病故,当时尚未制订外来使节赙赠法,鸿胪寺"欲依董毡进奉入内大首领萨卜赛身亡"赐赙。④元丰改制后,鸿胪寺恢复了外交职能:"凡诸番国使至,则视其礼命之等授以馆舍,而颁其见辞、宴设、给赐之式于主典之官,戒有司办具。有贡物,则前期具数报四方馆,预备押当,吏卒以进。"⑤不过,鸿胪寺职权范围有限,宋高宗建炎三年(1129 年)鸿胪寺并入礼部。⑥

六、入内内侍省

宋代与赏赐事务关联较多的宦官机构是入内内侍省,入内内侍省又称"入内省"、"北司"、"后省"等,与赏赐相关的职掌大致为:"赐臣寮到阙茶药、新除执政官、御史中丞支赐、宗室节度使已上生日、宰臣已下夏腊药、春幡胜新火、喜雪御筵",⑦负责押送赐给朝臣的茶药、生辰及时令礼物等。如王安石生辰当天,朝廷曾差遣入内内侍省内东头供奉官冯宗道押赐礼物。⑧入内内侍省所掌支赐还涉及宗室和外国使节,最初仅掌祖免亲以上宗女出嫁的支赐:"祖免以上宗女出嫁,则视服属给其资赐",北宋中期以后宗室嫁娶资财均由入内内侍省支取,宋神宗元丰元年(1078 年)五月朝廷规定,"自今宗室嫁娶资送钱物,乞令入内省及大宗正司各置都历。每有支遣,以千字文立为号,注历印押,付使臣往库务验认给请,以为关防。"入内内侍省还掌

---

①　(清)徐松辑:《宋会要辑稿·礼》43 之 18,第 1425 页。

②　(清)徐松辑:《宋会要辑稿·职官》25 之 1,第 2914 页。

③　(宋)佚名撰,天一阁博物馆等校证:《天一阁藏明钞本天圣令校证》卷 29《丧葬令》,中华书局 2006 年版,第 203 页。

④　(宋)李焘:《续资治通鉴长编》卷 427,元祐三年五月壬辰,第 10333—10334 页。

⑤　(清)徐松辑:《宋会要辑稿·职官》25 之 2,第 2915 页。

⑥　(清)徐松辑:《宋会要辑稿·职官》13 之 6,第 2667 页。

⑦　(宋)李心传撰,徐规点校:《建炎以来朝野杂记》甲集卷 10《内侍两省》,第 210 页。

⑧　(宋)王安石:《临川先生文集》卷 59《赐生日礼物谢表五道》,中华书局 1959 年版,第 635 页。

奉使、接伴使、馆伴使宴犒、饮食、例赐之物，①临幸问疾所赐银绢也由入内内侍省押送。②

入内内侍省是宋朝负责赙赠事宜的机构之一："定诸色人恩赐及身亡孝赠"。③ 宋朝官员过世，丧事一般先通报鸿胪寺，鸿胪寺检照赙赠条例后再报入内内侍省，由入内内侍省递交内廷，而将帅赙赠当由枢密院检会后下发入内内侍省。将帅赙赠一度由鸿胪寺上报入内内侍省，结果"至有已襄事而未赐者，其军校赙物亦有所差降"，故宋真宗景德四年（1007年）十一月三日，朝廷"复其往例"，将帅赙赠仍由枢密院检会后下发入内内侍省；当月二十二日，朝廷再下诏令："应管军及内职军员，如戍边亡殁，合赐赙赠者，并委入内内侍省取旨支赐，更不下鸿胪寺"，符合条例者由入内内侍省直接取旨赐赙。除上述赙赠对象外，诸司使副至内殿崇班外任，若在途中身亡及诸司使副父母过世，也由入内内侍省差使臣取索宣赐。治平四年（1067年）四月以后，在京过世的官员由入内内侍省宣赐，其余官员则由生前所在机构负责支赐。④ 熙宁三年（1070年）中书省因事务繁杂，还一度将现任少卿监以上、分司致仕少卿监、宗室小将军以上赙赠转至入内内侍省。⑤

入内内侍省与赏赐相关的下辖机构主要有御药院、管勾往来国信所、合同凭由司和内东门司等部门。御药院，简称"御药"，有学者考证，御药院虽人事上隶属于入内内侍省，实际上是作为独立机构运行的，它直接听命于皇帝。⑥ 御药院设置于宋太宗至道三年（997年），宋徽宗改革官制，一度撤销了御药院，宋钦宗靖康元年（1126年）恢复，南宋御药院属于内诸司。宋代御药院下设生熟药案、杂事案及开拆司，本为皇帝的医药保健机构，不过实际职能极其广泛，程民生先生曾专文予以探讨，认为御药院的职能"包括政治、经济、军事、文化、卫生、外交等，几乎涉及宫廷所有事情和社会各个领域"，⑦其中生熟药案与赏赐事宜最为相关，掌"日常承准应奉御前取索汤药，排办赐臣僚夏、腊药，供奉宣赐宫禁、生日、节序物色等"，⑧筹备、配置和发送赐给臣僚的冬夏两季保健药品，以及时令、生辰礼物等。

---

① （宋）李焘：《续资治通鉴长编》卷289，元丰元年五月戊戌，第7079—7080页；（清）徐松辑：《宋会要辑稿·职官》36之13—14，第3078页。
② （元）脱脱等：《宋史》卷124《礼志二十七》，第2902页。
③ （清）徐松辑：《宋会要辑稿·职官》36之4，第3073页。
④ （清）徐松辑：《宋会要辑稿·礼》44之25—26，第1444—1445页。
⑤ （宋）李焘：《续资治通鉴长编》卷214，熙宁三年八月甲申，第5225页。
⑥ 丁义珏：《宋代御药院机构与职能考论》，《中华文史论丛》2018年第2期。
⑦ 程民生：《宋代御药院探秘》，《文史哲》2014年第6期。
⑧ （清）徐松辑：《宋会要辑稿·职官》19之13，第2817页。

御药院每年配给高级官员的药品用量很大:"腊日赐宰执、亲王、三衙从官、内侍省官并外阃、前宰执等腊药,系和剂局造进及御药院特旨制造银合,……伏日赐暑药亦同"。① 御药院的秘方还赐给前线将士,宋神宗熙宁十年(1077年)诏令:西北就粮诸军及汉蕃弓箭手蕃兵"常经召募赴安南行营,染有瘴疠者,御药院以安南军前治瘴药方下逐路经略司修合,随病证给赐",②在广南作战的西北士兵易沾染瘴气,朝廷将御药院的治瘴药方颁赐诸路。元丰四年(1081年),朝廷遣勾当御药院刘惟简前往延州(今陕西延安),安抚刚从前线撤回的将帅,赐以银合茶药及钱物。逃兵本不当受赐,刘惟简上疏说:"士卒去父母妻子,入万死一生之地,不幸将臣违圣略,失绥抚,粮食不继,逃生以归,其情可贷",将帅应承担士兵逃归的主要责任,故推赏当恩及逃兵,宋神宗深以为然。③ 宋高宗绍兴三十一年(1161年),两浙西路马步军副总管兼提督海船李宝取得胶西大捷,朝廷除诏书奖谕外,还派遣干办御药院贾竑押赐金合茶药、金酒器等物,不久又遣干办御药院陈子常押赐旌节、官告、鞍马。④

除给赐药品、时令及生辰礼物外,御药院还配合其他部门筹备郊赉物品,如备受皇帝信赖的宦官李宪曾三次出任御药院长官,任职期间,"所有南郊支赐,缘宪勾当御药院三,昼夜执事,最为勤劳",李宪也因此特旨除授昭宣使。⑤

管勾往来国信所简称"国信所",专门负责辽使(南宋为金使)交聘之事,设于宋真宗景德四年(1007年),绍兴和议后改称主管往来国信所。在宋朝的对外关系中,宋与辽、金的交往最受重视,交聘规格远甚他国,故国信所实际上长期直接受命于枢密院,宋神宗朝以后隶属入内内侍省。国信所设管勾官二至三人,以都知、押班充任,⑥掌"契丹使到阙见辞及在馆接伴、支赐例物,并朝廷遣使合行之事",安排辽、金使到阙,朝见、朝辞,接待及支赐例物等,使节若不幸在宋朝境内亡故,国信所还需要处理赙赠事宜。如宋神宗熙宁三年(1070年),国信所上报:"贺同天节辽使至临清驿,有契丹迪列子夷离根夜刺同宿契丹,死者四人,伤者十二人,除孝赠钱绢外,余未敢支

① (宋)周密:《武林旧事》卷3《岁晚节物》,西湖书社1981年版,第47页。
② (宋)李焘:《续资治通鉴长编》卷283,熙宁十年七月丙子,第6941页。
③ (宋)李焘:《续资治通鉴长编》卷320,元丰四年十一月丙午,第7727—7728页。
④ (宋)李心传:《建炎以来系年要录》卷195,绍兴三十一年十二月辛丑,第801页。
⑤ (宋)李焘:《续资治通鉴长编》卷258,熙宁七年十一月己巳,第6297页。
⑥ (清)徐松辑:《宋会要辑稿·职官》36之32—33,第3087—3088页。

赐。"①宋高宗绍兴二十二年(1152年),主管往来国信所上言:

> 今重别参酌到大金都管、上节到阙未回程身死支赐,欲都管锡银五百两,上节赐银四百两。其都管、上节沿路到阙应合给例物并赐。所有支赐银,如到阙下,左藏库支供,令馆伴使、副给赐;沿路下转运司应副,令接送伴使、副给(使)[赐],并作朝廷意度。其中、下节支赐银等,并依绍兴十九年十一月已降指挥施行。所有三节人孝赠钱绢,缘已有支赐银,今后依近降指挥,更不支给。②

国信所参照北使赙赠法,可单独处理赙赠事宜。若无对应条款,国信所则要参照旧例,拟定初步意见,经有关部门审核后送至礼部,由礼部最终定夺。遇至疑难问题,国信所还常与礼部、太常寺等相关部门议定,如宋孝宗淳熙十六年(1189年)八月,礼部、阁门、太常寺、国信所共同上言:"将来贺登宝位使人到阙,合于紫宸殿赐筵宴,不用乐,不簪花。"宋光宗绍熙二年(1191年)二月八日,金国报哀使到阙,就宴会上是否赐花的问题,管勾往来国信所与礼部、太常寺共同参照载于《国朝会要》的宋真宗大中祥符三年(1010年)的类似事例,最后议定不再簪花;十七日,礼部、阁门、太常寺、国信所共同议定金国报哀使所赐衣带例物。③

合同凭由司和内东门司主要负责内库的财物出入管理。合同凭由司,曾用名"传宣合同司",简称"合同司",④主要负责签发财务证券:"祖宗旧制,在内官司遇有宣索之物,并先次经由合同凭由司",⑤朝廷规定经由合同凭由司领取财物,故合同凭由司每年经手的物资多达数百万:"岁取金银钱帛率以百万计"。⑥ 特恩赏赐多由合同凭由司签发凭证:"禁中宣索之物,给其要验,凡特旨赐予,皆具名数凭由,付有司准给",⑦然后出具给相关部门。

宋初财务出纳的管理制度尚不健全,使臣传宣取物多是口传诏旨,"先是,内庭宣索及殿前赐赍,移文库务,未有专领其事者",并无任何书面文字材料,一些人乘机"因缘盗取钱物"。为杜绝漏洞,宋太宗太平兴国四年

---

① (宋)李焘:《续资治通鉴长编》卷210,熙宁三年四月丁卯,第5095页。
② (清)徐松辑:《宋会要辑稿·职官》36之50—51,第3096—3097页。
③ (清)徐松辑:《宋会要辑稿·职官》36之64,第3103页。
④ (宋)高承撰,金圆、许沛藻点校:《事物纪原》卷6《合同司》,中华书局1989年版,第334页。
⑤ (宋)佚名:《皇宋中兴两朝圣政》卷57《复合同凭申法》,第1755页。
⑥ (宋)佚名编,汝企和点校:《续编两朝纲目备要》卷2,第21页。
⑦ (元)脱脱等:《宋史》卷166《职官志六》,第3940页。

(979年)置合同凭由印,由左藏库副使刘蒙正、供奉官郭延濬共同掌管。①
宋真宗天禧年间(1017—1021年),入内内侍省下设合同凭由司,有监官二
人,"凡传宣取库物,令内臣自赍合同凭由送逐处已,乃缴奏下三司出破
帖",②内侍持合同凭由公文领取库存物资送至各处,合同缴奏后下三司注
销。天禧二年(1018年),朝廷规定使臣宣赐须有凭证,天禧五年(1021年)
再铸合同凭由印。③ 宋仁宗朝内侍多先用白札子传令宣召,而后再降合同,
"其间或称禁中兑换物色,及支外以余物还库",管理上的漏洞催生了浑水
摸鱼之徒,明道二年(1033年),朝廷重申内侍取物须用合同。④ 宋神宗元
丰七年(1084年),朝廷诏令:"合同凭由司系掌御前密赐及非泛取过、造作、
赐物等给降凭由除破,今后并不隶省、台、寺所辖,止隶入内内侍省掌管"⑤,
再次明确了合同凭由司的职权范围及所隶部门。宋孝宗淳熙六年(1179
年)朝廷规定,领取库存物资时,内侍省要开具两份合同凭由公文,填写支
领数目,并由传宣使臣签字。一本交付传宣使臣,作为提取财物的凭证,另
外一本令内侍省"画时寔封",密封后差专人送往所取库务查验真伪。合同
缴奏后下户部注销,南库、封桩库则下提领所注销,⑥相互查验,并及时注销
凭证。

　　内东门司简称"内东门"、"门司",前身为内库门取索司,其职能据《宋
会要辑稿》引《两朝国史志》称:"掌宫禁人物出入,周知其名数而讥察之。
承接机密实封奏牍、内外功德疏。"《神宗正史·职官志》载,宋真宗景德三
年(1006年)诏令,内东门司"承诏有所须索、赐予,则誊报所隶而留其底。
贡奉之物则受而注籍以进。奏对干机速亦如之。"⑦高承《事物纪原》则载
其职能为:掌"宣索库务宝货,及贡献纳于内中、修造宴设事"。⑧ 据上分析,
内东门司除承接外臣章奏,通进入内外,还负责清点上供财赋,并登记造册。
遇至索取、赐予之事,一般先由合同凭由司签发合同,内东门司抄录,并留底
存档,再由传宣使臣到库务提取指定物品。⑨

---

① (宋)李焘:《续资治通鉴长编》卷20,太平兴国四年十二月丁卯,第466页。
② (宋)李焘:《续资治通鉴长编》卷113,明道二年十月辛丑,第2638页;(清)徐松辑:《宋会
　　要辑稿·职官》36之14,第3078页。
③ (宋)高承撰,金圆、许沛藻点校:《事物纪原》卷6《合同司》,第334页。
④ (宋)李焘:《续资治通鉴长编》卷113,明道二年十月辛丑,第2638页。
⑤ (清)徐松辑:《宋会要辑稿·职官》5之36,第2480页。
⑥ (宋)佚名:《皇宋中兴两朝圣政》卷57《复合同凭申法》,第1755页。
⑦ (清)徐松辑:《宋会要辑稿·职官》36之28,第3068页。
⑧ (宋)高承撰,金圆、许沛藻点校:《事物纪原》卷6《内东门》,第333页。
⑨ (清)徐松辑:《宋会要辑稿·职官》36之28、29,第3085—3086页。

奉诏传送物品的内使多接受来自受赐方的回馈,并已形成惯例,礼金一度高到让人难以接受的地步:"军校有亡殁者,赐钱五十千,其家以十千奉使臣",赙物本是朝廷给予丧家的抚恤金,竟被内使拿走五分之一,故宋真宗朝曾明令禁止内使过当收取费用。大中祥符二年(1009年)七月,朝廷诏令:"内使宣赐,有送钱者,宜令本省差定其数,勿使过当",①限制收受过高的礼金。此项规定的约束力并不强,受赐方回赠内使,不仅仅出于惯例或礼节,更像是一种感情投资的方式,故礼金不但未减,反而有增长的趋势。如朝廷每年例赐宰执新火冰,被差遣的内使有"快行家"之称,能捞取不少好处,最初礼金为1贯,宋神宗元丰元年(1078年)吴冲卿为相期间增至5贯,"其后御药院遂为故事",宋徽宗宣和年间(1119—1125年)获赠金额竟高达50贯,②这也从侧面反映出时局的某些端倪。

南宋对外遣的内使管束较严,一般不允许私相授受礼金,若受赐一方有所馈赠,内使须上报朝廷,得到特许后方可接受。如建炎四年(1130年)六月,朝廷遣内使苏渊前往韩世忠军赐予茶药,韩世忠回赠苏渊银200两作为礼金,苏渊不敢欺瞒,如实上报,宋高宗借机强调道:"朕以往来稍劳,特许之受。朕凡遣内侍,不容辄受一毫私馈,或因使命有,但非得旨不可受。朕待此曹,每告戒约束,凡小过失或略而不问,至于故犯则必痛惩之,未尝恕免。"③若隐瞒不报,一旦事发,则受到惩处,如绍兴十年(1140年)内侍陈腆受命慰问刘锜,除按例收受银500两外,陈腆又私自收受银650两。事发后,陈腆被押送大理寺治罪。④ 自北宋始,奉诏前往防区慰问的内使便明令禁止收受额外礼金,如宋仁宗庆历六年(1046年),朝廷诏令"赐三路夏药使臣,毋得受边臣所遗金帛。"⑤绍兴二十七年(1157年),朝廷禁止遣往四川地区的内使私自接受、索取额外馈赠:"今后差往川中赐夏、腊药内侍,经由去处,如敢收受例外馈送,及非理须索买卖骚扰,仰守臣具申尚书省、枢密院,取旨施行。"⑥以防骚扰边防重地。不过,虽有明文规定,但违规之事常有发生,故自绍兴末年始,进奏院开始取代内侍宣赐夏、腊药。⑦

---

①　(清)徐松辑:《宋会要辑稿·职官》36之6,第3074页。

②　(宋)叶梦得撰,宇文绍奕考异,侯忠义点校:《石林燕语》卷5,中华书局1984年版,第67页。

③　(清)徐松辑:《宋会要辑稿·职官》36之24,第3083页。

④　(宋)李心传:《建炎以来系年要录》卷137,绍兴十年七月丙辰,第326册,第827页。

⑤　(宋)李焘:《续资治通鉴长编》卷158,庆历六年四月辛未,第3826页。

⑥　(清)徐松辑:《宋会要辑稿·职官》36之26,第3084页。

⑦　(清)徐松辑:《宋会要辑稿·职官》52之16,第3568页。

七、客省、阁门司、进奏院等

客省最早设于南朝，唐末五代以来职责渐重，至北宋成为内诸司之一，曾与四方馆、磺门一起并称横行三司，而横行诸司是宋朝内廷与外朝沟通的桥梁，起着重要的上传下达的作用，尤其是客省自宋初以来即负有签发支赐之职，如宋太祖、太宗两朝"藩镇牧伯，沿五代旧制，入觐及被召、使回，客省赍签赐酒食"，客省负责签赐招待外任官的酒食。宋真宗朝规定："仆射、御史大夫、中丞、节度、留后、观察、内客省使、权知开封府，正、至、寒食，并客省赍签赐羊、酒、米、面。"①宋徽宗崇宁二年（1103 年），礼部上奏："客省签赐臣僚正旦、寒食、冬至节料，并到阙赐生饩羊。"客省长期取旨签发节庆赏赐物品等。政和二年（1112 年），朝廷扩大了横行五司的职能，客省使的职权随之扩充：

> 客省掌信使到阙仪范，伴赐酒食，并臣僚等节仪、节料、生饩之事。……节仪、节料：立春、春秋社、寒食、端午、初伏、重阳，宰臣、亲王以下至观察使，签赐节仪；正旦、寒食、冬至，宰臣、亲王以下至诸司使带遥郡，签赐节料；立春、春秋社、寒食、端午、初伏、重阳，签赐诸蕃国节仪；正旦、寒食、冬至，签赐节料；检举生日，宰臣、亲王、皇子、宗室及不系宗室开府仪同三司。②

客省使负责签发支赐外来使节的酒食以及官员的节日及生辰礼物。

阁门司是晚唐至两宋时期联结内廷与外朝的信息沟通之要路，充当着皇帝／政府与百官之间的"传话人"的角色。③ 阁门司虽非赏赐管理的核心部门，却是其中的关键一环："军头司、阁门每日御前宣赐及随驾准备赐物"，④和军头司共同负责每日御前宣赐，以及随驾赏赐物品。如宋仁宗景祐三年（1036 年），阁门司制订了驾幸宫观、寺院支赐茶绢细则。⑤ 嘉祐五年（1060 年）阁门司出台法令，禁止臣民乞求恩赏。⑥ 宋神宗熙宁元年（1068 年）二月，三司在谈及祗候库遗失官物一事时曾说："缘本库（祗候

---

① （元）脱脱等：《宋史》卷 119《礼志二十二》，第 2800、2802 页。
② （清）徐松辑：《宋会要辑稿·职官》35 之 5—6，第 3062—3063 页。
③ 赵冬梅：《试论通进视角中的唐宋阁门司》，《历史研究》2008 年第 3 期。
④ （清）徐松辑：《宋会要辑稿·食货》52 之 35，第 5716 页。
⑤ （清）徐松辑：《宋会要辑稿·礼》52 之 8—9，第 1557—1558 页。
⑥ （宋）李焘：《续资治通鉴长编》卷 191，嘉祐五年六月甲申，第 4629—4630 页。

库)每日支出物色,赴军头司、阁门等处,准备对御取索支赐",①这里提到了日常赏赐物品的保管、出库、调拨等问题,即每天有大量的赏赐物品从祗候库发至军头司、阁门司等处。

阁门司有东上阁门司、西上阁门司之分,前者与赏赐关联较多,主要负责"朝会、宴集、视朝、前后殿起居、臣僚见谢辞班、仪范赞引、恩礼锡赐、承旨宣答、纠弹失仪、行幸前导、信使到阙授书、庆贺捧表"等多与吉礼相关的事务。② 如宋高宗绍兴十六年(1146年)文思院接到制作绢花的指令,需要阁门司配合查验。阁门司上报说,宋徽宗宣和年间(1119—1125年)耤田亲耕回銮虽未赐花,不过"今来系亲享先农行礼",情况有所不同,故建议依"亲享例"赐回銮花。③

东上阁门司负责的"恩礼锡赐"特指以下范围:"特旨改赐章服,大臣特恩异物,赐臣僚告敕,臣僚等见、谢、辞,赐衣带等分物,诸蕃国进奉见、辞赐例物"。对于各国使节朝见、朝辞的例赐物品及相关礼仪,东上阁门司需配合其他部门完成准备、检核、审议等。如提前将外来使节的职次、人数等相关信息报给不同部门:提前一天将溪洞进奉人的情况报祗候库,提前两天将高丽贡使的情况报太仆寺等。④ 淳熙十六年(1189年)二月,礼部、阁门司、太常寺、国信所共同商议报哀使节到阙后的相关礼仪,如"所赐衣带例物,合依自来体例给赐"。同年八月,阁门司与上述机构共同申报:"将来贺登宝位使人到阙,合于紫宸殿赐筵宴,不用乐,不簪花",⑤商定宴会礼仪。

进奏院与赏赐事宜也有一定关联。宋初沿袭唐制,在京城置诸道进奏院,进奏院"凡朝廷政事施设、号令赏罚、书诏章表、辞见朝谢、差除注拟等合播告四方令通知者,皆有令格条目,具合报事件誊报",⑥掌官府文书的上传下达,并负责信息的收集与传播。进奏院主要通过以下两种方式介入赏赐相关事务。

其一,通过发放邸报宣扬典型的奖惩事例。进奏院"逐旬发外州军报状,盖朝廷之意,欲以迁授降黜示赏功罚罪,勉励天下之为吏者",⑦以达到

①　(清)徐松辑:《宋会要辑稿·食货》27之4,第2938页。
②　(清)徐松辑:《宋会要辑稿·食货》35之8,第3064页。
③　(清)徐松辑:《宋会要辑稿·礼》6之23,第489页。
④　(清)徐松辑:《宋会要辑稿·食货》35之8—10,第3064—3065页。
⑤　(清)徐松辑:《宋会要辑稿·职官》36之64,第3103页。
⑥　(清)徐松辑:《宋会要辑稿·职官》2之51,第2397页。
⑦　(清)徐松辑:《宋会要辑稿·刑法》2之29,第6510页。

惩恶扬善的目的。邸报又称进奏院状、官报、报状、朝报等,定期发放,邸报获取信息的常规途径大致有两种,一种是职能部门定期汇总典型事例送至进奏院,如朝廷曾要求中书、枢密院按月将事例汇总给进奏院:"中书委检正官、枢密院委检详官逐月录事状付进奏院,誊报天下",以"擢用材能、赏功罚罪";①尚书省则按季度汇总文武百官的赏罚惩劝,交付进奏院,通过邸报颁行全国。② 如南宋初年宋高宗曾赐秦桧宅第,此事刊登于邸报,有朝臣目睹后写道:"伏睹邸报,六月初三日,车驾幸太师仆射相公赐第者,里旅劝功,帝赉已居于轮奂,宅章既定,天临更驻于和銮。事绝前闻,欢腾无外",③谄媚之态跃然纸上。邸报获取资料的另一种途径则是进奏院到相关部门收集,如对那些"合厘为在京法应赏功罚罪",进奏院"每月下六曹取索,择其可以惩劝事上省。进奏院承受镂板,颁降诸路州军监司及在京官司",进奏院搜集奖惩的典型事例,并按月印刷邸报,颁至中央及地方各级部门。进奏院还曾请求朝廷支拨经费和纸张:"进奏官颁降赏功罚罪,乞量行支镂板工墨钱。本司约度,欲每季支钱一百贯,五抄纸五千张,临时以字数多寡置历支使。如不足,即贴之。仍限次季申比部驱磨",④对每季度邸报印刷所需费用和纸张进行了大体预算。

其二,递送赏赐物资。王安石《赐衣服银绢等谢表》曾提及进奏院将赏赐物品送至居所,"今月十一日准进奏院递到诏书、并别录赐臣衣服金带鱼袋银器绢银鞍辔马者"。⑤ 以往由内侍宣赐夏腊药,但内侍所到之处常惊动地方,往来接送多为烦劳。宋高宗绍兴末年,诸路安抚制置使及诸军主兵官所赐夏腊药不再由内侍宣赐,改由递送,规定进奏院负责发送,⑥省去了人情往来的费用。进奏院无论以何种方式介入赏赐事务,都与其本身所具有的上通下达的功能密切相关。

上述这些职能部门往往需要通力合作,一道赏赐法令的下达与执行常涉及多个部门和机构。如宋哲宗元祐元年(1086 年),右司谏苏辙曾上言,诸路召募押纲符合奖赏条件之人在诸库务给凭据后,还需经太府寺以印纸保明以闻,然后申报金部,金部勘验核实后送报司勋部复审,复审过后交由

---

① （清）徐松辑:《宋会要辑稿·职官》2 之 47,第 2395 页。
② （清）徐松辑:《宋会要辑稿·职官》4 之 4,第 2438 页。
③ （宋）张嵲:《紫微集》卷 26《贺秦太师车驾幸赐第启》,文渊阁四库全书影印本。
④ （清）徐松辑:《宋会要辑稿·职官》2 之 44、48,第 2393、2395 页。
⑤ （宋）王安石:《临川先生文集》卷 59《赐衣服银绢等谢表》,第 638 页。
⑥ （清）徐松辑:《宋会要辑稿·职官》52 之 16,第 3568 页。

吏部施行。① 仅勘验审核这一环节就须经过太府寺、金部、吏部三处机构。贾似道权炙熏天,惠及其母,宋度宗咸淳十年(1274年)贾母胡氏身亡,丧事之盛大世所罕见。史载:

> 择日车驾幸临奠,差内侍邓惟善主管赦葬,特赐谥柔正。……且令帅、漕、州、司相视,展拓集芳园、仁寿寺基,营建治葬,于内藏库支赐赙赠银绢四千匹两,又令户部特赐赙赠银绢二千匹两,皇太后殿又支赐赙银绢四千匹两,又令帅、漕两司应办葬……又令两司建造赐第于城中……又令有司于出殡日,特依一品例给卤薄、鼓吹……又依所奏,将绍兴府公使库径行拨赐。……又令两司踏逐建造赐第。②

丧事办理涉及多个部门,中央上如入内内侍省、户部、内藏库等,地方机构如安抚使司、转运司、公使库等。贾母身份特殊,丧事办理虽不具代表性,不过,我们仍可从中看出宋代管理赏赐事宜的机构和部门较多,这恰与当时官制人浮政滥、叠床架屋、备受诟病的情形相符合。

第二节　地方各级管理机构

宋朝在地方上的职能部门有不少与赏赐相关,如诸路转运司、提点刑狱司、经略安抚司、宣抚使司及总领所等机构,这些路级机构大多为赏赐制度的推行提供了财政支持,并起着通融调剂、稽查审核的作用。

一、转　运　司

转运司是宋代主要的路分机构,事务最为繁重:"边防、盗贼、刑讼、金谷、按廉之任,皆委于转运使……转运使于一路之事,无所不总也",③兼及一路治安、司法、赋入、按察等。作为介于中央与州军之间的财政机构,督征地方财赋转输中央是转运司最重要的职责:"掌经度一路财赋,而察其登耗有无,以足上供及郡县之费",④故转运司又称"漕司"、"漕台"。除督征地方赋入外,转运司还负责在本路各州军之间调剂余缺,实行财赋的通融计置。转运司具有双重身份,既是中央计司的派出机构,号称"外计",又兼一

① （宋)李焘:《续资治通鉴长编》卷373,元祐元年三月辛巳,第9035—9036页。
② （宋)周密撰,吴启明点校:《癸辛杂识》前集《贾母饰终》,第48页。
③ （元)马端临:《文献通考》卷61《职官考十五》,第1848页。
④ （元)脱脱等:《宋史》卷167《职官志七》,第3964页。

路的财政总管。①"自国初以来,内则三司,外则漕台,率以军储为急务",②
筹措包括军赏在内的军费是其应有之职。

三年一次的郊赍耗资巨大,作为地方财政总管,转运使通常需要提前筹
备物资。如宋高宗绍兴元年(1131年)举行大礼,"内外诸军犒赐,凡一百六
十万缗,而户部桩办金银钱帛三百五万四千七百余贯匹两,皆委官根括于诸
路",③数百万物资皆由地方筹措,户部虽委派官员督办,具体事务却由各路
转运使操办完成。

在大礼到来之前,除应付中央外,转运司还需筹备、调拨本路郊赏物资,
因诸路经济发展水平很不平衡,有时需要中央在路分间调拨均济。如广南
西路转运司每年从广南东路调拨郊赍物资,或于本路宽剩役钱内支拨。宋
哲宗元祐元年(1086年),广南西路转运司上报说,本路和籴、郊赏及来年诸
军春衣等共需钱15万余贯,"望依每年例,下广东韶、惠二州,于铸到钱或
于本路宽剩役钱内支拨应副",乞请按例调拨物资,这笔费用最终出自本路
常平钱。④ 宋徽宗建中靖国元年(1101年),广南西路转运司再次乞请从提
刑提举司钱内调拨资财,以供官兵郊赍。⑤

非常时期、特殊地区的郊赏物资则需要中央的额外支援,或从朝廷府库
调拨,或从封桩钱内支取。有些地区则因天灾等自然因素,当年储备不足,
需要朝廷调拨物资。如宋神宗熙宁十年(1077年)淮南东路发生灾荒,赋入
困难,朝廷将坊场钱5万缗拨给转运司,作为当年冬衣及南郊赏赐的盐本
钱。⑥陕西、河北、河东三路地处前沿阵地,长期饱受战争困扰,为重兵集结
之地,尤其需要财政支持。熙宁七年(1074年),朝廷拨给永兴军等路转运
司所铸折二钱10万缗,以备夏籴、冬衣及郊赏等费;⑦元丰六年(1083年),
户部将永兴军铸钱监封桩锡本钱10万缗拨为郊赏钱,若仍不足额,则允许
支拨华州、陕府钱监铜锡本钱;宋哲宗元祐元年(1086年),陕西路转运司乞
请从封桩钱内支拨郊赏钱,诏划拨常平钱10万缗,⑧河东转运司则请求朝
廷支拨290万贯现钱,"以备将来郊赏"。⑨

① 包伟民:《宋代地方财政史研究》,上海古籍出版社2001年版,第25—26页。
② (元)脱脱等:《宋史》卷194《兵志八》,第4846页。
③ (宋)李心传:《建炎以来系年要录》卷47,绍兴元年九月辛亥,第325册,第646页。
④ (宋)李焘:《续资治通鉴长编》卷375,元祐元年四月乙巳,第9100页。
⑤ (清)徐松辑:《宋会要辑稿·食货》49之24,第5645页。
⑥ (宋)李焘:《续资治通鉴长编》卷281,熙宁十年四月丁未,第6897页。
⑦ (宋)李焘:《续资治通鉴长编》卷251,熙宁七年三月庚申,第6130页。
⑧ (清)徐松辑:《宋会要辑稿·礼》25之16,第962页。
⑨ (宋)李焘:《续资治通鉴长编》卷375,元祐元年四月乙巳,第9100页。

　　诸路军赏原则上由转运司解决,若有缺额则上报朝廷。如宋神宗熙宁六年(1073年),成都府、利州路(今四川广元)钤辖田諲至泸州负责与少数民族征战事宜,犒设物资由转运司筹措应付。① 元丰七年(1084年),京东转运司曾将前年所收息钱73000余缗拨给河东保甲司,以作赏赐费用。② 宋哲宗元祐四年(1089年)朝廷下令,陕西、河北、河东路保甲冬季校阅的赏赐由转运使筹措,"其合用赏物令转运司应副",要求转运司提前筹办备足,否则将处以重罚。③ 元符三年(1100年)诏令,各路军赏物资若有短缺,允许转运司从系官钱和封桩钱物内借支。④ 上述事例反映了转运司在地方上具有通融调剂、移盈补缺的功能。

　　因转运司还负责一路治安,故也支拨捕盗赏钱。如宋神宗元丰元年(1078年)朝廷下令,捕盗公人罚铜钱充作转运司的捉贼赏钱。⑤ 宋哲宗元祐四年(1089年)朝廷规定,各路捕盗赏钱半数支用提刑司场务钱,半数由转运司筹措。⑥

　　转运司负责支付赙赠物品。外任官赙赠物品在当地支给,"诸赙物及粟,皆出所在仓库,得旨则给",⑦多由转运司发放,⑧如四川宣抚使吴玠的赙物由当地都转运司给付。⑨ 在京城身亡的外国使节由左藏库供应赙物,若在途中身亡,则由转运司给付。⑩

　　除调拨、筹措各类赏赐物资外,转运司仍发挥着重要的监察职能。宋哲宗元祐三年(1088年)正月,沅州(今湖南芷江)都巡检邱仲文等斩获敌首48级,诏令湖北转运使李茂直前往核实,询问战况,速报推赏之人。⑪ 转运司与其他路级机构如提点刑狱司、安抚使司及提举常平司并立,彼此相互监督。因担心军赏物资有所亏损,又"士卒素骄,亦须镇静",为慎重起见,宋仁宗朝枢密院曾令河北诸州军禁军、厢军军赏折价支付的各类物品由转运

①　(宋)李焘:《续资治通鉴长编》卷245,熙宁六年五月乙丑,第5960页。

②　(宋)李焘:《续资治通鉴长编》卷345,元丰七年四月丁丑,第8272—8273页。

③　(清)徐松辑:《宋会要辑稿·食货》49之22,第5644页。

④　(宋)李焘:《续资治通鉴长编》卷520,元符三年正月辛巳,第12373页。

⑤　(宋)李焘:《续资治通鉴长编》卷287,元丰元年闰正月丙戌,第7030页。

⑥　(宋)李焘:《续资治通鉴长编》卷421,元祐四年正月丁酉,第10195页。

⑦　(宋)佚名撰,天一阁博物馆等校证:《天一阁藏明钞本天圣令校证》卷29《丧葬令》,第203页。

⑧　(宋)李焘:《续资治通鉴长编》卷214,熙宁三年八月甲申,第5225页。

⑨　(清)徐松辑:《宋会要辑稿·礼》44之21,第1442页。

⑩　(清)徐松辑:《宋会要辑稿·职官》36之50,第3096页。

⑪　(宋)李焘:《续资治通鉴长编》卷408,元祐三年正月丙辰,第9920页。

司、提点刑狱司"分头遍行点检",军赏物资"若是估价尚高,便仰重行估计"。① 一方面朝廷欲使估价达到正常水平,以稳定军心;另一方面,朝廷要求两大"监司"分头检核军赏物资,路级机构互察,以防范地方欺瞒行为。

二、提点刑狱司

提点刑狱司是宋代路级机构中另一与赏赐事宜密切相关的部门。提点刑狱司设立的初衷是为分割转运司事权,以分化、监督转运司的权力,并反过来接受转运司的监察,两大"监司"存在着互察的关系。提点刑狱司最初主要掌一路司法、监察等事务,之后职能逐渐增强:"虽专以刑狱为事,封桩钱谷、盗贼、保甲、军器、河渠事务寖繁,权势益重",②元丰初年开始涉足财计:"诸路转运及开封府界提点司桩管阙额禁军请受,令逐司更不问见管兵数有无少剩,止据元额月给钱粮,委提点刑狱及府界提举司拘收,于所在分别桩管;其见销减未尽合废兵级,即复于上件钱粮内支破,岁终具申枢密院"。③ 随着提点刑狱司职能的扩展,其涉及的赏赐事宜也在逐年增加,具体职责如下:

举荐、监察一路官吏是提点刑狱司的重要职能:"国家设提刑、按察之职,察群吏廉秽之状:其治绩尤著者,则必慰荐称举;贪懦不治者,则必体量按劾",④对政绩突出的地方官吏,提点刑狱司可向朝廷保荐,并提请褒奖。宋真宗大中祥符七年(1014 年),辰州(今湖南怀化)知州张纶在任期间为政清肃,甚有治声,提点刑狱司上报朝廷,提请旌赏。⑤ 宋神宗元丰二年(1079 年),邕州(今广西南宁)知州刘初申等取得了不凡战绩,提点刑狱公事刘宗杰上报朝廷,提请嘉奖。⑥

除举荐良吏外,提点刑狱司还常受命勘验地方官吏申报的业绩。宋代一直存在虚假的"狱空"现象,宋真宗大中祥符年间(1008—1016 年),朝廷采纳权判刑部慎从吉的建言,规定自后地方上报"狱空","委提点刑狱司据等第日数勘验诣实,书为印历",⑦提点刑狱司勘验核实,书写印历后奏报朝

① (宋)欧阳修撰,李逸安点校:《欧阳修全集》卷 117《乞不令提刑司点检赏给》,第 1788—1789 页。
② (元)马端临:《文献通考》卷 61《职官考十五》,第 1853 页。
③ (宋)李焘:《续资治通鉴长编》卷 290,元丰元年七月乙酉,第 7099 页。
④ (宋)包拯撰,杨国宜校注:《包拯集校注》卷 3《请令审官院以黜陟状定差遣先后》,黄山书社 1999 年版,第 224 页。
⑤ (宋)李焘:《续资治通鉴长编》卷 82,大中祥符七年四月癸亥,第 1871 页。
⑥ (宋)李焘:《续资治通鉴长编》卷 298,元丰二年六月甲辰,第 7253 页。
⑦ (宋)李焘:《续资治通鉴长编》卷 72,大中祥符二年十一月壬子,第 1640 页。

廷。宋徽宗朝各地频报"狱空",政和四年(1114年)十一月诏令:"州县狱空,并申提点刑狱司,类聚月终以闻",要求提点刑狱司累月上报。宋高宗知其必有蹊跷:"诸州申奏狱空,是将见禁罪人于县狱或相界藏寄",故加大监察力度,提点刑狱司也要按劾:"或有妄诞,即行按劾",①随时查验弹劾虚妄之徒。新法推行期间,各地兴修农田水利,不免有妄报业绩的地方官吏,宋神宗熙宁七年(1074年)十月诏:"兴修农田、水利应赏者,监司申司农寺,於邻路差官;余官及诸色人,委提刑司於别州县选官覆案保明",②要求提点刑狱司选派官员前往勘验,以防欺诈。

支拨捕盗赏钱,勘验捕盗功赏。随着宋代财经制度的变化,提点刑狱司的财经职能逐渐发展,仅次于转运司。③熙丰变法后,其财经职能有了进一步增强,拨款支费的项目逐渐增多,其中就包括捕盗赏钱。宋哲宗元祐四年(1089年)诏,京东路捕盗赏钱"五分支提刑司场务钱,余令转运司应付,诸路准此",④捕盗赏钱由两大监司各负责一半。南宋告捕私茶、盐贩的赏金若有不足,提点刑狱司可从经制钱内支拨,⑤捕获私贩矾者的赏钱也可在两大监司所管"不系上供诸色窠名钱内借支"。⑥提点刑狱司同时负有勘验捕盗功赏的职责。如宋高宗建炎元年(1127年),吏部尚书路允迪向朝廷反映,捕盗功赏存在若干漏洞,如"不见得贼人姓名、同伙行劫情由、赃钱数目、断遣罪名"等,故朝廷规定日后"应杀获强盗,别无生擒徒伴照证,令所属州军申提刑司勘验诣实",要求提点刑狱司勘察查实具体情形。绍兴元年(1131年)朝廷规定,各路保奏到捕贼酬赏案文不全者,要求提点刑狱司审验后再保奏,之后送司勋部复查、推赏。若司勋部复勘到保明不实的情况,相关人员则要受到惩处。绍兴三年(1133年),朝廷诏令二广提点刑狱司"常切按察",要求核查各类捕盗功赏,"提刑官失觉察,取旨罢黜",提刑官负有失察之责。⑦

核算、发放一路保甲、义勇的赏赐物品,并对赏罚制度进行监察。提点刑狱司本就有校阅一路保甲、弓手等任务,宋神宗元丰元年(1078年)以后,

①　(清)徐松辑:《宋会要辑稿·刑法》4之87、89,第6665、6666页。
②　(宋)李焘:《续资治通鉴长编》卷257,熙宁七年十月乙丑,第6269页。
③　方宝璋:《略论宋代提点刑狱司的财经职能》,《中国经济史研究》2015年第5期。
④　(宋)李焘:《续资治通鉴长编》卷421,元祐四年正月丁酉,第10195页。
⑤　(清)徐松辑:《宋会要辑稿·食货》32之29,第5372页。
⑥　(宋)谢深甫撰,戴建国点校:《庆元条法事类》卷28《茶盐矾》,黑龙江人民出版社2002年版,第389页。
⑦　(清)徐松辑:《宋会要辑稿·兵》13之1,第6968页;《宋会要辑稿·职官》10之2—5,第2601—2602页。

提点刑狱司开始主管各路保甲、义勇相关事务,其中包括对军用物资的发放,如对开封府界、五路保甲义勇包括郊赏衣赐的各项支费,提点刑狱司要提前做好预算。① 提点刑狱司还负责监管一路保甲的赏罚制度,如南宋初年,朝廷曾令提点刑狱司点检诸路民兵、保甲"劝沮诛赏之法",②以增强战斗力。

三、经略安抚司

经略安抚司是宋代地方上处置军赏的重要机构之一,简称经略司。宋代沿袭前制,最早于宋真宗咸平年间(998—1003 年)设置安抚使一职,宋仁宗朝安抚使制度开始推及诸路,如在荆湖南路设安抚司,在河北设四路安抚使等。经略安抚使司则分别设置在陕西路、河东路及广南东西路,陕西、河东诸路经略安抚使司的设立是为适应对西夏用兵的需求,广南东西路经略安抚使司则是为平定侬智高叛乱而置,③均带有明显的军事性质,后经略安抚司逐渐演变成路级常设机构。经略安抚使简称经略使,多由所在路的首州知州兼任,以直秘阁以上文臣充任,具体职责如下:

> 掌一路兵民之事;皆帅其属而听其狱讼,颁其禁令,定其赏罚,稽其钱谷、甲械出纳之名籍而行以法……帅臣任河东、陕西、岭南路,职在绥御戎夷,则为经略安抚使兼都总管以统制军旅。④

宋代经略安抚使具有战区军事长官的性质,职权略重,可颁行禁令,定夺赏罚,调配钱粮等,河东等地的经略安抚使以"绥御戎狄"之重任兼都总管,统制军旅要务,职权更重。司马光曾论及河东经略安抚使一职:总"一路之兵,得以便宜从事。及西事已平,因而不废。其河东一路,总二十二州、军,向时节度使之权,不能及矣",⑤认为河东经略安抚使的权限甚至超越了宋人极为忌讳的节度使一职。缘边地区经略安抚使掌一路军政,以维护边关为己任,职权确实比其他诸路要重,尤其在战争期间,经略安抚使对军赏的处置有时直接关系到战局的走向。大体上,经略安抚使负责的与军赏相关的事务主要有以下几项:

筹备、发放军赏物资。经略安抚司掌管一路粮草,以备大战之际的兵粮

---

① (宋)李焘:《续资治通鉴长编》卷 295,元丰元年十二月壬寅,第 7177—7178 页。
② (清)徐松辑:《宋会要辑稿·兵》2 之 42,第 6792 页。
③ (元)马端临:《文献通考》卷 61《安抚使》,第 1850—1851 页。
④ (元)脱脱等:《宋史》卷 167《职官志七》,第 3960 页。
⑤ (宋)李焘:《续资治通鉴长编》卷 196,嘉祐七年五月丁未,第 4749 页。

供给。在朝廷的再三协调和明确指令下,经略安抚使掌有统筹与发放本路军赏物资之责,这种职责在战争期间尤为突出。如宋神宗熙宁七年(1074年),内藏库支拨20万绢给熙河经略安抚司,熙宁十年(1077年)再拨绢15万匹、银5万两。① 元丰四年(1081年)七月,朝廷分别支拨鄜延、泾原、环庆、熙河、麟府路经略司金带15条,银带、锦袄700条领,银器1万两,交椅、水罐、手巾筒、水义子50副,鞍辔缨20副,象笏30面等;②八月,在环庆路经略司的请求下,朝廷陆续支拨敕告、宣头、札子850道,紫衣师号敕、度牒800道,公服100件、象笏70个、锦绮衣著,以及金带30条,交椅、水罐、手巾筒、水义子各50个等。③ 元丰七年(1084年),朝廷分别拨给秦凤路、环庆路经略司数量不等的绢帛。④ 宋哲宗元符二年(1099年),内藏库支拨银绢共200万匹两至鄜延、泾原、熙河、环庆路经略司。⑤ 上述物资均作为军赏由经略安抚司发放给立功将士。

上报功绩、保明申奏及评定等级等。如宋神宗熙宁六年(1073年),熙河路经略司上报河州(今甘肃临夏)立功将士共3527人。⑥ 熙宁十年(1077年),琼管军员赵秀迁三班差使,兵士周元等14人各转三资,并获赐绢帛,"以广南西路经略司言,秀等为交趾所掳,秀率元等窃兵仗由海道投廉州,又为黎峒所执,至是来归,故赏之。"⑦元丰四年(1081年),鄜延路经略副使种谔上报:"米脂川败西贼有功人,总兵官、走马承受各一员,机宜官七员,军主簿等十人,获级诸军、汉蕃弓箭手等四千余人,乞推赏。"朝廷遣勾当御药院刘惟简前往延州推赏,赐经略副使以下茶药,并赐禁军都指挥使钱、绢各七贯匹,都虞候以下按等级奖励,军卒则赐绢或绸一匹。⑧ 宋哲宗元祐二年(1087年),广南东路经略安抚司、都钤辖司上报,西染院使、本路钤辖杨从先率军抓获岑探,朝廷令经略安抚司上报立功将士名单:"余官吏等捕贼功赏,速具来上,当视轻重推恩",⑨以行推赏之事。

---

① (宋)李焘:《续资治通鉴长编》卷250,熙宁七年二月己巳,第6081页;卷280,熙宁十年正月己巳,第6853页。

② (宋)李焘:《续资治通鉴长编》卷314,元丰四年七月甲午,第7604页。

③ (宋)李焘:《续资治通鉴长编》卷315,元丰四年八月庚申,第7620页。

④ (宋)李焘:《续资治通鉴长编》卷348,元丰七年九月戊戌,第8354页;(清)徐松辑:《宋会要辑稿·兵》18之13,第7064页。

⑤ (宋)李焘:《续资治通鉴长编》卷505,元符二年正月丁卯,第12043—12044页。

⑥ (宋)李焘:《续资治通鉴长编》卷244,熙宁六年四月乙酉,第5937页。

⑦ (宋)李焘:《续资治通鉴长编》卷280,熙宁十年正月己巳,第6853页。

⑧ (宋)李焘:《续资治通鉴长编》卷320,元丰四年十一月丁未,第7730页。

⑨ (宋)李焘:《续资治通鉴长编》卷394,元祐二年正月乙亥,第9606页。

对上报的军功,经略司负有保明申奏之责。元符元年(1098年),熙河兰岷路经略司上报,权知兰州王舜臣统兵出塞,斩获敌首约三千级。朝廷令经略司"疾速保明功状以闻",①要求经略司保明申奏,并及时递交功状。朝廷令经略司依据战况以及军功赏格评定战功等级,如熙宁九年(1076年),熙河路经略司上报蕃官蔺毡纳支的战绩,朝廷要求经略司"具等第以闻",②申报评定等级。宋哲宗绍圣四年(1097年),朝廷诏令:"自今及准备军前出战使唤之人,虽立到功劳应赏者勿推。如在军显见有才武,可以部辖人马及准备出战使唤之人,即申经略司,从本司审察指挥,如立到功劳,即依格推赏。"③经略司可直接参照标准论功行赏。

奖励边区刺探军情者,并制订缉拿盗贼的奖赏条例。如宋神宗元丰元年(1078年),朝廷拨给经略司一笔款项,用以奖励蕃部刺探边情之人,"仍不得别支用",④不得挪用。宋哲宗元祐七年(1092年),枢密院上奏:"诸路探报多不实,缘赏轻,无以激劝。欲令陕西、河东经略司各以本司封桩或军资赏钱物给充探事支用,其沿边州、城、堡、寨将副旧得支用者,亦约数均给。"⑤边情不实的原因在于奖赏过轻,要求陕西、河东经略司以封桩或军赏钱物作为奖品,以保证充足的经费来源。经略安抚司还负责制订缉拿盗贼的奖励条例。因经略安抚使多由首州知州兼任,对地方治安不能免责,故宋神宗熙宁四年(1071年)朝廷有令:"如闻陕西北来强劫贼盗稍多,未见捕获,令五路经略安抚司重立购赏",⑥要求陕西五路经略安抚司加大悬赏力度,以激励人们的主观能动性。

四、宣 抚 使 司

宣抚使司是宋代地方上处置军赏的另一重要机构,为宣抚使的治所,设置于沿边军事重镇。宣抚使司设立的初衷是为方便边区根据战情调整攻防战略,负责统筹边区军事部署,以主持军政为主,故推功行赏在其职责范围之内。宣抚使又称宣使、宣相,"是宋朝地方上统辖各大战区军政事务的重要使职官员,堪称宋代地方上影响力最大的官员。"⑦宣抚使多以执政官充

---

① (宋)李焘:《续资治通鉴长编》卷494,元符元年二月戊申,第11757页。
② (宋)李焘:《续资治通鉴长编》卷273,熙宁九年二月己丑,第6676页。
③ (宋)李焘:《续资治通鉴长编》卷493,绍圣四年十一月乙丑,第11697页。
④ (宋)李焘:《续资治通鉴长编》卷294,元丰元年十一月甲戌,第7163页。
⑤ (宋)李焘:《续资治通鉴长编》卷470,元祐七年二月己未,第11218页。
⑥ (清)徐松辑:《宋会要辑稿·兵》12之2,第6953页。
⑦ 汪圣铎、郑丽萍:《北宋中期宣抚使角色的转型》,《河北学刊》2009年第1期。

任:"祖宗以来,所置使名莫重于宣抚。多以现任执政官充使"。① 宋仁宗庆历年间(1041—1048年),两府执政大臣杜衍、韩琦、范仲淹等曾先后出任过河东、陕西宣抚使。

宣抚司负责发放、筹措军赏物资。如宋仁宗庆历二年(1042年),河东宣抚使杜衍赏赐本路诸军缗钱,并犒设多处屯兵。② 庆历三年(1043年)、庆历四年(1044年),朝廷曾先后发给陕西宣抚使韩琦、范仲淹空名、宣头100道,以备赏功。③ 宋神宗熙宁三年(1070年),宣抚司请求朝廷令转运司调拨钱10万贯至秦州(今甘肃天水)封桩,以备赈济、犒设投归者,朝廷"诏来年合赐夏国银绢,令宣抚司相度,分与四路安抚司阙用处封桩",④要求宣抚司统一筹划和调配赏赐给投诚者的物资。熙宁四年(1071年)三月,吏部侍郎、平章事、昭文馆大学士韩绛任宣抚使,朝廷拨发空名、告身、宣敕及锦袍、银带等物以备犒设。⑤ 同月,陕西、河东两路承担搬运粮草、材木、修筑堡寨等差事的禁军,及自京师至沿边急脚、马递铺兵士受赐特支钱,诏宣抚司按等级发放;并令宣抚司再赐入西夏境内征战及捉杀庆州(今甘肃庆城)叛军的士兵特支钱。⑥

宣抚司评议军赏,并将结果上报枢密院。如宋神宗熙宁四年(1071年),朝廷以"近令诸路再体量昨出军功状,今尚未至。赏久稽缓,后无以使人临敌死难"为由,督促经略司加紧上报鄜延路有功将官。⑦ 宋徽宗宣和四年(1122年),枢密院曾上言:"宣抚司申:统制王涣申,前去收复处州,其获级有功合转资、别作施行外,其余一级合支绢七匹。刘仪、张彦忠各三级,今比拟支绢共二十;何择五级,今比拟支赐绢三十五匹。关请施行。"⑧宣抚司提请枢密院按照相关条例奖励立功将士,斩获首级者除转资等奖励外,一级推赏7匹,将士刘仪、张彦忠因各斩获3级,提请推赏绢20匹;将士何择斩获5级,提请推赏绢35匹。宣抚司还有保奏以闻之责,宣和三年(1121年),应江浙、淮南等路宣抚使童贯的请求,诸路监司、知州、通判、州县官、

---

① (清)徐松辑:《宋会要辑稿·职官》41之24—25,第3178—3179页。

② (宋)李焘:《续资治通鉴长编》卷135,庆历二年三月丁巳,第3227页。

③ (宋)李焘:《续资治通鉴长编》卷142,庆历三年八月丁巳,第3423页;卷151,庆历四年七月壬午,第3668页。

④ (宋)李焘:《续资治通鉴长编》卷217,熙宁三年十一月戊申,第5280页。

⑤ (宋)李焘:《续资治通鉴长编》卷221,熙宁四年三月甲辰,第5390页。

⑥ (清)徐松辑:《宋会要辑稿·礼》62之44,第1716页。

⑦ (宋)李焘:《续资治通鉴长编》卷223,熙宁四年五月丁酉,第5425页。

⑧ (清)徐松辑:《宋会要辑稿·兵》18之23,第7069页。

巡尉捕盗应推恩之人需由宣抚司审核,保奏以闻,①作为一级担保单位向上呈报功绩。

宋代宣抚使处置军赏的职能随着权力的扩张而有所增强。南宋宣抚司权力增大,拥有对地方财赋部分的支配权。南宋初年为保证军队的充分供给,朝廷开始给予宣抚司辖区财权,催取地方赋税,虽财权很快收归监司,由四总领负责军队供给,但宣抚司仍保有财赋分拨的权力。南宋后期宣抚司权力再度扩张,四川宣抚司甚至可确定赋税增减,对内部财赋具有一定支配权。②

南宋宣抚司对地方财赋的支配权使其具备筹备和调拨大量军赏的能力,并在紧急状态下朝廷特许可便宜行事。如宋高宗绍兴二年(1132年),朝廷支拨福建宣抚司赏军钱10万缗,“听朱胜非自便”。③绍兴十年(1140年),朝廷特许川陕宣抚副使胡世将在紧急状态下,视情况先行处置赏罚等事宜。④宋孝宗乾道三年(1167年),虞允文出任四川宣抚使,乞请总领所于朝廷封桩钱引内支拨100万贯以备支用,并自行筹备余额,获得准许。⑤宋宁宗开禧三年(1207年),朝廷奖赏平定吴曦叛乱之功,共用银617770两,其中总领所支出612555两,宣抚司支出6175两;共用绢616924匹,其中总领所支出612906匹,宣抚司支出4315匹;共用钱引80250贯,其中宣抚司支出77250贯,朝廷特支3000贯。⑥总领所负责大半支出,而宣抚司也要承担一部分。

五、总 领 所

总领所,全称为“总领诸路财赋军马钱粮所”,是南宋地方上专门督办军费的重要机构。为战争所迫,南宋财政体制更加灵活机动,在地方上设置了中央的外派机构——总领所,“朝廷科拨州军上供钱米,则以时拘催,岁较诸州所纳之盈亏,以闻于上而赏罚之”,⑦总领的序位在转运副使之上,对地方财赋具有相对独立的支配权:“表面上隶属于户部,然其岁入岁出却不入户部财计,自己有支配管理上的机动权,而户部却无权随意调动按规定归

① (清)徐松辑:《宋会要辑稿·兵》18之21,第7068页。
② 余蔚:《论南宋宣抚使和制置使制度》,《中华文史论丛》2007年第1期。
③ (元)脱脱等:《宋史》卷27《高宗纪四》,第498页。
④ (宋)李心传:《建炎以来系年要录》卷135,绍兴十年五月庚子,第326册,第815页。
⑤ (清)徐松辑:《宋会要辑稿·职官》41之37—38,第3185页。
⑥ (宋)李心传撰,徐规点校:《建炎以来朝野杂记》乙集卷10《诛曦犒赐银帛数》,第660页。总领所和宣抚司分别承担的银、绢数相加,与总支数有出入,疑记载有误。
⑦ (元)脱脱等:《宋史》卷167《职官志七》,第3958页。

隶于总领所的财赋"。① 南宋共设置四大总领所,即四川、淮东、淮西、湖广总领所:"镇江诸军钱粮,淮东总领掌之;建康、池州诸军钱粮,淮西总领掌之;鄂州、荆南、江州诸军钱粮,湖广总领掌之;兴元、兴州、金州诸军钱粮,四川总领掌之。"②

因特殊的地理环境和重要的战略地位,四川总领所独立性更强,责任更重大,负责川陕驻军军费的供应,实际上是四川的都转运司,"无事之际,计臣得以擅取予之权。而一遇军兴,朝廷亦不问"③即是对四川总领所运作较为自如的概括。四川地区驻军数量大,军费的筹集与供应实属不易,关于军赏物资的发放问题还曾引发过争端。宋高宗绍兴三十二年(1162年)闰二月,兴元府(今陕西汉中)都统制姚仲受命进攻大散关,无功而返。姚仲幕属朱绂为邀功,上书四川总领王之望,声称军队"斗志不锐,战心不壮"的不利局面皆因赏格不重所致,既"不立重赏",又"何以责人",要求总领所筹措物资,"多与准备赏给钱物近一二百万"。此番嚣张的言行激怒了王之望,在王之望看来,军队胜败与赏赉轻重并无直接关系,而且"累次犒犒,朝廷支赐,自是诸军应报稽缓,文字才到,本所立便给散,略无留阻",王之望反驳道,在军赏问题上,四川总领所从未有过丝毫的拖欠行为,并言之凿凿,举出明证:"如秦州治平之功,得宣司关状,即时行下鱼关支散,何尝稍令阙误",④斥责朱绂罔顾事实。不过,王之望曾上书宰执,坦承本所在筹措军费期间遇到的重重困境:

> 见今三帅分头征讨官军,义士与招降之众几十二万人。前此用兵,无如今日犒赐激赏。籴博粮草之费已一千余万引。自休兵以来二十年间,纤微积累之数,及累次朝廷支降钱物,皆已费用,所存无几耳。今不之计而向去事势未有休息之期,战胜则有重赏,纳降则有大费,皆不可预计。本所若常无数百万以准备应付缓急,何以枝梧晓夕,忧惶未知攸济兹者。⑤

除驻防大军外,四川地区又增加了数十万的义军和降卒,除去日常的军费供

---

① 汪圣铎:《两宋财政史》,中华书局1995年版,第132页。

② (清)徐松辑:《宋会要辑稿·职官》41之44,第3188页。

③ (宋)李心传撰,徐规点校:《建炎以来朝野杂记》甲集卷17《四川总领所》,第393页。

④ (宋)李心传:《建炎以来系年要录》卷198,绍兴三十二年闰二月癸未,第327册,第836—837页。

⑤ (宋)李心传:《建炎以来系年要录》卷198,绍兴三十二年三月丙寅,第327册,第852页。

应,军队打了胜仗需要重赏,招纳降卒也需要重赏,犒赏费用由此激增,在军费中的比例不断飙升,难以预计,只好增印钱引,以筹集军费。朱绂上书的当月,四川总领所增印钱引 100 万道,其中一半作为犒设费用;①同时支拨封桩钱物,如当年的四月,朝廷于四川总领所桩内划拨 20 万钱引,作为吴璘所率部众的激犒钱。②故王之望认为四川总领所至少需要常备数百万军用物资方可应付大小事宜,可见经营之难。

除上述路级机构外,州军一级单位负有相应职责。在大礼举行之前,州军常以各种名义向中央转输财赋,如宋真宗大中祥符九年(1016 年)五月,朝廷下诏,来年玉清昭应宫上玉皇大帝圣号宝册以及举行郊祀等事,诸军赏赐由内藏库拨发,诸州军监不必再以修贡、助祭为名转输财赋至中央,③这说明州军常以上述名义增加财赋,转输中央。宋代州军对机动财力的支配权十分有限,财赋应入载府库都籍,按制度支用,④通常不得擅自挪用。如宋仁宗朝张亢任渭州(今甘肃平凉)知州,"三司给郊赏,州库物良而估贱,三司所给物下而估高,亢命均其直以便军人",看起来合情合理却并不合法,故张亢被转运使以"擅减三司所估"为由按劾,一降再降,最后出知磁州(今河北磁县)。而庆州知州孙沔也曾面临军赏物资"物恶而估高"的情况,军士大为不满,并遭优人戏谑,孙沔痛斥道:"此朝廷特赐,何敢妄言动众。"欲将优人斩首,在众人劝说下杖脊配岭南。⑤上述两种截然不同的处置方式反映了州军对机动财力的支配权较为微弱。不过在战争时期,州军又有一定的"便宜行事"之权,本文将在第六章有所述及,兹不再赘述。

本 章 小 结

宋朝统治者为实现权力的高度集中,无论在中央还是在地方上均设立了多重机构,使之相互牵制,分化事权,这种机构设置及运作模式有不少可取之处,尤其在非常时期,它能够通融调剂、移盈补缺,保障军赏物资的正常供给。不过,宋朝赏赐管理机构的设置存在"过犹不及"的弊端,表现在对各类赏赐物品的管理和分配上,即是财赋来源渠道不一,有三司、户部、内藏库、左藏库等多个管理和发放部门。其他职能部门多少也存在相同问题,如

---

①　(宋)李心传:《建炎以来系年要录》卷 198,绍兴三十二年闰二月乙未,第 327 册,第 842 页。
②　(宋)李心传:《建炎以来系年要录》卷 199,绍兴三十二年四月癸巳,第 327 册,第 863 页。
③　(宋)李焘:《续资治通鉴长编》卷 87,大中祥符九年五月甲辰,第 1988 页。
④　包伟民:《宋代地方财政史研究》,上海古籍出版社 2001 年版,第 58—61 页。
⑤　(宋)李焘:《续资治通鉴长编》卷 161,庆历七年九月甲戌,第 3886 页。

枢密院下设赏功房,与其职能重叠的有赏功司。又如宋朝赙赠由"鸿胪寺定例以闻",检会后的条例上报入内内侍省后还需再取旨,致使"有已襄事而未赐者",[①]丧事已完,而赙物却还未发放给丧家,优抚效果大打折扣。

宋代路级机构除职权有所交叉外,还负有互察之责,故关系错综复杂,既有产生摩擦冲撞的可能,又有分工协作的需求。相互制约又相互协作的机构设置是维持宋代赏赐制度在地方上正常运行的有效保障,有利于中央监控,减少地方欺瞒、截留、贪污等不法行径。如自开边以来,因监察不力,赏功太滥,宋哲宗元祐二年(1087 年),朝廷诏令陕西、河东逐路经略司详查战功,切实无误后,结罪保明以闻。同时令各路转运司、提刑司"常切觉察,如有妄冒,仰具实封奏闻,考验是实,其元保明官司当议重行降黜。并札与御史台,令采访弹奏。"[②]经略司、转运司及提刑司等路级机构均有按察之责,同时委派御史台定期访查,即时劾奏。

---

①　(清)徐松辑:《宋会要辑稿·礼》44 之 25,第 1444 页。

②　(宋)李焘:《续资治通鉴长编》卷 406,元祐二年十月丁亥,第 9882—9883 页。

第三章　宋朝物质赏赐的类型

宋朝物质赏赐类型较为多样,遍及政治、经济、军事、司法及外交等领域。宋朝既有以恩赏之名推行的恩惠类赏赐,又有以奖励先进为目的的事功类赏赐。

第一节　郊 祀 赏 赐

宋朝皇帝素以仁厚著称,这一形象是其在诸多领域长期地、广泛地施行恩赏的过程中形成的。规模最大的郊赉即是宋帝施恩的集中体现。郊祀有广义、狭义之别,广义的郊祀是指祭天大礼,包括南郊、明堂、祈谷大礼等,狭义的郊祀仅指南郊大礼。① 郊赉支费多集中在南郊和明堂大礼,而后者赏赐格式皆依照前者行事或稍有调整。② 汪圣铎先生曾指出,在祭祀支费中,赏赉居主要地位,祭祀本身耗费居次要地位。③ 本文主要考察南郊赏赐,兼及明堂。

一、郊祀赏赐的范围与物品

宋朝郊祀的赏赐对象最为广泛,"国家旧制,每遇郊礼,大赉四海,下逮行伍,无不霑洽",④上自皇亲贵戚,下至士庶百姓,家国内外,几乎无所不包。郊赉的主要受赐对象是官僚集团及军队系统,除外,还有宗室、吏人、高年、学生、工匠及周边政权等。

百官是郊赉的主体。按熙宁新制,宰臣、枢密使各赐银绢 1500 两匹,银鞍勒马 1 匹,担任大礼使的宰臣则各加银绢 500 两匹。知枢密院事、三师、三公、参知政事、枢密副使、同知枢密院事、签书、同签书枢密院事、宣徽南北院使各赐银绢 1000 两匹,银鞍勒马 1 匹。若枢密使、宣徽使外任,则银绢减半赏赐。东宫三师、三少、仆射、观文殿大学士各赐银绢 750 两匹。三司使

---

① 杨高凡:《宋代祭天礼中三岁一亲郊制探析》,《求是学刊》2011 年第 6 期。
② 杨高凡:《宋代明堂礼制研究》,博士学位论文,河南大学历史文化学院,2011 年,第 103 页。
③ 汪圣铎:《两宋财政史》,第 491—492 页。
④ （宋）赵汝愚撰,北京大学中国中古史研究中心校点:《宋朝诸臣奏议》卷 100,司马光:《上神宗乞听宰臣辞免郊赐》,第 1080 页。

赐银绢 350 两匹,银鞍勒马 1 匹,副使各赐银绢 100 两匹。学士、尚书各赐银绢 150 两匹,阁直学士、尚书丞郎、给事中各赐银绢 100 两匹,谏议大夫、舍人、知制诰、待制各赐银绢 40 两匹,太常卿至正言各赐银绢 20 两匹,太常博士至朝官各赐银绢 10 两匹,京官、幕职州县官各赐银绢 5 两匹。①

宋代官员退休后仍可受赐,不过物品多以米面等副食品为主。如宋仁宗皇祐二年(1050 年)明堂大礼后,赐内外致仕文武升朝官以上粟、帛、羊、酒:致仕丞、郎、大卿监曾任两省近侍之职,赐绢 30 匹,米、面各 15 石,羊 3 口,酒 6 瓶;大卿监不经任两省近职者除不赐绢外,其余所赐之物同上;少卿监至殿中丞、大将军、将军赐米、面各 10 石,羊 2 口,酒 4 瓶;中允至洗马、率府率、副率赐米、面各 5 石,羊 1 口,酒 2 瓶。致仕太子太傅杜衍、太子少师任布陪观明堂大礼,特加恩赏,所受待遇优厚。如杜衍赐宽衣、金带外,还赐银器、绢各 200 两匹,酒 50 瓶,米、面各 20 石,羊 30 口。②

身份和地位是影响宋代郊祀军赏分配的主要因素,按熙宁新制,殿前侍御亲军、马步军都虞候各赐银绢 1000 两匹,金带 20 两,银鞍勒 70 两,马步军都军头领团练使赐钱 150 贯,军头、指挥使、马步军都军头赐钱 100 贯,捧日第五军副指挥使至长行,赐钱 60 贯至 20 贯不等。③ 除获赐价值不菲的银绢外,高级军职人员还有衣带及鞍勒马等,中下级军职人员的受赐物品从数量到种类均远不及前者。

影响宋朝郊祀军赏分配的因素还有兵种、番号、驻扎地、防卫任务及入伍时间等。兵种和番号对郊赉影响较大,以长行(军士)为例,禁军赏 2—20 贯,厢军赏 1—3 贯,以 2 贯居多,乡兵赏不及 1 贯。同一兵种的不同番号也有差别,这在禁军长行中表现得较为明显。驻扎地对郊赉也有影响,如北宋对陕西沿边等处弓箭手及保毅军寨户有如下规定:"极边"、"稍次近里"、"近里地分"的军都指挥使至长行分为 7 等,依据距离边关的远近推赏,分别为 4 贯至 300 文、3 贯至 250 文、2 贯至 200 文,④"极边"地区略高。

新兵和老兵待遇不同。宋仁宗皇祐四年(1052 年),规定禁军、厢军等新兵按照老兵郊赉的半数发放。抓获、自首的逃亡士兵也可得半数,宋神宗元丰二年(1079 年)诏:"军士若系公之人招捕及因亡匿首获,在大礼降御札后方赏赐减半给,招捕及首获去肆赦一月内者勿给",⑤郊赉所得为普通士

① (清)徐松辑:《宋会要辑稿·礼》25 之 1,第 955 页。
② (清)徐松辑:《宋会要辑稿·礼》24 之 31,第 915 页。
③ (清)徐松辑:《宋会要辑稿·礼》25 之 1—2、10,第 955、959 页。
④ (清)徐松辑:《宋会要辑稿·礼》25 之 9—10,第 959 页。
⑤ (清)徐松辑:《宋会要辑稿·礼》25 之 15—16,第 962 页。

兵的半数。

　　宗室受赐数额较大。如按旧制,担任亚献的皇子赐银绢各 3000 两匹,并赐袭衣、金带、鞍勒马。熙宁新制后,担任亚献、三献的皇子加赐银 500两,皇孙、曾孙加赐银 300 两,玄孙加赐银 200 两。亲王获赐银绢各 2000 两匹,银鞍勒马 1 匹,若担任开封尹则赐银绢 3000 两匹。①

　　在中央各部门任职的各级吏人是受赐的庞大群体之一。不过虽身为吏人,待遇却相差甚大。堂后官身份特殊,宋太宗太平兴国九年(984 年)开始任命京官、朝官为堂后官。② 堂后官级别不高,相当于从八品,实际地位却为一般吏人所不及,赏赐甚至超过中级官员。按规定,堂后官可获银绢各15 两匹,比从七品上的太常博士要多出不少。若再兼提点五房公事,更可获银绢各 25 两匹,高出太常卿(元丰改制前官品为正四品上)5 两匹。中书省、崇文院、编修院、枢密院等部门的吏人一般也能获赐银绢各 10 两匹以上,与低级朝官同。地位较低的吏人如翰林图画院祗候至涤除,赏赉自 2 贯至 1 贯、1 匹不等,最低者数百文。③

　　对高年赐物是优老养老政策的体现。北宋四京、诸路州府年 90 岁以上的高龄赐米、面各 1 石、酒 1 瓶,男子赐紫绫锦袍 1 领,女子赐紫绫 1 匹、绵 5两。南宋先后发布过赏赐高年的南郊赦令,宋孝宗乾道元年(1165 年)南郊赦文即言:“应士庶男子、妇人年九十以上,与依格给赐束帛”。乾道三年、乾道六年、乾道九年发布了相同诏令,④90 岁以上的高年可获赏赐。

　　对学生赏赐也有统一规定。熙宁新制规定测验浑仪所、翰林天文院学生受赐 2 贯,司天监天文钟鼓院学生、守阙学生受赐 1 贯。⑤ 工匠也曾受赐。如元丰二年(1079 年)诏:“保州作院募民为工匠,其给银鞋钱及南郊赏赐视厢军”,⑥按厢军标准推赏。

　　与宋朝建立朝贡关系的周边政权,如交趾、安南等受赐国信礼物。“交趾郡王每遇大礼加恩,并依例给赐国信礼物”。宋高宗绍兴二十九年(1159年),赐交趾郡王宽衣 1 对,25 两金带 1 条,以 50 两银匣盛装;同时赐细衣著、衣著各 100 匹,马 2 匹,配金镀银鞍辔,及金花银器 200 两等物品。宋孝

　　①　(清)徐松辑:《宋会要辑稿·礼》25 之 1,第 955 页。
　　②　(宋)高承撰,金圆、许沛藻点校:《事物纪原》卷 10《堂后官》,第 534 页。
　　③　(清)徐松辑:《宋会要辑稿·礼》25 之 10—11、1,第 959—960、955 页。
　　④　(清)徐松辑:《宋会要辑稿·礼》25 之 23,第 966 页。
　　⑤　(清)徐松辑:《宋会要辑稿·礼》25 之 12,第 960 页。
　　⑥　(清)徐松辑:《宋会要辑稿·礼》25 之 16,第 962 页。

宗淳熙元年(1174年)安南入贡,特赐安南国名,并"依大礼加恩例"赐国信礼物,①这说明对周边政权的郊祀赏赐已成为惯例。

宋太宗至道末年,除缗钱外,大部分郊赍"以金银、绫绮、𬘓绢平其直给之",②即郊赍主要以缗钱、金银和绢帛为主,另有衣带、鞍马等物:"国朝凡郊祀,每至礼成,颁赍群臣衣带、鞍马、器币,下洎军校缗帛有差"。熙宁新制后,中高级官员增加袭衣、金带、鞍勒马等,常侍、宾客以上赐袭衣、腰带,腰带、鱼袋随所服而赐。观文殿学士以上赐25两金带,内笏头者加鱼袋2两5钱,其余官员所赐金带为20两。宰臣、枢密使、三司使赐银鞍勒马,宰臣、枢密使所赐重80两,三司使所赐重50两。③官位决定了赏赐物品的多少,级别越高,物品越丰厚。

低级官员赏赐品则较为单一,多为钱绢类。如太常博士以下的朝官赐银绢各10两匹,京官、幕职州县官赐银绢各5两匹。不过,在中央各级部门任职的吏人多有衣饰赏赐。如御药院押司以下及供御造裹人加赐旋襕,翰林图画院涤除加赐的服饰种类更全,除旋襕外还有绵裤、头巾、麻鞋等。④除郊祀赏赐的物品不同外,数额差别也很大。最高如皇子,赐银绢各3000两匹,⑤最低如士兵中的长行,只赐200文,⑥两者有天壤之别。

二、郊祀赏赐带来的社会压力

郊赍是宋朝影响最为广泛的赏赐项目,波及诸多方面,首当其冲的即是经济领域。郊赍给中央和地方财政带来极大的压力。马端临将宋朝财政"疲弊"的原因归为"养兵也,宗俸也,冗官也,郊赍也",四者中又以"冗官、郊赍尤为无名"。⑦宋仁宗朝欧阳修曾说:"夫赏者所以酬劳也,今以大礼之故,不劳之赏三年而一遍,所费八九百万"。⑧熙宁十年(1077年)京城宰臣以下百官料钱为529957贯余文,地方官员料钱为2256867贯,总额2786824贯,⑨郊赍所费8002689贯匹斤两条段,接近内外官员料钱总数的3倍。明堂大礼规模略小,但耗费似并不亚于南郊。宋孝宗朝,臣僚曾对南郊和明堂

---

①　(清)徐松辑:《宋会要辑稿·蕃夷》4之47、49—50,第7737、7738页。

②　(元)脱脱等:《宋史》卷179《食货志下一》,第4348页。

③　(清)徐松辑:《宋会要辑稿·礼》25之1,第955页。

④　(清)徐松辑:《宋会要辑稿·礼》25之10—11,第959—960页。

⑤　(清)徐松辑:《宋会要辑稿·礼》25之1,第955页。

⑥　(清)徐松辑:《宋会要辑稿·礼》25之10,第959页。

⑦　(元)马端临:《文献通考》卷24《国用考二》,第704页。

⑧　(宋)欧阳修撰,李逸安点校:《欧阳修全集》卷60《本论上》,第681页。

⑨　(宋)方勺撰,许沛藻、杨立扬点校:《泊宅编》卷10,第57页。

大礼的费用产生歧义,户部尚书韩仲通指出"郊之费倍于明堂",侍郎钱端礼却说"不过增二十万",①而倪朴则认为明堂"赏赍之格,去郊礼无几"。②两大祭天之礼交替举行,对国家财政造成极大的冲击力。

　　宋朝中央财政的压力大部分转嫁给地方,郊祀大礼前夕,地方要筹措所需物资,当年支出往往超出财政收入,地方赋入仅能维持基本的军费开支。宋仁宗宝元元年(1038年),天章阁待制贾昌朝上奏:"臣尝治畿邑,有禁兵三千,而留万户赋输,仅能了足,其三年赏给,仍出自内府"。③郊赍大多出自国库。"陕西州军经南郊赏给之后,官帑例皆空虚",④大礼过后,府库为之一空。无论是转输中央,还是调拨发放,地方政府都需筹措大量物资,故只能将任务层层下发,最终落在普通百姓身上。

　　郊赍还给民间带来极大的困扰,"赋敛之不轻,民之不聊生,皆此之故也",⑤扰乱了社会正常的生活秩序。郊祀大礼本有为国为民祈福之意,但在大礼之前或出于无奈,或乘机横敛,各级官吏往往催征赋税:"是以三年一行,诸道漕运劳于会计,州县官吏罢于督责,文符之往来,胥徒之穷迫,急于星火。令曰:大礼年分稽迟者,刑而不恕。上催下迫,蚕缫未毕而有纳帛违限之罚,秋禾未熟而有输粟不时之罪"。⑥当大礼之日迫近时,州县"始差人请军赏,折支既不及,事又急遽,多至破逃。河北、河东尤苦其役",⑦不少人家倾家荡产,或者逃离家园,远走他乡,河北、河东两路尤受其害。宋廷虽明令禁止非法擅敛,但州县无计以供,催征、横敛难以避免。宋仁宗至和年间(1054—1056年)谏官范镇曾上疏指出:"及近年,转运使复于常赋外进羡钱以助南郊,其余无名敛率不可胜计。"⑧常赋外的各类无名课税不胜枚举。对州县的种种违法行径,朝廷并非不知情,但迫于财政状况,难以追究地方官员的责任,只能听之任之。

　　宋宁宗嘉泰三年(1203年),礼部侍郎吴采在奏章上揭发了地方官府以助祭为名催征百姓的种种不法行为:

①　(宋)李心传撰,徐规点校:《建炎以来朝野杂记》甲集卷2《郊丘明堂之费》,第67页。
②　(宋)倪朴:《倪石陵书·拟上高宗皇帝书》,宋集珍本丛刊本,线装书局2004年版,第540页。
③　(宋)赵汝愚撰,北京大学中国中古史研究中心校点:《宋朝诸臣奏议》卷101,贾昌朝:《上仁宗乞减省冗费》,第1082页。
④　(宋)李焘:《续资治通鉴长编》卷154,庆历五年正月丙子,第3739页。
⑤　(宋)苏洵撰,曾枣庄、金成礼笺注:《嘉祐集笺注》卷10《上皇帝书》,上海古籍出版社1993年版,第290—291页。
⑥　(宋)倪朴:《倪石陵书·拟上高宗皇帝书》,第539页。
⑦　(清)徐松辑:《宋会要辑稿·礼》25之15,第962页。
⑧　(元)脱脱等:《宋史》卷179《食货志下一》,第4353页。

臣向在州县,每见郊礼年分,民间横被科扰,不一而足。上而银绢,次则车木,微而至于麻皮油籺之类,各有名色。且如银绢,固有合科之数,而州县故作大数,多抛匹两,虽中产下户亦有不免。除合进发外,余皆掩为州县妄用之数,不恤斯民之被害也。……所至州县每遇郊礼,则以此经纪民财,官吏视为奇货。其行移不曰户部则曰转运司也,户部、转运司若有行下,亦必曰朝廷也,盖欲以此塞斯民之口尔。深山穷谷之中,但见郊礼事大体重,惟州县是应,何敢有词? 又岂知陛下有乘舆服御、中外支费并从省约之文,已行于季春之月,州县视为墙壁文具,不使斯民先期知之耶? 然则斯民破家荡产,往往多见于郊祀之岁。①

地方官吏乘机额外征敛,"视为奇货",打着上级部门的幌子堂而皇之地征发各类物品,尤其在偏僻之地,小民惶惶然不敢有所违抗。中央虽在不断地削减郊赉费用,但却落实不到基层,诏令被视为一具空文,故郊祀之年又往往成为小民倾家荡产之年。

三、北宋中期以来的减控措施

自北宋中期始,朝廷开始全面控制包括郊赉在内的赏赐规模。北宋初年人口较少,国家机构尚未臃肿庞杂,财政收支平衡,府库充溢。宋真宗东封西祀,受降天书,大行恩赏,致使北宋中期财政压力凸显,"自康定、庆历以来,发诸宿藏以助兴发,百年之积,惟存空薄",多种名目的赏赐耗费大量资财,"窃见赦书,其诸军将校赏给已行支散外,至于文武百官,既迁官加职,其诸赐赉,若更循嘉祐近例,窃虑国家财力不堪供给",②故宋廷通过削减开支来舒缓财政压力。两宋时期对郊赉规模的控制可分为三个阶段,即宋仁宗庆历年间(1041—1048 年)至宋神宗熙宁年间(1068—1077 年)、熙宁以后至北宋末年、整个南宋时期。韩国学者曹福铉也将郊赉数量的变化分为三个阶段,并认为始自熙宁年间。③ 实际上宋仁宗庆历年间已开始较大幅度地削减郊赉。

宋仁宗庆历二年(1042 年),张方平受诏与贾昌朝等规划用度,认为"自下而议上则于礼不顺,由上以率下则于名为正",宫禁应先节省开支,减少

---

①　(清)徐松辑:《宋会要辑稿·礼》25 之 25—26,第 967 页。
②　(宋)李焘:《续资治通鉴长编》卷 209,治平四年正月庚申,第 5074 页。
③　[韩]曹福铉:《宋代对官员的郊祀赏赐》,载姜锡东主编:《宋史研究论丛》第六辑,河北大学出版社 2005 年版,第 70 页。

皇后及宗室妇一半郊赉,并"著为式",以法令形式确定下来。① 按照由内及外、由上及下的顺序,五月削减皇后及宗室女郊赉,六月削减臣僚郊赉。除时间有先后外,宫廷内外削减的力度也不同,三司减省所规定:"郊祀所赐,自中宫以下减半,则公卿近臣当以次减",宫禁减半,朝臣则按原数依次递减:"旧四千、三千者损一千,千损三百,三百损百,百损二十"。如宰臣、枢密使旧赐银绢4000两匹,新制为3000两匹;参知政事、枢密副使旧赐银绢3000两匹,新制为2000两匹;三司使旧赐银绢1000两匹,新制为700两匹;资政殿大学士旧赐银绢500两匹,翰林学士至枢密直学士旧赐银绢400两匹,龙图阁直学士至三司副使旧赐银绢300两匹,新制各减100两匹,分别为400、300、200两匹,并将此项规定确立下来,自后照此施行。② 总的原则是,原数越多,削减力度就越大。

宋神宗、哲宗两朝持续对郊赉规模进行控制,其中尤以神宗朝力度最大。熙宁元年(1068年)朝廷开始着手节省开支,九月诏三司裁定宗室月料、嫁娶、生日、郊赉,要求适度降低赏赐力度,并编订成册。③ 熙宁三年(1070年),由条例司负责审验三司簿籍,刘瑾等编订三司岁计及南郊费用。④ 与庆历二年(1042年)相比,熙宁年间郊赉削减力度更大,覆盖面更广,但因官员数量增长速度过快,郊赉仍高达800余万。⑤ 宋哲宗朝继续削减郊赉,采纳正言朱光庭的建议,根据财政收支情况,核算三年郊赏、四夷岁赐等费用,减少冗费。⑥ 元祐三年(1088年)宋廷试图继续削减赏赉,"今后每遇圣节大礼生辰,太皇太后、皇太后、皇太妃合得恩泽,并四分减一。"但议者以为裁减浮费"细碎苛急",有损国体,不久恢复旧制。⑦

自宋仁宗朝以来的减控措施取得了一定成效。宋太宗至道末南郊赏赉计缗钱约500余万,⑧景德年间(1004—1007年)达601万,皇祐年间(1049—

---

① (宋)李焘:《续资治通鉴长编》卷136,庆历二年五月辛亥,第3249—3250页。

② (宋)李焘:《续资治通鉴长编》卷137,庆历二年六月己亥,第3280页;(清)徐松辑:《宋会要辑稿·礼》25之14—15,第961—962页;(元)脱脱等:《宋史》卷179《食货志下一》,第4351页。三处对原额为300者减损幅度记载不一,《宋会要辑稿》、《宋史》载减损100,《续资治通鉴长编》载减损120,似《续资治通鉴长编》所载有误。

③ (清)徐松辑:《宋会要辑稿·帝系》4之17—18,第101—102页。

④ (宋)章如愚:《群书考索后集》卷63《财用门·神宗熙宁会计录》,第821页。

⑤ (宋)方勺撰,许沛藻、杨立扬点校:《泊宅编》卷10,第57页。

⑥ (宋)李焘:《续资治通鉴长编》卷375,元祐元年四月乙巳,第9104页。

⑦ (宋)赵汝愚撰,北京大学中国中古史研究中心校点:《宋朝诸臣奏议》卷103,韩忠彦等:《上哲宗乞裁减冗费》,第1107页。

⑧ (元)脱脱等:《宋史》卷179《食货志下一》,第4349页。

1054 年)南郊与明堂总数达 1200 余万,①嘉祐七年(1062 年)明堂赏赉共计
52900100 贯两匹,②治平年间(1064—1067 年)南郊和明堂赏赉的总数大致
为 1032 万,熙宁末年南郊赏赐总额为 8002689 贯匹斤两条段。③ 从这组数
据看,郊赉绝对值在不断增加,俭省效果并不明显,但我们若将不断攀升的
宋朝官员及军队的数量考虑进去,可知自仁宗朝以来的减控措施在一定程
度上遏制了郊赉的恶性膨胀。

　　景德(1004—1007 年)、祥符年间(1008—1016 年)官员总数为 9785
人,皇祐年间(1049—1054 年)增至 17300 人,④元丰初年增至 24549 人。⑤
天禧年间(1017—1021 年)宋军总兵力为 912000 人,庆历年间(1041—
1048 年)1259000 人,⑥皇祐初年 141 万人,治平元年(1064 年)1162000 人,
熙宁年间(1068—1077 年)1068688 人。⑦ 自宋真宗朝以后南郊赏赉控制在
600 万—800 万之间,明堂与南郊赏赉大体上控制在 1000 万—1300 万之
间。而至皇祐年间官员人数整体却增长了近 1 倍,元丰年间(1078—1085
年)更接近 2 倍;宋军总兵力在皇祐年间达到顶峰,宋英宗朝以后虽呈减少
趋势,但仍高居不下。

　　由上可知,自仁宗朝以来的减控措施取得了一定成效。北宋末年郊赏
费用有所反复,宋徽宗曾命户部侍郎许几遵循元丰旧制,裁损浮费,而蔡京
以为不便,让党人倡言,以宋神宗不许司马光请辞赐赉的事例为由,继续增
加各项开支。故这一时期郊赉次数和规模不但未得到控制,反而有所发展。
宋徽宗在位 25 年,郊祀举行 8 次,除宋英宗即位时间短暂,4 年举行 1 次郊
祀外,宋徽宗是宋朝举行郊祀频率最高的皇帝。

　　为便于对比,特将两宋时期南郊和明堂大礼举行的次数列表如表 3-1、
表 3-2 所示:

①　(宋)曾巩撰,陈杏珍、晁继周点校:《曾巩集》卷 30《议经费札子》,中华书局 1984 年版,第
　　451 页。
②　(宋)庄绰撰,萧鲁阳点校:《鸡肋编》卷中《明堂支费》,中华书局 1983 年版,第 75 页。依据
　　研究者对史料理解的不同,南郊和明堂赏赐的数额一直颇有歧义。如汪圣铎(《两宋财政
　　史》,第 492 页)认为皇祐二年"1200 万"的数据是南郊和明堂的赏赉总额,曹福铉(《宋代对
　　官员的郊祀赏赐》,第 67 页)认为是南郊赏赉的数额,杨高凡(《宋代明堂礼制研究》,第 109
　　页)则认为是明堂郊赉的数额。从各方记载与推断看,似以汪圣铎的观点更接近实际情况。
③　(宋)方勺撰,许沛藻、杨立扬点校:《泊宅编》卷 10,第 57 页。《曾巩集》所载治平年间的费
　　用为 1300 万。
④　(宋)李焘:《续资治通鉴长编》卷 167,皇祐元年十二月戊子,第 4026 页。
⑤　(宋)方勺撰,许沛藻、杨立扬点校:《泊宅编》卷 10,第 56 页。
⑥　(元)马端临:《文献通考》卷 152《兵考四》,第 4558 页。
⑦　程民生:《宋代军队数量考》,《社会科学战线》2009 年第 5 期。

表 3-1　南郊次数统计表（据《文献通考》卷 72《郊社考五》制作）

皇帝	在位时间	南郊次数	举行时间
宋太祖	17	4	乾德元年，开宝元年、四年、九年。
宋太宗	22	5	太平兴国三年、六年，至道二年，雍熙元年，淳化四年。
宋真宗	25	5	咸平二年、五年，景德二年，天禧元年、三年。
宋仁宗	41	9	天圣二年、五年、八年，景祐二年，宝元元年，庆历元年、四年、七年，皇祐五年。
宋英宗	4	1	治平二年。
宋神宗	18	4	熙宁元年、七年、十年，元丰六年。
宋哲宗	15	2	元祐七年，元符元年。
宋徽宗	25	8	建中靖国元年，大观四年，崇宁三年，政和三年、六年，宣和元年、四年、七年。
宋高宗	36	7	建炎二年，绍兴十三年、十六年、十九年、二十二年、二十五年、二十八年。
宋孝宗	28	6	乾道元年、三年、六年、九年，淳熙三年、十二年。
宋光宗	5	1	绍熙二年。
宋宁宗	30	3	庆元三年，嘉泰二年，嘉定五年。

表 3-2　明堂次数统计表

皇帝	明堂次数	举行时间
宋仁宗	2	皇祐二年，嘉泰七年。
宋神宗	2	熙宁四年，元丰三年。
宋哲宗	3	元祐元年、四年，绍圣二年。
宋徽宗	10	大观元年，政和七年、八年，宣和元年、二年、三年、四年、五年、六年、七年。
宋高宗	5	绍兴元年、四年、九年、十年、二十一年。
宋孝宗	3	淳熙六年、九年、十五年。
宋宁宗	7	绍熙五年，庆元六年，开禧二年，嘉定二年、八年、十一年、十四年。
宋理宗	13	嘉定十七年，绍定三年、六年，端平三年，嘉熙三年，淳祐二年、五年、八年、十一年，宝祐二年、五年，景定元年、四年。
宋度宗	2	咸淳五年、八年。
宋恭帝	1	德祐元年。

注：北宋数据依据《文献通考》卷 75《郊社考八》制作，南宋数据参照杨高凡《宋代明堂礼制研究》。

　　据表3-1、表3-2,南宋郊祀次数大为减少。北宋南郊大礼有38次,明堂大礼17次。南宋南郊大礼17次,不及北宋半数;明堂大礼次数几乎为北宋的1倍,据杨高凡考证共举行了31次,①大致因为明堂总体花费要低于郊祀,"诚有意于省费也"。② 宋高宗在位36年,郊祀举行7次,明堂举行5次。随着财政状况的恶化,郊祀次数愈来愈少,宋宁宗在位30年,郊祀仅有3次。③

　　南宋郊祀赏赐费用也有所降低。南宋初年郊赍不及北宋时期,中后期更低。建炎二年(1128年),南郊赏赍所费179余万贯匹两,而明堂大礼赏赐对象主要是军队系统,绍兴元年(1131年)越州举行明堂大礼,内外诸军赐160万缗,绍兴四年(1134年)增至259万缗,大致只有北宋的半数。绍兴二十八年(1158年)冬祀,宋高宗亲自过问赏格的设立,"是岁,锡赍金缯视前郊减半,盖自宫禁、百官、宗戚、阉宦下至医祝、胥皂,人人有之,不可复废矣",④赏赐减半。宋孝宗隆兴二年(1164年)、乾道三年(1167年),诏令削减郊赏,除军士外,各级文武官员和宗室成员受赐100匹两以上者减三分之二发放,其余人员减半,受赐5匹两以下者不变。乾道六年、乾道九年,诏令宰执郊赍减半发放。⑤ 南宋中期以后财政危机进一步凸显,宋廷继续削减郊赍。宋光宗绍熙二年(1191年)三衙郊赍减三分之一,宰执减半外,按绍熙元年(1190年)规定再减三分之一。⑥ 南宋中后期虽无确切记载,但郊赍已大为减少。

第二节　军功赏赐

　　古代社会,军赏被视为激发士气的关键因素,是维系军队战斗力的先决条件,其源于先秦,备受兵家推崇,"壹赏则兵无敌"。⑦ 自春秋战国以来,各国开展变法运动,以增强实力,力争图存:"及王室衰乱,战国纷扰,兵挐祸结,务相吞胜,竞为赏法,以激用命",秦国"设武功爵二十级,以授战士",设立军功爵制,促成一统大业。其他六国也纷纷设立赏赐法令,"齐

---

①　杨高凡:《宋代明堂礼制研究》,博士学位论文,河南大学历史文化学院,2011年,第38页。
②　(宋)倪朴:《倪石陵书·拟上高宗皇帝书》,第540页。
③　(元)马端临:《文献通考》卷72《郊社考五》,第2248页;卷75《郊社考八》,第2324页。
④　(宋)李心传撰,徐规点校:《建炎以来朝野杂记》甲集卷17《渡江后郊赏数》,第379—380页。
⑤　(清)徐松辑:《宋会要辑稿·礼》25之23、24,第966页。
⑥　(清)徐松辑:《宋会要辑稿·礼》62之83,第1736页。
⑦　高亨注译:《商君书注译·刑赏第十七》,中华书局1974年版,第400页。

立赐金之令"。① 由特殊的边境形势所决定,宋朝军赏的规模和次数超过前朝,相关制度得到进一步的发展和完善。

一、军功赏赐的标准

赏赐的重要功能之一是激励和导向作用,这就要求执政者本着公平公正的原则,制定合理的评定标准,并严格依据标准论功行赏。宋朝前后出台了一系列军功赏格,并根据形势变化有所增删。

(一) 斩获首级

"计首论功"是军赏的首要标准,在商鞅变法前即已推行,宋人以为"不以得级为功,则战士无所激",②仍将首级作为评定军功的首要标准。宋朝"计首论功"的标准罕见统一,《武经总要·赏格》中规定:"杀贼,斩一级者"按第四等功,③按此,则"计首论功"当奖励绢、钱各3匹贯。实际上宋兵斩获首级,或赐绢,或赐钱,钱绢并赐的情况较为少见。

以绢作为奖励物品,斩首一级最高为数千匹,最低为5匹。宋太祖朝斩获首级的奖励标准未有明确记载。开宝年间(968—976年)判四方馆事田钦祚以少胜多,取得了对辽战争的胜利,宋太祖喜不自胜,认为若以20匹绢作为斩首一级的军赏,也不过费200万匹绢而已。④ 不过这很难说当时斩获一级的赏金为20匹,有可能只是宋太祖认为内库储备已足,有感而发而已,实际上北宋中期以前斩首一级的赏格多为5匹。因渤海不通朝贡,宋太宗淳化二年(991年)朝廷令女真发兵,斩首一级赐绢5匹。⑤ 熙河开边,朝廷不断推出斩首计功法,出现所谓的"加赐"。如宋神宗熙宁六年(1073年)四月,熙河路经略司上河州(今甘肃临夏)功赏,诏斩首一级赐绢5匹;⑥六月加赐绢5匹。⑦ 熙宁八年(1075年),广源州(今越南高平省广渊)刘纪入侵邕州,招募峒丁,生擒一人、斩首一级者,除依赏格外加赐绢10匹。⑧元丰元年(1078年)泸州乞弟发动叛乱,诏令斩获乞弟首级者奖励银绢各

---

① (宋)张方平撰,郑涵点校:《张方平集》卷6《如(姑)息之赏》,第91页。据下文推测,"如息"似笔误,应为"姑息"。
② (宋)李焘:《续资治通鉴长编》卷329,元丰五年九月戊戌,第7935页。
③ (宋)曾公亮、丁度:《武经总要前集》卷14《赏格》,解放军出版社、辽沈书社1988年版,第730页。
④ (宋)李焘:《续资治通鉴长编》卷11,开宝三年十一月甲寅,第252页。
⑤ (宋)李焘:《续资治通鉴长编》卷32,淳化二年十二月辛卯,第728页。
⑥ (宋)李焘:《续资治通鉴长编》卷244,熙宁六年四月乙酉,第5937页。
⑦ (宋)李焘:《续资治通鉴长编》卷248,熙宁六年十一月庚戌,第6044页。
⑧ (宋)李焘:《续资治通鉴长编》卷263,熙宁八年闰四月乙未,第6425页。

5000 两匹。① 元丰四年(1081 年)制定加赐赏格,军将、副将以所获首级分为 5 等,斩级计分及 1000 以上者,每百级加赐银绢各 50 两匹,并可转资。② 高出常格数千倍。

以钱作为奖励物品,斩首一级最高达 10 万贯,最低 3 贯。宋太宗朝曾对边民设立计首论赏法,一级赏钱 3 贯;③宋真宗咸平三年(1000 年)重申对边民计首立功的规定,一级赏钱 5 贯。④ 宋神宗熙宁九年(1076 年)一级赏钱 60 贯,⑤元丰五年(1082 年)增至 100 贯,规定"累获并累赏",⑥斩首越多,奖励越重。对造成恶劣影响的罪犯,斩首的赏金极高,如宋高宗建炎三年(1129 年),斩获苗傅、刘正彦首级者重赏 10 万贯,余党每名重赏 1 万贯。⑦

(二) 生擒敌方

宋代生擒的奖励标准相当或略高于斩首的奖励标准。雍熙北伐期间,朝廷制定边民赏格,生擒 1 人赏钱 5 贯;⑧宋真宗咸平三年(1000 年)赏钱 10 贯;⑨宋哲宗绍圣四年(1097 年)生擒老少妇女者,每名赏绢 10 匹。为避免将士妄加屠戮,朝廷规定除奖励物品外,立功者还可转资。元符元年(1098 年),诏令阵前生擒老少妇女除赐物外,每生擒 5 人可转资一级。生擒强壮之人,每名依斩获例推恩。⑩ 捕获奸细的赏金极高,如宋仁宗康定元年(1040 年),诏捕获西夏奸细 1 人赏钱 1000 贯,并可补班行,⑪赏金高出 100 倍。擒获贼首的赏金更高。如宋哲宗元祐二年(1087 年)岑探被擒,立功者迁西头供奉官,赏钱 2000 贯;⑫ 生擒的最高赏金设于宋高宗绍兴十年(1140 年),当时规定生擒乌珠者除授节度使,奖励银绢 5 万两匹,田 1000 顷,宅第 1 区。⑬ 赏金高达数万,同时还有田宅赏赐。

---

① (宋)李焘:《续资治通鉴长编》卷 306,元丰三年七月癸酉,第 7439 页。
② (清)徐松辑:《宋会要辑稿·兵》18 之 7,第 7061 页。
③ (宋)李焘:《续资治通鉴长编》卷 27,雍熙三年四月乙卯,第 612 页。
④ (宋)李焘:《续资治通鉴长编》卷 47,咸平三年十二月丙寅,第 1036 页。
⑤ (宋)李焘:《续资治通鉴长编》276,熙宁九年六月戊子,第 6741 页。
⑥ (宋)李焘:《续资治通鉴长编》卷 329,元丰五年九月庚子,第 7939 页。
⑦ (清)徐松辑:《宋会要辑稿·兵》10 之 23、21,第 6930、6929 页。
⑧ (宋)李焘:《续资治通鉴长编》卷 27,雍熙三年四月乙卯,第 612 页。
⑨ (宋)李焘:《续资治通鉴长编》卷 47,咸平三年十二月丙寅,第 1036 页。
⑩ (宋)李焘:《续资治通鉴长编》卷 503,元符元年十月戊寅,第 11973 页。
⑪ (宋)李焘:《续资治通鉴长编》卷 127,康定元年六月戊申,第 3020 页。
⑫ (宋)李焘:《续资治通鉴长编》卷 394,元祐二年正月乙亥,第 9606 页。
⑬ (宋)李心传:《建炎以来系年要录》卷 135,绍兴十年五月戊戌,第 326 册,第 814 页。

（三）建立奇功

奇功赏至少在宋仁宗朝已出现。熙河开边，为激励将帅士兵用命，宋廷增加了不少赏格，注重实际作战情况。熙宁二年（1069 年），宋神宗听从宰相韩琦建议再立奇功赏。临阵对敌，先锋驰入、陷阵突众为奇功，可不按常格酬奖，由主将临时录奏，破格迁转。① 宋高宗绍兴三十二年（1162 年），针对各地军赏厚薄不均的情况，殿中侍御史张震建言设立赏格，将战功分为 4 等，拔城、斩将、破敌，称为奇功，立为首功；其次为第一、第二、第三等，各转若干官资。② 除迁资外，立奇功者还可获赐钱物。

（四）缴获物资

宋廷重赏缴获马匹者。马匹是中国古代军事对抗中重要的战略物资，能否拥有一定数量的马匹在战争中起着重要作用。宋代已失去对西部、西北部大片疆域的统辖权，缺少优质马匹，而西夏、辽军善于骑射，拥有难以抗衡的骑军。因此宋朝对缴获马匹者多予以重奖，标准等同于生擒人口。宋太宗朝缴获上等马赏钱 10 贯，中等马赏钱 7 贯，下等马赏钱 5 贯，③以马匹品质作为赏赐标准；宋真宗咸平三年（1000 年）缴获马 1 匹赐帛 20 匹，④标准提高 1 倍以上。缴获衣甲器械也有奖励。⑤

（五）身体负伤

宋朝对伤员的奖励标准相对复杂一些。首先，伤员的职级和兵种是推赏的基本依据。按《武经总要》，禁军"副指挥使以上至军都指挥使，伤重者，支绢七匹，轻者五匹。副都头、副兵马使以上，重五匹，轻三匹。长行以上，重三匹，轻二匹"；厢军、义军、弓箭手"副指挥使以上，重五匹，轻三匹。副都头、副兵马使以上，重三匹，轻二匹。长行以上，重二匹，轻一匹"，标准略低。其次，伤势轻重、立功大小也是重要的参考标准。"深入杀贼至中伤者"按第四等功奖励，"中伤仍有获"者除转迁外按第三等功奖励，伤重者加一级奖励。⑥ 如宋神宗熙宁八年（1075 年）伤重者迁一资，不愿迁资赐绢 20 匹，伤轻者赐绢 10 匹。⑦

---

① （清）徐松辑：《宋会要辑稿·兵》18 之 3—4，第 7059 页。
② （宋）李心传：《建炎以来系年要录》卷 200，绍兴三十二年十月戊寅，第 327 册，第 889—890 页。
③ （宋）李焘：《续资治通鉴长编》卷 27，雍熙三年四月乙卯，第 612 页。
④ （宋）李焘：《续资治通鉴长编》卷 47，咸平三年十二月丙寅，第 1036 页。
⑤ （清）徐松辑：《宋会要辑稿·兵》18 之 2，第 7058 页。
⑥ （宋）曾公亮、丁度：《武经总要前集》卷 14《赏格》，第 732、734 页。
⑦ （宋）李焘：《续资治通鉴长编》卷 264，熙宁八年五月戊辰，第 6462 页。

（六）刺探敌情

宋廷专设报告敌情的赏格。因西夏连年扰边，宋仁宗庆历七年（1047年）诏令陕西、河东经略司"缘边蕃汉户有能先期来告者，与优赏之，仍定赏格以闻"。① 并设专项奖励，如宋神宗元丰元年（1078年）拨给熙河经略司一笔资金，作为刺探军情的费用。② 因奖励不高，探报多有不实。"夫百饼之茶，数束之彩，其不足以易人之死也"，③打探消息之人往往敷衍了事，"近年探事人，徒有其名，至于酬赏，全然微薄，以致觇逻之人，不肯探伺"。④ 宋哲宗元祐七年（1092年），陕西、河东经略司以封桩或军赏钱物作为赏金来源，根据情报价值确定酬金，⑤较之以前有所提高。

（七）教阅

宋朝通过教阅来考察军队武技以及训练成果，评定士兵武艺之高下，并奖励高强精进者。北宋初期皇帝亲临教阅，"国初疆候未平，祖宗多亲阅试按礮角射"，⑥尤胜者赐予钱物，北宋中期以后教阅法走向常规化。熙丰变法期间，在宋神宗和王安石君臣两人的大力推动下，教阅法受到前所未有的重视。如设置内教场："是时，帝初置内教法，旬一御便殿阅武，校程其能否而劝沮之。"宋神宗每旬至便殿检阅军训成果，根据武技奖惩士兵，"士无不争劝者"，士气高涨。⑦ 又推行队伍之法，颁行诸路，设置提举教阅官，以致"州县有旬教、有月教、有春秋教"，⑧教阅得以常规化。熙宁年间（1068—1077年）针对不同地区施行不同的教阅法。如熙宁元年（1068年）颁布河北诸军教阅法，⑨熙宁五年（1072年）四月，设立殿前马步军春秋校试殿最法，"射命中者第赐银楪，兵房置籍考校，以多少定殿最"。⑩五月设立开封府界诸县教阅法，⑪熙宁八年（1075年）在五路推行御前阅试法，⑫次年推至其

① （宋）李焘：《续资治通鉴长编》卷160，庆历七年正月丁亥，第3860页。
② （宋）李焘：《续资治通鉴长编》卷294，元丰元年十一月甲戌，第7163页。
③ （宋）苏辙撰，高秀芳、陈宏天点校：《栾城集》卷21《上皇帝书》，第469页。
④ （明）黄淮、杨士奇：《历代名臣奏议》卷333，张舜民条，第4316页。
⑤ （清）徐松辑：《宋会要辑稿·兵》18之17，第7066页。
⑥ （宋）李焘：《续资治通鉴长编》卷114，景祐元年二月乙未，第2666页。
⑦ （元）脱脱等：《宋史》卷195《兵志九》，第4857、4862页。内教法曾一度中断，宋钦宗靖康元年复置。
⑧ （宋）章如愚：《群书考索后集》卷42《兵制门·教阅》，第700页。
⑨ （宋）王应麟：《玉海》卷145《兵制·熙宁颁河北教阅法》，江苏古籍出版社、上海书店1988年版，第2680页；（元）脱脱等：《宋史》卷195《兵志九》，第4856页。
⑩ （宋）李焘：《续资治通鉴长编》卷232，熙宁五年四月庚戌，第5627页。
⑪ （宋）李焘：《续资治通鉴长编》卷233，熙宁五年五月辛巳，第5646页。
⑫ （宋）李焘：《续资治通鉴长编》卷262，熙宁八年四月己丑，第6411页。

他各路。民兵教阅法也始于宋神宗朝,"上寓军政于保甲,选吏督教者累年,法制完密,皆出制定,诸路服习",①宋哲宗元祐(1086—1094年)以后逐渐衰败。

南宋更加重视教阅法。宋高宗建炎元年(1127年)颁行枢密院教阅格法,②绍兴十四年(1144年)宋高宗亲阅三衙将士,奖赏武艺精湛者,自后每年冬天教阅,号称"冬教"。③宋孝宗重视民兵训练,乾道五年(1169年)教阅两淮民兵,"武艺精熟之人,令州军优与犒赏,谓如射箭上贴,每支犒钱一贯文省,中红心每支犒钱二贯文省,枪手刺赢者每人支犒钱三百文省"。④按射中的精准程度确定受赏等级,射中者皆有奖。

(八) 招募兵员

宋朝专设募兵赏格,"吏招人多者有赏",⑤依据招募人数决定赏赐厚薄。宋仁宗庆历二年(1042年),朝廷遣内臣前往河北路催促募兵事宜,规定招募万人以上者有赏。⑥元丰年间(1078—1085年)出台募兵赏格,按招募兵员人数予以奖励,如鄜延路经略司招纳丁壮5人,赐绢20匹,"诸路准此"。⑦宋哲宗绍圣元年(1094年)枢密院制定招禁军官员赏格,该赏格曾于宋徽宗崇宁四年(1105年)修订过,不过具体内容不得而知。南宋对招募士兵者也有奖励,宋宁宗朝汀州、赣州招募300名叉锐手,朝廷逐级推赏相关人员若干会子:殿前司、步军司部押、将官每员30贯,训练官每员15贯,队将每员10贯,教头、旗头每人7贯,将司、医人每人5贯,白直每人3贯,⑧奖励推及各级军吏。

(九) 招纳人口

招纳归顺人口可获酬奖。按宋朝军功赏格,招纳西界内身强力壮者,每名赐绢10匹。宋哲宗绍圣四年(1097年)修订招纳赏格,规定招纳"西界老小妇女"也有奖励,每人赏绢3匹,10岁以下赏绢2匹。⑨宋神宗熙宁十年

① (宋)李焘:《续资治通鉴长编》卷316,元丰四年九月壬寅,第7646页;卷317,元丰五年十一月辛卯,第7973—7974页。
② (元)马端临:《文献通考》卷157《兵考九》,第4708页;(元)脱脱等:《宋史》卷195《兵志九》,第4868页。
③ (元)脱脱等:《宋史》卷121《礼志二十四》,第2830页。
④ (清)徐松辑:《宋会要辑稿·兵》1之28—29,第6767—6768页。
⑤ (宋)欧阳修撰,李逸安点校:《欧阳修全集》卷60《原弊》,第871页。
⑥ (宋)李焘:《续资治通鉴长编》卷135,庆历二年正月壬戌,第3216页。
⑦ (宋)李焘:《续资治通鉴长编》卷317,元丰四年十月乙卯,第7656—7657页。
⑧ (清)徐松辑:《宋会要辑稿·兵》20之44,第7123页。
⑨ (宋)李焘:《续资治通鉴长编》卷489,绍圣四年六月戊戌,第11603页。

（1077 年），西上阁门副使、知沅州谢麟招纳有劳，迁东上阁门副使，奖银绢200 两匹。①

除以上军功标准外，宋朝还有其他名目的赏格。如元丰四年（1081年），除设立首级、轻重伤等赏格外，还将几十种难以明确归类的战功分为五等，称为五等杂功，五等杂功以战争中的实际表现为考察标准。按期输送军粮、阴阳官占卜应验均可列为三等杂功，军医探取箭头、治愈伤员列为四等杂功，急脚子及时传送机密文字，兽医医治军马同列为五等杂功。② 南宋军赏名目更多，有川广买马赏、两淮捉获私渡赏、人户起发海船赏、军兵防托海道赏、诸州军造铁甲赏、土豪招募强壮赏等。③

二、军功赏赐的评议与管理

宋代形成一套较为完备的评议与管理军功的体系，包括战果的总结、上报、确认、审核、勘验、行赏等各个环节。

（一）总结上报

每次战役结束后，官兵最关心的现实问题莫过于功赏的推行，而朝廷所关注的也是如何总结战果，奖赏勇敢善战之辈，惩罚胆小怯懦之人，以激励将士取得更好的战绩。

1. 途径

中央了解地方战况大概通过以下两种途径。

一是地方上报中央。如宋真宗咸平二年（999 年），左侍禁、阁门祗候卫居实上报战功，"驻泊宋思恭与知州折惟昌、钤辖刘文质等引兵入契丹五合川，破黄太尉寨，尽杀敌众，焚其帐千五百余所，获战马牛羊万计，铠甲、弓剑千事"。④ 奏报内容大致包括参战人员、作战经过、战绩以及物资的缴获情况等。

二是中央遣使搜集战况。北宋初年，"时军中使臣内侍凡十数辈"，作战部队中有数十名使臣、内侍随行。军队得胜后，使臣、内侍报捷。因上报者多有厚赏，"皆伺城陷献捷"。⑤ 宋真宗景德元年（1004 年），朝廷曾派遣内殿崇班杨保用等 4 人至河北东、西路抚问官吏将卒，"察访功状"。⑥ 翌

---

① （宋）李焘：《续资治通鉴长编》卷 283，熙宁十年七月癸丑，第 6932 页。

② （清）徐松辑：《宋会要辑稿·兵》18 之 8—9，第 7061—7062 页。

③ （清）徐松辑：《宋会要辑稿·兵》19 之 19，第 7090 页。

④ （宋）李焘：《续资治通鉴长编》卷 45，咸平二年十二月丁卯，第 971 页。

⑤ （宋）李焘：《续资治通鉴长编》卷 16，开宝八年十二月己亥，第 354 页。

⑥ （宋）李焘：《续资治通鉴长编》卷 58，景德元年十二月癸卯，第 1300 页。

年,派宫苑使刘承珪、西上阁门副使李允则前往瀛州(今河北河间)评定军功。① 南宋曾派内侍察访战况,如宋孝宗隆兴元年(1163 年),由内侍收集淮东将士功状。②

2. 功状

"功状"即总结战况、记录军功的文字材料,是奖赏军功的主要依据。宋朝规定功状须有以下内容:"官任、军分、姓名、本属、主帅、官军、贼众多少、彼此杀获、输失之数及夺得军资、器械,并战时月日、战处去州县远近"等。功状上一般登记有立功人员的姓名、职次、所属军队、战斗时间、地点、斩获情况等基本信息。两宋时期功状的总结和上报均有时限,朝廷常督促地方及时总结、上报战况。"将士得功,主将即时对定"。③ 如宋神宗熙宁三年(1070 年)要求陕西各路经略司简化程序,主将在敌军退却,军队尚未解散之际,当众宣布立功将士斩获及中伤等级,及时确定名单,禁止替换成随身牙队及亲近之人,若有类似情况,准许立功者申诉。④ 大战过后,地方要及时上报功状。如元丰七年(1084 年),宋神宗诏令熙河兰会路经略安抚制置使李宪"具功状火急报明以闻,当与优赏"。⑤ 若拖延时日,朝廷则下诏催促。⑥

宋朝还有所谓的"功过簿"、"功罪簿",宋仁宗嘉祐六年(1061 年)始,要求诸军把将士功过随时登录在册籍上,称为"随军功过簿",作为军士迁补的依据。⑦ 宋高宗建炎四年(1130 年)以后,每遇战事,枢密院发给将帅一面印簿,号称"功罪簿",凡有功过,均记录在簿上。奏功之日,功罪簿上缴枢密院。⑧ "功过簿"、"功罪簿"应是上报功状的主要来源之一。

(二) 监督审核

为避免虚报战果,宋廷对功状的总结和上报加大监督和审核力度。由军队总结战果,书写功状,难免趋利避害,夸大战绩,而尽可能地隐瞒或淡化败绩。北宋初年尚未制订严密的审核制度,功状上报后朝廷多派内侍核实。⑨ 单凭个人力量监督,易于掺杂主观因素。北宋中期以后冒功领赏现

---

① (宋)李焘:《续资治通鉴长编》卷 59,景德二年正月丁巳,第 1310 页。
② (元)脱脱等:《宋史》卷 33《孝宗纪一》,第 623 页。
③ (宋)曾公亮、丁度:《武经总要前集》卷 14《赏格》,第 736—737 页。
④ (清)徐松辑:《宋会要辑稿·兵》18 之 4—5,第 7059—7060 页。
⑤ (宋)李焘:《续资治通鉴长编》卷 342,元丰七年正月癸丑,第 8224 页。
⑥ (宋)李焘:《续资治通鉴长编》卷 342,元丰七年正月辛酉,第 8230 页。
⑦ (宋)李焘:《续资治通鉴长编》卷 195,嘉祐六年十二月庚寅,第 4732 页。
⑧ (清)徐松辑:《宋会要辑稿·兵》18 之 29,第 7072 页。
⑨ (元)脱脱等:《宋史》卷 273《何承矩传》,第 9329 页。

象愈益突出,宋廷出台了相应的防范措施。宋神宗熙宁元年(1068 年),朝廷要求陕西沿边诸路的功状须与事实相符,"结罪保明以闻",①即要求相关人员对功状进行担保,并承担法律责任,若功状与事实不符,则对担保者予以惩处。宋哲宗元祐二年(1087 年),朝廷规定陕西、河东逐路经略司先由统领官核实功状,并结罪保明;随后上报经略司,详加审核,如情况属实,经略司结罪保明,上报朝廷。并令逐路转运司、提刑司加大监察力度,如有冒赏,允许密奏。若反映情况属实,保明官司将"重行降黜",并诏令御史台"采访弹劾"。② 功状上报后,枢密院另行勘验,核实无误后方可行赏。宋廷从中央到地方设置了多重监察环节,并要求相关人员和机构以结罪保明的方式保证军功上报的真实可靠性。

在勘验核实战果这一环节中,诸路走马承受公事起着重要作用。一旦察觉将帅贪冒功劳、赏罚不当及虚报功状,走马承受即刻密奏朝廷。③ 走马承受核查出不少冒赏行为。骇人听闻的白草原(今河南襄城县南)冒赏一事即由秦凤路走马承受阮易简揭发而曝之于众。④ 宋哲宗绍圣四年(1097 年)十二月,熙河兰岷路经略安抚判官锺传奏报斩首 4000 级,"数百里间,牛畜斩获殆尽",秦凤路钤辖秦贵奏报斩首 1321 级,钤辖首领 13 级。⑤ 阮易简在调查中发现,军中存在买卖首级、冒领奖赏的现象,遂奏报朝廷。⑥ 朝廷派人勘验,却意外发现秦贵以虚高百倍的战绩邀赏,秦凤路斩首的实际数量只有 15 级,如此胆大妄为的行为是锺传唆使的结果。⑦ 宋代官员之间彼此回护的情况相当普遍,而走马承受是皇帝派驻地方的使者,顾虑不多,故多能据实上报。

(三) 论功行赏

功状由宰相与枢密院一同向皇帝进呈,"上差定其赏",⑧皇帝拥有最终决策权。如咸平四年(1001 年),宋真宗与宰相讨论"威虏"功状,吕蒙正以为都监秦翰等杀敌虽众,但有违圣旨,不当推赏,宋真宗则认为"见寇不俟大阵,前驱陷敌,亦可赏也",⑨差使臣前往军前推赏。

---

① (清)徐松辑:《宋会要辑稿·兵》18 之 3,第 7059 页。
② (宋)李焘:《续资治通鉴长编》卷 406,元祐二年十月丁亥,第 9882—9883 页。
③ (宋)李焘:《续资治通鉴长编》卷 368,元祐元年闰二月丙申,第 8879 页。
④ (宋)李焘:《续资治通鉴长编》卷 500,元符元年七月甲寅,第 11908 页。
⑤ (宋)李焘:《续资治通鉴长编》卷 493,绍圣四年十二月辛丑,第 11715 页。
⑥ (宋)李焘:《续资治通鉴长编》卷 501,元符元年八月丙申,第 11939 页。
⑦ (宋)李焘:《续资治通鉴长编》卷 500,元符元年七月甲寅,第 11907—11908 页。
⑧ (宋)李焘:《续资治通鉴长编》卷 214,熙宁三年八月戊午,第 5196 页。
⑨ (宋)李焘:《续资治通鉴长编》卷 50,咸平四年十一月戊寅,第 1083—1084 页。

　　北宋前期行赏过程相对简略,由帅臣或主将等评定功劳,保明以奏;枢密院得旨后,根据职次给降付身。北宋中后期以后手续烦琐,统制官上奏捷状后,枢密院将使臣札子下吏部,副将下刑部,军人下军马司,弓箭手之类下本路,再行审核,层层把关,最后上报枢密院,整个过程往往需要一至二年的时间。而各机关又多有拖延,如吏部未设专官处理,文件往往稽留多日。这种情况时有发生,不仅降低了激励效应,还增加了官吏从中舞弊的机会。宋钦宗靖康元年(1126 年),诏令帅臣等限 5 日内将立功将兵军功的等第、职次等保奏以闻,枢密院奏报功状,得旨后直接给付付身、宣札、告命等,差使臣前往军前推赏,①不再辗转于各部门。

　　(四) 改正与追夺

　　宋朝在军功推赏后仍可改正与追夺。受赏者若被遗漏,或评定等级有误,个人及所在官司均可申诉,要求追赏或改正。宋廷规定,军功若有遗漏,自起奏日限 60 日内自陈保奏,逾期不再受理。个人在面见皇帝时也可提出申诉,如元祐二年(1087 年),殿前马步军司拣到散祗候王贵觐见宋哲宗,自诉在战役中中箭,本为重伤,却只受到轻伤酬奖,宋哲宗下令送枢密院改正。② 面见皇帝的机会自然难得,通常个人可向所辖机构提出申诉。如宋徽宗宣和六年(1124 年),收复燕云的赦书上规定将佐、官属、军兵等“应合推赏而有司漏落之人”可赴所在地自陈,若情况属实,要求地方保明以闻。③翌年又命京东、河北路州县“被遗漏之人”允许在所辖机构自陈,各路帅臣细加审查后申报枢密院。一般不允许越级申诉,如宋高宗绍兴元年(1131年),诏令尚书省出榜都门晓示,有功之人可经所辖官司陈诉,不得越诉,如有违反则处以重罚。④ 相关机构则可直接上言朝廷,如宋神宗熙宁十年(1077 年),熙河路计议措置边事司上言,认为先前推赏不公,众人不服,要求加赏有功之人,朝廷接到申诉后追加了军赏。⑤

　　追夺军赏多半是在冒赏者被揭发、朝廷核实后进行。推赏后若被人揭发有冒赏嫌疑,朝廷责成有关部门核查真伪,若情况属实,除追夺功赏外,还要予以降职、除名、勒停、编管等处理。如宋神宗熙宁八年(1075 年),吕惠卿妻弟方希觉以冒功领赏之罪被人举报,方希觉原由章惇保举,章惇申辩说并无此事,朝廷令御史台介入调查。御史台认定举告属实,朝廷责令开封府

---

① (清)徐松辑:《宋会要辑稿·兵》18 之 26,第 7070 页。
② (清)徐松辑:《宋会要辑稿·兵》18 之 18—19,第 7066—7067 页。
③ (清)徐松辑:《宋会要辑稿·兵》8 之 24,第 7069 页。
④ (清)徐松辑:《宋会要辑稿·兵》18 之 32,第 7073 页。
⑤ (宋)李焘:《续资治通鉴长编》卷 283,熙宁十年六月壬辰,第 6924 页。

进一步核实,最终方希觉被追夺恩赏,并降第四等推恩。① 又如对白草原冒赏事件中各涉案人员的处理,锺传被责授连州别驾,韶州(今广东韶关)安置,其余将官分别除名、勒停、降职。②

三、军功赏赐对财政的冲击

宋朝军功赏赐名目多,数量大,这既是国防建设的需要,也是政权存续三百余年必然付出的经济代价。为维系政权安危,朝廷重金行赏,"凡军赏不厌厚,初虽费财,及其士勇胜敌,四夷率服,会当囊鞭而治,岂复患军赏费财?"③乾德年间(963—968年),西川行营前军兵马副都部署刘廷让伐蜀,宋太祖下发命令:"所得郡县,当倾帑藏,为朕赏战士,国家所取唯土疆尔"。刘廷让果然"尽出府库金帛以给将士",致使"人皆效命,所至成功",④军赏往往成为取得战争胜利的先决条件之一。

宋朝军赏对中央和地方财政造成了极大的冲击力。巨额军费是宋代财政极其艰窘的主要原因,宋代浩大的财政开支大部分用于支付军费,这是一个基本的史实,而各种名目的犒赏是导致宋代军费日益膨胀的因素之一。三司使蔡襄曾感叹宋代军赏之重:"中民十家之赋,禁卫一卒之赏",⑤一兵的赏赐费用相当于10户中等之家的租赋之和。

宋神宗试图改变宋朝在西北地区的被动局面,积极开边,从中央府库调拨大量军用物资至前线阵地,"自兵兴以来,所费益甚",⑥自熙宁年间(1068—1077年)始,朝廷先后从内藏库、左藏库、元丰库等调拨大量功赏银绢给西北三路。⑦ 宋哲宗元祐三年(1088年)曾一次性调拨35万赏赐物资至西北边区。⑧ 即便有中央财政的大力支持,西北三路的军费也难以为继,曾在陕西路转运司就职的范纯粹对此深有体会:"契勘去年泾原路兵兴,厢、禁军缘六万,马一万七千,师出而还,不踰两月,又朝廷所赐钱斛,皆是累年所积,仓廪充实,然犹公私匮乏,乃已如此。自军迴以来,屯戍之兵粮食廉料,至于犒赐及累次特支之类,皆系所赐钱斛内支费,所余无几。"⑨泾原路

① (宋)李焘:《续资治通鉴长编》卷269,熙宁八年十月辛丑,第6601页。
② (宋)李焘:《续资治通鉴长编》卷507,元符二年三月乙丑,第12085—12086页。
③ (宋)李焘:《续资治通鉴长编》卷243,熙宁六年三月己未,第5920页。
④ (元)脱脱等:《宋史》卷259《刘廷让传》,第9003页。
⑤ (宋)夏竦:《文庄集》卷13《省锡赉》,第570页。
⑥ (清)徐松辑:《宋会要辑稿·职官》6之20,第2506页。
⑦ (宋)李焘:《续资治通鉴长编》卷344,元丰七年三月辛亥,第8257页。
⑧ (宋)李焘:《续资治通鉴长编》卷411,元祐三年五月辛酉,第10002页。
⑨ (宋)李焘:《续资治通鉴长编》卷325,元丰五年四月庚辰,第7833页。

战事持续时间不长,却几乎耗尽了长年累月积攒下来的储备物资,而各类赏赐支费是主要的支出渠道之一。宋哲宗元符二年(1099 年),因鄜延、泾原、熙河、环庆四路"见管军赏银绢不多,虑缓急阙用",内藏库需要调拨银绢200 万两匹。但因白银短缺,内藏库"以绢七十万匹贴支,上止令应副五十万,以封桩夏国岁赐绢二十万贴支",代之以 70 万匹绢,其中内藏库支拨 50万匹,另外 20 万匹由封桩库从原本应付西夏的岁币中支拨。宋哲宗因此晓谕曾布等人:"内藏绢才百万,已辍其半",仅一次支拨便用去库存的半数。曾布顺势发了一通牢骚:"公私匮乏如此,边事何可不收敛? 关中民力困惫已甚,泾原与熙河通接边面,便须为休息计"。① 曾布抱怨说,既然中央及地方财政大受其累,边区民力深陷困顿,何不暂停边事,与民休息。

南宋军赏费用更高:"近年行在禁卫之兵,与夫诸将屯兵于大江,表里不啻数十万人,日有食钱,月有俸料,时有激赏犒设,凡数倍于承平无事之时",②南宋初年内外大军约二三十万人,除日常支出外,激赏、犒设未曾间断,军赏费用激增,对国库带来的压力更大。宋孝宗隆兴二年(1164 年)左藏南库一次性支拨钱 30 万贯以充犒赏军资;③封桩库拨发的军赏每年也在40 万至 45 万缗之间。④ 宋孝宗力图收复旧土,有朝臣提议,预先盘算一下国库能应付几场犒赏,便知是否可以作战,结果仅够 13 场犒赏所用,宋孝宗只得作罢。⑤ 记载虽有夸大之词,但南宋军功赏赐花费极大,耗费巨额财政收入却是不争的事实。

第三节　朝廷赗赠

　　赗赠是指赠送给亡者家属的丧葬费用及慰问金,是丧葬礼制的重要内容,丧葬礼制一向为研究者关注的对象和领域,研究成果层出不穷,但只有少数学者关注赗赠问题。⑥ 赗赠虽属丧葬礼制的范畴,涉及的社会领域却较为广泛,赗赠对象、物品、数额的变化,可折射出当时政治、经济、社会风俗

---

① (宋)李焘:《续资治通鉴长编》卷 505,元符二年正月丁卯,第 12043—12044 页。
② (明)黄淮、杨士奇:《历代名臣奏议》卷 270,李纲奏,第 3531 页。
③ (清)徐松辑:《宋会要辑稿·职官》39 之 18,第 3155 页。
④ (清)徐松辑:《宋会要辑稿·食货》52 之 19,第 5708 页。
⑤ (宋)罗大经撰,王瑞来点校:《鹤林玉露》丙编卷 4《中兴讲和》,中华书局 1983 年版,第310 页。
⑥ 齐书深:《汉代赗赠初探》,《社会科学战线》1989 年第 2 期;乐卓莹:《唐代丧葬典礼考述》,硕士学位论文,浙江大学人文学院,2010 年;汪圣铎:《试论宋代绢帛的货币功能》,《中国经济史研究》2004 年第 3 期;郭文佳:《宋代社会保障研究》,新华出版社 2005 年版。

以及价值观念的发展与变化。

赗赠之礼源于周代。"周制,诸侯大夫士之丧,赙赗之礼者,所以知死者赗,知生者赙"。赙、赠均为送给丧家助葬的财物。"赙者,补也,助货财曰赙";①"赗"最早指助丧所用车马,后也泛指财物。根据赗赠物品的不同,又有赙钱、赙帛、赙绢等称呼。朝廷赗赠是指朝廷赐予丧家的财物,按照发放方式可分为常例和特恩两种。前者有较严密的条例,赗赠对象、物品和数额均有章可循,一般简称为"常赙";后者为朝廷临时赐予,是指常赙外另行加赐,或本无赗赠之礼而破例赏赐。特恩赗赠不受条例限制,"物数多少听旨随给"。② 与常赙相比,特恩赗赠推行时间更长,如宋孝宗隆兴元年(1163年),因发动北伐停罢赗赠。正月检校少保、安德军节度使张子盖身亡,"时方军兴,例罢臣下支赐,上以子盖战功,特有是命。"特赐银绢300两匹。③ 特赙数额往往高于常赙,常赙"各有常数",特赙则"各以轻重为隆杀焉",④常赙数额是固定的,而特赙则多根据逝者生前的身份、地位及贡献等给予不同的礼遇,如吴玠病故,朝廷赙帛1000匹,钱3万贯,⑤按常赙,朝臣所得最高不过钱帛各500贯匹。经历朝演变,赗赠制度至宋代有了进一步的发展和完善。

一、赗赠法的出台与修订

宋朝赗赠法相当细密完善,既有总法,又有针对某一群体的专门法。宋廷多次根据情况的变化修订赗赠法,宋神宗在位期间,总法至少修订过两次。熙宁七年(1074年)在考察财政状况的基础上,朝廷全面修订赗赠法,大幅调整赗赠物品和数量;元丰年间(1078—1085年)修订丧葬礼制,出台《孝赠式》,虽内容不详,但"其损益之制,视前多矣",⑥可知对前法进行了较大改动。

宋朝出台了一系列针对特殊群体的专门法。如宗室担任使相任期在一

① （唐）杜佑:《通典》卷86《礼志四十六》,中华书局1988年版,第2332页。
② （宋）佚名撰,天一阁博物馆等校证:《天一阁藏明钞本天圣令校证》卷29《丧葬令》,第203页。
③ （清）徐松辑:《宋会要辑稿·礼》44之23,第1443页。
④ （元）脱脱等:《宋史》卷124《礼志二十七》,第2907页。
⑤ （宋）李心传:《建炎以来系年要录》卷129,绍兴九年六月己巳,第326册,第749页;（元）脱脱:《宋史》卷366《吴玠传》,第11413页;（清）徐松辑:《宋会要辑稿·礼》44之21,第1442页(《建炎以来系年要录》载赐帛1000匹,《宋史》载赐钱300贯,《宋会要辑稿》载赐帛1000匹,钱3万贯)。
⑥ （元）脱脱等:《宋史》卷98《礼志一》,第2423页。

年以上者,赙银绢各 2500 两匹,①宗室乳母、近亲也有赙物。

　　宋神宗朝多次补充和修订致仕官赙赠法,熙宁元年(1068 年),诏令致仕大将军以上身亡支赐赙赠。② 熙宁三年(1070 年),规定"见任少卿监以上并分司致仕少卿监、宗室小将军以上身亡孝赠",由入内内侍省负责,可知当时较低品级的致仕官已获赙赠。熙宁七年(1074 年),规定"诸文臣卿监以上,武臣元系诸司使以上,分司、致仕身亡者,其赙赠并依见任官三分中给二",以现任官三分之二的赙物发给致仕官。③ 致仕官赙赠法的实施范围从中高级官员逐渐扩大到低级官员。

　　任职于偏僻地区、流放以及殉职的官员,分别适用于不同的赙赠法。如川陕、广南、福建等路的官员若死于任上,灵柩由官府派人护送返家,并赙钱10 贯。④ 流放岭南的官员身亡后也享有优抚政策,宋真宗咸平六年(1003年)儋州流人洪湛过世,官府赙钱 20 贯,之后殁于岭南的流放官员均享有赙赠。⑤ 考诸史料,至少在宋高宗绍兴二年(1132 年)之前,殉职官员的赙赠法已出台,"焚溺坠压之类"致死的官员,通判以上赙银 500 两,其余官员赙银 300 两。⑥

　　宋朝还陆续出台了将士赙赠法,如宋仁宗庆历二年(1042 年)规定阵亡军校无子孙者赙钱不等,指挥使 70 贯,副指挥使 60 贯,军使、都头、副兵马使、副都头 50 贯。⑦ 除正规军外,民兵也可获得赙赠。宋神宗元丰元年(1078 年)诏,获胜将校赙绢 30 匹,士兵赙绢 20 匹,无战绩者赙绢减半,并规定阵亡民兵的赙物照此发放。⑧ 因瘴致死的士兵也有赙赠法。如熙宁九年(1076 年)、熙宁十年(1077 年),朝廷曾先后 3 次下发针对安南行营因瘴疬致死的赙赠规定,⑨反映了宋廷对征战士兵抚恤工作的重视程度。

　　南宋出台针对外国使节的赙赠法。宋高宗绍兴十九年(1149 年)制订

---

① (清)徐松辑:《宋会要辑稿·礼》44 之 12,第 1438 页。
② (清)徐松辑:《宋会要辑稿·礼》44 之 14、26,第 1439、1445 页。
③ (元)脱脱等:《宋史》卷 124《礼志二十七》,第 2908 页。
④ (宋)佚名撰,天一阁博物馆等校证:《天一阁藏明钞本天圣令校证》卷 29《丧葬令》,第204、209 页。
⑤ (宋)李焘:《续资治通鉴长编》卷 55,咸平六年六月丁卯,第 1202 页。
⑥ (元)脱脱等:《宋史》卷 124《礼志二十七》,第 2908 页。
⑦ (元)脱脱等:《宋史》卷 124《礼志二十七》,第 2908 页。差不多同期成书的《武经总要前集》(卷 14,解放军出版社、辽沈书社 1988 年版,第 735 页)所载各级军校赙赠数额有所不同,除副兵马使、副都头所赐数额一致外,该书载场指挥使家属 100 贯,副指挥使 80 贯。
⑧ (宋)李焘:《续资治通鉴长编》卷 288,元丰元年二月庚午,第 7047 页。
⑨ (宋)李焘:《续资治通鉴长编》卷 278,熙宁九年十月丙申,第 6800 页;卷 279,熙宁九年十一月癸酉,第 6824 页;卷 281,熙宁十年三月辛亥,第 6881 页。

北使赙赠法：大使赙银 300 两、绢 600 匹、布 150 匹、生白龙脑 1 斤、烛 60 条、湿香茶各 30 斤、酒 60 瓶，副使赙银 200 两、绢 500 匹、布 150 匹、湿茶香各 30 斤、酒 60 瓶。辽使赙物甚为丰厚，使节身亡，同行之人可获赙物。如副使身亡，大使赐绢 300 匹、布 150 匹；大使身亡，副使赐绢 100 匹、布 150 匹。① 反映了宋廷在外交政策上的倾向性。

二、赙赠对象与物品

在中国古代社会，赙赠对象有不断扩大的趋势。如西汉赙赠对象较少，多为高官显贵，东汉有所建树的官吏已可获得官赙，唐代从九品以上职事官均有资格获得赙赠。宋朝赙赠对象更多，包括"诸室宗内外、皇亲、文武官薨卒，及家有亲属之丧"②。《宋史·礼志》对赙赠对象有详细记载："凡近臣及带职事官薨，非诏葬者，如有丧讣及迁葬，皆赐赙赠"。除诏葬外，近臣及职事官若遇丧事或迁葬均可赐赙。"自中书、枢密而下至两省五品、三司三馆职事、内职、军校并执事禁近者亡殁，及父母、近亲丧，皆有赠赐。宗室期、功、祖免，乳母、殇子及女出适者，各有常数"，③命官之外的人也可获得赙赠。宋神宗熙宁七年（1074 年）推行新制后，天文院吏人、节级、监生、学生等均能享受抚恤政策。④

官员家属过世，也享有赙物。熙宁新制规定，宰相"母、妻之丧绢五百疋，米面各三十硕或二十硕，酒三十瓶或二十瓶，羊三十口或二十口。兄弟子孙之丧及姑姊妹女之（在）室者绢三百疋，酒三十瓶或二十瓶，羊三十口或二十口，米二十石并面二十石，或无之"。身份低微者的父母也有赙赠，如节级、监生、学生父母身亡，赙绢 2 匹。⑤ 特赙中常见对高级官员亲属的优厚待遇，如南宋"中兴四将"中韩世忠之妻、岳飞之母、刘光世之父过世，官府均赙赠较大数额的银绢。⑥

随着丧葬习俗的演变及社会经济的发展，历代赙赠物品变化较大。师古曰："赠终者布帛曰赙"，⑦上古以来帛是主要的赙赠物。西汉赙赠以黄金、钱、帛为主，东汉黄金骤减，赙赠以钱、帛为主。南北朝时期赙物发生变

---

① （清）徐松辑：《宋会要辑稿·职官》36 之 48—49，第 3095—3096 页。
② （宋）佚名撰，天一阁博物馆等校证：《天一阁藏明钞本天圣令校证》卷 29《丧葬令》，第 203 页。
③ （元）脱脱等：《宋史》卷 124《礼志二十七》，第 2907 页。
④ （清）徐松辑：《宋会要辑稿·礼》44 之 12，第 1438 页。
⑤ （清）徐松辑：《宋会要辑稿·礼》44 之 1、11，第 1432、1437 页。
⑥ （清）徐松辑：《宋会要辑稿·礼》44 之 19、20，第 1441、1442 页。
⑦ （汉）班固：《汉书》卷 77《何并传》，中华书局 1997 年版，第 3269 页。

化,北方因长期战乱,货币经济遭到严重破坏,十六国钱币发行量有限,赙赠以帛为主,而南方则相对安定,商品经济持续发展,赙赠仍以钱、帛为主。在北方政权基础上实现统一的隋朝延续旧制,赙赠仍以帛为主。唐代商品流通日益频繁和扩大,铜钱大量出现,但受"钱荒"影响,官赙以帛、粟为主。

由于商品经济的快速发展,宋代赙赠物品十分丰富。唐朝常赙仅帛、粟两类,而宋朝多达九类,如宰相身亡,旧制赙赠物中有钱、绢、酒、烛、湿香等五类,新制少了钱,多了布、生白龙脑、蜡、茶、羊、粮食(米、麦、面)等,布与绢可归类为纺织品,新制赙赠物增加到九类,农畜产品比重加大。① 宋朝常赙数额也要高于唐朝。唐朝一品官赙物 200 段,粟 200 石。② 宋朝宰相身亡,按旧制赙钱、绢各 500 贯匹,法酒 50 瓶,秉烛、小烛各 50 条,湿香 3 斤;按新制,赙绢 800 匹,布 300 匹,生白龙脑 1 斤,秉烛、常料烛各 50 条,湿香、蜡、面、茶各 50 斤,法酒、法糯酒各 50 瓶,米、麦各 50 硕,羊 50 口。宰相母、妻也可赙绢 500 匹等。③ 赙赠物的种类和数量远超过唐朝。

三、赙赠标准的调整

随着财政状况的日益恶化,自北宋中后期始常例赙赠的数额逐渐减少。宋神宗熙宁七年(1074 年)推行新制,对赙赠物品和数额进行全面调整。与旧制相比,除某些官员不变或有所增加外,新制赙赠数额整体上有较大幅度的降低。如旧制御史中丞赙钱 100 贯,绢 200 匹,酒 10 瓶,羊 10 口;新制赙绢 150 匹,酒各 5 瓶,米、面各 5 硕,羊 5 口。④ 又如天文官按旧制赙钱 50贯,另有酒、羊等物;新制后赙绢 20 匹,个别官员则不再赐赙。⑤

宋哲宗朝继续调低赙赠标准,并缩小赙赠范围。元祐四年(1089 年),诏内外文武官、宗室及内侍官赙赠物品减去四分之一,丁忧期间的官员身亡,若不符合条件则不得引例陈乞和奏请。宋钦宗靖康元年(1126 年)赙物减半,宋高宗建炎三年(1129 年)停赐,⑥家境不丰的人家甚至无力操办丧事。绍兴元年(1131 年)资政殿大学士吕好问病故,因"家贫不能办棺殓",朝廷赙绢 500 匹,因担心后来者援引为例,减至 300 匹。⑦ 之后常赙依据时

① (清)徐松辑:《宋会要辑稿·礼》44 之 1,第 1432 页。
② (唐)杜佑:《通典》卷 86《礼志四十六》,第 2333 页。
③ (清)徐松辑:《宋会要辑稿·礼》44 之 1,第 1432 页。
④ (清)徐松辑:《宋会要辑稿·礼》44 之 4,第 1434 页。
⑤ (清)徐松辑:《宋会要辑稿·礼》44 之 6,第 1435 页。
⑥ (清)徐松辑:《宋会要辑稿·礼》44 之 27—28,第 1445—1446 页。
⑦ (清)徐松辑:《宋会要辑稿·礼》44 之 19,第 1441 页。

局变化时停时发,绍兴四年(1134年)知衢州谢克家身亡,赙赠外另有加赐,[①]可知当时已恢复常制,绍兴六年(1136年)朝臣再次要求停发,绍兴十一年(1141年)恢复宗室环卫官赙赠,[②]宋孝宗隆兴元年(1163年)发动北伐,再度停罢。乾道年间(1165—1173年)重修赙赠条格,可知已恢复常制。[③]

　　处于历史大变革时期的唐宋之际,政治、经济、价值观念等诸多领域均发生了深刻变化,宋朝赙赠法集中反映了这一时期的若干变化。唐末五代以来伦理纲常沦丧,君主权威遭受严重挑战。鉴于此,北宋立国后试图以父子之情来巩固君臣之义,极力宣扬和提倡孝道,而对逝者的安置是彰显孝道的重要途径和标准:"奉先者事亡如存,追远者送终为大"。[④]当时民间流行厚葬之风,治丧费用虽因人而异,但均需一定的经济基础做保证,更遑论有不少人为博取孝名,不顾家庭经济状况而厚葬其亲。"民间典卖庄土,多是出于婚姻丧葬之急,往往哀求钱主,探先借(钱),(后)方印契"。[⑤]赙赠既为助丧所用,受到统治者的重视自然在情理之中。在大臣因讲求孝道而违背朝纪的情况下,朝廷网开一面,甚至鼓励这种行为。如宋高宗绍兴五年(1135年),殿中侍御史张绚因祖母病重,擅自出院,朝廷并未治罪,反在丁忧期间赐钱300贯。[⑥]而商品经济异常活跃,社会经济大发展,物品极其丰富,金属货币大量进入流通领域,则为宋朝赙赠制度的发展和进步提供了必要的物质基础。

第四节　举告赏赐

　　举告即检举揭发他人的犯罪行为,是专制社会维护集权统治的利刃之一。在中国古代社会,当局者常以官爵及经济利益为诱饵,鼓励臣民告发违法言论和行为。入宋以后,统治者加大举告赏赐的广度和力度,告赏领域、次数及酬金皆超过前朝。

①　(清)徐松辑:《宋会要辑稿·礼》44之20,第1442页。

②　(清)徐松辑:《宋会要辑稿·礼》44之29,第1446页。

③　(清)徐松辑:《宋会要辑稿·礼》44之22—23,第1443页;43之18,第1425页。

④　(宋)徐自明撰,王瑞来校补:《宋宰辅编年录校补》卷11,元符三年九月辛未,中华书局1986年版,第667页。

⑤　(清)徐松辑:《宋会要辑稿·食货》13之22—23,第5030—5031页。

⑥　(宋)李心传:《建炎以来系年要录》卷91,绍兴五年七月己卯,第326册,第286页。

一、举告赏赐的领域

宋朝告赏法涉及领域极其广泛,刑事犯罪、政治、军事、经济、思想文化、社会生活等领域均广立告赏法。

（一）刑事犯罪与政治领域

因该领域犯罪对社会治安和统治秩序造成极大危害,故为宋朝重点打击和鼓励举告的对象。

1. 盗窃、杀人、放火等

宋朝对举告盗贼制定相关法令。宋仁宗嘉祐六年（1061 年）,开封府诸县制订《盗贼重法》,规定举告盗贼有赏,并将犯人资产作为赏金来源,此法普及曹州（今山东菏泽）、濮州（今山东鄄城）、澶州（今河南濮阳）、滑州（今河南滑县）等地。宋神宗熙宁四年（1071 年）再立《盗贼重法》,元丰年间（1078—1085 年）修订,适用范围进一步扩大,河北、京东、淮南、福建等路均用重法,"郡县浸益广矣"。① 宋朝对举报进入西夏境内盗取财物也立有赏格,此类盗贼给边境带来安全隐患,"上下蒙蔽,积久以成边隙",故"重立赏格,许人陈告","依常法倍赏之",②赏金高于常法。

宋朝对举告杀人者多次设立告赏法。如宋真宗大中祥符四年（1011年）,汴护堤河清卒为盗取财物,残害行人,并抛尸河道,毁尸灭迹,造成恶劣的社会影响。为杜绝此等恶行,朝廷明令"明揭赏典,募人纠告"。③ 宋仁宗天圣五年（1027 年）诏令："自今应强劫并杀人,许陈告",捕获 1 名盗贼,支赏钱 5 贯,公人、百姓可免除两税、衙前差徭等;若能缉拿全部盗贼,告人除支钱外,另有酬奖。④ 景祐元年（1034 年）,在梓州（今四川三台）提点刑狱公事王端的建言下,赏金增至 50 贯。⑤ 景祐二年（1035 年）规定举告群盗杀人者,10 人以上赏钱 100 贯,不及 10 人则根据人数支赏,⑥赏金由最初的 5 贯,增至 50 贯,后又根据告发人数予以奖励,最高 100 贯,不到 10 年的时间赏金至少增长了 10 倍,这说明宋廷在防范刑事犯罪方面的压力和力度均在不断增强。

宋廷对举告纵火犯也多次设立赏金。两宋时期京城屡次失火,危及百

① （宋）李焘:《续资治通鉴长编》卷 344,元丰七年三月乙巳,第 8255 页。

② （宋）李焘:《续资治通鉴长编》卷 273,熙宁九年三月辛巳,第 6696 页。

③ （宋）李焘:《续资治通鉴长编》卷 79,大中祥符五年十一月戊申,第 1805 页。

④ （清）徐松辑:《宋会要辑稿·兵》11 之 11—12,第 6943 页。

⑤ （清）徐松辑:《宋会要辑稿·兵》11 之 15,第 6945 页。

⑥ （宋）李焘:《续资治通鉴长编》卷 117,景祐二年八月丙辰,第 2749 页。

姓生命和财产安全。"近日遗火稍多,虽累条约,访闻尚有接便奸幸,放火谋盗财物",故宋真宗天禧四年(1020年)诏令举告纵火及盗取财物者可获赏金100贯。① 宋仁宗天圣十年(1032年)因"京城民舍频有延燔,虑奸狡之辈作过",官府鼓励举告纵火犯,查实后赏钱100贯。② 宋钦宗靖康二年(1127年),济南府赵不群所部民兵告军人图谋纵火作乱,首谋者凌迟处斩,告人获重赏,③避免了一场骚乱。乘救火之机盗取财物者也在举告之列,"自今诸处遗火,如救火兵士、诸色水行人等于救火处偷取财物,其巡检人员当面捉下","如获偷物数多者,亦别与酬奖"。告人可获奖励:"诸色人告捉获,亦比类申奏",④赏金大致与捕拿者相同。

2. 谋叛、大不敬等

宋朝政治领域内举告的犯罪行为有不少为"十恶"中的罪名,即直接危及君主专制统治秩序以及严重破坏伦理纲常的重大犯罪行为。如谋反,"谓谋危社稷",即图谋推翻当朝统治,宋廷一律重赏告人。宋神宗熙宁四年(1071年),泾州(今甘肃泾川)就粮蕃落兵士安吉告发本营党仙等谋叛,被录为右班殿直,受赐钱绢各100贯匹,并除授陕西监当官。⑤ 边关地区谋乱的危害性更大,举告赏金自然要高出不少。熙宁五年(1072年),屯驻雄威兵乐升、王庆告神勇兵杨进等谋乱,乐迁升下班殿侍,受赐钱300贯,王庆受赐钱200贯。"上以远方屯戍至众,赏之宜重,故特命之"。⑥ 南宋对举告谋反的赏赐力度更大。宋孝宗乾道二年(1166年),左军第二将、借补进义副尉李成、白身忠义效用秦飞告发王世隆作乱,各转官资及赐钱500贯;⑦宋宁宗嘉定二年(1209年),贾昂告发罗日愿谋反,诏令补武翼郎,赐钱2000缗,银300两。⑧ 举告谋叛罪者不仅可获得丰厚的物质赏赐,同时还多除授官爵。

举告图谋不轨、大不敬所受赏赐也不少。宋真宗天禧四年(1020年),客省使杨崇勋、内殿承制杨怀吉告发入内副都知周怀政多种罪行,两人同时受到降诏褒奖、升秩以及物质赏赐等多种奖励。⑨ 宋仁宗天圣七年(1029

① (清)徐松辑:《宋会要辑稿·兵》3之2,第6802页。
② (清)徐松辑:《宋会要辑稿·刑法》2之18,第6504页。
③ (宋)徐梦莘:《三朝北盟会编》卷83,靖康二年二月二十二日壬午,第621页。
④ (清)徐松辑:《宋会要辑稿·兵》3之4,第6803页。
⑤ (宋)李焘:《续资治通鉴长编》卷222,熙宁四年四月辛巳,第5412页。
⑥ (宋)李焘:《续资治通鉴长编》卷234,熙宁五年六月癸酉,第5687页。
⑦ (清)徐松辑:《宋会要辑稿·兵》19之15,第7088页。
⑧ (宋)佚名编,汝企和点校:《续编两朝纲目备要》卷11,第206页。
⑨ (宋)李焘:《续资治通鉴长编》卷96,天禧四年七月丁丑,第2210页。

年），枢密使曹利用的侄子曹汭醉酒后身着黄衣，令军民王旻、王元亨等 8 人高呼万岁，被州民赵德崇告发，赵德崇获重赏。① 宋廷对举告大不敬者曾出台过告赏令。如《庆元条法事类》中"杂犯"规定，告获因祠赛社会执引兵仗、旗帜，或仿乘舆器服者，不满 100 人赏钱 50 贯，满 100 人赏钱 100 贯，② 根据举告人数赏赐钱物。

（二）经济领域

随着商品经济的发展，宋朝在经济领域内的举告赏赐渐次增多。郭东旭、刘志刚《宋代经济领域中的告赏立法》③对宋朝在保护国家财政、维护贸易秩序等方面的告赏立法述之甚详，在此仅略作补充。

1. 行贿、受贿、索贿

宋朝官僚政治腐败，官场风气败坏，涉及经济犯罪领域的官员数量在逐年增加。贿赂公行是宋朝官场难以克服的弊病，朝廷出台了一系列针对官员行贿、受贿、索贿等罪行的告赏法。北宋初年因行贿而获得举荐者已不在少数，故宋太祖建隆三年（962 年）制定举告行贿法：以行贿而获荐者"自今许近亲、奴婢、邻里告诉，加以重赏"。④ 宋仁宗天圣五年（1027 年）诏令："凡文武臣僚及宗室奏荐恩泽，有受贿而冒为亲戚者，听人告，其得实者与一官；不愿官，给钱五百千"。⑤ 宋哲宗元祐五年（1090 年），朝廷规定"重禄人因职事取受财物，及系公人于重禄人因本处事取人财物、故放债收息及欺诈"者，许人陈告，告重禄法赏钱，徒罪 50 贯，流罪 100 贯，配广南 200 贯。⑥ 宋徽宗宣和三年（1121 年），朝廷规定告获因受纳、预买绸绢干系公人受乞财物，笞、杖罪赏钱 30 贯；徒刑赏钱 50 贯；流刑赏钱 80 贯；死罪赏钱 100 贯。⑦ 按《庆元条法事类》，举告监司巡按随行公吏、兵级及州县官、属官外出公干时于所部收受、索取财物，笞罪赏钱 20 贯，杖罪赏钱 30 贯，徒罪赏钱 50 贯，流罪赏钱 100 贯。⑧ 告发官员接受军队馈赠或索取钱物，赏钱 500 贯。⑨

宋代不少吏人收受他人钱物，以行不法之事，故朝廷相继出台了相关的

① （宋）李焘：《续资治通鉴长编》卷 107，天圣七年正月癸卯，第 2492 页。
② （宋）谢深甫撰，戴建国点校：《庆元条法事类》卷 80《杂犯》，第 926 页。
③ 郭东旭、刘志刚：《宋代经济领域中的告赏立法》，《河北法学》2008 年第 10 期。
④ （宋）李焘：《续资治通鉴长编》卷 3，建隆三年八月乙未，第 71 页。
⑤ （宋）李焘：《续资治通鉴长编》卷 105，天圣五年十二月丁亥，第 2457 页。
⑥ （宋）李焘：《续资治通鉴长编》卷 450，元祐五年十一月乙丑，第 10810—10811 页。
⑦ （清）徐松辑：《宋会要辑稿·食货》38 之 10，第 5471 页。
⑧ （宋）谢深甫撰，戴建国点校：《庆元条法事类》卷 7《监司巡历》，第 125 页。
⑨ （宋）谢深甫撰，戴建国点校：《庆元条法事类》卷 9《馈送》，第 170 页。

告赏法。如宋哲宗元祐六年(1091年),规定监临主司收受贿赂,许人陈告,枉法、杖罪赏钱10贯,徒罪20贯,流罪30贯。索贿也是官吏非法敛财的手段之一,如京城一些部门的办事人员无故敲诈地方官员,"巧作名色"。为杜绝、减少此类现象,南宋出台了一系列告赏法令,如宋高宗绍兴十年(1140年),诏令胥吏"乞觅一钱以上"者,许人陈告,赏钱500贯。宋孝宗淳熙十二年(1185年),诏令若相关人员"乞觅欺诈",许人陈告,告发1名奖励300贯。①

2. 贪污、监守自盗、侵隐官物等

贪污是官员常见的经济犯罪形式,宋太祖开宝五年(972年),定州通判张穆贪污巨额公款,被部曲鸿遇告发,张穆弃市,鸿遇获赐锦袍、银带、绢300匹。② 宋太宗太平兴国二年(977年),王景能告发内品王守忠盗官酒300瓶,王守忠弃市,王景能获赐紫衣、银带、帛5束。③

不法吏人通过销毁、隐匿簿籍来侵盗官物,故政府规定,诸色人"告获官司因被强盗辄毁匿簿籍、欺隐官物者,钱五十贯"④。宋神宗熙宁七年(1074年)三司档案焚毁,吏人乘乱隐藏簿籍。朝廷下令诸路自熙宁五年(1072年)后的公文档案由吏人检核,"封印架阁",如实申报。吏人限3日内整理、抢救文案,"如敢隐藏或故毁弃,即令点检申举,许人告",赏金200贯⑤。

利用职务便利侵占、隐匿官物的官吏也不少。如仓吏支拨军粮,"欺盗劫取十常三四",故"在京诸班直并诸军所请月粮,例皆斗数不足,内出军家口亏减尤多"。仓吏以多充少,军粮份额多半不足,出兵在外的士兵家属所领军粮缺额更多。宋神宗敦促三司制定《诸仓丐取法》,增加仓吏俸禄,若仓吏仍顶风作案,盗取官物,许人陈告,并按照罪行大小确定赏金,徒刑赏100贯,流刑赏200贯,配沙门岛赏300贯。⑥

宋高宗建炎四年(1130年)发运副使宋晖受朝廷委托,抛售浙西州县蔡京等人的籍没田产。因田产情况不明,"官吏得以为奸,别生欺隐",纵容、勾结他人将籍没田抵换成瘠田,企图以远低于市场的价格卖出,从中牟利。宋晖将情况上报朝廷后,诏令:"应官吏干系人等欺隐,根括不尽不实,或少

---

① (清)徐松辑:《宋会要辑稿·刑法》2之150、122,第6570、6556页。
② (宋)李焘:《续资治通鉴长编》卷13,开宝五年三月乙酉,第282页。
③ (宋)李焘:《续资治通鉴长编》卷18,太平兴国二年九月辛卯,第411页。
④ (宋)谢深甫撰,戴建国点校:《庆元条法事类》卷17《毁失》,第369页。
⑤ (清)徐松辑:《宋会要辑稿·食货》56之17—18,第5781—5782页。
⑥ (宋)李焘:《续资治通鉴长编》卷214,熙宁三年八月癸未,第5222—5223页。

出价钱,并依二月二日指挥断罪,仍许人告,赏钱一百贯文。"次年再下诏令,规定已换之田限半月内陈首,许人陈告,每亩给赏钱 30 贯①,除断罪外,同时施行告赏法,给予告人物质奖励,断罪和告赏法并行。

一些纲运梢工在运输盐、粮等官物中掺杂他物,以盗窃物品。宋真宗大中祥符九年(1016 年),诏令根据运输品估值赏赐告人,每 1000 省赏钱 100 文,估值至 500 贯以上者赏钱 50 贯。② 匠人也存在弄虚作假、偷窃官物的问题。因"近频有告论,工匠入外科添和金银及诸奸弊",工匠在制作金银器具时添加外料,盗窃金银,宋仁宗天圣七年(1029 年)发布"文思院造作金银工匠奸弊许告捉诏",许人陈告,得金 1 两赏钱 2 贯,得银 1 两赏钱 1 贯,③以赃物的价值来定赏金的多少。

3. 官员从事非法经济活动

宋代明令禁止官吏经商,从事非法盈利活动,"与民争利,违者论如律"④,违者以律论处。宋仁宗皇祐元年(1049 年),诏现任官若在边郡入中粮草,"以除名之罪坐之",而以公使钱入中者,则"以违制论",告发者"三百贯以下全给之"⑤。宋神宗元丰元年(1078 年),诏官员、举人等,"于折博务占买盐钞及越次给钞者",告者每名赏钱 100 贯⑥。宋哲宗元祐六年(1091 年),监司、当职官员、吏人,以及州县在任官、吏人、公人,不得承买官家估卖之物及请佃、承买田宅,违者徒 2 年。吏人、公人许人陈告,以田宅物价估值的三分之一充作赏金⑦,禁止官吏承买官物、田宅。宋徽宗宣和三年(1121 年),诏令"臣僚之家私物及兴贩而辄称御前纲运物色者官家",许人陈告,赏 500 贯⑧。

宋朝严禁官员从事酒业交易,并多次下达禁令。如嘉祐法规定,亲事官等卖酒,许人举告、捕捉,2 瓶以上赏钱,最高赏金 10 贯;熙宁法设立的赏金更高,1 斗赏 10 贯,最高赏金 100 贯。宋哲宗元祐四年(1089 年)修订法令,所定刑罚及奖励方法与熙宁法相同,而元祐五年(1090 年)十一月六日、十二月十八日发布的赦令规定,刑罚依嘉祐法施行,奖励办法则依熙宁法施

---

① (清)徐松辑:《宋会要辑稿·食货》61 之 4,第 5875 页。
② (清)徐松辑:《宋会要辑稿·食货》46 之 5,第 5606 页。
③ (清)徐松辑:《宋会要辑稿·职官》29 之 2,第 2988 页。
④ (宋)李焘:《续资治通鉴长编》卷 7,乾德四年五月乙丑,第 170 页。
⑤ (宋)李焘:《续资治通鉴长编》卷 166,皇祐元年二月辛巳,第 3988 页。
⑥ (宋)李焘:《续资治通鉴长编》卷 291,元丰元年八月己酉,第 7114 页。
⑦ (宋)李焘:《续资治通鉴长编》卷 460,元祐六年六月丙辰,第 11019 页。
⑧ (清)徐松辑:《宋会要辑稿·刑法》2 之 80,第 6535 页。

行①,同时参用两法。南宋加大惩处,宋高宗绍兴五年(1135 年),举告三省、枢密院吏人"辄入酒肆并开置邸店沽卖酒食之类",赏金增加 100 贯②,减少、阻止官吏与民争利。

4.违法征收赋役

宋代田赋征收中的违法现象严重,不少吏人非法受纳,下欺百姓,上瞒官府,从中渔利。为保证田赋征收的顺利进行,减少民众的抗拒情绪,宋朝制定了一系列法律条例,其中有不少告赏法适用于以下几种田赋征收中的违法行为。

揽纳税租。"揽纳税租"的官吏,若同时还具备"受乞财物"的情节,不仅要受到严厉的处罚,在重金的悬赏下,被举告的风险也要高些。《庆元条法事类》中"揽纳税租"门规定:诸色人,"告获州县吏人、乡书手、专、斗揽纳税租受乞财物者,杖罪,钱五十贯。徒以上罪,钱一百贯"③。杖罪奖励 50贯,徒罪以上奖励 100 贯。

违法受纳。额外加耗属于"以法赋敛而擅加益"行为④,受到政府的立法约束:"诸色人告获受纳税草于耗外输纳者,一束,钱五贯;五束,钱一十贯(每五束加五贯,至五十贯止),告获装发及受纳官物称量不如法,准所亏价给二分(二百贯止)"⑤。地方政府可征收一定的耗,但超过政府允许的限度则为违法,允许告发,政府依据告发的数量进行奖励。为防止官府在受纳钱物时"大量升合,非理退剥,阻节骚扰",允许百姓向尚书省越诉,并许陈告,每名赏钱 200 贯⑥。

虚销税赋。即负责造簿的吏人造假,以帮助权势之家规避赋役。因虚销税赋直接影响国家的财政收入及力役征发,北宋初年便设立了相应的告赏法。宋太祖开宝四年(971 年),征发百姓修河,"而闻豪要之家多有欺罔,并差贫阙",权势之家勾结地方官吏,规避征发,并将负担转嫁给贫民。朝廷诏令河南府、大名府(今河北大名)、宋州(今河南商丘)、亳州等地判官、县令等仔细审查丁口,"敢有隐漏,令、佐除名,典史决配。募告者,以犯人家财赏之,仍免三年差役"⑦。严厉处罚违法官吏,告人除获物质奖励外,还

① (宋)李焘:《续资治通鉴长编》卷 453,元祐五年十二月乙卯,第 10875 页。
② (清)徐松辑:《宋会要辑稿·刑法》2 之 148,第 6569 页。
③ (宋)谢深甫撰,戴建国点校:《庆元条法事类》卷 47《揽纳税租》,第 626 页。
④ 余小满:《宋代职务犯罪研究》,硕士学位论文,河南大学历史文化学院,2010 年,第 103 页。
⑤ (宋)谢深甫撰,戴建国点校:《庆元条法事类》卷 36《受纳违法》,第 563 页。
⑥ (清)徐松辑:《宋会要辑稿·刑法》2 之 106,第 6548 页。
⑦ (清)徐松辑:《宋会要辑稿·食货》69 之 78,第 6368 页。

可免除三年差役。

隐匿税租。一些地方官府以灾伤为借口,夸大受灾情况,"若本县界或邻近县分小有水旱,人户实无灾伤,未敢披诉,多是被本县书手、贴司先将税簿出外,雇人将逐户顷亩一面写灾伤状",利用"开阁"、"倚阁"税租方面的规定在簿籍上造假,隐匿税租。若检灾官监察不力,地方官吏便截留租税。宋高宗绍兴二年(1132年),在江浙、荆湖、广南、福建路都转运使张公济的建议下,朝廷允许检举揭发造假者,每名赏钱50贯①。

5. 隐匿资产,偷税、漏税

隐匿资产的行为在宋初颇为常见,即便在天子脚下,"挟佃诡名,妄破租税,侵耕冒佃,侧近佃田,妄作逃户,并见在户将名下税物移在逃户脚下夹带开破者"也不在少数。对上述违法行为,官府许人陈告,犯人田产、牛具充赏。② 当时还有不少人户"多典卖田产入形势之家,以规避徭役"。宋真宗乾兴元年(1022年),"诏应典卖田产影占徭役者,听人告,以所隐田三之一予之"。③《庆元条法事类》中也有相关告赏法:"告获欠官物,隐寄财产,以所隐寄给三分之一",④赏金多以隐匿资产抵充。

偷漏商税是宋朝重点打击的现象,政府设立专门的告赏法。宋哲宗元祐五年(1090年)户部上言:"冶户煽生铁,如有隐落,不尽数上历,虽未出冶,并许人告,得实,依漏税法给赏"。⑤ 这说明漏税法中有相关告赏规定。《庆元条法事类》中"商税"规定"告获匿税以没官物",赏金按估值多少发放:估值不及1贯全给,2贯以下给1贯,2贯以上给一半。⑥ 西北边境地区走私贸易活动较为猖獗,博买牙人与蕃部私下交易,由小路进入秦州,以逃避商税。诏令许人陈告,每估钱1贯,官府赏钱2贯,以达到"招来远人,可以牢笼遗利,资助边计"的目的。⑦ 元丰三年(1080年)以前,海南对海商征收商税的标准为船只的大小,在琼管体量宋初平的建议下改为依货品收税,许人陈告偷税之人,以船货充赏。⑧ 赏金多以走私品抵充。

6. 非法赌博、放债、典当等

针对非法赌博、放债、典当等不当行为,宋朝设立告赏法。如宋仁宗明

---

① （清）徐松辑:《宋会要辑稿·食货》61之74,第5910页。
② （清）徐松辑:《宋会要辑稿·食货》69之37,第6348页。
③ （宋）李焘:《续资治通鉴长编》卷98,乾兴元年十二月乙卯,第2305页。
④ （宋）谢深甫撰,戴建国点校:《庆元条法事类》卷32《理欠》,第519页。
⑤ （宋）李焘:《续资治通鉴长编》卷448,元祐五年九月癸未,第10771页。
⑥ （宋）谢深甫撰,戴建国点校:《庆元条法事类》卷36《商税》,第554页。
⑦ （宋）李焘:《续资治通鉴长编》卷299,元丰二年七月庚辰,第7272页。
⑧ （清）徐松辑:《宋会要辑稿·食货》17之25—26,第5096页。

道年间(1032—1033年),"禁民间诱聚兵民赌博之家",告者有赏。① 宋朝禁止向急脚马递铺兵级、曹司、宗室成员等放债、收取高利贷,告获放债者赏钱3贯。告获放债给宗室成员,且每月息钱超过4厘者赏钱30贯。举告非法典当者赏金更高:"告获以孤遗宗室钱米历质当,并孤遗自质当及钱主",赏钱100贯。②

7. 走私、贩卖违禁物品

宋朝对于举告走私、贩卖违禁物品者立法甚密,"凡告捕私茶皆有赏",③且不断加重赏金,如宋哲宗元祐五年(1090年),规定告捕获私盐"除准价支赏外,将别理赏钱",不及10斤加倍支赏,每10斤加2贯,最高赏100贯。④ 南宋初年,临安府城内外走私贩卖私盐活动猖獗,盐贩"结托贵势之家倚为主张,公然货卖"。宋孝宗隆兴二年(1164年)临安府重立赏金,严行缉拿,并令御史台弹奏犯禁的权贵之家。⑤ 淳熙十年(1183年)修订"私贩解盐断罪、告赏条格",规定与蕃商交易解盐者,许人告首,徒罪赏200贯,流罪赏300贯。⑥《庆元条法事类》中"盐茶矾"规定,如告获私盐、茶,不满10斤,赏钱增至15贯,每10斤加15贯,最高赏750贯。⑦

因"钱荒"问题较为严重,宋朝陆续出台了一系列较为严酷的刑法,并设告赏令。对私自携带铜钱出境者处罚极严,至1贯者即处以死罪,同时"重立赏格,使人告捕",《嘉祐编敕》规定赏钱100贯。出边境的商人,每人允许携带路费500文,超出者许人陈告,"其钱尽数给告人充赏"。犯铜禁者至9斤以上处以刺配,"亦设告赏之科",1两以上赐钱1贯,每1斤加2贯,⑧依据举告数目给赏。

举告利用耕牛、战马从事走私贸易者,赏金要高出数倍。宋孝宗淳熙五年(1178年),诏令湖北、京西路沿边州县,"自今客人辄以耕牛并战马负茶过北界者,并依军法",许人告捕,赏钱2000贯,补进义校尉,命官转两官。"其知情、停藏同船同行梢工、水手能告捕及人力、女使告首者"不仅免除刑责,还可获得物质奖励。⑨

---

① (清)徐松辑:《宋会要辑稿·兵》11之14,第6944页。
② (宋)谢深甫撰,戴建国点校:《庆元条法事类》卷80《出举债负》,第904页。
③ (元)脱脱等:《宋史》卷184《食货志下六》,第4494页。
④ (宋)李焘:《续资治通鉴长编》卷448,元祐五年九月丙戌,第10773页。
⑤ (清)徐松辑:《宋会要辑稿·食货》27之15,第5263页。
⑥ (清)徐松辑:《宋会要辑稿·食货》28之19—20,第5288页。
⑦ (宋)谢深甫撰,戴建国点校:《庆元条法事类》卷28《盐茶矾》,第392页。
⑧ (宋)张方平撰,郑涵点校:《张方平集》卷26《论钱禁铜法事》,第411—413页。
⑨ (清)徐松辑:《宋会要辑稿·刑法》2之119,第6555页。

8. 擅自屠杀耕牛

中国历代法律严令禁止任意屠宰耕牛。两宋屡次颁布禁宰耕牛的法令,南宋对屠宰耕牛、买卖牛肉的行为处罚更重,设立的告赏金更高。如宋高宗建炎四年(1130年)五月,御营使司出榜禁杀耕牛,许人陈告,赏钱300贯,并鼓励民众举告买卖牛肉之人;十月,规定"知情买肉兴贩者"徒2年,许人陈告,赏钱50贯。绍兴元年(1131年)九月,越州(今浙江绍兴)地区屠宰耕牛、买卖牛肉者一并处以2年徒刑,流配千里,告赏金100贯;十一月,左藏库拨钱300贯,于尚书省都门桩垛充赏,许人告捉。绍兴五年(1135年)诏告发、捕捉屠宰官、私牛者,每头赏钱300贯;绍兴二十三年(1153年)重申条法。① 官府设立一系列告赏法,以制止民间任意屠宰耕牛的行为。

(三) 军事领域

因国情特殊,劲敌环伺,国防安全受到严重威胁,宋朝进一步扩大了在军事领域内的告赏法。

1. 贩卖、隐藏军需物资

军需物资是国家严格管理的物品,一般不允许自由买卖,尤其禁止与缘边地区及境外之人买卖。宋朝根据军需物品的买卖区域,予以告捕者不同的赏金,极边地区最重,其次为次边和其他地区。如徒罪,告人赏1000贯,补进义副尉;流罪,赏1500贯,补进义校尉。次边则只给赏钱,其他地区赏钱一半。② 牛皮、筋、角、膠鰾是制造兵器的原料,北宋中期兵兴之前规定民间死牛,需将上述物品中卖入官,官府分三等价格支付。兵兴以后"改法甚严",民间牛马死,皮、筋、角限在半月内上缴官府,并许人陈告。③ 以防止军需物资流入境外。

2. 打探、泄露国家机密

宋朝设立告赏法以防范、打击打探、泄露国家机密的行为。若举告属实,告人除赐物外,还将获取被告人的"妻子、杂畜、资产"。④ 告获听探、传报、漏泄朝廷机密,每人赏钱500贯,公人转一资。告获传报、实封、申奏、应密文书并撰造事端、膳报惑众者,赏钱300贯。告获漏泄公事者,赏钱30贯,重者赏钱50贯。告获将国家、边防事宜报知境外人者,每人赏钱300贯等。⑤

---

① (清)徐松辑:《宋会要辑稿·刑法》2之104—105,第6547—6548页。

② (宋)谢深甫撰,戴建国点校:《庆元条法事类》卷29《兴贩军需》,第432—433页。

③ (宋)欧阳修撰,李逸安点校:《欧阳修全集》卷117《乞发行牛皮膠鰾》,第1798页。

④ (宋)曾公亮、丁度:《武经总要前集》卷14《赏格》,第733页。

⑤ (宋)谢深甫撰,戴建国点校:《庆元条法事类》卷8《漏泄传报》,第147—148页。

宋英宗朝进士景珣投奔西夏，"教令为寇"。为防止类似情况的再次发生，治平三年（1066 年），沿边居民 3 家至 5 家合为一保，不得藏匿奸细及逃亡之人。告获"外奸"1 人，赏 300 贯；告获"内奸"1 人，书生、举子依"外奸法"给赏金，补茶酒班殿侍；告获其他人等皆赏钱 100 贯。① 随着边境形势的日趋紧张，宋神宗朝采取了更为主动、有效的防范措施。熙宁七年（1074 年），五路缘边州军及大城寨依乡村法团社立保甲，"更不教阅，专令觉察奸细"，告获 1 人，赏钱 300 贯，"事理重者取旨酬奖"。② 熙宁八年（1075 年）辽使将至，为防止其打探国情，都亭驿、开封府派人缉拿奸细，告获 1 人，赏钱 1000 贯，除授班行；知情人若能举告，"原罪外亦与酬赏"，③赏金比以前高出 3 倍。元丰五年（1082 年），诏令鄜延路不得随意传达边情，告者赏 300 贯。④

政府机关不少吏人通过贿赂获取职位，素质低下，怠慢公务，如二府往来公文多为实封，按规定不得传报，而大程官"不免私启封以示人"，中书录黄文字大程官也"辄以示人"。为约束不法行为，宋哲宗绍圣四年（1097 年）诏令："大程官承发内降并入进及已得旨关录三省文书，转私封发及以示人者，徒一年、五百里编管；赃重者以不枉法论许人告捕，赏钱三十贯"⑤。元符元年（1098 年），朝廷再次重申禁止传报机密文件，并加大举告奖励的力度，赏金增为 300 贯⑥。

南宋初年重赏捕获奸细者，但"远方凶悍之徒贪赏，妄杀良善，为害滋大"，奸猾之徒为冒功领赏，杀害无辜平民冒充奸细。宋高宗绍兴四年（1134 年）朝廷禁令擅杀奸细，若确实探知奸细行踪，应告官府收捕，依法推赏。⑦ 提倡百姓告官，以免误杀良民。当时宫中之事屡遭外泄，"朝廷近来未行之事，中外已自喧传，及号令之出，往往悉如众人所料"。外泄之事大致与中枢机构地理位置有关，"前此中书省、枢密院置皇城内，如在天上，何由探知？自渡江屋宇浅隘，人迹错杂，自然不密"。为防止机密外泄，宋廷严申法禁，诏令漏泄边机事务，以军法处置，许人陈告，赏钱 1000 贯。⑧ 实录涉及国家事务，故禁止参编之人泄露相关内容。绍兴八年（1138 年）诏

① （清）徐松辑：《宋会要辑稿·兵》28 之 1—2，第 7270 页。
② （宋）李焘：《续资治通鉴长编》卷 250，熙宁七年二月己丑，第 6099 页。
③ （宋）李焘：《续资治通鉴长编》卷 260，熙宁八年二月庚辰，第 6343 页。
④ （宋）李焘：《续资治通鉴长编》卷 330，元丰五年十月乙丑，第 7954 页。
⑤ （宋）李焘：《续资治通鉴长编》卷 489，绍圣四年七月壬申，第 11614 页。
⑥ （宋）李焘：《续资治通鉴长编》卷 498，元符元年五月壬戌，第 11851 页。
⑦ （清）徐松辑：《宋会要辑稿·刑法》2 之 101，第 6546 页。
⑧ （清）徐松辑：《宋会要辑稿·刑法》2 之 148，第 6569 页。

"实录院漏泄许人告",赏钱 200 贯。① 铺兵传递文书,易于受人诱使,泄露机密。绍兴十三年(1143 年)规定,铺兵传送文书,若以钱财诱使铺兵盗拆、藏匿文书,铺兵能告首,除转一资外按等级支赏,并将财物"不以多寡,并给充赏",②转资外还可获得实物赏赐。

3. 冒功领赏

宋朝军队盛行冒赏之风,因军赏多以首级论功,官兵"多杀熟户,以其首级冒赏"。宋神宗熙宁六年(1073 年),诏令"杀熟户以邀赏者,斩讫奏,仍许人告,每名迁一资、赏钱百千,无资可迁,加五十千"。③ 每告 1 人,迁资外赏钱 100 贯,若无资可迁,则加赐 50 贯。宋哲宗绍圣四年(1097 年),诏陕西、河东路经略司:"告谕汉、蕃兵,如遇军行,尚敢携老幼妇女首级送纳,或将佐知情盖庇,尽以违制论。诸色人刺配近南州军,将佐情重者取旨"。许人告首,每级赏钱 50 贯。④

宋哲宗朝走马承受"近年凡遇军行,多以亲戚请托,侥幸功赏,欺罔百出"。元祐元年(1086 年)朝廷出台新规,走马承受的亲戚、门客、亲随等不得随军效用,立功也不受赏。如有隐匿,许人陈告,以犯人所受恩泽充赏,⑤以杜绝侥幸之人。元符元年(1098 年)朝廷规定,自残身体而诈称受伤,或无功而诈称杂功,"冒求恩赏者,罪有差",告者有赏。⑥

4. 私藏兵器

宋朝设立"私有禁兵器"告赏法,禁止民间私藏、买卖兵器。官府曾多次颁行过该法令,不过具体内容不得而知。如宋神宗元丰六年(1083 年),鄜州(今陕西富县)等地走散士兵将兵器卖给民户,转运司颁行"私有禁兵器"告赏法。⑦ 宋哲宗元祐元年(1086 年)正月,诏令开封府界、三路保甲教阅所用器械送至官府,并设立开封府界、三路"私有禁兵器"告获赏格。⑧ 闰二月诏令开封府界、五路提举保甲司,若有隐藏、替换原官府弓弩者,限一个月内缴纳,"限满不首,即依私有禁兵器法告赏",⑨民户须在规定时间内缴纳兵器,否则许人告赏。

---

① (清)徐松辑:《宋会要辑稿·职官》18 之 61,第 2785 页。
② (清)徐松辑:《宋会要辑稿·方域》11 之 11,第 7505 页。
③ (宋)李焘:《续资治通鉴长编》卷 246,熙宁六年七月丁巳,第 5982 页。
④ (宋)李焘:《续资治通鉴长编》卷 493,绍圣四年十二月乙巳,第 11721 页。
⑤ (宋)李焘:《续资治通鉴长编》卷 368,元祐元年闰二月丙申,第 8879 页。
⑥ (宋)李焘:《续资治通鉴长编》卷 497,元符元年四月丁亥,第 11819 页。
⑦ (宋)李焘:《续资治通鉴长编》卷 333,元丰六年二月戊申,第 8013 页。
⑧ (宋)李焘:《续资治通鉴长编》卷 364,元祐元年正月辛亥,第 8725 页。
⑨ (宋)李焘:《续资治通鉴长编》卷 368,元祐元年闰二月庚寅,第 8861—8862 页。

除外,宋廷对招诱边户、隐瞒军中减损情况、士兵逃亡、擅自招兵等均立有告赏法。如治平四年(1067 年),西蕃首领拽罗钵、鸠令结等 2 人前后共招诱蕃部共 300 余帐投奔西夏政权,被喝装、芭撒鸠令光告发。拽罗钵、鸠令结被斩首示众,喝装补都虞候,赐钱 500 贯,芭撒鸠令光补军使,赏钱 100 贯。① 因将官隐瞒阵亡人口,冒领军俸,宋哲宗绍圣四年(1097 年),诏令"因战阵斗敌被伤、杀、虏人口,管押官敢减落人数,或妄申逃亡者,并以违制论"。许人告首,每名赏钱 50 贯。② 元符二年(1099 年)再次重申该法。③ 宋高宗建炎元年(1127 年)许人告捕逃亡禁军,每获 1 名赏钱 10 贯。④ 绍兴四年(1134 年)诸军不得擅自招人,若有违犯,许人告首,赏钱 300 贯。⑤ 举告法有利于整顿军纪、军规。

(四) 社会生活

1. 服饰逾制

宋代尚奢靡之风,从宫廷至民间风行金银器物,"京师士庶,迩来渐事奢侈,衣服器玩,多镕金为饰"。⑥ 自宋真宗朝以来,朝廷持续颁布佩戴、制造、销售铺翠销金等禁令和告赏法。大中祥符元年(1008 年),诏令"自今金银箔线、贴金、销金、泥金、蹙金、线贴什器、土木玩用之物,并请禁断,非命妇不得以为首饰。冶工所用器,悉送官,违者所由捉搦,许人纠告,并以违制论",给予告者物质奖励,以犯人家资充赏。⑦ 宋高宗朝先后多次发布禁令,并加大告赏力度和范围。绍兴五年(1135 年)将赏金增至 300 贯,"其采捕翡翠及贩卖并为服饰,并依销金为服罪赏",以金打箔,及以金箔装饰神佛像、图画、供具之类,工匠徒 3 年,赏金 300 贯。若邻里不察,杖 100,赏金 100 贯,⑧将邻里也纳入举告范围。即便如此,"铺翠销金之饰,屡诏禁止。宫中虽无敢犯,而有司奉行不虔,市肆公然为之"。奢靡之风难以抑制,宋高宗要求再"重立告赏",⑨以重赏鼓励臣民相互揭发。

除禁服铺翠销金外,宋朝还发布过对冠的禁令,如"比闻臣僚士庶人家,多以鹿胎制造冠子,及有命妇,亦戴鹿胎冠子入内者,以致诸处采捕,杀

---

① (清)徐松辑:《宋会要辑稿·蕃夷》6 之 6,第 7821 页。
② (宋)李焘:《续资治通鉴长编》卷 493,绍圣四年十二月癸未,第 11709 页。
③ (宋)李焘:《续资治通鉴长编》卷 515,元符二年九月乙巳,第 12238 页。
④ (清)徐松辑:《宋会要辑稿·刑法》7 之 29,第 6748 页。
⑤ (清)徐松辑:《宋会要辑稿·刑法》7 之 36,第 6751 页。
⑥ (宋)李焘:《续资治通鉴长编》卷 68,大中祥符元年二月乙巳,第 1526 页。
⑦ (清)徐松辑:《宋会要辑稿·舆服》4 之 5,第 1796 页。
⑧ (清)徐松辑:《宋会要辑稿·刑法》2 之 115—116,第 6553 页。
⑨ (宋)李心传:《建炎以来系年要录》卷 128,绍兴九年五月丙申,第 326 册,第 739 页。

害生牲"。诏令"今后诸色人,不得采杀鹿胎,并制鹿胎冠子。如有违犯,许人陈告",告获捕鹿胎者,赏金20贯;告戴鹿胎冠子及制造者,赏金50贯,以犯人家财抵充。在严令禁止下,"自是鹿胎无用,而采捕者亦绝"。① 当时宫中流行白角冠梳,"人争效之,谓之内样",有的长达3尺。御史刘元瑜以为"服妖",故奏请禁令。宋廷规定了冠的高度和宽度,并重赏告讦者,不少女子受到刑责,"大为识者所嗤,都下作歌辞以嘲之",②引发社会舆论的不满和嘲讽。

2. 婚姻违制

宋朝宗室中不乏家境贫寒者,甚至"以女卖婚民间"③。宋神宗熙宁十年(1077年)根据血缘关系的远近,限制宗室成员的通婚对象,禁止其与工商杂类通婚,"其冒妄成婚者,以违制论。主婚宗室与媒保同坐,不以赦降,自首者减罪,告者有赏"。④ 违法者许人陈告。

3. 非法收养义子

北宋初年无论官品高下,宦官可收养义子1名,以充继嗣。后因引发多起财产纠纷诉讼,诏令年满三十、已无养父的宦官可收养义子,本家需出具姓名、年龄,至宣徽院说明、核实具体情况,经批准后给凭据方可收养。"若衷私养者,许人纠告处死",告者赏钱100贯,以犯人家财充赏,⑤从而减少民间纠纷。

(五) 思想文化

1. 非法雕印文书

社会经济与文化教育的发展使得宋朝刻书业十分兴盛,而特殊的历史环境又促使宋廷对事关国家机密等相关书籍的雕刻及流向控制甚严,设立告赏法加以监控。此类书籍大致有时政、边防、御书、当代史、法令条格、日历等,举人程文也在禁刻之列。如规定告获私自雕印时政及有关边防机密的文书,赏钱50贯;告获私自雕印御书、本朝会要、国史、实录者,赏钱100贯;告获私自雕印或盗印律、敕、令、格、式、刑统、续降、条制、历日者,赏钱50贯至100贯;告获雕印举人程文者,杖罪赏钱30贯,流罪赏钱50贯。⑥宋仁宗朝欧阳修曾发现京城流行二十卷本的《宋文》雕印文集,内容多涉及

---

① (宋)李攸:《宋朝事实》卷3《诏书》,中华书局1985年版,第34—35页。
② (宋)李焘:《续资治通鉴长编》卷167,皇祐元年十月丁丑,第4019页。
③ (元)脱脱等:《宋史》卷346《彭汝砺传》,第10974页。
④ (元)脱脱等:《宋史》卷115《礼志十八》,第2739页。
⑤ (清)徐松辑:《宋会要辑稿·职官》36之2,第3072页。
⑥ (宋)谢深甫撰,戴建国点校:《庆元条法事类》卷17《雕印文书》,第366页。

时政,首篇为富弼《让官表》,"陈北虏事宜甚多,详其语言,不可流布",若流入北境,"大于朝廷不便"。于是上书恳请开封府销毁版本,禁止雕印、贩卖此类文集,并许书铺及诸色人等陈告,赏钱200贯,以犯人家财抵充。① 宋哲宗元祐年间(1086—1094年)翰林学士苏辙奉使北上,曾见本朝民间印行文字在当地流传甚广,苏辙向朝廷汇报了此事。元祐五年(1090年)朝廷规定"凡议时政得失、边事军机文字,不得写录传布,本朝会要、实录不得雕印",违者徒2年,告者赏钱100贯。② 宋徽宗宣和年间(1119—1125年)朝臣发现市面上出售《舒王日录》,而正史中不少史料源于此书,"兵谋、政术往往具存",有可能导致"国之机事传播闾阎,或流入四夷"。诏令开封府及诸路州军销毁版本,如有违犯,许人陈告,赏钱100贯,③以减少国家机密流入境外的危险。

2. 私藏禁书、私信

因恐有人利用天象散布不利言论,蛊惑民众,危及统治,历朝均严惩私习天文、私藏天文图书、工具者。宋太祖开宝九年(976年),诏令诸州将通晓天文术数者传送阙下,藏匿者弃市,告者赏钱300贯。④ 宋真宗景德元年(1004年),诏令"图纬、推步之书,旧章所禁,私习尚多,其申严之。自今民间应有天象器物、谶候禁书,并令首纳,所在焚毁,匿而不言者论以死,募告者赏钱十万,星算伎术人并送阙下"。⑤ 要求民间私藏天文仪器、图谶禁书之人向官府自首,若隐匿不报则处以死刑,许人陈告,告人赐钱100贯。宋神宗熙宁八年(1075年),权御史中丞邓绾认为李逢、世居等起意"皆因挟图谶祅妄书以相摇惑",请求立告赏法,重奖举告私藏、私习图谶之人,赏100贯。⑥

臣民往来私信本不在朝堂的监控范围之内,但宋神宗朝发生在臣僚之间的一场纠纷引发了朝廷对私信往来的警觉。元丰元年(1078年),转运使何琬奏报知江宁府(今江苏南京)吕嘉问不法之事,奏章刚刚递交朝廷,吕嘉问随即呈上申辩之词,何琬由此断定有通风报信之人。都进奏院奏请审核当年九月以后江宁府往来文字、书信,朝廷下令"臣僚所发私书,委开封府下逐家取副本。或无底,令追省抄录,申府缴奏。如敢隐匿不尽,许人告,

---

① (宋)欧阳修撰,李逸安点校:《欧阳修全集》卷108《论雕印文字札子》,第1637页。
② (清)徐松辑:《宋会要辑稿·刑法》2之38,第6514页。
③ (清)徐松辑:《宋会要辑稿·刑法》2之86—87,第6538—6539页。
④ (宋)李焘:《续资治通鉴长编》卷17,开宝九年十一月庚午,第385页。
⑤ (宋)李焘:《续资治通鉴长编》卷56,景德元年正月辛丑,第1226—1227页。
⑥ (宋)李焘:《续资治通鉴长编》卷262,熙宁八年四月庚辰,第6403页。

犯人除名,告者赏钞千缗。有官者不愿给钱,每三百千转一资",①赏金高达1000 贯。

3. 淫祀

宋代基层社会流行淫祀,南方地区尤甚:"民间尚有师巫作为淫祀,假托神语,蛊惑愚众,二广之民信向尤甚",统治者以为淫祀不能"一道德、同风俗",②对社会秩序造成一定的危害,明令禁止淫祀。宋仁宗天圣九年(1031 年),诏令荆湖地区募告杀人祭鬼神,"悉界以罪人家赀"。③ 康定元年(1040 年),再次下令川陕、广南、福建、荆湖、江淮等地区,"禁民畜蛇毒蛊药,杀人祭妖神。其已杀人者,许人陈告,赏钱随处支铜钱及大铁钱一百贯"。④ 宋徽宗政和四年(1114 年),严禁"师巫假托神语,欺愚惑众",许人陈告,赏钱 100 贯,⑤以减少淫祀在民间的传播空间。

4. 非法结社结会

宋代社会盛行结社结会,各种性质的会社遍布全国,军事性会社尤盛。因军事性结社置办兵器,演习武艺,危害性较大,轻者聚众闹事,重者以武力对抗官府,对基层政权构成一定威胁,故朝廷严加管控,并订立断罪、告赏之法。如宋仁宗朝淄州(今山东淄博)、济州(今山东济宁)等地出现了以习武为主的民间社团,"置教头习兵杖,聚人为社",对国家统治和社会安定构成威胁,遭到官府的取缔和管制。庆历元年(1041 年),诏令"自今为首者处斩,余决配远恶州军牢城",许人告捕,获 1 人赏钱 30 贯,⑥严禁缔结存在潜在危险的民间社团。

宋代宗教性会社大量涌现,"在宋代,无论是士大夫的谈诗论禅,与僧人相交,民间百姓广泛参与的渗透到日常生活的宗教信仰集会活动,还是民间秘密宗教会社所进行的反抗正统社会秩序,进而反抗封建统治者的斗争,都以结社结会作为其组织形式。"⑦对于秘密宗教会社,官府多次明令禁止。景祐二年(1035 年),禁川民"夜聚晓散,传习妖教",举告者赏钱 30 贯。⑧宋哲宗元祐七年(1092 年),诏令"夜聚晓散,传习妖教者,欲令州县以断罪

---

① (清)徐松辑:《宋会要辑稿·职官》2 之 47,第 2395 页。
② (清)徐松辑:《宋会要辑稿·刑法》2 之 64,第 6527 页。
③ (宋)李焘:《续资治通鉴长编》卷 110,天圣九年五月壬子,第 2558 页。
④ (清)徐松辑:《宋会要辑稿·刑法》2 之 25,第 6508 页。
⑤ (清)徐松辑:《宋会要辑稿·刑法》2 之 64,第 6527 页。
⑥ (清)徐松辑:《宋会要辑稿·兵》11 之 18,第 6946 页。
⑦ 史江:《宋代传统宗教会社综述》,《宗教学研究》2003 年第 1 期。
⑧ (宋)李焘:《续资治通鉴长编》卷 117,景祐二年十二月甲子,第 2767 页;(清)徐松辑:《宋会要辑稿·刑法》2 之 21,第 6506 页。两者对告赏酬金记载不一,前者载为 30 贯,后者载为 50 贯。

告赏全条于要会处晓示",并要求监司每季度张榜公告。① 宋廷曾多方打压"吃菜事魔",所谓的"吃菜事魔"其实是对摩尼教的恶称,该教长期盛行于东南沿海。② "吃菜事魔"于所居乡村建立屋宇,号为斋堂。官府以为"吃菜事魔""伪造言辞,诳愚惑众",下令毁拆斋堂,并严立赏格,许人陈告。③ 南宋加大对教徒的惩处,"皆有断罪、告赏、前后详备",断罪、告赏之法均备。宋高宗绍兴六年(1136 年),诏令"结集立愿、断绝饮酒"者,为首徒 2 年,邻州编管,从者减 2 等,许人陈告,赏钱 300 贯,绍兴十年(1140 年)再次重申严法。绍兴十二年(1142 年),"令州县多出印榜晓谕,限两月出首,依法原罪。限满不首,许诸色人告,如前。及令州县每季检举,于要会处置立粉壁,大字书写。仍令提刑司责据州县有无吃菜事魔人,月具奏闻。"地方官府出榜晓谕,敦促教徒限时自首,否则许人陈告,赏金依原额发放。绍兴二十年(1150 年),朝廷再次重申对地方的监察:"申严吃菜事魔罪赏,仰提刑司督切检察,须管每月申奏,务在恪意奉行。"④鼓励民众检举揭发从事非法活动之人。非法宗教的煽动性极强,会削弱政府对基层社会的控制力度,进而冲击国家公共秩序和民众的日常生活,故政府一再重申告赏法,以加强监控力度。

5. 造谣惑众

古代社会因信息获取的渠道较为单一,一旦谣言流传,极易蛊惑民心,故政府鼓励民众告发造谣惑众者。宋太宗太平兴国七年(982 年),诏"禁投匿名书告人罪,及作妖言诽谤惑众者,严捕之置于法,其书所在焚之,有告者赏以缗钱"。⑤ 宋仁宗宝元二年(1039 年),因河南府民间传言即将爆发战争,老少皆奔走入城,且"乡民多为白衣会以惑众",政府遂募告赏者。⑥ 庆历年间(1041—1048 年)为防止契丹入侵,边区加强防备,天下承平日久,"忽闻点兵,民情惊扰",一时流言四起。为阻断谣言流传,诏令"今籍民兵,止令守卫,虑有不逞之徒,妄相惊煽。云'官欲文面为兵,发之戍边。'有为此言者,听人告捕,当以其家财充赏",⑦试图稳定民心。庆历元年(1041 年)江南民间传言,官府欲迁家有 2 丁以上的民户至陕西一带,听信谣言的

---

① (宋)李焘:《续资治通鉴长编》卷 477,元祐七年九月丙午,第 11375 页。
② 杨富学、彭晓静:《宋代民变与摩尼教的蟠结和原委》,《石河子大学学报》2016 年第 3 期。
③ (清)徐松辑:《宋会要辑稿·刑法》2 之 78,第 6534 页。
④ (清)徐松辑:《宋会要辑稿·刑法》2 之 111—113,第 6551—6552 页。
⑤ (宋)李焘:《续资治通鉴长编》卷 23,太平兴国七年五月庚申,第 521 页。
⑥ (宋)李焘:《续资治通鉴长编》卷 123,宝元二年四月乙丑,第 2902 页。
⑦ (宋)司马光撰,邓广铭、张希清点校:《涑水记闻》卷 9《籍民兵以备契丹》,第 167—168 页。

贫民有的逃往山谷,有的则借高利贷置办土地,豪强之家乘机将瘠田转给贫民。为制止谣言,朝廷许人陈告,赏钱50贯。① 枢密副使王尧臣因裁抑侥幸,招致非议,京城有人在刻板发行的匿名书上加以指责,宋仁宗诏令开封府揭榜招募告者,赏钱高达2000贯。② 宋神宗推行变法后,守旧派在坊间散布不利言论,提点开封府界诸县镇公事曾孝宽张榜招募告捕"扇惑保甲者"。③

宋徽宗朝广施滥赏,各类差除、赐予不断,坊间不满情绪暴涨,为加强舆论监督,控制舆论导向,朝廷出台了一系列抑制流言的告赏令。大观元年(1107年),开封屡次传出有关差除的相关信息,统治者以为"盖缘小人意不得骋,造言欺众,规欲动摇",立赏钱100贯,许人告捕。④ 大观三年(1109年)诏令"内外官司应已行之令,一意遵承,毋或观望,辄有动摇。若妄言传播改革,及敢沮坏,许诸色人陈告"。白身人除授三班奉职,有官人转两官,有名目人转两资;不愿转资依白身人推恩,并支赏钱50贯。⑤ 大观四年(1110年),又因"访闻日近有诸色人撰造浮言,诳惑群听,乱有传播赐予差除,以少为多、将无作有之类",设重金告捕"虚造无根言语情重人"。流言的传播实为民众对奸臣滥用职权发泄不满的渠道,告赏法非但未能阻止民众对当政者的指责,相反民间再现抨击蔡京"公行狡诈,行迹诡谲,内外不仁,上下无检"的伪诏,此举震惊当局,诏令立赏钱500贯,召人告捉。⑥ 政府不断利用告赏法阻塞百姓的悠悠之口,强行压制,而即便在严峻的形势下,百姓仍不顾禁令和被告发的危险发泄对当局的愤懑之情,足见群情是如何激愤了。

宋代还设立针对进奏官的告赏法。进奏院传递文书,行上通下达之职,能及时知晓朝廷动态,受利益驱动的进奏官利用职务之便搜集和散布小道消息,甚至"别录单状",其中主要涉及朝廷的人事任免,"妄传除改,至惑中外",泄密事件频繁发生。朝廷不得不颁布保密措施,不断发布告赏令,如宋仁宗天圣九年(1031年)诏令,"告者量与酬赏。"⑦皇祐四年(1052年)诏令,严禁进奏官"撰合事端腾报,扇惑人心,及将机密不合报外之事供申",

① (宋)李焘:《续资治通鉴长编》卷131,庆历元年三月戊午,第3112页。
② (宋)李焘:《续资治通鉴长编》卷177,至和元年九月丁卯,第4280页。
③ (元)脱脱等:《宋史》卷192《兵志六》,第4775页。
④ (清)徐松辑:《宋会要辑稿·刑法》2之47,第6519页。
⑤ (清)徐松辑:《宋会要辑稿·刑法》1之23,第6473页。
⑥ (清)徐松辑:《宋会要辑稿·刑法》2之52—54,第6521—6522页。
⑦ (清)徐松辑:《宋会要辑稿·刑法》2之17,第6504页。

并鼓励陈告。① 宋神宗朝诏令："自今实封文字及干机密者,进奏官并诸司吏传报者以违制论;承虚造事誊报,交斗谤讪、扇惑人心者准此。"许人陈告,赏钱300贯。知情人及撰写者首告,不仅免罪,还可获得赏金。② 宋哲宗元符元年(1098年),尚书省再次重申进奏官不得传报国家机密,"选造事端誊报若交结谤讪惑众者",许人陈告,同样赏金300贯。③ 不过,泄密情况并未得到有效遏制,南宋邸吏甚而编撰"小报",发行天下。

6.非法词曲创作等

诗歌、词曲等文艺创作在宋朝受到限制,并将禁令纳入条法,如《庆元条法事类》"杂犯"中规定告获以杂言为词曲,或"以蕃乐紊乱正声者",赏钱50贯。④ 宋仁宗皇祐四年(1052年),以"比闻浮薄之徒,作无名诗,玩侮大臣,毁骂朝士,及注释臣僚诗句,以为戏笑"为由,令开封府严加察访,举告者则"优与恩赏"。⑤ 北宋末年严禁"打断",并设立了告赏法。"打断"一词似源于"打夜胡",有驱逐瘟疫之意。"即有贫者三数人为一火,装妇人神鬼,敲锣击鼓,巡门乞钱"。⑥ 宋徽宗崇宁、大观以来"打断"流行于京城内外。因"打断"被视为"淫哇之声",⑦政和初年遭禁,立告赏钱500贯。⑧ 告赏法使得民众不敢轻易涉足文艺禁区。

二、举告赏赐的物品、标准与来源

宋朝举告赏赐的物品主要有钱、银、绢等,赏赐标准多根据告发罪行的轻重、物品的多少来定。宋朝告赏酬金源于多处,其中不少来自赃物及籍没家产。

（一）物品

宋朝告赏物品以缗钱为主,《庆元条法事类》中赏金多为缗钱,其次为银绢。宋太宗太平兴国二年(977年),规定江南诸州榷茶,于缘江置榷货务。"百姓有藏茶于私家者,差定其法,著于甲令,匿而不闻者,许邻里告之,赏以金帛,咸有差品。仍于要害处县法以示之"。⑨ 衣带也是主要赏赐

---

① (清)徐松辑:《宋会要辑稿·刑法》2之30—31,第6510—6511页。
② (宋)李焘:《续资治通鉴长编》卷246,熙宁六年七月甲子,第5983—5984页。
③ (宋)李焘:《续资治通鉴长编》卷498,元符元年五月壬戌,第11851页。
④ (宋)谢深甫撰,戴建国点校:《庆元条法事类》卷80《杂犯》,第927页。
⑤ (宋)李焘:《续资治通鉴长编》卷172,皇祐四年二月庚辰,第4131页。
⑥ (宋)孟元老撰,邓之诚注:《东京梦华录注》卷10《十二月》,中华书局1982年版,第249页。
⑦ (宋)吴曾:《能改斋漫录》卷13《禁淫哇声》,上海古籍出版社1960年版,第383页。
⑧ (宋)吴曾:《能改斋漫录》卷1《禁蕃曲氍笠》,第16页。
⑨ (宋)李焘:《续资治通鉴长编》卷18,太平兴国二年二月丁未,第398页。

品,北宋初年告发兵变者多赐袍带和迁秩:"旧制告变者赐袍带、迁十将"。①
举告其他罪案者也赐以衣带,如建隆三年(962 年),蔡河务纲官王训等 4 人
将糠麸、土屑等杂物混入军粮,被张仪等告发,王训处以死刑,张仪等赐以锦
袍、银带。② 赏赐品中还有土地等物,如前文述及的举告人赵德崇曾获赐田
5 顷、钱 200 贯。③

(二) 标准

王云海先生在《宋代司法制度》中认为,宋朝告赏金额根据所告罪之大
小而定,而罪之大小的标准有两种,即"罪行"和"罪刑"。④ 除"罪行"和"罪
刑"外,告赏标准还有一种,即依据告发物品的多少。受财政状况、案件性
质及统治者的喜好等诸多因素的影响,按照"罪行"行赏的数额或大或小,
标准难以统一;按照"罪刑"行赏,标准相对比较稳定;而依据告发物品的多
少行赏,则可充分调动告人的积极性。

1. 按罪行

根据所犯罪行定赏在宋朝较为常见,如告获采伐国家山林者赏钱 30
贯。⑤ 除条法有规定数额外,宋朝在具体执法时还常根据案情给予赏金。
这种赏赐标准较为灵活,常可根据需要、案情进行调整,如告发宗室、外戚卖
酒的赏金调整幅度就相当大。嘉祐法规定,告发亲事官等卖酒 2 瓶以上即
赏钱,至 10 贯止;熙宁法规定,1 斗赏钱 10 贯,至 100 贯止。⑥ 此类告赏标
准不够统一,时高时低,产生虽属同一类型的案件,而赏金却相差甚远的
现象。

2. 按罪刑

即根据五刑——笞、杖、徒、流、死刑来定赏。《庆元条法事类》多依据
犯人罪刑来确定告赏金,"毁失官私物"条规定,告获故意遗弃、损毁"敕葬
供顿之物者",笞罪赏钱 5 贯,杖罪赏钱 10 贯,徒罪赏钱 15 贯,流罪赏钱 20
贯。⑦ 一些告赏法设立得更为缜密,同一罪刑内又按等级推赏。如告获"禁
地内私有酒麹及外来官酒者",笞罪赏钱 5 贯,杖 60 赏钱 6 贯,每等加 1 贯;
徒 1 年赏钱 20 贯,每等加 10 贯;流二千里赏钱 70 贯,每等加 10 贯。告获

① (宋)李焘:《续资治通鉴长编》卷 234,熙宁五年六月癸酉,第 5687 页。
② (宋)李焘:《续资治通鉴长编》卷 3,建隆三年八月癸巳,第 71 页。
③ (宋)李焘:《续资治通鉴长编》卷 107,天圣七年正月癸卯,第 2492 页。
④ 王云海主编:《宋代司法制度》,河南大学出版社 1992 年版,第 142 页。
⑤ (宋)谢深甫撰,戴建国点校:《庆元条法事类》卷 80《採伐山林》,第 913 页。
⑥ (宋)李焘:《续资治通鉴长编》卷 453,元祐五年十二月丁巳,第 10875 页。
⑦ (宋)谢深甫撰,戴建国点校:《庆元条法事类》卷 80《毁失官私物》,第 911 页。

"禁地外私有酒麹者",笞罪、杖刑赏钱 3 贯,徒 1 年赏钱 5 贯,每等加赏 5 贯,①这是将罪刑的轻重作为赏赐标准。

3. 按违禁、损失物品的数量等

在能够量化计赏时,宋朝常按照违禁物品、损失物品、赃物及告发人数行赏。如按违禁物品,秦州"私贩马"条例规定,私贩马匹者,马纳入官府,折价后的一半给告人。② 告获在任官(亲戚同)及公使库中卖粮草入官,则"以官钱全给",最高限额 300 贯。③ 宋哲宗元祐五年(1090 年),诏令在京告获走私乳香者,以官钱支赏,不满 1 斤赏 5 贯;1 斤赏 10 贯;每递增 1 斤加赏 10 贯。④ 按损失物品,如告获"故烧官山林者(延烧者减半)",不满 1 亩赏钱 8 贯,1 亩赏钱 10 贯,每亩加 2 贯,至 50 贯止。⑤ 告获屠宰官、私牛及私自屠宰者,每头赏钱 50 贯,至 300 贯止;告获屠宰官、私马,每匹赏钱 20 贯,最高赏金为 100 贯。⑥ 按赃物,宋仁宗天圣八年(1030 年)规定,告获仪鸾司工匠盗取官物,赏金依赃物而定,估值 5 贯至 10 贯,长行转节级,赏钱 5 贯;估值 1 贯至 5 贯,赏钱 5 贯;估值 1 贯以下赏钱 3 贯。⑦ 按告发人数,举告抢劫杀人,10 人以上赏钱 100 贯,不及 10 人"计数给之",⑧依据举告人数行赏。

(三) 来源

宋朝告赏酬金大致源于三处,即官府、犯人及与案件有关联之人。

1. 官府

出自官府的赏金又分为三种情形。

一种以官钱为主。如大中祥符五年(1012 年),部民王吉向官府告发盗贼藏匿之所,京东都大巡检胡守节奏请将赃物赏给王吉,宋真宗却以为"如此,则被盗之家无乃重伤乎? 宜赐官钱三万,赃悉归其主"。⑨ 诏令赏赐官钱,赃物归还原主。

一种以官钱为辅。如宋太祖开宝六年(973 年)诏令:"今后凡中外文武官僚荐嘱举人,便即主司密具闻奏,其被荐举人,勒还本贯重役,永不得入举

① (宋)谢深甫撰,戴建国点校:《庆元条法事类》卷 28《酒麹》,第 397 页。
② (宋)李焘:《续资治通鉴长编》卷 51,咸平五年二月甲午,第 1117 页。
③ (宋)谢深甫撰,戴建国点校:《庆元条法事类》卷 37《籴买粮草》,第 574 页。
④ (宋)李焘:《续资治通鉴长编》卷 439,元祐五年三月己巳,第 10571 页。
⑤ (宋)谢深甫撰,戴建国点校:《庆元条法事类》卷 80《失火》,第 914 页。
⑥ (宋)谢深甫撰,戴建国点校:《庆元条法事类》卷 79《杀畜产》,第 891 页。
⑦ (清)徐松辑:《宋会要辑稿·职官》22 之 7—8,第 2863—2864 页。
⑧ (宋)李焘:《续资治通鉴长编》卷 117,景祐二年八月丙辰,第 2749 页。
⑨ (宋)李焘:《续资治通鉴长编》卷 77,大中祥符五年正月己卯,第 1750 页。

场。其发荐之人,必行勘断。犯者许逐处官吏及诸色人陈告"。诸色人等赏绢 500 匹,以犯人家产抵充,若赏金不足则用系省绢抵充。① 这是在犯人家产不足以支赏的情况下,以公家财产作为补充。

一种是先由官府代支,最终从籍没财物中支取。如宋哲宗朝,江、淮、荆、浙六路捉获盐贩后,告捕钱"除官给盐犒赏钱外,更于犯人名下别理赏钱,并依条先以官钱代支"。② 元祐五年(1090 年)规定告重禄法赏钱,"限三日先借官钱代支,后以取与引领过度人家财充,不足者除放"。③ 绍圣四年(1097 年),朝廷下令举告侵占京城内堤岸者,赏钱"先以杂收钱代支,却于犯人理还"。④ 宋宁宗嘉泰二年(1202 年),规定举告传习明教可得赏钱 1000 贯,"先以官钱代支,却与犯人名下追纳",⑤赏金最终由犯人承担。不过,官府代支的费用未必能一一追回。宋哲宗朝江、淮、荆、浙等路发运副使蒋之奇曾抱怨道:"其逐州县代支过转运司者甚多,无由纳足。窃计失陷不赀,以至未获犯人先支三分充赏"。⑥ 因转运司代支过多,州县无法偿还,以至亏空不少。

中央支出赏金的机构有左藏库。如绍兴元年(1131 年)诏左藏库支钱 300 贯,于尚书省都门桩垛充赏,许人举告、捉拿。⑦ 绍兴三年(1133 年)规定告获东北仓偷盗粮斛,每石支赏钱 50 贯,先以官钱代支,若不足,则"于犯人并干连人名下追理还官"。先令左藏西库支钱 200 贯,交付两仓监门官处。⑧

地方政府的告赏酬金则源出多处。有的官府设有告赏专项资金,据史载,告捕盐贩的赏金"旧法募赏已备",说明官府设有专项资金。⑨ 宋仁宗天圣二年(1024 年)规定,奖励告捕乘救火之机盗取财物的酬金由开封府赃罚钱内"量与支赐"。⑩ 宋哲宗元祐元年(1086 年),刑部曾奏请开封府告获造伪、杀伤等事,酬金从本府贼盗赏钱内支出,说明开封府设有告捕盗贼的专项资金。⑪ 宋徽宗大观四年(1110 年),告捕造谣惑众的赏金即从捉贼赏钱

① (清)徐松辑:《宋会要辑稿·选举》3 之 3,第 4263 页。
② (宋)李焘:《续资治通鉴长编》卷 385,元祐元年八月庚子,第 9387 页。
③ (宋)李焘:《续资治通鉴长编》卷 450,元祐五年十一月乙丑,第 10810 页。
④ (宋)李焘:《续资治通鉴长编》卷 493,绍圣四年十二月壬寅,第 11716 页。
⑤ (清)徐松辑:《宋会要辑稿·刑法》2 之 132,第 6561 页。
⑥ (宋)李焘:《续资治通鉴长编》卷 385,元祐元年八月庚子,第 9387 页。
⑦ (清)徐松辑:《宋会要辑稿·刑法》2 之 104,第 6547 页。
⑧ (清)徐松辑:《宋会要辑稿·食货》62 之 13,第 5955 页。
⑨ (宋)李焘:《续资治通鉴长编》卷 385,元祐元年八月庚子,第 9387 页。
⑩ (清)徐松辑:《宋会要辑稿·兵》3 之 4,第 6803 页。
⑪ (宋)李焘:《续资治通鉴长编》卷 389,元祐元年十月己丑,第 9455 页。

内支出。①

　　地方上不少告赏酬金出自"系省钱物"。"系省钱物"是宋代地方留用钱物的代名词,②宋真宗大中祥符九年(1016 年)发布《告发纲运梢工盗取官物者给赏诏》,规定赏金从系省钱出。③　天禧四年(1020 年),诏令举告放火谋盗财物者赏钱 100 贯,"以系省钱支"。④ 宋仁宗景祐元年(1034 年)五月,诏"诸州军刑狱禁罪内不因疾患、非理致死者,提刑常切体访觉察,出榜晓示,许人陈告",赏金出自系省钱。⑤ 闰六月,朝廷发布《告捉杀人贼赏钱五十贯诏》,酬金以犯人家财抵充,"不足,以系省钱添给"。⑥

　　2. 犯人

　　犯人资产是告赏酬金的主要来源,如《庆元条法事类》中《受纳违法》规定"诸备偿应以犯人财产充"。⑦ 籍没家产的比例依据罪行有所增减,如《盗贼重法》规定"凡劫盗罪当死者,籍其家赀以赏告人"。"流罪会降者,配三千里,籍其家赀之半为赏……盗罪当徒、流者,配五百里,籍其家赀三之一为赏"。⑧ 根据罪刑轻重籍没犯人家产,充作赏金。违禁物品也常按比例或全部充作赏金。宋哲宗元符元年(1098 年)规定告捕盐法的赏钱"据获到盐数,十分中官给一分充赏",⑨将私盐的十分之一赏给告捕者;宋高宗绍兴五年(1135 年),规定以沿海人户五家结为一保,不许船只出北界。如有违反,贩卖物品全部充赏。⑩ 有的告赏法中所赐违禁物品的比例前后变化较大,如乾道七年(1171 年)出台"违限不投税"告赏法,规定物产一半没官,一半充赏;淳熙三年(1176 年)则以全部物产赏给告人;后又出淳熙新法,规定"违限不投税者三分物产"以一分没官,没收物产的一半赐告人;淳熙十年(1183 年)再次重申新法。⑪ 告赏酬金由最初犯人一半的物产增至全部物产,再由全部物产减至六分之一。

　　3. 与案件有关联之人

　　犯人财产不足以充赏时,其余部分多由与案件有关联之人承担。宋哲

①　(清)徐松辑:《宋会要辑稿·刑法》2 之 52,第 6521 页。
②　包伟民:《宋代地方财政史研究》,上海古籍出版社 2001 年版,第 49 页。
③　(清)徐松辑:《宋会要辑稿·食货》46 之 5,第 5606 页。
④　(清)徐松辑:《宋会要辑稿·兵》3 之 3,第 6803 页。
⑤　(清)徐松辑:《宋会要辑稿·刑法》6 之 55,第 6721 页。
⑥　(清)徐松辑:《宋会要辑稿·兵》11 之 15,第 6945 页。
⑦　(宋)谢深甫撰,戴建国点校:《庆元条法事类》卷 36《受纳违法》,第 563 页。
⑧　(宋)李焘:《续资治通鉴长编》卷 344,元丰七年三月乙巳,第 8255 页。
⑨　(宋)李焘:《续资治通鉴长编》卷 385,元祐元年八月庚子,第 9387 页。
⑩　(清)徐松辑:《宋会要辑稿·刑法》2 之 107,第 6549 页。
⑪　(清)徐松辑:《宋会要辑稿·刑法》1 之 53,第 6488 页。

宗元符二年(1099年),规定将校、节级侵占弓箭手田者,"论如盗耕官田法",许人告首,每亩赏钱3贯,至50贯止。犯人财产不足,则"勒干系人均备"。① 此类人有时牵涉面较大,如告赏"禁地内犯私有酒麹及外来官酒",赏金就由知情干系人、邻保、买酒户及贩卖者等人共同承担。② 相关人等都要承担部分赏金,普遍分摊的方法不仅能够解决赏金来源问题,而且还起到一定的惩戒、警示效果。

三、举告赏赐的成效及引发的社会问题

统治阶级深谙告赏法在维护国家安全与社会秩序中所起的作用:"朝廷非不恶告讦,而有觇事者以摘抉隐微,盖京师聚万姓,易以宿奸,于计当然,非扰人也",③统治者对告赏法本身引发的不良影响心知肚明,但因该法具有防微杜渐的功效,故仍将之视为监视和控制臣民言行的重要手段。知枢密院事曾布曾谈及赏金对京畿地区告密行为的影响:"比因赏告者,而开封及三帅司此狱相属不绝。若稍宽犯人及勿赏告者,且严责本辖人员觉察,则庶几稍止"。④ 高悬赏金后,告密者络绎不绝,案件大幅上升;而一旦取消赏金,并严令核查真相时,告密者骤减。重臣张方平道出事实真相:"以告赏之科重,故有谋辄被告发"。⑤ 说到底,利益诱惑最是蛊惑人心,这当是不法之事多被告发的主要动因。故宋朝在刑事犯罪、政治、经济、军事、社会生活、思想文化等领域广立告赏法令,"罪赏之重,至此极矣",⑥广度和力度极大。宋代告赏法在立法和实践两方面均取得了不容忽视的社会效益,其产生的社会影响不可低估。

其一,有利于打击刑事犯罪,稳定社会秩序和保障民众安全。

告赏法可促使百姓监督、检举不法行径。官府发布告赏法缉拿罪犯:"方民之被盗也,田里间巷,昼夜惴恐,县官恻然,开告捕之科,不爱厚赏,提官爵,抱金帛"。⑦ 在官爵和钱物的双重利诱下,民众告发热情较为高涨。"臣(张方平)比在审刑,诸州奏到宣毅兵士文案,无日不有,大则谋欲杀官吏、劫仓库,小则谋欲劫民户、入山林,多至三五十,少亦一二十数,以告赏之

---

① (宋)李焘:《续资治通鉴长编》卷509,元符二年四月己亥,第12127页。
② (宋)谢深甫撰,戴建国点校:《庆元条法事类》卷28《酒麹》,第396页。
③ (元)脱脱等:《宋史》卷330《杜纯传》,第10632页。
④ (宋)李焘:《续资治通鉴长编》卷495,元符元年三月丁巳,第11772页。
⑤ (宋)张方平撰,郑涵点校:《张方平集》卷22《论地震请备寇盗事》,第326页。
⑥ (明)黄淮、杨士奇:《历代名臣奏议》卷272,范成大奏,第3551页。
⑦ (宋)刘挚撰,裴汝诚、陈晓平点校:《忠肃集》卷6《论贼赏稽违疏》,中华书局2002年版,第119页。

利重,故有谋辄被告发"。① 若无激赏,民众的积极性就会大受影响,"贼众行劫之后,散往它处寓藏,典卖赃物。军民虽有知者,以事不干己,不敢告官"。② 赏金不高也会影响民众的积极性。如北宋中期官府要求民间牛、马死后,速将皮、筋、角等上缴官府,许人陈告。告赏令下发后,并不见民户缴纳官府,"亦无人告首隐藏者",其原因就在于"民不为便",而"陈告又支赏钱不多"。③ 赏金不多,又事不干己,故举告者很少。

一项政策的出台,单靠行政命令难以发挥实效,往往需要多种措施和手段。如有着广泛信众基础的"吃菜事魔"是社会的不安定因素,宋廷采取严厉的措施予以打击和压制,而"要从根本上扭转基层社会的信仰状况,单纯的禁毁是远远不够的。重要的是采取适宜的政策,铲除其滋生和发展的土壤,并加以正确的引导,方可弭乱于无形。"④宋廷利用民众趋利心理,先后出台多则告赏法令,以重金悬赏来治理秘密宗教问题,足以为后世提供借鉴。两宋时期陆续出台了一系列告赏法,并不断加大奖励力度。这些告赏法对打击各类刑事犯罪、稳定社会秩序、保障民众生命与财产安全起到了一定的积极作用。

其二,对职务犯罪具有一定的抑制作用。

职务犯罪是官僚政治的必然产物,如何抑制其滋生蔓延,以致危及专制统治是历朝历代力图解决的一大难题。宋朝广泛推行和施用告赏法,作为惩治职务犯罪的有效手段之一。宋太祖开宝元年(968年),诏令:"天下县令佐,自今检苗定税,部役差夫,钤辖征科,区分刑狱,凡关事务,贵在公平,如有违踰,并宜论诉。或令佐不相纠举,许吏民告,得实者赏之有差"⑤。要求地方官吏在征发赋役、处理案件等事务时要公平公正,若违规操作,则鼓励百姓检举揭发,并承诺视案件之轻重给予奖励。

宋代对职务犯罪已形成一套较为完备的告赏法,对官员权力的行使形成一定的制约,有利于遏制官吏权力的过度膨胀,起到防患于未然的作用。告赏法的推行使得朝廷的耳目大为增加,官吏在违法乱纪时不得不有所顾忌。王安石曾说"大臣贵戚,左右近习,莫能大擅威福,广施货赂,一有奸慝,随辄上闻"⑥。宋朝监察体制较为完备,"上闻"渠道多样化,官员忌惮

---

① (宋)李焘:《续资治通鉴长编》卷159,庆历六年十月甲戌,第3849页。
② (清)徐松辑:《宋会要辑稿·兵》11之12,第6943页。
③ (宋)欧阳修撰,李逸安点校:《欧阳修全集》卷117《乞发行牛皮膠鰾》,第1798—1799页。
④ 林剑华:《宋代东南地区民间宗教与官方政策》,《福建文博》2012年第3期。
⑤ (宋)李焘:《续资治通鉴长编》卷9,开宝元年十一月癸巳,第211页。
⑥ (宋)王安石:《临川先生文集》卷41《劄子》,第445页。

的虽未必就是告赏法,但以重奖的形式鼓励臣民告发各种不利于当局的行为和言论,增加了官吏被告发的风险,成为官吏涉险时不得不考量的制约因素。如"重禄法"实施前,吏人贪贿现象严重:"昔无重法重禄,吏通贿赂",实施后则有所减少:"今行重法,给重禄,贿赂比旧为少"①,起到澄清吏治的作用。

告赏法迫使部分官吏不得不遵循基本的职业操守。大理寺事务较为机密,而诸左右狱内祗应人如狱子、行人、座婆、医人之类,"但可传达漏泄者皆是"。为防止吏人漏泄狱情,元丰(1078—1085年)、大观(1107—1110年)年间先后制定了相关法令,如有泄漏者,许人陈告,赏钱50贯。宋室南渡后,法令多有散失,后虽有所恢复,但"视为虚文",吏人"无复畏惮"。这说明吏人对告赏法有所忌惮,而一旦没有了法令的约束,则又故态复萌了。宋高宗建炎四年(1130年),朝廷再次重申该法,并将赏金定为100贯②。

其三,减少经济损失,增加财政收入。

两宋在经济领域内的告赏法甚多,在一定程度上减少了国家的经济损失,增加了财政收入。专制统治是滋生贪官污吏的温床,任何举措均无法杜绝此种现象。宋朝官吏"多为奸赃",经济违法活动猖獗,仅据李焘《续资治通鉴长编》记载,宋太祖朝发生的重大贪污案便达32起之多,赃款动辄上万。③ 重赏告人对贪贿起到一定的抑制作用,如在京诸军领粮时,仓界斗级、守门人等多"乞取侵剋"。宋神宗熙宁三年(1070年)设立《诸仓丐取法》,侵占、克扣军粮者许人陈告,规定"犯人该徒给赏钱百千,流二百千,配沙门岛三百千。若系公人,给赏外更转一资",依据罪行轻罪给赏,"由是岁减运粮卒坐法者五百余人,奸盗以故得不纵"。④ 知情人举告不法官吏,为国家挽回了部分经济损失。

宋朝专门设立偷漏税告赏法,鼓励臣民举告偷税漏税现象。如当时有不少官户及中产之家利用权势"诡名挟户",降低户等,规避赋役。朝廷虽多次出台相关法令,但权势之家在地方官吏的庇护下仍利用各种手段偷税漏税。"若非乡司导之,则不能为,非乡司芘之,亦不能久"。淳熙年间(1174—1189年)两浙转运副使潘景珪认为当重立断罪和告赏法令,"今若诱之以赏,威之以刑,乌有不可并者!"许人告首"诡名挟户"者,以产业之半充赏。

---

① (宋)苏辙:《龙川略志·议定吏额》,第25页。

② (清)徐松辑:《宋会要辑稿·职官》24之19,第2901页。

③ 张邦炜:《宋代官吏经济违法问题考察》,载《宋代政治文化史论》,人民出版社2005年版,第163页。

④ (宋)李焘:《续资治通鉴长编》卷214,熙宁三年八月癸未,第5222—5223页。

乡司若能举告,同样依法给赏。① 告赏法震慑了部分企图规避赋役的形势户,同时对包庇地方豪强的官吏也是一种警示。

宋朝人户典卖田宅,在规定期限内要向政府交纳契税,否则许人陈告,依匿税法断罪,物产没官,奖励告人。因地方未认真执行该法,不少民户"往往违限不行税契,失陷官钱",给国家造成不小的经济损失。宋孝宗隆兴年间(1163—1164 年),四川"立限,许人首纳",结果"拘收到钱数百万贯",仅婺州(今浙江金华)一地就获钱三十余万贯,其他州县"视为常事,恬不加意",故致"收纳不尽"。② 即在力行告赏法的地区偷漏税现象要偏少一些,相反,未认真执法的地区偷漏税现象就要偏多一些。这说明告赏法在举报偷税漏税、挽回国家经济损失等方面确实起到一定的积极作用。

与此同时,告赏法的推行在宋代也引发了一系列社会问题。

其一,追逐私利,告讦之风盛行。

宋朝不断扩大告赏领域,最初"有不干己之法,非盗及强奸不得捕告。其后稍稍失前人之意,渐开告讦之门。而今之法,揭赏以求人过者,十常八九"。③ 告赏最早多集中在刑事犯罪领域,之后范围逐渐扩大,尤其在宋神宗统治时期,"每立一法,如手实、禁盐、牛皮之类,皆立重赏以劝告讦者",④各项立法中断罪、告赏齐备。

由于告赏法过多过滥,以致民间形成告讦之风,奸猾之人无所不告,"近者军器监须牛皮,亦用告赏。农民丧牛甚于丧子,老弱妇女之家,报官稍缓,则挞而责之钱数十千,以与浮浪之人",⑤告讦者无孔不入。宋真宗朝,河北路可向官府请佃沦陷辽国民户的庄园树木,但不得"斫伐破卖",违者许人告首。至宋仁宗朝,因年代久远,原住户的屋宇早已破败不堪,租佃者却不敢放手修葺。偶有"修换,或采取一株,便为游堕之民陈告,即夺给告者,却使元佃户全家趁出"。稍事修整,便有刁民告讼,失去居所。"近又频准转运司差官推勘,多是陈告此类公事",此类诉讼不断,致使"不逞之人竞起讼端,编民不遂安居,刑狱无由清简",⑥百姓不得安宁。告赏法过密过滥,以致"家家有告讦之忧,人人有隐落之罪,无所措手足矣",影响百姓生

---

① (清)徐松辑:《宋会要辑稿·食货》70 之 76,第 6408 页。

② (清)徐松辑:《宋会要辑稿·食货》35 之 13,第 5414 页。

③ (宋)苏轼撰,孔凡礼点校:《苏轼文集》卷 48《上韩丞相论灾伤手实书》,中华书局 1986 年版,第 1396 页。

④ (宋)苏轼撰,王松龄点校:《东坡志林》卷 2《记告讦事》,中华书局 1981 年版,第 28 页。

⑤ (宋)苏轼撰,孔凡礼点校:《苏轼文集》卷 48《上韩丞相论灾伤手实书》,第 1397 页。

⑥ (清)徐松辑:《宋会要辑稿·食货》1 之 21—22,第 4812 页。

计,"畏怯者守死忍饿而不敢为生"。① 民众动辄面临着被举告的危险,畏首畏尾,"人人重足屏迹",②不敢轻易涉及某些经济领域,不利于社会经济的发展。

宋代告讦者之所以随意诬告他人,多半与赏金过重,对举告不实者惩罚又过轻有很大关系。"所谓浮财者,决不能知其数。凡告者,亦意之而已。意之而中,其赏不赀。不中,杖六十至八十,极矣"。告发者大多觊觎他人资产,本为获利而来,若侥幸所告为实,则丰厚的利润唾手可得;倘若所告不实,也不过身受数十杖刑而已,这对于刁蛮之徒来说,实在是划得着的买卖,故"小人何畏而不为乎?"③

其二,成为小人挟私报复的工具。

告赏法成为人们相互泄愤的工具,它不仅能给仇人带来牢狱之灾,还可获得政府的奖励,一举两得。"比来或徒隶觖望,或民相怨仇,或意冒告赏",④一些人乘机挟私报复,告发有私怨之人,"小有仇嫌,动相诬讦"。⑤宋太祖统治时期,赵普为相,枢密使李崇矩之女嫁给赵普之子,来往密切,宋太祖闻后不悦。恰好有郑伸者,在李崇矩手下做事有 10 年之久,因"性险诐无行",李崇矩逐渐疏远了他,郑伸怀恨在心,"因上书告崇矩阴事"。宋太祖借机将李崇矩出为镇国军(今陕西华县)节度使,赐郑伸同进士出身,任命为主簿,赐器币、袭衣、银带。⑥ 开宝七年(974 年),朝廷曾下令诸州知州、通判、判官、兵马都监、县令所掌盐曲及市征、地课等,每月将账本上报给三司,秩满后校其殿最,有敢于欺隐者"当置于法,募告者赏钱三十万"。⑦结果"告者或恐喝求财,或因报私怨,诉讼纷然,益为烦扰",翌年只好罢除诏令。⑧ 宋太宗朝,广南转运使王延范因事杖责怀勇小将张霸,张霸伺机报复,在得知王延范与广州知州徐休复关系不协后,向徐休复告发王延范将谋不轨及诸多不法之事。王延范被处死,张霸获赏钱 100 贯。⑨ 诬告者获得重赏,甚至从此飞黄腾达,这种做法在民间起到很坏的示范作用。

其三,奸猾之徒乘隙钻营,霸占他人资产。

① (元)马端临:《文献通考》卷 12《职役考一》,第 353—354 页。

② (明)黄淮、杨士奇:《历代名臣奏议》卷 272,真德秀奏,第 3555 页。

③ (宋)苏轼撰,孔凡礼点校:《苏轼文集》卷 48《上韩丞相论灾伤手实书》,第 1397 页。

④ (元)脱脱等:《宋史》卷 330《杜纯传》,第 10632 页。

⑤ (明)黄淮、杨士奇:《历代名臣奏议》卷 272,真德秀奏,第 3555 页。

⑥ (元)脱脱等:《宋史》卷 257《李崇矩传》,第 8953 页。

⑦ (宋)李焘:《续资治通鉴长编》卷 15,开宝七年二月癸巳,第 318 页。

⑧ (宋)李焘:《续资治通鉴长编》卷 16,开宝八年七月辛未,第 342 页。

⑨ (元)脱脱等:《宋史》卷 280《王延范传》,第 9511 页。

苏轼认为:"夫告讦之人,未有非凶奸无良者"。① 告赏法促生了不少见利忘义之徒,如宋太祖朝,雷有邻告发素有交情的前摄上蔡主簿刘伟造伪印一事,雷有邻授秘书省正字,赐公服、靴、笏,银鞍勒马及绢 100 匹。得此重赏后,雷有邻"自是累上疏密告人阴事"。② 更甚者不顾伦理亲情,告发姻亲。如凤翔百姓赵怀懿之女嫁入何家,宋神宗熙宁七年(1074 年)回娘家说夫弟谋反,赵怀懿向官府告发,并乞求行赏。按律告发五服之内的亲属本不当受赏,当地政府以为"服亲不当赏"。赵怀懿遂上诉登闻检院,刑部也以为"五服许相容隐,虽谋逆许告,于法无赏"。中国古代法律体系中一向有"亲属相为容隐"的规定,唐朝正式入律。基于亲情伦理,"容隐"制度主张互匿犯罪,不去告发亲人或提供证明亲人犯罪的证据。虽法不当赏,但为鼓励臣民告发谋反,宋廷仍以特恩的名义重赏赵怀懿 300 贯。③

告赏酬金多源于犯人家产,这给觊觎他人财产的奸猾之徒创造了机会。如宋神宗熙宁年间(1068—1077 年)推行手实法,"如有隐落,即用隐寄产业赏告之法",若查证有实,则以隐落资产的三分之一赏给举告人。不少人借机告发他人,"渐相告讦,窃图赏利"。宋钦宗靖康元年(1126 年),开封府搜刮金银以犒金军,限民众在两日内将金银全部上缴,"如有藏匿寄附,送纳不尽之数,限满,并许诸色人告",将所告之数的三分之一赏给举告人。宋高宗绍兴三十年(1160 年)曾立禁钱法,携铜钱自海路出界至 5 贯者处以死罪,"随行钱物,全给告人",随行物品全部赏给告人。④ 以犯人家产作为赏金来源使不少人起了觊觎之心,"盖谓使人自占,必不以实告,而明许告讦,人将为仇",以至"礼、义、廉、耻之风衰矣",⑤导致社会风气的败坏。

其四,地方官吏措置失当,累及无辜民众。

民间诬告之风盛行,而一些官吏为追求政绩,不加核实便将被诬之人锻炼成狱。张方平在谈及民间传习妖教之风的问题时曾上言:

> 然闻州郡颇有告发妖事者,中使驰传捕妖者近已数辈。窃虑奸人乘便,构造疑似,以干赏利。官吏希风,不详事体。枝蔓考逮,以及善良。或挟怨仇,更相攀引。榜掠之下,何求不获。则平人自诬,皆为妖

---

① (宋)苏轼撰,孔凡礼点校:《苏轼文集》卷 48《上韩丞相论灾伤手实书》,第 1396 页。
② (元)脱脱等:《宋史》卷 278《雷有邻传》,第 9455 页。
③ (宋)李焘:《续资治通鉴长编》卷 253,熙宁七年五月癸亥,第 6200 页。
④ (明)黄淮、杨士奇:《历代名臣奏议》卷 272,范成大奏,第 3551 页。
⑤ (元)脱脱等:《宋史》卷 337《范百禄传》,第 10791 页。

党。上致朝廷深惑，下使人情惴恐。①

"妖党"之多的一个重要原因在于诬告盛行，官府不分青红皂白，严刑拷打，以致屈打成招，致使民情不安。宋高宗绍兴年间（1131—1162 年），淮南漕臣楼璹重立罪赏，令人告首侵耕之人，"而无赖告诬，官吏追呼，无宁居者"，"急若星火，兼出纳租课，皆不的实"，导致"农民重困"。② 大规模战争结束后，政府本应顺应民情，安抚民生，鼓励垦荒，发展生产，淮南路却重行告赏之法，殃及无辜百姓。

政府虽明文规定了告赏酬金在所没物产中的比例，然而具体执行时地方官员却钻法律的空隙，尽可能地抬高赏金，从中牟利。如上文所及的"违限不投税"告赏法，赏金在物产中的比例前后发生数次变化，且变化幅度很大，最高为全部物产，最低则仅占物产的六分之一。新法下达后，官吏却继续沿用旧法，"新法与续降既许并行，故有司承用之际，或得容心，奸吏舞文，因例为市"，③新法与旧法并行，各种违规行为便易于操作，给营私舞弊带来极大空间。有的官吏甚而"挟私意籍罪人家产"，虽遭禁令，但"守令犹有易以追赏钱为名，且违法制，多立其数，至数百千。致竭其产，虽鬻妻子不足以偿"。④ 官吏以追赏钱为名，将数额定得很高，受牵连的民户倾家荡产也不足以抵偿赏金。违禁的形势之家却无人问罪，绍兴三年（1133 年），礼部尚书洪拟曾奏"榷酤立法甚严，犯者籍家财充赏，大官势臣连营列障，公行酤卖则不敢问，是行法止及孤弱也"。⑤ 权高位重者知法犯法，高枕无忧，利用各种关系和渠道逃脱法律制裁，游离在法律的边缘，却能全身而退，而无权无势的小民则受到严刑峻法的约束和惩治，在强权的逼迫下毫无还手之力。

在古代社会，人治大于法治，缺乏较为严密的监察机制，政务处理掺杂着更多的人为因素，官员个人的品德、素养尤为重要，"此全在官吏得人"，然而"公平者少，容私者众"⑥，持有公心、不为私利所动的官员很少，故需要更多的法律手段维护官场秩序，以及社会的公平正义。而告赏法具有澄清

① （宋）张方平撰，郑涵点校：《张方平集》卷 21《论京东西河北百姓传习妖教事》，第 307 页。
② （宋）李心传：《建炎以来系年要录》卷 172，绍兴二十六年三月戊辰，第 327 册，第 419 页。
③ （清）徐松辑：《宋会要辑稿·刑法》1 之 53，第 6488 页。
④ （宋）李心传：《建炎以来系年要录》卷 164，绍兴二十三年五月庚寅，第 327 册，第 305 — 306 页。
⑤ （元）脱脱等：《宋史》卷 381《洪拟传》，第 11750 页。
⑥ （清）徐松辑：《宋会要辑稿·食货》5 之 23 — 24，第 4872 页。

吏治的功效,在抑制职务犯罪、挽回国家经济损失等方面起着一定的积极作用。不过,告赏法对社会所起的作用也不可高估。权臣当道、朝政昏暗的宋徽宗朝贪官污吏更是大行其道,所受约束、监管和惩处更少,"士或玩法贪污,遂致小大循习,货赂公行,莫之能禁。外则监司守令,内则公卿大夫,讬公徇私,诛求百姓,公然窃取,略无畏惮"。南宋基层腐败问题更为突出。宋高宗建炎三年(1129年)规定官员消费数额,并许人举告,以所告数充赏①。但至宋孝宗朝,此风并未得到有效抑制,反而愈演愈烈:"淳熙中,王仲行尚书为平江守,与祠官范致能、胡长文厚,一饮之费,率至千余缗。时蜀人有守潭者,又有以总计摄润者,视事不半岁,过例馈送,皆至四五万缗,供宅酒至二百余斛"②。这说明告赏法虽起到一定的抑制作用,但效果仍十分有限,源自专制社会的贪污腐败问题已深入肌理,难以克服和根治,而统治者对贪官污吏的放任和纵容更加剧了这一问题的严重性。

第五节　贡赐贸易中的额外赏赐

中原王朝利用贡赐贸易作为彰显国威、宣扬儒家礼仪与教化的重要工具和手段,贡赐贸易包含着强烈的政治、军事因素,经济因素倒凡在其次。③在地缘政治和儒家传统思想的双重影响下,宋朝贡赐贸易既受到诸多限制,又具有明显的特点。一方面,北宋西北和北方长期面临着强大的军事压力,出于自身利益的考虑,周边一些政权选择臣服于强势的辽朝;与南宋对峙的政权先有金朝,后有蒙、元。表现在宋与辽、金的关系上,传统的朝贡关系已不复存在。另一方面,作为一种确信正统地位的政治诉求制度,贡赐贸易仍被宋朝视为重要的文化输出行为。

一、贡赐贸易往来的国家与政权

宋朝对周边政权和国家的号召力大为减弱,远不及强盛的唐朝。但因海外贸易的兴盛和发展,前来朝贡的国家和政权仍要多于唐朝。这些国家和政权大致可归为三类,一类为海外诸国,一类为周边少数民族政权,一类为北宋初年的南方割据政权。

（一）海外诸国

受历史背景及政治需求等因素的影响,两宋时期对外贡赐贸易的态度

---

① （清）徐松辑:《宋会辑稿·食货》21之19,第5153页。

② （宋）李心传撰,徐规点校:《建炎以来朝野杂记》卷17《公使库》,第394—395页。

③ 黄纯艳:《宋代朝贡贸易中的回赐问题》,《厦门大学学报》2011年第4期。

发生较大转变,经历了从鼓励到质疑、限制直至拒绝的过程。宋廷与占城、交趾、高丽、大食等国贡赐贸易来往较为频繁。周宝珠先生曾对各国朝贡次数进行过统计,上述四国分别为 56、45、41、40 次,①其中占城入贡次数最多。

宋朝与高丽之间的贡赐贸易最为曲折多变,自宋太祖建隆三年(962年)始时断时续。在臣服于宋朝的同时,高丽也先后向辽、金俯首称臣,故往往向敌对的二国同时开展贡赐贸易。宋朝利用优厚的待遇积极拉拢高丽政权,"元丰待高丽人最厚",②沿路亭传命名"高丽亭",新"交易法"规定高丽"国王贡物不估直回赐,永为定数"。③ 在保守派的反对下,元祐年间(1086—1094 年)两国之间的贡赐关系有所起伏,直至宋哲宗亲政方有改观。宋徽宗朝继续提高对高丽使节的接待规格,"政和以来,入使每岁一至,淮浙之间,不胜其扰……所用之物,皆出于民。官吏督迫,急如军期……近岁赐予尤腆,所费不赀",④这种刻意的行为给地方造成一定困扰。

宋室南渡后采取较为务实的外交政策,不再积极招徕海外各国,甚至限制、拒绝贡使,相继中止了与高丽、大理等国家和政权的贡赐贸易,有朝贡往来的仅交趾、占城、三佛齐、大食、真腊、真里富、罗斛诸国。⑤ 绍兴三十二年(1162 年)宋孝宗登基,诏令:"自今诸国有欲朝贡者,令所在州军以理谕遣,毋得以闻",⑥临安不再接纳贡使。宋理宗景定五年(1264 年)安南国奉表谢恩,被谢绝入贡。⑦ 窘迫的财政状况、时局的发展迫使南宋政府开始考量贡赐贸易的经济成本与代价,以更加务实的态度推行相关政策与法令。

(二) 周边少数民族政权

宋朝将贡赐贸易作为一种有效的政治、经济手段来笼络、牵制少数民族政权,"盖自咸平以来,始听二十州纳贡,岁有常赐,蛮人以为利,有罪则绝之",⑧对各地区少数民族政权推行不同的政策。

宋夏之间的贡赐贸易往来最为频繁,每年数次前来朝贡,入贡名目繁多,如贺正旦、冬至、圣节、登基及告哀等。元祐年间(1086—1094 年)宋对

①　周宝珠:《宋代东京研究》,河南大学出版社 1992 年版,第 586—587 页。
②　(宋)朱彧撰,李伟国点校:《萍洲可谈》卷 2,中华书局 2007 年版,第 142—143 页。
③　(宋)李焘:《续资治通鉴长编》卷 302,元丰三年正月辛巳,第 7346 页。
④　(明)黄淮、杨士奇:《历代名臣奏议》卷 347,胡舜陟奏,第 4511 页。
⑤　黄纯艳:《朝贡体系与宋朝国家安全》,《暨南学报》2018 年第 2 期。
⑥　(元)脱脱等:《宋史》卷 119《礼志二十二》,第 2814 页。
⑦　(元)脱脱等:《宋史》卷 45《理宗纪五》,第 887 页。
⑧　(元)脱脱等:《宋史》卷 493《西南溪峒诸蛮传上》,第 14178 页。

西夏实行绥抚政策,西夏使节更是频频往来于两国之间,"往返五六"。① 宋室南渡后,两国处于敌对状态,贡赐贸易方才中断。

宋朝重视与西北少数民族政权之间的贡赐贸易。两宋时期生活在辽阔西北地区的少数民族主要有回鹘、吐蕃等族,除在西域建立于阗、高昌、喀喇汗外,回鹘不少部族散居河西、陇右地区。昔日强盛的吐蕃分裂成部族,以河西走廊的凉州六谷部潘罗支、河湟地区的唃厮啰政权势力最为强大。这些部族散居在北宋与西夏政权之间,向背具有十分重要的战略意义,他们虽处于独立和半独立状态,却是宋朝利用来抵制西夏的重要力量。② 在这种政治与军事角逐的背景下,北宋政府权衡利弊,拉拢回鹘、吐蕃等部族,结成政治军事联盟,分化、瓦解和抵御敌对势力,以丰厚的回赐作为褒奖,极少限制朝贡次数,回赐品远高于西南部族。如于阗频繁朝贡,"熙宁以来,远不踰一二岁,近则岁再至"。因"其使至无时",宋哲宗元祐年间(1086—1094年)限令于阗隔年朝贡,不久又放宽年限,至宋徽宗宣和年间(1119—1125年)仍"朝享不绝"。③ 宋廷对吐蕃族赐予更厚,潘罗支遇难后,六谷诸部族推举其弟厮铎督为首领。大中祥符三年(1010年),厮铎督与潘罗支之子失吉各贡马3匹,宋真宗认为"厮铎督与诸蕃不同,常宜优奖",加赐锦袍、银带、绢帛。④ 高估马值,加赐钱物。

宋朝与南部少数民族之间的贡赐贸易则经历了由鼓励至限制的过程。因贪图丰厚的利润,北宋初年西南诸部贡使即络绎不绝。宋仁宗天圣四年(1026年)高州田思钦等来献方物,使者多达301人。自后,宋廷规定"愿入贡者十人,听三二人至阙下,首领听三年一至",⑤限制朝贡的人数和次数。宋神宗熙宁六年(1073年),龙蕃、罗蕃、方蕃、石蕃诸部共890人入觐,"其后,比岁继来",仅龙蕃一部就达400人。史载"神宗悯其勤,诏五姓蕃五岁听一贡,人有定数,无辄增加",实际情形却是宋廷不堪其扰,一再限制入贡人数,"以息公私之扰"。各蕃限定在100人以内,元丰五年(1082年)张蕃乞求增至300人,诏"故事以七十人为额,不许",这一规定在元丰年间(1078—1085年)以法令形式确定下来,⑥南宋常拒绝诸蕃入贡。

---

① (宋)李焘:《续资治通鉴长编》卷445,元祐五年七月壬辰,第10724页。
② 杨建新:《中国西北少数民族史》,宁夏人民出版社1988年版,第340页。
③ (元)脱脱等:《宋史》卷490《于阗传》,第14108—14109页。
④ (清)徐松辑:《宋会要辑稿·方域》21之22—23,第7672页。
⑤ (元)脱脱等:《宋史》卷493《西南溪峒诸蛮传上》,第14182—14183页。
⑥ (元)脱脱等:《宋史》卷496《黔涪施高徼外诸蛮传》,第14241—14242页。

(三) 北宋初年的南方割据政权

北宋初年中原地区各割据政权多臣服于宋,与宋开展贡赐贸易。宋朝对各割据政权的加赐、别赐依其地位和亲疏关系而有所区别,吴越王来往较为频繁,关系更为密切,别赐最多。宋太祖开宝七年(974 年)征战江南前夕,钱俶遣行军司马孙承佑入贡,宋太祖厚赐袭衣、玉带、鞍勒马、黄金器 200 两、银器 3000 两、锦绮 1000 段,并密告出师日期。开宝九年(976 年)钱俶入贡,宋廷赐袭衣、玉带、金器 1000 两、银器 3000 两、罗绮 3000 段、玉勒马;待其归国时又赐窄衣、玉束带、玉鞍勒马、玳瑁鞭、金银锦彩二十余万、银装兵器八百余件。往返之间,宋太祖赐给钱俶大量的金银器物:金器 1 万两、银器数万两、银十余万两、锦绮绫罗绸绢四十余万匹、马数百匹,“他物不可胜计”。① 据《两朝供奉录》载,宋太祖、太宗两朝,钱俶获赐金器达 64700 两,银器 40008800 两,玉石、器皿 1700 件,宝玉带 42 条,锦绮 10066300 余匹。② 加赐还成为震慑他国的手段,如开宝年间(968—976 年)江南后主李煜曾将 5 万两白银送给宰相赵普,宋太祖很快获知此事,在李煜之弟入贡之际,常赐之外,密赐同等数目的白银,“江南君臣始震骇,服上之伟度”,③不动声色地敲打了南唐君臣。

二、额外赏赐的物品

贡赐贸易中的回赐包括“估价酬值”和额外赏赐两部分,这里阐释的即是后者。除丰厚估值外,宋廷对入贡诸国和政权仍给予大量的特别赏赐,“示之以轻财重礼之义,使知中国之所以为贵”。④ 如宋神宗元丰八年(1085 年)于阗国贡马,宋廷回赐 1200 贯,⑤特赐进奉人 1000 贯,⑥接近估值。

宋朝曾订立回赐法,如宋哲宗元祐二年(1087 年),诏修订“回赐于阗国信、分物法”。⑦ 额外赏赐项目较多,一般称为“别赐”、“特赐”、“加赐”等,其中包括国王(首领)的礼物,使节朝见、朝辞时的赏赉等。赏赐多按贡使的地位和级别发放,如绍兴二十五年(1155 年),宋廷按级别对占城国进奉人进行支赐;翌年,三佛齐入贡“使、副以下支赐,并依占城例施行”。⑧ 额外

① (元)脱脱等:《宋史》卷 480《吴越钱氏世家》,第 13899—13901 页。
② (宋)袁褧:《枫窗小牍》卷上,丛书集成初编本,中华书局 1985 年版,第 14 页。
③ (宋)杨亿:《杨文公谈苑·江南后主遗银五万两》,上海古籍出版社 1993 年版,第 41 页。
④ (宋)曾巩撰、陈杏珍、晁继周点校:《曾巩集》卷 35《明州拟辞高丽送遗状》,第 501 页。
⑤ (宋)李焘:《续资治通鉴长编》卷 361,元丰八年十一月壬寅,第 8638 页。
⑥ (宋)李焘:《续资治通鉴长编》卷 362,元丰八年十二月丙寅,第 8658 页。
⑦ (宋)李焘:《续资治通鉴长编》卷 404,元祐二年八月乙未,第 9839 页。
⑧ (清)徐松辑:《宋会要辑稿·礼》62 之 66—67,第 1727—1728 页。

赏赐随入贡名目有所变化,贺升平纲的贡使所获物品就要略高于常贡,如绍兴二十六年(1156 年),交趾遣使进贡贺升平纲,诏朝见金带增为 20 两,银器增为 50 两,朝辞绢帛增为 50 匹。①

额外赏赐还惠及国王(首领)近亲及宰相。如宋真宗大中祥符元年(1008 年),甘州(今甘肃张掖)回鹘可汗王夜落纥遣使来贡,宋廷除赐夜落纥香药、金带、弓剑外,以"本族事必咨母而后行"故,加赐其母宝物公主金器;大中祥符四年(1011 年)夜落纥再次遣使入贡,从祀汾阴,礼成后赐宝物公主衣著 400 匹、银器 300 两,左温宰相衣著 200 匹、银器 100 两。② 宋英宗治平四年(1067 年),董氊贡使回赐"依治平元年赐唃厮罗例",董氊妻受赐银器 50 两、绢帛 100 匹。③

额外赏赐物品有衣饰、茶药、银绢等物。

（一）衣饰

衣饰是额外赏赐中的主要物品。如自于阗入贡以来,"每赐以(于阗国王)晕锦旋襴衣、金带、器币,宰相则盘毬云锦夹襴",④每次均赐华衣。中原王朝对自身衣饰文化在族属心理层面上充满了优越感,⑤视异族衣饰为"四夷"劣于中原文明的表现之一,"吐蕃言语不通,衣服异制,朕以化外视之。"⑥衣饰具有的丰富文化内涵及显性的文化符号特征,故中原王朝将衣饰赏赐视作征服"四夷"、宣扬"正统"文化的途径之一。

宋朝所处的特殊历史背景使衣饰赏赐包含的政治诉求变得更为迫切和明晰,故回赐品中多有衣饰。而对于贡使来说,汉服是更高文明的象征,身着汉服可在国人面前夸耀,故贡使多主动要求赏赐汉服。宋真宗大中祥符元年(1008 年)诸国进奉使陪祭大典,乞赐紫袍、象笏,以"归耀国族"。⑦ 宋徽宗政和六年(1116 年),真腊国遣进奏使、奉化郎将鸠摩僧哥等 14 人来贡,宋廷赐朝服,鸠摩僧哥上言:"万里远国,仰投圣化,尚拘卉服,未称区区向慕之诚,愿许服所赐",⑧身着汉服可显示慕化之心。

额外赏赐中多赐国王、使节袭衣、腰带等衣饰。如宋哲宗元祐元年

①　(清)徐松辑:《宋会要辑稿·蕃夷》4 之 46—47,第 7736—7737 页。
②　(清)徐松辑:《宋会要辑稿·蕃夷》4 之 5,第 7716 页。
③　(清)徐松辑:《宋会要辑稿·蕃夷》6 之 6—7,第 7821—7822 页。
④　(元)脱脱等:《宋史》卷 490《于阗传》,第 14108 页。
⑤　马冬:《两汉迄隋中原王朝对"四夷"的服饰赏赐》,载周伟洲主编:《西北民族论丛》第六辑,中国社会科学出版社 2008 年版,第 181 页。
⑥　(宋)李焘:《续资治通鉴长编》卷 24,太平兴国八年九月庚午,第 553 页。
⑦　(宋)李焘:《续资治通鉴长编》卷 70,大中祥符元年十一月庚申,第 1575 页。
⑧　(元)脱脱等:《宋史》卷 489《真腊传》,第 14086—14087 页。

（1086年），诏赐于阗国王袭衣、腰带，元祐二年（1087年）诏回赐外依"元丰八年例"赐金带、锦袍、袭衣。① 袭衣指一整套衣饰，宋高宗绍兴二十六年（1156年），诏特赐三佛齐国王袭衣、金带，②有宽衣1对6件，紫罗夹公服1领，小绫宽汗衫1领，勒帛1条，熟白大绫袜头袴1腰，红罗软绣夹三襜1副，抱肚1条。③ 腰带质地多为金、金涂银、银等，南平王李天祚曾获赐重25两的御仙花金腰带1条。④ 贡使最初多赐金涂银带，"旧制远国使人贡，赐以间金涂银带"，北宋中期以后获赐金带者渐次增加。如宋仁宗天圣三年（1025年）于阗国遣使罗面于多来朝，特赐金带，⑤天圣六年（1028年）赐三佛齐贡使金带。⑥

　　根据受赐者的等级和地位，宋廷赐予不同质地和重量的腰带。如宋高宗绍兴二十五年（1155年），诏特赐占城贡使等物品如下：

　　　　使：紫罗宽衫、小绫宽汗衫、大绫夹袜头袴、小绫勒帛、一十两金腰带、幞头、丝鞋、衣著三十匹、紫绮被褥毡一；副使：紫罗宽衫、小绫宽汗衫、大绫夹袜头袴、小绫勒帛、七两金腰带、幞头、丝鞋、衣著二十匹；判官：各罗宽衫、绢汗衫、小绫夹袜头袴、一十两金花银腰带、幞头、丝鞋、衣著一十匹；防援官：各紫官絁衫、绢汗衫、绢夹袜头袴、绢勒帛、幞头、麻鞋、衣著七匹……十一月二十二日，诏别赐占城国国信礼物：翠毛细法锦夹袄子一领，二十两金腰带一条。⑦

赐给国王的金带最重，为20两，其次是正、副使，分别为10两、7两，赐给判官的腰带则为镀金银腰带，判官以下不再受赐。

　　（二）茶、药

　　茶叶在宋代产量大增，同时又是宋廷节制周边少数民族政权的重要物资。"宋代边疆各族人民对茶叶的需求，在某种程度上已超过了对绢帛的需求"。⑧ 茶具有"除烦去腻"⑨的特殊功效，可帮助消化，消除油腻，故肉食

①　（清）徐松辑：《宋会要辑稿·蕃夷》4之17，第7722页。
②　（宋）李心传：《建炎以来系年要录》卷175，绍兴二十六年十二月壬戌，第327册，第476页。
③　（清）徐松辑：《宋会要辑稿·礼》62之67，第1728页。
④　（清）徐松辑：《宋会要辑稿·蕃夷》4之46，第7736页。
⑤　（元）脱脱等：《宋史》卷490《于阗传》，第14108页。
⑥　（元）脱脱等：《宋史》卷489《三佛齐传》，第14089页。
⑦　（清）徐松辑：《宋会要辑稿·礼》62之66—67，第1727—1728页。
⑧　贾大泉：《宋代四川同吐蕃等族的茶马贸易》，《西藏研究》1982年第1期。
⑨　（宋）赵令畤撰，孔凡礼点校：《侯鲭录》卷4《东坡论茶》，中华书局2002年版，第104页。

乳饮的游牧民族对茶的依赖性很强,而高寒苦冷的地带并不适宜茶叶生长。应其所需,宋廷赐给吐蕃诸部的物品中常有大宗的茶。宋真宗咸平五年(1002年),六谷首领潘啰支遣使贡马5000匹,诏除"厚给其直"外,别赐彩、茶各100匹斤。[①]景德二年(1005年),厮铎督遣呵昔入贡,特赐中也有茶。[②]宋神宗元丰元年(1078年)赐西蕃董毡绢帛外,加赐细末茶、散茶各50斤。[③]因吐蕃诸部"所嗜唯茶",茶成为宋政府用于羁縻吐蕃诸部的重要物资。"宋政府以茶为手段来羁縻吐蕃诸部经历了一个认识深化的过程。在北宋初期,宋廷一般是在贡赐贸易中,把茶叶作为一种重要的物品回赐给吐蕃诸部的……当宋政府了解到吐蕃'所嗜唯茶'后,才利用吐蕃诸部这一弱点",并最终在宋神宗朝建立了官营茶马贸易体制。[④]吐蕃等部族的赐茶具有数量大、品种一般的特点,而高丽等国本地产茶,但质量低劣,"土产茶味苦不可入口",上层社会"惟贵中国腊茶并龙凤赐团",[⑤]故赐茶多为名贵品种。

周边少数民族医疗水平差,疾病易于肆虐,药成为使节乞赐物品之一。宋真宗景德二年(1005年),六谷首领厮铎督遣使来贡,因部落多疾,乞赐白龙脑、犀角、硫黄、安息香、紫石英之类共76种可药用的物品。朝廷不仅应允,还派人翻译药名,"同而名异者,令译人辨之而给,来者感悦而去"。大中祥符五年(1012年),厮铎督遣子来贡,再次求赐药物。[⑥]宋仁宗嘉祐二年(1057年)诏"西蕃进奉瞎毡,依例赐金箔、药物",[⑦]这说明药物是赐给吐蕃的常见物品。

（三）银、绢等

白银重量随使节地位而有所差别,如宋高宗绍兴二十五年(1155年)宋廷按等级赐予占城国进奉人,朝辞日赐正使银器50两,副使30两,判官10两,防援官7两。[⑧]

中原绢帛质优物美,深受他国和少数民族地区的喜爱和欢迎。由于长期与汉族进行经济、文化交流,周边少数民族政权尤其是上层人物已习惯穿

---

①　(宋)李焘:《续资治通鉴长编》卷53,咸平五年十一月甲午,第1162页。

②　(元)脱脱等:《宋史》卷492《吐蕃传》,第14157页。

③　(宋)李焘:《续资治通鉴长编》卷290,元丰元年七月丁酉,第7103页。

④　王晓燕:《宋代官营茶马贸易兴起的原因分析》,《中国藏学》2008年第3期。

⑤　(宋)徐兢:《宣和奉使高丽图经》卷32,商务印书馆1937年版,第109页。

⑥　(清)徐松辑:《宋会要辑稿·方域》21之21—22,第7671—7672页。

⑦　(宋)李焘:《续资治通鉴长编》卷185,嘉祐二年四月甲戌,第4475页。

⑧　(清)徐松辑:《宋会要辑稿·蕃夷》4之75—76,第7751页。

丝绸织物,如吐蕃"妇人衣锦,服绯紫青绿"。① 宋仁宗皇祐五年(1053年)占城遣蒲思马应等来贡方物,朝见日赐正使衣著10匹,副使衣著5匹,判官衣著3匹,防援官衣著2匹。朝辞日赐正使衣著20匹,副使衣著14匹,判官衣著10匹,防援官衣著5匹。② 受赐级别为4等。

额外赏赐中金器较为少见,见诸记载的有宋度宗咸淳九年(1273年)安南国入贡,特赐金500两。③ 金器过于奢侈和张扬是较少作为赏赐品的重要原因,大中祥符九年(1016年),宗哥、唃厮啰、立遵等遣使贡马582匹,辅臣商议回赐事宜,皆认为寇準执政期间"赐与过厚,致其增气",④故主张"今当约所贡直以给之",若对方要求奢华之物,则赐以金涂银器,此后多赐贡使银器或金涂银器。

缗钱赏赐也仅见几例,如宋真宗景德元年(1004年),赐大食、三佛齐、蒲端诸国进奉使缗钱,令观灯宴饮。⑤ 天禧元年(1017年)女真人随高丽使入贡,归国时特赐"装钱"。⑥ 宋哲宗元祐二年(1087年),诏于阗国黑汗王贡方物回赐外"余不以有无进奉",均加赐钱300贯。⑦ 这种情况当与宋朝严格控制铜钱外流的政策有关。

(四) 马匹、戎器

额外赏赐中马匹数量虽不多,却富含深意,"给赐外国鞍辔,以示怀远之意"。⑧ 占城回赐物中多有马匹,宋太宗淳化三年(992年)占城遣使贡物,赐白马2匹;至道元年(995年)再赐2匹,"遂为常制"。⑨ 宋真宗大中祥符八年(1015年),占城遣使来贡,赐马及器甲,因白马"与炎土不宜",改赐黄、赤色马。⑩ 交趾回赐物中也有马匹。宋真宗即位,交趾黎桓遣使来贡,特赐带甲马。⑪ 宋英宗治平四年(1067年),赐李日尊银鞍辔马;宋高宗绍兴二十五年(1155年)、二十六年(1156年),赐李天祚鞍马;宋孝宗淳熙四年(1177年),赐李龙翰马2匹。⑫ 马匹大小需符合规格,如在赐给安南

---

① (元)脱脱等:《宋史》卷492《吐蕃传》,第14162—14163页。
② (清)徐松辑:《宋会要辑稿·蕃夷》4之70—71,第7748—7749页。
③ (元)脱脱等:《宋史》卷46《度宗纪》,第915页。
④ (宋)李焘:《续资治通鉴长编》卷86,大中祥符九年正月乙丑,第1967页。
⑤ (清)徐松辑:《宋会要辑稿·帝系》10之1,第209页。
⑥ (元)脱脱等:《宋史》卷8《真宗纪三》,第164页。
⑦ (宋)李焘:《续资治通鉴长编》卷394,元祐二年正月乙丑,第9591页。
⑧ (清)徐松辑:《宋会要辑稿·蕃夷》4之44,第7735页。
⑨ (元)脱脱等:《宋史》卷489《占城传》,第14080—14082页。
⑩ (宋)李焘:《续资治通鉴长编》卷73,大中祥符三年四月甲寅,第1663页。
⑪ (元)脱脱等:《宋史》卷488《交趾传》,第14064页。
⑫ (宋)王应麟:《玉海》卷154《朝贡·治平赐李日尊衣带》,第2845页。

国王初封礼物中,马匹"依格合赐四尺五寸以上"。马匹多配以鞍辔,有100两金银镀作子1副,25两金镀银平钑花桥瓦1具,25两金镀银红毛缨1副,5两紫罗绣大小革面盖1枚,还有干红地织成戏兽夹鞍复、浑银里铁胎衔镫、打角夹绢黄复等。① 配饰齐备,制作精良。

按旧制,回赐物中不应有戎器:"旧制,弓矢兵器不入外夷"。② 实际上自北宋初年始作为回赐礼物的戎器并不鲜见。如大中祥符元年(1008年)闰六月,宋廷赐甘州回鹘可汗王夜落纥弓剑等兵器③。十月,赐大食国主器械、旗帜等物。④ 翌年,兴州(今陕西略阳)刺史折惟昌率部来贡,上言"先臣御卿,蒙赐旗三十竿以壮戎容,请别给赐",得到许可。⑤ 不少戎器赐给与西夏征战有功之人。如景德二年(1005年)厮铎督遣外甥呵昔入贡,呈上与赵德明作战的功状。宋廷因西凉样丹族"宣力西陲,委以捍蔽",特令渭州给赐弓箭,"因别赐厮铎督,以重恩意"。⑥ 宋神宗元丰六年(1083年)董毡、回鹘、鞑靼遣使,曾与西夏交战建立功绩的首领获赐枪旗、器甲。⑦

戎器频繁出现在占城的回赐品中,如淳化三年(992年),宋太宗赐占城王旗、银装剑、银缠枪、弓弩及箭等兵器;景德元年(1004年)占城入贡,宋真宗赐良马、介胄、戎器等物。景德四年(1007年)占城遣使来朝,表达了对"颁赐戎器"的感激之情,再次请求厚赐"军容器仗耀武之物";⑧大中祥符八年(1015年),宋真宗赐占城国王枪、旗、弓弩、器甲、马。⑨ 占城王道:"自前本国进奉未尝有旌旗弓矢之赐。臣今何幸,独受异恩。"⑩北宋前期多次回赐占城战马、弓、剑等军用品,这当与其时宋朝以"恢复"交趾为目标,联合占城,抑制交趾的外交政策所决定的。⑪

(五)书籍

宋朝对贡使的额外赏赐中还有书籍等物。中原文化的文明程度远高于周边国家与政权,入贡国家和政权常乞赐各类书籍,这些书籍多为经史、地

---

① (清)徐松辑:《宋会要辑稿·蕃夷》4之53,第7740页。
② (元)脱脱等:《宋史》卷492《吐蕃传》,第14158页。
③ (清)徐松辑:《宋会要辑稿·蕃夷》4之4,第7713页。
④ (元)脱脱等:《宋史》卷490《大食传》,第14120页。
⑤ (宋)李焘:《续资治通鉴长编》卷71,大中祥符二年六月庚子,第1615页。
⑥ (元)脱脱等:《宋史》卷492《吐蕃传》,第14157—14158页。
⑦ (宋)李焘:《续资治通鉴长编》卷341,元丰六年十二月丙子,第8208页。
⑧ (元)脱脱等:《宋史》卷489《占城传》,第14082页。
⑨ (清)徐松辑:《宋会要辑稿·蕃夷》4之69,第7748页。
⑩ (元)脱脱等:《宋史》卷489《占城传》,第14081页。
⑪ 黄纯艳:《朝贡体系与宋朝国家安全》,《暨南学报》2018年第2期。

理、佛经、医书、文集、乐谱类。① 如宋太祖开宝年间(968—976 年),高丽遣僧如可来觐,受赐《大藏经》、紫衣。雍熙元年(984 年)日本僧奝然来朝,宋太宗赐之甚厚,其中有郑氏注《孝经》一卷、唐记室参军任希古所撰《孝经新义》第十五一卷,"皆金缕红罗缥,水晶为轴",另赐印本《大藏经》。② 淳化二年(991 年),高丽遣使韩彦恭来贡,求印佛经,诏赐《藏经》及御制《秘藏诠》、《逍遥咏》、《莲华心轮》。③ 宋真宗景德四年(1007 年)交州(今广东广州)来贡,赐黎龙廷九经、佛经。④ 蜀人魏野,隐居不仕,擅长诗赋,"为诗精苦,有唐人风格,多警策句",大中祥符年间(1008—1016 年)辽使称,本地喜诵魏野诗,但仅有上部诗集。时魏野已过世数年,朝廷搜集《草堂集》10 卷赐给辽使。⑤ 大中祥符九年(1016 年)正月高丽使节郭元辞行,宋真宗赐九经、《史记》、《两汉书》、《三国志》、《晋书》、诸子、历日、《圣惠方》等,"从其请也。"天禧五年(1021 年)十二月,赐权高丽国主王询阴阳地理书、《圣惠方》,"从所请也"。⑥ 宋仁宗景祐元年(1034 年)十二月,西平王赵元昊献马 50 匹,乞赐佛经一藏,诏令特赐。⑦ 嘉祐七年(1062 年)四月,西夏遣人献方物,进马 50 匹,乞赐九经、《唐史》、《册府元龟》等,诏赐九经,马匹还贡使。⑧ 翌年四月宋英宗即位,赐西夏九经及《正义》、《孟子》、医书等,"从所请也"。⑨ 熙宁年间(1068—1077 年)高丽遣使入贡,求赐王安国诗歌集,宋神宗令权知开封府元厚之抄录赐给使节。⑩ 熙宁五年(1072 年)西夏遣使进马,宋廷赐《大藏经》,并还所献马匹。⑪ 元丰五年(1082 年)八月,诏赐交趾郡王李乾德释典一大藏。⑫ 宋哲宗元符二年(1099 年),李乾德再次乞赐释典一大藏,诏令印经院印造,入内内侍省差使臣取赐。⑬

①　(元)脱脱等:《宋史》卷 487《高丽传》,第 14044 页;(宋)王应麟:《玉海》卷 154《朝贡·嘉祐赐夏国九经》,第 2844 页。
②　(元)马端临:《文献通考》卷 324《四裔考一》,第 8925 页。
③　(元)脱脱等:《宋史》卷 487《高丽传》,第 14039—14040 页。
④　(元)脱脱等:《宋史》卷 7《真宗纪二》,第 134 页。
⑤　(宋)文莹:《玉壶清话》卷 7,中华书局 2004 年版,第 66 页;(元)脱脱等:《宋史》卷 457《魏野传》,第 13430 页。
⑥　(清)徐松辑:《宋会要辑稿·礼》62 之 35—36,第 1712 页。
⑦　(宋)李焘:《续资治通鉴长编》卷 115,景祐元年十二月癸酉,第 2708 页。
⑧　(宋)李焘:《续资治通鉴长编》卷 196,嘉祐七年四月己丑,第 4745 页。
⑨　(清)徐松辑:《宋会要辑稿·礼》62 之 40—41,第 1714—1715 页。
⑩　(宋)张师正:《倦游杂录·高丽求王平甫诗》,上海古籍出版社 1993 年版,第 32 页。
⑪　(元)脱脱等:《宋史》卷 486《夏国传下》,第 14009 页。
⑫　(清)徐松辑:《宋会要辑稿·礼》62 之 46,第 1717 页。
⑬　(宋)李焘:《续资治通鉴长编》卷 510,元符二年五月戊辰,第 12149 页。

不过,回赐中的书籍虽以"赐予"的名义给付朝贡国,实多为商品,即在得到宋廷许可后,由入贡国自行购买,故大部分书籍不应在额外赏赐范围内。此外,回赐品中还有御书。如庆历年间(1041—1048 年),宋仁宗曾赐辽使刘六符飞白书 8 字:"南北两朝永通和好"。① 大相国寺原有旧榜为宋太宗御书,被本寺冠以十绝之一。政和年间(1111—1118 年)大相国寺改为宫观,宋徽宗御书赐额,旧榜赐给高丽使节。②

三、额外赏赐的成因及功效

中原王朝基本上遵循"厚往薄来"的原则进行贡赐贸易,对贡使"厚加赐与,而不贪其利"。③ 这是宋朝回赐中有大量额外赏赐的根本原因,而与周边政权或部族建立政治军事联盟则是推行额外赏赐的重要原因。至于其具体成效如何,则与周边政权或部族的诉求相关。

（一）额外赏赐的原因

1. 激赏

激励和奖赏是额外赏赐的主要原因。宋太宗太平兴国七年(982 年),诏赐丰州刺史王承美锦袍、银带,"以其屡贡奉也"。④ 元符元年(1098 年),瞎征首次遣使入贡,宋哲宗特赐钱 1000 缗,⑤以励向汉之心。熙宁三年(1070 年),宋神宗赐大渡河南卭部川山前、山后百蛮都首领苴克敕书、器币、袭衣、银带,以"贺登位、贡马等故也"。⑥ 绍兴二十六年(1156 年),宋高宗特赐三佛齐钱物,"赏其入贡之勤也",⑦鼓励三佛齐常来入贡。

宋廷加赐、特赐吐蕃、回鹘等,激励这些部族与西夏作战,咸平五年(1002 年),因西凉府六谷都首领潘罗支"愿勠力讨继迁",入贡时高估马价,宋真宗另赐彩 100 段、茶 100 斤。⑧ 宋神宗元丰元年(1078 年),西蕃董毡遣首领朝贡,为表彰董毡"忠款可嘉",除赐衣带、器帛外,宋廷加赐彩、茶等物;⑨翌年董毡进奉马匹,宋廷又加赐银、彩各 1000 两匹,及对衣、金带、

① （宋）王应麟:《玉海》卷 34《圣文·庆历飞白端敏二字文儒字》,第 639 页。
② （宋）吴曾:《能改斋漫录》卷 13《大相国寺额》,第 378 页。
③ （元）脱脱等:《宋史》卷 490《大食传》,第 14122 页。
④ （清）徐松辑:《宋会要辑稿·方域》21 之 9,第 7665 页。
⑤ （宋）李焘:《续资治通鉴长编》卷 500,元符元年七月癸丑,第 11906 页。
⑥ （宋）李焘:《续资治通鉴长编》卷 214,熙宁三年八月甲申,第 5224 页。
⑦ （清）徐松辑:《宋会要辑稿·礼》62 之 67,第 1728 页。
⑧ （元）脱脱等:《宋史》卷 492《吐蕃传》,第 14155—14156 页。
⑨ （宋）李焘:《续资治通鉴长编》卷 290,元丰元年七月丁酉,第 7103 页。

银器、衣著等物。①

2. 乞赐

额外赏赐中有一些物品是应贡使乞赐而来,所乞之物多为戎器、书籍类。宋太宗淳化年间(990—994年),阇婆遣使入贡,"仍赐良马戎具,以从其请"。② 宋真宗景德元年(1004年),占城国遣使来贡,诏赐良马、介胄、戎器,"从所乞也"。③ 大中祥符三年(1010年),交趾李公蕴遣使来贡,贺祀汾阴,上表乞赐《大藏经》及御书,受赐宋太宗御书100卷轴。④ 大中祥符八年(1015年),高丽遣使御事民官侍郎郭元来贡,郭元"辞貌恭恪",每次宴请后均上谢表,"粗有文采",朝廷"待之亦厚",翌年郭元朝辞,在其乞请下,宋廷特赐御诗、《国朝登科记》。⑤ 宋神宗元丰二年(1079年),三佛齐群陁毕罗等乞请购买器具,诏"依注辇国例"特赐银水罐、交倚骨朵2对,银洗罗1面。⑥

3. 贡使遭遇不测等

使节远涉而来,不免遭遇不测,有的船覆物倾,有的中途被劫。遇至此类情形,宋廷多以加赐的方式来表达对远人的体恤之情。宋真宗天禧三年(1019年),高丽进奉使崔元信所乘船只倾覆,贡物漂失,朝廷别赐衣服、缯彩。⑦ 宋仁宗嘉祐元年(1056年),占城贡使蒲息陀琶行至太平州(今安徽当涂),江岸崩塌,行囊沉没,宋廷赐银1000两。⑧ 宋真宗大中祥符四年(1011年),甘州回鹘进奉使翟符守荣从祀汾阴,赐赉甚厚,途中遭西夏人劫掠,诏令别赐钱物。⑨ 宋朝多加优抚在境内身亡的使节,赠物助丧,对外来使节的赙赠条例,上文已有所述及,兹不再赘述。

(二) 额外赏赐的影响

1. 在部分地区实现了战略构想

回赐在西南、西北等地区少数民族政权中颇见成效。对周边少数民族政权,中原王朝"自古控驭戎夷,使其左枝右梧,为备不暇,盖由首先结其旁

---

① (宋)李焘:《续资治通鉴长编》卷297,元丰二年三月癸未,第7221页。

② (元)脱脱等:《宋史》卷489《阇婆传》,第14093页。

③ (宋)李焘:《续资治通鉴长编》卷57,景德元年九月己酉,第1259页。

④ (清)徐松辑:《宋会要辑稿·蕃夷》4之29,第7728页。

⑤ (元)脱脱等:《宋史》卷487《高丽传》,第14043—14044页。

⑥ (宋)李焘:《续资治通鉴长编》卷299,元丰二年八月丁巳,第7287页。

⑦ (元)脱脱等:《宋史》卷487《高丽传》,第14044页。

⑧ (元)脱脱等:《宋史》卷489《占城传》,第14084页。

⑨ (清)徐松辑:《宋会要辑稿·蕃夷》4之5,第7716页。

国,绝其外交,然后连横之势常在中国,彼有犄角之患"。① 宋朝鼓励边境少数民族政权朝贡,并特赐难以节制的部族,以励"慕义之心"。宋徽宗政和七年(1117年),因"黎人久为琼管边患",朝廷诏令黎族入贡,并规定沿路"券马请给",允许黎族首领以"券马"的方式朝贡中央。"券马"是宋代市马的一种方式,"每番汉商人聚马五七十匹至百匹,谓之一券。每匹至场支钱一千,逐程给以刍粟,首领续食;至京师,礼宾院又给十五日,并犒设酒食之费,方诣估马司估所直,以支度支钱帛,又有朝辞分物锦袄子、银腰带。以所得价钱市物,给公凭免沿路征税,直至出界。"②沿途给予各种方便和优待,马匹送至开封后,礼宾院仍需款待半月之久。除高估其值外,朝辞还有衣帛等额外赏赐,并免除交易税。产自西南的马匹实际上多羸弱不堪:"皆病患之余,形骨低弱,格尺止及四尺二寸以下",③无法充当战马。"如此驽马,宋人之所以仍然要大量加以购买,相当程度上是出于'羁縻远人'以稳定边境局势的政治需要",④显示了很强的政治目的性。

对西南少数民族的特赐效果较为明显:"辰之诸蛮与羁縻保静、南渭、永顺三州接壤,其蛮酋岁贡溪布,利于回赐,颇觉驯伏"。⑤ 这种局势有利于边境地区的稳定与发展,西南各部族通过贡赐贸易也可获得优厚的物质赐予,丰富本民族的精神和物质生活。对西北诸部族的特赐,宋廷则更多的是从整体战略考虑出发。通过贡赐贸易等一系列笼络措施,宋朝在西北地区的战略思想部分得以实现,对西夏势力的扩张起到一定的钳制作用,有利于国防力量的加强。

2. 经济代价过高,整体效果有限

宋朝贡赐贸易的政治、军事目的性极强,"其慕义贡献则接之,以义让羁縻不绝"。⑥ 除估价给值外,宋朝常以别赐、加赐、特赐的方式给予入贡国丰厚物品,以达到"羁縻"目的。朝廷常令所部监司守臣加倍给赐,所到州犒设,"务令丰备",并赐钱500贯,作为置办寒服的费用,到京城后,榷货务还赐幞头、帽子、公服、腰带等。⑦ 故贡使一旦入境,"公私劳扰"。如西南龙、罗、方、石、张姓五族蕃部所贡甚少,"惟毡、马、朱砂",而往来馆券供给

---

① (宋)李焘:《续资治通鉴长编》卷346,元丰七年六月己巳,第8301—8302页。
② (清)徐松辑:《宋会要辑稿·兵》22之5,第7146页。
③ (清)徐松辑:《宋会要辑稿·兵》22之5,第7146页。
④ 范学辉:《南宋三衙马政问题试探》,《中国史研究》2012年第1期。
⑤ (元)脱脱等:《宋史》卷494《西南溪峒诸蛮下传》,第14192页。
⑥ (宋)王应麟:《玉海》卷154《朝贡·赐予外夷》,第2837页。
⑦ (清)徐松辑:《宋会要辑稿·食货》41之39,第5556页。

及朝见、朝辞所赐钱、绢、衫带共需 24000 余缗,"他费不在此"。① 通过这种方式获得的马匹通常需要花费很高的代价:"计其所直,每匹不下五六十千",②高出市价数倍。

宋廷对西夏使节的赏赍十分丰厚,西夏"每岁入贡使者至宋,赐与不赀贩易,而归获利无算"。③ 海外诸国中对高丽的回赐最厚,接待规格及赏赐品"皆非常等"。④ "朝廷赐予礼遇,皆在诸国之右",⑤甚至超过辽、西夏,"朝廷交接四夷,莫如辽、夏之重,而目前所以遇高丽者,其比二国多或过之"。⑥ 加重了中央和地方的财政负担,"高丽入使,明、越困于供给,朝廷馆遇燕赍锡予之费以钜万计,馈其主者不在焉"。⑦ "使之所至,吴越七州实费二万四千余缗,而民间之费不在此数"。⑧ 宋哲宗元祐年间(1086 — 1094 年),苏轼、苏辙兄弟俩人上书极力反对与高丽之间的贡赐贸易,苏轼在奏章中说:"臣伏见熙宁以来,高丽人屡入朝贡,至元丰之末,十六七年间,馆待赐予之费,不可胜数。两浙、淮南、京东三路筑城造船,建立亭馆,调发农工,侵渔商贾,所在骚然,公私告病。朝廷无丝毫之益,而夷虏获不赀之利。"⑨对高丽使节的接待规格过高,地方饱受骚扰之苦,而以如此高的经济代价却未换来相应的收益,贡赐关系有百害而无一利。

宋廷希望通过贡赐贸易实现战略意图的策略除在西北地区颇见成效外,整体实施效果其实有限。宋朝企图联合高丽,与契丹形成掎角之势,以遏制敌国,"高丽北接契丹,南限沧海,与中国壤地隔绝,利害本不相及。本朝初许入贡,祖宗知其无益,绝而不通。熙宁中,罗拯始募海商诱令朝觐,其意欲以招致远夷,为太平粉饰,及掎角契丹,为用兵援助而已"。⑩ 但高丽政权却左右逢源,在政治、外交上更倾向辽朝,宋朝耗费了大量物资却未能达到预期效果。即便在南部少数民族地区,这一优抚手段也未必能完全奏效,"赐物有差,既而侵轶如故"。⑪ 宋廷虽利用丰厚的回赐稳固了与吐蕃等部

① (宋)李焘:《续资治通鉴长编》卷 263,熙宁八年闰四月乙卯,第 6451 — 6452 页。
② (清)徐松辑:《宋会要辑稿·兵》22 之 5,第 7146 页。
③ 戴锡章撰,罗矛昆校点:《西夏纪》卷 17,宁夏人民出版社 1988 年版,第 400 页。
④ (宋)李焘:《续资治通鉴长编》卷 452,元祐五年十二月乙未,第 10851 页。
⑤ (宋)李焘:《续资治通鉴长编》卷 323,元丰五年二月丁卯,第 7785 — 7786 页。
⑥ (宋)李焘:《续资治通鉴长编》卷 449,元祐五年十月癸丑,第 10797 — 10800 页。
⑦ (元)脱脱等:《宋史》卷 487《高丽传》,第 14052 页。
⑧ (宋)李焘:《续资治通鉴长编》卷 435,元祐四年十一月甲午,第 10493 页。
⑨ (宋)苏轼撰,孔凡礼点校:《苏轼文集》卷 30《论高丽进奉状》,第 847 页。
⑩ (宋)李焘:《续资治通鉴长编》卷 449,元祐五年十月癸丑,第 10797 — 10800 页。
⑪ (元)脱脱等:《宋史》卷 495《抚水州传》,第 14206 页。

族的政治、军事联盟,对西夏政权起到一定的钳制作用,但"唃厮啰虽被诏,卒不能行也",①所起作用终究有限。

第六节　业　绩　赏　赐

宋朝在司法、科技、文化等领域普遍推行奖励制度,依据业绩大小给予物质鼓励。

一、对"狱空"的奖励

所谓"狱空",是指"庭无留讼,狴犴空虚",②学者张凤仙曾释义"狱空"的内涵,认为"狱空"指的是"对未决罪案的暂时审理了当,监狱(未决监)里再没有积压淹滞的罪案;罪囚或笞杖后释放,或徒流决遣,或执行了死刑"。与其他朝代相比,宋代"狱空"最为典型,事例记载极多,官员谎报"狱空"的风气极滥,朝廷有关"狱空"诏令极繁,在历代实属少见。③ 狱空意味着案件得到及时处理,也意味着"圣化旁达,民知不犯",④两者均为政治清明的表现,故"狱空"成为奖赏相关人员的重要标准。《宋会要辑稿·刑法》中专列有"狱空"一项,记载了宋朝在各级职能部门奏报狱空时对相关人员的各项奖励。宋朝对"狱空"规定如下:"诸州须司理院、州司、倚郭县俱无禁系,方得奏为狱空",⑤州县所有司法部门的案件得到处理后才可上报"狱空"。

宋朝对"狱空"有多种奖励方式。北宋初年,各级司法机构上报"狱空"后,相关部门报史馆,朝廷多降诏奖谕,"凡诸州狱空,旧制皆(除)[降]诏赦奖谕",⑥并增秩、赐章服。自宋仁宗朝始,使用货币赏赐相关人员。天禧五年(1021年),诸州刑狱已清,"无留牍",诏奖知审刑院宋绶,赐缗钱,并规定自后对"狱空"给予物质奖励。⑦ 宋朝对"狱空"的物质奖励大致有以下几个特点。

(一) 奖励物品以银绢为主

宋朝对"狱空"的奖励物品有银、绢、钱等物,而以银、绢为主。宋神宗

---

① (宋)李焘:《续资治通鉴长编》卷126,康定元年二月庚寅,第2973页。

② (清)徐松辑:《宋会要辑稿·刑法》4之90,第6666页。

③ 张凤仙:《试析宋代的"狱空"》,《河北大学学报》1993年第3期。

④ (清)徐松辑:《宋会要辑稿·刑法》4之87,第6665页。

⑤ (清)徐松辑:《宋会要辑稿·刑法》4之85,第6664页。

⑥ (清)徐松辑:《宋会要辑稿·刑法》4之85,第6664页。

⑦ (宋)李焘:《续资治通鉴长编》卷97,天禧五年二月甲寅,第2241页。

元丰五年(1082年),知开封府王安礼奏三院"狱空",王安礼迁一官,推官、判官许懋、胡宗愈、刘挚、刘仲熊等赐章服。军巡判官毕之才以下14人分为3等:第一等迁官,第二等减磨勘2年,第三等减磨勘1年。除升秩外还有物质赏赐,共用绢1000匹、银150两、钱500贯。① 同年大理寺"断绝公案",朝廷奖励400贯,"次第均给之",②按照官员级别发放钱币。宋哲宗绍圣二年(1095年)正月二十六日,龙图阁直学士、权知开封府王震奏报司录司、左右军巡院"狱空",诏将"狱空"之事报送史馆,赐王震等银、绢、章服,并减磨勘年。二十八日前副都指挥使、保康军节度使苗授奏报殿前司"狱空",诏赐银绢,③按级别进行实物奖励。

(二) 北宋中后期渐趋泛滥

自宋神宗朝以来各地频频上报"狱空",奖励渐次增多。因开封府辖区广大,案件繁杂,"京师众大之区,狱事繁多",并可起到表率作用,"足以表倡四方",④奖励重于其他区域。北宋末年对"狱空"的奖励趋于泛滥,宋徽宗朝浮夸之风盛行,各地争先奏报"狱空"。大观三年(1109年),前淮南东路提点刑狱公事吴慈奏报本路州县自大观元年至二年六月"狱空",陕州(今河南陕县)奏报大观元年二月州院、司理院"狱空"。诏淮东提点刑狱司、陕州知州一并降敕奖谕,通判等官员赐绢20匹。

宋徽宗朝开封府频频奏报"狱空"。如崇宁四年(1105年),开封府呈报两次"狱空",诏令历两次"狱空"的推官晏几道等4人并转一官,赐章服,历一次"狱空"的推官曹调赐金紫,工曹王良弼转一官等,另赐钱200贯。翌年,开封尹时彦奏报一年内有4次"狱空"。因开封府奏报"狱空"过于频繁,政和三年(1113年)诏令不得再报,同时罢去"推恩、支赐",时隔不久又恢复旧制。政和六年(1116年)四月、七月、十月,开封府三奏"狱空",⑤相关官吏除推恩外,仍按等级奖励钱物。

宋徽宗朝"狱空"奖励范围更广。政和六年(1116年),开封尹王革等奏报本府六曹两狱、四厢十六县"狱空"。此次推恩、支赐范围甚广,各级官吏分为3等:第一等官员各转一官,有官吏人各转一资,无官吏人各赐绢10匹;第二等官及有官吏人减3年磨勘,无官吏人各赐绢7匹;第三等官及有官吏人各减2年磨勘,无官吏人各赐绢5匹。左右狱狱子各赐绢3匹,六曹

---

① (宋)李焘:《续资治通鉴长编》卷325,元丰五年四月壬子,第7813页。
② (清)徐松辑:《宋会要辑稿·职官》24之9,第2896页。
③ (清)徐松辑:《宋会要辑稿·刑法》44之85,第6664页。
④ (清)徐松辑:《宋会要辑稿·刑法》44之90,第6666页。
⑤ (清)徐松辑:《宋会要辑稿·刑法》44之86—88,第6664—6665页。

狱子各赐绢 2 匹。一次"狱空",推恩、奖励官吏总数达到 380 人。如此规模的赏赐并非偶然行之,如重和元年(1118 年)开封府再奏狱空,各级官员"依政和六年九月例"推恩。①

(三) 南宋物质奖励较少

南宋对"狱空"的奖励力度不及北宋。之所以出现这种现象,一方面与财政状况相关,另一方面,北宋"狱空"假象引发的种种弊端令人警醒。绍兴十九年(1149 年),宋高宗告谕宰臣:"诸州申奏狱空,[皆]是将见禁罪人于县狱或(相)[厢]界藏寄,此风不可滋长。今后如奏狱空,可令监司验实,或有妄诞,即行按劾,仍令御史台觉察弹奏"。② 宋高宗对虚妄之风颇有耳闻,令监司加大监察力度,同时要求御史台弹劾虚报之人,故"狱空"上报的次数较北宋为少。

宋孝宗朝对"狱空"的奖励方式仍以降诏奖谕为主,不过逐渐增加了物质奖励,并多以伙食费的名义赐给相关人员。如隆兴元年(1163 年),大理卿李洪奏报"狱空",诏令学士院降诏奖谕,按等级在赃罚钱内支给食钱,日后照此办理。这笔费用不少:"旧例奏狱空,犒赏胥吏,凡所经由,等第支给,至数千缗",加起来有数千缗之多,但因无处可支,"遂至赊作狱空,常欠利债",实际上很难兑现。故宋光宗绍熙元年(1190 年)先后停罢物质奖励和降诏奖谕。不过,降诏奖谕很快得以恢复,而物质奖励则停罢了较长时间。宋宁宗开禧元年(1205 年)大理寺奏请恢复犒设,赏金从本寺赃罚钱内支出,未获批准;嘉定二年(1209 年),大理寺再次奏请犒设胥吏,赏金减半发放,仍从本寺赃罚钱内支出,终于获批。③ 总体而言,南宋对"狱空"的奖励以降诏奖谕为主,兼以物质奖励,增秩机会很少。

二、对科技领域的奖励

科技奖励是科研工作的重要组成部分,是社会(包括科技界)对科技工作者所取得成果的积极肯定的一种信息反馈④,对科技的进步和发展起着重大的推动作用。宋代科技兴盛,成果丰硕,是我国科技史上的全盛期。学者们不遗余力探讨宋代科技繁荣的盛况,其中不乏真知灼见,却鲜有人关注

① (清)徐松辑:《宋会要辑稿·刑法》4 之 88—89,第 6665—6666 页。
② (清)徐松辑:《宋会要辑稿·刑法》4 之 89,第 6666 页。
③ (清)徐松辑:《宋会要辑稿·刑法》4 之 89—91,第 6666—6667 页。
④ 周寄中、吴佐明:《科技鼓励学——科技奖励系统的机制和功能》,浙江科学技术出版社1993 年版,第 6 页。

科技奖励领域。① 探讨不同时期的科技奖励制度可进一步厘清中国古代科技发展的原因、背景及走向等问题,而对处于社会转型期的宋代科技奖励制度的研究则更具有重要的史学价值。宋朝科技奖励主要集中在医学、天文学、武器制造、建筑等应用性极强的领域。

（一） 医学

医学是宋朝科技奖励较为集中的领域。天武右厢都指挥使韩晸从征晋阳(今山西太原西南),弩矢击中左腿,箭镞遗留骨内近 30 年。景德初宋真宗遣刘赟前往医治,刘赟用药将箭头取出,韩晸"步履如故",朝见宋真宗时"又极称赟之妙",刘赟因此获赐白银若干两②。司马光《涑水记闻》载太皇太后曾患水疾,御医束手无策。宋神宗遣中使召王麻胡为太后医治,效果甚佳。宋神宗大喜,提拔王麻胡为翰林医官,并赐金紫,同时奖励价值数千缗的银帛。③

宋朝先后出台了一系列医疗奖励制度。如宋神宗熙宁九年(1076 年),太医局轮流差遣学生前往太学、律学、武学及诸营医治病患,发放印纸,学官及将校记录诊治过程及治愈率,"以为功过",作为奖惩依据,岁终"会其全失而定赏罚"。该条法将奖励级别定为 3 等,上等每月奖励 15 贯,中等 10 贯,下等 5 贯④。元丰六年(1083 年)太医局选医生 8 人,医治商旅、穷人及鳏寡孤独者,实名诊治。"会其全失,为赏罚法",根据医效进行赏罚⑤。宋徽宗崇宁年间(1102—1106 年),安济坊僧人若 3 年医治人数超过 1000 人,可获得紫衣、祠部牒各 1 道的奖励。医者则每人发给手历,以记录疗效,岁终"考其数为殿最"⑥。根据医效来评定等级,予以赏罚。

（二） 天文学

宋朝对天文气象极为关注,不断修订历法,并重奖参与者。宋太宗太平兴国七年(982 年),司天台主簿苗守信与冬官正吴昭素、主簿刘内真修订历法,修成后赐名《乾元历》,因"颇为精密",朝廷给予两人绢帛以示鼓励⑦。《乾元历》运行一段时间后出现误差,宋真宗咸平四年(1001 年),判司天监

① 姚昆仑的《中国科学技术奖励制度研究》(中国科学技术大学 2007 年博士学位论文)对宋代科技奖励制度虽有提及,但因未专文论述,故仍有可探讨的空间。

② (元)脱脱等:《宋史》卷 220《冯文智》,第 13510 页。

③ (宋)司马光撰,邓广铭、张希清点校:《涑水记闻》卷 14,第 290—291 页。

④ (宋)李焘:《续资治通鉴长编》卷 275,熙宁九年五月癸亥,第 6724 页。

⑤ (清)徐松辑:《宋会要辑稿·职官》22 之 38,第 2879 页。

⑥ (元)脱脱等:《宋史》卷 178《食货志上六》,第 4339 页。

⑦ (元)脱脱等:《宋史》卷 461《苗守信传》,第 13499 页;李焘:《续资治通鉴长编》卷 23,太平兴国七年十月己卯,第 529 页。

京兆史序等编订新历，赐名《仪天历》，修历官"迁秩，改服章、赐帛有差"①。宋英宗治平初年，司天监周琮改修《明天历》，宋神宗熙宁元年（1068 年）因历法与天象不合，朝廷令再造新历。熙宁五年（1072 年），提举司天监沈括推荐精通历法的淮南人卫朴参与制历，熙宁八年（1075 年）修成《奉元历》，朝廷奖励卫朴钱 100 贯。②

宋朝还鼓励天文工作者制造先进的天文观测仪器。北宋初年，天文学家韩显符因"少习三式，善察视辰象"，补司天监生，迁灵台郎，累加司天冬官正，专习浑天学。宋太宗淳化初年，韩显符开始制造铜浑仪、候仪，至道元年（995 年），韩显符根据唐李淳风及一行流传下来的方法研制成功，政府给予杂彩 50 匹的奖励。之后韩显符又献上《法要》10 卷，并负责检测浑仪。因表现卓越，韩显符累加春官正，转太子洗马，后改殿中丞兼翰林天文③。熙宁年间（1068—1077 年），沈括献上《浑仪》、《浮漏》、《景表》三议及浑仪制器，并奉命改造天文仪器及修订历法，熙宁七年（1074 年）制成浑仪、浮漏。沈括迁右正言，受赐银绢各 50 两匹，司天秋官正皇甫愈等 10 人减年升资，其余官员"各赐银绢有差"④。宋朝天文气象领域虽未正式出台奖励制度，但奖励的幅度、次数并不亚于医学。一旦天文工作者有所突破，政府便予以嘉奖，或迁秩升官，或发放实物，以此来激励天文工作者的创作热情。

（三）武器制造

为加强国防建设，宋朝多以物资鼓励新式武器的研发者。宋真宗即位后，辽朝连续发动了三次较大规模的战争，宋军皆遭惨败，朝廷开始大肆整顿边防。当时研制武器的风气较盛，如咸平三年（1000 年），造船务匠人项绾等献上海船样式，获得缗钱奖励。因开边所需，宋神宗朝更加注重打造和搜集各式精良武器。熙宁年间（1068—1077 年）王安石之子王雱建议招募天下良匠制造兵器，朝廷"置工官以总制其事，察其精窳而赏罚之"，这样便可达到"人人务胜，不加责而皆精矣"⑤的目的，制定奖赏措施，鼓励制造精良兵器。

以上奖励多集中在传统兵器制造上，这一时期在军事技术上还出现了新的表彰领域，即对火器制造的奖励。北宋是早期火器的创制阶段，火器已开始用于战争，与冷兵器并用，火器威力更大，在战争中起着越来越重要的

---

①　（宋）李焘：《续资治通鉴长编》卷48，咸平四年三月庚寅，第1054页。

②　（宋）李焘：《续资治通鉴长编》卷263，熙宁八年闰四月壬寅，第6434页。

③　（元）脱脱等：《宋史》卷461《韩显符传》，第13501—13502页。

④　（宋）李焘：《续资治通鉴长编》卷254，熙宁七年六月辛卯，第6213页。

⑤　（元）脱脱等：《宋史》卷197《兵志一一》，第4910、4914页。

作用,故政府鼓励对这一新型武器的研制与开发,并在北宋初年取得突破性进展。宋太祖开宝三年(970年),兵部令史冯继昇等献上火箭法,政府奖励了衣物和5匹布帛。另据南宋学者王应麟《玉海》载,同时获得表彰和奖励的还有岳义方。① 据考据,火箭是"指将火药包绑在箭上,点燃后以弓、弩射出,可称为'火药箭',一般射程为150—200步(248—330米)。以弓发射者称'弓火药箭',以弩发射者称'弩火药箭'。冯继昇和岳义方是最早见于文献著录的火器发明家和火药技术的奠基人"②。火箭发明后迅速运用到实战中,开宝八年(975年),宋军大举攻唐,装备了大量火箭,以至于北宋末年仍库存有2万支的攻唐火箭。宋钦宗靖康元年(1126年)开封保卫战中也曾使用过火箭等火器。③ 宋真宗咸平三年(1000年),神卫水军队长唐福献上研发的火箭、火球、火蒺藜等多种火器,获得缗钱奖励。④ 上述研发的火器主要是燃烧性和爆炸性的,可烧伤敌人和惊吓军马,具有较强的杀伤力和较大的破坏性,火蒺藜尤其算得上是真正意义上的爆炸性兵器,⑤用炮抛射,借助爆炸力将铁蒺藜抛射出去,杀伤力极大。

(四) 建筑

宋朝还重奖建筑领域的相关人员,如宋仁宗朝陈希亮知宿州,汴河横穿当地,水流湍急,"水与桥争,常坏舟"。陈希亮设计出一种无柱桥梁,称为"飞桥",方便了舟楫往来,减少了船只倾覆的危险。朝廷赐陈希亮绢帛,以示褒奖,并将"飞桥"技术推广至京畿及泗州(今江苏泗洪)等其他地区。⑥以往建造宫观多采用黄丹烧制琉璃瓦,造价很高。宋神宗熙宁六年(1073年),许州(今河南许昌)百姓贾士明以黑锡取代黄丹烧制琉璃瓦,这种烧制方法成本低廉,省费颇多,官府奖励钱500贯⑦。

北宋科技奖励多集中在医学、天文、军事技术、建筑等与国计民生相关的领域。医学为中国传统学科,在古代医疗水平普遍较低的情况下,统治阶级非常注重养生之道,故史籍大量充斥着对从医者予以奖励的记载。天文学自远古以来一向为统治阶级所看重,古人认为天象变化与国家兴衰、皇权更迭有密切关系,且中国为传统农业大国,天文气象与社会生产和生活息息

---

① (宋)王应麟:《玉海》卷150《兵制·咸平木羽弩箭火箭》,第2754—2755页。
② 潘吉星:《中国古代四大发明:源流、外传及世界影响》,中国科学技术大学出版社2002年版,第249页。
③ (宋)徐梦莘:《三朝北盟会编》卷68,靖康元年闰十一月十八日乙酉,第514页。
④ (元)脱脱等:《宋史》卷197《兵志十一》,第4910页。
⑤ 王曾瑜:《宋朝兵制初探》,中华书局1983年版,第271页。
⑥ (元)脱脱等:《宋史》卷298《陈希亮传》,第9919页。
⑦ (宋)李焘:《续资治通鉴长编》卷242,熙宁六年正月壬申,第5896页。

相关。受科技水平所限，"靠天吃饭"的古人更需要相关天文知识的引导。而水利兴修的好坏则直接关系到国家机器的正常运转、人民生命财产的安全。为加强国防装备，增强抵御外敌的力量，宋朝多重奖从事武器制造与发明者。这种带有明显的目的性和功利性的科技奖励适应了社会需求，促进了应用科学的发展，鼓励人们去探求和解决现实中的实际问题。

北宋科技奖励领域有所扩展，这当与统治阶级对科技的重视程度有关。李约瑟曾说"……对于科学史家来说，唐代却不如后来的宋代那么有意义。这两个朝代的气氛完全不同。唐代是人文主义的，而宋代则较着重于科学技术方面"①。除此之外还与社会经济文化的发展有关，宋代社会生产飞跃发展，商品经济异常活跃，文化教育事业繁荣昌盛，出现了越来越多的未知领域，为宋代科技工作者提供了诸多的研究课题，对科技发展提出了迫切需求，要求科技也要相应地随之发展。而宋朝所处的特殊的历史时代背景，也要求科技人才在国防、军事领域有所发明和创造。科学技术在宋朝获得了广阔的发展空间，其奖励领域也因此有所扩展。

科技奖励是一种激励形式，它为人类从事科技活动提供了动力。宋代科技之所以兴盛，科研成果层出不穷，取得了令世人瞩目的成绩，与各项科技奖励措施的推行是分不开的。宋朝对科技管理和工作者创造性劳动及其价值的肯定，激发了他们的创作热情，调动了他们的积极性和创造性，对科技发展起到了极大的推动作用，满足了日益增长的社会需求。

三、对工程营建的奖励

宋朝工程营建中治理河流、修建城寨用工较多、奖赏力度较大。北宋河患频繁，政府几乎每年投入大量人力和物力治理河流，耗资巨大，其中就包括对治河官员和役兵的各项物质奖励。李华瑞、郭志安在《北宋黄河河防中的官员奖惩机制》一文中认为北宋王朝对黄河河防中的官员已逐步建立了较为完备的考课和奖惩机制。② 宋朝对修筑城堡官兵的奖励机制也比较完善。沿边地区构筑城堡的战略意义极大，若无城池作为屏障，边境极易遭受敌军入侵，"西路旧无壕堑，致蕃部屡有侵略"，③而修筑城池可变被动为主动，"夺其耕牧，以困西人"。④ 故北宋多在沿边地区构筑城堡、修筑城池，

---

① ［英］李约瑟：《中国科学技术史》卷1《导论》，袁翰青等译，上海古籍出版社、科学出版社1990年版，第131页。

② 李华瑞、郭志安：《北宋黄河河防中的官员奖惩机制》，《河北大学学报》2007年第1期。

③ （清）徐松辑：《宋会要辑稿·方域》19之1，第7626页。

④ （宋）李焘：《续资治通鉴长编》卷492，绍圣四年十月丙戌，第11681页。

尤其在宋神宗、哲宗两朝边区城寨大增，为勉励在外作业的将帅，朝廷设立了多项奖励制度。

（一）对官吏的奖励

宋朝对参与工程营建的各级官员奖励措施较多，包括迁秩升官、物质赏赐等。

1. 增秩、赐金

参与工程营建的官员同时可获得增秩、赐金的奖励。宋太宗雍熙元年（984年）黄河决口，朝廷发卒5万人，步军都指挥使田重进督役，供奉官刘吉随行。因表现突出，刘吉除西京作坊副使，赐予甚厚。① 宋真宗景德年间（1004—1007年），朝廷派役徒整治自京城至泗州段河堤，宦官石知颙督役，役成后授入内都知，赐银1000两。② 宋神宗元丰二年（1079年）导洛入汴工程结束，近二百名官员受到奖励，知都水监丞、主客郎中范子渊，同判都水监、遥郡刺史宋用臣受赏最多，"以子渊、用臣首议导洛水入汴及筑堤捍河毕功，故优奖之"，各级官员除增秩外按级别赐钱。③ 宋哲宗绍圣四年（1097年）熙河金城关修筑完毕，相关人员同时受到官爵和实物奖励，如王文郁除授正任观察使，受赐银绢500两匹；王赡转遥郡防御使，减4年磨勘，回授两子转官，受赐银绢100两匹，其余官员也获得迁官、赐金的奖励。④

也有以物质赏赐为主者。漕船行运淮河有风波之险，宋神宗熙宁五年（1072年），权发遣江、淮等路发运副使皮公弼建言开凿60里洪泽河，以"稍避其害"。诏令皮公弼负责此役，役成后"人以为便"。朝廷特此表彰皮公弼，除敕书奖谕外，还赐其银绢200两匹。⑤ 元丰六年（1083年），为表彰"筑通远军榆木岔、熨斗平，兰州胜如堡等劳"，朝廷赐熙河兰会路经略使苗授对衣、金带、银绢500两匹，同经制、通直郎赵济银绢300两匹，马申银绢200两匹，并赐予其他相关人员银帛、衣饰等物。⑥

2. 物质赏赐以银绢为主，种类丰富

赏赐物品多以银绢为主。如宋真宗大中祥符九年（1016年），知秦州兼泾原路安抚使曹玮召集厢军、寨户修筑自永宁寨西城至拶啰啘55里的城

---

① （宋）李焘：《续资治通鉴长编》卷25，雍熙元年三月丁巳，第575页。

② （元）脱脱等：《宋史》卷466《石知颙传》，第13626页。

③ （宋）李焘：《续资治通鉴长编》卷300，元丰二年九月丁卯，第7297页。

④ （宋）李焘：《续资治通鉴长编》卷485，绍圣四年四月甲午，第11527页。

⑤ （宋）李焘：《续资治通鉴长编》卷229，熙宁五年正月丁酉，第5569页。

⑥ （宋）李焘：《续资治通鉴长编》卷333，元丰六年二月丁未，第8013页。

壕,参与此役的使臣、将校均赐银帛。① 宋仁宗天圣三年(1025 年),鄜延路平川营城寨筑成,使臣迁官,将校赐帛,蕃官赐茶、彩。② 宋神宗熙宁五年(1072 年)七月、九月、十二月,西部沿边地区相继修建城堡,相关人员或减磨勘年,或"赐银绢有差"。③ 银绢多以对等方式按等级发给相关人员,如元丰六年(1083 年),熙河兰会路制置使司呈上修筑定西城、通西寨的"文武官功状",诏令第一等 4 人,赐银绢 300 两匹;第二等 1 人,赐银绢 200 两匹;第三等 65 人,赐银绢 150 两匹;第四等 13 人,赐银绢 100 两匹;第五等 27 人,赐银绢 70 两匹。④

　　银合茶药也是常见的赏赐物品,茶药一般盛放在银合内。督役官员长久在外,颇为辛苦,政府常差遣内臣赐茶药等物,以示体恤之情。如宋哲宗绍圣四年(1097 年)四月、九月,鄜延路经略使吕惠卿经营下的浮图寨、杏子河先后筑成,朝廷两次差内臣押赐吕惠卿银合茶药。⑤ 元符二年(1099 年)三月至六月间城寨筑成,朝廷分别赐给环庆路、泾原路、鄜延路、熙河路经略使帅臣以下银合茶药。⑥ 茶药具有保健、医治疗效,适宜赐予在外作业之人。

　　赏赐品中还有缗钱、衣带、土地等。如天禧四年(1020 年),滑州开塞河之役,此项工程规模极大,役兵达 9 万人,役成后赐官员衣服、金银带、器币,赏将士缗钱,宋真宗还亲自制文刻碑"以纪其功"。⑦ 有时则将缗钱拨入公使钱内充作犒设费用。如宋哲宗元符二年(1099 年),鄜延路暖泉寨完工,经略使吕惠卿要求延安府每年从系省钱拨 500 贯钱充作公使钱用于犒设。⑧ 土地作为赏赐品较为少见,宋神宗熙宁八年(1075 年),为"赏浚河劳",曾赐都大提举疏浚黄河司勾当官李公义、内侍黄怀信官淤田各 10 顷。⑨

① (宋)李焘:《续资治通鉴长编》卷 86,大中祥符九年四月丙戌,第 1982 页。

② (清)徐松辑:《宋会要辑稿·方域》19 之 2,第 7626 页。

③ (宋)李焘:《续资治通鉴长编》卷 235,熙宁五年七月己亥,第 5717 页;卷 238,熙宁五年九月辛酉,第 5799 页;卷 241,熙宁五年十二月己亥,第 5887 页。

④ (宋)李焘:《续资治通鉴长编》卷 336,元丰六年闰六月戊子,第 8098 页。

⑤ (宋)李焘:《续资治通鉴长编》卷 486,绍圣四年四月甲辰,第 11545 页;卷 491,绍圣四年九月壬申,第 11659 页。

⑥ (宋)李焘:《续资治通鉴长编》卷 507,元符二年三月丙辰,第 12075 页;卷 509,元符二年四月己亥,第 12127 页;卷 510,元符二年五月戊申,第 12134 页;卷 511,元符二年六月己卯,第 12160 页。

⑦ (宋)李焘:《续资治通鉴长编》卷 95,天禧四年二月庚子,第 2182—2183 页。

⑧ (宋)李焘:《续资治通鉴长编》卷 511,元符二年六月乙亥,第 12154 页。

⑨ (宋)李焘:《续资治通鉴长编》卷 263,熙宁八年闰四月壬寅,第 6435 页。

3. 对亡者的表彰与优恤

对在经营河防中的殉职官员,政府常优赙其礼,厚恤其家。如宋神宗熙宁四年(1071年),卫州(今河南卫辉)王供埽形势危急,通判聂仪仲带病督役,导致病情加重,不幸身故,家属获赙绢100匹。① 元丰元年(1078年),同判都水监刘璯悉心治理河务,亲力亲为,以致身患重病,不治身亡,朝廷赠刘璯刑部郎中,赙绢300匹,塞河成功后,又赙绢500匹。② 宋哲宗元祐二年(1087年),都水使者王令图在河北经营河务时病故,朝廷令本路负责办理丧事,赐钱500贯。③ 治理有功的官员即使不是死于任上,朝廷也予以追认和奖赏,如熙宁九年(1076年)赠已故皇城使、达州团练使、带御器械程昉为耀州观察使,赐第1区,即因程昉"任水事有功,特恩也"。④ 受赐官员多在生前尽职尽责,为水利事业作出过较大贡献。

(二) 对役兵的奖励

宋朝厢兵承担了大部分疏浚河道、构筑城池的任务,他们不分寒暑,风餐露宿,在外持续作业,颇为辛苦,"将吏日夜暴露,实为劳苦",⑤政府常发放物品以示安抚和鼓励。宋朝对役兵发放的物品具有以下两个特点。

1. 赏赐品以缗钱为主,辅以衣物、绢帛等

赏赐品一般以钱为主。景德三年(1006年)汴水暴涨,加筑堤岸,宋真宗乘步辇至西水门慰问役兵,每人赐钱1贯。⑥ 宋仁宗景祐四年(1037年),赐汴口开河役卒缗钱。⑦ 宋神宗熙宁二年(1069年),提举官程昉督役,调拨6万兵夫修浚御河,竣工后迁程昉为宫苑副使,赐役兵缗钱。⑧ 元丰元年(1078年),因灵平埽役兵"冒暑工作,极为劳苦",支赐特支钱。⑨ 元丰三年(1080年)因"方盛暑,昼夜即工",赐雄武、广武上下埽役兵特支钱。⑩ 宋哲宗元符二年(1099年),环庆路骆驼巷城寨筑成,赐役兵缗钱。⑪役兵个人受赐数额虽不大,但因工程营建需调拨大量人员,整体花费仍不

---

① (宋)李焘:《续资治通鉴长编》卷228,熙宁四年十二月甲子,第5555页。
② (宋)李焘:《续资治通鉴长编》卷289,元丰元年四月庚午,第7072页。
③ (宋)李焘:《续资治通鉴长编》卷396,元祐二年三月己巳,第9658页。
④ (宋)李焘:《续资治通鉴长编》卷277,熙宁九年九月丙寅,第6782页。
⑤ (宋)李焘:《续资治通鉴长编》卷498,元符元年五月庚午,第11860页。
⑥ (清)徐松辑:《宋会要辑稿·方域》16之1,第7576页。
⑦ (宋)李焘:《续资治通鉴长编》卷120,景祐四年四月癸亥,第2826页。
⑧ (宋)李焘:《续资治通鉴长编》卷212,熙宁三年六月甲戌,第5149—5150页。
⑨ (宋)李焘:《续资治通鉴长编》卷290,元丰元年六月乙卯,第7089页。
⑩ (宋)李焘:《续资治通鉴长编》卷306,元丰三年七月戊辰,第7437页。
⑪ (宋)李焘:《续资治通鉴长编》卷510,元符二年五月己巳,第12150页。

小。如宋神宗元丰元年(1078年),受赐塞河役兵就有18407人,①若按每人1贯计,大致需支出缗钱近2万贯。

赏赐品中有时也兼赐衣服、绢帛。如宋仁宗嘉祐四年(1059年)赐沿黄河诸埽役卒衫袴,若愿给钱者,每人赐500文。② 熙宁六年(1073年)招募厢兵赴河州(今甘肃临夏)修城,每人支拨钱1贯,并赐袍1领,后又赐禁军每人绢1匹,弓箭手、厢兵每人钱1贯。元丰二年(1079年),都大提举制置淮南运河司奏报修浚运河的官吏、兵匠功状,诏赐兵匠绢帛。③

2.赏赐品常以特支的名义发放,数额依军种而不同

宋廷常以特支的名义发放给赏赐品。如元丰元年(1078年),提举修闭曹村决口所上言说决口已塞,朝廷遣中使抚问,赐役兵、禁军等特支钱。④ 元丰二年(1079年),赐导洛通汴司筑堤役兵特支钱。⑤ 宋哲宗元符二年(1099年),分别赐河东路及鄜延路修筑城寨的士兵特支钱。⑥ 天气条件恶劣或兵士作业时间较长时多发放特支钱,如元符二年(1099年)八月,泾原路走马承受上奏:"昨进筑两堡子,得旨与特支。今止筑一堡,未敢喝赐"。诏令"以昨进筑,正是炎热之际,特依已降指挥支给",⑦发放补贴作为降暑费用。绍圣四年(1097年),诏鄜延路修筑声塔平新寨,士卒"除近修筑浮图寨已特支外,缘暴露日久",特赐特支钱。⑧

四、对进献图籍的奖励

宋代图书业空前繁荣,具有里程碑式的意义,搜集、整理与编订图籍胜于前代。宋朝馆阁藏书大致来源于前朝和割据政权的藏书,散落民间的图籍,抄写图籍以及政府组织人员编修的图籍等,民间图籍是馆阁藏书的重要来源。宋朝采取各种奖励措施鼓励民间献书,成效显著,有关这一方面的探讨虽有相关的研究成果⑨,但尚未有专文论及。

---

① (宋)李焘:《续资治通鉴长编》卷288,元丰元年三月戊寅,第7049页。
② (宋)李焘:《续资治通鉴长编》卷189,嘉祐四年六月甲申,第4571页。
③ (宋)李焘:《续资治通鉴长编》卷298,元丰二年五月辛未,第7242页。
④ (宋)李焘:《续资治通鉴长编》卷289,元丰元年四月戊辰,第7071页。
⑤ (宋)李焘:《续资治通鉴长编》卷298,元丰二年六月辛丑,第7253页。
⑥ (宋)李焘:《续资治通鉴长编》卷508,元符二年四月丙子、己丑,第12101、12110页。
⑦ (宋)李焘:《续资治通鉴长编》卷514,元符二年八月癸酉,第12210页。
⑧ (宋)李焘:《续资治通鉴长编》卷486,绍圣四年四月甲辰,第11545页。
⑨ 汝企和:《宋初官方搜求书籍述论》,《阴山学刊》1994年第3期;陈广胜:《论宋代对图书文献的收集整理》,《河南大学学报》1996年第3期;李婷:《略论宋代馆阁藏书的基本来源》,《江苏图书馆学报》1997年第2期;祁琛云:《宋代图书的征集途经述论》,《图书馆理论与研究》2007年第6期;刘晓多:《宋代"右文"政策与图书业的发展》,硕士学位论文,山东大学历史文化学院,2008年;张易:《论宋太宗对中国古代图书事业的贡献》,《图书馆工作与研究》2009年第7期。

（一）奖励政策

为搜访、征集各类图籍，宋廷持续推行各种奖励措施，鼓励献书："大辟献书之路，明张立赏（之）科"。① 宋太祖乾德四年（966 年）诏令，吏民献书，史馆查询，若为缺书，则献书人至学士院"试问吏理"，具备从政的基本素质者"具以名闻"，②将来有机会出任官职。

宋太宗尤重文史，"夫教化之本、治乱之原，苟非书籍，何以取法？"而本朝藏书远不及唐朝，"今三馆贮书数虽不少，比之开元，则遗逸尚多，宜广求访。"③故多次发布求书诏令。"惟太宗皇帝底定区宇，作新斯文，屡下诏书，访求亡逸"④。太平兴国六年（981 年）诏令"诸州士庶，家有藏医书者，许送官。愿诣阙者，令乘传，县次续食"。为献书者提供食宿、交通工具，并根据卷数"优赐钱帛"。200 卷以上者赐科举出身，有官之人增秩。⑤ 献书人可获得赐金、增秩的机会。太平兴国九年（984 年）诏令参照《开元四部书目》整理三馆书籍，搜求缺漏，并在待漏院张榜公告。鼓励官员进献三馆所缺书籍，300 卷以上者，献书人送学士院"引验人才书判，试问公理"。如能胜任，给予一子科举出身。不及 300 卷者根据卷帙多少"优给金帛"。如不愿献书，则在史馆缮写完毕后将原书归还。⑥ "自是四方书籍往往出焉"⑦，隐没在民间的大量图籍成为馆阁藏书。

宋真宗朝继续推行奖励政策，"更悬金而示赏，式广献书之路"，重申太平兴国九年（984 年）诏令。⑧ 因太清楼藏书错漏之处较多，咸平四年（1001 年）主客司员外郎、直集贤院李建中建议重新校对。宋真宗亲览书目，结果发现"亡逸尚多"，于是诏购馆阁缺书，每卷给 1 贯，至 300 卷者量材录用。⑨ 大中祥符八年（1015 年）荣王宫失火，殃及崇文院、秘阁，书籍"所存无几"。朝廷另建外院，重整书籍，并"募人以书籍鬻于官者，验真本酬其直"。官府出资收购，500 卷以上者"优其赐"⑩。宋仁宗嘉祐五年（1060 年）发布诏令："宜开购赏之科，以广献书之路"。每卷值绢 1 匹，献书 500 卷以上者授

---

① （清）徐松辑：《宋会要辑稿·崇儒》4 之 26，第 2243 页。
② （宋）李焘：《续资治通鉴长编》卷 7，乾德四年闰八月己丑，第 178 页。
③ （清）徐松辑：《宋会要辑稿·崇儒》4 之 16，第 2238 页。
④ （清）徐松辑：《宋会要辑稿·崇儒》4 之 19，第 2239 页。
⑤ （宋）李焘：《续资治通鉴长编》卷 22，太平兴国六年十二月癸酉，第 506 页。
⑥ （清）徐松辑：《宋会要辑稿·崇儒》4 之 16，第 2238 页。
⑦ （宋）程俱撰，张富祥校证：《麟台故事》卷 2 中，第 254 页。
⑧ （宋）程俱撰，张富祥校证：《麟台故事》卷 2 中，第 262 页。
⑨ （清）徐松辑：《宋会要辑稿·崇儒》4 之 17，第 2238 页。
⑩ （宋）李焘：《续资治通鉴长编》卷 85，大中祥符八年十二月甲辰，第 1960—1961 页。

以官职。因"历岁寖久,有司黩习,多致散缺。私室所闷,世或不传",宋徽宗宣和四年(1122年)调整了奖励政策:"不以卷(秩)[帙]多寡,先具篇目申提举秘书省以闻,听旨递进。可备收录,当优与支赐。或有所秘未见之书,有足观采,即命以官,议以崇奖。其书录毕给还。"诏令再次访求书籍,具有收藏价值的重奖。搜集书籍最多的州县"亦具名闻",①上报朝廷,鼓励地方官员多加寻访。

经过北宋诸帝的努力,馆阁藏书比北宋初年增加了四五倍。但经北宋末年战火焚毁,图籍又荡然无存,"艰难以来,兵火百变,文书之厄,莫甚今日"。南宋初年虽战争频仍,朝廷仍致力于搜求图书,"屡优献书之赏"。宋高宗绍兴三年(1133年)诏令"四方求遗书,以实三馆。果得异书,且应时用,则酬以厚赏"。绍兴十三年(1143年)再次发布求书诏令,"计士庶之家应有存者,可委诸路转运司,遍下逐州县寻访。如有投献,并令具名实封,附递以闻。其所纳过,当议分等给赏。或命以官,或酬以帛"。以奖惩机制鼓励地方官员搜访图籍:"取卷秩最多、缮写如法,及最灭裂处,取旨赏罚",②鼓励地方官员多方寻求书籍。绍兴十六年(1146年)朝廷设立"献书赏格",出台奖励标准,"应有官人献秘阁阙书、善本及二千卷,与转官,士人免解,余比类递减推赏。愿给直者听。诸路监司守臣访求晋唐真迹及善本书籍准此",明确奖励标准,"重则进官,轻则赐帛"③,重者任官,轻者赐以绢帛。南宋还采取积极的宣传手段。宋孝宗乾道七年(1171年),资州(今四川资中)助教杨志发进献故相吕大临家藏皇帝御笔等,特补为荣州文学。朝廷特令礼部镂板以示天下,"遍下诸路",并要求各路知州、通判多出文榜,晓谕众人。④ 大力宣传相关事例,以激励后者。

宋朝统治者认为图籍可起到教化、治乱的作用:"千古治乱之道,并在其中矣",⑤故持续发布求书诏令,颁布奖励措施,并根据实际需求调整奖励政策,不断提高奖励幅度,征集图籍,充实馆阁藏书,以备治国之需。

(二) 奖励措施

宋朝对献书者施以多重奖励,诱以官职,发放实物,予以表彰。奖励物

---

① (清)徐松辑:《宋会要辑稿·崇儒》4之18—20,第2239—2240页。

② (清)徐松辑:《宋会要辑稿·崇儒》4之22—23、26—27,第2241、2243页;(元)脱脱等:《宋史》卷202《艺文志》,第5033页。

③ (宋)李心传:《建炎以来系年要录》卷155,绍兴十六年七月乙酉、壬辰,第327册,第168—169页。

④ (清)徐松辑:《宋会要辑稿·崇儒》4之30,第2245页。

⑤ (宋)程俱撰,张富祥校证:《麟台故事》卷1《储藏》,第38页。

品较为丰富,且奖励幅度较大。

1. 奖励形式多样、灵活

宋朝对献书者实行降诏(敕)奖谕、发放钱帛、加官晋爵等多重奖励方式,后者又有授予官职、晋升官品、给予科举出身、免解试、派差遣等多种形式。宋朝多对献书者或发诏(敕)书予以表彰,或奖励物品,或授予官职,双重或多重奖励的情形也很常见。如雍熙三年(986年),户部郎中张去华献上《大政要录》30篇,宋太宗十分欣悦,除降书褒扬外,奖励张去华绢帛50段。张去华原本受命出任陕州知州,因此而留任中央,①可谓名利双收,既得到皇帝的亲自表彰,又为日后晋升创造了机会,同时还享有物质奖励。宋仁宗天圣五年(1027年),秘书监退休官员胡旦进献《演圣通论》等百余卷,受到多种奖励:除俸禄不变外,襄州(今湖北襄阳)每月特别奖励米、麦各3石,其子胡彤授予文资官。② 宋高宗绍兴六年(1136年),右通直郎曾惇进献祖父曾布所著《三朝正论》,除晋级外,曾惇还获银绢各100两匹。③ 绍兴九年(1139年)选人魏申进献《太一总鉴》,宋高宗以为"申所论该博,虽秘府所藏,亦未之见",除循资外,奖励魏申钱500贯。④

宋朝对献书者的奖励形式相对比较灵活,尽量满足献书者的实际需求。如朝廷多赐予僧侣紫衣、度牒。乾德三年(965年),沙门道圆出游西域20余年,归来后进献贝叶经及舍利。宋太祖亲自召见道圆,并奖励其紫衣及银帛等物。太平兴国三年(978年),开宝寺僧人继从等从西域归来,向宋太宗献上梵夹经等,获得紫衣等奖励,"自是每献者多赐方袍焉"。⑤ 宋真宗天禧五年(1021年),景德寺僧人溥清献上祖父、库部员外郎陈鄂所撰《四库韵对》98卷印板,受赐钱100贯外,度行者1人。⑥ 又如宋仁宗庆历五年(1045年),右领军卫大将军致仕高志宁、左屯卫大将军致仕赵振两人同时进献阵图,朝廷分别奖励绢帛50匹,并在本人要求下,将高志宁改为殿中监致仕,赵振改为许州都监致仕。⑦

朝廷对北宋著名科学家沈括的奖励方式更为特别。宋神宗元丰五年(1082年),宋军在永乐城(今陕西米脂西北)之战惨败,因救援不力,沈括

①　(宋)李焘:《续资治通鉴长编》卷27,雍熙三年九月戊辰,第623页。

②　(清)徐松辑:《宋会要辑稿·崇儒》5之21,第2257页。

③　(清)徐松辑:《宋会要辑稿·崇儒》5之32,第2262页。

④　(宋)李心传:《建炎以来系年要录》卷133,绍兴九年十月壬辰,第326—787页。

⑤　(清)徐松辑:《宋会要辑稿·道释》2之5,第7891页。

⑥　(清)徐松辑:《宋会要辑稿·崇儒》4之18,第2239页。

⑦　(宋)李焘:《续资治通鉴长编》157,庆历五年十一月甲辰,第3809页。

被贬为均州(今湖北均县)团练副使,随州安置。元祐元年(1086年)沈括徙秀州(今浙江嘉兴),本州安置。元祐三年(1088年)沈括向朝廷献上《天下州县图》,该书耗尽了沈括12年的心血,被宋哲宗特许至汴京进呈,沈括除获得绢帛100匹的奖励外,"仍从便居止",①在贬谪7年后,沈括终因进献图籍得以自主选择居所。次年沈括定居润州(今江苏镇江)梦溪园,并在此地完成了科学巨著《梦溪笔谈》。

2. 奖励物品种类丰富

宋朝对献书者的奖励物品有钱、银、帛、衣饰、度牒等。如翰林学士王禹偁后代曾向朝廷献上宋太宗御书诗1轴,受赐钱10贯。②宋真宗天禧二年(1018年),长乐郡主进献藏书800卷,受赐钱300贯。③宋高宗绍兴六年(1136年),已故翰林侍读学士王洙之孙进献皇帝御书等,受赐银绢各100两匹。④绍兴十五年(1145年),左朝奉郎、知建州(今福建建瓯)李德昭进献家藏南齐褚渊墨迹1轴,受赐银绢各100两匹。⑤

在各类奖励物品中,绢帛占大宗。如宋高宗绍兴四年(1134年),处州进士王杨献上宋太宗御书诗2轴,共计10篇,户部奖励绢帛20匹。⑥绍兴十五年(1145年),邵武军进士吴行成献上宋徽宗御书1轴,户部奖励绢帛10匹。绍兴十六年(1146年)三月、四月、六月,处州学士耿世南、修武郎张燕、饶州(今江西鄱阳)乐平县进士马孝友分别献上皇帝御书,获得绢10至20匹不等的奖励。⑦南宋曾出台编集宋高宗御书的诏令,"仍出赏,募人投献",规定以绢帛奖励为主。⑧奖励物品中还有度牒等物。

3. 奖励标准较宽、幅度较大

为激发民间献书热情,即便所进图籍价值不高,残缺不全,甚至略显粗劣,宋廷也给予奖励。如至道元年(995年),同州(今陕西大荔)冯翊县民李元真进献《养蚕经》1卷,该书非名人所撰,故有关部门未敢奏报。宋太宗听说后,"怜其不忘本业",奖励李元真钱10贯。⑨宋高宗绍兴元年(1131年),进士何克忠进献的《国朝会要》为节本,但因值"文籍残缺之际",仍特

① (宋)李焘:《续资治通鉴长编》卷413,元祐三年八月丙子,第10033页。
② (宋)李焘:《续资治通鉴长编》卷181,至和二年十二月己亥,第4385页。
③ (清)徐松辑:《宋会要辑稿·崇儒》4之18,第2239页。
④ (宋)李心传:《建炎以来系年要录》卷106,绍兴六年十一月己丑,第326—462页。
⑤ (清)徐松辑:《宋会要辑稿·崇儒》4之27,第2243页。
⑥ (清)徐松辑:《宋会要辑稿·崇儒》6之15,第2276页。
⑦ (清)徐松辑:《宋会要辑稿·崇儒》6之19,第2278页。
⑧ (清)徐松辑:《宋会要辑稿·崇儒》4之31,第2245页。
⑨ (清)徐松辑:《宋会要辑稿·崇儒》5之19,第2256页。

补为下州文学。① 绍兴六年(1136 年),进士何畴进献《孙子解全备》,"粗可观览";成忠郎徐衡进献《诸葛武侯书》,"观其文理,恐是后人附托,非亮之书",户部均奖以束帛。绍兴十一年(1141 年),平民林独秀献《孝经指解释义》,"虽不尽明,而文理稍通",户部仍加倍予以奖励。②

对有较高价值的图籍,宋朝奖励力度更大。宋神宗熙宁六年(1073 年),虞部郎中赵至忠献上辽朝法令仪制、户口图籍、地理形势等书共 11 册,宋辽之间长期处于敌对状态,这些图籍可帮助宋廷了解敌国的基本国情、边关形势等,故朝廷特别奖励赵至忠绢帛 300 匹。③ 南宋对献书者的奖励力度更大,有学者认为宋代因献书获得最高奖励之人,应为绍兴三年(1133 年)进献《太元经解义》的湖南路安抚司参议官王铨,朝廷赐其 300 两银,并迁转一官。④ 实际上南宋至少有 2 人获得过更高的奖励,绍兴十年(1140 年),徽猷阁待制、提举江州太平观胡安国献《春秋传》,除降诏奖谕外,朝廷任命胡安国为宝文阁直学士,同时奖励银绢各 300 匹两。⑤ 无论从职位的晋升,还是奖励物品的丰富程度上,胡安国所得都要远远超过王铨。绍兴十五年(1145 年),普州(今四川安岳)进士秦真卿进献唐玄宗赐近臣的古史书及墨迹 1 轴,免除文解一次,并获赐钱 1000 贯,⑥奖励力度也要超过王铨。

要之,宋朝对献书者的奖励形式不仅多样,还对不同身份的人,诸如僧人、退休官员、待罪之人、进士等采取不同的奖励方式,这种颇具针对性的奖励方式能够考虑到献书者的切身利益,急人所需,效果更佳。

五、对整编史书与法令的奖励

宋朝整理和编订了大量史书和法令,并对参与者给予一定的物质奖励。

(一) 对编修史书的奖励

隋唐以来政府开始重视对史书的编修,宋朝又有所发展。五代以后书籍多为印刷品,虽刊行量大增,但错讹之处更不易校正,故流传至宋的各类经史谬误较多。

前代经史,皆以纸素传写,虽有舛误,然尚可参雠。至五代,官始用

① (清)徐松辑:《宋会要辑稿·崇儒》4 之 20,第 2240 页。
② (清)徐松辑:《宋会要辑稿·崇儒》5 之 32—33,第 2262—2263 页。
③ (清)徐松辑:《宋会要辑稿·崇儒》5 之 26,第 2259 页。
④ 李婷:《略论宋代馆阁藏书的基本来源》,《江苏图书馆学报》1997 年第 2 期。
⑤ (清)徐松辑:《宋会要辑稿·崇儒》5 之 31,第 2262 页。
⑥ (清)徐松辑:《宋会要辑稿·崇儒》14 之 27,第 2243 页。

墨版摹六经,诚欲一其文字,使学者不惑。至太宗朝,又摹印司马迁、班固、范晔诸史,与六经皆传,于是世之写本悉不用。然墨版讹驳,初不是正,而后学者更无他本可以刊验。

北宋初年始陆续修订前代史。宋太祖建隆二年(961年)正月,监修国史王溥等上《唐会要》100卷,"赐物有差";①八月,史馆上《周世宗实录》40卷,赐监修国史王溥、修撰官扈蒙"器币有差"。② 开宝七年(974年),监修国史薛居正等上新编《五代史》,赐"器币有差"。③ 宋仁宗朝秘书丞余靖等校正旧史,几年后余靖等上《汉书刊误》30卷,"至是,改旧摹版,以从新校",④余靖升集贤校理,详定官等各赐银帛。嘉祐五年(1060年),翰林学士欧阳修等上所修《唐书》250卷,刊修、编修官皆进秩或加职,并按级别赐予银帛。⑤元丰七年(1084年)《资治通鉴》修成,宋神宗以为"前代未尝有此书,过荀悦汉纪远矣",端明殿学士兼翰林侍读学士司马光升资政殿学士,除降诏奖谕外,赐银、绢、衣带、马匹,另赐编修官各类实物。⑥

宋朝对前代史还做了大量的校勘工作。因年代久远,搜集、辑录的书籍多有错讹,宋朝对前代史的修订与整理颇为用心。宋朝对校勘官赏罚分明,如天圣三年(1025年),宋仁宗阅览《十代兴亡论》校勘本,结果发现错谬甚多,遂惩治了相关人员:馆阁校勘官、直昭文馆陈从易降直史馆,集贤校理聂冠卿、李昭遘落职,"坐校勘太清楼书舛之故也",而对其他校勘人员仍予以赏赐。⑦ 有些书籍的校勘历时久远,如对前三史的修订和校正就从北宋初年一直持续到中期。宋太宗淳化五年(994年),朝廷组织人员校正《史记》、《前汉书》和《后汉书》三部史书,至宋真宗景德元年(1004年)校勘完毕,翌年校勘官呈上校订的《汉书》注释,⑧宋神宗朝再校《汉书》,⑨每次校订后相关人员均受到实物奖励。

宋朝还十分重视对当代史的修订与整理,各级官员除迁秩外还可获得赐赍。如宋太宗太平兴国三年(978年),李昉、扈蒙、李穆、董淳、赵邻几同

---

① (宋)李焘:《续资治通鉴长编》卷2,建隆二年正月甲子,第39页。
② (宋)李焘:《续资治通鉴长编》卷2,建隆二年八月庚申,第53页。
③ (元)脱脱等:《宋史》卷3《太祖纪三》,第42页。
④ (宋)程俱撰,张富祥校证:《麟台故事校证》卷2《修纂》,第70—71页。
⑤ (宋)李焘:《续资治通鉴长编》卷192,嘉祐五年七月戊戌,第4635页。
⑥ (宋)李焘:《续资治通鉴长编》卷350,元丰七年十二月戊辰,第8390页。
⑦ (清)徐松辑:《宋会要辑稿·崇儒》4之6,第2233页。
⑧ (清)徐松辑:《宋会要辑稿·崇儒》4之1,第2230页。
⑨ (清)徐松辑:《宋会要辑稿·崇儒》4之10,第2235页。

修《太祖实录》,朝廷赐监修沈伦、史官李昉、扈蒙等袭衣、金带、锦彩、银器。① 宋真宗咸平二年(999年),监修国史李沆等上重修《太祖实录》50卷,降诏嘉奖外赐衣带、银帛等物。②

　　宋朝对编修官员的奖励力度不断加大,赏赐场合、时机及物品渐次增多。如宋真宗景德三年(1006年)赐《君臣事迹》编修官苁蓉。苁蓉是极其名贵的中药材,素有"沙漠人参"之美誉,被西域各国奉为上贡珍品。按旧制方物只赐近臣,"至是,优礼此职故也",③给予编修官极高的礼遇。宋神宗朝曾重赏编修官,元丰五年(1082年)《两朝正史》120卷修成,赐监修国史王珪银绢1000两匹,修史官蒲宗孟银绢600两匹,各赐对衣、金带。王珪赐一子绯章服,修史官李清臣、王存、赵彦若、曾肇各迁一官,苏颂、黄履、林希、蔡卞、刘奉世等各赐银绢。④ 修史官不仅迁秩升官,还获赐价值不菲的钱物。宋徽宗朝赏赐更厚,"辄有醲赏",蔡京执政期间将书"分为五六进,以希滥恩",⑤分次进献书籍,以攫取高额奖励。

　　两宋时期因修订书籍而获得奖励的人员不断增多。宋仁宗天圣年间(1023—1032年)刘太后临朝,诏修《三朝国史》,其时宦官罗崇勋、江德明用事,"每遇进书,推恩特厚,下至书史庖宰,亦沾醲赏。后来因之"。⑥ 受赏人员极多,有负责抄写的吏人,甚至连厨工也包括在内。按例,担任监修的宰相之子也有赏赐,此制一直沿至南宋初年。宋高宗绍兴五年(1135年),"进书转官故,用元丰旧制",宰相赵鼎受赐钱物外,赵鼎之子获赐六品服。⑦ 甚至赏及已故官员,如《两朝正史》修成后,故相吴充赐银绢600两匹,故史馆修撰宋敏求150两匹。⑧ 宋哲宗元祐六年(1091年)《神宗实录》书成,故提举官司马光、吕公著分别获赐银绢各300两匹。⑨ 仪鸾司至少在宋神宗朝已在受赐之列,当时史书修成后,尚书左丞蒲宗孟"引例,仪鸾司等当赐帛",奏请赏赐仪鸾司。⑩

① (清)徐松辑:《宋会要辑稿·运历》1之29,第2142页。
② (宋)李焘:《续资治通鉴长编》卷44,咸平二年六月丁巳,第946页。
③ (宋)李焘:《续资治通鉴长编》卷62,景德三年正月癸酉,第1384页。
④ (宋)李焘:《续资治通鉴长编》卷327,元丰五年六月甲寅,第7866页。
⑤ (宋)岳珂:《愧郯录》卷6《修书恩数》,丛书集成初编本,商务印书馆1939年版,第49页。
⑥ (宋)王明清:《挥麈后录》卷1,中华书局1964年版,第53页。
⑦ (宋)李心传:《建炎以来系年要录》卷94,绍兴五年十月庚子,第326册,第316页。
⑧ (宋)李焘:《续资治通鉴长编》卷327,元丰五年六月甲寅,第7866页。
⑨ (宋)李焘:《续资治通鉴长编》卷456,元祐六年三月乙亥,第10922页。
⑩ (宋)周辉撰,刘永翔校注:《清波杂志校注》卷2《修书谬无赏》,中华书局1994年版,第46页。

南宋受赏范围进一步扩大。宋高宗绍兴二十八年（1158 年），尚书右仆射、提举实录院汤思退等上《徽宗实录》150 卷。《徽宗实录》自绍兴八年（1138 年）秋修订，至修成已有 20 年之久，其间官吏进秩者 48 人，减磨勘年者 104 人，迁资者 63 人。① 赏赐范围极大，所有宿卫、进呈、安奉被差官吏、诸色人"并依例支破银绢"。以实录院为例，吏人供检文字 2 人，每人赐银绢 6 两匹；点检文字 1 人，赐银绢 5 两匹；楷书 5 人，每人赐银绢 4 两匹；监门使臣赐 4 两匹；投进文字通引官、进奏官、库子、装界作、守门亲事官、大程官等吏人共 33 人，每人赐绢 1 匹等。参与奏告的官员也有数额不等的赏赍，如执政官共 3 员，每员赐银绢各 100 两匹；侍从 11 员，每员各赐银绢 30 两匹；台谏 5 员，每员各赐银绢 20 两匹。犒赏所用银达 3886 两，绢 4318 两。② 各级官吏进秩、减磨勘年、迁资者已达 215 人，接受实物奖励的人员更多，几乎囊括了参与修书、进书环节的所有人员，就连承办饭食、菜肴之人也可分得一杯羹。宋宁宗朝大臣曾上书抨击这种利益均沾的现象："每进一书，糜爵费财，上下霑被，学士大夫自循转外，好赐无几。而舆台胥吏，赏赍有差，用度不赀。"上自学士，下至胥吏均可从中获利，"市肆等辈，亦得滥厕其间，例霑厚赐"，③受赐者还夹杂着不少市井人物。

南宋用于修书犒设的名目繁多，有所谓"节次"之称。"然一遇进书，虚文浮费不可胜举，有奉告之礼、权安奉之礼、宿卫之礼、迎奉之礼、进呈之礼、安奉之礼、拜表之礼，谓之节次"。进书之人越来越多，北宋"不过宰臣率史官诣崇政殿以献而已"。绍兴末进书之人已达数百人，"自宰相而下至于百执事之人，相与讲礼，文武导从，仗卫罗列，教坊、钧容直作乐，僧道威仪，各执其物，至数百人"。赏赍愈来愈重，"支赐重迭，下周台隶，银绢钱物，费用浩瀚"，④至绍兴二十九年（1159 年），修书局岁费、官吏犒设等钱达十五万余缗。⑤

（二）对编订法令的奖励

宋朝重视对历朝敕、令、格、式与条法的编修和删定，宋仁宗天圣年间（1023—1032 年）成立了编修法令的机构，即"详定编敕所"。宋朝设立编修赏格，"元丰止有赏格"，⑥给予编修官迁官、发放实物等奖励，这些奖励措

① （宋）李心传：《建炎以来系年要录》卷 180，绍兴二十八年八月戊戌，第 327 册，第 539 页。
② （清）徐松辑：《宋会要辑稿·职官》18 之 65—66，第 2787 页。
③ （宋）岳珂：《愧郯录》卷 6《修书恩数》，第 49 页。
④ （清）徐松辑：《宋会要辑稿·职官》18 之 68，第 2788 页。
⑤ （宋）李心传：《建炎以来系年要录》卷 183，绍兴二十九年八月甲戌，第 327 册，第 596 页。
⑥ （清）徐松辑：《宋会要辑稿·刑法》1 之 18，第 6470 页。

施大致有以下两个特点。

其一,对宰相与编修官的奖励有所区别,且两宋奖励方式不同。对宰相的奖励以赐物为主,且两宋物品不同。详定编敕所的主要成员有编修提举官、同提举、详定官、删定官等。编修官本多用行政经验不足的儒臣,因讹误之处较多,宋仁宗天圣以后常任宰相或执政官主管编订事宜。宋朝对宰臣和一般编修官员的赐赉各有侧重,对宰臣加以阶勋外,赐赉多以实物为主。北宋常赐银绢,如宋神宗熙宁六年(1073 年),提举编敕宰臣王安石上删定编敕、赦书、德音,附令敕申明、敕目录共 27 卷,获赐银绢各 500 两匹。① 熙宁十年(1077 年),宰臣吴充上《军马司编敕》,获赐银绢各 300 两匹。② 宋哲宗元符元年(1098 年),尚书左仆射兼门下侍郎章惇上《常平免役令敕》,赐银绢 300 两匹。③ 南宋则多赐衣带,宋高宗绍兴十九年(1149 年),太师、同中书门下平章事、提举详定一司赦令秦桧等上《吏部七司》等,"依例"赐秦桧对衣、金带,④这说明南宋多赐宰相衣带。

对编修官的奖励以迁官增秩为主,两宋奖励方式也有所不同。北宋编修官可同时获得增秩、赐金的机会。如宋神宗元丰三年(1080 年)《司农敕》编订完毕,权同判司农寺、太常博士周直孺升一任,丞、主簿各减磨勘 3 年,受赐银绢。⑤ 宋哲宗元符二年(1099 年),宰臣章惇、翰林学士承旨蔡京、大理少卿刘赓进呈《新修海行赦令格式》,诏赐章惇银绢各 100 两匹,详定官各转一官,删定官减 3 年磨勘,仍赐银帛。⑥ 除按级别等第赏赐银绢外,详定官、删定官仍可迁官、减磨勘年。南宋则较少赏赐实物,奖励方式多为循资、转官、减磨勘年等,而参与修书的吏人也在赏赐之列。如宋孝宗淳熙四年(1177 年),参知政事李彦颖等上《淳熙重修赦令格式》,诏详定、同详定官、删定、兼删定官各特转一官。本所修书吏人,有官人各减 2 年磨勘,其余令户部各支犒设钱 30 贯,⑦以犒赏的名义赐给吏人。

其二,北宋中期以后赏赐渐趋泛滥。有宋一代编写法令条格的任务很重,为调动编修官员的积极性,朝廷常增秩、赐金。北宋前期赏赐次数尚不算多,方式也较为单一。如宋仁宗天圣五年(1027 年),太常博士、同知礼院

① (宋)李焘:《续资治通鉴长编》卷 247,熙宁六年九月丁未,第 6011 页。
② (宋)李焘:《续资治通鉴长编》卷 280,熙宁十年正月壬申,第 6853 页。
③ (宋)李焘:《续资治通鉴长编》卷 499,元符元年六月戊子,第 11876 页。
④ (清)徐松辑:《宋会要辑稿·刑法》1 之 41—42,第 6482 页。
⑤ (宋)李焘:《续资治通鉴长编》卷 302,元丰三年二月丙申,第 7351 页。
⑥ (清)徐松辑:《宋会要辑稿·刑法》1 之 18,第 6470 页。
⑦ (清)徐松辑:《宋会要辑稿·刑法》1 之 51,第 6487 页。

王皥编成《礼阁新编》60卷,获赐五品服。① 自宋神宗熙宁以后编修敕令极多,"更定为多"。② 随着任务的增加,赏赐渐次增多,方式更加多样化,有降诏奖谕、转资、减磨勘年、迁官、赐物等。宋徽宗朝兼领详定官的官员逐渐增多,"敕令所上下官属无虑三十余员,而详定官居半"。敕令所不过30余员,而详定官就占有半数,且多由尚书省的长官或侍从官领宫祠者兼任,"今详定官类多中台长贰或侍从官领宫祠者兼之"。究其因,"凡兼详定,其赏给、人从之类率皆添给,又书成奏功,例有增秩之赏",详定官赐赉丰厚,敕令修毕后又可增秩。③ 南宋也有滥赏现象,宋高宗绍兴十年(1140年)敕令编修完毕后,除秦桧受赏外,孙子秦埙进职一等,孙女孺人封为令人,④惠及子孙。

此外,宋朝还对整理各类文集的编撰官予以奖赏。如宋太宗太平兴国七年(982年),翰林学士承旨李昉、学士扈蒙等17人"撮其精要",分类整理前代文集,集成《文苑英华》1000卷。雍熙三年(986年)书成,朝廷降诏褒谕,赏赐银绢。⑤ 宋真宗天禧元年(1017年),龙图阁待制李虚己等上新编御集120卷,获赐银绢。⑥ 天禧二年(1018年),李虚己再上奉诏编辑的群臣所和御制诗《明良集》500卷,诏赐银绢,⑦多以物质赏赐为主。

业绩赏赐的激励效果较为显著。如对"狱空"的奖赏可提高司法人员的办案效率、减少滞狱,保证监狱更有效地发挥专政职能。对科技的奖励可激发相关人员的创作热情,中国古代社会绝大部分科技工作者为谋生而从事科学工作,对物质需求相对强烈。对进献图籍者的奖励,有利于整理和丰富历史文献宝库,保存文化遗产,使整个社会重视文教的风气更浓,促进了文化教育事业的发展。对修史官的奖励则有利于文献资料的整理和保存,对史学的发展起着积极的推动作用。而对编敕官及相关人员的奖励有利于法令律例建设,使宋人在具体执法时有章可循、有法可依。

宋朝在工程营建领域的奖励效果尤为明显,这对提高劳动效率、加强国防建设、保护人民生命财产安全等均起到积极作用。负责工程营建的各级官吏长期在外督工,与其他官员相比要辛苦、劳累得多。尤其是北宋河患频

---

① (宋)李焘:《续资治通鉴长编》卷105,天圣五年十月辛未,第2451页。
② (宋)李焘:《续资治通鉴长编》卷344,元丰七年三月乙巳,第8254页。
③ (清)徐松辑:《宋会要辑稿·刑法》1之31,第6477页。
④ (清)徐松辑:《宋会要辑稿·刑法》1之41,第6482页。
⑤ (清)徐松辑:《宋会要辑稿·崇儒》5之1,第2247页。
⑥ (宋)李焘:《续资治通鉴长编》卷90,天禧元年十一月庚子,第2085页。
⑦ (宋)李焘:《续资治通鉴长编》卷92,天禧二年九月癸酉,第2126页。

繁,经常出现险情,治河官员常需"奔走赴功,连夕暴露,毕力营救",而相应的奖励措施可达到奖励先进,"以劝后功"①的目的。宋朝对役兵奖励的目的主要在于安抚士兵情绪,刺激其生产积极性,"多方劝激,使人忘劳而速成就"。奖励措施颇见成效:"故士卒自鸡鸣入役,至暮而止,其不及者,往往补之以夜。一日之役,几及两工,而不以为劳",②提高了劳动效率,"以此人人劝勉,有至一工为一工半,或两工者。每寨不过五六日而成"。③ 不仅减少了劳动成本,工期也大为缩短。役兵虽未必情愿不分昼夜地劳作,但在相应的物质刺激下却能提高劳动效率。

不过上述奖励措施在具体执行时常被地方官吏扭曲利用,如不少官员"望风希进,无所不至",④采取非法手段以示"狱空",方法可谓五花八门。有的官员上隐下瞒,"系囚满狱",却"妄言狱空"。⑤ 有的则将大辟罪人移至他处,"今开封官吏以大辟之囚权令寄厢,敢肆诞谩,谓无一人在狱",谎称空无一人,"致有逃逸"。朝廷不加察访,信以为真,推以厚赏:"朝廷信用其奏,亟推厚赏,进官锡服几二十人,下至胥吏亦沾恩赐,播传天下,书之史册"。⑥ 甚而有的官员不惜草菅人命,罔顾法令,省却覆奏,一日之内便将罪犯处斩。"外州妄觊奖饰,沽市虚名。近郊、沧二州勘鞫大辟囚,干连数人,裁一夕即行斩决"。⑦ 惠州捕盗 42 人,其中就有 34 人被锻炼至死,⑧手段残忍,令人骇然,所谓"狱空"政绩实际上不知枉费了多少无辜者的性命。

第七节　皇室发生重大事件期间推行的赏赐

宋朝皇室发生重大事件期间多大肆推赏:"宫闱每有庆事,赐大臣包子银绢各数千两匹",⑨每逢皇帝登基,诞圣节,皇子(女)出生,册立太子、皇后及皇帝驾崩等,宋廷均广施恩泽,赐民钱物。

宋朝皇帝登基,大赦天下,格外施恩。宋太祖建隆元年(960 年)发布登

---

① (宋)李焘:《续资治通鉴长编》卷 331,元丰五年十一月戊寅,第 7966—7967 页。

② (宋)李焘:《续资治通鉴长编》卷 492,绍圣四年十月丙戌,第 11681 页。

③ (宋)李焘:《续资治通鉴长编》卷 498,元符元年五月庚午,第 11860 页。

④ (元)脱脱等:《宋史》卷 320《余靖传》,第 10409 页。

⑤ (宋)李焘:《续资治通鉴长编》卷 23,太平兴国七年八月戊寅,第 527 页。

⑥ (宋)赵汝愚撰,北京大学中国中古史研究中心校点:《宋朝诸臣奏议》卷 97,刘安世:《上哲宗乞追钱缌误赏之官》,第 1048 页。

⑦ (宋)李焘:《续资治通鉴长编》卷 72,大中祥符二年十一月壬子,第 1640 页。

⑧ (宋)佚名:《皇宋中兴两朝圣政》卷 19《结盗狱死不理赏》,第 873 页。

⑨ (宋)朱彧撰,李伟国点校:《萍洲可谈》卷 1,第 120 页。

基赦,赐宰相、枢密使、诸军校袭衣、犀玉带、鞍马等。① "其内外马步兵士,各与等第优给",内外诸军按等级推赏。"中外见任前任职官,并与加恩",②新旧政权的文武官员均有赏赐。宋仁宗听政后,赐辅臣以下袭衣、金犀带、鞍勒马。③ 宋哲宗即位,赐前宰执文彦博、张方平及知河阳(今河南孟州)冯京、提举崇福宫孙固、知扬州吕公著、知太原府吕惠卿、知亳州蒲宗孟、知江宁府王安礼等宽衣、金带、银帛。④ 元符三年(1100年)宋徽宗即位,赐在京班直诸军、诸路驻泊禁军衣带,赐内直长上诸班缗钱。⑤ 致仕宰执也在受赐之列,前尚书右仆射兼门下侍郎苏颂在谢恩表中详细记录了赏赐物品,有宽衣5件,银25两,金带1条,银器200两,绢200匹,⑥大致为衣带、银帛之类。

南宋皇帝登基,受赐对象更为广泛,包括致仕官员、高年、学生及周边政权等。如宋高宗即位,文武致仕官赐粟、帛、羊、酒,曾任大中大夫、观察使以上者加倍赐予,90岁以上的老人不分士庶男女均赐粟帛。⑦ 宋孝宗"登极疏恩,咸徧中外,今锡类复加,则稠叠已甚者",⑧临安府学学生、周边政权也在受赐范围内,宋光宗绍熙五年(1194年)七月发布登极赦,临安府学学生获赐束帛,⑨九月"依例给赐"安南国王李龙翰宽衣1对,金带1条,金花银器200两,衣著、细衣著各100匹,马2匹,金镀银鞍辔1副,⑩"依例给赐"说明宋帝登基赏赐周边政权已成惯例。

皇帝诞日建节大概始于唐玄宗开元十七年(729年)。自宋太祖始,几乎历朝皇帝的诞日均立为诞圣节。⑪"国家庆寿典礼,千古未闻锡类施泽下逮士庶,妇人、高年亦加版授,诚不世之恩也",⑫宋代诞圣节赏赐对象和范围较为广泛。

---

① (元)脱脱等:《宋史》卷1《太祖纪一》,第5页。

② (宋)李攸:《宋朝事实》卷2《登极赦》,第19页。

③ (宋)李焘:《续资治通鉴长编》卷98,乾兴元年二月甲子,第2273页。

④ (宋)李焘:《续资治通鉴长编》卷353,元丰八年三月庚申,第8464—8465页。

⑤ (宋)李焘:《续资治通鉴长编》卷520,元符三年正月辛巳、甲申,第12373、12375页。

⑥ (宋)苏颂撰,王同策、管成学等点校:《苏魏公文集》卷44《谢赐登极对衣银绢》,中华书局1988年版,第648页。

⑦ (宋)徐梦莘:《三朝北盟会编》卷101,建炎元年五月一日庚寅,第743页。

⑧ (清)徐松辑:《宋会要辑稿·礼》14之85,第629页。

⑨ (清)徐松辑:《宋会要辑稿·选举》2之29,第4259页。

⑩ (清)徐松辑:《宋会要辑稿·蕃夷》4之55,第7741页。

⑪ (宋)王明清:《挥麈前录》卷1,第1页。

⑫ (宋)周辉撰,刘永翔校注:《清波杂志校注》卷1《庆寿推恩》,第35—36页。

宋朝诞圣节以赐宴为主,宴会多在锡庆院举行,①宋仁宗景祐三年(1036年)规定大将军领刺史以上的官员才有资格参加宴会。②"依燕式赐花",宴会上赐花给群臣。③南宋初年赐宴一度中断,建炎元年(1127年)以宋高宗生辰为天申节,因战情紧急,一切从简,至绍兴十三年(1143年)"锡宴如故事",④恢复旧制。

宋朝诞圣节还赐百官衣物。建隆元年(960年)长春节,宰臣范质率文武百官诣广政殿上寿,受赐袭衣。⑤宋真宗以十二月二日为承天节,当日百官受赐袭衣,僧道则赐紫衣、师号。⑥辅臣在诞圣节另有额外赏赐,每年诞圣节辽国使者均献礼物,景德二年(1005年),宋真宗召辅臣于龙图阁观看历朝契丹贡品,"自后使至,必以绮帛分赐中书、枢密院,果实、脯腊赐近臣、三馆",⑦将辽国供奉的生日礼物赐给近臣和三馆人员。景德四年(1007年)开始赏赐太庙守卫人等衣物,"岁以为例",⑧形成惯例。

临朝称制的太后在诞日也举行隆重的庆典活动,刘太后诞日法定为"长宁节"。天圣七年(1029年)冬至,虽经范仲淹极力反对,宋仁宗仍率百官给刘太后上寿,百官赐衣、天下赐宴"皆如乾元节",⑨规模与宋仁宗诞圣节不相上下。宋哲宗朝太皇太后高氏诞日定为坤成节,赐宴庆贺。南宋初年宋高宗、孝宗先后禅位,继任者举办隆重的庆典活动,以示恭顺。淳熙二年(1175年),宋高宗德寿宫举行庆寿盛典,文武官封父母,并大赏诸军。淳熙十三年(1186年),宋孝宗率群臣诣德寿宫行庆寿礼,大赦天下,免除贫民丁身钱110余万缗,内外诸军犒赐160万缗。⑩宋光宗朝庆典更加隆重:"十年一讲盛礼,鸿恩锡类,方兴未艾"。⑪绍熙五年(1194年)发布庆寿赦,太学、武学生加倍赐束帛,小学生、府学生各赐束帛。⑫

龙子龙女降生,举国庆贺,"祖宗故事,诞育皇子、公主,每侈其庆"。⑬

---

① (元)脱脱等:《宋史》卷112《礼志十五》,第2673页。
② (宋)李焘:《续资治通鉴长编》卷118,景祐三年三月丙辰,第2782页。
③ (宋)李焘:《续资治通鉴长编》卷297,元丰二年三月癸未,第7221页。
④ (元)脱脱等:《宋史》卷30《高宗纪七》,第558页。
⑤ (清)徐松辑:《宋会要辑稿·礼》57之16,第1600页。
⑥ (元)脱脱等:《宋史》卷112《礼志十五》,第2671—2672页。
⑦ (宋)李焘:《续资治通鉴长编》卷61,景德二年十二月己卯,第1375页。
⑧ (宋)李焘:《续资治通鉴长编》卷67,景德四年十一月庚寅,第1508页。
⑨ (元)脱脱等:《宋史》卷242《章献明肃刘皇后传》,第8614页。
⑩ (元)脱脱等:《宋史》卷34《孝宗纪二》,第660页;卷35《孝宗纪三》,第684页。
⑪ (宋)周辉撰,刘永翔校注:《清波杂志校注》卷1《庆寿推恩》,第36页。
⑫ (清)徐松辑:《宋会要辑稿·崇儒》1之48,第2186页。
⑬ (宋)蔡絛撰,冯惠民、沈锡麟点校:《铁围山丛谈》卷4,中华书局1994年版,第61页。

皇子、皇女诞生前,相关人员已开始接受赏赐,如负责采办的修内司、会通门官、吏人、库子、医官、仪鸾司等获赐银、绢、官会等物。① 皇子、皇女诞生后,朝廷备有大量赏赐物,有所谓的"浴儿包子"。"包子"大致为金银大小钱、金粟、涂金果、犀玉钱、犀玉方胜之类,②也有记载为金银、犀象、玉石、琥珀、玳瑁、檀香之类,③仅赐重臣戚里。"包子"之类的物品虽主要供庆贺、把玩之用,但费用却"不可胜纪"。④ 如大中祥符八年(1015 年)皇子诞生,久未得子的宋真宗十分欣喜,赐臣下包子,"其中皆金珠也"。⑤ 宋仁宗嘉祐四年(1059 年)四月皇女诞生,大行赏赉;五月周氏又生皇女,赐给宰臣的包子内有金银、玳瑁、犀角、檀香、象牙钱等贵重物品。⑥

除"浴儿包子"外,还有其他赏赐品。如宋哲宗元符二年(1099 年)皇子诞生,宫廷举办"龙喜宴",从官以上受赐罗花,二府、亲王受赐小花 50枚,"花甚重,殆不可胜戴"。又派御药刘瑗押赐对衣、金带、鞍、辔、马,对衣有红罗绣抱肚、白绫袴、黄绫衬衫、勒帛、紫罗公服等,制作精良,如金带、笏头、鱼袋"殊胜私家所造者",又各赐 2000 两或 3000 两银合 1 个。⑦ 还命中使"密赐"宰相,"密赐"物品一般为金合,"密赐者必金合",多至二三百两,里面还有犀玉带、珍珠、瑰宝之类。密赐"约颁诸宰相,余臣不可得也",这是宰臣特有的礼遇,宋徽宗朝何执中为相时除罢。⑧ 皇子降生,诸军也在受赏之列。如宋仁宗宝元二年(1039 年)美人苗氏生皇子,赐诸军缗钱。⑨

宋朝册立太子,大赦天下,加官晋爵,优赏诸军。驻扎京城与戍守在外的军人受赐物品不同,"旧制赐诸军物,外戍者减半",后者所得为前者的半数。宋真宗天禧二年(1018 年)册立太子,内外诸军待遇趋于一致。⑩ 天禧四年(1020 年)太子亲政,赐泾王赵元俨银 5000 两,宗室防御使各 1000 两,团练使 800 两。又赐太子少师丁谓、少傅冯拯、少保曹利用各 5000 两,宾客任中正、钱惟演、王曾及太保王钦若、詹事林特各 3000 两,左庶子晏殊、詹事张士逊各 2000 两,谕德鲁宗道、冯元各 1000 两,其余相关人员按等级赏赐。

①　(宋)周密:《武林旧事》卷 8《宫中诞育仪例略》,第 131 页。
②　(宋)蔡絛撰,冯惠民、沈锡麟点校:《铁围山丛谈》卷 4,第 61 页。
③　(宋)李焘:《续资治通鉴长编》卷 189,嘉祐四年四月壬辰,第 4564 页。
④　(宋)李焘:《续资治通鉴长编》卷 196,嘉祐七年五月丁未,第 4757 页。
⑤　(宋)王栐撰,诚刚点校:《燕翼诒谋录》卷 3,中华书局 1981 年版,第 27 页。
⑥　(宋)李焘:《续资治通鉴长编》卷 189,嘉祐四年四月壬辰,第 4564 页。
⑦　(宋)曾布:《曾公遗录》卷 8,元符二年八月壬辰,大象出版社 2008 年版,第 152 页。
⑧　(宋)蔡絛撰,冯惠民、沈锡麟点校:《铁围山丛谈》卷 4,第 61—62 页。
⑨　(宋)李焘:《续资治通鉴长编》卷 123,宝元二年八月丙子,第 2922 页。
⑩　(宋)李焘:《续资治通鉴长编》卷 92,天禧二年九月庚午,第 2125 页。

还赐殿前副都指挥使蔚昭敏钱4000贯,步军副都指挥使冯守信3500贯,殿前都虞候夏守恩、马军都虞候刘美各3000贯,四厢都指挥使、诸班诸军都虞候以下按月俸支赐。①

　　册立母后、皇后,朝廷特赐诸军特支钱,不过发放范围有所不同。册立母后,内外均赐特支钱:"若内外皆有,即是母后例";册立皇后则在京诸军方可受赐:"册皇后故事,在京诸军各有小特支,依端午例"。如宋仁宗天圣二年(1024年)刘太后受册,内外诸军均发特支钱。景祐元年(1034年)选纳皇后,赐在京诸军特支钱。宋哲宗元祐七年(1092年)册立皇后,太皇太后欲将特支钱赐予内外诸军,朝臣坚决反对,最后仅赐在京诸军。禁军特支钱多于厢军,如元祐七年禁军特支钱为500文,厢军为300文。②

　　宋朝皇帝驾崩,按例遗留物赐予臣民,"故事,大行皇帝当有遗留物分赐臣下"。③ 受赐范围最初较小,开宝九年(976年)宋太祖驾崩,遗留物赐给近臣、藩镇。至道三年(997年)宋太宗驾崩,遗留物赐给宗室、近臣。乾兴元年(1022年)宋真宗驾崩,近臣学士以上,主兵官都虞候以上赐袭衣、金带、鞍马、器币。治平四年(1067年),赏赐对象进一步扩大为辅臣、宗室、两制、杂学士、待制、侍御史知杂、三司副使、修起居注、正刺史、阁门副使以上。④

　　宋仁宗驾崩,朝廷赐给群臣的遗留物甚多,"仁宗御天下四十余年,宫中富饶,故遗留特厚"。⑤ 当时内藏库出钱150万贯、绸绢250万匹、银50万两,"助山陵及赏赍",⑥其中遗留物大致有一百余万,⑦"所赐群臣之物,比旧例过多几倍"。⑧ 天章阁待制、知谏院司马光接受的遗留物接近5000缗,名望越高,"必沾赉愈厚"。⑨ 宋英宗即位,不过四年而亡:"四年之内,两遭大故,营造山陵,又支士卒优赏,所费不可胜计",两次国丧间隔时间较短,给宋朝财政带来一定压力。尤其是北宋中期以来用度过多,内库渐空,

---

① (宋)李焘:《续资治通鉴长编》卷96,天禧四年十二月乙酉,第2228页。
② (宋)李焘:《续资治通鉴长编》卷472,元祐七年夏四月己卯,第11274页。
③ (宋)赵汝愚撰,北京大学中国中古史研究中心校点:《宋朝诸臣奏议》卷93,韩维:《上神宗乞罢遗留赐物》,第1011页。
④ (清)徐松辑:《宋会要辑稿·礼》29之2、8、19、49,第1064、1067、1073、1088页。
⑤ (宋)李焘:《续资治通鉴长编》卷209,治平四年正月癸亥,第5076页。
⑥ (清)徐松辑:《宋会要辑稿·礼》29之37,第1082页。
⑦ (元)脱脱等:《宋史》卷336《司马光传》,第10761页。
⑧ (宋)司马光撰,李文泽、霞绍晖校点:《司马光集》卷25《遗留物第二札子》,第652页。
⑨ (宋)李焘:《续资治通鉴长编》卷198,嘉祐八年四月癸未,第4797—4798页;(宋)司马光撰,李文泽、霞绍晖校点:《司马光集》卷25《遗留物札子》,第650页。对于司马光所受遗赐的数额,两书所载不一,前者载1000缗,后者载5000缗。

"自康定、庆历以来,发诸宿藏以助兴发,百年之积,惟存空簿"。若按嘉祐治丧标准发放赏赉,"其诸军将校赏给已行支散外,至于文武百官,既迁官加职,其诸赐赉,若更循嘉祐近例,窃虑国家财力不堪供给",则国力有所不及。在三司使韩维、翰林学士承旨张方平奏请下,"所有山陵制度,遗诏戒从省约",①宋英宗遗留物比之嘉祐减少了三分之一。②

《曾公遗录》详细记录了遗留物的构成:元符三年(1100年)宋哲宗驾崩,赐宰臣遗留物金100两(疑为1000之误。——笔者注),珠子7万,犀带2条,细衣著100匹;执政金400两,珠子5万,犀带1条,黑犀作子1条等,③大致为黄金、珠宝、绢帛、衣带类。临朝称制的皇太后驾崩,也有遗留物赐给近臣。如刘太后驾崩,宋廷曾赐近臣物品。④

遗留物除大量赠送给辽、西夏外,还赐给周边政权或少数民族首领。如嘉祐八年(1063年)、治平四年(1067),朝廷先后赐唃厮啰金束带,盘毬晕锦衣,银器200两,白绢200匹,角茶、散茶各100斤。⑤ 遣使赐银、绢、袍、带、鞍辔马给交趾郡王。⑥ 元丰八年(1085年)宋神宗驾崩,朝廷赐西蕃董毡金带、锦衣、银、帛、茶等物。⑦

除遗留物外,皇帝驾崩后还有其他项目的赏赉。如灵柩经过的地方长吏,以及办理丧事的各级官吏均可获得钱物。宋仁宗驾崩时赐郑州500贯,"以灵驾所过故也"。⑧ 宋英宗驾崩,灵柩所经之处的官吏"各等第赐赉,仍令长吏以系省钱遍与犒设"。⑨ 判河阳富弼赦书奖谕,长吏以下赐银绢,修建陵寝的兵匠也可获得补贴。⑩

宋廷对前来吊唁的外国使节多有赏赉。如乾兴元年(1022年)宋真宗驾崩,契丹遗殿前都点检、崇义军节度使耶律三隐,翰林学士、知制诰马贻谋充大行皇帝祭奠使副,宋廷赐耶律三隐等袭衣、冠带、器币、鞍马,随行舍利、牙校等衣服、银带、器币。⑪

---

① (宋)李焘:《续资治通鉴长编》卷209,治平四年正月庚戌,第5074—5075页。
② (宋)李焘:《续资治通鉴长编》卷209,治平四年正月癸亥,第5076页。
③ (宋)曾布:《曾公遗录》卷9,元符三年正月乙酉,第227页。
④ (宋)李焘:《续资治通鉴长编》卷112,明道二年四月丙申,第2610页。
⑤ (清)徐松辑:《宋会要辑稿·蕃夷》6之4,第7820页。
⑥ (清)徐松辑:《宋会要辑稿·礼》29之49,第1088页。
⑦ (宋)李焘:《续资治通鉴长编》卷353,元丰八年三月己未,第8464页。
⑧ (清)徐松辑:《宋会要辑稿·礼》29之38—39,第1082—1083页。
⑨ (清)徐松辑:《宋会要辑稿·礼》29之55,第1091页。
⑩ (清)徐松辑:《宋会要辑稿·礼》29之52,第1089页。
⑪ (清)徐松辑:《宋会要辑稿·礼》29之24—25,第1075—1076页。

在临时举行的庆典活动中,宋朝也多大行恩赏,如受传宝玺。宋哲宗朝咸阳百姓段义献上玉玺,有朝臣认为此玺是秦玺,蔡京等人附和,以为"希世之宝,为时而出"。元符元年(1098年)宋哲宗受传国宝,行朝会礼,大赏诸军。①"大庆殿受传国宝,在廷之臣,预行事者,方被赐赉,其余皆陪位至人,即无被赐赉例。近闻陪位官,独宣德郎人各赐绢十匹"。②段义除授右班殿直,赐绢200匹。③讲议玉玺官共13人,由翰林学士蒋之奇及秘书省、御史台、少府将作监官担任,蒋之奇受赐银绢各100两匹,其余官员各赐20两匹。④南宋也曾行过受传宝玺之礼。嘉定十四年(1221年),都统司计议官赵拱前往河北蒙古军前议事,蒙古大将扑鹿花献"皇帝恭膺天命之宝"宝玺1座、元符三年宝样1册及宝检1座。翌年宋宁宗御大庆殿受宝,文武官各进秩一级,大犒诸军。三学士人均有恩赏,"四方士子,骈肩累足而至,学舍至无所容",士子接踵前来,以至于学舍都无处容身了。而宗室仍认为推恩太轻,揭榜朝天门:"今日是玺之得,推恩异姓,种种优渥,而同姓则反薄其恩"。"恭膺天命之宝"本为宋真宗即位所创,其后每朝效仿。靖康之变,金人夺宝而去,后落入蒙古人之手。这本非值得大肆宣扬之事,"盖当国者,方粉饰太平,故一时恩赏,实为冒滥",⑤执政者为粉饰太平,遂大行封赏之事。

皇后更改谥号,参与行事的各级官员多有赐赉。绍兴年间(1131—1162年),宋哲宗孟皇后病故,宋高宗一向敬重孟皇后,故丧祭用母后临朝礼,初上尊号"昭慈献烈",绍兴三年(1133年)改谥"昭慈圣献",礼仪使以下官吏各依官位支赐银绢不等,如礼仪使1员,赐银绢100两匹。行事、陪位官10员:礼部侍郎2员、中书舍人1员,各赐银绢30两匹;郎官5员、太常博士2员,各赐银绢7两匹;睿思殿祗应、散祗候共21员,各赐银绢3两匹;告庙,行事、陪位官4员:侍郎1员、中书舍人1员,各赐银绢30两匹;郎官2员,各赐银绢7两匹,⑥受赐人员多至一百余人。

皇帝外出巡游、狩猎,所到之处多行赏赐。宋太祖临幸西京洛阳,"所过赐夏、秋田租之半",⑦免除一半租税。宋真宗"东封西祀",所过州县均

①　(宋)李焘:《续资治通鉴长编》卷498,元符元年五月戊申,第11840—11841页。
②　(宋)李焘:《续资治通鉴长编》卷498,元符元年五月乙卯,第11848页。
③　(宋)李焘:《续资治通鉴长编》卷498,元符元年五月庚申,第11849页。
④　(宋)李焘:《续资治通鉴长编》卷500,元符元年七月乙丑,第11915页。
⑤　(宋)周密撰,赵茂鹏点校:《齐东野语》卷19《嘉定宝玺》,第346—349页。
⑥　(清)徐松辑:《宋会要辑稿·礼》62之57—58,第1723页。
⑦　(元)脱脱等:《宋史》卷114《礼志十七》,第2703页。

赐巡警及屯兵、邮传、治道卒时服、钱、屦,所经之处"率以为例"。① 庆历五年(1045年),宋仁宗狩猎开封郊外,慰问父老,赐饮食、茶、绢。②

太学、秘书省是宋朝皇帝经常驾临的机构。崇宁元年(1102年)宋徽宗幸太学,国子司业吴纲等转官、改官、循资、赐章服,文武学生授官、免省试、免文解、赐帛。政和五年(1115年)宋徽宗幸秘书省,官员迁秩,吏人转资,役徒"支赐有差"。宣和四年(1122年)宋徽宗再幸太学,诸生赐茶。③ 绍兴十四年(1144年)宋高宗幸太学,赐国子司业高闶三品服,学生赐束帛,"余转资、犒设有差"。④

寺院道观在皇帝巡幸时照例可获得赏赉。宋真宗朝拜诸陵及举行大礼,途中所幸寺、观皆赐茶帛,或加紫衣、师号,以"威仪奉迎"者也有赏。⑤ 大中祥符四年(1011年),宋真宗祀汾阴后途经洛阳,赐迎驾僧人、道士绢500匹。⑥ 宋仁宗景祐三年(1036年),阁门司制定驾幸宫观、寺院支赐茶绢细则。⑦

皇帝驾幸私第,多行赏赉。如开宝三年(970年)宋太祖至宰相赵普府邸探病,赐银器、绢各5000两匹,赐赵妻和氏银50两,衣著3000匹。⑧ 太平兴国三年(978年),宋太宗至郑国公主府邸,赐驸马都尉王承衍银器1万两、锦彩5000匹,赐其子王世隆银绢各100两匹。⑨ 同年幸齐王赵廷美府邸,赐银绢各1万两匹。⑩

皇帝观摩战阵、巡幸军营、观看竞渡,多赏赐军士。建隆四年(963年)七月六日,宋太祖巡幸教船池,诏近臣观摩水战,同月十七日、乾德二年(964年)二月、三月,均赐水军将士衣物。乾德六年(968年)宋太祖巡幸铁骑营,赐军士钱及羊酒。咸平三年(1000年),宋真宗幸金明池观竞渡,"善游军士及诸献技者赐物有差"。⑪ 除军士外,其他表演者也受到奖赏。

宋帝外出观看庄稼收割,"国朝故事,园苑观稼,系属游幸"。⑫ 雍熙元

---

① (清)徐松辑:《宋会要辑稿·礼》22之17,第891页。
② (清)徐松辑:《宋会要辑稿·礼》9之3,第530页。
③ (清)徐松辑:《宋会要辑稿·礼》52之11—12,第1559页。
④ (清)徐松辑:《宋会要辑稿·礼》52之16,第1561页。
⑤ (元)脱脱等:《宋史》卷114《礼志十七》,第2704页。
⑥ (宋)李焘:《续资治通鉴长编》卷75,大中祥符四年三月己卯,第1715页。
⑦ (清)徐松辑:《宋会要辑稿·礼》52之8—9,第1557—1558页。
⑧ (宋)李焘:《续资治通鉴长编》卷11,开宝三年三月己未,第244页。
⑨ (宋)李焘:《续资治通鉴长编》卷19,太平兴国三年二月丙辰,第422页。
⑩ (宋)李焘:《续资治通鉴长编》卷19,太平兴国三年十月庚申,第434页。
⑪ (清)徐松辑:《宋会要辑稿·礼》52之2、5,第1554、1556页。
⑫ (宋)李焘:《续资治通鉴长编》卷486,绍圣四年四月己酉,第11559页。

年(984 年),宋太宗幸城南观看割麦,赐农夫钱帛。① 大中祥符元年(1008年),宋真宗幸玉津园南新亭观割麦,"监园官吏、刈麦军士赐物有差"。天圣三年(1025 年),宋仁宗幸南御苑观稼,民舍传来机杼声,召问农妇,赐茶帛。皇帝巡视工场、工地,多赐役徒钱物。如太平兴国二年(977 年)宋太宗幸造箭院,赐工徒每人钱 1 贯、布 1 端,翌年幸西绫锦院,赐工徒钱帛,二年后再幸,赐工徒衣服、钱等物。②

上述事件、活动中宋廷赐予臣民的钱物用量极大。宋英宗即位,军赏已至 1100 余万,在京所费 400 万。当时军中传播流言,"时禁卫或相告,乾兴故事,内给食物中有金",③传言可信度虽低,却也反映了宋兵受赐一向颇丰的事实。

本 章 小 结

由于时代背景的不同,商业的兴盛,经济领域的扩展,传统观念的转变等诸多原因,宋朝在政治、经济、外交、军事、司法、文化等领域普遍推行赏赐。郊赉在当时产生了巨大的社会影响力,是国家惠政的集中体现,故在重大灾害发生、经济遭受损害的情况下仍照常举行。熙宁年间(1068—1077年),苏辙曾上书抨击郊赏不能随机变通,有所减损,"治平京师之大水与去岁河朔之大震,百役并作,国有至急之费,而郊祀之赏不废于百官"。④ 除郊赉外,宋朝在"东封西祀"和其他祭祀活动中也多推恩行赏。宋朝注重军赏相关制度建设,赏格完备而详尽,评议系统相对完善。但由于项目过多,数量过高,军赏给宋朝带来极大的财政压力。

宋代优抚制度得到进一步发展,对亡者的身后抚恤更加规范化、制度化。随着社会保障事业的发展与完善,宋朝赙赠法趋于成熟,出台了一系列针对特殊群体设置的赙赠法。受经济等诸多因素的影响,宋朝赙赠物品前后变化较大,赙赠标准也有所降低。宋朝举告赏赐规模极大,涉及领域极其广泛,是专权者维护统治的利器,受利益驱使,举告赏赐又成为利欲熏心者攫取好处的工具。宋朝朝贡贸易的基本原则仍为"厚往薄来",在回赐中有大量的"别赐"、"特赐"。受地缘政治的影响,宋朝朝贡赏赐带有极强的目的性,并在某种程度上得以实现。宋朝对在各个领域内作出突出贡献的人

---

① (元)脱脱等:《宋史》卷 4《太宗纪一》,第 72 页。

② (清)徐松辑:《宋会要辑稿·礼》52 之 7、3,第 1557、1555 页。

③ (宋)李焘:《续资治通鉴长编》卷 198,嘉祐八年四月癸酉,第 4794 页。

④ (宋)苏辙撰,高秀芳、陈宏天点校:《栾城集》卷 21《上皇帝书》,第 474 页。

员予以表彰和奖励,如对"狱空"进行降诏奖谕、迁官及各类物质赏赐等,治理河流和营建城寨两大工程的奖励制度更显完善,建立了管理相对严密、奖励形式较为多样的奖励机制。宋朝进入文治时代,对献书、编书等奖励甚重。宋朝还在皇室发生重大事件期间大行其赏,与民同乐,举国同哀。要之,处于社会转型期的宋朝物质赏赐的类型更加多样,制度趋于成熟,影响愈发深远。

第四章 宋朝物质赏赐的物品

宋朝赏赐物品的种类发生明显变化,有的大幅增加,如钱币、金银等;有的趋于减少,如绢帛;有的则几近消亡,如奴婢。这些变化是社会的进步和商品经济发展的必然结果,折射出社会转型期间若干因素的渐变和突变。

第一节 货 币

宋代是商品货币经济发展的高峰期,货币使用的复杂程度极其罕见,"宋代货币制度的特点首先表现在其具有异常的复杂性"。[①] 宋代是铜钱发行量最大的朝代,纸币和有价证券在宋代产生并得到一定程度的发展,铁钱强制行用在四川等地区,金银尤其是白银适用的领域和范围扩大,绢帛虽失去法定的货币地位,但并未完全退出流通领域,而发挥货币职能最多的场合即是赏赐领域。[②]

一、赏赐领域内的货币种类

宋代赏赐领域内的货币种类大致有钱币、金银及布帛三大类。

(一) 钱币类

宋朝钱币为"国之重利,日用之所急,生民衣食之所资,有天下者以此制人事之变,立万货之本",[③]国家财政大计和百姓衣食住行离不开钱币。时人对铜钱与金银进行比较:"珠玉金银,其价重大,不适小用。惟泉布之作,百王不易之道也",[④]认为钱币价值适中,在流通领域中的作用最大。当代学者甚至认为钱币已经排斥布帛而成为唯一的商品交换等价物,不复是钱帛并用了。[⑤] 观点虽值得商榷,但宋朝钱币在流通领域中的地位日益重要确是不争的事实,钱币在赏赐领域内也发挥着重要作用。唐朝钱币赏赐

---

① 高聪明:《论宋代商品货币经济发展的特点》,《河北大学学报》1995 年第 3 期。

② 汪圣铎:《试论宋代绢帛的货币功能》,《中国经济史研究》2004 年第 3 期。

③ (宋)张方平撰,郑涵点校:《张方平集》卷 26《论钱禁铜法事》,第 410 页。

④ (宋)李觏撰,王国轩点校:《李觏集》卷 16《富国策第八》,中华书局 1981 年版,第 145 页。

⑤ 李埏:《从钱帛兼行到钱楮并用》,载邓广铭等主编:《宋史研究论文集》,上海古籍出版社 1982 年版。

次数只有 84 次,还不到手工艺品赏赐次数的 10%。① 据笔者不完全统计,仅宋太祖、太宗两朝钱币赏赐次数至少在 161 次以上,接近唐朝的 2 倍。

宋朝钱币之所以成为主要赏赐物品,除商品经济的因素外,铜钱产量的剧增是重要原因。自战国秦汉以来,历代都将铜作为铸钱的主要原料,铜矿的开采和生产直接影响货币流通。由于冶铜技术的进步,宋朝铜产量大为增加,冶铜业获得巨大发展,铸钱产量与日俱增。北宋初年铸钱量较少,铜钱“民间难得”。② 宋太宗较为重视铸钱之事,统治期间铸钱量稳步上升,至宋真宗咸平年间(998—1003 年)饶州、池州(今安徽贵池)、江州(今江西九江)、建州四大铜钱监已全部建立,宋神宗统治期间钱币铸造达到顶峰。漆侠先生曾比较唐宋两朝的铜钱铸造量:

> 唐玄宗天宝年间为 31.7 万贯,唐宪宗元和年间为 13.5 万贯,宋太宗至道年间的 80 万贯就分别为唐代以上两个数字的 2.5 倍和 6 倍,而宋神宗元丰三年的 506 万贯则分别为唐的 19 倍和 37 倍。③

四大铜钱监每年上缴巨额铜钱,其中不少划拨为赏赐用钱。如熙宁九年(1076 年),宋神宗曾诏江州、池州等地的铸钱监向内藏库上缴钱 863500 贯,30 万缗拨给安南招讨司充作军赏,剩余缗钱作为军资拨给广南西路。④ 铸钱数量大增为宋朝在赏赐领域内广泛地、持续地发放钱币提供了可能。

与流通领域一样,赏赐领域中的货币种类繁多。从用料上划分,两宋钱币可分为铜钱、铁钱和纸币三类。两宋钱法颇为复杂,货币流通具有区域性,不同材质的钱币流通区域不同,这一特性在赏赐领域也有所反映。铜钱是主要的通货,大部分地区赏赐所用为铜钱,故不再赘述。

1. 铁钱的使用

宋朝赏赐所用货币的种类多依当地通货而定。川峡路主要流通铁钱,故该地区所赐多为铁钱。如宋仁宗康定元年(1040 年),川陕、广南、福建、荆湖、江淮等地区“禁民畜蛇毒蛊药,杀人祭妖神。其已杀人者,许人陈告,

---

① 彭康华:《唐代物质赏赐研究》,硕士学位论文,西南师范大学历史文化与旅游学院,2004 年,第 13 页。

② (宋)杜大珪撰,洪业等编纂:《琬琰集删存》卷 3《张文定公齐贤传》,上海古籍出版社 1990 年版,第 341 页。

③ 漆侠:《宋代经济史》,中华书局 2009 年版,第 610 页。

④ (宋)李焘:《续资治通鉴长编》卷 272,熙宁九年正月庚午,第 6659 页。

赏钱随处支铜钱及大铁钱一百贯"。①"随处"支取钱币,即依据当地的流通货币,川陕支取大铁钱,其他诸路支取铜钱。宋神宗熙宁八年(1075年),利州路规定蕃贼若入界犯事,缘边镇弓箭手、寨户等如能斩获敌首,一级赐大铁钱4贯,②以铁钱计首论功。

铜钱与铁钱的比价在四川各个时期有所不同,这在赏赐领域内也有反映。如宋太宗淳化四年(993年)南北两大河流同时决溢,诏赐溺死者敛具,澶州每人赐铜钱1贯,涪州(今四川涪陵)每人赐铁钱3贯,③铁钱与铜钱的比价为3∶1。宋真宗大中祥符六年(1013年),诏令川峡四路赃钱、赏罚钱,以"铁钱十当一",④可知当时四川地区铁钱与铜钱的比价为10∶1。

2.纸币的使用

随着商品信贷关系的发展,宋朝出现了新币种——纸币,北宋前期纸币取代铁钱成为川峡路的通货,宋徽宗朝扩大交子的发行量,纸币开始较多地出现在赏赐领域。如大观元年(1107年)交子务改为钱引务,"自用兵取湟、廓、西宁,藉其法以助边费",⑤交子用作河湟地区的军费,军赏当包含在内。政和三年(1113年),尚书省上言:"访闻诸色人多将京城内私下寄附钱物会子之类出城,及于外处行使,有害钞法",诏许人陈告,赏钱"以会子所会钱赏之",⑥会子用作告赏金。

南宋更多的纸币应用于赏赐领域。由于铜、铁钱铸造业衰落,铜钱大量转化为铜器,盗铸铜钱,以及铜钱外流等原因,南宋铜、铁钱的流通量减少,⑦有些区域出现"钱荒",绍兴末年铜钱短缺现象更为严重。在这种情形下南宋采用以楮币为主、铜钱为辅的货币政策,楮币发行量剧增,官府大量使用会子,会子成为普遍行使的一种通货,"会子则公私买卖支给,无往而不用"。⑧ 会子也大量出现在赏赐领域,如宋孝宗乾道八年(1172年),犒设两浙诸州军差遣厢军的费用均为会子。翌年楚州(今江苏淮安)驻扎御前武锋军副都统制鲁安仁到任,朝廷例行犒赏,赐钱2万贯,这笔费用由镇江府于桩管朝廷会子内支拨。⑨ 绍熙二年(1191年)以后,"依淳熙十五年例"

① (清)徐松辑:《宋会要辑稿·刑法》2之25,第6508页。
② (宋)李焘:《续资治通鉴长编》卷266,熙宁八年七月辛巳,第6531页。
③ (元)脱脱等:《宋史》卷5《太宗纪二》,第92页。
④ (宋)李焘:《续资治通鉴长编》卷80,大中祥符六年二月癸亥,第1818页。
⑤ (元)脱脱等:《宋史》卷181《食货志下三》,第4404页。
⑥ (清)徐松辑:《宋会要辑稿·刑法》2之60,第6525页。
⑦ 漆侠:《宋代经济史》,第1088—1089页。
⑧ (元)马端临:《文献通考》卷9《钱币考二》,第252页。
⑨ (清)徐松辑:《宋会要辑稿·礼》62之78、79,第1733、1734页。

每年以 45 万贯会子作为军赏物资输入内藏库。①

有时会子与铜钱兼用,按一定比例赐给军士,这与当时的货币政策相关。南宋初年因现钱不足,官府以银、会子、铜钱按一定的折支比例发放俸禄:"诸司百官以十分为率,六分折银,四分会子。军五分折银,三分见缗,二分会子"。② 军赏的发放也杂以银、会子、铜钱,只不过比例有所不同,如乾道五年(1169 年),朝廷拨银 320 两、钱 37470 贯 700 文、会子 10862 贯 300 文,后又拨银 396 两 6 钱、钱 45783 贯 600 文、会子 12856 贯,交给马军司充作阅兵犒设。③ 乾道八年(1172 年),浙东七州府犒赏弩手,以"见钱、会子各一半"的比例发放。④

赏赐领域内的会子也有地域性。因各地区流通的钱币不同,南宋出现地区性的会子,如东南会子、川引、关外银会子、铁钱会子、淮交、湖会等。如宋宁宗开禧三年(1207 年)奖赏"复四川功"的将士,共发放"钱八万二百五十引",⑤以川引作为四川地区的军赏。宋理宗嘉熙二年(1238 年),发行都会子 200 万及第 7 界湖会 900 万,交付都督参政行府犒赏京湖地区的将士,⑥对京湖地区将士的奖励以湖会为主。

(二) 金银类

黄金用于赏赐,史书上记载较早的约在战国时期,西汉开始大规模使用,"汉赏赐多用黄金",次数和数量惊人,而"费用浩瀚,不闻告乏",黄金储备充足,"至王莽末,省中黄金尚积六十万斤"。⑦ 东汉赐金记载锐减。西晋至南朝初年赏赐用金大为减少,南朝中期以后渐次增多,至隋朝显著增加。宋人困惑于期间的起起落落,宋太宗曾与朝臣探讨"西汉赐与悉用黄金,而近代为难得之货"的个中缘由,国子博士、秘阁校理杜镐以为"当是时,佛事未兴,故金价甚贱",佛教兴起消耗了大量黄金,黄金成为紧俏物资,进而价高难求。⑧

作为赏赐品的银出现较晚,后汉以前相关记载很少。"银自后汉以来,渐次充赏赐、招募、悬赏、赠遗、赍远等种种用途……至隋,银殆与金同样使

① (清)徐松辑:《宋会要辑稿·食货》52 之 19,第 5708 页。

② (宋)李心传:《建炎以来系年要录》卷 189,绍兴三十一年三月甲午,第 327 册,第 695 页。

③ (清)徐松辑:《宋会要辑稿·礼》62 之 75,第 1732 页。

④ (清)徐松辑:《宋会要辑稿·礼》62 之 78,第 1733 页。

⑤ (宋)佚名编,汝企和点校:《续编两朝纲目备要》卷 10,第 178 页。

⑥ (元)脱脱等:《宋史》卷 42《理宗纪二》,第 816 页。

⑦ (宋)王楙撰,郑明、王义耀校点:《野客丛书》卷 27《汉赐金晋赐布帛》,上海古籍出版社 1991 年版,第 391 页。

⑧ (元)脱脱等:《宋史》卷 296《杜镐传》,第 9876 页。

用。用银特别发达之风气,可视为自南北朝末期至隋时代的事情"。① 后汉以后赏赐领域中的银渐次增多,不过金银的货币作用至唐宋才有显著进展。宋朝金银的数量之所以在赏赐领域内不断增加,除受商品经济的影响外,与金银产量大增、民间奢靡之风盛行、储存方式等有很大关系。漆侠先生曾对宋朝银的产量作过统计:

> 从宋代金、银的产量和政府岁课看,都是日益增加的。以银为例,宋太宗至道末年为 145000 两,到北宋中期仁宗嘉祐年间则增至 411420 两,几乎增长了 3 倍,而到北宋徽宗年间,高达 186 万两,为北宋初的十二三倍。②

日益增长的金银,尤其是白银使越来越多的贵金属出现在赏赐领域,同时民间奢靡之风的盛行推动了社会对金银的需求量。北宋初年"崇尚俭素,金银为服用者鲜",宋真宗朝"侈费寖广,公卿士大夫是则是效",以"侈靡相胜",③对金银需求量很大。另外金银一向被视为财富的象征,以其价高,易于储存,被大量贮藏起来,"人有兄弟子侄同居,而私财独厚,虑有分析之患,则买金银之属而深藏之。"④故金银一向受到上层社会的欢迎,在赏赐品中的分量不断增加。

贵金属赏赐一般可分为金银、金银钱与金银器三类,最为常见的即为金银赏赐,上文所述甚多,不再赘述。

1. 金、银钱

宋朝继承前代的做法铸成金、银钱,多为欢庆喜事而用,很少在市面流通。如乾德四年(966 年)崇元殿修成,宋太祖召近臣及侍卫军校观上梁,并赐金钱,当时还召集左右街僧道、商贾前来观看,在新殿上抛撒金钱、果食,任人争抢。⑤ 为庆贺皇子、皇女诞生而发放的"浴儿包子"内便含"金银大小钱"等,⑥怀孕嫔妃的赏赉中也有银钱 3 贯。⑦ 大中祥符三年(1010 年),

---

① 〔日〕加藤繁:《唐宋时代金银之研究——以金银之货币机能为中心》,中华书局 2006 年版,第 562 页。
② 漆侠:《宋代经济史》,第 1078 页。
③ (宋)王栐撰,诚刚点校:《燕翼诒谋录》卷 2,第 14 页。
④ (宋)袁采撰,贺恒祯、杨柳注释:《袁氏世范》卷 1《同居不必私藏金宝》,天津古籍出版社 1995 年版,第 24 页。
⑤ (清)徐松辑:《宋会要辑稿·方域》1 之 11,第 7324 页。
⑥ (宋)蔡絛撰,冯惠民、沈锡麟点校:《铁围山丛谈》卷 4,第 61 页。
⑦ (宋)周密:《武林旧事》卷 8《宫中诞育仪例略》,第 129 页。

知开封府周起奏事,恰值皇子降生,宋真宗喜不自禁,"即入禁中,怀金钱出",赐予周起。① 又如宋理宗朝,周、汉国公主出降,赐宰执、亲王、侍从、内职、管军副都指挥使以上"金银钱胜色子有差"。② 金、银钱主要用于玩赏,本身价值并不高,周煇《清波杂志》追述宫廷诞子旧事,曾提及人们争抢"浴儿包子"的热闹场景,因正值盛暑,一镀金钱仅能换一杯水。③

2. 金银器物

宋朝赏赐领域内的金银器物品种繁多,据《武林旧事》载,皇后归谒家庙,赏赐所用的金银器物就有金合、金瓶、金盘盏、金环、金镯、金钗、银盘盏等。④

赏赐所用较常见的金银器物有金、银碗(椀、盌与碗同义)。金碗以其价高多赐将帅,宋孝宗淳熙四年(1177年),以"军政严肃"赐殿前司正副将22人、步军司正副将15人,每人均获10两金碗2只。⑤ 银碗则多赐士兵、平民,宋神宗元丰五年(1082年),赐弓箭手马步射第一等银碗7两、绢5匹,步射及弩手第一等银碗5两、绢5匹,第二等、三等各递减三分之一。⑥ 元丰七年(1084年),泾原路静边寨将官彭孙击退西夏军,朝廷除赐出战人员特支外,以"御捍夏国大兵功状显异,兼熙河路定西城守御大兵不多,及经略安抚制置司已有排办下准备赏罚银盌不少,可以支用得足"为由,将3000只银盌用元打角车子装载,派遣内侍刘友端前往泾原路,赐出战人员每人1只银盌,"以赏异功"。⑦ 宋哲宗元符二年(1099年),鄜延路立功将士受赐3两银椀,轻伤将士受赐2两银椀。⑧ 宋徽宗宣和五年(1123年)太湖石运至开封,役夫每人获赐银碗1个,共赐1000个。⑨

金、银合为盛具,多贮盛香、茶、药等物,一并赏赐他人,如宋哲宗元祐二年(1087年),赐熙河兰会路将兵银合茶药。⑩ 金、银合的重量依据官职而有区别,如腊日赐宰执、亲王、三衙、侍从官、内侍省腊药,所装银合"各一百

---

① (宋)李焘:《续资治通鉴长编》卷73,大中祥符三年四月癸亥,第1666页。
② (宋)周密:《武林旧事》卷2《公主下降》,第27页。
③ (宋)周煇撰,刘永翔校注:《清波杂志校注》卷4《汴都旧事》,第160页。
④ (宋)周密:《武林旧事》卷8《皇后归谒家庙》,第137页。
⑤ (清)徐松辑:《宋会要辑稿·兵》19之28,第7094页。
⑥ (宋)李焘:《续资治通鉴长编》卷331,元丰五年十一月辛卯,第7973页。
⑦ (宋)李焘:《续资治通鉴长编》卷349,元丰七年十月壬申,第8367—8368页。
⑧ (宋)李焘:《续资治通鉴长编》卷507,元符二年三月丁巳,第12076页。
⑨ (宋)方勺撰,许沛藻、杨立扬点校:《泊宅编》卷中,第82页。
⑩ (宋)李焘:《续资治通鉴长编》卷405,元祐二年九月辛亥,第9861页。

两以至五十两、三十两各有差”,①分 30 两、50 两及 100 两不等。宋孝宗乾道三年(1167 年),诏依例赐夏药给两浙东路安抚使洪适,福建路安抚使王之望,四川安抚制置使汪应辰,前宰执、知宁国府(今安徽宣城)汪澈和知泉州周葵,令户部打造 100 两银合 4 具,50 两银合 1 具,赐诸路安抚使及前任宰执 100 两银合,赐知州 50 两银合。同时四川宣抚使吴璘、御前诸军都统制戚方等 9 人,知阶州(今甘肃武都)、节制本州岛屯驻军马吴拱,以及御前诸军统制、统领、将佐、官属依例赐夏药,令户部打造 100 两银合 1 具,30 两银合 10 具,交付进奉院,“附递给赐”,②赐宣抚使 100 两银合,赐其他人等30 两银合。

金合则多赐给宰执、亲王或立有大功者。北宋皇室诞子曾密赐宰相金合,多至二三百两。乾道七年(1171 年),宰执进呈赐皇子魏王的夏药,虞允文奏问:“前二府用百两银合,亲王易以金否?”宋孝宗答:“用金”,③要求用金合盛装。

宋朝常将金银制鞍勒赐给臣民。鞍勒即鞍子和套在马头上带嚼口的笼头,有玉、金、银等质地。唐朝鞍勒之赐较为少见,至五代渐次增加,当时规定内外将相只能配银饰鞍勒。④ 两宋鞍勒成为常见赏赐品,“宋以赐群臣,其非赐者皆有令式”,依据官员身份和地位,鞍勒的质地、图案、重量等均有所区别。如最高级别的鞍勒为金涂银闹装牡丹花校具 80 两,紫罗绣宝相花雉子方鞯,油画鞍,白银衔镫,赐宰相、亲王、枢密使带使相,及曾任宰相、观文殿大学士、宫观使和殿前马军步军都指挥使。其次为金涂银闹装太平花校具 70 两,紫罗绣瑞草方鞯,油画鞍,陷银衔镫,赐使相、枢密副使、参知政事、宣徽使、节度使、宫观使、殿前马军步军副都指挥使和都虞候。皇亲婚嫁皆赐金涂银花鞍,金涂银校具自 80 两至 12 两,有 6 等。辽使则赐金涂银太平花校具 70 两,副使 50 两。⑤ 宋真宗咸平年间(998—1003 年),殿前右班都虞候刘谦曾毁鞍勒送中使;⑥宋孝宗朝徽猷阁学士蔡洸致仕,“囊无余资”,只得卖掉银鞍鞯筹措路费,⑦上述事例说明鞍勒的金银含量当有不少。

赏赐所用的金银器具还有其他物品,如戎器。宋太宗淳化三年(992

---

① (宋)周密:《武林旧事》卷 3《岁晚节物》,第 47 页。

② (清)徐松辑:《宋会要辑稿·礼》62 之 70—71,第 1729—1730 页。

③ (清)徐松辑:《宋会要辑稿·礼》62 之 71—72,第 1730 页。

④ (宋)薛居正:《旧五代史》卷 4《太祖纪四》,中华书局 1997 年版,第 63 页。

⑤ (元)脱脱等:《宋史》卷 150《舆服志二》,第 3511—3512 页。

⑥ (元)脱脱等:《宋史》卷 275《刘谦传》,第 9382 页。

⑦ (元)脱脱等:《宋史》卷 390《蔡洸传》,第 11956 页。

年)占城王遣使贡物,获赐戎器中就有银装剑、银缠枪。① 宋神宗元丰七年
(1084 年),朝廷曾赐刘昌祚金线乌梢弓、银缠杆枪、金镀银装手刀等物各
50 个。② 金银质地的瓶、盆等器物也曾发放给受赐对象,如淳化四年(993
年),曾赐大食国使节间涂金银凤瓶 1 对,③还曾赐唃厮罗金饰胡床及金汲
器。④ 治平三年(1066 年),翰林学士兼侍读学士王珪因"忠纯有守,曩者有
谗语,朕今释然无疑",赐盘龙金盆 1 口。⑤ 要之,赏赐所用的金银器具较为
多样。

布帛是宋代赏赐领域内的大类,宋代随着商品经济的飞跃发展,绢帛在
流通领域中的用途和作用大为减弱,不过仍起着非常重要的作用。为方便
行文,这部分内容将在下文述及。

宋朝大量货币或准货币通过赏赐渠道发放给各阶层,一部分货币和准
货币流入收入较低的阶层,这部分赏赐品多用于日常消费,大部分货币或准
货币集中到贵族官僚阶层,其中有不少作为财富贮藏起来。

二、北宋时期银绢地位问题的再审视
——基于赏赐领域的考察

宋代货币制度的"异常复杂性"给后人研究带来极大的困扰,并易于引
发歧义,如对宋代银绢在货币流通中的地位问题,学者就有不同的看法。日
本学者加藤繁主张宋代"银货币的地位,凌驾于绢帛之上",汪圣铎观点相
左,认为至少在北宋绢帛使用的广泛程度超过白银,王文成则以为宋代银绢
之间隐约存在着一种进退替代关系,宋神宗朝以后银绢并用减少。⑥ 前辈
引经据典,用力颇深,得出不同甚至相反的结论。若我们另辟蹊径,专注于
某一领域,或许能排除某些干扰项,得出相对客观的结论。宋代银绢大量用
于赏赐,或者可从该领域予以探讨。本节研究时段仅限于北宋,是因为宋室
南渡后曾陆续发布过赐绢须折支为钱的法令,绢帛多折支后再发给受赐对
象,实际用量难以统计。

---

① (元)脱脱等:《宋史》卷 489《占城传》,第 14081 页。
② (宋)李焘:《续资治通鉴长编》卷 344,元丰七年三月庚戌,第 8256 页。
③ (元)脱脱等:《宋史》卷 490《大食传》,第 14120 页。
④ (元)脱脱等:《宋史》卷 305《晁宗悫传》,第 10087 页。
⑤ (宋)李焘:《续资治通鉴长编》卷 208,治平三年九月丙辰,第 5058 页。
⑥ [日]加藤繁:《唐宋时代金银之研究——以金银之货币机能为中心》,第 219 页;汪圣铎:
　《试论宋代绢帛的货币功能》,《中国经济史研究》2004 年第 3 期;王文成:《从银绢并用到
　银绢分离——北宋时期的银绢关系试探》,《思想战线》2001 年第 2 期。

（一）赏赐银绢的属性问题

在正式探讨问题之前,我们需要厘清北宋赏赐领域内银绢的属性问题。用银绢进行赏赐,既可看作是货币馈赠,也可看作是实物馈赠,那么北宋赏赐领域内的银绢是否具有一定的货币职能? 虽说赏赐物品未必就是货币,不过"赏赐中大量地使用某种物品,确实可以视为此种物品货币化的表征之一"。[①] 除钱币外,白银和绢帛是北宋所费最多的赏赐物品,从这个意义上讲,北宋赏赐银绢具有一定的货币职能。北宋赏赐银绢并不仅仅为实物馈赠,很多情况下其功能更接近于货币。

赏赐银绢是北宋财赋的一种支付方式,这集中表现在赙赠金的发放中。赙赠是官府支给亡者家属的丧葬费用及慰问金,"说到底仍是一种财赋的支付"。[②] 赙赠物品在北宋发生较大变化,前期以钱、绢为主,后期受钱荒等因素的影响,铜钱大量减少,银、绢成为主要的赙赠物品。如宋神宗熙宁八年(1075 年)韩琦亡故,朝廷赙赠银绢各 3000 两匹,[③]10 年后司马光病逝,朝廷赙赠银绢 7000 两匹,[④]宋徽宗宣和四年(1122 年)至七年(1125 年),张商英、程俱、韩纯彦等十余名朝臣的赙赠均以银绢对赐(即对等赐给)的方式发放,[⑤]这里银绢执行的是货币支付手段的职能。北宋前期因赙钱大量出现,且杂有他物,赙赠中银绢尤其是绢帛的货币功能尚不突出;熙宁新制后,随着赙钱的急剧减少,银绢的货币职能进一步增强。

北宋军赏中赏赐银绢的货币属性也较强,这集中反映在中央财政对边费的调拨上。北宋时期西北地区具有重要的战略意义,重兵把守,军费略重,内藏库动辄调拨几十万、上百万的功赏银绢予以支援,次数之多,数量之大,为其他地区所不及,详细情况下文将有所述及。功赏银绢作为军费开支调拨至边区,当是中央对地方的财政补助和支持,行使部分货币职能。银绢的货币职能在北宋军功赏格中也有所体现,如《武经总要》规定,右蕃落、义军、弓箭手立功者,一至二等功分别赐绢 10 匹、8 匹,三至五等功赐钱 10贯、5 贯、3 贯不等,[⑥]即二等功以上赐绢,以下赐钱。这里绢帛很难说只是一般的馈赠品,当是作为实物货币发给立功者。我们还可据此估算二等功以上获赐的大致金额。北宋初年绢价每匹 1 贯,中期以后上涨,至宋仁宗皇

① 汪圣铎:《两宋货币史》,社会科学文献出版社 2003 年版,第 869 页。
② 汪圣铎:《试论宋代绢帛的货币功能》,《中国经济史研究》2004 年第 3 期。
③ (元)脱脱等:《宋史》卷 312《韩琦传》,第 10228 页。
④ (元)脱脱等:《宋史》卷 336《司马光传》,第 10769 页。
⑤ (清)徐松辑:《宋会要辑稿·礼》44 之 18,第 1441 页。
⑥ (宋)曾公亮、丁度:《武经总要前集》卷 14《赏格》,第 725、729—730 页。

祐三年(1051年)价值1贯750文。①《武经总要》成书于宋仁宗朝,以此估算,则一等功赏绢合计17贯500文左右,二等功赏绢合计14贯左右,和三至五等功形成较为合理的级差。宋神宗朝出台过以银绢作为奖励品的赏格:元丰四年(1081年)朝廷制定加赐赏格,军将、副将以所获首级分为5等,斩级计分及1000以上者,每100级加赐银绢各50匹两,②这里银绢同样具有货币性质。

上述情形同样存在于其他赏赐领域。北宋告赏金虽以铜钱为主,但也有以绢帛作为告赏金的事例,如宋太祖开宝三年(970年),诏令举告私贩幽州(今北京西南)矾出入边界,告获1人赏绢10匹;告获2人赏绢20匹;告获3人以上,不计多少均赏50匹,③按照缴获走私物品的多少来奖励告人,这里绢帛具有和铜钱一样的功能。

北宋银绢拨赐后有不少通过多种渠道进入流通领域,如用于购置宅邸。太平兴国初年,晋州(今山西临汾)都钤辖田钦祚击败太原骁将杨业,立下赫赫战功,宋太宗赐银5000两,令其购买宅第,④陈洪进纳土后,宋太宗赐银1万两作为购房钱款。⑤ 淳化二年(991年),宋太宗赐银5000两给凉州(今甘肃武威)观察使刘福之子,"令市宅以居焉",⑥上述白银极有可能直接进入流通市场用于商品交易。

解除困境。宋代有不少官员身亡后家计陷入困顿。如宋仁宗庆历七年(1047年),贝州(河北清河西北)王则兵变,都监马景之父马遂遇害,因家境贫寒,朝廷赙绢100匹以助丧事。⑦ 元丰二年(1079年),宋神宗赐已故祠部郎中、同提点在京仓草场刘昭远家银绢各100两匹,"以提点沈希颜言其家贫故也",⑧以缓解刘家一时之困顿,这些银绢当有大部分直接或间接进入流通领域。

除绢帛不易储存外,赏赐白银还被作为财富贮藏起来,如枢密使楚昭辅"前后赐予万计",曾受赐白银1万两,其为人吝啬,"悉聚而畜之",⑨将受赐之物悉数收藏,这里白银发挥的是货币的贮藏功能。

---

① 程民生:《宋代物价研究》,人民出版社2008年版,第232—235页。

② (清)徐松辑:《宋会要辑稿·兵》18之7,第7061页。

③ (清)徐松辑:《宋会要辑稿·食货》34之1,第5389页。

④ (元)脱脱等:《宋史》卷274《田钦祚传》,第9359—9360页。

⑤ (宋)李焘:《续资治通鉴长编》卷19,太平兴国三年七月乙酉,第432页。

⑥ (宋)李焘:《续资治通鉴长编》卷32,淳化二年正月丁巳,第711页。

⑦ (宋)李焘:《续资治通鉴长编》卷230,熙宁五年二月甲寅,第5589页。

⑧ (宋)李焘:《续资治通鉴长编》卷299,元丰二年八月戊戌,第7277页。

⑨ (元)脱脱等:《宋史》卷257《楚昭辅传》,第8959页。

综上,赏赐银绢是北宋财政支出的重要载体,行使着货币的部分职能。北宋赏赐领域内的银绢看似是以皇帝的名义馈赠给臣民的实物,实际上往往具有一定的货币职能。北宋赏赐银绢大量用于置办家产、解除困境等,很快消失在流通领域,也有被视为积累财富的手段贮藏起来,以备来日之需。

（二）在重要赏赐领域绢的使用往往超过银

北宋赏赐涉及的领域十分广泛,有郊祀、军功、赙赠、举告、贡赐等,而又以前三大领域赏赐规模最为浩大、影响最为深远,具有一定的代表性,故本节以此三大领域作为重点考察对象。

1. 郊赉中的银绢对比

相关法令虽明文规定郊赉中绢帛为半数,但实际投入发放的往往超出其他物品,居于首位。宋真宗大中祥符年间(1008—1016年),三司从内藏库调拨的军用郊赉大致有金1万两,银30万两,钱70万贯,绸绢100万匹,[①]绢和绸的具体用量不明,不过北宋绢帛之征中绢的赋入最多,用量多超过绸。当时银价每两约2贯,绢价每匹1贯,绸每匹800文。[②] 若将绢、绸按1∶1的比例推算,则绢价折合50万贯,绸价折合40万贯,共计90万贯,而银价折合60万贯,绢帛价值超过了白银。宋室南渡后,宋高宗建炎二年(1128年)举行南郊大礼,"用钱二十万缗,金三百七十两,银十九万两,帛六十万匹,丝绵八十万两,皆有奇",[③]总额约179万余贯两匹。南宋初年绢价约2贯,临安府官价银为2贯500文,[④]据此估算,则建炎二年(1128年)南郊赏赐所用绢的总额折合120万贯,银折合47.5万贯,绢的价值超出银的2倍以上。

再以宋仁宗嘉祐七年(1062年)明堂大礼支费为例(见表4-1)。

表4-1　嘉祐七年明堂大礼各项支费统计表

物品	钱(贯)	银(两)	金(两)	绢(匹)	绸(匹)	高级丝织品	丝(两)	绵(两)	第二等生衣物
数量	962000	354630	6770	1200800	400100	不详	388000	1428000	不详
折算(贯)	962000	709260	60930	1561040	320080	99800	15520	108528	450000

注:据程民生先生考证,北宋中期银价每两约2贯,金价每两约9贯,绢价每匹1贯300文,绸每匹800文,丝每两40文,绵每两76文。[⑤]

————————

① (宋)李焘:《续资治通鉴长编》卷87,大中祥符九年六月乙酉,第1995页。
② 程民生:《宋代物价研究》,第274、234、245页。
③ (宋)李心传撰,徐规点校:《建炎以来朝野杂记》甲集卷17《渡江后郊赏数》,第379页。
④ 程民生:《宋代物价研究》,人民出版社2008年版,第239、276页。
⑤ 程民生:《宋代物价研究》,第274、270、234、245、248—249页。

核算后的明堂大礼所费银价 709260 贯,各类绢帛总价 2104968 贯,绢帛数量与价值均高出白银数倍以上,甚至高于白银与其他物品的总和。宋仁宗朝蔡襄担任三司使,规定明堂大礼支费均以嘉祐七年(1062 年)为准,①这说明北宋明堂大礼所费物资中绢帛的价值和数量多居于首位。

2. 军赏中的银绢对比

绢帛是北宋主要的军赏物资。宋神宗致力于熙河开边,为支援战争的顺利进行,朝廷调拨大量军赏物资。熙宁七年(1074 年)调拨绢 20 万匹至熙河经略安抚司,熙宁十年(1077 年)再拨绢 15 万匹、银 5 万两。② 元丰七年(1084 年)正月,朝廷分别从左藏库调拨 6 万匹、元丰库调拨 4 万匹功赏绢给鄜延路,③三月又从内藏库调拨 10 万匹功赏绢给环庆路。④ 宋哲宗朝仍持续调拨大量功赏绢给西北三路,元祐三年(1088 年)支拨熙河兰会路银绢各 5 万两匹,鄜延路绢 8 万匹,泾原路绢 7 万匹,环庆路、秦凤路绢各 5 万匹,"以防秋备军赏也",⑤调拨物资共计 35 万,其中大半为绢帛。

为进一步考察北宋军赏银绢使用的大致情况,笔者曾对李焘《续资治通鉴长编》中的相关史料进行过系统的整理(见表 4-2)。

表 4-2 北宋军赏物资统计表

	绢	银	钱	银钱	银绢	银钱绢	钱绢	绢粮	其他
宋太祖	1	0	1	0	0	0	2	0	3
宋太宗	1	0	3	0	0	0	1	0	8
宋真宗	0	0	29	1	2	3	2	1	13
宋仁宗	0	0	10	0	4	0	0	1	3
宋神宗	39	2	12	0	18	1	3	1	9
宋哲宗	6	8	16	3	14	1	1	0	9
	47	10	71	4	38	5	9	3	45

注:本统计表依据《续资治通鉴长编》整理而成,宋英宗朝军赏物资的发放仅有 1 处记载,且物品不详,暂忽略不计。

表 4-2 虽是对北宋军赏物资的不完全统计,且缺乏徽宗、钦宗两朝数

① (宋)庄绰撰,萧鲁阳点校:《鸡肋编》卷中《明堂支费》,第 75—76 页。
② (宋)李焘:《续资治通鉴长编》卷 250,熙宁七年二月己巳,第 6081 页;卷 280,熙宁十年正月乙巳,第 6853 页。
③ (宋)李焘:《续资治通鉴长编》卷 342,元丰七年正月壬戌,第 8230 页。
④ (宋)李焘:《续资治通鉴长编》卷 344,元丰七年三月辛亥,第 8257 页。
⑤ (宋)李焘:《续资治通鉴长编》卷 411,元祐三年五月辛酉,第 10002 页。

据,但仍能说明当时银绢大致的使用情况。表 4-2 涉及北宋六朝 232 次军赏物资的发放,其中绢单独使用 47 次,搭配使用 55 次,共计 102 次,占总数的 44%;钱单独使用 71 次,搭配使用 18 次,共计 89 次,占总数的 38%;银单独使用 10 次,搭配使用 47 次,共计 57 次,占总数的 25%。绢的使用次数不仅超过银,甚至超过钱,且在宋神宗朝骤然增加。表 4-2 进一步说明北宋军赏物资中绢的用量要大于银。

3. 赙赠物品中的银绢对比

宋代赙赠物品的构成颇能说明银绢在赏赐领域内的使用情况。如前文所述,宋朝赙赠品的构成以熙宁新制为界,前后有较大变化。无论旧制还是新制,绢均为常赙的主要物品。特赙反映的是赙赠法运行的实际情况,更具有说服力。① 特赙物品前期与常赙较为一致,后期则发生较大变化,赙银开始大量出现。《宋会要辑稿·礼》详细记载了自宋太祖乾德二年(964 年)至宋钦宗靖康元年(1126 年)162 年间发生的 136 次特恩赙赠②(见表 4-3),有明确记载的特赙共 121 次,其中绢单独使用 26 次,搭配使用 60 次,总计 86 次,约占总数的 63%;银单独使用 11 次,搭配使用 21 次,总计 32 次,约占总数的 24%,绢的使用次数要多出银 1 倍。

表 4-3　《宋会要辑稿·礼》44 中特恩赙赠物品统计表

物品	绢	银	钱	银钱	银绢	银钱绢	钱绢	粮	绢粮	钱粮	金	不详
次数	26	11	14	1	18	2	31	1	9	6	2	15

要之,北宋重要赏赐领域内绢帛使用的广泛程度要超过白银。北宋南郊大礼共 38 次,明堂大礼 17 次,绢帛均为大宗;功赏绢帛还常作为重要的战备物资发给将士;无论常赙还是特赙,绢帛始终都是北宋主要的赙赠物品,北宋后期白银开始大量出现,但用量并未超过绢帛。通过对以上三大赏赐领域内银绢用量的比较研究,可以得出北宋赏赐所用绢帛的用量往往超过白银的结论。

(三) 赏赐领域内银绢并用的情况较为常见

北宋赏赐物品的使用还有一种普遍现象,即银绢并用。白银与绢帛在古代又有"金帛"、"银帛"、"器币"、"银绢"等多种合称,笔者利用电子检索

---

① 王艳:《宋朝身后抚恤制度的发展与完善——宋朝官赙特征探析》,《信阳师范学院学报》2015 年第 1 期。

② (清)徐松辑:《宋会要辑稿·礼》44 之 12—23,第 1438—1443 页。

系统查阅《二十四史》，发现 4 种合称在《宋史》中出现的次数均多于其他史书（见表 4-4）。"金帛"似最为常见，在《二十四史》中共出现 706 处，其中《宋史》所占最多，共 243 处，占 34.4%；其次为《新唐书》，共 65 处，不足《宋史》的三分之一。其余 3 种合称出现在《宋史》中的次数也远高于其他史书，这种情况从侧面说明宋代银绢同时使用的现象较为普遍。

表 4-4　《二十四史》中白银与绢帛合称出现次数统计表

	《二十四史》	《新唐书》	《宋史》	《明史》	《宋史》占比（%）
金帛	706	65	243	62	34.4
银帛	30	0	21	2	70
器币	147	7	113	0	76.9
银绢	97	0	64	0	66

北宋赏赐银绢并用的情形非常多。北宋初年郊赉所用物品多为银绢："率三岁一亲郊祀，共计缗钱常五百余万贯，太半以金银绫绮绵绢平其直而给之"。[①] 大部分物品折支成金、银、绢帛发放给受赐者，黄金价高量少，数额有限，故郊赉实际发放物品仍以银绢为主。这一情形持续到北宋末年，期间经历了数次变化（见表 4-5）。

表 4-5　北宋高级官员郊赉所得统计表

	宰臣、枢密使	知枢密院事、枢密副使	三司使	三司副使、阁直学士
北宋初年	4000	3000	1000	300
庆历二年	3000	2000	700	200
熙宁三年	1500	1000	350	100

注：本统计表依据《续资治通鉴长编》卷 137、《宋会要辑稿·礼》25、《宋史》卷 179《食货志下一》相关记载整理而成。

上述表格中银绢均以对赐的方式发放，北宋初年宰臣、枢密使所得较高，分别为银绢各 4000 两匹，宋仁宗庆历二年（1042 年）减至 3000 两匹，宋神宗熙宁三年（1070 年）再减至 1500 两匹。在极大的财政压力下，自庆历始朝廷削减郊赉，其中又以熙宁三年（1070 年）力度最大，中低级官员大致

———————

① （宋）章如愚：《群书考索后集》卷 63《财用门·数目》，第 822 页。

也按银绢并赐的方式发放。

北宋军赏物资中银绢并赐的情况也不少,表 4-2 显示,宋真宗朝出现军赏银绢并用现象,六朝银绢并用有 44 次,占总次数的 19%,比例不算低。银绢并赐的相关事例在宋神宗朝最多,共 19 次,宋哲宗朝仍存在军赏银绢并赐的方式,只不过因库存银两不足,实际发放时绢略多于银。

北宋银绢并赐的情况在特恩赙赠中较为常见,如表 4-3 显示,银绢并赐 20 次,占总次数的三分之一,仅次于钱绢并用。另据《宋会要辑稿·礼》44 统计表明,特恩赙赠中银绢并用的情形首次出现在宋神宗元丰二年(1079 年),之后渐次增加,至宋徽宗朝以后频繁出现,宋徽宗、钦宗两朝特恩赙赠共计 32 次,银绢并用就有 16 次,占总数的一半。

通过对以上各类史料的对比分析研究,可以发现北宋银绢并赐的情形相当常见,尤其在宋神宗朝以后,军赏和赙赠领域中银绢并用的情形非但没有减少,反而有增加的趋势。

(四) 赏赐领域内广泛使用绢帛的原因分析

以上情况表明,尽管北宋绢帛失去了法定的货币地位,但在赏赐领域仍十分活跃,有时绢帛单独使用,有时则与白银及其他物品共同使用,使用的次数和用量多超过白银。这种情形的出现是由北宋绢帛的经济地位及自身特性等原因所决定的。

1. 绢帛作为赏赐用品由来已久

长期以来绢帛一直是中国古代社会的赏赐用品。晋代绢帛开始成为主要的赏赐品,"晋赏赐多用绢布",动辄以千匹计,个人所得最高纪录为 30 余万匹。"苏峻之乱,台省煨烬时尚有布二十万匹",[1]东晋成帝年间苏峻、祖约发动叛乱,战火焚毁后府库仍残存大量布帛。唐代"在军费与赏赐方面,绢帛的使用殆数倍于金银",[2]赏赐所用绢帛数仅次于手工艺品,远高于金银,位居第二位。[3]《旧唐书》载有名将李靖 7 次获赐经历,其中 4 次获赐物品皆为绢帛,3 次则在绢帛外配以奴婢、马匹等,[4]上述情形与当时"钱帛兼行"的时代特征密切相关。宋代绢帛虽有退出流通领域的趋势,但仍为主要的赏赐物品。

---

① (宋)王楙撰,郑明、王义耀校点:《野客丛书》卷 27《汉赐金晋赐布帛》,第 391 页。

② [日]加藤繁:《唐宋时代金银之研究——以金银之货币机能为中心》,中华书局 2006 年版,第 219 页。

③ 彭康华:《唐代物质赏赐研究》,硕士学位论文,西南师范大学历史文化与旅游学院,2004 年,第 14 页。

④ (后晋)刘昫:《旧唐书》卷 67《李靖传》,第 2477—2481 页。

2. 绢帛之征是国家主要的财政收入来源

宋代绢帛为主要的赏赐用品还跟当时国家财政收入的构成有关。宋代租税之征大致有 4 类：谷、帛、金铁、物产，布帛仅次于谷物。布帛丝绵之品共有 10 类：罗、绫、绢、纱、𬘓、绸、杂折、丝线、绵、布葛等，①兹列表说明北宋绢帛之征的岁入情况（见表 4-6）。

表 4-6　北宋年间绢帛之征统计表

	绢（匹）	绸（匹）	𬘓（匹）	布（匹）	绫（匹）	纱（匹）	锦绮（匹）	丝（两）	绵（两）
至道三年	1708000	379000	52000	116000	缺	缺	缺	705000	4970000
天禧五年	1552000	9415000	137000	3057000	344000	25000	28000	4170020	18991000
治平元年	8745535	缺							
熙宁十年	2672323							5850356	

注：熙宁十年为两税收入统计。关于北宋绢帛之征的具体数目史料记载多有出入，本统计表依据《续资治通鉴长编》卷 97、《群书考索》后集卷 63《财用门》、《文献通考》卷 4《田赋考四》、《蔡忠惠公文集》卷 18《论兵十事疏》相关记载整理而成。

从表 4-6 可知，北宋绢帛之征稳步上升。宋真宗天禧年间（1017—1021 年）上供额下降，但"惟钱帛增多，余以移用颇减旧数"，②绢帛之数不减反增。表 4-6 中宋神宗熙宁十年（1077 年）绢帛之征仅为两税赋入数，可知总量比北宋初年高出不少。北宋财政收入中绢帛占据大宗，在财政支出中所占比例当然不少。宋室南渡后赋入要求以钱代帛，财政收入中绢帛大减，故赏赐绢帛多折支为钱币等物。从表 4-6 又可知，宋代布帛之征以丝织品为主，又以绢、绸赋入最高，故宋代用于赏赐的纺织品以绢的用量最大，其次为绸。如宋仁宗天圣以后军用郊赉中有绸、绢 100 万匹，锦绮、鹿胎、透背、绫罗纱縠合 50 万匹，③绸绢用量超出其他丝织品总和的 1 倍。

3. 绢帛仍具备一定的货币功能

两宋是金属铸币和纸币全面流通的时期，而实物货币尤其是绢帛仍在行用。宋代绢帛虽失去了法定的货币地位，货币功能大为减弱，但仍能行使

---

① （元）马端临：《文献通考》卷 4《田赋考四》，第 96 页。

② （宋）章如愚：《群书考索》后集卷 63《财用门·数目》，第 822 页。

③ （元）脱脱等：《宋史》卷 179《食货志下一》，第 4370 页。

部分的货币职能,在当时的经济生活中起着准货币的作用,汪圣铎先生曾在《试论宋代绢帛的货币功能》一文中首次系统地论述了这一观点。除受商品经济发展水平的影响外,宋代绢帛尚存的货币功能当与政府的财政状况相关,长期的战争导致政府财政高度紧张,"迫使宋代发展出一种比较发达和复杂的金融体系。在当时的特定条件下,这种金融体系在相当大程度上依赖于实物资产提供信用保障"。① 宋代绢帛是否还具有货币功能,可从交换媒介、支付手段、价值尺度等货币的基本职能进行考察和研究。宋代绢帛普遍使用于官方籴买及禁榷贸易中,执行流通手段或支付手段的职能。财政中绢帛是主要的调拨物资,如岁币用绢、偿还入中者用绢等。宋代绢帛作为价值尺度的情况虽不多,但某些场合绢帛成为计量的基准单位。如此,宋代绢帛虽已不具备完全的货币功能,但在某些场合仍能行使货币职能,而其发挥货币职能最多的场合即是赏赐领域。②

4.绢帛本身特性所致

与金银相比,作为赏赐品的绢帛具有实用性强、发放对象广泛的特点。衣食是人类生活中的两大基本需求,绢帛是制作衣物的原料,日常生活的必需品,实用性很强。宋代官员俸给的基本构成中就有绢帛,当时的俸给大体可分为本俸和添给两大类,本俸又分为料钱、衣赐和禄粟三部分,衣赐分春、冬服,主要支给绢、绵、罗、绫等丝织品。发放料钱时朝廷多实行折支法,即折算成绢帛、茶、盐、酒等物品。北宋初年采取"一分实钱,二分折支"的支给办法,③即三分之一发放现钱,三分之二折支他物,这种方法延续了很长时间。又如支给禁军的春、冬两季衣服也需大量布帛供应,上衣多用绢、绸,下衣则用布、绵。绢帛可谓宋人日常生活中不可或缺之物,是颇受青睐的赏赐物品之一。

除实用性较强外,绢帛的赏赐对象也较为广泛。金银因价高适宜赏赐贵族官僚集团,绢帛的受众则更加广泛。高级丝织品适宜赐予地位崇高者,北宋初年赐给吴越王钱俶的锦绮曾多达 100066300 余匹;④庶民则多赐一般织物,如太平兴国二年(977 年)宋太宗巡视凿池施工现场,赐 35000 名役卒每人钱 1 贯、布 1 端。⑤ 综上,宋代流通领域内绢帛数量虽有所减少,却因其不可替代性而顽固地普遍使用于赏赐等领域。

---

① 彭波、陈争平、熊金武:《论宋代香料的货币性质》,《中国社会经济史研究》2014 年第 2 期。
② 汪圣铎:《试论宋代绢帛的货币功能》,《中国经济史研究》2004 年第 3 期。
③ (宋)高承撰,金圆、许沛藻点校:《事物纪原》卷 4《官爵封建部·折俸》,第 202 页。
④ (宋)袁褧:《枫窗小牍》卷上,丛书集成初编本,第 14 页。
⑤ (宋)李焘:《续资治通鉴长编》卷 18,太平兴国二年正月乙巳,第 398 页。

货币是商品交换的媒介和价值尺度,其流通量的大小取决于商品经济的发展水平。赏赐领域内各类货币占有率的多少深刻地反映了宋代流通领域内的若干变化。赏赐是宋代银绢广泛使用的领域,宋太宗曾说:"朕爱惜金帛,止备赏赐耳",①国库储备的银绢大量用于赏赐。赏赐事例在宋朝相关的史籍上俯拾皆是,上文列举的远不足一二,银绢涉及赏赐领域之广也非本文篇幅所能概括。不过仅从上述若干赏赐领域考察,我们仍能对北宋货币流通中银绢的地位问题有个基本判断。

唐代钱币成为主要的通货,而绢帛仍保有合法的货币地位,金银大量增加。至宋钱币、金银用量持续增加,绢帛的使用则呈减少趋势,不过具体到银绢的地位问题应慎重对待,两者并非简单的你退我进的关系。北宋白银使用量逐年增加,货币属性逐渐增强,说明白银货币化的进程有了进一步发展,在经济生活中的地位有所上升,但白银并未完全取代绢帛。宋代官方始终没有颁布过绢帛代钱使用的正式法令,绢帛的货币功能较唐代大为减弱,却因本身特性而顽固地在流通领域保有一席之地。北宋绢帛行使着货币的部分职能,满足了政府的财政需求,扩大了政府的支付能力,在财政运用中占据着重要地位。北宋绢帛使用的广泛程度甚至超过白银,这在赏赐领域表现得尤为明显。北宋银绢并用多以对赐的方式出现并非偶然,这恰与当时流通领域中白银渐次增加、绢帛尚未完全退出的史实相符合。

第二节　服　　饰

宋代服饰赏赐以章服为主。因当时盛行簪花习俗,风尚所及,生花或宫花也是宋朝颁赐朝臣的重要佩饰。

一、章　　服

章,即官吏的佩饰,主要是指公服上佩戴的鱼袋、革带;服是指官吏的服饰,以紫衣、绯衣为主。"是以天下见其服而知贵贱,望其章而知其势",②官员职位之高下,地位之贵贱透过章服一望而知。据说百官服色定于隋炀帝出游之时,"紫、绯、绿、青为命服,昉于隋炀帝巡游之时,而其制遂定于唐",唐朝则将之制度化,"百官赏绯紫必兼鱼袋,谓之章服",即三品官以上服

---

① (宋)李焘:《续资治通鉴长编》卷34,淳化四年正月辛卯,第745页。
② (汉)贾谊撰,阎振益、钟夏校注:《新书校注》卷1《服疑》,中华书局2000年版,第53页。

紫,佩金鱼袋,五品官以上服绯,佩银鱼袋。① 北宋初年因袭唐制,至宋神宗
元丰年间(1078—1085年)调整服色品级,规定四品官服紫,六品官服绯。

赐章服是指阶官未及,不能服紫、绯的官员,朝廷特赐改转服色,"服
色,凡言赐者,谓于官品未合服而特赐也",②即服绯者赐紫,服绿者赐绯。
赐"服"时,一般配以相应的"章",如赐紫服,配以金鱼袋,即"赐紫、金鱼
袋",也称"赐金紫"、"赐金紫服"、"赐紫"、"赐三品服"或"赐紫章服";赐
绯服,则配以银鱼袋,即"赐绯、银鱼袋",也称"赐绯鱼"、"赐绯"、"赐五品
服"。不过若受赐对象地位低下,也有可能只有"服"而无"章"。对于这些
受赐官员,"内品未至而赐服及借者,并于衔内带赐及借",③衔内须带"赐
紫、金鱼袋"或"赐绯、银鱼袋",以示区别。

(一) 赐紫衣、绯衣

宋代官员获赐紫衣、绯衣的机会相当多。南宋初年曾规定在下列三种
情况下可赐紫、绯:自庶官迁至六部侍郎、待制;奉命出使;任职的年数和劳
绩。④ 这说明,宋代赐服主要依据官职、年限、业绩等。不过,宋代章服赏赐
始终缺乏明确的标准,两宋之间的变化也较为明显。

对于赐服的官职,两宋曾陆续出台相关的法令条例,如北宋规定部分中
高级官员朝辞、朝谢日赐章服:宋仁宗嘉祐三年(1058年)以后,三品转运使
朝辞日赐服;宋神宗元丰五年(1082年),诏令"六曹尚书依翰林学士例,六
曹侍郎、给事中依直学士例,朝谢日不以行、守、试并赐服佩鱼",这说明元
丰五年(1082年)之前,翰林学士、直学士朝谢日赐服;元丰五年(1082年)
以后,六曹尚书、侍郎、给事中依例赐服。南宋初年则规定自庶官迁至六部
侍郎、待制的官员赐章服。⑤

对于赐服的年限,两宋之间也有一定的变化。宋代依年限赐服多随朝
中政治大事如郊祀、登基等推恩而行。此类赐服始于宋太宗雍熙元年(984
年)举行的南郊大典,朝官服绯、绿至20年以上者分别赐紫、绯。⑥ 新皇登
基更是以章服赏赐作为恩赏,如治平四年(1067年)宋神宗即位,京朝官服
绯、绿至15年以上者可改转服色;次年,现任朝官衣绿、正郎以上衣绯至20

① (元)马端临:《文献通考》卷112《王礼考七》,第3443、3445页。
② (宋)叶梦得撰,宇文绍奕考异,侯忠义点校:《石林燕语》卷3,第34页。
③ (元)脱脱等:《宋史》卷153《舆服志五》,第3564页。
④ (元)脱脱等:《宋史》卷153《舆服志五》,第3562—3563页。
⑤ (元)脱脱等:《宋史》卷153《舆服志五》,第3562—3563页。
⑥ (元)脱脱等:《宋史》卷153《舆服志五》,第3561页。

年者改转服色。① 此后，宋钦宗及宋孝宗两帝即位，承务郎以上服绯、绿及15年者均改转服色。② 为庆贺韦太后回銮，朝廷也曾特准承务郎以上服绯、绿至17年以上者改转服色。③ 元丰改制后，宋代已无"京官"之名，但称"承务郎以上"，④这就意味着，宋朝京官只要熬到一定的年限就有机会获赐章服。除外，外任官员如诸路转运使任职至10年以上者可赐服。

至于因劳绩而获得赐服的，有忠于职守者。如宋神宗熙宁八年（1075年），权监察御史里行蔡承禧屡次上谏，获赐绯服，"旌卿谠言耳"。⑤ 有业绩突出者。如元丰五年（1082年），知开封府王安礼奏报"狱空"，王安礼迁官，推官许懋、胡宗愈、刘挚、刘仲熊等获赐章服。⑥

由上可知，宋朝获得赐服殊荣的官职在逐年增加，年限缩短，资格下降。宋代文献资料中"赐紫"、"赐绯"的字眼充斥其间，证明宋朝官员获赐章服的时机和场合非常多，以至于出现上朝官员"衣紫、朱者极多，着绿者甚少"的现象。⑦

（二）赐鱼袋

作为章服制度的一个重要构件，鱼袋的作用和含义变化最为明显。鱼袋最初仅为出入宫禁的符契，唐玄宗开元以后规定服紫、绯者佩鱼，鱼袋自此成为章服的重要构件。宋朝鱼袋不仅形制发生变化，功能也大为增强。唐朝鱼袋盛有鱼符，而宋朝袋内已无鱼符，仅在袋上用金或银线绘制为鱼形，系于腰带，垂挂在后。

北宋初年，鱼袋之制尚不完善："国初，其制多阙"。鱼袋之制正式施行于宋太宗雍熙元年（984年）举行的南郊大典。"初许升朝官服绯绿及二十年者，叙赐绯紫，内出鱼袋以赐近臣。自是，内外升朝文武皆带，凡服紫者饰以金，服绯者饰以银，京朝官、幕职州县官赐绯紫者亦带"。⑧ 自后，宋代朝官的公服开始佩鱼，金鱼配紫服，银鱼配绯服。按唐制，散官二品、京官文武职事五品以上及都督、刺史佩鱼袋。宋朝可配置鱼袋的官员级别略低，元丰改制后，六品以上官员即可佩戴。宋朝赐服中鱼袋配置的范围更广，除京官

---

① （元）马端临：《文献通考》卷113《王礼考八》，第3471页。
② （宋）徐梦莘：《三朝北盟会编》卷26，宣和七年十二月二十三日庚申，第191页；（元）脱脱等：《宋史》卷153《舆服志五》，第3563页。
③ （元）脱脱等：《宋史》卷153《舆服志五》，第3563页。
④ 龚延明：《宋代官制辞典》，中华书局1997年版，第31页。
⑤ （宋）李焘：《续资治通鉴长编》卷271，熙宁八年十二月庚子，第6642页。
⑥ （清）徐松辑：《宋会要辑稿·刑法》4之85，第6664页。
⑦ （宋）李焘：《续资治通鉴长编》卷396，元祐二年三月戊辰，第9654页。
⑧ （宋）李焘：《续资治通鉴长编》卷25，雍熙元年十一月丁卯，第589页。

外,幕职州县官也有资格佩戴。

　　宋朝伎术官的赐服也可佩鱼。伎术官属杂流,与科举出身的士大夫相比,身份和待遇反差极大,迁转途径也不同。故以往有一种观点,认为宋朝伎术官赐紫、绯者不可佩鱼,①这种说法略显笼统,不管从制度规定上,还是实际运行中,宋朝伎术官赐服可否佩鱼并不能一概而论。

　　据《续资治通鉴长编》(以下简称《长编》),宋仁宗天圣二年(1024 年)十月诏令:"翰林待诏王文度近勒先朝御制碑,已赐紫而更求佩鱼。且旧制伎术官皆不得佩鱼,以别士类也,宜申儆之"。② 这则史料大体反映的是,按照旧制,宋朝伎术官"仕途不正",公服上不得佩鱼。故当伎术官王文度因功获赐紫服,并进一步提出佩鱼的请求时,朝廷不仅驳回,还对他进行了训诫。这则史料似乎能印证,宋代伎术官的赐服上不得佩鱼。

　　王文度赐紫一事在《宋会要辑稿·舆服》(以下简称《宋会要》)中也有记载:"翰林待诏、太子中舍同正王文度因勒碑赐紫章服,以旧佩银色,请佩金鱼。帝曰:'先朝不许伎术人辄佩鱼,以别士类,不令混淆,宜却其请。'"③两处文献资料记载的是同一件事情,但反映出来的信息却有很大的不同。其一,按《长编》,宋代伎术官的赐服不得佩鱼;按《宋会要》,则王文度所赐紫服本可佩鱼,但按制当为银鱼,所请是将银鱼改为金鱼。其二,按《长编》,伎术官"皆"不得佩鱼,即所有的伎术官都不可佩鱼,没有特例;按《宋会要》,则是先朝不许伎术官"辄"佩鱼,即可以佩鱼,但不得"动不动就"佩鱼之意,也就是说宋代伎术官可以佩鱼,但为了与士人有所区别,需要在颁赐的数量上加以控制。结合史实,《宋会要》反映的当更符合实际情况,即宋朝伎术官的赐服可佩鱼,只不过不可逾制。

　　两处文献资料皆提到"旧制"、"前朝",这当指的是宋真宗朝出台的一项规定。宋真宗大中祥符六年(1013 年)五月诏令:伎术官"自今未至升朝官,赐绯、紫者,不赐鱼袋"。按制,宋代京朝官、幕职州县官赐绯、紫者可佩鱼,这项规定真实地反映了伎术官在宋代的尴尬地位。不过,该令针对的是伎术官中的未升朝官,反之,伎术官中的朝官赐服可佩鱼。太子中舍为朝官,即王文度具备佩鱼资格。这则法令同时还规定,"伎术官见佩鱼袋者,特许仍旧",④这又说明当时逾制佩鱼者并不在少数。不过,违规行为并未因此而有所收敛:伎术官"未升朝而赐绯紫者,多得佩鱼,浸紊朝政",故宋

---

①　余贵林、张邦炜:《宋代伎术官研究》,《台湾大陆杂志》第 83 卷第 1、2 期,1991 年 7、8 月。
②　(宋)李焘:《续资治通鉴长编》卷 102,天圣二年十月戊辰,第 2368 页。
③　(清)徐松辑:《宋会要辑稿·舆服》6 之 20,第 1835 页。
④　(清)徐松辑:《宋会要辑稿·职官》36 之 111,第 3127 页。

仁宗天圣二年（1024 年）七月刑部郎中、侍御史知杂事姜遵要求再行禁令。① 三个月之后，便发生王文度请求赐鱼一事。

再看宋代伎术官赐服的真实事例，除王文度外，宋仁宗景祐元年（1034年）、三年（1036 年），医官许希、徐安仁均获赐过鱼袋。② 宝元二年（1039年），苏绅还因伎术官佩金鱼袋而建言朝廷重整朝仪。③ 这些也都印证了宋朝伎术官并非一概不可佩鱼的事实。

除金、银制外，宋代还有玉鱼袋，仅为亲王所佩。熙宁八年（1075 年），宋神宗赐岐王赵颢、嘉王赵頵玉带各 1 条，二王为避嫌，乞请在玉带上配饰金鱼，不过宋神宗仍赐予玉鱼。据多处史料记载，自后，亲王服玉带开始配饰玉鱼。大观年间（1107—1110 年），宋徽宗以玉带配饰玉鱼赐蔡京，蔡京赋以韩愈"玉带悬金鱼"的诗句加以婉拒，④似不敢在服饰上轻易逾制。

（三）赐革带

因具有严格的等级意义，自唐代始革带逐渐纳入章服之制。宋朝革带实用功能继续减弱，更具象征意义，按等级区别有玉、金、银、犀带，之下又有铜、铁、角、石、墨玉之类。⑤

1. 玉带

关于宋朝亲王受赐玉带的起始时间，史料有多处记载。大致有两种说法，一种认为是在上文提及的宋神宗熙宁八年（1075 年），另一种则认为早在北宋初年就开始实施了。杨亿《杨文公谈苑》载，驸马都尉受赐白玉带，亲王皇族皆可服雕玉、白玉等带。⑥ 赵与时《宾退录》据此认为亲王玉带之赐并不始自嘉、岐二王。⑦ 二公所载实际上只是北宋初年的相关规定，受等级观念等因素的影响，似并未真正施行过。

按制，宋朝亲王可服玉带，实际上北宋前期亲王多服金带，"国朝亲王皆服金带。元丰中官制行，上欲宠嘉、岐二王，乃诏赐方团玉带，著为朝仪"。宋神宗推行元丰官制，特赐嘉、岐二王玉带，但因玉带具有很强的象征意味，二王慎重地表示，"宝藏于家而不服用"，⑧可知在北宋中期以前，玉

① （宋）李焘：《续资治通鉴长编》卷 102，天圣二年七月戊戌，第 2361 页。
② （宋）李焘：《续资治通鉴长编》卷 115，景祐元年八月壬午，第 2698 页；（元）脱脱等：《宋史》卷 153《舆服志五》，第 3568 页。
③ （宋）李焘：《续资治通鉴长编》卷 125，宝元二年闰十二月壬子，第 2951 页。
④ （宋）叶梦得撰，字文绍奕考异，侯忠义点校：《石林燕语》卷 7，第 104—105 页。
⑤ （元）脱脱等：《宋史》卷 153《舆服志五》，第 3564 页。
⑥ （宋）杨亿：《杨文公谈苑·赐带》，第 73 页。
⑦ （宋）赵与时撰，齐治平校点：《宾退录》卷 1，上海古籍出版社 1983 年版，第 12 页。
⑧ （宋）叶梦得撰，字文绍奕考异，侯忠义点校：《石林燕语》卷 7，第 104 页。

带对于亲王来说,仍是件不可得之物。

宋朝亲王尚不肯轻易佩玉带,臣僚就更加谨慎了。与前朝相比,宋朝佩玉带的官员数量大为减少。唐朝三品官以上兼服金、玉带,[①]这一制度虽延至宋代,但只有经过特许的官员才可将玉带佩戴在公服上。熙宁六年(1073年)熙河路奏捷,王安石率臣祝贺,宋神宗夙愿以偿,心情舒畅,便将龙袍上的白玉带解下来赐予王安石。王安石虽极力推辞,怎奈龙颜大悦,不许推脱,只好在朝堂上佩戴一日,翌日即解服,[②]收藏在家中。这条玉带号称"玉抱肚",为宋真宗朝赵德明所贡,且是神宗御用之物,自然被王安石视若珍宝,世代相传,据传宋高宗绍兴年间(1131—1162年)仍珍藏在家族中。[③]大观年间(1107—1110年)因收复青唐,仿熙河故事,宋徽宗欲将排方玉带赐蔡京,后在蔡京力辞下改赐方团玉带。[④]

南宋战火频仍,宋廷加大对武将的倚重,故玉带多赐战功显赫的将领。如绍兴元年(1131年),宋高宗赐两浙西路安抚大使刘光世玉带,并命其即日起佩戴。[⑤]李宝取得胶西大捷,宋高宗大喜过望,赐金器、玉带。[⑥]四川安抚制置使余玠也曾获赐玉带,随之下葬后被贾似道发冢攫取。[⑦]

如上所述,宋朝玉带多赐亲王及立有大功者,故有学者认为玉带"相关记载很少,只记赐亲王及贵臣有大功者",[⑧]实际上宋代玉带赏赐的相关记载并不少见,赏赐对象也绝不仅限于上述领域。如建隆初年,定难节度使李彝兴献马300匹,宋太祖欣喜之余,令人打造一条崭新的玉带赐予李彝兴。宋太祖甚是关注玉带的制作过程,不仅亲临作坊,还召使者询问李彝兴的腹围。[⑨]玉带还是宋初赐予周边割据政权的主要物品,其中吴越王钱俶获赐最多。宋太祖开宝二年(969年)至宋太宗雍熙四年(987年)18年间,宋廷先后赐给钱俶及子弟玉带11次。[⑩]另据《两朝供奉录》载,宋太祖、太宗两朝赐予钱俶的玉带多达42条。[⑪]南宋外戚、离任宰执等也都曾受赐过玉

①　(元)马端临:《文献通考》卷112《王礼考七》,第3442页。
②　(宋)叶梦得撰,宇文绍奕考异,侯忠义点校:《石林燕语》卷7,第104—105页。
③　(宋)陆游撰,李剑雄、刘德权点校:《老学庵笔记》卷7,中华书局1979年版,第97页。
④　(宋)叶梦得撰,宇文绍奕考异,侯忠义点校:《石林燕语》卷7,第104—105页。
⑤　(清)徐松辑:《宋会要辑稿·礼》62之55,第1722页。
⑥　(元)脱脱等:《宋史》卷370《李宝传》,第11501页。
⑦　(元)脱脱等:《宋史》卷474《贾似道传》,第13784页。
⑧　王雪莉:《宋代服饰制度研究》,博士学位论文,浙江大学人文学院,2006年,第111页。
⑨　(元)脱脱等:《宋史》卷485《夏国传上》,第13983页。
⑩　(元)脱脱等:《宋史》卷480《吴越钱氏传》,第13898页;(宋)李焘:《续资治通鉴长编》卷10,开宝二年正月己亥,第215页;(清)徐松辑:《宋会要辑稿·礼》45之2,第1448页。
⑪　(宋)袁褧:《枫窗小牍》卷上,丛书集成初编本,第14页。

带,"中兴以来,宗室如居广、士輷、璩、伯圭,勋臣如刘光世、吴璘,旧弼如史浩,外戚如吴蓋、杨次山等,皆赐玉带,以示异恩",①可见两宋时期玉带赏赐的事例还是有一些的。

2. 金带

宋朝金带种类较多。据《愧郯录》,宋朝金带大致有6种:毬路、御仙花、荔枝、师蛮、海捷、宝藏带。毬路带即金毬文方团带,又叫笏头带。"祖宗时凡新除恩庆,宰臣、枢密使、知枢密院事、参知政事、枢密副使、同知枢密院、签书枢密院事,赐金笏头二十五两带"。北宋初年,宰臣在除授或举行庆典时受赐重25两的金笏头带;金笏头带还赐予曾任宰相的使相、节度使、宫观使及观文殿大学士。宋太宗端拱年间(988—989年),以金鱼配瑞草地毬路文方团带赐中书、枢密院文臣,并准许其罢免后继续佩戴。自宋真宗朝以后,罢任后的宰相仍可佩笏头带,参知政事则佩御仙带。御仙花带赐观文殿学士、资政殿大学士、翰林学士承旨、翰林学士、资政殿、端明殿翰林侍读、侍讲、龙图阁、天章阁、宝文阁、枢密直学士、御史中丞等,重20两金。除使相、节度使外,武臣多赐金御仙花带。元丰改制后,三师、三公、宰相、执政官、开府仪同三司、节度使曾任宰相者、观文殿学士以上赐金笏头带,观文殿学士至宝文阁直学士、节度使、御史大夫、中丞、六曹尚书、侍郎、散骑常侍赐金御仙带。金束带共8种,有荔枝、师蛮、戏童、海捷、犀牛、胡荽、凤子、宝相花带。凡出使,现任中书、枢密使及曾任宰相、使相、枢密使者赐25两金御仙花束带,宣徽使及曾任中书、枢密院充诸路都总管、安抚使者赐20两金御仙花束带。金涂银带有9种,如天王、八仙、犀牛、宝瓶、师蛮、海捷、双鹿、行虎、洼面等,文臣换武臣、堂后官新除赐宝瓶带15两,诸司使赐宝瓶带20两。②

金带还见于朝贡贸易中的回赐,宋仁宗天圣六年(1028年)前以简金涂银带为主,之后则以金带为主。③ 北宋末年为应付金人所索资财,朝廷不仅停罢赐带,更下令"有官无官诸色人"悉数上缴赐带,若有隐瞒,处以重刑。④宋朝银带价值相对较轻,发放数量也较多,如宋神宗熙宁六年(1073年),为安抚熙、河州效顺蕃部首领,三司曾一次性发放银带300条。⑤

①　(元)马端临:《文献通考》卷113《王礼考八》,第3480—3481页。
②　(宋)岳珂:《愧郯录》卷12《文武服带之制》,第99—100页。
③　(宋)李焘:《续资治通鉴长编》卷106,天圣六年八月丁丑,第2479页。
④　(宋)徐梦莘:《三朝北盟会编》卷30,靖康元年正月十五日辛巳,第223页。
⑤　(宋)李焘:《续资治通鉴长编》卷243,熙宁六年三月甲寅,第5918页。

3. 犀带

犀带中的通天带最为贵重,仅赐高官显贵。太平兴国七年(982 年),宋太宗在安置秦王赵廷美时曾赐其通天犀带。[①] 宋仁宗天圣元年(1023 年),贬至雷州的寇準沐浴后服带,北面再拜,就榻而没,佩戴的即是宋太宗赏赐的通天犀带,临终前特地让人从洛阳取回。[②] 不过至宋钦宗靖康末年,因需筹措黄金,通天犀带一度取代了金带,赏赐范围有所扩展。

除上述赏赐外,宋朝每年端午、十月一日、诞圣节等均赐官服,此类赐服实际上是官员俸禄的一部分,不在本书讨论范围。

(四) 章服赏赐的含义与影响

作为一种文化符号和象征,服饰在中国很早便被赋予了特殊含义,《易传》言:"黄帝、尧、舜,垂衣裳而天下治,盖取诸乾坤",而后世也以为"夫舆服之制,取法天地,则圣人创物之智,别尊卑,定上下,有大于斯二者乎!"[③] 服饰是定义和区别人的社会地位的显要标识。

宋朝章服赏赐近承隋、唐,对后世也产生一定程度的影响:"元初立国,庶事草创,冠服车舆,并从旧俗。世祖混一天下,近取金、宋,远法汉、唐"。[④] 自隋唐始,朝廷对官员的公服有了严格的规定,即形成了章服制度,不同官阶的服饰,其颜色和佩饰不同。自此人们大体可通过公服的样式来判断官员的身份和地位,"以衣取官"了。公服,原本一件普通的官袍,从此被赋予了更多的内涵。若能穿戴一件超越身份以外的服饰,对于时人来说,那将是件极有颜面的事情。

宋朝幕职州县官又有"选人"之称,虽属文臣,但地位卑微,若不能改为京官,宦海中将永无出头之日,[⑤]这也导致了幕职州县官在公服的配置上与京官不同。宋太祖乾德二年(964 年)六月,中书详定陶穀等议定,选人中观察判官以上服绯,满 15 年后服紫,但不佩鱼,即"阶绯"、"阶紫"。不过,选人即便有服而无章,也是值得炫耀之事:"国初,选人有服绯紫……人以为荣,虽老于选调不悔"。[⑥] 即使终身无法跻身"正途",但至少穿着象征着身份和地位的绯、紫服,这对于始终低人一等的选人来说,在心理层面上也是一种极大的满足,可稍稍弥补一下仕途上的缺憾。

---

① (宋)李焘:《续资治通鉴长编》卷 23,太平兴国七年三月壬子,第 515 页。
② (宋)李焘:《续资治通鉴长编》卷 101,天圣元年闰九月戊戌,第 2336 页。
③ (元)脱脱等:《宋史》卷 149《舆服志一》,第 3477—3478 页。
④ (明)宋濂:《元史》卷 78《舆服志一》,中华书局 1997 年版,第 1929 页。
⑤ 龚延明:《宋代官制辞典》,中华书局 1997 年版,第 32 页。
⑥ (宋)王栐撰,诚刚点校:《燕翼诒谋录》卷 1,第 3 页。

宋朝统治者有效地利用了这种心理,《宋史·舆服志》描述服饰赏赐的对象为:"旌直臣则赐之,劝循吏则赐之,广孝治则赐之,优老臣则赐之,此皆非常制焉",①将服饰赐给忠诚正直、奉公守法、符合传统道德规范之人,以净化官场,引导社会风尚。

关于章服赏赐的实际功效,宋代文献资料也有相应记载。骁将董遵诲武艺绝人,昔日曾羞辱过微时的赵匡胤。发迹后的赵匡胤却能不计前嫌,即位之初便寻访董遵诲,除赐其冠带外,每年还赠与大量钱物。董遵诲大为感动,忠心不二,独当一面,为朝廷解除了西顾之忧。② 宋仁宗天圣年间(1023—1032年),毛应佺守窦州(今广东信宜),朝廷赐官服,并在《赐衣敕书》中致以亲切的问候:"冬寒,汝比好否?"③虽今人无法得知这位身处边远小郡的官员在接受官服和敕书时的反应,但仍可想象,在毛应佺收到来自以皇帝的名义赐予的御寒衣物和亲切问候时,能充分感受到皇恩浩荡,这足以使其在感激涕零之余,强化效忠皇帝的信念。

章服赏赐也是笼络、安抚边关蕃部的重要手段。如秦州西北夕阳镇盛产巨木,为与少数民族争利,知州高防砍伐了大量木材,结果引起蕃部的抗争,发生了冲突,蕃部被俘数十人,为息事宁人,宋太祖下诏厚抚蕃酋,并赐袍带给被俘之人,遣返原地。诸蕃心悦诚服,上表愿献50万优质木材。④

章服赏赐还是宋朝皇帝对儒臣表达敬意的一种方式。淳化五年(994年),宋太宗幸国子监,赐直讲孙奭绯衣。⑤ 宋真宗对翰林侍讲学士、刑部侍郎、兼国子祭酒邢昺优宠有加,多次赐服。咸平五年(1002年),宋真宗在崇政殿宴请宗室、侍读侍讲学士、王府官,加赐邢昺袭衣、金带,⑥邢昺告老还乡,再赐袭衣、金带。⑦ 天圣九年(1031年)孙奭致仕,宋仁宗赐其袭衣、金带等。⑧ 庆历七年(1047年),天章阁待制、兼侍讲曾公亮获赐三品服,按惯例,待制入谢未有赐服之制,宋仁宗御迩英阁,面赐紫服,并说:"朕即讲席赐卿,盖所以尊宠儒臣也"。⑨ 南宋皇帝对学官优礼有加,绍兴十四年(1144

① (元)脱脱等:《宋史》卷153《舆服志五》,第3564页。
② (宋)杨亿:《杨文公谈苑·董遵诲》,第61页。
③ (宋)曾敏行撰,朱杰人点校:《独醒杂志》卷4,上海古籍出版社1986年版,第37—38页。
④ (宋)文莹:《玉壶清话》卷2,第20页。
⑤ (元)脱脱等:《宋史》卷431《孙奭传》,第12801页。
⑥ (清)徐松辑:《宋会要辑稿·礼》45之4,第1449页。
⑦ (宋)李焘:《续资治通鉴长编》卷66,景德四年八月庚戌,第1483页。
⑧ (元)脱脱等:《宋史》卷431《孙奭传》,第12807页。
⑨ (宋)李焘:《续资治通鉴长编》卷160,庆历七年三月己亥,第3868页。

年)宋高宗幸太学,国子司业高闳讲《周易·泰卦》,赐其三品服。[1]

北宋末年章服赏赐趋于泛滥,给宋朝社会尤其是经济领域带来了负面影响。宋徽宗宣和年间(1119—1125 年),朝廷将金带大量赏赐给亲王、公主及其他皇亲国戚,因赏赐过多,金带反而成了稀松平常之物,大量被拿到市场上倒卖。宣和五年(1123 年)朱勔造巨舰,载太湖石运至开封,当天即有 4 名家奴官至承节郎,并获赐金带,[2]谚语"金腰带,银腰带,赵家世界朱家坏"[3]即是对当时金带赏赐过于泛滥的一种写照。

宋徽宗政和年间(1111—1118 年),漕臣张根说金带"今乃赉及仆隶,使混淆公卿间,贵贱、贤不肖,莫之辨也",[4]佩金带者日众,已然不分高低贵贱了。宋钦宗靖康元年(1126 年),朝廷曾要求"内侍省官、道官、乐官、曾经入内医官、辇官、幕士、忠佐"上缴所赐金带,[5]说明金带赏赐早已突破了礼制的规定。南宋获赐金带的机会更多,如宋高宗绍兴六年(1136 年)进纳 10 万缗的有官人可获赐金带,对佩带时间也没有加以限制,[6]只要拥有足够的资产,获赐金带并非难事。

针对章服赏赐过滥的现象,宋孝宗朝殿中侍御史张震建言:

> 今日之弊,在于人有侥幸。能革其俗,然后天下可治。且改转服色,常赦自升朝官以上服绿,大夫以上服绯,莅事及二十年,方得改赐。今赦自务务郎以上服绯、绿及十五年,便与改转。比之常赦,不惟年限已减,而又官品相绝,盖已为异恩矣。今窃闻省、部欲自补官日便理岁月,即是婴孩授命,年才十五者今遂服绯;而贵近之子,或初年赐绯,年才及冠者今遂赐紫。朱、紫纷纷,不亦滥乎?况靖康、建炎恩赦,亦不曾以补官日为始。[7]

改转服色的年限越来越短,而且自补官日便开始计算年限,所以才可能出现 15 岁的少年便可服绯、紫的现象。朱、紫泛滥的结果,必然导致章服自身价值的不断降低,失去应有的功能。

---

① (清)徐松辑:《宋会要辑稿·礼》52 之 16,第 1561 页。

② (宋)方勺撰,许沛藻、杨立扬点校:《泊宅编》卷 3,第 16 页。

③ (宋)陆游撰,李剑雄、刘德权点校:《老学庵笔记》卷 1,第 5 页。

④ (元)脱脱等:《宋史》卷 179《食货志下一》,第 4360 页。

⑤ (宋)徐梦莘:《三朝北盟会编》卷 30,靖康元年正月十五日辛巳,第 223 页。

⑥ (宋)李心传:《建炎以来系年要录》卷 97,绍兴六年正月戊戌,第 326 册,第 361 页。

⑦ (元)脱脱等:《宋史》卷 153《舆服志五》,第 3563—3564 页。

　　赏赉发放的数额、次数、类别难以控制,这对于财政收支难以平衡的宋朝来说增加了额外的负担。宋朝发放的官服价格一般偏高。据程民生先生估算,一件官方统一发放给官员的制服棉袄,约为 2 贯 380 文至 5 贯 480 文。① 制造金带的金子质地上乘,价格甚高。景德四年(1007 年)九月,为降低成本,三司奏请以次色金造带,而宋真宗以为“惜费敦俭,岂在于斯?”并令日后用上色金制造。② 北宋末年,金带在市场上倒卖的价格为 500 缗,据程民生先生估算,北宋中户的财产一般在 1000 贯左右,一条金带就相当于北宋中户的一半资产。玉带的价格更高,如宋真宗赐给辅臣的“比玉”带价值数千缗,滥赏滥赐增加了政府的财政支出。

二、佩　花

　　宋代盛行簪花习俗,簪花,又称插花、戴花。宋人喜欢种花、赏花,也喜欢簪花,无论朝堂内外、身份贵贱、男女老幼,皆流行在头上佩戴花朵。受习俗影响,宋廷将将花作为佩饰赐给朝臣,这又反过来促进了民间簪花之风的盛行。

　　(一)　颁赐类型

　　宋朝赐花大体分为两类,一是“生花”,即鲜花,二是“像生花”,也叫“彩花”,即手工制作的假花,出自宫廷的又叫宫花。无论是自然生成的鲜花,还是人工制作的宫花,均能以娇媚艳丽之姿给人以感官上的享受,烘托出欢快愉悦的氛围。

　　1. 生花

　　宋代生花赏赐多用牡丹、芍药等雍容华贵、色泽艳丽的花卉,诗句“牡丹芍药蔷薇朵,都向千官帽上开”③描述的即是春日里群臣簪戴各类时令鲜花的喜庆场面。宋代鲜花赏赐虽不及宫花普遍,但也相当盛行,这与花卉种植业在宋代已成为独立的商业性农业有很大的关系。尤其是经过多年精心的培育,洛阳牡丹已具有极高的观赏价值,有天下第一的美誉:“今洛阳牡丹,遂为天下第一。”④每年三四月间,洛阳进贡大批牡丹。故在鲜花盛开的时节,宋朝皇帝常赐百官牡丹等名花,三馆学士可获百枝,韩子苍作诗吟曰:“忆将南库官供酒,共赏西京勅赐花”。⑤ 洛阳花工手艺精湛,宋徽宗宣和年

---

① 程民生:《宋代服饰价格考》,《淮阴师范学院学报》2008 年第 4 期。
② (清)徐松辑:《宋会要辑稿·礼》62 之 32,第 1710 页。
③ (宋)周密:《武林旧事》卷 1《庆寿朝宝》,第 2 页。
④ (宋)彭乘撰,孔凡礼点校:《续墨客挥犀》卷 7《牡丹》,中华书局 2002 年版,第 493 页。
⑤ (宋)张邦基撰,孔凡礼点校:《墨庄漫录》卷 6《赐馆职西京牡丹花及南库酒》,中华书局 2002 年版,第 186 页。

间(1119—1125年)培植了牡丹新品"欧家碧",价格在"姚黄"之上,极其名贵,"赏赐近臣,外廷所未识也",①只有近臣才有佩戴的殊荣。

宋真宗、仁宗两朝留下了不少关于鲜花赏赐的逸闻趣事。翰林学士晁迥文章、品性俱佳,大礼诏令多出自其手,故宫廷礼遇非常人可比,是朝宴常客,"常侍宴,赐禁中名花",多次受赐名花。"故事,惟亲王、宰臣即中使为插花,余皆自戴。上(宋真宗)忽顾公,令内侍为戴花,观者荣之",②旁观者倾羡不已,一时传为佳话。宋真宗曾在宜春殿设曲宴,宴会上摆放了百余盘牡丹,千叶牡丹不过十余朵,以往只有亲王及宰臣才有资格佩戴。宋真宗破例赐给了晁迥,同时享有这份殊荣的还有翰林学士钱惟演。③ 东封泰山前,枢密使陈尧叟受命担任东京留守,临行在后苑设宴,宋真宗将簪戴的牡丹取下,亲手插在陈尧叟的幞头之上,罢宴后忽有一阵风将御赐牡丹吹落在地,陈尧叟"急呼从者拾来,此乃官家所赐,不可弃,置怀袖中";宋真宗倚重寇準,曾赐其珍稀花朵,并说:"寇準年少,正是戴花喫酒时",引得旁人钦羡,"众皆荣之"。④

宋仁宗朝御赐牡丹曾起过平抑物价的作用。其时南海蕃商进贡名贵珍珠,宋仁宗赐给宠妃,宠妃令人加工成饰品,佩戴后顾盼生辉,"戚里靡然效之",引得贵戚纷纷效仿,京城珠价遂涨至数十倍。宋仁宗知晓后,故意在内宴上叹息:"满头白纷纷,殊无忌讳"。贵妃闻后惶恐不安,随即摘下珠饰。宋仁宗"大喜,命剪牡丹,遍赐妃嫔",不过数日,京城珠价骤减。⑤

2. 像生花

牡丹等鲜花虽尽拥天然之美,却受时令限制,仅能颁赐在春暖花开的时节,故宋朝赐花以宫花为主。苏轼曾对这两种截然不同的花品进行过类比:"荼縻花似通草花,桃花似蜡花,海棠花似绢花,罂粟花似纸花",⑥可知宋代造花工艺相当精湛,像生花不仅品类多样,而且如生花一样鲜活美丽。北宋宴饮聚会上颁赐的宫花大致有3品:

国朝燕集,赐臣僚花有三品。生辰大燕,遇大遼人使在庭,则内用绢帛花,盖示之以礼俭,且祖宗旧程也。春秋二燕,则用罗帛花,为甚美

① (宋)张邦基撰,孔凡礼点校:《墨庄漫录》卷2《洛中花工以药壅培花》,第63页。
② (宋)王辟之撰,吕友仁点校:《渑水燕谈录》卷1,中华书局1981年版,第2页。
③ (宋)李焘:《续资治通鉴长编》卷92,天禧二年十月癸丑,第2128页。
④ (宋)吴曾:《能改斋漫录》卷13《御亲赐带花》,第395页。
⑤ (清)徐松辑:《宋会要辑稿·食货》41之49,第5561页。
⑥ (宋)苏轼撰,孔凡礼点校:《苏轼文集》卷73《四花相似说》,第2362页。

丽。至凡大礼后恭谢,上元节游春,或幸金明池琼花,从臣皆扈跸而随车驾,有小燕谓之对御。凡对御则用滴粉缕金花,极其珍巧矣。

北宋宫花自下而上分为绢帛花、罗帛花及滴粉缕金花3个品级,而以"滴粉缕金花为最",①当饰以金丝。不同品级的宫花分别适用于不同性质的宴会:圣节大宴用略显简朴的绢帛花以避奢靡之嫌,春秋大宴用"为甚美丽"的罗帛花,君臣对饮的小宴则用"极其珍巧"的滴粉缕金花。南宋宫花自下而上也分为3品:大绢花、栾枝花和大罗花,大绢花即绢帛花,有红、银红2色,栾枝花为杂色罗,大罗花即罗帛花,有红、黄、银红3色。② 南宋朝宴还用过通草花,通草花是用通草制作的人工花,向有"不谢之花"的美誉。如宋宁宗嘉定四年(1211年)诏令:"具遇圣节、朝会宴,赐群臣通草花。遇恭谢亲飨,赐罗帛花",③通草花用于诞圣节及朝会大宴,罗帛花用于郊祭等大典。

在欢快氛围的烘托下,人们想方设法地装饰花帽,身份低微者因少受礼仪束缚,装饰的花帽更趋于华丽、夸张:"快行官帽花朵细巧,并随柳条。教乐所伶工、杂剧色,浑裹上高簇花枝,中间装百戏,行则动转。诸司人员如局干、殿干及百司下亲事等官,多有珠翠花朵,装成花帽者。"④吏人、伶人、军士花帽上使用的材质不一而足。

幡胜也是人工花的一种,它形似幡旗,故得其名,宋廷多在立春日赐给宰执、亲王、百官,宰执、亲王所赐为金幡胜,其余官员则为金涂银或绢帛幡胜,幡胜垂在幞头左侧,⑤有诗云:"鸾辂青旂殿阁宽,祠官奠璧下春坛。晓开鱼钥朝衣集,彩胜飘扬百辟冠",⑥生动地描绘了参加祭拜大典的百官头著幡胜的情景。

　(二)　颁赐场合

两宋赐花多发生宴会或节日期间。宋代宴会大致可分为大宴、次宴和小宴,"春秋之季仲及圣节、郊祀、籍田礼毕,巡幸还京,凡国有大庆皆大宴,遇大灾、大札则罢",即有春秋大宴、圣节大宴和礼毕后择时举行的宴

①　(宋)蔡絛撰,冯惠民、沈锡麟点校:《铁围山丛谈》卷1,第18页。
②　(元)脱脱等:《宋史》卷153《舆服志五》,第3569页。
③　(宋)吴自牧:《梦粱录》卷6《孟冬行朝飨礼遇明岁行恭谢礼》,浙江人民出版社1984年版,第47页。
④　(宋)吴自牧:《梦粱录》卷6《孟冬行朝飨礼遇明岁行恭谢礼》,第47页。
⑤　(宋)周密:《武林旧事》卷2《立春》,第29页。
⑥　(宋)陈元靓:《岁时广记》卷8《立春》,丛书集成初编本,商务印书馆1936年版,第80页。

会——饮福大宴等,除春秋大宴外,其他形式的宴会一直延至南宋。宋代还有曲宴、闻喜宴、节日赐宴等规模略小的宴会。宋仁宗天圣以后,大宴设于集英殿,次宴设于紫宸殿,小宴则设于垂拱殿。宋代逢朝宴必有赐花,"凡大宴……赐花有差",①赐花是大宴礼仪。如皇祐二年(1050年)七月明堂礼毕,入内内侍省询问是否赐花。其时朝廷正在推行俭省措施,故诏令"准旧例三分省一,造作以赐",②照原数的三分之二颁赐。宋神宗元丰二年(1079年)同天节赐御筵,朝廷依燕式赐百官花。③ 宣和五年(1123年)九月集英殿举行大宴,宋徽宗亲手用宫花装饰了一顶幞头赐予宠臣王黼。④

南宋延续了赐花礼,"中兴,郊祀、明堂礼毕回銮,臣僚及扈从并簪花,恭谢日亦如之……太上两宫上寿毕,及圣节、及锡宴、及赐新进士闻喜宴,并如之"。⑤ 回銮日及恭谢日皆赐花,恭谢礼择日至景灵宫及太乙宫举行,礼毕,于景灵宫西斋殿赐宴,⑥也有史料记载在太乙宫设宴赐花。恭谢礼隆重盛大:

> 礼毕,宣宰臣以下合赴坐官并簪花,对御赐宴。上服幞头,红上盖,玉束带,不簪花。教坊乐作,前三盏用盘盏,后二盏屈卮。御筵毕,百官侍卫吏卒等并赐簪花从驾,缕翠滴金,各竞华丽,望之如锦绣。

宴会过后,众人簪花而归。姜白石作诗赞曰:"六军文武浩如云,花簇头冠样样新,惟有至尊浑不戴,尽将春色赐群臣",又赞曰:"万数簪花满御街,圣人先自景灵回。不知后面花多少,但见红云冉冉来"。⑦ 这两首诗生动地还原了礼毕后众人簪花回朝的壮观场面。籍田礼毕后赐花的传统也延续了下来,如宋高宗绍兴十六年(1146年)阁门司检核旧例后,建议耤田亲耕回銮日依"亲享例"赐回銮花。⑧ 南宋初年为太上皇举办的寿礼,群臣簪花以贺。宋光宗绍熙四年(1193年)十一月下诏:"将来慈福宫行庆寿礼……所赐花朵止令宫中应奉,礼毕更不簪戴",⑨对来年皇太后八十寿礼上赐花的供奉

---

① (元)脱脱等:《宋史》卷113《礼志十六》,第2683—2684页。
② (清)徐松辑:《宋会要辑稿·礼》24之18,第908页。
③ (宋)李焘:《续资治通鉴长编》卷297,元丰二年三月癸未,第7221页。
④ (宋)徐梦莘:《三朝北盟会编》卷18,宣和五年九月六日乙卯,第130页。
⑤ (元)脱脱等:《宋史》卷153《舆服志五》,第3569—3570页。
⑥ (宋)吴自牧:《梦粱录》卷6《孟冬行朝飨礼遇明岁行恭谢礼》,第47、66页。
⑦ (宋)周密:《武林旧事》卷1《恭谢》,第13页。
⑧ (清)徐松辑:《宋会要辑稿·礼》6之23,第489页。
⑨ (清)徐松辑:《宋会要辑稿·礼》57之10—11,第1597页。

及佩戴礼仪做了安排和规定。

曲宴、闻喜宴等同样有赐花礼。曲宴属"小宴",形式较为多样,有赏花宴、观书宴、讲书宴、见辞宴等。① 天圣三年(1025年)三月,宋仁宗至后苑赏花,临池钓鱼,在太清楼设宴。正值百花怒放,宋仁宗遂"屡目从臣赐花劝酒,各令尽醉",尽兴而归。次年四月,宋仁宗再于后苑设赏花宴,命中使剪下双头牡丹赐予辅臣,并以珊盏盛花遍赐从官。② 庆历五年(1045年)经史讲读结束后,宋仁宗宴请近臣、宗室及讲读官,赐花作乐。③ 两宋时期为新进士举办宴会:"赐贡士宴,名曰'闻喜宴'……赐花有差",④"闻喜宴"又称"琼林宴",宴会上依据功名高低赐花。除外,上巳、重阳等节日宴会上也设有赐花礼。⑤

(三) 颁赐等级

北宋颁赐等级主要区别在花的数量上,"赐臣僚燕花,率从班品高下,莫不多寡有数",⑥赐花数量依官品而定。北宋初年百官赐花2枝,郎中以上3枝,故有咏员外郎升迁前的诗云:"衣添三匹绢,宴剩一枝花。"宋神宗熙宁以来,百官赐花4枝,郎官以上6枝;熙丰改制后,寄禄阶未至大夫,而职事官为郎中者赐花6枝。⑦

南宋赐花制度更为完备,颁赐等级除体现在花的数量上外:"臣僚花朵,各依官序赐之",⑧更多地体现在花的品类上:"罗花以赐百官,栾枝,卿监以上有之;绢花以赐将校以下",⑨百官受赐罗花,卿监以上官员加赐栾枝花,将校以下赐绢花。南宋陆续发布过不少赐花诏令,如宋高宗绍兴元年(1131年)诏:"皇太子遇大宴赐花,比亲王增其四栾枝,二以罗制之。"⑩宋孝宗乾道七年(1171年)十月诏令,带御器械及环卫将官未至横行阶者,宴会上按横行副使的标准赐花;⑪淳熙十一年(1184年)十月,诏兼权马步军

①　李晓霞:《宋代官方宴饮制度研究》,硕士学位论文,河南大学历史文化学院,2015年,第70页。
②　(清)徐松辑:《宋会要辑稿·礼》45之37,第1466页。
③　(清)徐松辑:《宋会要辑稿·礼》45之34,第1464页。
④　(元)脱脱等:《宋史》卷114《礼志十七》,第2711—2712页。
⑤　(元)脱脱等:《宋史》卷113《礼志十六》,第2695页。
⑥　(宋)蔡絛撰,冯惠民、沈锡麟点校:《铁围山丛谈》卷1,第18页。
⑦　(宋)王得臣撰,俞宗宪点校:《麈史》卷上《礼仪》,上海古籍出版社1986年版,第10页。
⑧　(宋)吴自牧:《梦粱录》卷6《孟冬行朝飨礼遇明岁行恭谢礼》,第47页。
⑨　(元)脱脱等:《宋史》卷153《舆服志五》,第3569—3570页。
⑩　(元)马端临:《文献通考》卷113《王礼考八》,第3479页。
⑪　(清)徐松辑:《宋会要辑稿·礼》45之20,第1457页。

司职事梁师雄赐花朵"特与依横行例支破"，①官员按品级获赐，超出常规者需要特批。宋宁宗嘉定四年(1211 年)十月出台的赐花条例十分详尽，规定了各级官吏所得赐花的数量和品类，《宋会要辑稿》载之甚详，吴自牧《梦粱录》转引如下：

> 宰臣枢密使合赐大花十八朵、栾枝花十朵，枢密使同签书枢密使院事赐大花十四朵、栾枝花八朵，敷文阁学士赐大花十二朵、栾枝花六朵，知阁官系正任承宣观察使赐大花十朵、栾枝花八朵，正任防御使至刺史各赐大花八朵、栾枝花四朵，横行使副赐大花六朵、栾枝花二朵，待制官大花六朵、栾枝花二朵，横行正使赐大花八朵、栾枝花四朵，武功大夫至武翼赐大花六朵，正使皆栾枝花二朵，带遥郡赐大花八朵、栾枝花二朵，阁门宣赞舍人大花六朵，簿书官加栾枝花二朵，阁门祗候大花六朵、栾枝花二朵，枢密院诸房逐房副使承旨大花六朵，大使臣大花四朵，诸色祗应人等各赐大花二朵。自训武郎以下、武翼郎以下，并带职人并依官序赐花簪戴。②

"大花"当指大罗花、大绢花，大花配以栾枝花，分别赐予不同级别的官员，宰臣所得最多，共计 28 朵：大花 18 朵、栾枝花 10 朵，其余依次递减，至阁门宣赞舍人(除兼簿书官者)，枢密院诸房(正八品)、逐房副使承旨(从八品)等不再赐栾枝花，最低如诸色祗应人等各赐大花 2 朵。自训武郎以下带职者按品级赐花簪戴。

（四）相关礼仪

宋朝"凡大宴……中饮更衣，赐花有差"，大宴有间歇，前筵行 5 盏酒，后筵行 4 盏酒，间歇期间赐花。如宋徽宗朝上巳、重阳赐宴礼仪规定：酒行 5 盏后"赐花有差"，群臣簪花，拜谢皇恩。③ 宋度宗朝行恭谢礼，"前筵毕，上降辇转御屏，百官小歇，传宣赐群臣以下簪花，从驾卫士、起居官、把路军士人等，并赐花"，④酒行 5 盏后赐花；在皇太后圣节的祝寿宴上，第 5 盏酒后"再坐后筵"，各依品位赐花、簪花，诗句"再颁花宴侈恩华"⑤即是对当时场景的再现。

① （清）徐松辑：《宋会要辑稿·礼》62 之 81，第 1735 页。
② （宋）吴自牧：《梦粱录》卷 6《孟冬行朝飨礼遇明岁行恭谢礼》，第 47 页。
③ （元）脱脱等：《宋史》卷 113《礼志十六》，第 2684、2695 页。
④ （宋）吴自牧：《梦粱录》卷 6《孟冬行朝飨礼遇明岁行恭谢礼》，第 47 页。
⑤ （宋）吴自牧：《梦粱录》卷 3《宰执亲王南班百官入内上寿赐宴》，第 19 页。

群臣受赐后行拜谢礼。北宋初年拜谢礼尚且简单，"伏见大宴，皇帝更衣降坐，群臣谢赐花，止拜于坐次"，百官不用离席即可行拜谢礼。右司谏、直集贤院祖士衡大概认为此举不够恭敬，故提出"自今每更衣，所司揖群臣下殿，候皇帝降坐，则群臣班于殿庭；皇帝升坐乃上殿，如赐花，则拜于庭。"在他的建议下，宋真宗天禧四年（1020 年）三月以后百官需至殿庭行拜谢礼。① 宋徽宗大观三年（1109 年）议礼局呈上集英殿春秋大宴礼仪，与赐花、簪花相关的内容如下：

> 东上閤门奏再坐时刻。俟放队讫，内侍举御茶床，皇帝降坐，鸣鞭，群臣退。赐花，再坐。前二刻，御史台、东上閤门催班，群官戴花北向立，内侍进班齐牌，皇帝诣集英殿，百官谢花再拜，又再拜就坐。②

百官受赐，簪戴，向北而立，皇帝移驾集英殿，百官拜谢赐花，再拜而坐。

南宋赐花礼仪也有一套固定的程序。如宋孝宗隆兴二年（1164 年）十月，工部制订了回銮日相关礼仪："郊祀毕回銮，依礼例赐花，令导驾官并用常服，合自端诚殿称贺毕簪花导驾，至丽正门权去花。俟肆赦立班讫，自祥曦殿簪花，从驾至德寿宫上寿，仍簪花从驾还内"。③ 回銮日赐群臣花，至端诚殿称贺，群臣簪花，至丽正门摘下，于祥曦殿簪戴后从驾至德寿宫祝寿，并簪花从驾回宫。

闻喜宴上同样行九盏制，酒行五盏后赐花，进士簪花，押宴官以下及释褐贡士至庭中望阙位而立，谢花再拜。④ 南宋"赐闻喜宴于贡院。齐而后，押宴官率官属及进士列拜于庭……人赐宫花四朵，簪于幞头上（花以罗帛为之），从人下吏皆得赐花。又有例赐冰，再坐，分与士人又到班亭下，再拜谢花，簪而谢之，兼坐带花，又四杯……退皆簪花乘马而归"。⑤

除特殊情况外，受赐者一般要将花簪于幞头之上，"幞头簪花，谓之簪戴"。⑥ 也有生性不喜张扬如司马光者，宋仁宗宝元初年中进士甲科后参加闻喜宴，最初并未簪花，但禁不住同列一语"君赐不可违"，不得已簪花一

---

① （宋）李焘：《续资治通鉴长编》卷 95，天禧四年三月乙丑，第 2184 页。
② （元）脱脱等：《宋史》卷 113《礼志十六》，第 2690 页。
③ （清）徐松辑：《宋会要辑稿·礼》28 之 30，第 1034 页。
④ （元）脱脱等：《宋史》卷 114《礼志十七》，第 2712 页。
⑤ （元）刘一清：《钱塘遗事》卷 10《择日唱第》，丛书集成初编，新文丰出版公司，第 276 册，第 341 页。
⑥ （元）脱脱等：《宋史》卷 153《舆服志五》，第 3569 页。

枝,其无可奈何的心情可想而知。① 宴会结束后,官员并不能随意摘下花朵。当时不少官员或生轻慢之心,或图方便省事,随意将赐花交与仆人:"自景祐以来,因近上臣僚或威重自处,或轻率自便,纔出殿门,未及行马,已取赐花授之左右。冬则拥裘而退,夏则顶帽而归。自兹浇风,袭成慢礼",除执政大臣戴花归第外,其余官员"率皆相仍轻掷赐以为雅厚",竟然以掷花为风雅之事。

为遏制这种违制行为,宋仁宗庆历七年(1047年)侍御史知杂李柬之建议:"今后凡预大宴并御筵,其所赐花并须戴归私第,不得更令仆从待于马后。仍令御史台纠举违犯以(问)[闻]",官员须将赐花一路佩戴回府,违规者令人检举。"锡宴推恩,赴座臣僚所赐花并戴归私第,在于行路,实竦荣观,耀于私门,足为庆事。"②簪花是朝廷给予大臣的荣光,可光耀门楣。在御史的监督下,宴飨过后,满朝文武大臣簪戴各色花朵,倾朝而出,井然有序,缓缓行进在京城的大街小巷,成为赵宋王朝独有的一道风景。

遇至丧期,朝廷或不赐花,或赐花不簪。如宋仁宗天圣二年(1024年),正值为宋真宗丧服期间,诞圣节不作乐,不赐花:"今年乾元节后赐宴,就依去年例,就锡庆院赐,不作乐,不赐花。"③淳熙十六年(1189年)八月,"以高宗服制故",礼部、阁门、太常寺、国信上言:"将来贺登宝位使人到阙,合于紫宸殿赐筵宴,不用乐,不簪花"。淳熙十四年(1187年)宋高宗驾崩,宋孝宗服丧三年,其时尚未期满,故赐花不簪。

要之,与前朝相比,宋代赐花更为普遍,其表现有三:一是赐花范围扩大。除各级文武官员外,身份低微者也在受赐范围内。二是赐花用量较大。绍兴十六年(1146年)文思院接到制作一万朵回銮花的指令,④一次用量在万朵以上;权臣秦桧乔迁新居,宋高宗赐花1400朵。⑤ 三是相关礼仪更加规范。宫廷赐花、簪花礼仪始于唐朝,至宋得到进一步强化。

第三节　土　　地

土地是中国传统社会赖以生存和发展的根本,是延续一个家族长盛不衰的"秘诀"。我们的先人对土地有着抹不去的情结,放眼世界,恐怕很难

---

① (元)脱脱等:《宋史》卷336《司马光传》,第10757页。
② (清)徐松辑:《宋会要辑稿·礼》45之12—13,第1453—1454页。
③ (清)徐松辑:《宋会要辑稿·礼》57之34—35,第1609页。
④ (清)徐松辑:《宋会要辑稿·礼》6之23,第489页。
⑤ (清)徐松辑:《宋会要辑稿·礼》62之65,第1727页。

再找到犹如他们一般对脚下这片土地有着如此执着的信念。在中国古代，土地赏赐的意义非同一般，它更易于达到统治者的预期效果。关于宋朝土地赏赐，以往学者多将关注点集中在宗教领域，通史类著作中虽有章节涉及，但基本为概括性描述。集中研究宋朝土地赏赐的仅见徐黎丽《略论两宋的赐田》①一文，该文认为两宋时期的土地赏赐是官田私有化的一个重要契机，具有一定的学术价值，不过其中的某些观点仍值得商榷。中唐以后土地所有制和赋税制度发生了明显变化，至宋朝则"田制不抑"，大土地所有制空前发展，国有土地大量流失，可供官府自由支配的土地资源越来越少。在这样的情势下，宋朝赐田的概念是否有所变化？其源于何处？性质如何？易于引发哪些社会问题？对上述问题的探讨，或许有助于我们进一步厘清唐宋期间土地制度的演变脉络。

一、"赐田"的概念

赐田即赏赐用田，"赏田者，赏赐之田"，②赐田是指皇帝将土地使用权或所有权转让给臣民。在土地私有制出现以前，赐田多是指皇帝暂时将土地使用权出让给受赐对象，受赐对象仅享有土地上的收益。春秋战国以来，随着土地私有制的进一步发展，赐田的含义发生了变化，由出让土地使用权转化为出让土地所有权。

研究赏赐制度，需要我们注意的是史籍中有不少"赏"、"赐"实际上是指支拨资金、一般性的给予等。徐文大致将宋代接受赐田的公共机构分为三类：寺观，地方政府部门及学府，并引用宋真宗大中祥符六年（1013 年）七月下发的一则诏令："赐诸路天庆观逃田，藩镇十顷，诸州七顷，军监五顷"。③ 支拨给各路道观的土地确属赏赐用田，而"赐"给各级地方管理机构的土地实为"职田"。职田又称"圭田"、"公田"，④是自古就有的官员俸给制度，五代曾遭废止，宋真宗咸平二年（999 年）七月正式恢复，并按照等级分为 8 等："其两京、大藩府四十顷，次藩镇三十五顷，防御、团练州三十顷，中上刺史州二十五顷，下州及军、监十五顷，边远小州、上县十顷，中县八顷，下县七顷"。⑤ 宋代职田授予范围缩小，将京城任职的官员排除在外，仅针对外任官实行，算是对出任在外者的经济补偿和物质鼓励。大中祥符六

---

① 　徐黎丽：《略论两宋的赐田》，《北方工业大学学报》1994 年第 4 期。
② 　（唐）杜佑：《通典》卷 1《食货志一》，第 5 页。
③ 　（宋）李焘：《续资治通鉴长编》卷 81，大中祥符六年七月甲午，第 1837 页。
④ 　（宋）高承撰，金圆、许沛藻点校：《事物纪原》卷 1《职田》，第 50 页。
⑤ 　（宋）李焘：《续资治通鉴长编》卷 45，咸平二年七月壬午，第 955 页。

年(1013年)对各级地方官府的赐田,应是在原数之上临时添加给外任官的职田,从性质上来讲,当属官员俸禄的一部分,故把这部分土地当作"赐田"恐怕不妥。徐文还提及政府"拨赐"给各地学府大量学田,这些学田其实是中央支拨给各级学府的办学经费,属财政拨款的性质。宋朝以文治国,重视学校教育,曾先后拨赐大量学田以供应学生日常生活所需。综上,我们认为宋朝拨给公共机构的土地,除寺院宫观外,不应算在赏赐用田内。

二、赐田的来源

宋以前赐田多为国有土地,宋代国家直接掌握的土地锐减,而赐田量却不在少数,那么,宋朝是如何解决赏赐用田的? 这些赏赐用田又如何定性? 徐文认为"两宋用以赐赏的国有土地已经不占主导地位,朝廷只能另辟蹊径";"政府掌握的官田数量有限,只能把逃田、户绝田、荒地、淤田、圩田以及战后收复的土地赐予功臣宿将"。① 这里有两个问题值得商榷。其一,国有土地在赏赐用田中是否已不占主导地位? 其二,户绝田、逃田、荒田、水利田和收复土地等如何定性? 若想解决上述问题,首先需探究两宋赏赐用田的来源渠道。

宋朝赐田来源趋于多样化。宋神宗熙宁五年(1072年)六月,诏令环庆荔原堡、大顺城降服羌人平均每口给地50亩,首领加倍,若官田不足,则"以里外官职田及逃绝田充,又不足即官买地给之",②即赐田包括职田、逃田、户绝田以及官买民田等,来源较为复杂。结合史料,宋朝赐田来源大致有以下几种。

逃田、户绝田、荒田、官买民田。宋真宗咸平五年(1002年)十二月,朝廷赐给徙居石州(今山西吕梁)等县的投降杂户闲田,因户数多达二万余,可供赏赐的用田远远不足,遂令"转运司籍部下逋民田给之",③由转运司将逃田分给降民。赐田中户绝田所占份额不少,宋神宗元丰元年(1078年),朝廷将开封府界20顷"户绝田"赐给曹利用家;④元丰三年(1080年),赐给清储祥宫户绝田;⑤元丰五年(1082年),诏令"归明人应给官田者,三口以下一顷,每三口加一顷。不足,以户绝田充其价,转运司拨还",⑥赐给归明

---

① 徐黎丽:《略论两宋的赐田》,《北方工业大学学报》1994年第4期。

② (宋)李焘:《续资治通鉴长编》卷234,熙宁五年六月乙丑,第5680页。

③ (宋)李焘:《续资治通鉴长编》卷53,咸平五年十二月壬戌,第1169页。

④ (宋)李焘:《续资治通鉴长编》卷289,元丰元年五月丁亥,第7076页。

⑤ (宋)李焘:《续资治通鉴长编》卷305,元丰三年六月癸卯,第7422页。

⑥ (清)徐松辑:《宋会要辑稿·兵》17之2,第7038页。

人的土地,若官田不足,则由转运司负责配给户绝田。荒田也是赐田的来源之一,宋高宗绍兴十年(1140年),程师回累立战功,诏令"依归朝官例"赐系官荒田10顷。① 宋朝赏赐用田中还有官买民地,上面提及宋神宗朝诏令边区地方机构购置民田以备赏赐,当时王安石曾提议"倍以钱买蕃户地,多给与顷亩,须管优足",②主张不要吝惜钱财,以高于市场的价格购入土地,赐予降服者,以确保边境安全。

籍没田。在"尺寸之土,人所必争"的江浙地区,籍没田是赐田的重要来源。宋朝尤重归明人李显忠,多次赐田给他。宋高宗绍兴十年(1140年),朝廷曾赐其镇江府所藉郿琼水陆田43顷;③后再赐田70顷,其中李显忠自行寻访到"平江府长洲、吴江两县杜朝议等没官田"2091亩。④ 宋孝宗乾道元年(1165年),大同军节度使、提举万寿观蒲察久安受赐500亩,同样自行寻访到"秀州嘉兴县长水乡没官田四百八十五亩、柿林乡一十五亩"。⑤上述两例均是在政府掌握的土地资源十分有限的情况下,鼓励受赐对象自行解决赐田的来源问题,其中籍没田当是寻访的主要类型。

营田、官庄、屯田。宋孝宗朝分别赐给归明人萧琦、萧鹬巴、耶律适哩等大量土地,史载:

> 将左军一庄四十七顷八十一晦,于内拨田二十顷付萧琦,外将余田下江都县,照数拨付……所有少阙顷晦,即于附近官庄田内摽拨。本县今于左军庄田并中军庄田内取拨二顷一十六晦,揍(凑?)田三十顷,分拨萧鹬巴等。

萧琦受赐20顷,萧鹬巴受赐30顷,赐田从淮东官田支拨,其中大部分源自江都县(今江苏扬州)界镇江府诸军营田。萧琦所受赐田本可从"系官水陆荒田"中拨赐,但因"系绍兴元年复兴以前人户抛弃,无人请佃,有误摽拨",故官府从镇江府诸军营田、官庄中挑选了上等田赐给了他。这种赐田方式还成为了范例,如乾道二年(1166年)朝廷赐田给耶律适哩,即是"依萧琦等例支拨"镇江府官庄、营田10顷。屯田很少用作赐田,拨赐的多为废弃之地。如乾道六年(1170年),朝廷拨赐归正人赵受等每人各5顷田,赐田即

① (清)徐松辑:《宋会要辑稿·食货》61之48,第5897页。
② (宋)李焘:《续资治通鉴长编》卷234,熙宁五年六月乙丑,第5681页。
③ (宋)李心传:《建炎以来系年要录》卷135,绍兴十年五月辛卯,第326册,第812页。
④ (清)徐松辑:《宋会要辑稿·食货》61之54,第5900页。
⑤ (清)徐松辑:《宋会要辑稿·食货》61之51,第5899页。

拨自淮西已废屯田。①

水利田。宋神宗曾多次将淤田赐给官员,如熙宁六年(1073 年),赐屯田员外郎侯叔献、太常丞杨汲开封府界"淤田各十顷";②熙宁八年(1075年),赐都大提举疏浚黄河司勾当官李公义、内侍黄怀信淤田各 10 顷。③ 宋高宗也曾赐官员水利田,如绍兴九年(1139 年),赐京东淮东宣抚处置使韩世忠建康(今江苏南京)永丰圩田 1000 顷,不过韩世忠辞而未受。④ 绍兴二十三年(1153 年)又将永丰圩赐给秦桧。⑤

常平田等。宋哲宗元祐年间(1086—1094 年)朝廷规定,赐给归明人的土地,若耕田数量不足,则以常平田作为补充,若常平田仍不足以应付,再补之以户绝田。⑥ 南宋常平田仍作为赐田的补充,宋高宗绍兴二十五年(1155年)刘锜受赐田 100 顷,土地皆属常平司。⑦ 宋孝宗淳熙二年(1175 年),朝廷曾将平江府长洲县(今江苏苏州)金鹅乡系官常平田 938 亩赐给萧邈古。⑧

职田也是两宋的赐田来源之一,宋神宗曾诏令以职田作为降羌的赐田,宋孝宗朝赏赐归明人萧鹧巴淮南田,萧鹧巴"意不惬,以职田请",虽遭拒,⑨但可知职田也曾作为赏赐用田。

综上,两宋赐田来源趋于多样化,既有由民间土地转化而来的,如荒田、逃田、户绝田、籍没田、官买民田等,又有属于国有土地性质的营田、屯田、官庄、常平田、职田等,还有产权似不够明确的水利田。

三、赐田的性质

那么,除产权明确的土地外,两宋时期荒田、逃田、户绝田、籍没田、水利田等各类土地的性质该如何界定?

荒田"一向隶属于封建国家、作为国家分配调节之用"。⑩ 随着均田制的瓦解,自唐中期以来荒田已许民户垦辟。宋代沿袭了这种土地政策,准许

---

① (清)徐松辑:《宋会要辑稿·食货》61 之 50—54,第 5898—5900 页。

② (宋)李焘:《续资治通鉴长编》卷 247,熙宁六年九月丙辰,第 6013 页。

③ (宋)李焘:《续资治通鉴长编》卷 263,熙宁八年闰四月壬寅,第 6435 页。

④ (宋)李心传:《建炎以来系年要录》卷 127,绍兴九年四月乙亥,第 326 册,第 734 页。

⑤ (宋)李心传:《建炎以来系年要录》卷 165,绍兴二十三年八月乙卯,第 327 册,第 314 页。

⑥ (宋)李焘:《续资治通鉴长编》卷 418,元祐三年十二月庚辰,第 10137 页。

⑦ (宋)李心传:《建炎以来系年要录》卷 168,绍兴二十五年五月壬申,第 327 册,第 357 页。

⑧ (清)徐松辑:《宋会要辑稿·礼》62 之 79,第 1734 页。

⑨ (元)脱脱等:《宋史》卷 386《魏杞传》,第 11833 页。

⑩ 漆侠:《宋代经济史》,中华书局 2009 年版,第 232 页。

民户自由垦荒,开垦过的荒地可转化为私有性质,如宋太宗至道元年(995年)诏令:"应诸道州府军监管内旷土,并许民请佃,便为永业"。① 未垦荒田从名义上讲当归属国家管制,故宋人常称之为"系官荒田"。两宋之初受战乱影响,土地大量抛荒。如宋高宗绍兴三十年(1160年),淮南转运判官、提领营田张祁曾上言说"本路系官荒田共四十八万余"。②

逃田即是指田主逃离的土地。在中国古代社会,小民势单力薄,难以抵御来自外界的压力。一旦社会动荡,天灾降临,或赋役过重等情况发生,一部分人便逃离家园,背井离乡,暂避一时,待情势缓和后再重返故土。若在官府规定的限期内返回,民户一般可收回土地,若逾期不归,则土地被没入官府,不再属于私有财产,故逃田的产权相对比较复杂。

所谓"户绝田",是指无人继承、无所归属的田产。户绝田的产权归属国家,宋朝制定了户绝条贯,以此来扩大国有土地。籍没田一旦入官即为国有土地,是官田的重要来源。另外,战后收复土地也不应排斥在国有土地之外。综上,逃田、户绝田、荒田、籍没田等土地类型虽由民间土地转化而来,但绝大部分实属国有土地的性质,漆侠先生在《宋代经济史》中曾明确指出这些土地是宋朝官田的主要组成部分。③

将水利田排斥在国有土地之外似更为不妥。两宋时期重视农田水利建设,宋神宗推行新法期间淤田在北方得到大力推广。熙宁年间(1068—1077年)俞充担任都水丞,"提举沿汴淤泥溉田,为上腴者八万顷",④其中不少为国有土地,如李公义、黄怀信的赐田即为"官淤田"。⑤ 圩田为南方水利田的主要类型之一,有官私之分。因政府可以调集更多的人力和物力,官圩的规模远远超过私圩,曾先后赐给蔡京、韩世忠、秦桧的永丰圩即为规模较大的官圩。⑥

通过上述分析,我们基本可以确定两宋时期各种类型的赐田大多为国有土地的性质。再对一组数据进行分析。《宋会要辑稿·食货》(见附录三)记载了从宋高宗绍兴五年(1135年)至宋孝宗乾道九年(1173年)共38年间土地的赏赐情况。

---

①　(宋)佚名撰,司义祖整理:《宋大诏令集》卷182《募民耕旷土诏》,中华书局1962年版,第660页。

②　(宋)李心传:《建炎以来系年要录》卷184,绍兴三十年正月壬寅,第327册,第615页。

③　漆侠:《宋代经济史》,中华书局2009年版,第288—299页。

④　(元)脱脱等:《宋史》卷333《俞充传》,第10701页。

⑤　(宋)李焘:《续资治通鉴长编》卷263,熙宁八年闰四月壬寅,第6435页。

⑥　(元)马端临:《文献通考》卷6《田赋考六》,第148页。

表4-7 南宋初期赐田统计表

赐田来源		次数	受赐群体	次数
官田	营田	6	宗室	1
	官庄	3	外戚	3
	系官常平田	1	重臣	3
	屯田	1	武将	11
	系官荒田	1	殁于王事者	3
	其他	17	归明、归正人	11
籍没田		2	圣贤之后	1
来源不明		10	其他	4

注:表中有单次赐田源于2处以上者。

据表4-7,除10处来源不明及2处籍没田外,明确为官田来源者计29处,其中营田6处、官庄3处、系官常平田、荒田、屯田各1处、其他官田17处。国有土地占74%以上,实际上在来源不明的赐田中也当有一定数量的国有土地。这组数据说明,至少在南宋初年国有土地占据着赐田的主导地位。同时,受战乱影响,南宋初年出现大批荒田,政府组织人力物力建置了不少营田、屯田和官庄,国有土地有了一定量的增长,故源于营田、官庄的赐田数量有所增加。

四、由赐田引发的若干社会问题

宋代赐田具有一定的积极意义,它不仅有利于土地的开发与利用,增加国家财政收入,同时又是朝廷用以安置归明、归正人的有效手段,这部分内容下文将有所述及。不过,随着国有土地的大量流失,宋朝可以用来赏赐的土地较前朝大为减少,南渡后人地关系尤为紧张,而赐田仍不在少数,这必然引发若干潜在或突出的社会问题。

其一,强占民田,激化社会矛盾。

由于国家直接掌握的土地日益减少,尽管宋朝赐田来源广泛,但仍难以满足日渐增长的需求。南宋户部曾奏请赐田给被淘汰的使臣,当时临安"官田仅为亩一千一百,计其请而给田,则不过数十人",①官府掌握的土地计1100亩,按户部拟定的标准,大致仅够数十人受赏,而淘汰的使臣实际上

---

① (元)脱脱等:《宋史》卷386《黄祖舜传》,第11855页。

共 1600 余人,故根本无法施行。

宋孝宗隆兴二年(1164 年),恩平郡王赵璩奏:"乞降睿旨,下两浙转运司并常平司,于侧近州军所管官田内,给赐臣家五十顷。如即目未能及数,令日后摽拨。仍亦许本家自行踏逐,官司不许巧作名色执占"。① 赵璩的奏章暴露了南宋赐田常见的问题。宋朝国有土地资源虽十分有限,朝廷却不吝赏赐,赐田"动以顷计",具体执行时却需要地方落实负责。这迫使地方政府非法占取民田:"赐目既下,有司无所从出,必于近地踏逐没官田产,或以得罪,或以户绝,朝籍于官,暮入势家"。② 籍没田一度被视为赐田的主要来源,不少势家和地方官吏勾结,将籍没田以赏赐名义纳入囊中。即便罪家日后官司得以昭雪,田产也无法追回。故势家伙同地方官吏暗箱操作,制造冤情,侵夺他人田产。因这一问题较为突出,乾道六年(1170 年)朝廷规定,若日后冤情洗白,民户可收回已赐田产。③

宋朝不少赐田可免除税收,这些赐田一部分由国家直接减免,一部分则是受赐者自行提出的,如六和塔寺僧请求免除科徭,"僧寺既违法置田,又移科徭于民"。④ 减免税收实际上是将相应的负担转嫁他人,易于激化社会矛盾。

其二,加快土地私有化的进程,推动土地兼并之风的盛行。

宋朝"田制不抑",放任对土地的占有和买卖,推行自由垦荒政策,土地兼并情况日趋严重,大土地所有制空前膨胀。宋朝国有土地极其有限,但仍通过各种途径不断向私有制转化,赏赐即是其中的主要方式之一。北宋初年土地较少用于赏赐:"国家故事,执政大臣非有勋劳于社稷,不轻赐田宅",⑤中期以后渐有突破。南宋韩世忠、杨政、吕文德等都曾受赐过大片良田,⑥如韩世忠"蒙赐到田土,并私家所置良田",每年岁收达数万石,⑦可知赐田之大。宋朝赐给寺院道观的土地动辄上千亩,甚至上万亩。宋徽宗朝曾将牧地赐给诸苑囿及道宫,"若复苑八作、书艺局、艮岳、撷芳园、上清宝箓宫、龙德太一宫、祐神观各一千或八百顷,他以差给赐",⑧赐田总数达 10

---

① (清)徐松辑:《宋会要辑稿·食货》61 之 51,第 5899 页。
② (清)徐松辑:《宋会要辑稿·食货》61 之 54,第 5900 页。
③ (清)徐松辑:《宋会要辑稿·食货》61 之 54—55,第 5900—5901 页。
④ (元)脱脱等:《宋史》卷 433《程大昌传》,第 12860 页。
⑤ (清)徐松辑:《宋会要辑稿·选举》32 之 19,第 4752 页。
⑥ (清)徐松辑:《宋会要辑稿·食货》61 之 47、49,第 5897—5898 页;(元)脱脱等:《宋史》卷 45《理宗纪五》,第 871 页。
⑦ (宋)李心传:《建炎以来系年要录》卷 147,绍兴十二年十二月己卯,第 327 册,第 63 页。
⑧ (元)马端临:《文献通考》卷 160《兵考十二》,第 4790—4791 页。

万亩以上。

赐田助长了土地兼并之风。"初通拨赐产千亩,已而豪夺无涯"。如西京崇德宫,"据其产一万二千亩,赁舍钱、园利钱又在其外",[1]寺院道观成为土地的豪夺者。漆侠先生认为,两宋共掀起三次土地兼并的热潮,第一次是在宋真宗、仁宗统治时期,第二次是在宋徽宗统治时期,第三次是在南宋初年。[2] 与之颇为对应的是,北宋初年赐田较少,宋真宗朝以后赐田数量逐渐增加,至宋高宗、孝宗两朝达到最高峰。这绝非巧合,恰好说明了通过赐田的方式,土地越来越集中到少数人手中,对土地兼并起到了推波助澜的作用。

其三,影响当地灌溉系统,给农业生产带来隐患。

赐田对象中不乏位高权重者,这部分人往往倚仗权势,罔顾他人。为攫取更大的收益,他们违规造田,损毁农田水利设施,给当地农业生产带来极大的隐患,这种行为造成的破坏力甚至超出人们的想象。南宋曾将永丰圩赐给秦桧,秦桧接受赐田后,"竭江东漕计修筑堤岸,自此水患及于宣、池、太平、建康"。秦桧从官府调用大量人手围堤筑坝,因圩田规模过大,影响甚广,直接导致宣州(今安徽宣城)、池州、太平州、建康四地饱受水患之苦,这些地区的农业生产大受影响:"当年所收仅及其半,次年仅收十五之一",[3]收入锐减。

权贵借机围湖造田,而这些湖泊多具备防旱、灌溉的功能,"伏见绍兴府诸县各有湖潴水以备旱,照得萧山县管下湘湖,灌溉九乡民田,其利甚博",一方百姓均可受益。湖泊填筑为田破坏了当地的水利设施和灌溉系统。宋高宗绍兴年间(1131—1162 年)都统制李显忠受赐土地,最初赐田在镇江府界,绍兴二十六年(1156 年)置换成绍兴府上虞县的湖田。宋孝宗隆兴二年(1164年),山阴县(今浙江绍兴)兴修鉴湖水利,"蓄水灌溉民田",需要废罢湖田,因涉及李显忠的赐田,知绍兴府吴芾便上书要求将赐田再置换回原处。最后庶民汪念三等把湘湖周围的一千余亩地转让给李显忠,李显忠"遂将湘湖填筑为田,侵渔不已",围湖造田,并不断侵吞周围土地。"湖尽废,则九卿之田,一遇旱干,何以灌溉? 其害非细",[4]给当地农业生产带来隐患。

其四,随着人地关系的日趋紧张,赐田不足的问题愈发突出。

北宋赏赐用田一般由政府解决,享有一定选择权的多为有突出贡献者。

---

[1] (宋)陆游撰,李剑雄、刘德权点校:《老学庵笔记》卷 9,第 115 页。
[2] 漆侠:《宋代经济史》,中华书局 2009 年版,第 258—260 页。
[3] (元)马端临:《文献通考》卷 6《田赋考六》,第 147 页。
[4] (清)徐松辑:《宋会要辑稿·食货》61 之 49—50、53,第 5898、5900 页。

如赐给邕州令苏缄的土地便"听其家自择"①,这可视为对忠义之士的特别优待。由于可供自由支配的土地甚少,南宋赐田出现新情况。不少赐田由受益人"自行踏逐"而来,即政府虽名义上赐予土地,但因官田不足,需要受益人在许可的范围内自行解决田源问题。这一时期受益人虽拥有更多选择土地的权利,但已非优待,而实属政府的无奈之举。

这种情况给受益人带来不小的麻烦,以至于赐田"有名无实",或者推延无期。宋高宗绍兴三十二年(1162年),朝廷准许都统制李显忠"自行踏逐"田70顷。经多方查寻后,李显忠最终选定没官田两千余亩,但"经浙西常平司拨给,经今八年,不肯拨给"。八年后,即宋孝宗乾道六年(1170年)李显忠向上申诉,结果赐田仍"拨给未足"。武泰军节度使刘锜"累立战功",而"家无产业",朝廷特赐湖南路官田共百顷,但刘锜仅得数顷荒田,②向上申诉后才如数得到赐田。③ 上述状况还是发生在国有土地相对充裕的南宋初年,受赐对象也为颇有权势之人,可以想见,南宋赐田顺利地、足额地发放到受赐对象手中并非一件易事。

第四节　宅　　第

宅第是衡量个人资产的重要标准和财富象征,北宋初年宰相王溥的父亲王祚"频领牧守,能殖货,所至有田宅",④有财力者将宅第作为主要的投资对象。北宋赐第多集中在开封。开封城最基层的组织单位为坊,坊上设厢,形成厢坊两级制,共8厢,里城有左军第一厢、第二厢、右军第一厢、第二厢4厢,外城有东、西、南、北4厢,共120处坊。⑤ 据笔者考证,开封共有37处赐第坊名可查(见附录四),里城21处,其中左军第一厢10处,左军第二厢5处,右军第一厢1处,右军第二厢5处。左军第一厢赐第最多,占里城赐第的47%左右;外城16处,其中东厢1处,南厢4处,西厢3处,北厢8处。以北厢最多,占外城赐第的半数,雍国大长公主及万寿长公主赐第便在北厢永宁里。⑥

① (宋)李焘:《续资治通鉴长编》卷273,熙宁九年二月辛丑,第6684页。

② (清)徐松辑:《宋会要辑稿·食货》61之53、52,第5900、5899页。

③ (宋)李心传:《建炎以来系年要录》卷170,绍兴二十五年十二月丙戌,第327册,第390页。

④ (元)脱脱等:《宋史》卷249《王溥传》,第8801页。

⑤ 周宝珠:《宋代东京研究》,河南大学出版社1992年版,第69页。

⑥ (元)脱脱等:《宋史》卷248《雍国大长公主传》,第8774页;卷464《李遵勖传》,第13568页;(宋)叶梦得撰,宇文绍奕考异,侯忠义点校:《石林燕语》卷3,第35页。

一、赐第的产权问题

宋朝赐第产权问题较为复杂,分为以下几种情形。

（一）受赐者拥有居住权

居住权分为两种情况。

1. 暂时居住权

这种暂时居住的权利又分为两种情况。一是受赐对象离开原居地,赐第被收回。如防御使李显忠在乾道年间(1165—1173 年)曾在杭州受赐宅第 1 区,其后李显忠返回绍兴府,淳熙四年(1177 年)再赴杭州,宋孝宗命"再葺前所赐第赐之"。① 当是李显忠离开杭州时赐宅被收回,重返后朝廷再次将旧居颁赐给他。

二是受赐对象亡故,赐第被收回。宋太祖厚遇前割据政权统治者,先后诏令构筑豪宅供其使用。不过这些宅第仅供他们生前享用,死后政府随时收回。如后蜀帝孟昶死后,宅邸被收回,后来成为尚书都省的官署。② 赐给吴越王钱俶的礼贤宅也最终收回。景德年间(1004—1007 年)有关部门本打算收回礼贤宅,改建为司天监,但宋真宗不允,几年后钱俶子钱惟演主动将礼贤宅上交朝廷,③礼贤宅后来一度成为太学故地。④ 又如宋真宗朝曾在兴唐观基建宅赐种放,⑤种放死后收回,宋仁宗天禧二年(1018 年)赐给女道士王道真。⑥ 宋高宗绍兴年间(1131—1162 年)刘光世身故,朝廷将其在建康府的赐第转赐秦桧。⑦

2. 永久居住权

永久居住权多由暂时居住权转化而来。如宋仁宗康定元年(1040 年),朝廷以草泽高怿"高世之行,可励风俗",赐宅第 1 区,该宅第当为官舍,仅供暂时居留。⑧ 嘉祐六年(1061 年),朝廷将官舍连同宅基地一并赐给他,"永充居止",⑨暂时居住权转化为永久居住权。

这种权利的转化更多发生在宗室成员身上。公主赐第最初并无继承

① (元)脱脱等:《宋史》卷 367《李显忠传》,第 11433 页。

② (宋)叶梦得撰,宇文绍奕考异,侯忠义点校:《石林燕语》卷 1,第 1 页。

③ (元)脱脱等:《宋史》卷 480《吴越钱氏世家》,第 13908 页。

④ (宋)叶梦得撰,宇文绍奕考异,侯忠义点校:《石林燕语》卷 1,第 1 页。

⑤ (宋)李焘:《续资治通鉴长编》卷 76,大中祥符四年十一月癸未,第 1742 页。

⑥ (宋)李焘:《续资治通鉴长编》卷 91,天禧二年四月戊寅,第 2108 页。

⑦ (宋)李心传:《建炎以来系年要录》卷 169,绍兴二十五年十月丙申,第 327 册,第 373 页。

⑧ (宋)李焘:《续资治通鉴长编》卷 126,康定元年二月庚子,第 2976—2977 页。

⑨ (清)徐松辑:《宋会要辑稿·方域》4 之 22—23,第 7381—7382 页。

权,所谓"主薨,例皆复纳入官,或别赐第",①公主身亡后,赐第收回,或另赐他宅。宋真宗咸平六年(1003年),雍国大长公主下嫁右卫将军王贻永,赐第永宁里,次年便不幸故去,赐第"归之有司"。② 大中祥符年间(1008—1016年),这套宅子又赐给了下嫁左龙武将军李遵勖的万寿长公主。不过之后公主赐第便可传给后人。③ 又如宋孝宗乾道四年(1168年),朝廷将嗣濮王赵士輵现居住所赐给了他,准许"永远居住",④获得了永久居住权。不过,受益人虽取得了房屋的永久居住权,但大部分产权仍归属政府,地基需要缴纳税钱,"依例则纳税钱",⑤更不可投入市场买卖。

（二）受赐者拥有产权

受赐者拥有产权,赐宅可作为家产由子孙承继。如宋徽宗政和七年(1117年),诏令已故宗室赵仲的所居屋宇"永充己业",传给本位子孙;⑥宋光宗绍熙五年(1194年),诏令武德郎、阁门看班祗候邢汝楫宅第"永为己业"。⑦ 赐第产权归属受益人,可以自由典卖。

宋朝社会处于大变革时期,阶层变动频繁,"贫富无定势,田宅无定主,有钱则买,无钱则卖",⑧赐第同样难以逃脱被后人典卖的命运。宰相吕端生前不治家产,身后家道中落,赐宅抵押了出去。为优抚良臣之后,朝廷出资赎回,并再赐吕家。而吕端子吕藩以婚嫁缺钱,且"负人息钱甚多"的借口,上表归还赐第。无奈之下,宋真宗又赐吕家银帛,吕宅这才未能易主。执政王旦颇为不怿,发了一通牢骚:"唐元和中,还魏征旧第,止降一诏,何尝委曲如是耶?"⑨元昊称帝后,宋夏之间爆发了三川口之战,鄜延路副总管刘平力战不敌,身陷敌营,而朝廷以为刘平战死,优给赙赠,赐信陵坊宅第1区。不过刘氏子孙"皆不寿,卒无显者",寿数不长,且未有显达之人,终未守住祖业,最迟在宋哲宗元祐七年(1092年)便"家事狼狈,赐第易主"了。⑩

宋朝对归明人的政策较为特殊,一般不允许典卖所赐田宅,但若受赐者

① （宋）叶梦得撰,宇文绍奕考异,侯忠义点校:《石林燕语》卷3,第34页。
② （宋）李焘:《续资治通鉴长编》卷56,景德元年四月丙辰,第1233页。
③ （宋）叶梦得撰,宇文绍奕考异,侯忠义点校:《石林燕语》卷3,第35页。
④ （清）徐松辑:《宋会要辑稿·礼》62之73—74,第1731页。
⑤ （清）徐松辑:《宋会要辑稿·方域》4之23,第7382页。
⑥ （清）徐松辑:《宋会要辑稿·礼》62之52,第1720页。
⑦ （清）徐松辑:《宋会要辑稿·礼》62之84,第1736页。
⑧ （宋）袁采撰,贺恒祯、杨柳注释:《袁氏世范》卷3《富家置产当存仁心》,第162页。
⑨ （宋）李焘:《续资治通鉴长编》卷73,大中祥符三年四月乙亥,第1668页。
⑩ （元）脱脱等:《宋史》卷325《刘平传》,第10503页;（宋）苏轼撰,孔凡礼点校:《苏轼文集》卷35《乞赙赠刘季孙状》,第989页。

身亡,归宋后所生子孙可以典卖田宅。① 宋神宗元丰六年(1083年),朝廷再次重申归明人所赐田宅不得典卖的法令。② 该政策主要是为保障归明人的自身利益,所赐田宅本为安置之意,若典卖出去,归明人将会失去安身立命之所。

而一旦触犯刑律,受赐对象即便拥有产权,赐第也会籍没入官。如宋真宗景德元年(1004年)宋辽签订澶渊之盟,曹利用因功迁东上阁门使、忠州刺史,并赐第京师。天圣七年(1029年),曹利用侄子曹汭犯下不法之事,曹利用受到牵连,又坐私贷景灵宫钱,被贬为崇信军节度副使,房州(今湖北房县)安置,性情刚烈的曹利用在途中羞愤自尽,赐第也被籍没入官。因其情可怜,"上(宋仁宗)悯利用死非辜",丁家又多方申诉,朝廷遂于明道二年(1033年)、皇祐五年(1053年)、嘉祐六年(1061年)分次悉数将原有赐第交还曹家。③

二、宅第赏赐中存在的若干问题

随着滥赏的盛行,至北宋中期以后赐宅数量逐年递增,这不仅耗费了国家财力,也增加了社会不安定因素。

(一) 赐第渐趋泛滥

因价值略高,来源有限,宋初宅第并不轻易赐予他人:"国家故事,执政大臣非有勋劳于社稷,不轻赐田宅",④身居高位者建立功勋后方可受赐,对受赐者的身份、地位及业绩均有要求,标准近乎苛刻。据考证,北宋初年赐宅对象或身份特殊,如前割据政权的统治者、解除兵权的节度使,或立有奇功,"将相大臣有大勋大业,非寻常赏典所可报,赐第可也",⑤故这一时期赐宅数量不多。

北宋中期以后赐宅数量逐渐增加,以至"医卜庸流,滥有求请",对受赐者的身份已没有特殊要求了。宋朝伎术官身份低微,却也赫然出现在受赐行列。宋仁宗康定元年(1040年)十月十八日和二十三日,朝廷陆续向集贤校理苏舜钦下发两道圣旨,分别赐予医官副使柳尧卿及天文官杨可久宅第

---

① (宋)谢深甫撰,戴建国点校:《庆元条法事类》卷78《归明恩赐》,第855页。"归明人"的概念详见第五章第三节。

② (清)徐松辑:《宋会要辑稿·兵》17之3,第7039页。

③ (元)脱脱等:《宋史》卷290《曹利用传》,第9706—9708页;(宋)李焘:《续资治通鉴长编》卷174,皇祐五年六月辛未,第4212页;卷193,嘉祐六年六月丁卯,第4673页。

④ (清)徐松辑:《宋会要辑稿·选举》32之19,第4752页。

⑤ (宋)赵汝愚撰,北京大学中国中古史研究中心校点:《宋朝诸臣奏议》卷100,翁彦国:《上徽宗乞今后非有大勋业者不赐第》,第1081页。

各 1 区。① 宋徽宗朝宅第赏赐趋于泛滥,"迩者用为从官,一无可纪,已闻赐第矣",业绩乏善可陈,却身居赐第。大观三年(1109 年)御史中丞翁彦国上奏:"伏见比年以来,臣僚有被眷异者,不惟官职之超躐、锡赉之便蕃,多遂赐第者",②稍受龙恩眷顾的大臣就有可能拥有一套赐第,于是赐第之家相望于京师。这种状况一直延续至南宋,建炎三年(1129 年),宋高宗同时赐予故端明殿学士、签书枢密院事郑毅和郭三益两人田宅,郑毅执政百日,"无尺寸功",郭三益则为王黼死党,品行不端,故诏令下发后,引发朝堂不满,但宋高宗固执己见,并未改变主意。③

权臣赐第往往不止一处,政和二年(1112 年)宋徽宗赐蔡京开封宅第 1区,④大观四年(1110 年)又赐苏州南园,⑤王黼赐第则分别坐落在开封相国寺东及城西的竹竿巷。⑥ 除赐第外,秦桧还陆续将功臣名将的宅第以朝廷赏赐的名义纳入囊中,刘光世、张俊家人上缴的房宅"桧尽得之"。⑦ 宋度宗咸淳十年(1274 年),贾似道母胡氏病故,诏令漕、帅两司建造赐第,多达 9处,⑧而此前贾似道已至少有 2 处赐第。

(二) 耗费国家财力

两宋时期房价上涨幅度极大。北宋初年各地房价不高,太平兴国初年,宋太宗赐晋州都钤辖田钦祚银 5000 两购置宅邸,⑨这大致是当时在山西购置一套高级住宅所需要的费用。太平兴国三年(978 年),宋太宗赐陈洪进银 1 万两购置宅邸,⑩陈洪进纳土入京,家属和随从都需安置,故宅第规模不小,规格较高。宋真宗大中祥符三年(1010 年),内藏库出 5000 贯赎回吕端旧宅。⑪ 由此推测,北宋中期以前房价波动较小。北宋末年开封房价攀上新高。赐第价格大致在 30 万缗以上,奢华宅第最低也得 100 万缗:"天下之费,莫大于土木之功。其次如人臣赐第,一第无虑数十万缗,稍增雄丽,非

---

① (宋)赵汝愚撰,北京大学中国中古史研究中心校点:《宋朝诸臣奏议》卷 100,苏舜钦:《上仁宗论无功不当赐第》,第 1077 页。
② (宋)赵汝愚撰,北京大学中国中古史研究中心校点:《宋朝诸臣奏议》卷 100,翁彦国:《上徽宗乞今后非有大勋业者不赐第》,第 1081 页。
③ (宋)李心传:《建炎以来系年要录》卷 26,建炎三年八月己巳,第 325 册,第 403 页。
④ (元)脱脱等:《宋史》卷 21《徽宗纪三》,第 389 页。
⑤ (清)徐松辑:《宋会要辑稿·方域》4 之 23,第 7382 页。
⑥ (宋)徐梦莘:《三朝北盟会编》卷 31,靖康元年正月二十四日庚寅,第 230 页。
⑦ (宋)李心传:《建炎以来系年要录》卷 169,绍兴二十五年十月丙申,第 327 册,第 373 页。
⑧ (宋)周密撰,吴启明点校:《癸辛杂识》前集《贾母饰终》,第 49 页。
⑨ (元)脱脱等:《宋史》卷 274《田钦祚传》,第 9359—9360 页。
⑩ (宋)李焘:《续资治通鉴长编》卷 19,太平兴国三年七月乙酉,第 432 页。
⑪ (宋)李焘:《续资治通鉴长编》卷 73,大中祥符三年四月乙亥,第 1668 页。

百万不可。"①南宋房价更高,如商品经济最发达的两浙地区"田宅之价十倍于旧,其便利上腴争取而不置者数十百倍于旧",②价格增长了 10 倍左右。

贵戚权臣的豪宅高大宏伟,富丽堂皇,价值难以衡量。章献太后微时曾寓居张耆家中,垂帘听政后张耆"宠遇最厚",赐第在尚书省西侧,"凡七百楹"。③ 宋神宗朝向皇后之父向经的赐宅十分奢华,"军士以为一次拜郊钱物止修得一区皇后父宅",④造价极高。陆游曾记蔡京赐第有"六鹤堂,高四丈九尺,人行其下,望之如蚁",⑤如此宏大的建筑在当时实属罕见。权臣赐第多"请托营缮,务极壮丽,糜费不赀",⑥赐第诏令下发后,他们多方请托,大肆营建,务求豪奢,所费不可计数。甚至有因吟诵权臣豪宅而直入青云者,如王履道在任期结束后本前途无望,却因撰文对梁师成的赐第大加赞誉,不数年"登禁林,入政府,基于此也",⑦从此踏上坦途。王黼赐第在开封阊阖门外,周围数里,正厅以青铜瓦覆盖,宏丽壮伟,后堂构筑高楼大阁,"穷极华侈,垒奇石为山,高十余丈"。⑧ 因赐第过于宽敞,老年的秦桧甚至需要寻一狭窄处架设卧榻以避风寒。⑨ 景定三年(1262 年),宋理宗把位于临安葛岭的集芳园赐给贾似道,同时拨赐 100 万贯。斥巨资构建的集芳园"极其营度之巧",构思巧妙,"飞楼层台,凉亭燠馆,华邃精妙。前揖孤山,后据葛岭,两桥映带,一水横穿,各随地势以构筑焉",⑩极尽奢华。

权臣迁居赐第,往往十分招摇。宋徽宗宣和年间(1119—1125 年)王黼迁居赐第,"导以教坊乐,供张什器,悉取于官,宠倾一时",⑪极尽渲染之事。绍兴十五年(1145 年)四月秦桧迁居赐第,随之入府的还有大量赏赐物品:银、绢、缗钱各 10000 两匹贯,彩 1000 匹,金银器皿、锦绮帐褥 608 件,花 1400 枝。⑫ 十月,宋高宗遣中使赐宴,随行而来的仍有金镀银钞锣唾盂、汤

① (元)脱脱等:《宋史》卷 179《食货志下一》,第 4359—4360 页。
② (宋)叶适撰,刘公纯、李哲夫等点校:《叶适集·水心别集》卷 2《民事中》,第 654 页。
③ (元)脱脱等:《宋史》卷 290《张耆传》,第 9711 页。
④ (宋)李焘:《续资治通鉴长编》卷 239,熙宁五年十月丙申,第 5818 页。
⑤ (宋)陆游撰,李剑雄、刘德权点校:《老学庵笔记》卷 5,第 63 页。
⑥ (宋)赵汝愚撰,北京大学中国中古史研究中心校点:《宋朝诸臣奏议》卷 100,翁彦国:《上徽宗乞今后非有大勋业者不赐第》,第 1081 页。
⑦ (宋)王明清:《挥麈录余话》卷 2《王履道咏梁师成赐第》,第 323 页。
⑧ (宋)徐梦莘:《三朝北盟会编》卷 31,靖康元年正月二十四日庚寅,第 230 页。
⑨ (宋)陆游撰,李剑雄、刘德权点校:《老学庵笔记》卷 8,第 106 页。
⑩ (宋)周密撰,赵茂鹏点校:《齐东野语》卷 19《贾氏园池》,第 355—356 页。
⑪ (元)脱脱等:《宋史》卷 470《王黼传》,第 13681 页。
⑫ (宋)李心传:《建炎以来系年要录》卷 153,绍兴十五年四月戊寅,第 327 册,第 136 页。

瓶、太平花腰带及黑漆桌子等赏赐物品。①

随着受赐对象的日渐增多，以及房价的飞速上涨，赐第给中央财政增加了额外负担。宋徽宗政和年间（1111—1118 年）大臣张根曾说："臣所部二十州，一岁上供财三十万缗耳，曾不足给一第之用"。② 为营建秦桧赐第，南宋两浙转运司还专设一处办事机构——箔场，所任官吏颇多，专门负责赐第的营建和整修，箔场与秦桧任相的时间相始终，19 年来未停止营造，③所费之多，可以想象。

（三）激发社会矛盾

两宋赐第还成为激发社会矛盾的不安定因素。赐第的修建常涉及周边百姓的拆迁、安置问题，名义上虽"皆优还价直"，政府允诺以高于市场的价格买下民居，但"于民居私舍不无迁徙毁彻之弊"，百姓仍有苦难言。因赐第多选择在地段较好的地区，百姓搬离后，以政府补偿的价格很难再买到条件相当的居所。尤其在寸土寸金的京城，官员购买房宅尚属难事，何况一般平民，故北宋末年在天子脚下强行拆迁民居已然成为一大社会问题。

为缓和社会矛盾，宋徽宗统治年间相继出台相关法令。一是下达不许强拆民居的禁令，政和六年（1116 年）开封府出榜晓谕，严禁随意拆迁民居，若有犯者，御史可上奏本。二是控制赐宅数量，宣和五年（1123 年）诏令，除大臣、戚里按旧制赐第外，其余人等不再赐第，朝廷拨给钱款自行购置。"如敢干乞，重寘典宪"，并禁止请乞赐宅，否则以重法论处。上述禁令本为解决和缓和因赐第引发的社会问题，但因未触及根本，反而在某种程度上激化了不同阶层之间的矛盾。

若不从根本上解决赏赐过滥的问题，上述法令只能是一纸空文，"京师户口日滋，栋宇密接，略无容隙，纵得价钱，何处买地？"④京城建筑拥挤，人口密集，几无空闲之地。不过，既然朝廷下拨了购房款项，达官显贵想方设法，各尽其能，总能购置到一处称心如意的宅子。"辅相大臣，宦官戚里，赐第营筑，纵撤民居"，⑤照样强拆民居，"蒙赐之家，则必宛转计会，踏逐官屋，以空闲为名，或请酬价兑买百姓物业，实皆起遣居民"，⑥侵占官舍，使国家

① （清）徐松辑：《宋会要辑稿·礼》62 之 65—66，第 1727 页。

② （元）脱脱等：《宋史》卷 356《张根传》，第 11218 页。

③ （宋）陆游撰，李剑雄、刘德权点校：《老学庵笔记》卷 3，第 32 页。

④ （宋）赵汝愚撰，北京大学中国中古史研究中心校点：《宋朝诸臣奏议》卷 100，翁彦国：《上徽宗乞今后非有大勋业者不赐第》，第 1081 页。

⑤ （元）脱脱等：《宋史》卷 354《陆蕴传》，第 11161 页。

⑥ （宋）赵汝愚撰，北京大学中国中古史研究中心校点：《宋朝诸臣奏议》卷 100，翁彦国：《上徽宗乞今后非有大勋业者不赐第》，第 1081 页。

财产受损,霸占民屋,以低价购入,侵犯百姓利益。

北宋末年权贵侵占他人居所的情况更为常见,就连官员也难以自保。开宝年间(968—976年)李煜之弟李从善赐第京城汴阳坊,时人视李从善为太子,此地便有了"太子巷"的美誉。李从善死后,赐第转给了学士王景彝。宣和年间(1119—1125年)崔贵妃深得圣宠,时有刘康孙"以术蒙恩甚厚",善于钻营。为攀附权贵,刘康孙向崔贵妃兄长透露说,此宅巷名极佳,贵为风水宝地。崔贵妃听闻后,便要求宋徽宗将宅第赐给兄长。开封尹王革受命办理,而王景彝后代全然不知其中利害,迟迟未迁,崔氏便以私铸当十钱的罪名诬告王氏后人,王革"即为掩捕,锻炼黥窜,而没其宅"。崔氏如愿获赐宅第后,"上幸其居,设醮三日,荣冠一时",①十分张扬。崔氏夺宅,地方长吏助纣为虐,将无辜者屈打成招。王黼赐第位于昭德坊,与已故门下侍郎许将家相邻,其时王黼依附宦官梁师成,强取豪夺许家宅第,"白昼逐将家,道路愤叹"。② 以上人家还为高门之后,尚且饱受冤屈,何况一介庶民。同为"六贼"之一的朱勔居住在苏州孙老桥附近,一日忽然宣称四周之地皆赐予他,强令附近数百家在5日内全部迁走,"郡吏逼逐,民嗟哭于路",③官府为虎作伥,强行驱逐,百姓痛哭之声不绝于耳。

两宋权臣赐第"大者亘坊巷,小者不下拆数十家",而百姓却痛失家园,扶老携幼,不知流向何方,"暴露怨咨,殊非盛世所宜有",积怨越来越深,"敛数十百家之怨为一家之惠",④给动荡不安的时局增加了更多不确定的因素。

第五节　农畜产品

农畜产品是日常生活中不可或缺的必需品,宋朝常用于抚恤、赈济和褒奖。

一、农副产品

随着产量的大幅增减,宋朝各类农畜产品在赏赐领域内的比例发生了较为明显的变化。

---

① (宋)王明清:《挥麈后录》卷3,第115页。
② (元)脱脱等:《宋史》卷470《王黼传》,第13681页。
③ (元)脱脱等:《宋史》卷470《朱勔传》,第13685页。
④ (宋)赵汝愚撰,北京大学中国中古史研究中心校点:《宋朝诸臣奏议》卷100,翁彦国:《上徽宗乞今后非有大勋业者不赐第》,第1081页。

（一）谷物

中国是传统的农业大国，以粟、稻、麦为主的谷物构成主要的赏赐物品。粟即谷子，又称"稷"、"粱"，以其耐旱、耐瘠、耐贮存等生物学特性，在我国农作物栽培中长期位于首列："稷者，百谷之王，所以奉宗庙，共粢盛，人所食以生活也"。① 唐中期以后，稻、麦种植面积逐渐扩大，不过粟仍占据着主要地位，据彭康华《唐代物质赏赐研究》，唐朝用于赏赐的农副产品中粟的数量最多。②

入宋以后，粟、稻、麦仍为三大粮食作物，但所占比重发生变化。宋朝水稻种植面积急剧增加，成为产量第一的粮食作物，政府鼓励优良农作物品种交流，"江南、两浙、荆湖、岭南、福建诸州长吏，劝民益种诸谷，民乏粟、麦、黍、豆种者，于淮北州郡给之；江北诸州，亦令就水广种杭稻，并免其租"。③ 北方各地扩大了水稻种植面积，而占城稻的引进与移植又极大地提高了水稻产量，至迟北宋水稻种植已超过谷子。麦在汉以后逐渐向南推广，宋室南渡后，北人大量南迁，对麦的需求量大幅增长，栽培技术迅速在南方地区推广开来，"四川田土，无不种麦"，④不少地区形成麦稻两作制，麦子产量不断增加，成为仅次于水稻的粮食作物。三大谷类在农作物栽培中比重的变化反映在赏赐领域，即是米、麦取代粟，成为赏赐用量最多的粮食作物。如唐朝赙赠的谷类主要以粟为主，宋朝则有米、麦、面等。⑤

（二）茶叶

作为重要的经济作物，茶叶种植在宋代发展迅速，据贾大全推算，北宋茶业年产量为 5300 万斤以上，南宋为 4700 万斤左右。"每年人平茶叶产量，北宋时期为每年人平一斤以上，南宋绍兴时期为每年人平二斤左右。"⑥茶叶成为基本的民需物资，"茶之尚，盖自唐人始，至本朝为盛；而本朝又至祐陵时益穷极新出，而无以加矣"。⑦ 宋代饮茶之风盛行，"夫茶之为民用，等于米盐，不可一日以无"，⑧社会需求广泛。

---

① （汉）班固：《汉书》卷 25《郊祀志五下》，第 1269 页。
② 彭康华：《唐代物质赏赐研究》，硕士学位论文，西南师范大学历史文化与旅游学院，2004 年，第 39 页。
③ （元）脱脱等：《宋史》卷 173《食货志上一》，第 4159 页。
④ （宋）汪应辰：《文定集》卷 4《御札再问蜀中旱歉》，丛书集成初编本，中华书局 1985 年版，第 39 页。
⑤ （清）徐松辑：《宋会要辑稿·礼》44 之 1，第 1432 页。
⑥ 贾大全：《宋代四川同吐蕃等族的茶马贸易》，《西藏研究》1982 年第 1 期。
⑦ （宋）蔡絛撰，冯惠民、沈锡麟点校：《铁围山丛谈》卷 6，第 106 页。
⑧ （宋）王安石：《临川先生文集》卷 70《议茶法》，第 741 页。

　　古人认为茶有药效功能,能清火去疾,延年益寿,强身健体。古代医疗水平较低,药物不足,人们对茶的药效确信不疑。唐代茶、药常一同馈赠和赏赐他人,"关东戍士,岁月更代,怯于应敌,懒于服劳,然衣禀优厚,继以茶药,资以蔬酱"。① 北宋初年观察使以上入朝,朝廷特赐茶、药以示抚慰:"故事,廉察以上入朝,始有茶药之赐"。② 在工程营建及战争期间,茶、药是朝廷慰问、犒赏将士的佳品。"押赐合得银合茶药,示朝廷劝赏不忘功之意。在朝廷无所增费,而于本路士气有以激劝,稍厌人情,不为小补"。③ 宋哲宗元符二年(1099 年)九月,朝廷先后赐予会州、八寨堡、森摩寨等地筑城官兵茶药。④ 绍兴四年(1134 年),宋高宗派遣中使慰问岳飞,赐银合、茶药。⑤

　　建茶是宋朝赐给中高级官员的主要品种。建茶在宋代最为有名,又称"腊面茶"或"腊茶",五代时期建茶每年产量不过五六万斤,入宋后每年出产可至三十余万斤。⑥ 除满足皇室需求外,建茶大量赐给官员。如淳化四年(993 年),宋太宗赐给宰相、枢密使、三司使、翰林学士、尚书、丞郎、谏议大夫、给事中、御史中丞、三馆学士等建茶各 1 斤。⑦

　　建茶分为十品,其中龙、凤茶最为名贵:"茶之品,莫贵于龙凤,谓之团茶"。龙茶品级最高,专供皇帝、执政、亲王及长公主享用,凤茶次之,供给皇族、学士及将帅。龙凤茶 8 饼重 1 斤,"虽宰臣未尝辄赐",南郊致斋两府8 人才共享一块茶饼。因龙凤茶为稀罕之物,宫人往往在茶饼上盖上金花,"盖其贵重如此"。宋仁宗庆历年间(1041—1048 年)蔡襄担任福建路转运使,开始制作小片龙茶上贡,谓之"小团",20 饼重 1 斤,价值黄金 2 两,"然金可有而茶不可得",⑧极其难得。宋神宗元丰年间(1078—1085 年)建茶又出"密云龙",其品在"小团"之上,专供皇室。宣仁皇太后高氏垂帘听政,团茶开始赐给二府,"戚里贵近,丐赐尤繁",⑨团茶的身价大受影响,"皆以为赐",质量也有所下降。⑩ 南宋初年受战乱影响,建茶园丁四处流散,无法

①　(宋)欧阳修:《新唐书》卷 157《陆贽传》,中华书局 1997 年版,第 4929 页。

②　(元)脱脱等:《宋史》卷 289《高琼传》,第 9692 页。

③　(宋)李焘:《续资治通鉴长编》卷 407,元祐二年十二月己亥,第 9911 页。

④　(宋)李焘:《续资治通鉴长编》卷 515,元符二年九月庚子,第 12235 页;九月丁未,第 12240页;九月丁巳,第 12247 页。

⑤　(清)徐松辑:《宋会要辑稿·兵》14 之 25,第 7005 页。

⑥　(宋)杨亿:《杨文公谈苑·建州腊茶》,第 142 页。

⑦　(宋)程俱撰,张富祥校证:《麟台故事校证》卷 5《恩荣》,第 193 页。

⑧　(宋)欧阳修撰,李伟国点校:《归田录》卷 2,中华书局 1981 年版,第 24 页。

⑨　(宋)周煇撰,刘永翔校注:《清波杂志校注》卷 4《密云龙》,第 154 页。

⑩　(宋)叶梦得撰,宇文绍奕考异,侯忠义点校:《石林燕语》卷 8,第 124 页。

再组织正常生产,故宋高宗建炎二年(1128年)建茶罢贡。绍兴四年(1134年)明堂大礼,朝廷购进5万斤建茶作为赏赍,"盖高宗以锡赍既少,惧伤民力,故裁损其数云"。[①] 受财力所限,赏赐尚未恢复到正常水平,龙凤茶的上供额仅有之前的半数。

(三) 酒

宋代酿酒业在继承前代的基础上获得了空前的发展。酒在大礼、传统节日、生辰及丧葬等场合赐给臣民,这些酒多由内酒坊和法酒库生产。内酒坊酿酒规模相当可观,如在宋初大致用糯米800石,宋真宗朝则用3000石,宋仁宗天圣年间(1023—1032年)又增至8000石。[②] 法酒库酿造的法酒质量最优,被誉为天下第一,"造酒以待供进及祭祀、给赐",[③] 如宋仁宗皇祐二年(1050年)明堂礼成,百官特许休假三日,赐福酒[④]所赐很可能就是法酒。法酒赏赐对象有限,如官员赙赠物品中多有酒类,宰相才有法酒、法糯酒。[⑤] 法酒是赏赐外来使节的贵重礼物,如宋真宗景德二年(1005年),赐辽贺正旦使节法酒、法糯酒各10壶。[⑥] 酒中珍品大致只赐皇帝宠信之人了,如宣和年间(1119—1125年),辽将郭药师归附宋廷,赐第都城,"宠数无虚日",郭药师喜饮酒,宋徽宗便每日赐一樽酒中绝品"小槽真珠红",置驿传送达。[⑦]

宋朝曾赐酒给监生,元丰年间(1078—1085年)宋神宗巡幸国子监,赐监生每人酒2升,以示"尊贤"之意,而后监生动辄以"奉圣旨得饮"的名义纵情饮酒,甚至有人趁着醉意登楼击鼓。[⑧] 侍读官的节气赏赐中也有酒,宋高宗绍兴十五年(1145年),赐讲读、说书、修注官寒食、端午、冬至节料,观文殿大学士以上钱150贯、酒10瓶,资政殿大学士、学士以上钱100贯、酒8瓶,待制以上钱50贯、酒6瓶,并"著为令",[⑨]将之制度化,每年定期发放。

---

① (元)马端临:《文献通考》卷18《征榷考五》,第515页。
② 李华瑞:《酒与宋代社会》,载孙家洲等主编:《酒史与酒文化研究》第一辑,社会科学文献出版社2012年版,第177、187页。
③ (元)脱脱等:《宋史》卷164《职官志四》,第3891页。
④ (清)徐松辑:《宋会要辑稿·礼》24之31,第915页。
⑤ (清)徐松辑:《宋会要辑稿·礼》44之1,第1432页。
⑥ (清)徐松辑:《宋会要辑稿·蕃夷》1之37,第7691页。
⑦ (宋)徐梦莘:《三朝北盟会编》卷29,靖康元年正月九日乙亥,第217页。
⑧ (宋)周煇撰,刘永翔校注:《清波杂志校注》卷4《赐监生酒》,第173页。
⑨ (清)徐松辑:《宋会要辑稿·崇儒》7之5—6,第2291页。

二、畜　产　品

宋朝赏赐所用畜产品也有明显变化,马是唐朝赏赐最多的畜产品,其次为羊,①至宋马、羊在赏赐领域内的数量发生了逆转。

(一)羊

羊之所以成为宋朝赏赐物中最常见的牲畜,大致有以下几个原因。首先,宋朝牧羊业发达,能够提供足够多的羊肉。其次,羊是官员俸禄的重要组成部分,当时规定外任官俸禄中每月有 2 至 20 只食料羊。② 再次,宋朝羊肉是名贵食品,味美价高,不少官员喜食羊肉,贫寒之家消费不起,只有家境较好的人家才可常用,所以当时有"苏文熟,喫羊肉。苏文生,喫菜羹"③的谚语,食用羊肉成为上乘品质生活的象征。

宋朝多在节日、丧葬等场合赏赐羊,如正旦,宰臣、亲王、使相、枢密使、知枢密院、宣徽使赐羊 5 口,其他官员依次递减,最低如三司副使赐羊 1口。④ 宋太宗雍熙三年(986 年)九月重阳节,次年十月下元节,诏令宰臣李昉举办宴会,赐羊、酒。⑤ 宰相赙赠物中有羊 50 口,⑥低级官员如天文官也有赙羊 2 口。⑦ 羊还是较佳的生辰礼物,每值南唐李景生辰,宋太祖常遣使赐羊,最多至 1 万口。⑧

(二)马

1. 受赐对象和时机

宋朝按例获赐马匹的主要是三衙长官。北宋初年,马匹赏赐尚无定制,朝廷以借的方式配给马匹,三衙长官每人配给 5 匹马,但一些官员罢任后留作私用,并未及时将马匹归还群牧司。宋仁宗庆历八年(1048 年)诏令群牧司,将配给马匹部分赐给罢任官员,如殿前、马步军都指挥使各赐 3 匹,殿前马步军都虞候、捧日天武龙神卫四厢都指挥使各赐 2 匹,军都指挥使赐1 匹。⑨

① 彭康华:《唐代物质赏赐研究》,硕士学位论文,西南师范大学历史文化与旅游学院,2004年,第 40 页。
② (元)脱脱等:《宋史》卷 172《职官志十二》,第 4134 页。
③ (宋)陆游撰,李剑雄、刘德权点校:《老学庵笔记》卷 8,第 100 页。
④ (清)徐松辑:《宋会要辑稿·礼》62 之 22,第 1705 页。
⑤ (清)徐松辑:《宋会要辑稿·礼》45 之 27,第 1461 页。
⑥ (清)徐松辑:《宋会要辑稿·礼》44 之 1,第 1432 页。
⑦ (清)徐松辑:《宋会要辑稿·礼》44 之 11,第 1437 页。
⑧ (元)脱脱等:《宋史》卷 478《南唐李氏世家》,第 13855 页。
⑨ (宋)李焘:《续资治通鉴长编》卷 165,庆历八年九月戊戌,第 3968 页。

因江南没有战马,北宋初年多次将马匹赏赐给吴越和南唐等政权。如宋太祖建隆二年(961年)赐钱俶战马200匹;①李景生辰赐马300匹,"以为常制",每年赐马数百匹。开宝七年(974年),宋军攻克南唐后曾缴获300匹马,马身上的印文显示皆为宋廷赐马。② 周边国家和政权的回赐中也有马匹,数量不多,一般为1至3匹,上文有所述及。

官员出使,多有赐马。宋真宗大中祥符三年(1010年)枢密院制定了群臣出使赐马条例。③ 随皇帝狩猎,亲王以下射中者赐马,"凡出田皆然",④成为惯例。经筵官讲读终篇,多赐鞍马。如宋高宗绍兴十六年(1146年)讲《孟子》终篇,赐讲官鞍马等物;绍兴二十三年(1153年)讲《尚书》终篇,赐侍读、侍讲、说书、修注官鞍马。⑤ 皇帝阅马,常赐从臣马匹,如太平兴国六年(981年)、雍熙二年(985年)、淳化三年(992年),宋太宗至天驷监阅马,均赐从臣马匹。⑥ 辅臣加恩、宰执初次任命,多有赐马,这一惯例延至南宋。⑦ 公主下嫁赐驸马都尉马匹,如伪福国长公主出嫁,赐驸马都尉高世荣袭衣、金带、鞍马"如故事"。⑧ 北宋初年边官常赐带甲马,以"示不忘疆场之事",⑨提醒边官加强武备。

2. 赏赐数量和对象渐次减少

宋朝赐马数量和规模远不及唐朝。因丧失了西北传统的畜牧业基地,宋朝官营牧马业大为逊色,张显运《宋代畜牧业研究》认为牧马业除宋初太宗、真宗时期较为兴盛外,其他很长时期内处于衰落状态,唐高宗麟德年间(664—665年)的马匹相当于宋真宗时期国马的3倍。⑩ 唐朝常赐大臣以数百计的马匹,如杜伏威降唐,唐高祖赐马300匹;⑪武德六年(623年),岭南道抚慰大使李靖平定江南叛乱,获赐马100匹。⑫ 这在宋朝难以想象,除北宋初年曾赐南方割据政权数百匹马外,赐马数量一般维持在1至2匹。宋朝官马分为16等,其中"臣僚马"是赐给群臣的马匹,宋真宗景德四年

① (元)脱脱等:《宋史》卷480《吴越钱氏世家》,第13898页。
② (元)脱脱等:《宋史》卷478《南唐李氏世家》,第13855、13859页。
③ (元)马端临:《文献通考》卷160《兵考十二》,第4781页。
④ (宋)李焘:《续资治通鉴长编》卷2,建隆二年十一月己卯,第55页。
⑤ (宋)王应麟:《玉海》卷27《帝学·绍兴讲孟子书易赐讲读官　读宝训燕赐》,第532页。
⑥ (宋)王应麟:《玉海》卷149《马政·太平兴国天驷院》,第2732页。
⑦ (清)徐松辑:《宋会要辑稿·礼》62之55,第1722页。
⑧ (宋)李心传:《建炎以来系年要录》卷38,建炎四年十月癸巳,第325册,第558页。
⑨ (元)脱脱等:《宋史》卷198《兵志十二》,第4953页。
⑩ 张显运:《宋代畜牧业研究》,中国文史出版社2009年版,第94页。
⑪ (后晋)刘昫:《旧唐书》卷56《杜伏威传》,第2268页。
⑫ (后晋)刘昫:《旧唐书》卷67《李靖传》,第2478页。

（1007 年）定为 60 匹，"赐毕复增，常足其额"，①朝廷用于赏赐的常备马总数不过数十匹，还不够唐朝一人所用。

宋朝赏赐马匹的受众也在不断减少。宋仁宗宝元元年（1038 年），诏"群臣例赐马者，宰相至枢密直学士，使相至正任刺史，并皇族缘姻事当赐者，如旧制"，少数高级官员及宗室成员嫁娶赐马，"余给以马直"，其余官员则代之以钱，少卿监以上 35 贯，内殿承制以下 23 贯。边官自熙宁初也不再赐马，而是将马价折给使臣阁门祇候以上及充三路路分州军总管、钤辖等官员，"余皆罢给"，至于个中缘由，史书记载是"承平日久，侥幸滋长"，②实际上官马渐次减少当是重要原因。

除马、羊外，宋朝赏赐所用的牲畜中还有牛、猪、驼等。宋太祖乾德元年（963 年）攻克荆南后，诏士兵愿归农者赐耕牛、种食等物。③ 牛还用作赏金，如宋神宗元丰元年（1078 年），朝廷设赏钱招募猺人首领及诸色人捕捉丁翼等人，每级赏金中就有牛 3 头。④ 骆驼作为赏赐品较为少见，多出现在北宋初年，宋太祖建隆二年（961 年）遣使赐钱俶骆驼 30 匹，⑤每年给李景的生日礼物中也有数十匹的骆驼，⑥这说明北宋初年官府仍养殖有一定数量的骆驼。

第六节　文化产品及文艺作品

一个时期的文化产品及文艺作品的产出及应用在很大程度上受制于政治、经济、文化及技术条件等发展状况，宋代书籍、御书、文具等反映或提高文学素养的物品被大量应用于赏赐领域，即与治国方略的推行，社会经济的繁荣，学术文化的发展以及图书出版业的发达水平等密切相关。

一、书　　籍

因具有极强的政治、教化功能，经史类是宋朝赏赐书籍的主要类别。此外，宋朝赏赐书籍还包括兵书、御集、军事、类书、释道、医学、农学等。

经书。所谓"教化之行，兴于学校"，孔庙、书院及学校等教化之地是宋

---

① （元）马端临：《文献通考》卷 160《兵考十二》，第 4781 页。
② （元）脱脱等：《宋史》卷 198《兵志十二》，第 4938、4953 页。
③ （宋）李焘：《续资治通鉴长编》卷 4，乾德元年六月己未，第 95 页。
④ （宋）李焘：《续资治通鉴长编》卷 294，元丰元年十一月癸巳，第 7171—7172 页。
⑤ （元）脱脱等：《宋史》卷 480《吴越钱氏世家》，第 13898 页。
⑥ （元）脱脱等：《宋史》卷 478《南唐李氏世家》，第 13855 页。

朝经书赏赐的主要对象。太平兴国七年(982 年),田锡就职睦州(今浙江淳安),"旧阻礼教",当地人排斥、漠视礼教,田锡建孔子庙,上表请经籍,宋太宗赐《九经》,"自是人知向学"。① 著名的嵩山书院、白鹿洞书院、岳麓山书院等先后受赐过《九经》等书,宋太宗至道二年(996 年)嵩山书院获赐印本《九经》,②宋真宗咸平四年(1001 年)岳麓山书院获赐国子监经籍。对白鹿洞书院的赏赐则一直持续到南宋。太平兴国二年(977 年),庐山白鹿洞学徒多至数千人,知江州周述请赐《九经》,诏国子监颁赐。③ 白鹿洞书院一度荒废,淳熙八年(1181 年),在知南康军(今江西庐山)朱熹的力主下恢复办学,宋孝宗赐以国子监印造的宋高宗御书石经及板本《九经》注疏、《论语》、《孟子》等书。④ 宋仁宗朝各州纷纷立学,"自明道、景祐间累诏州郡立学,赐田给书,学校相继而兴",⑤朝廷颁赐《九经》:天圣九年(1031 年)赐青州州学,明道元年(1032 年)赐寿州(今安徽寿县)州学,翌年赐大名府学,景祐元年(1034 年)京兆府学,翌年赐楚州州学。⑥

史书。嘉祐五年(1060 年)六月,宋仁宗赐二府及修书官镂印《新唐书》。⑦ 治平元年(1064 年)五月,知谏院司马光等言:"本院旧有国子监所印书籍粗备,惟阙《唐书》。以国家政令多循唐制",请依学士、舍人院例赐新修《唐书》。⑧ 可知,《新唐书》曾先后赐给二府、修书官、学士院、舍人院及谏院。《资治通鉴》修成后,宋哲宗元祐七年(1092 年)七月颁赐诸路安抚司、钤辖司及西京、南京。⑨ 南宋学者袁枢喜读《资治通鉴》,因苦其浩博,撰成《通鉴纪事本末》一书。参知政事龚茂良献书于上,宋孝宗"读而嘉叹",认为"治道尽在是矣",淳熙三年(1176 年)将《通鉴纪事本末》赐太子、亲王及江上诸帅,要求熟读此书。⑩

兵书。兵书通常赐给辅臣及守边将官。庆历五年(1045 年)七月,宋仁

① (元)脱脱等:《宋史》卷 293《田锡传》,第 9790 页。

② (清)徐松辑:《宋会要辑稿·崇儒》2 之 2,第 2188 页。

③ (宋)李焘:《续资治通鉴长编》卷 18,太平兴国二年三月庚寅,第 402 页。

④ (清)徐松辑:《宋会要辑稿·选举》17 之 3,第 4532 页。

⑤ (清)徐松辑:《宋会要辑稿·崇儒》2 之 3,第 2188 页。

⑥ (宋)李焘:《续资治通鉴长编》卷 110,天圣九年三月癸亥,第 2555 页;卷 111,明道元年七月甲戌,第 2584 页;卷 112,明道二年五月庚寅,第 2618 页;卷 114,景祐元年正月甲子,第 2659 页;卷 116,景祐二年四月戊辰,第 2727 页。

⑦ (清)徐松辑:《宋会要辑稿·礼》62 之 40,第 1714 页。

⑧ (清)徐松辑:《宋会要辑稿·职官》3 之 53,第 2424 页。

⑨ (清)徐松辑:《宋会要辑稿·礼》62 之 49,第 1719 页。

⑩ (清)徐松辑:《宋会要辑稿·崇儒》4 之 30—31,第 2245 页;(元)脱脱等:《宋史》卷 389《袁枢传》,第 11934 页。

宗赐辅臣及管军臣僚《临机抵胜图》。① 至和元年(1054年)三月赐边臣御制攻守图。② 熙宁五年(1072年),宋神宗赐知通远军王韶御制《攻守图》、《行军环珠》、《武经总要》、《神武秘略》、《风角集占》及《四路战守约束》各1部。③ 乾道三年(1167年)二月,宋孝宗诏令枢密院差使臣携《武经龟鉴》和《孙子》各20本,分别赐给镇江府驻扎御前诸军都统制戚方和建康府驻扎御前诸军都统制刘源,由他们代发给兵官。④

御集。宋朝皇帝文化水平普遍较高,著述颇富,宋朝也有编纂本朝或前代皇帝御集的传统,⑤御集最多者莫过于宋太宗、真宗父子。天禧三年(1019年)九月,宋真宗召宗室、宰臣、两制以上于清景殿观赏御制,赐皇太子《元良述》、《六艺箴》、《承华要略》10卷、《授时要略》12卷及太宗文集、御集等。⑥ 天禧五年(1021年)四月,宋真宗召近臣、馆阁、三司、京府官观御书、御集,辅臣呈上御制集300卷,《赐中宫[歌]诗[手书]》7卷,《赐[皇]太子歌诗箴述》5卷。⑦ 八月,诏以御集21本赐给天下名山寺观,并赐辅臣每人1本。⑧

类书。北宋前期官府组织人员编撰了四部类书:《太平广记》、《太平御览》、《文苑英华》和《册府元龟》,其中前三部完成于宋太宗朝,后一部完成于宋真宗朝。《册府元龟》规模最大,被称为四大部书之首,颁赐给群臣的次数也较多。天禧四年(1020年)闰十二月,《册府元龟》"板本初成",宋真宗赐辅臣各1部。⑨ 翌年五月,宋真宗赐翰林学士承旨李维《册府元龟》1部,"以维尝同编修此书,故赐之"。⑩ 景祐四年(1037年),宋仁宗赐御史台《册府元龟》1部。⑪

释道。宋真宗崇奉道教,又极力渲染祥瑞之兆,这一时期的赏赐书籍多与此相关。天禧元年(1017年)七月,宋真宗赐中书、枢密院、两制以上官员新印《翊圣保德真君传》各1册。⑫ 天禧三年(1019年)六月,召宗室、近臣、

---

① (宋)李焘:《续资治通鉴长编》卷156,庆历五年七月戊申,第3792页。
② (宋)李焘:《续资治通鉴长编》卷176,至和元年三月壬申,第4255页。
③ (宋)李焘:《续资治通鉴长编》卷241,熙宁五年十二月乙亥,第5874页。
④ (清)徐松辑:《宋会要辑稿·礼》62之73,第1731页。
⑤ 王曾瑜:《宋帝御集和御笔述论》,《兰州学刊》2015年第3期。
⑥ (宋)李焘:《续资治通鉴长编》卷94,天禧三年九月丙子,第2167页。
⑦ (清)徐松辑:《宋会要辑稿·职官》7之11,第2540页。
⑧ (清)徐松辑:《宋会要辑稿·礼》62之36,第1712页。
⑨ (宋)李焘:《续资治通鉴长编》卷96,天禧四年闰十二月癸丑,第2231页。
⑩ (清)徐松辑:《宋会要辑稿·礼》62之36,第1712页。
⑪ (宋)李焘:《续资治通鉴长编》卷120,景祐四年二月甲子,第2821页。
⑫ (清)徐松辑:《宋会要辑稿·礼》62之35,第1712页。

馆阁、三司、谏官、御史、法官、京府官至真游殿观道像,赐御制《圣祖降临记》每人 1 匣。天禧四年(1020 年)十月,赐天下宫观《大中祥符降圣记》各 1 本。①

药方、农书。天禧元年(1017 年),宋真宗为郑景岫《四时摄生论》及陈尧叟所集药方作序,令刊板模印,交付阁门司,赐广南路官员。② 天禧四年(1020 年)正月,改诸路提点刑狱为劝农使,副使兼提点刑狱公事,各赐《农田敕》1 部。③ 四月,利州转运使李防乞请雕印《四时纂要》、《齐民要术》,"以勉民务,使有所遵用"。宋真宗诏令雕印两书赐诸道劝农司。④ 庆历四年(1044 年)正月,宋仁宗赐德顺军《太平圣惠方》及诸医书各 1 部。⑤ 除外,宋朝赏赐书籍中还有律书等。太平兴国二年(977 年),宋太宗赐宰辅、近臣《刑统》各 1 部,"令中外臣僚于公事之外常读律书,使研究其义,施之足以断事,守之可以检身"。⑥

宋代数位皇帝将个人藏书赐予他人。司马光修撰《资治通鉴》,"帝(宋神宗)尤重之,以为贤于荀悦《汉纪》",宋神宗数度催促修书进程,并将 2400 卷颍邸旧书赐给司马光。⑦ 宋钦宗也曾赐唐恪东宫旧书万卷。⑧ 淳熙十四年(1187 年),宋孝宗将东宫书籍赐给嘉王。⑨ 数量在数千卷以上,甚至多达万卷。

书籍之所以在宋代成为皇帝经常颁赐的物品,主要出于几方面的原因。一是刻书技术的普及和进步。随着文化教育事业的发展,两宋雕版印刷业迅猛普及,带来了图书生产上的革命。宋帝常将新印刻本赐辅臣,如景德元年(1004 年)七月,宋真宗将崇文院所校《晋书》新本,分赐辅臣、宗室。次年十月,宋真宗赐宰执、近臣、亲王新印《周礼》、《仪礼》、《公羊》等。⑩ 二是宋朝皇帝本人多好学,这方面史料太多,不再一一列举,仅以宋高宗为例。宋高宗曾对辅臣说过:"朕居宫中,自有日课,早阅章疏,午后读《春秋》、《史

①　(宋)李焘:《续资治通鉴长编》卷 93,天禧三年六月戊申,第 2153 页;卷 96,天禧四年十月甲午,第 2220 页。

②　(宋)李焘:《续资治通鉴长编》卷 92,天禧二年八月丁未,第 2122 页。

③　(宋)李焘:《续资治通鉴长编》卷 95,天禧四年正月丙子,第 2179 页。

④　(清)徐松辑:《宋会要辑稿·职官》42 之 2—3,第 3235—3236 页。

⑤　(清)徐松辑:《宋会要辑稿·礼》62 之 39,第 1714 页。

⑥　(清)徐松辑:《宋会要辑稿·礼》62 之 2,第 1695 页。

⑦　(元)脱脱等:《宋史》卷 336《司马光传》,第 10767 页。

⑧　(元)脱脱等:《宋史》卷 352《唐恪传》,第 11119 页。

⑨　(元)脱脱等:《宋史》卷 36《光宗纪》,第 696 页。

⑩　(宋)李焘:《续资治通鉴长编》卷 56,景德元年七月,第 1248 页;(清)徐松辑:《宋会要辑稿·礼》62 之 31,第 1710 页。

记》,夜读《尚书》,率以二鼓罢。尤好《左氏春秋》,每二十四日而读一过",绍兴末年作损斋,"屏去玩好,置经史古书其中,以为燕坐之所"。① 三是在崇文政策的引导下,宋朝对官员的个人品性及人文修养较为重视。宋太宗本人不仅爱读书,也经常鼓励官员多读书。太平兴国八年(983 年)东上阁门使王显迁宣徽南院使,宋太宗特意召见他,并嘱咐他说:"卿世非儒门,少罹兵乱,必寡学问,今典掌万机,固无暇博览群书",赐其《军戒》三篇,"读此可免于面墙矣",②认为多读书可提高行政办事能力。宋朝出现多起武将请赐经书的事例,如景德二年(1005 年),殿前都指挥使高琼向宋真宗乞赐九经书疏、诸史板本,"上崇尚文儒,留心学术,故武毅之臣无不自化",③史书将武将倾心经学归功于崇儒政策,实际上这恰是在宋朝"重文抑武"的国策下,武臣长期受到压制和排挤,不敢轻言兵事的结果。

二、御　书

宋朝御书赏赐的次数和规模远超前朝,趋于常规化。从内容上看,用于赏赐的宋朝御书主要涉及以下几个方面:

儒学。天圣五年(1027 年)四月,宋仁宗遣中使携御书《中庸篇》于闻喜宴上赐进士王尧臣等,"自后遂以为常"。④ 绍兴五年(1135 年)进士汪应辰拔得头筹,按旧制当赐御诗,宋高宗特赐御书《中庸篇》,"廷试毕赐御书自此始"。⑤ 同年九月,宋高宗赐赵鼎御书《尚书》,⑥十月赐张浚御书《周易·否泰卦》。⑦ 绍兴十三年(1143 年),宋高宗赐天下州学御书《孝经》、《周官》、《中庸》等。⑧

史学。宋钦宗曾手书《裴度传》赐李纲。⑨ 建炎元年(1127 年)九月,宋高宗书《资治通鉴》第四册赐黄潜善。⑩ 建炎四年(1130 年)八月,神武左军统制韩世忠迁检校少师,宋高宗以"世忠不亲文墨",手写《郭子仪传》赐韩

① (宋)李心传撰,徐规点校:《建炎以来朝野杂记》甲集卷 1《高宗圣学》,第 31—32 页。
② (宋)李焘:《续资治通鉴长编》卷 24,太平兴国八年正月己卯,第 538 页。
③ (宋)李焘:《续资治通鉴长编》卷 59,景德二年六月乙未,第 1347 页。
④ (宋)王应麟:《玉海》卷 34《圣文·天圣赐进士中庸》,第 635 页。
⑤ (元)脱脱等:《宋史》卷 387《汪应辰传》,第 11876 页;(宋)王应麟:《玉海》卷 34《圣文·绍兴书儒行　大学　皋陶谟　学记　经解等篇》,第 646 页。
⑥ (宋)佚名:《皇宋中兴两朝圣政》卷 18《御书尚书赐赵鼎》,第 818—819 页。
⑦ (宋)佚名:《皇宋中兴两朝圣政》卷 18《书否泰卦赐张浚》,第 824 页。
⑧ (宋)王应麟:《玉海》卷 34《圣文·绍兴书车攻诗　羊祜传　真草孝经》,第 644 页;(清)徐松辑:《宋会要辑稿·崇儒》6 之 18,第 2277 页。
⑨ (元)脱脱等:《宋史》卷 358《李纲传上》,第 11248 页。
⑩ (清)徐松辑:《宋会要辑稿·崇儒》6 之 13,第 2275 页。

世忠等将领。① 绍兴二年(1132年)十二月,宋高宗书《汉光武纪》赐谏议大夫徐俯。② 宋孝宗对侍读官萧燧称赞有加,"每称其全护善类,诚实不欺",曾手书《二十八将传》赐给他。③

兵学。雍熙四年(987年),并州(今山西太原)都部署潘美、定州都部署田重进承诏入朝,宋太宗询问御戎备边之策,手书《六韬》、《兵法》及《将有五才十过之说》赐给他们。④ 淳熙三年(1176年)十一月,宋孝宗御书杜牧《战论》赐皇太子。⑤

诗赋。淳化五年(994年)十一月,宋太宗赐张洎诗一首及四体书前所赋诗各一幅。⑥ 乾兴元年(1022年)十二月,宋仁宗诏辅臣至崇政殿西庑观侍讲学士孙奭讲《论语》,亲书唐贤诗分赐辅臣,"自是,每召辅臣至经筵,多以御书赐之。"⑦绍兴元年(1131年)四月,宋高宗亲书扇,赐讲读官王绹、胡直孺、汪藻、胡交修等,"皆写杜诗"。淳熙元年(1174年)五月,宋孝宗书元稹《牡丹诗》扇赐吴琚,六月书刘禹锡诗赐张子仁。⑧

诫励。宋太宗注重吏治,对地方官员的御书赏赐多为书写历子,"京朝官中选三十人充知州,而赐以御书历子。"⑨淳化五年(994年)五月,宋太宗御书书卷1幅:"公务刑政,惠爱临民,奉法除奸,方可书为劳绩,本官月俸并给实钱",另手书三十余幅,赐给大理正尹玘等人。⑩ 大中祥符二年(1009年),宋真宗亲书文、武臣诫励七条,赐给外任官。⑪

褒奖。至道三年(997年)六月,建昌县(今江西南城)民洪文抚"六世义居,室无异爨",宋太宗遣内侍裴愈赐御书。洪文抚遣弟诣阙称谢,宋太宗再赐飞白"义居人"。⑫ 北宋末年,制置司参谋官黄友与金人作战,以身殉国,宋钦宗御书"忠节传家"四字旌表门闾。⑬ 宋理宗曾赐赵与欢8字御书:

① (宋)佚名:《皇宋中兴两朝圣政》卷8《书郭子仪传赐诸将》,第353—354页。
② (宋)李心传:《建炎以来系年要录》卷61,绍兴二年十二月丁酉,第325册,第802页。
③ (元)脱脱等:《宋史》卷385《萧燧传》,第11842页。
④ (宋)王应麟:《玉海》卷141《兵制·雍熙赐御书六韬》,第2624页;(宋)李焘:《续资治通鉴长编》卷28,雍熙四年五月庚辰,第638页。
⑤ (宋)王应麟:《玉海》卷34《圣文·淳熙书杜牧战论　赐皇太子诗》,第649页。
⑥ (宋)李焘:《续资治通鉴长编》卷36,淳化五年十一月丁巳,第800—801页。
⑦ (宋)李焘:《续资治通鉴长编》卷98,乾兴元年十二月甲辰,第2305页。
⑧ (宋)王应麟:《玉海》卷34《圣文·淳熙书七德舞　御书扇》,第648页。
⑨ (宋)苏轼撰,孔凡礼点校:《苏轼文集》卷69《跋太宗皇帝御书历子》,第2197页。
⑩ (宋)李焘:《续资治通鉴长编》卷36,淳化五年五月戊寅,第787页。
⑪ (宋)李焘:《续资治通鉴长编》卷72,大中祥符二年七月庚午,第1624页。
⑫ (宋)李焘:《续资治通鉴长编》卷41,至道三年六月己亥,第867页。
⑬ (元)脱脱等:《宋史》452《黄友传》,第13297页。

"安贫乐道,植节秉忠"。① 御书神道碑额是对逝者的追思及褒扬。皇祐年间(1049—1054年)宋仁宗赐故相王曾碑"旌贤","自后勋戚之家,多赐之"。南宋承袭了这一制度,如绍兴二十五年(1155年),宋高宗赐太师秦桧碑额"决策元功精忠全德之碑"。② 据有关学者考证,宋代共有11位皇帝御赐神道碑额,受赐者达69人。③

题名。宋朝多任皇帝曾亲书学士院匾额。淳化元年(990年)苏易简为翰林学士承旨,宋太宗以红罗飞白"玉堂之署"四字赐苏易简。④ 政和五年(1115年)十月学士强渊明迁翰林承旨,宋徽宗御书"摛文堂"匾额赐学士院。绍兴三十年(1160年)五月,宋高宗赐翰林学士周麟之御书"玉堂"二字。⑤

宋朝皇帝多次为私家御书阁题榜。宋徽宗崇宁、大观年间,蔡京在赐第建"君臣庆会阁",专藏御书,自后"大臣贵幸之家,更相援比,以邀上赐",⑥ 随着建阁之风的盛行,朝臣纷纷请乞御题阁名。宣和二年(1120年),宋徽宗曾先后为姚古、白时中、余深等朝臣御书阁题榜。⑦ 宋高宗赐秦桧御书阁名为"一德格天之阁"。⑧ 淳熙十年(1183年)史浩致仕,治第西湖上,建阁楼以奉两朝赐书,宋孝宗赐御书"明良庆会之阁"。⑨ 宋理宗御书"辅德明谟之阁"赐郑清之,御书"懋德大勋之阁"赐贾似道。⑩ 宋朝多处寺院道观匾额为皇帝御书,这部分内容在相关章节有所述及。

字帖。宋太宗幸秘阁,赐秘书监李至草书《千字文》。⑪ 绍兴七年(1137年)十二月,宋高宗将所临《兰亭贴》赐刘光世。淳熙十一年(1184年)四月,宋孝宗赐史浩高宗御书《千字文》及临摹王献之帖五轴。⑫

除原件外,宋朝赏赐御书不少为复制品,这些复制品主要分石本和刻本。石本是采用刻石拓印的方法制作而成的,该法是将书法作品摹刻上石,以资反复拓印。如淳化二年(991年)十月,宋太宗赐苏易简诗二章,用真、

① (元)脱脱等:《宋史》卷413《赵与欢传》,第12406页。
② (清)徐松辑:《宋会要辑稿·崇儒》6之9、19,第2273、2278页。
③ 肖红兵:《宋代御赐神道碑额考述——以文献所见六十余人碑额为中心》,《中原文化研究》2013年第5期。
④ (宋)叶梦得撰,宇文绍奕考异,侯忠义点校:《石林燕语》卷7,第105页。
⑤ (清)徐松辑:《宋会要辑稿·崇儒》6之11、20,第2274、2278页。
⑥ (宋)李心传:《建炎以来系年要录》卷76,绍兴四年五月丁丑,第326册,第76—77页。
⑦ (清)徐松辑:《宋会要辑稿·崇儒》6之11—12,第2274页。
⑧ (宋)李心传:《建炎以来系年要录》卷154,绍兴十五年十月乙亥,第327册,第150页。
⑨ (元)脱脱等:《宋史》卷396《史浩传》,第12069页。
⑩ (宋)王应麟:《玉海》卷34《圣文·乾道书阁榜》,第646页。
⑪ (元)脱脱等:《宋史》卷266《李至传》,第9176页。
⑫ (宋)王应麟:《玉海》卷34《圣文·乾道跋太上真行草书　淳熙宣示宸翰》,第648页。

草、行三体书书写,命待诏吴文赏摹刻上石,制成大量石本,赐给近臣的就有100本;十二月又将三体书石本赐给秘书监李至等三馆学士25人。① 刻本是指雕版印刷而成的版本,如宣和三年(1121年)八月,礼制局受命雕印宋徽宗500本御笔手诏,赐宰臣、执政、侍从、在京职事官、外路监司守臣等人各1本。②

宋朝御书赏赐始于太祖朝,兴于太宗朝,仁宗朝趋于常规化。宋朝多位皇帝醉心书法艺术,造诣颇深,"自古帝王未有亲书诸经及传至数千万言者",③这是御书赏赐在宋朝趋于常规化的主要原因。宋朝御书虽未必为皇帝亲书④,但仍产生了较强的社会影响力,"被锡者皆谓不世之遇,中外荣之"。⑤ 赏赐御书既是君臣之间有效的沟通工具,又具备道德教化之功能。赏赐御书还昭示着文治时代的全面到来,影响甚至改变了一个时代书法的审美标准以及风格、风貌。

随着造纸、制墨、制笔、制砚等产业在宋代的发展,相关的文化产品成为皇帝赐给大臣的上佳礼物。如钱俶善草书,宋太祖赐玉砚金匣、红绿象牙管笔、龙凤墨、蜀笺、盈丈纸等。⑥ 大中祥符二年(1009年)十一月,宋真宗将太宗镂文红管笔赐给王旦等人。⑦ 宋仁宗曾赐侍读学士王珪笔、墨、笺、砚。⑧ 治平三年(1066年),屯田员外郎王克臣之子王孝庄选为驸马都尉,尚德宁公主,授右屯卫将军,宋英宗赐其经籍及笔、墨、纸、砚。⑨ 政和六年(1116年),刘正夫擢拜特进、少宰,半年后因病告老还乡,临行前,宋徽宗赐诗及砚笔、图画、药饵、香茶等。⑩ 北宋有赐史官文房四宝的传统:"近世史臣,唯遇开院,有墨砚纸笔之赐",除名墨外,还有淄石砚、盘龙麦光纸、点龙染黄越管笔等,⑪成为史官炫耀的资本。

① (宋)李焘:《续资治通鉴长编》卷,淳化二年十月辛巳,第724页;(宋)王应麟:《玉海》卷33《圣文·淳化赐飞白玉堂署　三体书　赐诗　四体书》,第629页。
② (清)徐松辑:《宋会要辑稿·礼》62之52,第1720页。
③ (清)徐松辑:《宋会要辑稿·崇儒》6之23,第2280页。
④ 宋朝御书不少为他人代笔,后人难以分辨真伪,宋帝御书的复杂情况,王曾瑜《宋帝御集和御笔述论》一文考述甚详。
⑤ (宋)王应麟:《玉海》卷34《圣文·皇祐撰明堂》,第639页。
⑥ (元)脱脱等:《宋史》卷480《吴越钱氏世家》,第13908页。
⑦ (宋)李焘:《续资治通鉴长编》卷72,大中祥符二年十一月甲寅,第1640页。
⑧ (元)脱脱等:《宋史》卷312《王珪传》,第10242页。
⑨ (宋)李焘:《续资治通鉴长编》卷208,治平三年五月丁丑,第5053—5054页。
⑩ (元)脱脱等:《宋史》卷351《刘正夫传》,第11100页。
⑪ (宋)秦观撰,徐培均笺注:《淮海集笺注》卷2《赐砚记》,上海古籍出版社1994年版,第1585页。

宋朝赏赐所用的文房四宝多为难得之物,如所赐之墨即为名品。宋朝出现不少著名墨工,如李廷珪、张近、潘谷、郭玉等名扬天下,文人趋之若鹜。李超、李廷珪父子所制墨为上品,称为"李墨"或"廷珪墨",蔡绦曾评"李墨""能削木,坠沟中,经月不坏",翰林学士的赐墨皆为李廷珪所制的双脊龙样。① 关于李氏父子制墨,史书还留下了有趣的记载。宋仁宗晚年有一次在朝中设宴,遍赐群臣香药、名墨,蔡襄获李廷珪墨,同僚获李超墨。蔡襄观察到同僚流露出遗憾的神情,便与之交换墨宝。同僚满意而归,得手后的蔡襄用颇带嘲弄的口吻问他:"还知廷珪是李超儿否?"②

宋代文化产品、文艺作品大量被用于赏赐,已然成为一种文化现象。它根植于特定历史时期的文化之中,故应将其置于一定的社会环境和历史背景下进行探索和研究。与文化相关的物品越来越多地出现在赏赐领域,反映了宋代文化教育事业已达到一种新高度,全民素养有了较高程度地提升,社会的价值观念发生了较大的变化。同时,这也是宋代相关文化产业获得大发展的结果,揭示了一种文化现象的发生和变化同时受到外部环境和内部自身发展规律的双重影响。

第七节　经济领域内出现的新型赏赐品

宋代经济全面高涨,中国传统社会中的商品经济迎来了第二个发展的高峰期,社会经济中市场化趋势增强,政府的经济管理方式发生显著变化:"宋代政府经济管理从统治到治理的转变中,一个突出的现象是治理者(政府)与被治理者(主要指工商业主、个体生产者)之间的关系出现某种意义上的平等自愿的合作关系,其中以入中、买扑以及召募制表现得较为典型。"③宋代经济领域内的进展表现在赏赐物品上,则是出现了新的种类,即买扑和度牒。

一、买　扑

"买扑"又称扑买、扑断、承买等,"是指特定的人群自愿通过经济手段,向宋代政府缴纳一定数额的钱物后,从政府手中买断一定时限、一定地域范围之内的某些经济领域的独占权(包括生产权、经营权和管理权)或某些经

济领域的产权(包括所有权、使用权、收益权和处置权),在与政府分担役法困难或优化财政收支的同时并分利双赢的经济现象。买扑广泛存在于宋代酒、盐、商税、坑冶、津渡、陂塘、茶、矾、官田宅、政府购买等经济领域内"。①买扑虽已在五代后唐产生,但这一新型的经营方式在经济领域内全面展开则发生在宋代。允许买扑虽是政府授予的一种特权,但受赐对象可通过经营坊场获得利润,故可将之视为新型的奖励方式。

宋代用于酬奖的买扑较多应用于酒坊场,"酒类的买扑是宋代买扑中起始较早,持续时间最长,地位最重要的买扑类型"。宋代买扑酒坊场的经营方式主要有两种,一是买扑官营酒坊,自造酒曲,酿酒售卖;二是从官营酒场购买酒曲,酿酒售卖。②

宋代买扑酒坊的酬奖方式主要针对衙前役设置。李华瑞先生曾将宋代经营酒坊的扑户分为五六类,其中第一类买扑者是衙前。衙前亦称牙前,是宋代乡村五等主户中一二等户必须承担的差役,而允许经营买扑酒坊场的衙前须是曾"主持重难事物者"。③被差重难的服役者因主管、运输及代购官府物资,且需负连带赔偿责任而多有破产,如宋真宗大中祥符年间(1008—1016年),"役之重者,自里正、乡户为衙前,主典府库或辇运官物,往往破产",④里正、乡户服重役期间往往遭受重大的经济损失。

以买扑酬奖衙前在北宋推行得较早,宋太宗淳化年间(990—994年)已实行,有资格者可经营买扑酒坊作为酬奖自补,至宋仁宗景祐年间(1034—1038年)以买扑酬奖衙前的方式遍行全国:"听诸州衙前及无荫人扑买官酒务"。⑤有些地区则按照衙前役的难易程度买扑酒场,如明州(今浙江宁波)曾规定"牙前法以重、难、积劳差次三等,应格者听指买酒场",将衙前役分为三等来买扑相应大小的酒场。以买扑酒坊酬奖衙前是对服重役者的一种补偿方式,而以衙前役的难度来买扑酒场更能体现政府的这层用意。但囿于经营者的管理方式与水平,买扑酒坊并非均能获利,甚至出现贫者益贫的状况:"然富者数得应格,而贫者以事系留,日益困,应募者鲜,至阙额则役乡户为之,民或竭产不足以偿费",这与政府的初衷相反,有些地区开始采取灵活变通的办法,如知明州钱公辅"乃取酒场官卖收钱,视牙前役轻重

①　杨永兵:《宋代政府对买扑课额的征收、蠲免和使用》,《思想战线》2009年第5期。
②　杨永兵:《宋代买扑制度研究》,博士学位论文,云南大学人文学院,2010年,第16—17页。
③　(清)徐松辑:《宋会要辑稿·食货》20之6,第5135页。
④　(元)脱脱等:《宋史》卷177《食货上五》,第4296页。
⑤　(宋)李焘:《续资治通鉴长编》卷114,景祐元年正月庚寅,第2662页。

而偿以钱,悉免乡户,人皆便之。"①由政府直接接管酒场,根据服役轻重将所得收益酬奖衙前,这样,衙前役即规避了经营酒场的风险,又得到一定的经济补偿,于官于民皆为便利之举。

宋神宗熙宁年间(1068—1077年)罢差役法,实行免役新法,以免役钱代替酬奖坊场,此法更为便利,正如宋哲宗朝右司谏苏辙所说:"衙前之害,自熙宁以前,破败人家,甚如兵火,天下同苦之久矣。先帝知之,故创立免役法,勾收坊场,官自出卖,以免役钱雇投名人,以坊场钱为重难酬奖,及以召募官员、军员押纲,自是天下不复知有衙前之患。"②以免役钱酬劳投名衙前,而以买扑坊场钱酬劳重、难衙前。所谓投名衙前,是宋仁宗朝以后衙前买扑出现的一种新形式,又称为长名衙前,即自愿到官府投充衙前。

宋哲宗元祐年间(1086—1094年)差役法得以部分实施,以买扑酬奖衙前在一定程度上又有所恢复:"详定役法所言,诸路见行出卖坊场、河渡等,并应合支酬招募衙前使用钱物,未有所隶。诏令提点刑狱司主之"。③买扑酬奖的对象扩大到押纲官员、军员,官雇弓手和壮丁等非重难役人。④

宋代买扑酒坊虽主要酬奖衙前等服役者,但也用于其他有功之人。如宋仁宗皇祐二年(1050年)捉拿盗贼达到一定数量者允许买扑酒坊。⑤宋神宗熙宁年间(1068—1077年)河北安抚司曾出榜捉拿盗贼,若捉获逯小二等人,"支赏钱三百缗,并第二等酒场",⑥除获赐缗钱外,捉拿者更可获得买扑第二等酒坊的权利。

在商品经济取得较大进展的宋代,买扑酒坊不失为补偿、酬奖衙前重役的双赢方式。将酒坊承卖与民租赁经营,朝廷既可酬奖衙前,缓解社会矛盾,又可获得课利;而承包酒坊的民户虽非人人获利,但至少那些擅长经营或买扑到盈利较好的酒坊的里正、乡户仍能从中获益,或多或少地填补因服重役而带来的经济损失。甚而有衙前转手倒卖给大户买扑经营者:"买扑之利归于大户,酬奖之利归于役人",⑦直接获利。

①　(宋)李焘:《续资治通鉴长编》卷191,嘉祐五年二月乙亥,第4613页。

②　(宋)李焘:《续资治通鉴长编》卷369,元祐元年闰二月癸卯,第8896页。

③　(宋)李焘:《续资治通鉴长编》卷372,元祐元年三月甲戌,第9015页。

④　参见李华瑞:《试论宋代榷酒制度中的买扑形式》,《西北师大学报》1991年第1期;杨永兵:《宋代买扑制度研究》,博士学位论文,云南大学,2010年,第149页。

⑤　(清)徐松辑:《宋会要辑稿·兵》11之21—22,第6948页。

⑥　(宋)李焘:《续资治通鉴长编》卷250,熙宁七年二月乙未,第6105页。

⑦　(元)马端临:《文献通考》卷19《征榷考六》,第543页。

二、度　牒

宋代度牒又称"祠部牒"、"祠牒",是祠部发给合法剃度者的身份凭证。度牒作为一种特殊的商品和货币始于唐代,不过至宋才开始在社会经济和国家财政中扮演重要角色,并被大量运用于赏赐领域。

上述情形的出现,当与度牒本身属性的转变有关。北宋初年虽已有零星出售度牒的记录,但其时度牒性质较为单一,基本上是一纸身份证明文件。宋英宗治平四年(1067年)度牒开始正式出售,至宋神宗朝则大量出售,至此度牒基本具备了货币支付手段的职能。度牒不仅可以用来逃税、避税,而且还可等同货币使用,成为可以流通的有价证券。

宋神宗朝为筹措财政经费,出售度牒的数量十分可观。熙丰年间,共出售度牒约142860道,平均每年出售度牒10204道。[1] 而正是在这一时期,度牒开始大量用作赏赐物品,如熙宁六年(1073年),入内西头供奉官黄怀仁因监修金明池龙船,乞赐"度僧牒酬赏",这说明度牒已成为官宦竞相追逐的物品。右班殿直、同管勾修内司杨琰前后多次受赐度牒,熙宁七年(1074年)杨琰监修感慈塔,受赐度牒30道;[2]元丰元年(1078年),杨琰主持塞曹村河决口的工程,因省人功、物料钱百余万缗,受赐度牒50道。[3] 宋哲宗绍圣三年(1096年),时任供备库副使的杨琰监修金明池龙船,受赐度牒15道。受财政状况和供求关系等因素的影响,宋朝度牒价格不定,起伏较大,熙宁七年(1074年)度牒1道曾涨至300贯,元丰元年(1078年)价格下滑,度牒1道100贯。若照此计算,杨琰前两次所得度牒价值14000贯;绍圣三年(1096年)度牒1道涨至200贯,杨琰受赐度牒若"以十有五牒记之,凡三千缗",价值3000贯,[4]则杨琰先后受赐度牒95道,总价值约17000贯,这在当时算是一笔不小的财富。仅杨琰一人便有3次受赐度牒的记录,可知度牒在当时已成为寻常的赏赐物品,以及宋代度牒作为赏赐物品的价值和在市场上的受欢迎程度。

宋代度牒还是常见的军赏物资。如宋神宗熙宁三年(1070年),秦凤路经略使李师中要求三司支拨银绢各5000两匹,作为招纳蕃部及招募敢死之

---

① 马玉臣:《论宋神宗时期宗教改革政策及其影响》,《宗教学研究》2009年第3期。

② (宋)李焘:《续资治通鉴长编》卷256,熙宁七年九月丙申,第6246页。

③ (清)徐松辑:《宋会要辑稿·方域》15之3,第7561页。

④ 马玉臣:《论宋神宗时期宗教改革政策及其影响》,《宗教学研究》2009年第3期;(明)黄淮、杨士奇:《历代名臣奏议》卷188,蔡蹈奏,第2466页。

士的赏金,宋神宗认为"银绢必不免科散坊郭户",故以 500 道度牒代替发放。① 宋哲宗绍圣三年(1096 年),户部从内藏库支拨银绢各 5000 匹两,度牒 2000 道交付锺传,"除赏激汉蕃弓箭手及往来干边事,佗毋得关给"。② 宋高宗绍兴三十一年(1161 年),朝廷拨赐江淮制置使刘锜度牒 500 道"为犒军之用",③作为军赏物资拨给地方。

宋代度牒曾充作缉拿盗贼的赏金。宋徽宗大观二年(1108 年),诏给降空名、度牒各 100 道交付淮南东西、两浙路提点刑狱司封桩,"专充今后捉贼赏钱,仍不许别行支用",④作为专项资金不许移作他用。度牒还一度作为赙赠物品赐予亡者家属。宋高宗绍兴四年(1134 年),徽猷阁待制、知临安府梁汝嘉"请死事之家无人受恩泽者,许换给度牒,从之。"当时 1 道度牒价值 200 贯,承信郎一资换算为 14 道,即家属可获得 2800 贯的抚恤金。除此之外,"他视此为差",⑤其他官阶以此标准进行换算,度牒成为替代物品赐给殁于王事者的家属。

宋朝度牒曾赐予进献图籍者。宋高宗绍兴元年(1131 年)六月,已故右金卫上将军张柟妻、镇国夫人王氏将《六朝实录》、《会要》等 222 册进献朝廷,诏礼部降度牒 10 道。⑥ 当时江南、两浙、福建等地度牒每道为钱 120 贯,⑦10 道即价值 1200 贯。同年九月将仕郎黄濛进献各朝皇帝实录后,获赐空名、度牒 5 道,⑧价值 600 贯。

本 章 小 结

决定一个时代赏赐物品种类的因素有很多,其中的关键因素是社会总供给,即社会能够提供足够多的资源,古人已意识到这一点:"往往各因其时之所有而用之"。⑨ 宋朝在经济领域取得的巨大进步不仅为赏赐领域提供了充足的物质来源,同时还改变了以往传统赏赐物品的比重。如赏赐领域内钱币、白银的地位有所提升,绢帛则有所下降,纸币用量渐次增加,尤其

---

① (宋)李焘:《续资治通鉴长编》卷 210,熙宁三年四月乙丑,第 5094 页。
② (清)徐松辑:《宋会要辑稿·兵》18 之 17,第 7066 页。
③ (宋)李心传:《建炎以来系年要录》卷 191,绍兴三十一年七月癸巳,第 327 册,第 730 页。
④ (清)徐松辑:《宋会要辑稿·兵》12 之 17,第 6960 页。
⑤ (宋)李心传:《建炎以来系年要录》卷 74,绍兴四年三月甲戌,第 326 册,第 52 页。
⑥ (清)徐松辑:《宋会要辑稿·崇儒》4 之 21,第 2240 页。
⑦ 程民生:《宋代物价研究》,人民出版社 2008 年版,第 433 页。
⑧ (清)徐松辑:《宋会要辑稿·崇儒》4 之 21,第 2240 页。
⑨ (宋)王楙撰,郑明、王义耀校点:《野客丛书》卷 27《汉赐金晋赐布帛》,第 391 页。

在南宋应用范围更加广泛,农畜产品中米、麦的用量超过粟,羊的用量超过马。

　　生产资料的变化也是宋朝赏赐物品发生变动的因素之一。土地是历朝皇帝赐予臣民的主要物品,春秋战国赐田单位动辄以数十万计,自唐中后期以后,均田制遭到破坏,国家直接掌握的土地愈来愈少,宋朝"不抑田制",土地兼并更为盛行,国有土地的比重大为降低,赐田规模受到限制。

　　宋朝赏赐物品的变化还是社会诸因素综合作用的结果,深刻反映了宋朝的治国方略、社会进步和经济发展水平的状况。随着以文治国政策的全面推行和实施,以及文化教育事业的发展和进步,两宋帝王常用书籍、御书、文具等激赏臣民,以励向学之心,这些赏赐物品往往能够体现或提高文学素养。宋代商品经济的高度发展催生了新型的赏赐物品,即买扑和度牒,尤其是买扑集中体现了宋朝治理者与被治理者之间出现了某种意义上的平等自愿的合作关系。要之,宋朝赏赐品的变化是社会文明进步与经济发展的必然结果。

第五章　宋朝物质赏赐的对象

由于历史原因,宋朝赏赐对象出现了若干特殊群体,如归明、归正人①等。再加上宋朝皇帝素以仁厚著称,皇恩眷顾的人群有不断扩大的趋势,这导致宋朝受赐对象较为庞杂,难以在文中一一述及,且对受赐对象的归类也造成一定困扰。对具有多重身份的受赐对象,本章主要根据其显性身份进行归类,如出任官员的宗亲及归明、归正人仍以出身和属性来考察。

第一节　文武官员

宋朝各级文武官员受赐机会之多,实难统计。宋朝官员在任期间的各个阶段,甚至任期前后均可获得实物赏赐,通过赏赐获得的经济收益已成为宋朝官员重要的收入来源。

一、受赐时机和场合

除前面述及的大礼、丧葬外,宋朝官员在除授、告谢、朝见、朝辞、致仕、诞日、节日等时机和场合仍可获得大量钱物。

（一）除授

宋朝拜授新官,照例恩赐钱物,此类赏赐具有如下特征。

1. 具体数额依除授官职而定

宋朝官员的除授赏赐基本依职位而定,以两宋转运使的除授赏赐为例。樊知古曾长期担任转运使一职,江南平定后樊知古改授江南转运使,赐钱1000贯;宋太宗即位之初,授樊知古为库部员外郎,担任京西北路转运使一职,赐钱1000贯;雍熙初樊知古改授河北东路转运使,迁驾部郎中,赐钱500贯;端拱初樊知古迁河北东、西路都转运使,赐银1000两。樊知古4次出任转运使,除出任河北东路转运使外,每次除授赏赐均为1000贯②(北宋初年银1两约合1贯)。另外,太平兴国二年(977年)刘保勋迁江南西路转

---

① "归正人"的概念详见本章第三节。

② (元)脱脱等:《宋史》卷276《樊知古传》,第9394—9395页。

运使,除授赏赐也是相同的数额,①可知北宋初年官员出任转运使的赏赐大致为1000贯钱。南宋转运使除授赏赐以银绢为主,宋高宗绍兴六年(1136年),徽猷阁直学士、两浙都转运使李迨迁四川都转运使、都大提举茶马,获赐银绢各300两匹,②南宋初年绢价约两贯,临安府官价银每两2贯500文,③即李迨所得为1350余贯。除去物价上涨的因素,两宋时期转运使的除授赏赐比较稳定。

再考察要职的除授赏赐,北宋初年执政官的除授赏赐大致为3000两,如宋太宗朝曾有3名官员同时晋升至重要岗位,贾黄中和李沆出任参知政事,苏易简迁中书舍人,并充翰林学士承旨,3人均受赐白银3000两,又以李沆家贫加赐300贯,④这比转运使的除授赏赐高出3倍。宋哲宗元祐三年(1088年)"三省并建",宰执迁除频繁,因职务调整而引发的赏赐远超平常之数,故朝廷下调了赏赐标准,职务调整在一年之内者减半数发放,一年之外减四分之一发放。⑤

建炎元年(1127年)五月宋高宗即位,任命黄潜善为中书侍郎,汪伯彦为知枢密院事,按例推赏。"故事,宰执初除,赐银帛各千匹两",这说明,北宋宰执的除授赏赐曾调整为银帛各1000两匹。当时黄潜善等人以国用不足力辞,最后赏赐减半,待休兵后再足额发放。⑥ 绍兴五年(1135年)宰相赵鼎转官,受赐银帛500两匹等,赵鼎力辞。⑦ 这种状况大致持续了15年左右的时间,绍兴十二年(1142年)十一月,诏自今宰执初除及转厅,银帛全额赏赐。⑧ 囿于时局,仍有宰执谢辞。如宋孝宗隆兴二年(1164年)正月,汤思退、张浚新除左右丞相,按例赏赐,汤、张两人并未接受。⑨

2. 依据的标准存在不确定性

目前我们尚未发现与宋朝除授赏赐相关的统一规定和法令,仅能从零散的记载中管窥其部分面貌。

宋朝除授赏赐依差遣而定的情况较为常见,寄禄官相同而差遣不同的官员,除授赏赐存在一定的差异。如宋太宗朝进士及第初次授官,第一等为

①　(元)脱脱等:《宋史》卷276《刘保勋传》,第9386页。
②　(宋)李心传:《建炎以来系年要录》卷104,绍兴六年八月癸卯,第326册,第433页。
③　程民生:《宋代物价研究》,第239、276页。
④　(宋)杨亿:《杨文公谈苑·苏易简最被恩遇》,第57页。
⑤　(宋)李焘:《续资治通鉴长编》卷419,元祐三年闰十二月戊申,第10147页。
⑥　(宋)李心传:《建炎以来系年要录》卷5,建炎元年五月戊午,第325册,第114页。
⑦　(宋)李心传:《建炎以来系年要录》卷94,绍兴五年十月庚子,第326册,第316页。
⑧　(宋)李心传:《建炎以来系年要录》卷147,绍兴十二年十一月辛卯,第327册,第56页。
⑨　(清)徐松辑:《宋会要辑稿·礼》62之70,第1729页。

将作监丞,出任通判者受赐 200 贯钱。① 雍熙元年(984 年),京官开始担任堂后官,当年以将作监丞李元吉、丁顾言为堂后官,赐钱 100 贯,②同为将作监丞,赏赐却相差一倍。寄禄官似对除授物品的影响不大,如将作监丞在北宋初年为从六品下,上文提及的樊知古任京西北路转运使时,寄禄官阶是库部员外郎,为从六品上,除授赐钱 1000 贯,③两者品级接近,除授赏赐却相差甚远,最多高达 10 倍。

不过宋朝除授赏赐常因人因时而异,即使出任同一差遣,赏赐物品也大有不同。如雍熙三年(986 年),朝廷任命户部郎中张去华、殿中侍御史陈载为开封府判官、推官,分别赐钱 1000 贯;④宋真宗咸平二年(999 年),同为开封府判官、推官的太常博士卢琰、秘书丞李防仅赐钱 100 贯,⑤前后相差10 倍。又如李沆等 3 人除授知制诰,按规定赐钱 1000 贯;⑥淳化二年(991年)京东转运使柴成务除授知制诰,仅赐钱 300 贯。⑦ 前后相差不过 6 年,而后者不及前者的三分之一,这种情况反映了宋朝除授赏赐随意性较大的特点。

官员身份也是影响宋朝除授赏赐的因素之一。宋朝一向视学士为重,宋太宗朝苏易简迁中书舍人,充翰林学士承旨,赐银 3000 两,宋太宗十分器重苏易简:"朕之待卿,非必执政而为重矣",⑧故赐银与执政相同。在王府任职的官员所得也较多,如官员初次任职记室,可"例得"银绢 2000 两匹。⑨伶官地位低下,教坊使外任所得甚少,雍熙二年(985 年),教坊使郭守忠上言请求外任,仅赐束帛,⑩即 5 匹绢。

宋代官员除授赏赐还受职任轻重、地域远近等因素的影响。灵州(今宁夏灵武)为蕃汉混居之地,"非蕃帅主之,戎人不服,虽卫、霍名将,必见逐矣",不易治理,故朝廷选派官员时常加以厚赐。宋太祖开宝二年(969 年)考功郎中段思恭出知灵州,朝廷"厚赐遣之",并以"途涉诸戎"为由,"别赍

---

① (清)徐松辑:《宋会要辑稿·选举》2 之 1,第 4245 页。
② (宋)李焘:《续资治通鉴长编》卷 25,雍熙元年五月丁丑,第 580 页。
③ (元)脱脱等:《宋史》卷 276《樊知古传》,第 9394 页。
④ (宋)李焘:《续资治通鉴长编》卷 27,雍熙三年十月甲辰,第 624 页。
⑤ (宋)李焘:《续资治通鉴长编》卷 45,咸平二年八月庚申,第 959 页。
⑥ (宋)李焘:《续资治通鉴长编》卷 27,雍熙三年十月丙申,第 623 页。
⑦ (元)脱脱等:《宋史》卷 306《柴成务传》,第 10114 页。
⑧ (宋)杨亿:《杨文公谈苑·苏易简最被恩遇》,第 57 页。
⑨ (元)脱脱等:《宋史》卷 348《石公弼传》,第 11031 页。
⑩ (清)徐松辑:《宋会要辑稿·职官》22 之 29,第 2874 页。

金帛以遗之",重赏外还有加赐。① 宋太宗淳化三年(992年)慕容德丰出知灵州,除授赏赐多达银3000两,②与副相所受相同。

加官和起复也有赏赐,如宋太宗淳化二年(991年)十一月规定,宰臣、枢密使、使相、节度使特恩加官除授学士,赏赐银100两,衣著100匹。起复赐银50两,衣著50匹。③ 要之,宋朝除授赏赐参考的依据较多,标准存在不确定性,较难把握。这种做法较为灵活,执行者能根据实际情况加以变通,极大限度地调动官员的积极性和主动性,不过从长远来看并不利于制度建设。

3. 高级将领及出任军职者的除授赏赐起伏较大

两宋时期高级将领及出任军职者的除授赏赐有较明显的变化,即北宋初年赏赐较重,中期以后渐趋减少,至南宋又有增加。宋太祖开宝三年(970年)翟守素出任剑南十州都巡检使,赐钱5000贯。④ 宋太宗雍熙四年(987年)曹翰迁左千牛卫上将军,受赐钱银各5000贯两;⑤戴兴徙高阳关(今河北河间),迁殿前都指挥使,赐银1万两,每年还另赐钱7000贯;⑥淳化五年(994年)李顺起事,张逊任右骁卫大将军、知江陵府(今湖北荆州),受赐钱2000贯,银3000两;⑦王继恩等分路进讨李顺,御众寡术,士无斗志,朝廷遂命赵昌言为川峡五十二州招安行营马步军都部署,赐银5000两。⑧ 诸多事例说明,宋太祖、太宗两朝对高级将领的除授赏赐多不低于5000贯。

北宋中期对高级将领及出任军职者的赏赐大幅下降。宋仁宗朝杨偕改左司郎中、本路经略安抚招讨使,仅得赐钱500贯。⑨ 西北边境骚动,朝廷任命范仲淹为河东、陕西宣抚使,赐黄金100两,⑩当时黄金市价每两不超过10贯,⑪即所得不足1000贯,这与北宋初年的情形相差甚远。南宋初年赏赐激增。宋高宗绍兴十年(1140年),以右武大夫、忠州防御使马秦为泉

①　(宋)李焘:《续资治通鉴长编》卷10,开宝二年九月庚戌,第231—232页。
②　(元)脱脱等:《宋史》卷251《慕容德丰传》,第8836页。
③　(清)徐松辑:《宋会要辑稿·职官》6之47,第2520页。
④　(元)脱脱等:《宋史》卷274《翟守素传》,第9362页。
⑤　(元)脱脱等:《宋史》卷260《曹翰传》,第9015—9016页。曹翰曾作《退将诗》:"曾因国难披金甲,耻为家贫卖宝刀。"宋太宗颇有怜悯之意,故有银钱之赐。
⑥　(元)脱脱等:《宋史》卷279《戴兴传》,第9476页。
⑦　(元)脱脱等:《宋史》卷268《张逊传》,第9223页。
⑧　(元)脱脱等:《宋史》卷267《赵昌言传》,第9196页。
⑨　(元)脱脱等:《宋史》卷300《杨偕传》,第9956页。
⑩　(元)脱脱等:《宋史》卷314《范仲淹传》,第10275页。
⑪　程民生:《宋代物价研究》,第270页。

州观察使、两浙西路马步军副总管,赐钱 1 万贯,田 10 顷,宅第 1 区,①这比北宋初年的赏赐力度还要大。上述变化实际上与两宋时期对武将的政策导向一致,北宋初年重用武将征战南北,完成统一大业;北宋中期"重文抑武"政策全面推行,武将待遇降低;南宋初年军情危急,朝廷再次加大对武将的倚重,势必以重金笼络。

宋朝对一般武臣的除授赏赐始终不高,变化也不大。宋太宗至道元年(995 年)秦可观补右班殿直,授监押差遣,赐紫袍、靴、笏、银 100 两;②宋仁宗明道二年(1033 年)薛俊任内殿崇班,受赐银 100 两,并规定自后内殿崇班至诸司使为都监者"并如例赐之",③这与高级将领差别很大。

（二）告谢、朝见、朝辞

在京城担任实际职务的官员,上自宰相,下至监当官等,任命当天需"奉官告敕牒叙谢",称为告谢。④ 告谢后正式入朝谢恩,称为正谢。宋朝官员谢恩例有赏赐,有的在告谢日受赐,有的在正谢日受赐,两日均受赐的官员极少。宋真宗天禧四年(1020 年),礼部侍郎、参知政事李迪迁吏部侍郎、兼太子少傅、平章事,兵部尚书冯拯迁枢密使、吏部尚书、同平章事,两人除在告谢日受赐袭衣、金带和鞍勒马外,正谢日仍有赏赐,史称"非常比也",⑤这说明宋朝官员受职入朝谢恩,按例受赐一次。

告谢日赏赐品为衣带、鞍马等物。如宰相、枢密使、参知政事、枢密副使、宣徽使初拜、加恩中谢日,赐衣 5 事,金带 1 条,涂金银鞍勒马 1 匹。北宋初年金带为荔支带,淳化以后宰相、参知政事、文臣任枢密副使者改赐金毬文方团带,佩金鱼袋。最初宰执初次接受任命才有赐赍,加恩并无赏赐,宋真宗景德二年(1005 年)参知政事王钦若加阶邑、实封,赐袭衣、金带、鞍马,"自是遂为故事",⑥成为定制。三司使、学士、御史中丞初拜中谢日赏赐与宰执相同,文明学士以下初赐金装犀带,后改赐金带,中书舍人赐袭衣、犀带。⑦

南宋初年财政困窘,举步维艰,宫廷的日常开销难以为继,故除军赏外,朝廷暂停赏赐,宋高宗建炎四年(1130 年)以后陆续恢复部分项目,如规定

---

①　(宋)李心传:《建炎以来系年要录》卷 137,绍兴十年七月壬午,第 326 册,第 837 页。

②　(宋)李焘:《续资治通鉴长编》卷 37,至道元年三月己巳,第 810 页。

③　(宋)李焘:《续资治通鉴长编》卷 113,明道二年九月丁亥,第 2637 页。

④　苗书梅:《朝见与朝辞:宋朝知州与皇帝直接交流的方式初探》,《首都师范大学学报》2007 年第 5 期。

⑤　(宋)李焘:《续资治通鉴长编》卷 96,天禧四年七月丙寅,第 2206 页。

⑥　(宋)李焘:《续资治通鉴长编》卷 59,景德二年正月己巳,第 1313 页。

⑦　(元)脱脱等:《宋史》卷 153《舆服志五》,第 3572 页。

执政官初次任命,正谢日"赐衣带、鞍马如故事",①实际上短时间内很难恢复到以往的标准。侍从官所得仅为原来的半数,如绍兴二年(1132年)黎確除吏部侍郎,受赐"马半匹,公服半领,金带半条,汗衫半领,裤一只",所赐并非实物,而是"皆计直给钱",②即官府将实物价格折半后赏赐。绍兴十三年(1143年)执政官转官加恩,正谢日衣带和鞍马"并依格全赐,更不减半",③至此恢复正常水平。

朝见、朝辞制度是宋朝重要的礼制。朝见,又称入对、召对、进对、召还入对、入见等;朝辞,又称陛辞、朝谢、辞见、见辞、入谢、入辞、辞、谢辞、辞谢等。唐朝中期以后,地方官任满后到京城的朝见及离任时的辞见等制度不断被强化,这些制度至宋朝更加行之有效。宋朝堂除以上的京朝官与武臣等地方高级官员,任满回京后须上殿朝见皇帝;在新除职务的任命书下达后,赴任前又须上殿与皇帝辞别,并接受各种赏赐物品。④ 赏赐物品多为衣带、鞍勒马之类,如北宋初年,使相、节度使"自镇来朝","入见日"赐衣5事、金带及鞍勒马,"朝辞日"所赐之物也大抵如此,只不过数量上略多一些。⑤ 宋朝朝辞赏赐条例清晰,"凡贵臣出守朝辞,例有颁赐",⑥赏赐物品如下:

使相、节度使赐窄衣6事、金束带1条、鞍勒马1匹、散马2匹(节度使减散马),若身为都部署,则另赐带甲鞍勒马1匹。观察使为都部署、副都部署赴本任、知州,赐窄衣3事、金束带1条、鞍勒马1匹。防御团练使、刺史为部署、钤辖赐窄衣3事、金束带1条,赴本任赐窄衣3事、涂金银腰带1条,为知州、都监赐窄衣3事、绢30匹。诸司为钤辖者赐窄衣、金束带。文武官内职出为知州军、通判、发运使、转运使副、提点刑狱公事、都监、巡检、砦主、军使及出任繁要之职,仆射赐窄衣3事、绢50匹,尚书、丞郎、学士、谏舍、待制、大卿监及统军、上将军、诸司使赐窄衣3事、绢30匹,少卿监至五官正、大将军至副率、诸司副使赐窄衣3事、绢20匹,中郎将、京官内殿承制至借职、内常侍赐窄衣1事、绢10匹。衣式随季节变化,二月天气渐暖,窄衣赐紫罗衫,十月冬季来临,窄衣赐紫敊正绵袄。诸道衙内指挥使、都虞候

---

① (宋)李心传:《建炎以来系年要录》卷34,建炎四年六月甲戌,第325册,第505页。

② (宋)庄绰撰,萧鲁阳点校:《鸡肋编》卷中《建炎后国用窘匮一斑》,第44页。

③ (宋)李心传:《建炎以来系年要录》卷148,绍兴十三年二月己未,第327册,第66页。

④ 苗书梅:《朝见与朝辞:宋朝知州与皇帝直接交流的方式初探》,《首都师范大学学报》2007年第5期。

⑤ (清)徐松辑:《宋会要辑稿·礼》62之18,第1703页。

⑥ (宋)陈鹄撰,孔凡礼点校:《西塘集耆旧续闻》卷3《宋莒公兄弟同上章告退》,中华书局2002年版,第319页。

赐紫罗衫,金涂银带。①

宋朝官员朝辞赏赐标准明确,不过具体执行时又因人而异。如宋太祖乾德三年(965 年),参知政事吕余庆出知成都府、枢密直学士冯瓒出知梓州,两人除同时受赐袭衣 1 件,金束带 1 条外,又分别受赐绢 500 匹、100匹。除外,吕余庆还受赐金镀银鞍勒马 1 匹。宋真宗景德元年(1004 年)西上阁门副使李允则出任都监,朝辞当赏赐窄衣 3 件,绢 20 匹,特旨改赐紫罗窄衫、金束带。② 治平四年(1067 年)十一月,韩琦判永兴路,兼任陕西路经略安抚使,"故事,节度使辞,赐窄衣、束带、甲马",但因韩琦名望极高:"再世宰辅,位处三公",宋神宗特赐对衣、笏头带和鞍辔马。③ 官高位显或有特殊贡献的官员经常接受加赐或别赐。

南宋初年一度减少朝辞赏赐,局势缓和后逐渐恢复旧制。宋孝宗在位期间,是两宋朝见、朝辞制度执行得最为严格的时期。④ 隆兴二年(1164年)沈介除权兵部尚书,赐衣带,自后在外臣僚除授皆依例赏赐,⑤朝廷恢复了对外任官员的衣赐制度。

（三）致仕

宋朝官员的致仕赏赐大致可分为两种类型。

1. 常例赏赐

对致仕官实行常规化赏赐大概始自宋真宗朝。北宋初年官员退休虽可转官或荫补子孙,但不再享有俸禄,宋太宗淳化元年(990 年)开始发放半俸。⑥ 因部分官员退休后生计困难,"未尝为显官者或贫不能自给",宋廷陆续出台相关法令,给予生活补贴。宋真宗大中祥符二年(1009 年)规定:"大将军三十匹,将军、郎中二十匹,员外郎十五匹,率府副率、国子博士而下十匹,大理寺丞而下七匹",⑦按品级赏赐绢帛,最低 7 匹,最高 30 匹。致仕官每年还可获得米面等物,宋仁宗景祐三年(1036 年)规定,大两省、大卿监、正刺史、阁门使以上受赐羊、酒、米、面等物,并要求地方官员经常慰抚。⑧

除日常生活外,致仕官在大礼、登基等庆典活动中也接受赏赐,起初仅

---

① （元）脱脱等:《宋史》卷 153《舆服志五》,第 3573 页。

② （清）徐松辑:《宋会要辑稿·礼》62 之 2、31,第 1695、1710 页。

③ （宋）王应麟:《玉海》卷 34《圣文·治平赐韩琦手札》,第 642 页。

④ 苗书梅:《朝见与朝辞:宋朝知州与皇帝直接交流的方式初探》,《首都师范大学学报》2007年第 5 期。

⑤ （清）徐松辑:《宋会要辑稿·礼》62 之 70,第 1729 页。

⑥ （宋）李焘:《续资治通鉴长编》卷 31,淳化元年五月甲午,第 701 页。

⑦ （清）徐松辑:《宋会要辑稿·职官》77 之 33,第 4149 页。

⑧ （宋）李焘:《续资治通鉴长编》卷 118,景祐三年三月戊戌,第 2778—2779 页。

限大卿、监以上。宋仁宗嘉祐元年(1056 年)大赦天下,赐致仕官大卿、监以上束帛、羊、酒,①不久受赐范围扩大,翌年明堂礼毕,致仕文武升朝官以上均可获得粟、帛、羊、酒等物的赏赐。② 宋室南渡后致仕官分为两个等级,以太中大夫、观察使为界,以上者赏赐往往高出 1 倍。如建炎元年(1127 年)宋高宗即位,赐文武致仕官粟、帛、羊、酒,曾任太中大夫、观察使以上官员赏赐加倍;绍兴七年(1137 年)明堂礼毕,文武升朝官以上致仕者赐束帛、羊、酒,曾任太中大夫、观察使以上"仍从优异",③赏赐加倍;绍兴三十二年(1162 年)宋孝宗登基,乾道元年(1165 年)、三年、六年及九年大礼均发布过相同赦令。④ 宋宁宗嘉泰三年(1203 年)发布南郊赦令,文武升朝官以上致仕者按等级受赐粟、帛、羊、酒,曾任太中大夫、观察使以上官员"仍别作等差,务从优厚"。开禧二年(1206 年)后,明堂大礼也做了相同规定。⑤ 太中大夫以上为宰相所带阶官,从四品,观察使为正任武阶名,正五品,即中高级以上的致仕官员获赐物品要高出一般官员 1 倍以上。

致仕官受赐有时受到官品和年龄的双重影响。如宋孝宗淳熙十三年(1186 年)为太上皇庆祝八十大寿,朝廷发布赦令,70 岁以上的文武升朝致仕官受赐羊、酒、粟、帛,80 岁以上、曾任太中大夫、观察使以上者加倍赐予。⑥

2. 特恩赏赐

宋朝接受特恩赏赐的致仕官多为重臣、名臣。如宋太祖开宝年间(968—976 年),王昭素拜国子博士致仕,受赐茶药及钱 200 贯。⑦ 宋仁宗天圣四年(1026 年),礼部尚书、集贤院学士晁迥以太子少保致仕,给全俸,岁时"锡赉如学士"。⑧ 嘉祐四年(1059 年),朝廷赐太常博士致仕胡瑗绢100 匹。⑨ 宋哲宗即位,赐致仕前宰相、守太师文彦博,前执政、宣徽南院使张方平宽衣、金带、银、帛。⑩ 光禄大夫范镇"率先群臣,首倡大议",身为谏官"所言忠切,至忘其身",元祐元年(1086 年)以端明殿学士致仕,朝廷赐

① (宋)李焘:《续资治通鉴长编》卷 184,嘉祐元年九月庚子,第 4447 页。
② (元)脱脱等:《宋史》卷 101《礼志四》,第 2467 页。
③ (清)徐松辑:《宋会要辑稿·礼》25 之 21,第 965 页。
④ (清)徐松辑:《宋会要辑稿·职官》77 之 71,第 4168 页。
⑤ (清)徐松辑:《宋会要辑稿·礼》59 之 10—11,第 1674—1675 页。
⑥ (清)徐松辑:《宋会要辑稿·职官》77 之 85,第 4175 页。
⑦ (元)脱脱等:《宋史》卷 431《王昭素传》,第 12808 页。
⑧ (宋)李焘:《续资治通鉴长编》卷 104,天圣四年十二月丁亥,第 2428 页。
⑨ (清)徐松辑:《宋会要辑稿·职官》77 之 39,第 4152 页。
⑩ (宋)李焘:《续资治通鉴长编》卷 353,元丰八年三月庚申,第 8464—8465 页。

对衣、鞍辔马,"使天下知朝廷之行信赏虽久而不废,人臣之抱忠计虽隐而必录,足使为善者劝,上助风化",①重臣、名臣离任前,朝廷往往赐予贵重礼品,这些赐赉不仅表达了朝堂上下对他们崇高的敬意,也是对其官宦生涯的高度认可,足以聊慰余生。

（四）诞日

生辰赏赐有"资助家庭宴乐之意",②始于唐朝,其时仅藩镇方可享受此等待遇。"周世宗眷遇魏宣懿（魏仁溥）,始以赐之,自是执政为例",③五代恩及执政,两宋推至亲王、使相及外戚。

除受赐对象扩大外,宋朝生辰器币的种类也有所增加。大中祥符八年（1015 年）恰逢宰相王旦诞日,宋真宗听闻王旦"私第未尝会客",特许其在府邸宴请亲朋好友及同僚,④并赐羊 30 口、酒 50 壶、米面各 20 斛。之后,朝廷出台生辰赏赐的相关规定:枢密使副、参知政事赐羊 30 口、酒 30 壶、米面各 30 斛。⑤ 除羊、酒、米面外,亲王、宰相、使相的生辰器币还有衣带、银绢、鞍马等物:"赐衣五事,锦彩百匹,金花银器百两,马二匹,金涂银鞍勒一",⑥其中有 4 口涂金镂花银盆,"此盛礼也",可谓难得之物。因长期担任宰执之职,文彦博获赐的涂金镂花银盆多达百口,每逢诞日,文彦博"必罗列百数于座右,以侈君赐。当时衣冠传以为盛事",⑦涂金镂花银盆成为文氏家族感念君恩、炫耀于世的珍品。按制,执政罢相,生辰赏赐随之取消,但也有例外。赵普任相期间,朝廷常遣其子承宗递送生辰器币,赵普罢相后,朝廷顾念重臣,继续派送生日礼物。其时承宗已逝,朝廷选派赵普侄婿递送礼物。不料赵普触景生情,忧思而亡。⑧

在外使相也有生辰赏赐。熙宁七年（1074 年）十月王安石受赐生辰礼物。其时王安石已罢相,以吏部尚书、观文殿学士知金陵（今江苏南京）,并因大礼进为节度使、同中书门下平章事。按制,节度使带同中书门下平章事者并非真宰相,是为使相,⑨故宋神宗派入内东头供奉官冯宗道依"在外使

①　（宋）李焘:《续资治通鉴长编》卷 365,元祐元年二月丁卯,第 8766—8767 页。

②　（清）徐松辑:《宋会要辑稿·礼》62 之 91,第 1740 页。

③　（宋）王明清:《挥麈前录》卷 3,第 26 页。

④　（宋）李焘:《续资治通鉴长编》卷 85,大中祥符八年十一月甲戌,第 1958 页。

⑤　（元）脱脱等:《宋史》卷 119《礼志二十二》,第 2802 页。

⑥　（元）脱脱等:《宋史》卷 153《舆服志五》,第 3572 页。

⑦　（宋）蔡絛撰,冯惠民、沈锡麟点校:《铁围山丛谈》卷 2,第 38 页。

⑧　（元）脱脱等:《宋史》卷 256《赵普传》,第 8939 页。

⑨　（宋）李焘:《续资治通鉴长编》卷 257,熙宁七年十月丙戌,第 6279 页。

相例"赐生辰器币。叶梦得曾认为对在外使相的生辰赏赐乃为"特恩",①
不过,朝廷既然按例赏赐,那么在外使相的生辰器币当已制度化,故叶氏记
载存疑。

赐给宰执的生辰器币多差亲属押赐,程序颇为繁杂,需先将赐物凭据上
缴阁门司,由阁门司申报枢密院,枢密院出札子后受赐人再进榜子谢恩。王
安石为相时,生辰器币差子王雱押赐,王雱上言:"父子同财,理无馈遗",认
为"取旨谢恩,一皆伪诈",恳请差子孙弟侄押赐不再取旨谢恩。② 元符二年
(1099年)正月,朝廷诏令:"赐使相已上生日币帛、器物,当遣人衔命,而故
事止差亲戚,沿袭未改,失宠遇大臣之意。自今并取旨差官",③由朝廷差官
押送礼物。宋室南渡后暂停生辰赏赐,绍兴十三年(1143年)逢秦桧诞日,
宋高宗以为"君臣之遇盖亦千载",赐赉如故。④

（五）节　日

宋代节日赏赐以传统节庆食物为主。如立春、春秋二社赐大枣蒸饼、素
蒸饼、猪内脍、白熟饼、酒等。⑤ 唐代已有立春日食芦菔、春饼、生菜的习俗,
因食物放置盘内,故称为"春盘"。宋代在立春日前一天将春盘赐给近臣,
这些春盘不同于市井之物,"盘中生菜,染萝葡为之,装饰置夌中",⑥经过精
心制作,"翠缕红丝,金鸡玉燕,备极精巧,每盘直万钱",⑦价格昂贵。春社
是中国传统的民俗节日,以祭土地神为主。自宋代起,以立春后第5个戊日
为社日,有官社和民社之分。社日前四方馆先下御厨造大镮饼、白熟饼、蒸
豚,连同酒一起赐给近臣,社日还有食用"漫泼饭"的习俗,宫廷曾将"漫泼
饭"覆上鸡饼、青蒿、芫荽、韭菜等赐给近臣。⑧

宋代正旦、寒食赐羊、米、面、米酒等,寒食、冬至加赐连珠神餤五子泯
粥、白饧、法酒等物,⑨腊日还赏赐具有防冻功效的物品,宋神宗熙宁年间
(1068—1077年)赐二府口脂、甲煎之类,⑩诗句"口脂面药随恩泽,翠管银

① （宋）叶梦得撰,宇文绍奕考异,侯忠义点校:《石林燕语》卷6,第88页。
② （宋）李焘:《续资治通鉴长编》卷228,熙宁四年十一月癸巳,第5544页。
③ （清）徐松辑:《宋会要辑稿·礼》62之50—51,第1719—1720页。
④ （元）脱脱等:《宋史》卷119《礼志二十二》,第2802页。
⑤ （清）徐松辑:《宋会要辑稿·礼》62之21,第1705页。
⑥ （宋）陈元靓:《岁时广记》卷8《立春》,第83页。
⑦ （宋）周密:《武林旧事》卷2《立春》,第29页。
⑧ （宋）陈元靓:《岁时广记》卷14《社日》,第149—150页。
⑨ （清）徐松辑:《宋会要辑稿·礼》62之22,第1705页。
⑩ （宋）陈元靓:《岁时广记》卷39《腊日》,第423页。

罍下九霄"指的即是此事,另有诗云"浴堂门外抄名入,公主家人谢口脂",①说明口脂还赐宗室成员。腊日并赐腊药、驻颜膏、牙香、绣香囊等,起初药材加工后赐给官员,后省去工序,直接派送,如牛黄、丹砂、龙脑、金银箔之类。② 端午赐白团、粽子、粉食、法酒,后妃、近侍赐翠叶、五色葵榴、金丝翠扇、真珠百索、钗符、经筒、香囊、软香龙涎佩带、紫练、白葛、红蕉等物,重臣则赐细葛、香罗、蒲丝、艾朵、彩团、巧粽等。③ 三伏日赐史官冰麨,自初伏日起每日赐近臣冰4匣,共赐6次,另赐冰麨面及蜜,曾有诗句记录了颁赐情况:"九门已散秦医药,百辟初颁凌室冰"。④ 重阳节赐百叶、黄白、龙总、黄米、格子、水拖、云霞、雪臁、褐糅、法酒等,赐酒"大率如社日",上面插有菊花。⑤

朝廷往往利用节日恩赏表达对重臣的尊崇和敬意。元祐二年(1087年)冬至,"以嘉雪应期,朝廷无事",宋哲宗赐御筵于重臣吕公著私第,特令其与辅臣、近侍宴乐。时任右相的吕公著主导下的中书省权力日渐膨胀,本人也颇受高太后的倚重,故所受恩赏非比寻常。朝廷发送教坊乐70人前往助兴,并遣使赐上罇酒、禁中果实、镂金花及香药等物,"皆瓌奇珍异,十倍常数"。临近傍晚,再赐椽烛20秉。在场的伎乐、使臣也有幸获得了一笔数量不小的赏赐:教坊乐每人获赐100贯,开封衙前乐每人获赐50贯,管勾使臣等各受赐40贯,"皆异恩也"。⑥ 赏赐使得寻常的节日变得意味深长,它不仅向在场的同僚展示了皇帝对吕氏家族的眷顾之情,还必将永久封存于吕氏家族的记忆中。

(六) 疾病

宋朝皇帝常采用问病吊恤的方式表达对高级官员的深切关怀。淳化年间(990—994年),六宅使、剑州刺史上官正大病初愈,宋太宗前往慰问,并赐金丹、良药、衣带、白金、马匹等物。⑦ 景德四年(1007年),宋真宗探视太子太师吕蒙正,赐袭衣、金带、器币、药物、上尊酒,"悉如宰相例"。⑧ 大中祥符五年(1012年),翰林学士、兵部员外郎杨亿听闻母亲病危,情急之下擅自

① (宋)吴曾:《能改斋漫录》卷6《腊日赐口脂》,第141页。
② (宋)陈元靓:《岁时广记》卷39《腊日》,第424页。
③ (宋)周密:《武林旧事》卷3《端午》,第41页。
④ (宋)陈元靓:《岁时广记》卷25《三伏节》,第286页。
⑤ (宋)陈元靓:《岁时广记》卷34《重九》,第381页。
⑥ (宋)李焘:《续资治通鉴长编》卷407,元祐二年十一月丁卯,第9902页。
⑦ (元)脱脱等:《宋史》卷308《上官正传》,第10137页。
⑧ (宋)李焘:《续资治通鉴长编》卷65,景德四年二月辛巳,第1446页。

离院,宋真宗并未治罪,而是"亲缄药剂,加金帛以赐"[①]。任职二府十余年的冯拯身患疾病,宋仁宗除遣使问疾外,另赐银 5000 两。冯拯上表请求辞去相位,宋仁宗再遣内司宾抚问。使者奏报称,冯拯居室俭陋,衣被粗劣,刘太后再赐衾褥、锦绮屏。其实"拯平居自奉侈靡,顾禁中不知也",[②]冯拯奉养奢靡,只不过不事张扬,宫中不知内情罢了。

二、赏赐对官员经济生活的影响

宋代官员的物质待遇问题一向是学者争论的热点,一种观点认为宋代官员收入颇为丰厚,[③]另一种观点则认为宋代官员收入偏低,部分官员无法维持正常的生活水准。[④] 学者多以宋代官员俸禄的高低作为阐释观点的依据,实际上除俸禄外,宋代官员还有其他的收入来源,赏赐即是其一。

（一）赏赐是官员俸禄收入之外的重要补充

宋代官员赏赐因品级而异,级别越高,物品越多。中高级官员赏赐物品具有种类多、数量大、价值高的特点,低级官员赏赐物品则相对单一,数量较少,价值略低。为探讨赏赐对宋代各级官员经济生活的影响程度,我们有必要对不同品级官员的受赐物品进行对比。囿于史料,今人已无法系统地核算宋代官员具体的受赐数额,不过郊赉、除授赏赐和赙赠在各类赏赐中所占比重较大,故以三者为例也基本能说明问题。宋代官员俸给种类繁多,除正式俸禄外还有各种颁给,本文主要将上述三类赏赐物品核算后的价值与俸禄的最基础部分——料钱逐一进行比较。

首先对熙宁新制中不同品级官员的郊赉所得进行比较（见表 5-1）。高级官员以宰相为例,熙宁年间（1068—1077 年）宰相受赐银绢各为 1500 两匹,另有 80 两的银鞍勒 1 套,袭衣 1 套,25 两金带 1 条。为方便对比,将各类赏赐品统一换算为铜钱,银 1 两约合 1 贯,帛 1 匹约合 1 贯 300 文。据程民生先生推测,一件由朝廷统一发放给官员的制服棉袄约 2 贯 380 文至 5 贯 480 文,[⑤]宰相衣服质地上乘,姑且核算为 5 贯。按熙宁初年金 1 两约

① （元）脱脱等:《宋史》卷 305《杨亿传》,第 10083 页。
② （宋）李焘:《续资治通鉴长编》卷 101,天圣元年九月丙寅,第 2333 页;（元）脱脱等:《宋史》卷 285《冯拯传》,第 9611 页。《长编》载赐银 50 两,《宋史》载赐银 5000 两,以冯拯其时的身份和地位,似以后者更为准确。
③ 龚延明:《宋代官吏的管理制度》,《历史研究》1991 年第 6 期;邵红霞:《宋代官僚的俸禄与国家财政》,《江海学刊》1993 年第 6 期。
④ 何忠礼:《宋代官吏的俸禄》,《历史研究》1994 年第 3 期。
⑤ 程民生:《宋代物价研究》,第 235、256 页。

合 10 贯算,①金带应值 250 贯,不过金带是佩戴者身份的象征,价值往往超出本身的重量。参照北宋末年金带市价 500 贯,再结合物价上涨和转手倒卖的因素,熙宁年间赐给宰相的金带姑且核算为 400 贯。按上述换算方法,总额至少为 3930 贯,②宰相每月料钱 300 贯,则郊赉约合 13 个月的料钱。

中级官员以给事中为例,北宋前期给事中为正五品上,元丰新制后为正四品。给事中郊赉为银绢各 100 两匹,袭衣 1 套,20 两金带 1 条,考虑身份和地位,袭衣核算 4 贯,金带核算 300 贯,则郊赉总额至少为 534 贯。给事中每月料钱 45 贯,则郊赉近乎一年的料钱。

低级官员如司天监丞,正七品,郊赉所得银绢各 5 两匹,合 11 贯 500 文,每月料钱 5 贯,③郊赉约合 2 个月的料钱。综上所述,宋代官员郊赉高者相当于 13 个月的料钱,低者相当于 2 个月的料钱。

表 5-1　宋代不同品级官员郊赉所得统计表

	银(两)	绢(匹)	银鞍勒(套)	袭衣(套)	金(两)
宰相	1500	1500	1	1	25
给事中	100	100	无	1	20
司天监丞	5	5	无	无	无

注:本表依据《宋会要辑稿·礼》25 相关记载整理而成。

宋代官员除授赏赐同样可观。高级官员以参知政事为例,北宋初年赐银 3000 两,每月料钱 200 贯,除授赏赐约合 15 个月的料钱。中级官员以右谏议大夫为例,宋初为正四品下,每月料钱 40 贯。④ 樊知古出任河北东、西路都转运使时,本官即为右谏议大夫,北宋初年俸钱以本官发放,樊知古受赐银 1000 两,即除授赏赐大致相当于 25 个月的料钱。再看低级官员,宋真宗咸平二年(999 年)太常博士卢琰为开封判官,受赐钱 100 贯,⑤太常博士为从七品上,每月料钱 20 贯,⑥除授赏赐相当于 5 个月的料钱。即宋代官员除授赏赐高者相当于 25 个月的料钱,低者大致相当于 5 个月的料钱。

再以赙赠为例,按熙宁新制(见表 5-2),宰相赙赠至少为料钱的 4 至 5

---

① 汪圣铎:《两宋货币史》,社会科学文献出版社 2003 年版,第 914 页。
② 韩国学者曹福铉的《宋代对官员的郊祀赏赐》将宰臣所赐银绢误计为各 3000 两匹,推算宰臣所得总额为 8066 贯 500 文。
③ (元)脱脱等:《宋史》卷 171《职官志十一》,第 4101—4103 页。
④ (元)脱脱等:《宋史》卷 171《职官志十一》,第 4101—4102 页。
⑤ (宋)李焘:《续资治通鉴长编》卷 45,咸平二年八月庚申,第 957 页。
⑥ (元)脱脱等:《宋史》卷 171《职官志十一》,第 4103 页。

倍,给事中赙赠至少为料钱的2倍多,殿中丞为从七品,每月料钱20贯,①
赙赠超出料钱2倍。

表5-2　宋代不同品级官员赙赠所得统计表

	绢(匹)	布(匹)	酒(瓶)	米(硕)	面(斤)	羊(头)	钱(贯)	其他
宰相	800	300	100	50	50	50	无	生白龙脑1斤,秉烛、常料烛50条,湿香、蜡、茶各50斤,麦50硕
给事中	100	无	5	5	5	5	无	无
殿中丞	无	无	无	无	无	无	50	无

注:本表依据《宋会要辑稿·礼》44相关记载整理而成。

　　上述料钱多依据《嘉祐禄令》,即宋仁宗嘉祐二年(1057年)制定的禄制。宋太祖、太宗两朝对俸制调整不大,宋真宗大中祥符五年(1012年)上调料钱自20贯至1贯不等,《嘉祐禄令》基本沿用这一标准,并一直使用至元丰改制前。故上面涉及的北宋初年的料钱可能更低,赏赐在收入中所占比率更高。由上可知,赏赐是宋代官员俸禄收入之外的重要补充,考虑到不少料钱仍需折支发放,赏赐在宋代官员实际收入中所占比率还要高些。

　　宋代官员品级越高,赏赐所得的绝对值就越高,相对值也较高(个别例外,如转运使除授赏赐的相对值就要高于参知政事,大致因为转运使属外任官,责任重大的缘故)。除外,高级官员还享有令他人望尘莫及的赏赐项目,如在皇帝登基、驾崩、诞子、巡幸等重大日子,及本人诞日、患病等接受丰厚物品。下层官员接受的赏赐虽不及中高级官员,但因俸禄较低,进项有限,对基本生活资料的需求高,赏赐在收入来源中的分量更重,故不论品级高下,赏赐均可视为宋代官员俸禄收入之外的重要补充。

　　(二)赏赐可改善官员的经济状况

　　宋代不少官员家庭成员较多,负担较重,俸禄常满足不了大家庭的日常生活所需,为官清廉者甚至有衣食之忧。如北宋初年知白州(今广西博白)蒋元振聚族而居,族人多贫寒,需要接济,除每月固定的薪金收入外,蒋元振无其他进项,故申请至物价低廉的岭南地区做官。② 北宋虽对官员俸禄做

① (元)脱脱等:《宋史》卷171《职官志十一》,第4103页。
② (宋)李焘:《续资治通鉴长编》卷31,淳化元年十月乙丑,第706页。

过多次调整,但至中期幕职州县官的收入仍相对较低:"一月所得,多者钱八九千,少者四五千,以守选待除守阙通之,盖六七年而后得三年之禄,计一月所得乃实不能四五千,少者乃实不能及三四千而已。虽厮养之给,亦窘于此矣"。① 幕职州县官一月所得不过四五贯,少者仅三四贯,生活相当窘迫。"三年一次恩赏,他辈所指望",②他们更期盼三年一度的郊赏,所得虽远远不及中高级官员,但也已超出月俸2至3倍了,是他们除月俸外一笔较大的固定收入。可以想象,在郊赏发放之前,不知有多少收入菲薄的官员已提前做好打算,是用这笔额外收入补贴家用,还是临时性地改善一下生活条件,暂时提高生活质量。

赏赐不仅能改善低级官员一时的经济状况,对高官也有同样功效。宋真宗朝翰林学士李宗谔与王旦交情甚好,王旦欲引荐李宗谔担任参知政事一职,而李宗谔一向家贫,王旦前后借给他不少钱物。王钦若借机进谗言,说王旦引荐李宗谔"非为国择贤",而是为一己私利:"得赐物以偿己债",宋真宗信以为真,故当王旦引荐李宗谔时,"上变色,不许",否决了提议。③ 可知除授赏赐颇为丰厚,能解决不少实际问题。毕文简虽官至辅相,但因身前未置办家业,亡故后家人无力操办丧事,毕妻迫不得已向王安石借贷。王安石将此事汇报给了宋神宗,宋神宗在唏嘘之余赐毕家银5000两。④ 这笔大额赏赐不仅能解决毕家的丧葬问题,而且能补贴家用,虽不能保证日后衣食无忧,至少短期内经济状况有了较大改善。

(三) 赏赐对官员的消费结构产生消极影响

受等级授职制的影响,官员品级和地位越高,赏赐就越丰厚,这加大了影响官员收入增长的不平衡性因素,继续拉大了官员之间的收入差距,收入差距愈大,消费差异就愈发明显。

住房是宋代各级官员首要解决的基本生存条件之一,可视为窥见高官与普通官员之间消费差异的重要窗口。程民生先生认为:"宋代住房条件悬殊巨大……除了有权势、有地位的官僚士大夫和富人外,占最大多数的普通人家的住房情况,并没有因为宋代社会经济的大发展……而有所改观"。"艰难条件下或不治房产的官员士人,住房则与一般老百姓相差无几"。宋代房价普遍较高,家底不够殷实的人家很难置办一所像样的房产,故不少官

---

① (宋)王安石:《临川先生文集》卷39《上仁宗皇帝言事书》,第416页。

② (清)徐松辑:《宋会要辑稿·礼》62之83,第1736页。

③ (宋)李焘:《续资治通鉴长编》卷78,大中祥符五年九月戊子,第1787页。

④ (宋)刘挚撰,裴汝诚、陈晓平点校:《忠肃集》卷11《毕文简神道碑》,第230页。

员多是在中年以后才经营永久住宅。① 在普通官员为置办一处永久的安身立命之所而费尽心力时,高官显贵不费吹灰之力便可坐拥一套甚至数套价格昂贵的宅邸,如建隆二年(961 年)、三年,宋太祖分别赐给枢密副使赵普、李处耘宅第各 1 区。② 太平兴国四年(979 年)、五年,宋太宗分别赐枢密直学士石熙载、窦偁宅第各 1 区。③ 元丰八年(1085 年),宋神宗赐给已故左仆射王珪寿昌坊官第 178 间;④元符元年(1098 年)宋哲宗赐给故相王安石宅第 100 间以上。⑤ 嘉定元年(1208 年),因右丞相史弥远"有功社稷,力赞和盟",宋宁宗赐其杭州大和楼南官屋 1 所。⑥ 宋理宗淳祐四年(1244 年),少保、观文殿大学士郑清之获赐第,拜少师后又获赐第于西湖渔庄。⑦ 坐拥豪宅的他们更有能力追逐奢华生活。

　　宋代低级官员消费支出主要靠俸禄收入,赏赐仅对日常生活有所补充,而对消费支出影响不大,并不会彻底改变少有节余或收不抵支的状况,消费内容相对单一,消费结构层次偏低,仍以食品为主的生存型消费为主,生活质量相对较低。而中高级官员本就收入不菲,再加上数额较大的赏赐,消费有了更宽裕的支付能力。在应付日常开销后,大部分中高级官员将剩余收入投至更高的消费领域,享受型和发展型消费比重继续上升,消费结构层次偏高,易于引发奢靡之风,使消费经济的发展更加畸形化。

　　用"不遗余力"来形容宋朝对官员的赏赐力度虽略显夸张,但也颇接近当时的真实情况。从上任到离职,宋代官员可在多种时机和场合接受以皇帝的名义发放的各类赏赐品:上任有除授、告谢和朝辞赏赐;任职期间,节日、郊祀等大型庆典活动有例行赏赐;任期结束后,有名望有德行的官员携赏赉荣耀返乡,赋闲在家后定期接受当地政府发放的慰问品。有身份有地位的官员身患疾病,皇帝亲往探视,并赐予大宗物品。官员本人或家属不幸身亡,朝廷发放丧葬金。宋代赏赐规模也异乎寻常地宏大,不少例行赏赐推及各级文武官员。因之,赏赐实为宋代各级官员的经济来源之一,是俸禄收入之外的重要补充,是我们在考察宋代官员物质待遇实际情形时

---

① 程民生:《宋代物价研究》,第 593、590 页。
② (宋)李焘:《续资治通鉴长编》卷 2,建隆二年三月乙巳,第 41 页;(元)脱脱等:《宋史》卷 257《李处耘传》,第 8961 页。
③ (宋)李焘:《续资治通鉴长编》卷 20,太平兴国四年正月癸巳,第 443 页;(元)脱脱等:《宋史》卷 263《窦偁传》,第 9098 页。
④ (宋)李焘:《续资治通鉴长编》卷 357,元丰八年六月丁卯,第 8529 页。
⑤ (宋)李焘:《续资治通鉴长编》卷 502,元符元年九月癸亥,第 11963 页。
⑥ (清)徐松辑:《宋会要辑稿·礼》62 之 85,第 1737 页。
⑦ (元)脱脱等:《宋史》卷 414《郑清之传》,第 12420—12421 页。

无法回避的问题。

第二节　皇室贵戚

　　皇帝厚待宗室戚里,可垂范天下,以示睦亲:"人道亲亲,王者之所先务也",①"王者之道,以笃亲亲、隆仁爱为先也"。② 宗室因与皇帝有天然的血缘关系而受到恩宠,外戚则凭借姻亲关系享有特殊待遇,这种礼遇在宋代是有法律依据的,宋神宗熙宁元年(1068 年),朝廷根据过往条例将"皇亲月料、嫁娶、生日、郊礼"等给赐编订成册,③通过法令形式确定了赏赐名目及数额。

一、受赐时机和场合

　　宗室戚里在生老病死、婚丧嫁娶等一生中的重要阶段均可获得不同程度的赏赐。

　　(一)生育

　　嫔妃生育是后宫头等大事,这关系到龙脉的延续,故受孕嫔妃备受重视,自孕期、生产至皇子(女)满周岁期间各类赏赐接连不断。北宋嫔妃孕期受赐物品记载不详,南宋嫔妃孕期将至 7 个月时,内藏库拨赐如下物品:罗 200 匹,绢 4674 匹,黄金 24 两 8 钱 7 分 4 厘,银 4440 两,银钱 3 贯,大银盆 1 面,沉香酒 53 石 2 斗 8 升,金银果子 500 个等。这些物品"照先朝旧例,三分减一",大致相当于北宋的三分之一,可知北宋有身孕的嫔妃至少有几万贯的进项。

　　嫔妃生育后赏赐也极其丰厚。宋仁宗庆历二年(1042 年),欧阳修曾在奏章上披露:"臣近风闻禁中因皇女降生,于左藏库取绫罗八千匹。染院工匠当此大雪苦寒之际,敲冰取水,染练供应,颇甚艰辛。……臣料八千匹绫罗,岂是张氏一人独用,不过支散与众人而已。"④可知张美人诞下一女后,内廷从左藏库支取 8000 匹绫罗赏赐于她。嘉祐四年(1059 年)董氏及周氏同时有孕,朝廷内外期盼皇子诞生,内侍省准备了大量金帛、器皿、杂物以备赐予,"所费不可胜纪",两妃诞下皇女,"其赐予之数,犹数倍于兖国公主出

　　① (宋)李焘:《续资治通鉴长编》卷 197,嘉祐七年八月己卯,第 4773 页。
　　② (宋)李焘:《续资治通鉴长编》卷 398,元祐二年四月己亥,第 9714 页。
　　③ (清)徐松辑:《宋会要辑稿·礼》62 之 42,第 1715 页。
　　④ (宋)欧阳修撰,李逸安点校:《欧阳修全集》卷 103《论美人张氏恩宠宜加裁损札子》,第 1572—1573 页。

降时",赏赐品比公主下嫁时多出数倍。① 皇子(女)诞生后,宫中举行诞育礼俗如"降诞、三日、一腊、两腊、四节次,拆产阁、三腊、满月二次,百晬、头晬"等,嫔妃仍有大量赏赐物品,受宠者所得更多,"此外特恩,临时取旨,不在此限",②除外还有大量的额外恩赏。

（二）生辰

宗室成员生辰赏赐有明确的法令条文,亲王赐袭衣、彩帛 100 匹、金器100 两、马 2 匹、金镀银鞍勒 1 副。宗室女也有生辰赏赐,如宋神宗元丰六年(1083 年),以普宁郡主赵氏为"吴王元俨女,皇家尊亲"故,生辰赏赐加银 50 两。③ 个别外戚待遇极高,如宋神宗一向敬重外戚曹佾,诞日"赉予如宰相、亲王",④所赐物品与宰相、亲王相同。

（三）嫁娶

宋朝每年赏赐宗室戚里大量钱物,充作婚嫁之资。宋真宗大中祥符九年(1016 年),因宗室戚里嫁娶费用太高,动辄过万贯,甚而有耗尽大半家产者,入内内侍省受命审订群臣与诸宫院婚聘财物之数,"多所差减",⑤并赐金帛作为婚嫁费用的补充。

宋哲宗元祐以前,"宗室娶妻财费,缌麻二千二百五十千,袒免二百五十千;再娶,缌麻七分,袒免全支"。⑥ 缌麻亲娶妻赐 2250 贯,袒免亲赐 250贯,两者相差近 10 倍,若宗室再婚,缌麻亲比头婚少赐十分之三的钱物,袒免亲则全支,大致是由于前者头婚所赐钱物远高于后者的缘故。离婚的宗室成员追缴赏赐物品,"给还嫁资",⑦同时规定不赐再娶者。

宗女出嫁也有赏赐:"宗女适人,亦有恩数",⑧尤其是贵为公主者,前后所赐不下数十万贯,驸马都尉受赐玉带、袭衣、银鞍勒马、采罗 100 匹,谓之"系亲",另有办财银 1 万两,甲第 1 区,⑨赐第颇具规模。建隆元年(960年),宋太祖的胞妹、秦国大长公主再嫁忠武军节度使高怀德,赐第兴宁坊;⑩宋真宗咸平五年(1002 年),扬国大长公主下嫁左卫将军柴宗庆,赐第

① （宋）李焘:《续资治通鉴长编》卷 189,嘉祐四年五月戊午,第 4566—4567 页。
② （宋）周密:《武林旧事》卷 8《宫中诞育仪例略》,第 131 页。
③ （宋）李焘:《续资治通鉴长编》卷 334,元丰六年四月壬戌,第 8050 页。
④ （元）脱脱等:《宋史》卷 464《曹佾传》,第 13573 页。
⑤ （宋）李焘:《续资治通鉴长编》卷 86,大中祥符九年四月辛丑,第 1983 页。
⑥ （宋）李焘:《续资治通鉴长编》卷 437,元祐五年正月甲申,第 10526 页。
⑦ （元）脱脱等:《宋史》卷 115《礼志十八》,第 2739 页。
⑧ （元）脱脱等:《宋史》卷 244《宗室一·序》,第 8665 页。
⑨ （元）脱脱等:《宋史》卷 115《礼志十八》,第 2732 页。
⑩ （元）脱脱等:《宋史》卷 248《秦国大长公主传》,第 8771 页。

普宁坊；①宋孝宗淳熙十年（1183 年），皇孙女安康郡主下嫁，诏令临安府找寻闲置房屋，修葺后给赐。② 北宋公主赐第均遣八作工按图修筑，有"园林之胜"，多引金明池水，"其制度皆同"，③十分考究。如宋真宗大中祥符年间（1008—1016 年），万寿长公主下嫁左龙武将军李遵勖，赐第永宁里，"园池冠京城。嗜奇石，募人载送，有自千里至者。构堂引水，环以佳木，延一时名士大夫与宴乐"，④园林构思精巧，冠于京城，奇山奇水，佳木环绕，成为名士聚集之地。

公主出嫁当日，另有赐赍，高达 70 万缗，⑤足见婚礼的豪华与奢侈。这一制度延至南宋，宋理宗朝周、汉国公主下嫁，赐驸马玉带、靴、笏、鞍马及红罗 100 匹，银器、绢各 100 两匹，聘财银 1 万两。⑥ 宗室"诸亲递加赐赍"，其他宗室女的赐赍虽不如公主丰厚，但也足够操办一场像样的婚礼。如县主"系亲"赐金带，办财银 5000 两，宗室女特封郡君者，"又差降焉"，⑦所得要少一些。

（四）疾丧

身患疾病的宗室戚里，皇帝遣使慰问，或亲临府邸，并赐钱物以示友爱亲情。如开宝年间（968—976 年），皇弟、开封尹赵光义病危，宋太祖前后两次前往探视，赐袭衣、犀带、罗绮 500 匹、玉鞍勒马及龙凤毡褥。⑧ 元丰三年（1080 年）魏国大长公主病重，宋神宗前往探视，亲自喂食，并赐金帛6000 两匹。⑨ 宗室戚里过世，朝廷赙物，"宗室、公主、驸马都尉与其亲属薨卒，皆赙赠"。⑩ 宋神宗熙宁三年（1070 年）袒免亲赙赠法出台，具体规定如下：

> 男赴朝，钱绢各四十贯、疋；未赴朝，年十一岁已上，钱绢各二十贯、疋。女在室，年十一岁已上，钱绢各十五贯、疋；出适，钱绢各三十贯、

① （元）脱脱等：《宋史》卷 248《扬国大长公主传》，第 8773 页。
② （清）徐松辑：《宋会要辑稿·礼》62 之 81，第 1735 页。
③ （清）徐松辑：《宋会要辑稿·帝系》8 之 6，第 165 页。
④ （元）脱脱等：《宋史》卷 464《李遵勖传》，第 13568—13569 页。
⑤ （元）马端临：《文献通考》卷 24《国用考二》，第 704 页。
⑥ （宋）周密：《武林旧事》卷 2《公主下降》，第 25 页。
⑦ （元）脱脱等：《宋史》卷 115《礼志十八》，第 2732 页。
⑧ （宋）李焘：《续资治通鉴长编》卷 14，开宝六年正月戊辰，第 296 页；卷 17，开宝九年六月己亥，第 372—373 页。
⑨ （元）脱脱等：《宋史》卷 248《魏国大长公主传》，第 8779 页。
⑩ （清）徐松辑：《宋会要辑稿·礼》44 之 18，第 1441 页。

疋。所生母并妻钱绢各二十贯、疋。未赴朝，年十一岁已上，钱绢各十贯、疋。女在室，年十一岁已上，钱十贯、绢五疋；出适，钱绢各十五贯、疋。所生母并妻钱各十贯、绢五疋。已上女出家入道，并依出适例。①

依据宗室成员性别、年龄、婚姻等情况赙赠钱帛，最高为钱绢各 40 贯匹，最低为钱 10 贯、绢 5 匹，宗室成员的生母和妻子也可获得赙赠，出嫁女的赙赠法适用于出家的宗室女。

除常例赙赠外，身居高位的宗室、外戚大多还有特恩赙赠。如宋真宗景德年间（1004—1007 年），昭宪皇后父母迁葬，诏赐西京左藏库使杜彦遵银1000 两，钱绢各 500 贯匹，酒 80 瓶，羊 50 头，烛 200 条，茶 50 斤，湿香 5 斤等。② 宋神宗元丰三年（1080 年）蜀国长公主身亡，赙钱 5000 贯。③ 元丰六年（1083 年），诏迁葬濮安懿王夫人，赐濮国公赵宗晖银绢各 2000 两匹、钱3000 贯。④ 宋孝宗淳熙七年（1180 年）魏王赵恺身亡，朝廷除赙赠银绢各2500 两匹外，又参照大臣赙赠法，再赐布 200 匹，生白龙脑 1 斤，秉烛、常料烛各 50 条，法、糯酒各 50 瓶，面 50 石，羊 50 口等，⑤赙物十分丰厚。

（五）临幸

皇帝经常临幸宗室戚里的宅第，并厚赐钱物。如大中祥符元年（1008年），宋真宗临幸晋国、鲁国长公主府邸，赐银 1000 两，彩 2000 匹。⑥ 大中祥符八年（1015 年）七月和八月，宋真宗分别临幸相王赵元偓、端王赵元俨的新宫，并赐袭衣、金带、器币、缗钱等物，⑦"悉加常数"，⑧超出常例所赐。

（六）居住

宋朝修建专门住所，以供宗室成员聚居。北宋中期以后，宗室渐至增多，"并开邸第，散处都城"，居所狭窄，景祐二年（1035 年），宋仁宗令在玉清昭应宫故地上修盖潞王等宫院，命名睦亲宅，赐给宋太祖、太宗和九王之后居住，⑨自此宗室开始聚居。庆历七年（1047 年）"以秦王宗子蕃多"，诏

① （宋）李焘：《续资治通鉴长编》卷 210，熙宁三年五月庚子，第 5122—5123 页。
② （清）徐松辑：《宋会要辑稿·礼》44 之 14，第 1439 页。
③ （宋）李焘：《续资治通鉴长编》卷 304，元丰三年五月已卯，第 7408 页。
④ （清）徐松辑：《宋会要辑稿·礼》40 之 4，第 1372 页。
⑤ （清）徐松辑：《宋会要辑稿·礼》43 之 18，第 1425 页。
⑥ （清）徐松辑：《宋会要辑稿·礼》52 之 6，第 1556 页。
⑦ （宋）李焘：《续资治通鉴长编》卷 85，大中祥符八年七月丙寅，第 1941 页；八月辛丑，第1947 页。
⑧ （清）徐松辑：《宋会要辑稿·礼》52 之 7，第 1557 页。
⑨ （清）徐松辑：《宋会要辑稿·礼》62 之 37—38，第 1713 页。

令改建已故宰臣王钦若宅第,命名广亲宅,赐给秦王后代居住。① 随着人口繁衍,"子孙众多,而所居狭隘",宋英宗朝治平元年(1064 年),诏令在芳林园建睦亲、广亲北宅,徙赵宗旦等 7 位居住。芳林园为宋太宗潜邸之园,治平元年(1064 年)以后成为宗室聚居之地,"而其后有求徙者,又广宅而徙焉",②十分拥挤。元丰元年(1078 年),宗室赵克亶的赐第不得不挪至芳林园外围,朝廷令将作监在"系官地"盖屋,与广亲北宅连接起来,若无"系官地"则括民产。翌年将教骏营迁至他处,在故地上修建宅第。③ 宗室居第不断扩建,"秦王后曰广亲,英宗二王曰亲贤,神宗五王曰棣华,徽宗诸王曰蕃衍",④宋室南渡后宗子散居郡县,唯有近亲才聚居在一起。⑤

亲王迁居外第,惯例行赏,宋哲宗朝以后赐银、绢、钱各 5000 两匹贯。如元祐元年(1086 年),扬王赵颢、荆王赵頵迁居外第,受赐银绢各 5000 两匹,每年各添公使钱 5000 贯,"仍给见钱"。⑥ 元符元年(1098 年),申王赵佖、端王赵佶迁居外第,每年给公使钱 8000 贯,各赐银、绢、钱 5000 两匹贯,"其后莘王俣、简王似、永宁郡王臧出居外第,并用此例",⑦赐予同等数量的钱物。

外戚获赐宅第的也不在少数。宋仁宗朝多位外戚获赐宅第,如杨景宗"以外戚故至显官",宰相丁谓获罪后,位于敦教坊的宅第赐给杨景宗。⑧ 章懿皇太后弟、彰信军节度使李用和初无居所,借住惠宁坊官第,⑨一日病重,宋仁宗前来探视,"上以章懿太后不逮养,故褒宠外家,皆轶常等",赐居第。⑩ 嘉祐六年(1061 年),因昭宪太后"躬育祖宗,其后裔多流落民间",赐信陵坊第 1 区。⑪ 宋高宗朝因"念宣仁圣烈皇后保祐三朝,中遭诬诋,外家班秩无显者",为慰藉高氏一族,外戚高世则迁感德军节度使,赐第临安。⑫此类宅第的规格非常人可比,如绍兴三年(1133 年),"依钦圣宪肃皇后家

① (清)徐松辑:《宋会要辑稿·帝系》4 之 8,第 97 页。
② (清)徐松辑:《宋会要辑稿·帝系》4 之 15,第 100 页。
③ (清)徐松辑:《宋会要辑稿·帝系》5 之 1,第 112 页。
④ (宋)李心传撰,徐规点校:《建炎以来朝野杂记》甲集卷 2《睦亲宅》,第 78—79 页。
⑤ (明)黄淮、杨士奇:《历代名臣奏议》卷 77,张守奏,第 1057 页。
⑥ (宋)李焘:《续资治通鉴长编》卷 375,元祐元年四月己亥,第 9086 页。
⑦ (清)徐松辑:《宋会要辑稿·帝系》2 之 16,第 52 页。
⑧ (宋)李焘:《续资治通鉴长编》卷 176,至和元年正月壬申,第 4248 页。
⑨ (元)脱脱等:《宋史》卷 464《李用和传》,第 13565 页。
⑩ (宋)李焘:《续资治通鉴长编》卷 168,皇祐二年七月丙申,第 4049 页。
⑪ (宋)李焘:《续资治通鉴长编》卷 194,嘉祐六年七月戊子,第 4690 页。
⑫ (元)脱脱等:《宋史》卷 464《高世则传》,第 13579 页。

例"，赐昭慈圣献皇后家族宅邸 268 间，①皇后家族的赐第规模大抵如此。

（七）进封、授职等

宗室、外戚进封、授职，多有赐赍。如宗室节度使带同平章事者特赐金毬文方团带、佩鱼。② 宗室成员任职，常俸外每年多有额外赏赐。如宋太宗雍熙元年（984 年），诏以赵德恭为左武卫大将军，封安定郡侯，判济州；赵德隆为右武卫大将军，封长宁郡侯，判沂州（今山东临沂）；常俸外每年另赐钱3000 贯。③ 宋神宗熙宁十年（1077 年），诏令宗室袒免亲将军以下试换官，出官日特赐将军银绢各 100 两匹，正率 70 两匹，副率 50 两匹，殿直 30 两匹。④ 宋哲宗元祐七年（1092 年），皇后母、荣州刺史孟在妻王氏特封华原郡君，赐钱、银、绢各 1000 贯两匹。⑤ 宋孝宗朝庄文太子不治身亡后，同母弟赵恺加雄武、保宁军节度使，进封魏王，赐黄金 3000 两，银 1 万两。⑥

（八）庆典

宗室戚里是庆典赏赐的主要对象。宋仁宗庆历二年（1042 年）以前南郊大礼，担任亚献的皇子可获银绢各 3000 两匹，另加赐袭衣、金带、鞍勒马。⑦ 宋哲宗元祐年间（1086—1094 年），太皇太后母、韩越国太夫人李氏获赐圣节妆粉钱 200 贯文，冬节杂剧钱 200 贯文，南郊回赐生白绢 200 匹，银 400 两。⑧ 元祐二年（1087 年），宋哲宗以登基恩赐宗室戚里衣带、器币。⑨ 皇后、太后行册礼，后族多有赏赐，如宋光宗绍熙三年（1192 年），皇后受册，后族、干办御前忠佐军头引见司李孝纯乞依"绍兴十三年、乾道元年则例"赐田 30 顷，⑩这说明皇后受册，本家赐田已成惯例。宋度宗咸淳三年（1267 年），寿和太后两次受册，族兄弟谢奕实等 15 人、族侄谢在达等 47人、族侄孙谢镛等 14 人分别获赐银绢各 10 两匹，⑪受赐人数多达 76 人。

宋朝多方救济生活困顿的宗室。如宋哲宗绍圣元年（1094 年），宗室"袒免以外两世，祖、父俱亡而无官，虽有官而未厘务"以及家境贫困者，大

① （清）徐松辑：《宋会要辑稿·方域》4 之 24，第 7382 页。
② （元）脱脱等：《宋史》卷 153《舆服志五》，第 3566 页。
③ （元）脱脱等：《宋史》卷 244《魏悼王廷美传》，第 8671 页。
④ （清）徐松辑：《宋会要辑稿·帝系》4 之 30，第 108 页。
⑤ （宋）李焘：《续资治通鉴长编》卷 473，元祐七年五月辛卯，第 11284 页。
⑥ （元）脱脱等：《宋史》卷 246《魏王恺传》，第 8733 页。
⑦ （清）徐松辑：《宋会要辑稿·礼》25 之 1，第 955 页。
⑧ （宋）李焘：《续资治通鉴长编》卷 356，元丰八年五月丙申，第 8513 页。
⑨ （清）徐松辑：《宋会要辑稿·礼》62 之 48，第 1718 页。
⑩ （清）徐松辑：《宋会要辑稿·礼》62 之 83—84，第 1736 页。
⑪ （元）脱脱等：《宋史》卷 46《宁宗纪》，第 897 页。

宗正司及所在官司要"常切体访,保明闻奏,支破钱米"。10 口以下每月赐钱 12 贯、米 10 硕,并赐屋 5 间;7 口以下赐钱 10 贯、米 7 硕,屋 4 间;5 口以下赐钱 7 贯、米 5 硕,屋 3 间;3 口以下每口赐钱 2 贯、米 1 硕,屋 2 间。翌年改为每口按月支钱 2 贯、米 1 硕,12 口以下给屋 2 间。① 宋高宗建炎末,诏南班宗妇无子孙为官者赐"廪给有差",凡缌麻亲每年赐钱 8 贯,米 3 斛,帛 28 匹,绵 80 两,祖免亲钱、米各减三分之一,绢帛减半赐给。② 绍兴五年(1135 年)六月,因南班宗室"请给至薄,甚有贫窭者",宋高宗出内帑钱赐每人 200 贯。③ 同年十一月,因天寒地冻,又赐南班宗室绢 3600 匹、绵 1万两。④

二、赏赐标准的调整

除地位显赫的宗亲外,自北宋中期以后宗室整体待遇有所下降。宗室人口繁衍是待遇下降的主要原因。北宋初年宗室人数有限,对财政造成的压力尚不明显。随着人口繁衍,宗室人数倍增,"祖宗受命百年,皇族日以蕃衍",⑤至宋神宗朝"宗室之盛,未有过于此时者也",致使"禄廪之费多于百官,而子孙之众,宫室不能受。无亲疏之差,无贵贱之等。自生齿以上皆养于县官,长而爵之,嫁娶丧葬无不仰给于上。日引月长,未有知其所止者"。⑥ 宗室成员的俸禄总数已超过京城百官,熙宁元年(1068 年),京师百官月俸共支付 4 万余缗,宗室就达 7 万余缗,几乎超出京师百官的 1 倍,"其生日、婚嫁、丧葬及岁时补洗杂赐与四季衣不在焉",各项赏赐还不包括在内。宋神宗朝以前,宗室无论亲疏,赏赐并无区别:"皇族日加蕃衍,而亲疏之施,未有等衰"。随着人口繁衍,宗室成员与皇帝之间的血缘关系日益疏远,这种情况也要求朝廷适时根据亲疏关系调整待遇,"属有亲疏,则恩有隆杀"。⑦

财政紧张则是宋朝调整宗室待遇的根本原因。司马光曾上言:"臣尝

① (清)徐松辑:《宋会要辑稿·帝系》5 之 8—10,第 115—116 页。
② (宋)李心传:《建炎以来系年要录》卷 34,建炎四年六月己卯,第 325 册,第 508 页;(宋)李心传撰,徐规点校:《建炎以来朝野杂记》甲集卷 1《宗室赐予》,第 57—58 页。《建炎以来朝野杂记》记载所赐物品的数量有所不同,为岁给钱 96 贯,米 36 斛。
③ (宋)李心传:《建炎以来系年要录》卷 90,绍兴五年五月己酉,第 326 册,第 274 页。
④ (清)徐松辑:《宋会要辑稿·帝系》6 之 9,第 134 页。
⑤ (元)马端临:《文献通考》卷 259《帝系考十》,第 7060 页。
⑥ (宋)苏辙撰,高秀芳、陈宏天点校:《栾城集》卷 21《上皇帝书》,第 471 页。
⑦ (宋)杨仲良撰,李之亮校点:《皇宋通鉴长编纪事本末》卷 67《裁定宗室授官》,黑龙江人民出版社 2006 年版,第 1182、1183、1185 页。

闻耆旧之言,先朝公主在宫中,俸钱不过月五千,其余后宫,月给大抵仿此。非时未尝轻有赐予,赐予亦不甚丰。窃闻近日俸给赐予,比于先朝何啻数十倍矣。"①与北宋初年相比,赏赐高出几十倍,国家的财政状况却差强人意,故朝廷须采取必要措施,以缓解财政压力。

基于上述原因,自北宋中期始朝廷逐渐减少宫中用度。宝元二年(1039年),宋仁宗命近臣裁损冗费,令入内内侍省、御药院及内东门司减少宫廷开支;②庆历二年(1042年)皇后及宗室女郊赍各减"旧数之半",③不过因涉及人员有限,赏赐虽有所减损,仍于事无补。吕夷简为政期间,宗室开始补环卫官,"骤增廪给,其后费大而不可止",宗室费用骤然上升,不可遏制,韩琦为相,意图改革,却终究无果而终。④

宋神宗朝赋税收入虽大幅增长,但仍用度无节,王安石认为宗室之费是其中的重要原因,开始着力从政治地位、经济待遇两方面"裁减宗室恩数",全面调整宗室待遇问题,陆续减少后妃、公主的推恩赏赐。熙宁元年(1068年)制定宗室戚里支赐法,主要目的之一就在于"其间颇有过当及不均一,欲量行裁减",统一赏赐标准,以防过多过当。熙宁三年(1070年)诏令皇族祖免亲罢补环卫官,非祖免亲以下不再赐名授官,只能应举为官,祖免男南郊赏给"依外官例"。⑤ 依据与皇帝的亲疏关系给予宗室女妆奁,"以昭穆益疏,乃给奁具",祖宗元孙女赐钱500贯,五世赐350贯,六世赐300贯,七世赐250贯,八世赐150贯。⑥ 对宗室成员的要求趋于严苛,如熙宁元年(1068年),大将军赵叔瀚、赵检之及将军赵克猛7人未赴太庙陪位,诏令各罚3个月俸禄,并停发郊赍。⑦ 改革使得一部分宗子远离优裕生活,激起强烈反对,甚至"相率诉(王安石)马前",⑧要求恢复往日待遇。宋哲宗朝继续减少宗室支赐,元祐元年(1086年)规定宗室缌麻亲再娶支赐三分之一,祖免亲不再支赐。⑨ 苏辙等奉命裁减冗费,"上自宗室贵近,下至官曹胥吏,旁及宫室械器,凡无益过多之用,皆得量事裁减",⑩削减不必要的开支。

① (宋)李焘:《续资治通鉴长编》卷196,嘉祐七年五月丁未,第4757页。

② (元)脱脱等:《宋史》卷179《食货志下一》,第4351页。

③ (清)徐松辑:《宋会要辑稿·帝系》4之6,第96页。

④ (宋)杨仲良撰,李之亮校点:《皇宋通鉴长编纪事本末》卷67《裁定宗室授官》,第1185页。

⑤ (清)徐松辑:《宋会要辑稿·礼》62之42、43,第1715、1716页。

⑥ (宋)李心传撰,徐规点校:《建炎以来朝野杂记》甲集卷1《宗女奁具》,第57页。

⑦ (清)徐松辑:《宋会要辑稿·帝系》4之18,第102页。

⑧ (宋)周密撰,赵茂鹏点校:《齐东野语》卷8《宗子请给》,第143页。

⑨ (宋)李焘:《续资治通鉴长编》卷437,元祐五年正月甲申,第10526页。

⑩ (宋)苏辙撰,高秀芳、陈宏天点校:《栾城集》卷42《再论裁损浮费札子》,第931页。

　　自宋神宗朝以来的改革颇见成效,宗室的某些特权已然消失。不过,长期享有优裕生活的宗室一旦失去庇护,其生存能力可想而知,这一问题在当时尚不突出,袒免亲虽不再赐名授官,但仍令"量试艺业,即推恩数",难度远不及应进士举,年长累试不中者还可享受特与推恩、量材录用的优待,故录用之人相对较多。至于那些"世数稍远,及贫无依者",朝廷又赐田加以抚恤,故宋神宗朝宗室待遇虽大幅下降,生活尚不成问题。宋哲宗元祐年间(1086—1094年)废除量试法,推行进士科举之制,中举之人大为减少,而"赐田之令,徒为虚文",遂致"宗室不能自给",为官者既少,又没有一技之长,家无余财,生计无着的宗室逐渐增多,致使"宗女之未嫁者,亦千五百有奇",甚至"有贫困失所者"。宗室女因嫁资大减,家境困窘,连嫁妆都置办不起,婚姻失期者多达1500余人。有些宗室成员完全没有生存能力,以致狼狈到流离失所的地步。宋徽宗朝对宗室的待遇略有恢复,规定宗室仍依熙宁诏书赐田,各置宗室官庄,每年量入为出,宗室女"量给嫁资",并制定法令,支赐嫁娶丧葬之费。① 恢复部分赏赐项目,尤其是婚丧嫁娶之费,以帮助宗室成员解决生活困难。

　　南宋自军兴以来,财政匮乏,"俸给米麦,虽宗室亦减半支给",②所得俸给减半发放,而各项赐予"以军兴财匮,罢之",③婚丧嫁娶之费一并取消,致使生活拮据的宗室无力操办丧事。宋高宗绍兴四年(1134年),宁远军承宣使、安定郡王赵令畤身亡,因家境贫寒,无力下葬,户部赐银绢100两匹。④绍兴七年(1137年)冬诏令赐给祖宗元孙的嫁妆减去五分之一,六世、八世减三分之一,五世、七世减七分之二,再嫁者减半。实际上嫁资多不能按数支赐,⑤一些宗室女置办妆奁困难,婚姻失期,甚至有年逾四十还待嫁闺中的。绍兴三十二年(1162年)赵子游知南外宗正事,宗室女嫁资开始由福建路转运司采办,以经总制钱拨充,⑥将嫁资交由地方办理,并明确规定了费用来源。南宋宗室所受赏赐虽有所恢复,但整体待遇不及北宋。绍兴三十一年(1161年),户部以南班宗室"生日支赐等,并行全给,蠹耗国用"为由,请求减半,宋高宗却以为:"所赐无几,若减其半,恐宗室无以自赡,姑仍旧

---

①　(宋)李攸:《宋朝事实》卷8《玉牒》,第128—129页。

②　(宋)庄绰撰,萧鲁阳点校:《鸡肋编》卷中《绍兴初财用窘匮一斑》,第46页。

③　(宋)李心传撰,徐规点校:《建炎以来朝野杂记》甲集卷1《宗室赐予》,第56页。

④　(宋)李心传:《建炎以来系年要录》卷80,绍兴四年九月壬子,第326册,第115页。

⑤　(宋)李心传撰,徐规点校:《建炎以来朝野杂记》甲集卷1《宗女奁具》,第57页。

⑥　(宋)李心传:《建炎以来系年要录》卷198,绍兴三十二年闰二月戊子,第327册,第838—839页。

可也"，①这说明南宋宗室生辰礼物相当微薄。

第三节　归明、归正人

史学界对归明、归正人的概念一直存有歧义。② 两宋"归明"、"归正"有时似概念分明，有时又常加以混用，北宋多将归顺之人称为归明人，南宋则在较长时间里并没有明确区分"归明"、"归正"人。宋朝对归明、归正人的政策和态度基本受政治、军事形势的左右，接纳能力也是影响因素之一。北宋至南宋初年，为与辽、西夏、金政权相抗衡，宋廷采取一系列优惠政策，鼓励和吸引北人归顺，宋室南渡后，对归明、归正人继续采取支持、鼓励政策，绍兴和议后受局势和财力的双重影响，宋朝对归明、归正人的态度摇摆不定，开始拒绝接纳并强行遣返归顺之人。不过一旦战争重启，宋廷则再次以优厚待遇招徕归明、归正人，显示了在这一问题上的现实考虑。

一、主要赏赐物品

两宋对归明、归正人的赏赐情况详见附录五，赏赐物品主要有以下几种。

（一）钱绢等物

宋朝对归明、归正人多赐以银、绢、钱及袍带等物。咸平三年（1000年），契丹应州（今山西应县）节度使萧辖剌肯头、侄子招鹘、虫哥、判官吴拾得归顺，宋真宗赐姓名、授予官职，并赐冠带、银、绢、钱、马等物。③ 宋仁宗庆历元年（1041 年），以契丹归明人赵英为洪州（今江西南昌）观察推官，赐绯衣、银带及缗钱 50 贯。④ 庆历五年（1045 年），任命契丹归明人安忠信、李文吉为三班奉职、淮南监当，分别赐银 300 两、100 两。⑤ 西夏人伯德率众

---

① （宋）李心传：《建炎以来系年要录》卷 191，绍兴三十一年七月丙子，第 327 册，第 722 页。

② 龚延明的《宋代官制辞典》（中华书局 1997 年版，第 668 页）认为归明人是指脱离少数民族政权投归宋朝的非汉族人，而归正人则指原本为中原汉人，陷于辽、西夏或金，成为少数民族国家的臣民，后又返回宋王朝者。黄宽重的《略论南宋时代的归正人》（《南宋史研究集》，新文丰出版公司 1985 年版，第 186 页）认为两者常加以混用；张文在《宋朝社会救济研究》（西南师范大学出版社 2001 年版，第 321 页）中对两种身份的人物来源进行了梳理和考证，认为"归明人"在北宋多指西南、西北少数民族，也包括部分北方汉人；南宋时期多指北方及东北的契丹、渤海、奚、霫等少数民族。"归正人"的提法始于南宋，本指从中原来归的汉人百姓，绍兴三十二年以后，由于不断有"归明人"转入，故也包含了一部分少数民族在内。

③ （清）徐松辑：《宋会要辑稿·蕃夷》1 之 24，第 7684 页。

④ （宋）李焘：《续资治通鉴长编》卷 133，庆历元年八月乙未，第 3169 页。

⑤ （宋）李焘：《续资治通鉴长编》卷 157，庆历五年十月戊辰，第 3804 页。

归附,诏授供备库副使、本族巡检,赐银绢 300 两匹。①

　　宋哲宗朝对归明人的安置趋于规范化、制度化,对有官之人依据在原政权担任职务高下分为不同等级,根据等级授予官职和钱物:第一等授正任刺史,赐银、绢、钱各 3000 两匹贯;第二等授诸司使带遥郡刺史,赐银、绢、钱各 2000 两匹贯;第三等授诸司副使,赐银、绢、钱各 1000 两匹贯;第四等授内殿崇班,赐银、绢、钱各 500 两匹贯;第五等授左侍禁,赐银、绢、钱各 200 两匹贯,一并赏赐锦袍,刺史赐金带,诸司使以下赐镀金带。② 归明人若在原政权担任大使之类,则多授予内殿崇班,如元符二年(1099 年)西夏首领叶石悖七归顺朝廷,鄜延路经略使吕惠卿上奏"检准敕榜,伪大使之类,与崇班,仍赐银、绢(疑漏'钱'字)各五百",认为叶石悖七在西夏"官与伪大使一般",因此"依伪大使之类,先次支给银绢钱各五百讫"。③ 可知除授内殿崇班的归明人获赐银、绢、缗钱各 500 两匹贯。

　　为鼓励更多北人归顺,宋廷常超标推赏。如元符元年(1098 年),西蕃大首领李讹啰率 2700 余人,携牛、马、羊、驼 4500 余口归顺。因李讹啰"系蕃中老将,习练边事,素多智计",归顺可使"西贼困敝,上下离心",宋廷大加优赏,诏李讹啰除授宥州刺史、充环庆沿边兼横山至宥州一带蕃部都巡检使,赐金带,及赐钱 4000 贯,银绢各 3000 两匹,"优以恩意抚存待遇,无令一行上下部族小有失所"。同时令陕西、河东逐路经略司"乘此事机,具李讹啰投汉事状及朝廷待遇存恤次第,多方传达信息",招诱更多部族归顺。④宣和四年(1122 年),郭药师率部 8000 人归顺,诏为恩州观察使,赐甲第、姬妾,宋徽宗还解珠袍赐给郭药师,⑤礼遇甚厚。

　　南宋归明人李显忠获赐物品极多。李显忠战绩平平,且"计夺于声,惧形于色",⑥口碑不好,却身居高位。李显忠官复防御使后任观察使、浙东副总管,朝廷赐银绢各 3 万两匹,绵 1 万两,并赐第京师。李显忠提举兴国宫,居绍兴府,朝廷每年赐米 2000 石。淳熙四年(1177 年),李显忠赴行在,宋孝宗赐其黄金、宅第。⑦ 宋廷多次赐田给李显忠,先后受赐达 13300 多亩,并两次"免纳十料租税"。⑧

① (宋)李焘:《续资治通鉴长编》卷 351,元丰八年正月己未,第 8405—8406 页。
② (宋)李焘:《续资治通鉴长编》卷 514,元符二年八月丁酉,第 12231 页。
③ (宋)李焘:《续资治通鉴长编》卷 511,元符二年六月甲戌,第 12154—12155 页。
④ (宋)李焘:《续资治通鉴长编》卷 495,元符元年三月庚申,第 11784—11785 页。
⑤ (元)脱脱等:《宋史》卷 472《郭药师传》,第 13737—13738 页。
⑥ (宋)李心传:《建炎以来系年要录》卷 136,绍兴十年六月辛酉,第 326 册,第 823 页。
⑦ (元)脱脱等:《宋史》卷 367《李显忠传》,第 11433 页。
⑧ (清)徐松辑:《宋会要辑稿·食货》61 之 49、70 之 65,第 5898、6403 页。

　　归明、归正人赙赠享有优惠政策。受战争影响,宋高宗建炎三年(1129年)停支赙赠。① 宋孝宗淳熙元年(1174年)部分恢复归正人赙赠法,大使臣以上赙钱50贯,小使臣以下赙钱30贯,近亲减半,家境贫寒的文臣照此标准赐赙。淳熙三年(1176年),考虑到归正人"东南别无业",家境贫困者居多,无力下葬,朝廷支拨钱物"使其营办葬事及优恤其家",②拨赐物品助葬。地位较高的归明人及亲属赙赠丰厚,宋高宗绍兴三十二年(1162年),契丹归明人萧中一遇害,特赠常德军节度使,赐钱2000缗。③ 检校少保、威塞军节度使萧琦归朝,萧母留在辽朝,于隆兴元年(1163年)病故,宋孝宗特赐银绢500两匹及设斋钱2000贯。④ 乾道六年(1170年),诏成都府安抚司拨赐钱2000贯给归明人、故陇右郡王赵怀德家人。⑤ 宋宁宗嘉定十七年(1224年),归正人、淮南东路马步军副总管康日磾身亡,特赠保静军承宣使,赙钱2000贯,"以示国家愍忠不忘之意",⑥以身后赐赙的方式褒奖归明、归正人。

　　(二) 土地

　　拨赐土地是宋廷安置归明、归正人的有效手段。两宋时期朝廷赐给归明、归正大量土地,附录三统计了南宋初年赐田的大致情况,其中归正人、归明人受赐达10人次,占总人次的27%。

　　自北宋初年始,朝廷针对归明、归正人陆续出台了一系列土地赏赐法令。如宋太宗雍熙三年(986年),诏赐契丹归明人闲田,"便为永业",⑦将土地所有权转让给归明人,给予减免赋税的优待。因国家掌握的土地日趋减少,宋神宗朝开始根据具体情况调整政策。如熙宁元年(1068年),诏令归明人子孙"叙祖父乞恩泽者,不以生长去处",不论归明人出生、搬迁的地点,祖、父辈担任文武升朝官以上给田3顷,宽乡5顷;祖、父辈担任升朝官以下给田2顷,宽乡3顷,已受赐者不再支拨。⑧ 鼓励归明人由狭乡迁往宽乡,以减轻土地分配的压力。宋徽宗政和元年(1111年),诏令转运司勘验"从初归汉,口眷众多而身分别无请给,所赐土田数少、养赡未得周足者",认真核查,情况属实后再拨赐土地。若归明人不愿耕种,"令佐当面取诣实

---

①　(清)徐松辑:《宋会要辑稿·礼》44之28,第1446页。

②　(清)徐松辑:《宋会要辑稿·兵》16之6,第7031页。

③　(清)徐松辑:《宋会要辑稿·兵》17之27—28,第7051页。

④　(清)徐松辑:《宋会要辑稿·礼》44之23,第1443页。

⑤　(清)徐松辑:《宋会要辑稿·兵》17之30,第7052页。

⑥　(清)徐松辑:《宋会要辑稿·兵》16之18,第7037页。

⑦　(清)徐松辑:《宋会要辑稿·兵》17之1,第7038页。

⑧　(清)徐松辑:《宋会要辑稿·兵》17之2,第7038页。

状,许召有物力户立定租课承佃",收成后将租课送至官府,当面给付,"以防猾吏侵渔",再次严禁州县人吏"不得巧作名目,移转租佃归明人田土"。① 这些政策法令保护了归明人的权益。

南宋初年荒田较多,赐田数量有所增加。宋孝宗乾道八年(1172 年)六月,安丰军寿春(今安徽寿县)、安丰(今安徽寿县南、安丰塘北)等县闲田共 187 余顷赐给 217 户归正人,通免租税 10 年;同年八月,归正人中未置业者每户给田 50 亩。② 淳熙四年(1177 年),诏令拨赐归正官子孙土地、房屋;③淳熙六年(1179 年),拨赐襄阳归正、忠义人土地。宋廷还鼓励归正人向官府请田。乾道五年(1169 年)在官府的劝谕下,归正人王琼等 394 人自愿请耕楚州界宝应县孝义村、山阳县(今江苏淮安)大溪村等地水陆闲田,每名赐田 1 顷,每家赐草屋 2 间,牛草屋 1 间,"自后更有归正愿请田人,欲乞并依今措置施行",④规定请田之人照此办理。

归明人的赐田多享有减免赋税的优待。如宋太宗雍熙三年(986 年)拨赐契丹归明人土地,并免除租役。⑤ 宋真宗景德年间(1004—1007 年),夏州(今陕西靖边东北)刘严率两千余人来归,朝廷赐给闲田,租赋只输三分之一。⑥ 有的则在若干年后起征,宋高宗绍兴五年(1135 年),淮北归附民所赐闲田开垦后可免税役 5 年,若尚未开垦则"更与宽展年限",⑦这是对归附人口较为常见的征税方法。

除钱帛、土地外,宅第也是宋朝安抚归明、归正人的赏赐物品。宋朝曾出台过归明人田宅赏赐法,⑧宋孝宗淳熙四年(1177 年)诏令赐归正官子孙田宅。⑨ 淳熙九年(1182 年),归明人、龙神卫四厢都指挥使耶律适哩在平江府获赐宅第 1 区;⑩归明人、左金吾卫上将军李显忠曾先后两次在京师获赐宅第。⑪

① (清)徐松辑:《宋会要辑稿·兵》17 之 8,第 7041 页。
② (清)徐松辑:《宋会要辑稿·兵》15 之 23,第 7028 页。
③ (元)脱脱等:《宋史》卷 35《孝宗纪三》,第 670 页。
④ (清)徐松辑:《宋会要辑稿·兵》15 之 19,第 7026 页。
⑤ (清)徐松辑:《宋会要辑稿·兵》17 之 1,第 7038 页。
⑥ (宋)李焘:《续资治通鉴长编》卷 65,景德四年六月庚申,第 1465 页。
⑦ (清)徐松辑:《宋会要辑稿·兵》15 之 5,第 7019 页。
⑧ (宋)谢深甫撰,戴建国点校:《庆元条法事类》卷 78《归明恩赐》,第 855 页。
⑨ (元)脱脱等:《宋史》卷 34《孝宗纪二》,第 663 页。
⑩ (清)徐松辑:《宋会要辑稿·礼》62 之 80,第 1734 页。
⑪ (元)脱脱等:《宋史》卷 367《李显忠传》,第 11433 页。

二、产生的社会效应

宋朝对归明、归正人的各项安置措施有利于社会安定、经济发展和国防建设。

（一）促进土地的开发利用，增加国家的财政收入

两宋时期不少归明、归正人举族前来。如宋真宗咸平元年（998年），契丹于越王下五寨监使马守玉和雕翎寨使王知遇等175人"挈族来归"，朝廷"给田处之"，①为他们提供安身立命之所，"欲化外之人有业可归"，②解除其后顾之忧。归顺人多携族而来，而缘边地区空闲之地相对较多，便于安置。宋仁宗朝环庆路归顺蕃部"给以缘边闲田，编于属户"，③将归顺人编入当地户籍，拨赐闲田，承担赋役，还可增加国家的财政收入。

归顺人口不仅开辟了边区的荒芜之地，对内地的农业生产也起到了一定的促进作用。宋朝将归顺人迁居内地主要是出于防范的目的。宋真宗咸平元年（998年）浊轮砦失守，归顺的勒厥麻等3族1500帐分别被安置在边境。边臣屡次上言"勒厥麻往来贼中，恐复叛去"，担忧生变，朝廷又将勒厥麻等族徙至宪州楼烦县（今山西娄烦），"给以闲田"，并赐金帛抚慰。④宋仁宗朝环庆路归顺蕃部较多，本安置在缘边地区，但因恐"贼马奔冲，内应为患"，故欲将他们迁至内地，"给旷土使就生业"，⑤以防后患。

在这种思想的主导下，大量归顺人口迁至内地。如宋太宗雍熙三年（986年）诏："北界归明人先令分处并、代。今遣枢密都承旨杨守一迁于西京许州，给闲田处之"。⑥涉及人口众多："凡八千二百三十六户，七万八千二百六十二口，及牛羊驰马四十余万头"，近八万归明人由山西迁往河南府、许州、汝州等地。⑦许州等地属京西路，而京西路在北宋前期尚有大片闲置土地，大批人口及牲畜的迁入使荒芜之地得以开发和利用。南宋初年出现不少荒田，宋孝宗乾道八年（1172年）京西招集归正人"授田如两淮"，⑧这有利于恢复和发展因战乱而凋敝的农业生产。

---

① （清）徐松辑：《宋会要辑稿·蕃夷》1之23，第7684页。
② （清）徐松辑：《宋会要辑稿·兵》17之3，第7039页。
③ （宋）李焘：《续资治通鉴长编》卷132，庆历元年五月甲戌，第3134页。
④ （元）脱脱等：《宋史》卷491《党项传》，第14144页。
⑤ （宋）李焘：《续资治通鉴长编》卷132，庆历元年五月甲戌，第3134页。
⑥ （清）徐松辑：《宋会要辑稿·兵》17之1，第7038页。
⑦ （宋）李焘：《续资治通鉴长编》卷27，雍熙三年七月壬午，第620页。
⑧ （元）脱脱等：《宋史》卷34《孝宗纪二》，第654页。

（二）利于边境稳定,吸引归顺人口

将归顺人安置在边关还可起到藩篱、屏障的作用:"国朝置蕃官,必于沿边控扼之地,赐以土田,使自营处".① 景德元年(1004年)拨黄太尉率三百余帐投顺,朝廷厚赐茶、彩,"给公田,依险居之".② 对此类人群多加抚恤,也有增强抵御外敌力量之意。宋真宗曾谈及对夏州归附人口的优抚措施:"边防优恤此辈,比调兵遣戍,即费省而功倍也",③既可节省开支,又可达到事半功倍的效果。宋神宗朝开始在河湟地区修筑堡寨,"招抚小大蕃族三十余万帐,各已降附".④ 宋哲宗元符年间(1098—1100年)一改消极退缩的妥协政策,积极开疆拓土,"既而环庆、鄜延、河东、熙河皆相继筑城".⑤ 归顺之人"源源不绝",而这些缘边城堡又多"川原广阔,土脉饶沃",宋朝将大量的归顺蕃部集中安置在这里。宋哲宗元符二年(1099年)构筑定边城,归顺之人"就本城管下,摽拨田土,使之耕种",⑥集中分配土地,不再散居各寨,这种做法不仅有利于国防安全,而且也便于边区政府实行有效管理。

朝廷对归明、归正人的厚遇甚至招致朝臣不满,南宋大臣进言:"归正忠顺,过于优渥,而遇战士反轻",⑦对归正人享受的特殊待遇颇有微词。各种优厚条件吸引归顺人口陆续前来,宋室南渡后北人大量南迁,"淮北兵归正者不绝,今岁合肥度可得四五万众",⑧仅此一地就有四五万人。归顺人口的大量投诚可分化和瓦解敌对势力,达到宣扬国威的政治目的,进一步巩固新生政权。

第四节　忠　义　之　士

受社会历史条件的制约,传统的"忠"、"孝"、"仁"、"义"、"礼"、"信"等道德规范在宋代仍占据着统治地位,是社会最基本的道德规范。⑨ 宋朝对义夫、节妇、孝子、贤孙多有表彰和奖励,如《天圣令》曾规定,"诸孝子、顺

---

① （宋）李焘:《续资治通鉴长编》卷384,元祐元年八月丁亥,第9349页。
② （元）脱脱等:《宋史》卷491《党项传》,第14146页。
③ （宋）李焘:《续资治通鉴长编》卷65,景德四年六月庚申,第1465页。
④ （宋）李焘:《续资治通鉴长编》卷247,熙宁六年十月辛巳,第6023页。
⑤ （元）脱脱等:《宋史》卷328《章楶传》,第10590页。
⑥ （宋）李焘:《续资治通鉴长编》卷509,元符二年四月丁酉,第12125—12126页。
⑦ （元）脱脱等:《宋史》卷406《陈居仁传》,第12272页。
⑧ （宋）李心传:《建炎以来系年要录》卷118,绍兴八年二月戊午,第326册,第597页。
⑨ 姚瀛艇:《宋代文化史》,河南大学出版社1992年版,第297页。

孙、义夫、节妇,志行闻于乡间闾者,具状以闻,表其门闾,同籍悉免色役",精诚者则"别加优赏"。① 宋英宗治平三年(1066年)诏:"应天下义夫、节妇、孝子、顺孙,事状灼然,为众所推者,委逐处长吏按验闻奏,当与旌表门闾"。宋徽宗宣和七年(1125年)在南郊制中强调:"应天下义夫、节妇、孝子、顺孙,委所在长史常加存恤,事状显著者具名奏闻",②要求地方官员对各地忠义之士、贞女烈妇、孝子贤孙等多加抚慰,并上报事迹突出者,采取授爵、录子孙为官、赐粟帛以及免除租税等多种奖励方式。

一、"忠"内涵的变化及对忠臣的奖励

"忠"为儒家重要的道德规范,经过历朝历代的提倡和宣扬,践行儒家这一最高道德准则的忠义之士备受推崇。由于时代条件以及人们对"忠"认知程度不同等原因,"忠"的内涵有所变化。宋代"忠"的规范概念有所修正,并随着条件变化内涵不断扩展。

(一)"忠"内涵的变化

"忠"是中国古代社会的传统道德伦理范畴,是国家政治生活秩序的根本伦理。唐末五代以来"礼乐崩坏,三纲五常之道绝",③北宋初年统治者力图重建伦理纲常,经过数十年的努力朝纲得以重振。宋朝"忠"的内涵发生了较大变化,开始由单纯地忠于国君,扩展为忠于国家、忠于社稷。在时代环境的刺激下,宋代士大夫"讲求气节,严夷夏之防,民族意识与中国本位文化愈形强烈"。④ 在国家面临存亡之际,"忠"成为社会道德规范中最主要的内涵。爱国和保持民族气节就是为国尽忠,得到朝廷的大力提倡和官僚士大夫的极力推崇。

(二) 对忠臣的表彰与奖励

五代以来政权更迭频繁,不唯将帅动辄叛上,士大夫也缺乏廉耻之心,士风沉沦,将名节观抛之脑后,"士大夫忠义之气,至于五季,变化殆尽",⑤故北宋初年面临着重建名节观的任务,树立典范,表彰和奖励忠臣是宋朝忠义教育的需求。"忠"的内涵丰富,表现方式也各异,如忠于君主、忠于职守、忠于国家等。不过在统治者看来,三者并无分别。为行文方便,本书仍

① (宋)佚名撰,天一阁博物馆等校证:《天一阁藏明钞本天圣令校证》卷22《赋(役)令》,第50页。
② (清)徐松辑:《宋会要辑稿·礼》61之3、8,第1688、1691页。
③ (宋)欧阳修:《新五代史》卷17《晋家人传第五》,中华书局1997年版,第188页。
④ 黄宽重:《南宋时代抗金的义军》,联经出版事业公司1988年版,第12页。
⑤ (元)脱脱等:《宋史》卷446《忠义传一·序》,第13149页。

将宋朝着力表彰和奖励的忠臣分成以下几类。

1. 忠于君主

唐末五代以来儒家传统的忠节观遭到前所未有的冲击,"宋之初兴,范质、王溥,犹有余憾,况其他哉",北宋初年具有忠君思想的士人并不多见。宋太祖着意发现和褒奖忠君之臣,重构忠节观:"艺祖首褒韩通,次表卫融,足示意向"。① 北宋征讨李筠,北汉遣宰相卫融出兵相助,卫融兵败被捉,宋太祖恨其助纣为虐,派人羞辱和折磨他,卫融却不曾屈服,这种忠义之气在北宋初年的官员身上极为少见,宋太祖在赞叹之余,赐卫融袭衣、金带、鞍马,后又赐第京师。② 被誉为"忠臣"的殿前都指挥使杨信深受太祖信任,乾德四年(966年)忽染哑疾,宋太祖临幸宅邸,赐钱2000贯。杨信离世前,宋太祖再次亲往探视,"锡赍有差"。③ 南宋偏安一隅,前有亡国之恨,后有金兵追击,急需志士仁人。使节、徽猷阁待制洪皓长期滞留金国,绍兴十二年(1142年)宋廷再次遣使,其时洪皓已被扣留14年,宋高宗"念洪皓之忠",命副使邢孝扬赐其金帛;④翌年洪皓终于归国,宋高宗即日引见,称赞洪皓"卿志不忘君,虽苏武不能过",赐黄金300两、帛500匹、鞍马,以及"象齿、香绵、酒茗甚众"。⑤

2. 忠于职守

忠于职守在宋代被认为是忠于国君、忠于国家的表现之一。如北宋初年官员田锡生性耿直,曾多次上言指摘时弊,"朝廷政事少有阙失,方在议论,而锡章疏已至矣"。⑥ 身前身后多次受到朝廷褒奖,"必有以激奖之",并惠及亲属。宋太宗太平兴国六年(981年),时任河北南路转运副使的田锡直言上谏,获赐钱500贯。⑦ 咸平六年(1003年),右谏议大夫、史馆修撰田锡病逝,宋真宗以其"不顾其身,惟国家是忧",赠工部侍郎,赙赠加等,相关部门"录其事布告天下"。其后田锡妻亡,诏二子"不绝廪给",俸禄照发。⑧

① (元)脱脱等:《宋史》卷446《忠义传一·序》,第13149页。
② (宋)司马光撰,邓广铭、张希清点校:《涑水记闻》卷1《卫融被俘》,第14—15页;(宋)江少虞:《宋朝事实类苑》卷53《忠孝节义》,上海古籍出版社1981年版,第699页。
③ (元)脱脱等:《宋史》卷260《杨信传》,第9016—9017页。
④ (宋)李心传:《建炎以来系年要录》卷146,绍兴十二年八月乙亥,第327册,第40页。
⑤ (宋)李心传:《建炎以来系年要录》卷149,绍兴十三年八月戊戌,第327册,第86页。
⑥ (宋)朱弁撰,孔凡礼点校:《曲洧旧闻》卷7《定陵赞田锡敢言》,中华书局2002年版,第182页。
⑦ (宋)李焘:《续资治通鉴长编》卷22,太平兴国六年九月壬寅,第498页。
⑧ (宋)李焘:《续资治通鉴长编》卷55,咸平六年十二月辛未,第1220页。

宋仁宗明道二年(1033年),工部员外郎曹修古素有风骨,不畏权贵,敢于直言,"鲠直有风节,当庄献时,权幸用事,人人顾望畏忌,而修古遇事辄言,无所回挠"。曹修古为官一任,两袖清风,家无余财,身故后家人无力操办丧事,而曹女颇有气节,谢绝他人捐赠。宋仁宗耳闻后颇为感慨,"思修古忠",除优赠外赙钱200贯。① 熙宁六年(1073年),天章阁待制、权三司使薛向悉心开边,迎难而上,解决了不少棘手问题,"洮、河辟土,其费不赀,向悉力营办,人以为难",迁龙图阁直学士,获赐银绢各300两匹,"当慰忠怀"。② 熙宁八年(1075年),权监察御史里行蔡承禧因"数言事,人多危之,上独称其忠",受赐绯服,宋神宗还面谕蔡承禧:"聊以旌卿谠言耳"。③ 蔡承禧屡次上书言事,宋神宗并未加以责难,反而认为蔡承禧忠于职守,其心可鉴。建炎年间(1127—1130年),荆湖北路安抚使、知潭州(今湖南长沙)勾涛上书,论时政之弊,宋高宗"叹其忠直",赐缯彩、茶药。④ 宋理宗朝沅州教授徐霖不畏权贵,直言当朝宰相史嵩之"奸深之状"。徐霖过世后,宋度宗赐祭田100亩,"以旌直臣",⑤以身后优容的方式旌赏直言善谏之臣。

3. 为国献身

此类忠臣又可分为两类,一是国内战争中的遇难者,二是民族战争中的烈士。

国内战争中的遇难者及家属受到官府的表彰和优恤。两宋时期兵变和民变不断,在激烈的对抗、冲突和战争中不少官员死于非命,官府多给予褒奖,厚待家属。如宋真宗咸平年间(998—1003年),追赠在四川王均兵变中遇难的骁勇第一指挥使王通为成州(今甘肃成县)刺史,赐银200两。⑥ 如在王则兵变中遇害的都监马景之父马遂,因家境贫困,至宋神宗熙宁五年(1072年)仍未入土为安。知祁州(今河北安国)马用之向朝廷禀报了此事,诏马景迁资,"以旌忠义之后",赐绢100匹。⑦ 朝廷优待殁于王事者的后代,除迁官外,赙绢以示优恤之礼。

献身于民族战争中的忠义之士更多,受到表彰和奖励的力度更大。雍熙北伐,杨业不屈而死,宋太宗为表彰其忠勇可嘉,特赠太尉、大同节度使,

---

① (宋)李焘:《续资治通鉴长编》卷113,明道二年八月丙申,第2631页。
② (宋)李焘:《续资治通鉴长编》卷248,熙宁六年十一月甲辰,第6041页。
③ (宋)李焘:《续资治通鉴长编》卷271,熙宁八年十二月辛卯,第6642页。
④ (元)脱脱等:《宋史》卷382《勾涛传》,第11773页。
⑤ (元)脱脱等:《宋史》卷425《徐霖传》,第12678—12680页。
⑥ (宋)李焘:《续资治通鉴长编》卷47,咸平三年七月己丑,第1021页。
⑦ (宋)李焘:《续资治通鉴长编》卷230,熙宁五年二月甲寅,第5589页。

赙绢粟各1000匹石。① 宋真宗景德二年(1005年),尚食使张旦、虎翼都虞候胡福等人在对辽战争中阵亡,为"劝忠臣",朝廷"优加恩典",除各优赠官职外,另赐衣服、银带,并赙银100两。② 宋神宗熙宁八年(1075年)交趾对广西发动大规模进攻,连下钦州、廉州,并合围邕州。邕州知州苏缄全力组织军民抵抗,但因敌军来势凶猛,苦战42天后邕城陷落,苏缄率众与敌展开巷战,不敌后纵火自焚。此役极为惨烈,苏缄与子孙4人同时殉难。宋神宗听到消息后感叹良久,认为"昔唐张巡、许远以睢阳蔽捍江、淮,较之卿父,未为远过也",故给予苏缄身后殊荣,除追赠为奉国军节度使,谥忠勇外,赐京城甲第1区,乡里上田10顷。③ 元丰五年(1082年),朝廷出台相关的赙赠条例,规定"鄜延路没于王事,有家属见在本路,欲归其乡里者,给赙外,其大使臣以上更支行李钱百千,小使臣五十千,差使、殿侍三十千,其余比类支给"。④ 根据官职高下发放路费,由30贯至100贯不等。

南宋加大对忠义之士的奖励,主要基于以下考虑:一是偏安一隅,危机四伏,处境艰难,几度存亡;二是"自崇观以来,朝廷不复崇尚名节,故士大夫寡廉鲜耻,不知君臣之义"。宋徽宗登基以来,任用奸佞,坚守道义者备受打压,寡义廉耻者却能上位,舆论导向出现偏差,世风沦丧。至靖康之变,宋帝自食其果,誓死效忠者鲜为人见:"靖康之祸,视两宫播迁如路人,然罕有能仗节死义者。在内惟李若水,在外惟霍安国"。⑤ 故南宋政权树立大量典范,忠义之士"以忠许国,义不顾身,虽斧钺在前,凛然不易其色",对忠义之士的表彰和宣扬可激扬士风,激励爱国之士,"使天下忠义之士皆知所劝",⑥激励臣民保家卫国,抗击金朝,以求生存之道。建炎元年(1127年),宋高宗得知吏部侍郎李若水的事迹后,给予李若水极高荣誉,特赠观文殿学士,子孙恩荫者5人,赙银绢500两匹,谥忠愍。⑦ 右武大夫、宁州(今甘肃宁县)观察使李彦仙在金人攻下城池后投河而死,朝廷赠彰武军节度使,赐第1区,田5顷。⑧ 南宋末年襄阳受围,荆湖都统范天顺力战数日,自缢身

---

① (宋)李焘:《续资治通鉴长编》卷27,雍熙三年八月,第623页。
② (宋)李焘:《续资治通鉴长编》卷59,景德二年正月戊午,第1311页。
③ (宋)李焘:《续资治通鉴长编》卷273,熙宁九年三月庚申,第6691页;熙宁九年二月辛丑,第6684页;(元)脱脱等:《宋史》卷44《苏缄传》,第13158页。后者所载略有不同,载赐给苏缄的宅邸为都城甲第5区。
④ (宋)李焘:《续资治通鉴长编》卷331,元丰五年十一月戊子,第7971页。
⑤ (宋)李心传:《建炎以来系年要录》卷6,建炎元年六月癸亥,第325册,第123页。
⑥ (宋)李心传:《建炎以来系年要录》卷133,绍兴九年十月己丑,第326册,第786页。
⑦ (宋)徐梦莘:《三朝北盟会编》卷82,靖康二年二月二十一日辛巳,第614页。
⑧ (元)脱脱等:《宋史》卷448《李彦仙传》,第13212页。

亡,朝廷赠定江军承宣使,"功烈虽卑,忠义莫夺",赙银 500 两,田 500 亩,①
大力褒扬仁人义士,并厚待他们的家人。

二、对孝道的大力提倡与奖励

宋代"孝"的政治功能更加明显,成为对当时社会影响最大的基本道德
规范。

(一) 孝观念的强化与变化

唐末五代以来"君君臣臣父父子子之道乖",②君主的绝对权威遭受严
重挑战,宋政权试图以父子之情来巩固君臣之义,极力宣扬和提倡孝道,将
尽孝与尽忠相提并论,"圣人治天下有道,曰'要在孝弟而已'。父父也,子
子也,兄兄也,弟弟也,推而之国,国而之天下,建一善而百行从,其失则以法
绳之。故曰'孝者天下大本,法其末也'。至匹夫单人,行孝一概,而凶盗不
敢凌,天子喟而旌之者,以其教孝而求忠也。"③"孝亲"的天性引入"忠君"
的伦理体系。宋朝十分注重对孝道的表彰,《宋史·职官志》中规定礼部的
职责之一便是"旌表孝行之法"。④ 中央经常要求地方上报孝行突出之人,
如宋太祖开宝三年(970 年),诏令地方官员审察、上报"孝弟彰闻、德业纯
茂"者。⑤ 宋度宗咸淳七年(1271 年),诏地方官员上报"民有以孝弟闻于乡
者",将"旌异劳赐焉",⑥表彰和奖励有突出孝行之人。

(二) 对孝行的物质奖励

宋朝是孝道观念发生较大变化的朝代,孝道包含的政治教化功能极为
突出。

1. 对累世同居的奖励

躬行孝悌,就要维系和睦有爱、家风良好的大家族。在官府的嘉奖和社
会的肯定下,宋朝聚族而居的风气更盛。乾德六年(968 年),宋太祖曾在诏
令中宣扬"厚人伦者莫大于孝慈,正家道者无先于敦睦",父子异居"有伤化
源,实玷名教",诏令各地官员"明加告诫,不得复习旧风。如违者并准律处
分",⑦禁止父子异居。朝廷对累世同居者予以旌表和奖励,"至于数世同

① (元)脱脱等:《宋史》卷 450《范天顺传》,第 13250 页。
② (宋)欧阳修:《新五代史》卷 16《废帝子重美传》,第 173 页。
③ (宋)欧阳修:《新唐书》卷 195《章全益传》,第 5592 页。
④ (元)脱脱等:《宋史》卷 163《职官志》,第 3851 页。
⑤ (宋)李焘:《续资治通鉴长编》卷 11,开宝三年正月辛酉,第 240 页。
⑥ (元)脱脱等:《宋史》卷 46《度宗纪》,第 908 页。
⑦ (清)徐松辑:《宋会要辑稿·刑法》2 之 1—2,第 6496 页。

居,辄复其家",①免除赋税。洪州奉新胡仲尧累世聚居,雍熙二年(985 年)诏旌表门闾,赐银 200 两。② 曲阜东野宜七世同居,乾封(今山东泰安)窦益六世同居,宋真宗大中祥符元年(1008 年)旌表门闾,赐束帛。③ 开封府太康周秘五世同居,宋仁宗庆历二年(1042 年)诏赐米绢各 50 石匹,并要求地方官府优待和抚恤。④ 青溪(今浙江淳安)宋安世九世同居,宋哲宗元祐七年(1092 年)诏赐米绢各 50 石匹。⑤ 南宋也旌表义门,不过物质奖励较少。在朝廷的强制规定、礼法导向及大力表彰下,宋朝累世同居的"义门"数量大增。

2. 对割肉疗亲的奖励

孝子表达孝心的方式各异,割股、剖肝等所谓的"割肉疗亲"法最为极端,宋代加大了对这种自残行为的奖励力度:"太祖、太宗以来,……刲股割肝,咸见褒赏"。⑥ 有学者认为割肉疗亲的一般都是乡民。⑦ 在宋仁宗天圣以前,割肉疗亲的行为确实多发生在民间,如天圣五年(1027 年)宗室赵从质因兄长患病,割股肉以疗亲,宋仁宗认为赵从质孝行突出,打算提拔他。门下侍郎兼户部尚书王曾上言:"此闾巷细民之所为,若奖及宗室,则恐浸以成俗而不可禁"。割股疗亲以往多平民所为,若予以嘉奖,恐旁人效仿,最后仅赐绢帛。⑧ 不久以后,官宦之家也开始割股疗亲,以尽孝心。如景祐元年(1034 年)知邢州(今河北邢台)张奎,宋哲宗元符元年(1098 年)奉职郑寿妻室女,宋徽宗崇宁五年(1106 年)供奉官赵叔鑬,绍熙元年(1190 年)武举进士张伯威与其妹等均曾割肉疗亲,并受到官府表彰和物质奖励。⑨ 割肉救亲之风的蔓延是宋朝大力宣扬孝道的结果。

针对极端的尽孝方式,宋朝先后出台了"割股"、"割肝"给赐法。"割股"给赐法至少在崇宁四年(1105 年)之前已经成文。当年城固周文绾之妻久病卧床,次子周任割肝疗亲。事迹上报后,除依例赏赐外,朝廷还规定

① (元)脱脱等:《宋史》卷 456《孝义传·序》,第 13386 页。
② (元)脱脱等:《宋史》卷 456《胡仲尧传》,第 13390 页。
③ (宋)李焘:《续资治通鉴长编》卷 70,大中祥符元年十一月戊午,第 1575 页。
④ (宋)李焘:《续资治通鉴长编》卷 137,庆历二年闰九月丙子,第 3295 页。
⑤ (清)徐松辑:《宋会要辑稿·礼》61 之 3—4,第 1688—1689 页。
⑥ (元)脱脱等:《宋史》156《孝义传·序》,第 13386 页。
⑦ 杨建宏:《论宋代的民间旌表与国家权力的基层运作》,《中州学刊》2006 年第 3 期。
⑧ (宋)李焘:《续资治通鉴长编》卷 105,天圣五年十二月庚寅,第 2457 页。
⑨ (宋)李焘:《续资治通鉴长编》卷 114,景祐元年三月丙子,第 2671 页;卷 496,元符元年三月戊辰,第 11806 页;(清)徐松辑:《宋会要辑稿·礼》61 之 5,第 1689 页;(元)脱脱等:《宋史》卷 456《张伯威传》,第 13414 页。

"今后如有似此为祖父母、父母割肝",诸路均"依割股条支赏施行"。这说明在此之前已有"割股"给赐法。"割肝"给赐法推行得略晚。崇宁四年(1105年)京畿转运使上报,陈留(今河南开封东南)王坚为父割肝,诏赐绢5匹、米面各1石、酒2斗,并规定以后按例推赏。宋朝还依照孝子身份制定奖励方法。如有"常人割股给赐条格",身份特殊的孝子另有给赐法。宗室成员的奖励标准就要高出常人,如供奉官赵叔锒为母割股,诏赐绢30匹、米面各10石、酒1石。①

宋徽宗朝割肉疗亲者较多,且自残程度不断加深。如大观二年(1108年),棣州厌次县(今山东惠民)百姓苏功成病重,三子均割股;苏功成之妻阿杜患病,三子再割股。事迹上报后,三子分别获赐绢20匹。因弄虚作假者渐趋增多,大观三年(1109年)在权知兖州王诏的建议下,"割肝"给赐法停罢。② 南宋继续表彰割肉疗亲者,宋光宗绍熙元年(1190年),武举进士张伯威的祖母黄氏、继母杨氏相继病重,张伯威剔左臂肉喂食;张伯威之妹崔氏效仿兄长,在婆婆患病时割肉疗亲。地方官府褒奖兄妹两人的孝行,并在居所立纯孝坊和孝妇坊。事迹上报朝廷后,张伯威迁官,崔氏受赐束帛。③

3. 对守丧的奖励

"养生"是事亲至孝的一个重要方面,而"送死"则更能彰显孝子的拳拳之心。孝子既能"养生",又可"送死",便能"两尽其节"。④ 孝子若经年累月守护父母坟墓,并有所谓的异象出现,便可名扬乡里,并受到官府的弘扬和褒奖。如宋太宗雍熙三年(986年),南剑州(今福建南平)张虔之父过世,张虔日夜守护坟墓,"墓侧瑞草生",诏旌表门闾,加赐粟帛。宋真宗咸平元年(998年),剑州(今四川剑阁)张岫家族17代守护祖坟,"甘露降墓",诏旌表门闾。江阴军陈思道丧母,"结庐墓侧,日夜悲恸",拒见妻女,"昼则白兔驯狎,夜则虎豹环其庐而卧"。诏旌表门闾,赐束帛。⑤ 大中祥符五年(1012年)建昌江白之父离世,江白"负土营葬,庐于墓侧,藜羹芒屩,昼夜号泣,将终制犹然",结庐于旁,粗衣陋食,昼号夜哭。转运使上报事迹后,诏赐江白帛、粟、麦各20匹石,醁酒10瓶。⑥ 宋神宗元丰六年(1083

---

① (清)徐松辑:《宋会要辑稿·礼》61之4—5,第1689页。
② (清)徐松辑:《宋会要辑稿·礼》61之5—6,第1689—1690页。
③ (元)脱脱等:《宋史》卷456《张伯威传》,第13414页。
④ (清)徐松辑:《宋会要辑稿·礼》61之10,第1692页。
⑤ (清)徐松辑:《宋会要辑稿·礼》61之1—2,第1687—1688页。
⑥ (元)脱脱等:《宋史》卷456《江白传》,第13400页。

年),资州支渐丧母,负土培坟,异象丛生,据载先后有白雀、驯鹿、狐狸、异鸟、五色雀等环绕其间,诏赐粟帛等物。① 宣和七年(1125 年),莱州胶水县(今山东平度)安平年纪尚幼,便历丧亲之痛,从此守坟 26 年。朝廷为"激劝风俗",赐安平绢帛 10 匹。宋高宗绍兴七年(1137 年),南平军隆化县罗纪妻李氏"孝道彰闻,远近钦欤",诏令本军赐粟帛,"以崇风化"。② 绍兴三十年(1160 年),处州丽水县童子杨富老 7 岁丧父,"哀慕不已,夜则露卧冢前,不避雨雪",哀痛不已,日夜守护,诏赐束帛。③ 由于政府的表彰力度较大,民间不断发生幼童毁身守丧的事件。

因治丧劳累、伤心过度而亡者,政府多有特恩赗赠。如宋仁宗景祐二年(1035 年),镇东军节度推官毛洵"负土成坟,毁瘠而卒",操劳过度,以致身亡,受到政府表彰,家人获赐帛米。④ 景祐四年(1037 年),将作监丞张唐卿"丁父忧,毁瘠,呕血而卒",忧思过度,吐血而亡,家人获赐钱、帛、米、麦各 50 贯匹斛。⑤

三、对清节、隐逸之士的奖励

"清节"即清操,指高洁的节操,"隐逸"则指隐居不仕,遁匿山林。清节之士淡泊名利,远离利禄,与隐逸之士在情操上颇有相同之处,尤其在"礼让进退"上最为人称道。《汉书》认为两者在操守上一致,并将隐逸之士放在为清节之士立传的序中作为文章的开篇。

(一) 加大对清节、隐逸之士奖励力度的原因

宋朝对清节、隐逸之士多加奖励,其原因如下:

1. 抑制躁竞,改进官风

清节、隐逸之风可净化官场。对清节之士的褒扬与表彰所起的作用自不待言,而隐逸之士虽不曾入朝为官,但清操之风也可激浊扬清。"自园公、绮里季、夏黄公、角里先生、郑子真、严君平皆未尝仕,然其风声足以激贪厉俗,近古之逸民也"。⑥ 尤其对贪浊、竞进之风可起到抑制作用。"彼其清劭足以抑贪污,退让足以息鄙事。故在朝之士闻其风而悦之,将受爵者皆耻躬之不逮",这当是隐逸之士受到政府表彰、士人推崇的主要原因,故此类

---

① (宋)王辟之撰,吕友仁点校:《渑水燕谈录》卷 4《忠孝》,第 38—39 页。
② (清)徐松辑:《宋会要辑稿·礼》61 之 8—9,第 1691 页。
③ (宋)李心传:《建炎以来系年要录》卷 185,绍兴三十年六月丙寅,第 327 册,第 638 页。
④ (宋)李焘:《续资治通鉴长编》卷 116,景祐二年四月丁巳,第 2726 页。
⑤ (宋)李焘:《续资治通鉴长编》卷 120,景祐四年闰四月己卯,第 2828—2829 页。
⑥ (汉)班固:《汉书》卷 72《传第四十二·序》,第 3058 页。

人等"节虽离世,而德合于主。行虽诡朝,而功同于政"。隐逸之士所持理念和追求目标与世俗标准不同,行为也多有乖张,但因基本主张契合了朝廷对官员清廉、退让、不结党营私的要求,故"斯山林之士、避宠之臣所以为美也,先王嘉之"。① "纵无舟楫之功,终有贤贞之操。足以立懦夫之志,息贪竞之风"。② 希望官员以此为参照,减少贪浊、奔竞之风。宋朝大多数官员因循守旧、躁竞不已,宋仁宗在发布的《厉百官浮竞诏》中称:

> 比岁以来,在位之人,乃谬戾乖剌,以饰诈傲誉为智,以乐分安节为迂;或讦隐昧之过,以摇惑时听;或设危险之言,以感移主意;或凭陵势威,下轻其上爵;或引汲党附,私觊于公用。浸润以来,日滋一日,其势莫之能远也。③

大部分官员在其位不谋其政,"搢绅之伦多险刻竞浮"。④ 或矫饰行为,博得清誉;或抱残守缺,不思进取;或打探他人隐私,伺机报复;或专以危言讨巧皇帝;或依仗权势,目中无人;或结党营私,谋取私利。宋神宗认为官风不正,士大夫一心为公者甚少,而谋取一己私利者甚多。"方今廉隅之风,颓靡不振,士大夫之于朝廷,鲜知钦其事而后其食者"。⑤ 官场风气亟待改进,故朝廷奖励安于现状、淡泊名利者。如宋真宗大中祥符七年(1014年),将作监丞李惟简"性冲澹,不乐仕进",特赐太子中允致仕,另赐钱300贯。⑥

冗官局面的加深也促使统治者极力提倡静退之风,期望官员在力不能及时早日隐退。然而自北宋中期以来,"寝成敝风,缙绅之间,贪冒相尚,但顾子孙之计,殊忘羞恶之心,驰末景于桑榆,负厚颜于钟漏,不知其过,自以为得,诚非朝廷所以待士大夫之意,又非士大夫所以遵礼仪之常也"。⑦ 官员贪权恋栈,不知进退,已近古稀之年仍盘踞官位。宋仁宗朝知制诰欧阳修曾奉命出使河东路,发觉"昏病之年贪禄不止"者甚多。如知泽州(今山西晋城)鲍亚之"年老昏昧,视听不明,行步艰涩,本州职事全然不治";知汾州范尹"年老昏昧,不能检束子弟";宪州通判刘与年已七十,"行步艰难,精神

---

① (唐)房玄龄:《晋书》卷50《庾峻传》,中华书局1997年版,第1392—1393页。
② (唐)魏征:《隋书》卷77《隐逸传·序》,中华书局1997年版,第1751—1752页。
③ (宋)佚名撰,司义祖整理:《宋大诏令集》卷193《厉百官浮竞诏》,第711页。
④ (宋)李焘:《续资治通鉴长编》卷192,嘉祐五年七月庚戌,第4637页。
⑤ (宋)李焘:《续资治通鉴长编》卷309,元丰三年闰九月庚子,第7495页。
⑥ (宋)李焘:《续资治通鉴长编》卷83,大中祥符七年九月壬子,第1897页。
⑦ (宋)包拯撰,杨国宜校注:《包拯集校注》卷3《论百官致仕》,第182页。

昏昧"。① 这些官员已丧失处理日常事务的能力,不过尸位素餐而已。宋廷褒奖主动致仕的官员,给予各种优厚待遇,如升转官资、荫补子孙、优给俸禄、特赐钱帛等。翰林学士、知制诰朱昂一向"有清节,澹于荣利",多次提出致仕请求,宋真宗认为朱昂"侍朕左右,未尝以私事干朕",赐朱昂银帛,给其全俸,并赐宴玉津园,"两制、三馆儒臣皆预","恩渥之盛,近代无比"。② 又如宋英宗治平四年(1067年),龙图阁直学士兼侍读李柬之、李受辞去官位,请求归老,为"励风俗",诏赐宴资善堂,"巨觥酌劝,时人荣之",③受到社会舆论的推崇。

2. 安抚和控制民间基层知识分子

宋朝推行"右文"政策,科举取士不问家世,限制势家与孤寒竞进,基层民众受教育的比例明显增加。但考中者毕竟少数,更多的知识分子生活在基层。不少饱读诗书之人在地方上具有一定的号召力和影响力,如何对读书人实施有效控制关系到基层社会的稳定。朝廷需要树立大量的典范,积极引导在野读书人,让他们安贫乐道,而非心怀怨愤走向社会的反面,成为不安定因素。故政府常表彰隐居民间、安于贫贱之人,如宋真宗大中祥符四年(1011年)至五年(1012年)两年间,朝廷相继表彰隐士郑隐、李宁、周启明及林逋,并赐粟帛,以激励恬淡之风,④通过表彰和奖励的方式安抚和控制基层知识分子。

(二) 对清节、隐逸之士的各种物质奖励

宋太宗注重吏治,表彰具有清节之名的官员。如前文提及的蒋元振一向"清苦厉节",生活艰苦:"啜菽饮水,缝纸为衣"。除个人品性无可指摘外,蒋元振为政简易,颇有治绩,声誉极高,秩满后仍留守岭南。宋太宗得知后"嘉叹久之",赐蒋元振绢30匹、米50石。⑤ 宋仁宗朝冗官日多,更有必要尊崇和奖励清节之士。皇祐二年(1050年),屯田员外郎吕公著曾召试馆职,却未就位,颇有"恬退之节",获赐五品服。⑥ 皇祐六年(1054年),朝廷赐章友直银绢各100两匹。章友直篆国子监石经后,除试将作监主簿,章友直"辞不就,故有是赐"。⑦ 具有清节之名的官员过世,朝廷还优赗其礼。宋

---

① (宋)欧阳修撰,李逸安点校:《欧阳修全集》卷116《论不才官吏状》,第1768—1769页。

② (宋)李焘:《续资治通鉴长编》卷48,咸平四年五月庚辰,第1059—1060页。

③ (清)徐松辑:《宋会要辑稿·职官》77之55,第4160页。

④ (元)脱脱等:《宋史》卷8《真宗纪三》,第148页;(宋)李焘:《续资治通鉴长编》卷77,大中祥符五年正月乙亥,第1749页;卷78,大中祥符五年六月己未,第1772页。

⑤ (宋)李焘:《续资治通鉴长编》卷31,淳化元年十月乙丑,第706页。

⑥ (宋)李焘:《续资治通鉴长编》卷168,皇祐二年六月辛巳,第4048页。

⑦ (宋)李焘:《续资治通鉴长编》卷193,嘉祐六年六月庚申,第4673页。

神宗元丰元年(1078 年),故著作佐郎、崇文院校书张载"恬于仕进",赙赠"视馆职之半"。① 秘书省正字朱长文身亡,宋哲宗"知其清",赙绢 100匹。② 宋高宗绍兴四年(1134 年),左通直郎、试太常少卿唐恕身亡,因"恬退有守",特赠徽猷阁待制,赐银绢 100 匹。③ 有的清节之士则在身前身后均受到嘉奖,如颍州(今安徽阜阳)进士常秩举进士不中,退居陋巷二十余年,"文行称于乡里",皇祐六年(1054 年)获赐粟帛。④ 宋神宗熙宁十年(1077 年),时任权判西京留司御史台的常秩身亡,赙绢 300 匹,"以励廉隅",⑤为朝中官员树立平直端正的典范。

在表彰和奖励的隐士中,种放享受的待遇最厚。淳化三年(992 年)征召种放,种放称疾不起,宋太宗"喜其高节",诏令京兆府(今陕西西安)多加优抚,赐钱 30 贯。⑥ 宋真宗咸平元年(998 年),种放遭母丧,朝廷赐粟、帛、缗钱。⑦ 咸平五年(1002 年)七月,召种放赴阙,赐钱绢各 100 贯匹。⑧ 九月,种放自言"迹孤",为使"朝廷清肃,排摈之事,无敢为者",授种放左司谏、直昭文馆,赐冠带、袍笏,以达到"赏一人可劝天下"的目的。⑨ 之后宋真宗再次召见种放,赐绯衣、象笏、犀带、银鱼及御制五言诗,又赐昭庆坊第 1区,银器 500 两,钱 300 贯,中谢日赐酒食于学士院,"光宠之盛,近所未有也"。⑩ 北宋处士颇受优待。如宋真宗天禧三年(1019 年),处士李渎、魏野相继离世,特赙帛 20 匹,米 3 斛,二税外免除差役。⑪ 宋仁宗天圣三年(1025 年),杭州隐士林逋"有节行,居西湖二十余年未尝入城"。⑫ 林逋隐居西湖,不涉闹市长达二十余年,朝廷赐粟帛以示敬重。

宋朝奖励淡泊名利者,以期改进官场上的躁进之风,不过收效甚微,表彰和褒奖远不及官场上的名利诱惑大,北宋中期以后此风愈演愈烈。南宋士风尤其败坏,宋宁宗朝澧州(今湖南澧县)知州曹彦约曾上奏:"十五年

① (宋)李焘:《续资治通鉴长编》卷 289,元丰元年五月乙亥,第 7074 页。
② (元)脱脱等:《宋史》卷 444《朱长文传》,第 13127 页。
③ (宋)李心传:《建炎以来系年要录》卷 72,绍兴四年正月乙亥,第 326 册,第 32—33 页。
④ (宋)李焘:《续资治通鉴长编》卷 191,嘉祐五年五月己亥,第 4625 页。
⑤ (宋)李焘:《续资治通鉴长编》卷 280,熙宁十年二月己酉,第 6877 页。
⑥ (宋)李焘:《续资治通鉴长编》卷 33,淳化三年八月壬戌,第 738 页。
⑦ (宋)李焘:《续资治通鉴长编》卷 43,咸平元年九月己未,第 916 页。
⑧ (宋)李焘:《续资治通鉴长编》卷 52,咸平五年七月丙辰,第 1144 页。
⑨ (宋)李焘:《续资治通鉴长编》卷 52,咸平五年九月戊申,第 1151 页。
⑩ (宋)李焘:《续资治通鉴长编》卷 52,咸平五年九月己酉,第 1151—1152 页。
⑪ (宋)李焘:《续资治通鉴长编》卷 94,天禧三年十二月辛亥,第 2175 页。
⑫ (宋)李焘:《续资治通鉴长编》卷 103,天圣三年五月己亥,第 2381 页。

来,士大夫之心术坏矣"。① 黄震评价南宋端平以后的士风:"至若士大夫,又多狃于流俗,渐变初心,既欲享好官之实,又欲保好人之名,兼跨彼此之两间,自以和平为得计"。② 士大夫失去最初的进取心,还妄图名利双收。有的清节之士虽"清心寡欲",却碌碌无为,毫无政绩。如上文提及的常秩"起处士,在朝廷碌碌无所发明,闻望日损,为时讥笑"。③ 这种模范的树立又为众多庸碌无为、尸位素餐的官员找到合理的借口。

为贪图表彰与奖励,各地矫饰行为时有发生。"一百余年,孝义所感,醴泉、甘露、芝草、异木之瑞,史不绝书"。④ 宋朝有关孝亲的祥瑞现象非常多,这说明宋人对孝亲行为的夸张与渲染远胜前朝。更多的人采取"割肉疗亲"法,并非全都出于天性亲情,不少人为博得孝名,激扬名声,并以此获得旌表和奖励。割肉疗亲本无科学依据,割股尚无大碍,而割肝必送性命。官府据实勘验,大多会露出马脚,"人割肝,官司验视,多见肋间微有瘢痕",时人也知"若果伤脏腑,理无生全"。⑤ 割肝或许还可蒙混过关,只要认定有瘢痕即可,而"抉眼以救目明"则纯属欺诈行为。如淳化年间(990—994年)冀州上报一则"动人"的孝子事迹,据称,南宫王翰之母失明,王翰自己动手,挖右眼补入其母眼眶,其母"目明如故",事迹上报朝廷后,诏赐粟帛。⑥ 这种一望而知的造假行为之所以蒙混过关,实际上是三方默契配合、共同运作下的结果,个人名利双收,地方治绩突出,而朝廷"宣传簿"上又多了一则"感天动地"的孝子故事,故匪夷所思的孝道故事在宋代层出不穷,且广泛流传。

第五节　寺　观　僧　道

宋朝皇帝有的崇信佛教,有的尊奉道教,有的则佛、道并尊,寺观僧道因之往往获得丰厚赐赍。

一、主要赏赐物品

宋朝对寺观僧道的赏赐品多有以下几类。

---

① (明)黄淮、杨士奇:《历代名臣奏议》卷59,曹彦奏,第813页。

② (宋)黄震:《黄氏日抄》卷69《戊辰轮对劄子》,文渊阁四库全书影印本。

③ (宋)李焘:《续资治通鉴长编》卷280,熙宁十年二月己酉,第6877页。

④ (元)脱脱等:《宋史》卷156《孝义传·序》,第13386页。

⑤ (清)徐松辑:《宋会要辑稿·礼》61之6,第1690页。

⑥ (元)脱脱等:《宋史》卷456《吕升传》,第13388页。

（一）紫衣、度牒

紫衣原指朝廷赐予高僧大德的紫色袈裟或法衣，又称紫服、紫袈裟。最初紫衣仅赐有突出贡献的僧人，如唐载初元年（690年），武则天将紫衣赐予有功之僧法朗等，五代以后条件逐渐放宽，赏赐对象涉及取经、译经、献经及入贡僧人，至宋赏赐范围进一步扩大。度牒是国家发给依法得到公度的僧尼的证明文件，"旧法，降赐度牒凡二，有拨赐，有试经"。① 宋朝个人取得度牒的途径主要有两种，一是通过考试获得官府认可，二是由朝廷恩赐给降。度牒在宋代拥有法定价格，被广泛运用于赏赐领域。它既可作为身份证明文件赐给剃度者，又可作为有价证券赐给普通人。两类物品的赏赐情况在前文有所述及。

（二）茶、帛、钱等物

佛教认为茶有"三德"，即清心、提神、助消化，利于修行，故茶被释道视作理想饮品，在宋代常与绢帛等物一起赐给寺院宫观。如道士柴通玄屡次来京，宋真宗赐茶、药、束帛，免其田租。② 宋仁宗赐道场僧人每人紫罗1匹，因怕台谏官上书弹劾，还特意叮嘱僧人将紫罗藏于怀中。③ 景祐二年（1035年）驾幸宫观、寺院茶绢支赐法出台：大相国寺、开宝寺、太平兴国寺等重要寺观，僧录赐绢7匹，茶5斤；副僧录赐绢5匹，茶2斤；讲谕、讲经首坐各赐绢3匹，茶2斤；鉴仪、守阙鉴仪赐绢、茶各2匹斤；僧众则共赐绢30匹，茶20斤；车驾所经起居僧众共赐绢20匹，茶10斤。④ 受赐数额高于一般寺观。

缗钱有时作为盘缠赐给僧人。乾德四年（966年），僧人行勤等157人欲往西域取经，宋太祖赐每人装钱30贯。⑤ 大中祥符三年（1010年），中天竺僧觉称献《赞圣颂》，宋真宗赐装钱、茶、药。⑥ 宋哲宗绍圣四年（1097年），江宁府奉诏遣茅山道士刘混康至京，转运司支拨装钱100贯。⑦ 缗钱有时以每月斋粮的名义支出。宋仁宗庆历年间（1041—1048年）僧方谏医术精湛，调制的药剂能将残留体内的箭头排出体外，治愈者多达21人，每月奖励斋粮钱4贯。⑧ 有的缗钱以赙赠金的名义发放。宋徽宗大观二年

①　（宋）李心传：《建炎以来系年要录》卷100，绍兴六年夏四月丙午，第326册，第388页。
②　（元）脱脱等：《宋史》卷462《柴通玄传》，第13515页。
③　（宋）邵伯温：《邵氏闻见录》卷2，中华书局1983年版，第13页。
④　（清）徐松辑：《宋会要辑稿·礼》52之8—9，第1557—1558页。
⑤　（元）脱脱等：《宋史》卷2《太祖纪二》，第23页。
⑥　（清）徐松辑：《宋会要辑稿·道释》2之8，第7892页。
⑦　（宋）李焘：《续资治通鉴长编》卷491，绍圣四年九月辛亥，第11646页。
⑧　（宋）李焘：《续资治通鉴长编》卷153，庆历四年十一月癸亥，第3715页。

（1108 年），大相国寺东四院之一慧林禅院长老元正坐化，朝廷赙绢、钱各300 匹贯。①

受赐物品中还有金银等。宋仁宗皇祐五年（1053 年）西蕃磨毡角遣使入贡，随行僧人遵阇毡结逋、沈遵、党遵叱腊青各受赐紫衣 3 件、银器 5 两、衣著 10 匹。② 宋孝宗对径山寺名僧宗杲青睐有加，"宠眷尤厚"，赐其金钵、袈裟、青盖等贵重物品。③

（三）田宅

宋朝赏赐寺观土地有以下几种方式，一是直接赏赐土地，如大中祥符四年（1011 年），吴国长公主在崇真资圣禅院出家，因"市蔬扰人"，宋真宗诏赐蔬圃。④ 元符元年（1098 年），宋哲宗赐建州武夷山冲祐观 1000 顷良田。⑤ 淳祐九年（1249 年），宋理宗赐表忠观官田 300 亩，以"旌钱氏功德"。⑥ 二是拨赐购田款项，由寺院自行购买。如宋真宗驾崩后，宋仁宗赐景德院银 3000 两，作为置办田产的费用。⑦ 三是由官府出面购买民田，赐给寺院。明道二年（1033 年），上御药杨怀德奉诏至涟水军购买民田 30 顷，本打算赐给寺院，遭殿中侍御史段少连弹劾后退还。⑧

宋朝还将宅邸赐给僧道。宋真宗天禧二年（1018 年），女道士王道真因"绝粒岁久，景德中尝召见，献枸杞树"，获赐嵩山种放故宅及兴唐观基山林。⑨ 景祐四年（1037 年），朝廷出资 1000 余两黄金购买庄园、邸舍，赐给万寿观。⑩

（四）牌符

牌符是宋朝赐给僧道的特殊物品。天禧元年（1017 年），朝廷将"圣祖神化"金宝牌分赐京城寺观及天下名山，金宝牌长 2 寸，宽 1 寸有余，正面刻"玉清昭应宫成天尊万寿金宝"，背面刻"永镇福地"，周边隐约可见"蛇龙华葩"之状，封存在绛囊漆匣内，并附有宋真宗的亲笔署名。⑪ 政和以后道家

---

① （宋）周煇撰，刘永翔校注：《清波杂志校注》卷 8《慧林老》，第 345 页。
② （清）徐松辑：《宋会要辑稿·蕃夷》6 之 4，第 7820 页。
③ （宋）叶绍翁撰，沈锡麟、冯惠民点校：《四朝闻见录》甲卷《径山大慧》，中华书局 1989 年版，第 34 页。
④ （宋）李焘：《续资治通鉴长编》卷 76，大中祥符四年七月丁丑，第 1728 页。
⑤ （宋）李焘：《续资治通鉴长编》卷 503，元符元年十月癸卯，第 11989 页。
⑥ （元）脱脱等：《宋史》卷 43《理宗纪三》，第 840 页。
⑦ （宋）李焘：《续资治通鉴长编》卷 102，天圣二年七月庚子，第 2363 页。
⑧ （宋）李焘：《续资治通鉴长编》卷 113，明道二年八月庚子，第 2632 页。
⑨ （宋）李焘：《续资治通鉴长编》卷 91，天禧二年四月戊寅，第 2108 页。
⑩ （宋）李焘：《续资治通鉴长编》卷 120，景祐四年三月丙申，第 2823 页。
⑪ （宋）李焘：《续资治通鉴长编》卷 89，天禧元年四月乙亥，第 2053 页。

势力渐长，"道家者流始盛"，道士、居士必赐涂金银牌，"咸使佩之，以为外饰"，作为佩饰垂挂在腰间。备受宠信者"又得金牌焉"，①林灵素所佩即为金牌，"无时入内"，②可随时出入宫禁。除牌饰外，朝廷还赐给道士方符。玉方符最为贵重，其次为金方符，长7寸，宽4寸，背面铸有御书："赐某人，奉以行教。有违天律，罪不汝贷"。会稽（今浙江绍兴）天宁万寿观道士卢浩真就曾获赐过金符。宋徽宗一朝不思进取，妄图以旁门左道来挽回统治颓势。宣和末，方士刘知常宣称炼成金轮，并妄言以水炼金，可"镇分野兵饥之灾"。朝廷美其名曰"神霄宝轮"，遣使押赐天下神霄宫，"天下神霄，皆赐威仪，设于殿帐座外"，③宫观陈设的各类器具全由官府置办。

（五）御书

两宋皇帝赐给寺院宫观大量御书，不少寺院道观专门构建阁楼，以保管和观赏御书。据汪圣铎、王德领整理研究，宋代寺院宫观共建有25处御书阁。④ 至道元年（995年），宋太宗草书经史故事，赐给江南东路的寺院道观。宋真宗朝整理太宗御书，"诏儒臣章别次第，着定为一百二十卷，刻之金石，副在有司，又以分藏于天下之名山。凡道宫、佛寺往往得被其赐"，编为120卷，刻在金石上，至道三年（997年）赐给天下名山胜境、宫观寺院。⑤庆历五年（1045年）十二月宝相佛阁改为慈尊阁，宋仁宗赐飞白匾额。凤翔府上清、太平宫，五台山真容院、宝章阁，并州舍利阁，奉先资福院、观音殿、妙法院、正觉殿，及景灵宫等处，神御殿榜"皆帝飞白"。⑥ 宋仁宗亲写颂诗，赐给怀琏"凡十有七篇"，怀琏归隐明州广利寺后，当地建宸奎楼收藏御诗。⑦

南宋不少寺院藏有皇帝墨宝。如临安府西山天申万寿圆觉院重建于绍兴初年，藏有多位皇帝御书：宋高宗御书"归云"堂匾及"三昧正受"阁匾，宋孝宗御书《圆觉经》及圣制诗两首，宋理宗御书"清凉觉地"方丈匾及千字文碑。⑧ 宋孝宗与僧人往来密切，多次赐书，如赐径山兴圣万寿禅寺御书，并

①　（宋）蔡絛撰，冯惠民、沈锡麟点校：《铁围山丛谈》卷3，第44页。

②　（宋）赵与时撰，齐治平校点：《宾退录》卷1，第4页。

③　（宋）陆游撰，李剑雄、刘德权点校：《老学庵笔记》卷9，第115页。

④　汪圣铎、王德领：《宋代寺院宫观中的御书阁、本命殿》，《河北科技大学学报》2008年第4期。

⑤　（元）脱脱等：《宋史》卷6《真宗纪一》，第105页；（清）徐松辑：《宋会要辑稿·崇儒》6之4—6，第2270—2271页；（宋）刘挚撰，裴汝诚、陈晓平点校：《忠肃集》卷9《南岳御书阁记》，第201—202页。

⑥　（清）徐松辑：《宋会要辑稿·御书》6之7—8，第2272页。

⑦　（宋）苏轼撰，孔凡礼点校：《苏轼文集》卷17《宸奎阁碑》，第501页。

⑧　（元）潜说友：《咸淳临安志》卷79《寺观五》，宋元方志丛刊本，中华书局1990年版，第4084页。

赐《圆觉经解》。① 淳熙十六年（1189 年）五月，宋孝宗御书"归隐"两字赐天竺弥陀福兴院；九月，宋孝宗御书"弥陀福兴之院"6 字赐左右街僧录若讷。绍熙元年（1190 年）正月，归隐重华宫后的宋孝宗写下偈颂 1 首，赐给僧录若讷，七月再赐御书四季草书扇面 4 轴，翌年正月又赐御书草书胜常贴。② 嘉定十五年（1222 年），仁寿教院僧法昌开山请赐额，宋宁宗赐御书"显庵"；嘉定十七年（1224 年），宋宁宗赐佛光福寿院御书"桂堂"。③ 钱塘县下天竺灵山教寺御书阁"藏累朝宸翰"：仁宗 6 件、高宗 4 件、宪圣慈烈皇太后 2 件、宁宗 2 件及理宗 8 件。④ 宋理宗重视佛、道的程度虽不及前代，但却是中国古代给寺院宫观题词最多的皇帝之一，在宋代皇帝中很可能是最多的。⑤

　　宋朝御书在寺院道观的大量出现，首先反映了政治权力向宗教领域的渗透，"统治者有意识地想利用寺观扩大自己的政治影响"。通过御书赏赐，宋帝向宗教领域宣示正主地位，宗教势力须屈服于王权之下。同时，御书阁基本上是在寺院道观的主观意愿下建立的，"归根到底是佛教、道教服务于当时社会的一种体现"，⑥表明了宗教势力对现实政治的承认，以及对皇权的臣服与配合态度。

二、赏赐的事由分析

　　宋代寺院道观经常接受皇帝的赏赐，原因大体如下：

　　（一）养生之道、奇异之术

　　道士多以养生、修炼之道受到皇帝青睐。宋太祖在征太原的归途中曾召见龙兴观道士苏澄隐，赐茶 100 斤、绢 200 匹，询问养生之道后，又赐紫衣 1 袭、银绢各 500 两匹。⑦ 宋太宗曾赐"颇精修养之术"的道士赵自然 300 贯钱；宋真宗也多次召见赵自然，赐紫衣。⑧ 景德二年（1005 年），为"思得有道之人，访以无为之理"，宋真宗将道士贺兰栖真召至禁中，赐二韵诗及

---

① （宋）楼钥：《攻媿集》卷 57《径山兴圣万寿禅寺记》，丛书集成初编本，中华书局 1985 年版，第 784 页。

② （清）徐松辑：《宋会要辑稿·崇儒》6 之 24，第 2280 页。

③ （元）潜说友：《咸淳临安志》卷 79《寺观五》，宋元方志丛刊本，第 4083 页。

④ （元）潜说友：《咸淳临安志》卷 80《寺观六》，宋元方志丛刊本，第 4088 页。

⑤ 汪圣铎：《宋代政教关系研究》，人民出版社 2010 年版，第 248 页。

⑥ 汪圣铎、王德领：《宋代寺院宫观中的御书阁、本命殿》，《河北科技大学学报》2008 年第 4 期。

⑦ （元）脱脱等：《宋史》卷 461《苏澄隐传》，第 13511 页。

⑧ （元）脱脱等：《宋史》卷 461《赵自然传》，第 13512 页。

紫服、银、茶、绢、香、药等，免除道观田租。① 宋徽宗尊崇道教，道士林灵素颇能揣测帝意，故宋徽宗"独喜其事"，赐号通真达灵先生，"赏赉无算"。② 宋宁宗召兴国军(今湖北阳新)九宫山道姑王妙坚入宫，赐钱物。③ 宋朝不少皇帝崇信道教，信奉通灵之术，道士投其所好，利用奇异之术获取信任和赐赉。

（二）献经、译经

僧人献经多有赏赐。如宋太宗太平兴国三年(978 年)，开宝寺僧继从等献梵夹经等，诏赐紫衣，"自是每献者多诏赐方袍焉"。太平兴国六年(981 年)，龟兹国僧人义修献梵夹、菩提印叶、念珠、舍利，宋太宗赐紫方袍、束带。④ 太平兴国九年(984 年)，诏选梵学沙门 1 人为笔受，义学沙门 10 人为证义，"自是每岁再三献新经，后每诞圣节、五月一日即献经"，献经者皆赐钱帛。⑤ 天圣二年(1024 年)，天竺僧人爱贤等献梵经，宋仁宗赐紫袍、束带。⑥ 景祐三年(1036 年)，西域僧人善称等 9 人入贡梵经、佛骨及铜牙菩萨像，获赐束帛。⑦ 日本僧人成寻在宋神宗熙宁、元丰年间两次来朝，均获赐紫方袍。⑧

宋军征讨江南期间，摩伽陁国僧法天至鄜州与僧法进共译经义，译出《无量寿尊胜》二经及七佛赞，知州王龟从加以润色，遣法天、法进前往献经，宋太祖"召见慰劳，赐以紫方袍"。⑨ 此后来华僧人译经、献经者络绎不绝。雍熙二年(985 年)，宋太宗翻阅所译藏经，以为"辞义圆好"，译僧"皆深通梵学，得翻传之体"，下诏任印度僧人天息灾、法天、施护为朝散大夫，试鸿胪少卿，又诏译经每月给赐"酥酪钱有差"。宋真宗景德三年(1006 年)，"自是梵僧至者，悉召见，赐以紫服、束帛，华僧自西域还者亦如之"，⑩ 均赐钱物。宋仁宗景祐二年(1035 年)规定，车驾临幸，太平兴国寺译经大卿、小卿各赐绢 7 匹，茶 5 斤；同译经僧各赐绢 2 匹，茶 2 斤。⑪ 熙宁五年

① （元）脱脱等：《宋史》卷 462《贺兰栖真传》，第 13515—13516 页。
② （元）脱脱等：《宋史》卷 462《林灵素传》，第 13529 页。
③ （宋）周密撰，赵茂鹏点校：《齐东野语》卷 10《明真王真人》，第 187—188 页。
④ （清）徐松辑：《宋会要辑稿·蕃夷》4 之 14，第 7720 页。
⑤ （清）徐松辑：《宋会要辑稿·道释》2 之 5—6，第 7891 页。
⑥ （宋）李焘：《续资治通鉴长编》卷 102，天圣二年九月癸丑，第 2367 页。
⑦ （宋）李焘：《续资治通鉴长编》卷 118，景祐三年正月辛卯，第 2774 页。
⑧ （宋）李焘：《续资治通鉴长编》卷 334，元丰六年三月己卯，第 8031 页。
⑨ （宋）李焘：《续资治通鉴长编》卷 23，太平兴国七年六月丙子，第 522 页。
⑩ （清）徐松辑：《宋会要辑稿·道释》2 之 6—7，第 7891—7892 页。
⑪ （清）徐松辑：《宋会要辑稿·礼》52 之 9，第 1558 页。

(1072 年),日本僧人成寻至开封,宋神宗"以其远人而有戒业",将成寻安置在开宝寺,并"尽赐同来僧紫方袍","是后连贡方物,而来者皆僧也"。①宋朝对献经、译经者的鼓励和表彰促进了佛教在中国的传播与发展。

（三）治病救人、埋葬遗骸等

宋朝不少僧人、道士精通医术,如"以医术知名"的洪蕴和"以善医著名"的法坚先后受到赏赐。②宋太祖开宝五年(972 年)道士玄秘大师马志治愈开封尹赵光义有功,进通议大夫阶,受赐银帛、鞍马。③

宋朝制定了僧人救治病人、埋葬遗骸等奖赏标准。如宋神宗元丰二年(1079 年),僧人掩埋遗骸达 3000 人以上,可度僧 1 人,三年赐紫衣。④宋哲宗元祐六年(1091 年),杭州管病坊僧人每 3 年医 1000 人以上者,特赐紫衣及度牒 1 道。⑤南宋初年生灵涂炭,尸首遍野,为鼓励僧人埋葬尸骸,宋高宗建炎元年(1127 年)敕:"应遭金人杀戮暴露遗骸无人认者,许所在寺院埋瘗,每及一百人,令所属勘验,给降度牒一道。"葬及 100 人赐度牒 1 道。流落杭州地区的百姓死后,尸首无人料理,建炎四年(1130 年)官府委托僧人掩埋,"计数给赐度牒",根据掩埋人数发放度牒;绍兴元年(1131 年)每葬300 人降度牒 1 道;绍兴三年(1133 年),真州(今江苏仪征)、扬州、楚州、泗州、承州(今江苏高邮)等地"道路尚多遗骸暴露",祠部拨给各州空名、度牒各 10 道,由通判招募童行埋葬,每及 200 人赐度牒 1 道。⑥

（四）举行祈祷等活动

天禧三年(1019 年)宫中建道场,宋真宗亲临现场,赐给僧人、道士以药银铸成的大钱。⑦宋高宗绍兴元年(1131 年),修奉昭慈献烈皇太后攒宫香火,诏泰宁寺可度僧 1 名,本寺知事僧赐紫衣。⑧宋理宗淳祐年间(1241—1252 年),有"御前雨旸祈祷第一所"之称的玉泉净空院受赐官田若干亩,"惟上方时有锡赉,他无所仰焉",⑨凭借赏赐方可延续香火。

（五）诞圣节

诞圣节赐僧道紫衣、度牒,可谓"功德甚大"。⑩北宋初年,每逢诞圣节,

①　(元)脱脱等:《宋史》卷 491《日本国传》,第 14137 页。
②　(元)脱脱等:《宋史》卷 461《沙门洪蕴传》,第 13510—13511 页。
③　(宋)李焘:《续资治通鉴长编》卷 13,开宝五年十二月甲寅,第 292 页。
④　(宋)朱弁撰,孔凡礼点校:《曲洧旧闻》卷 9《天禧元丰收葬遗骸》,第 211 页。
⑤　(宋)李焘:《续资治通鉴长编》卷 464,元祐六年八月乙巳,第 11084 页。
⑥　(清)徐松辑:《宋会要辑稿·食货》68 之 120—121、138,第 6313—6314、6322 页。
⑦　(宋)李焘:《续资治通鉴长编》卷 94,天禧三年八月己亥,第 2165 页。
⑧　(清)徐松辑:《宋会要辑稿·道释》1 之 7,第 7872 页。
⑨　(元)潜说友:《咸淳临安志》卷 79《寺观五》,宋元方志丛刊本,第 4081 页。
⑩　(清)徐松辑:《宋会要辑稿·道释》1 之 30,第 7883 页。

皇亲、近臣纷纷为僧道奏请紫服,以致"所奏既猥多,或有滥伪者",故朝廷对僧人的披度年限提出要求。宋真宗大中祥符三年(1010 年)十月,披度 5 年以上者方可奏请紫衣。① 同时对人数进行限制。以往诞圣节受赐者多在百人以上,宋仁宗景祐元年(1034 年)乾元节度僧道及赐紫衣、师号"皆以一百人为额"。② 庆历二年(1042 年)僧道赐衣及师号"非御前特恩,并不许奏荐",不过中书、枢密院,荆王、使相、宣徽使、管军、节度使,及皇亲正刺史以上、长公主仍许奏荐紫衣、师号。③ 宋英宗治平元年(1064 年)减为 200 道,"所请者在数中"。④ 宋神宗元丰八年(1085 年),依五年例赐太皇太后紫衣、师号、度牒各 200 道,皇太后紫衣、师号、度牒各 50 道,皇太妃紫衣、师号、度牒各 20 道。⑤ 宋哲宗朝诞圣节赏赐师号、紫衣、度牒达 300 道,"而贵妃、修仪、公主犹别请"。⑥ 宋徽宗朝赐给道观的度牒、紫衣数量猛增,超出前朝 1 倍以上。宣和六年(1124 年)天宁节,左右街道录院受赐度牒不得超过 500 道,紫衣不得超过 100 道,师号不得超过 50 道,并立为定制。⑦ 南宋初年对佛、道教势力有所抑制,"自军兴以来,名山福地及他当赐者并罢",⑧ 削减甚至停发"恩例"度牒。

（六）修葺寺观

宋朝拨给寺院道观的钱物不少以修缮的名义拨赐。如宋神宗元丰三年(1080 年)赐给相国寺度牒 200 道,作为"修缮之费";五年后再赐度牒 100 道,以整修相国寺塔。⑨ 元丰五年(1082 年)以后,杭州每年从钱氏临安县田产的课税收入中支出 500 贯,赐给表忠观,"葺吴越王坟庙";⑩宋徽宗朝道士李德柔受赐钱 5000 贯,建造斋房。⑪

（七）与皇室关系密切

御前寺院、宫观是指与朝廷联系密切、经常为官方举行法事的寺院和宫观,受赐机会远多于一般寺观。如宋仁宗景祐三年(1036 年),泗州新建普

① （宋）李焘:《续资治通鉴长编》卷 74,大中祥符三年十月丁巳,第 1692 页。
② （宋）李焘:《续资治通鉴长编》卷 114,景祐元年闰六月壬申,第 2682 页。
③ （宋）李焘:《续资治通鉴长编》卷 137,庆历二年六月丙戌,第 3277—3278 页。
④ （宋）李焘:《续资治通鉴长编》卷 200,治平元年正月癸丑,第 4845 页。
⑤ （宋）李焘:《续资治通鉴长编》卷 359,元丰八年八月己巳,第 8581 页。
⑥ （宋）李焘:《续资治通鉴长编》卷 200,治平元年正月癸丑,第 4845 页。
⑦ （清）徐松辑:《宋会要辑稿·礼》57 之 24,第 1604 页。
⑧ （宋）李心传:《建炎以来系年要录》卷 100,绍兴六年夏四月丙午,第 326 册,第 388 页。
⑨ （宋）李焘:《续资治通鉴长编》卷 303,元丰三年四月丁酉,第 7378 页;卷 357,元丰八年六月甲子,第 8529 页。
⑩ （宋）李焘:《续资治通鉴长编》卷 324,元丰五年三月己亥,第 7804—7805 页。
⑪ （宋）蔡絛撰,冯惠民、沈锡麟点校:《铁围山丛谈》卷 5,第 91 页。

济院,诏赐田10顷,以"保庆太后施钱所建也"。① 嘉祐八年(1063年)、治平四年(1067年),前后赐给专奉永定陵的昭孝禅院土地共40顷,还赐给每日1贯的房钱。② 宋神宗熙宁八年(1075年)赐给昭孝禅院户绝田,免税役。③ 元丰七年(1084年),贤妃邢氏于奉先资福院侧修佛寺,赐名多庆禅院,赐官田10顷。④ 宋哲宗元祐四年(1089年),京师上清宫以"宫之所在为国家子孙地",受赐"度牒与佛庙神祠之遗利,为钱一千七百四十七万",另受赐官田14顷。⑤

　　寺观僧道获赐还有其他原因,如皇帝巡幸寺院道观,按例推赏;各州郡崇宁万寿观、天庆观享有制定性赐田等。⑥ 归顺僧人待遇特殊,北宋初期较为优厚,每月支钱2贯500文省,春冬衣绢4匹、绵20两,每月米麦2石,宋哲宗朝待遇降低,元符三年(1100年),依舒州(今山东滕州南)归明僧人李智广例罢支常住钱帛,从军资库每月支钱1贯。宋徽宗朝又有所恢复,大观三年(1109年)将每月支出增至3贯,"旧多者从多给",⑦享有较高待遇。

　　两宋时期立功僧人大受褒扬和奖励,如宋仁宗庆历二年(1042年),渭州崆峒山慧明院主法淳率徒与西夏军搏斗,保护了御书院,以及数以万计民户的生命及财产安全,朝廷赐号志护大师,法涣、法深、法汾赐紫衣。⑧ 宋神宗熙宁四年(1071年),为"赏平渝州巴县(今重庆巴南)夷贼功",赐僧人居一紫衣。⑨ 身份特殊的出家人受赐机会较多。如宋仁宗宝元二年(1039年),保顺军节度使、邈川(今青海乐都南)大首领唃厮啰前妻安康郡君李氏出家为尼,宋廷赐紫衣。⑩ 宋理宗端平元年(1234年),故巴陵县公赵竑妻子吴氏出家为尼,特赐慧净法空大师,绍兴府每月支赐"衣资缗钱",⑪确保衣食无忧。

① (宋)李焘:《续资治通鉴长编》卷119,景祐三年七月癸卯,第2797页。
② (清)徐松辑:《宋会要辑稿·礼》29之44—45、50,第1085—1086、1088页。
③ (宋)李焘:《续资治通鉴长编》卷262,熙宁八年四月戊辰,第6398页。
④ (宋)李焘:《续资治通鉴长编》卷342,元丰七年正月甲寅,第8225页。
⑤ (宋)苏轼撰,孔凡礼点校:《苏轼文集》卷17《上清储祥宫碑》,第502—503页。
⑥ 汪圣铎:《宋代政教关系研究》,人民出版社2010年版,第707页。
⑦ (清)徐松辑:《宋会要辑稿·兵》17之7,第7041页。
⑧ (宋)李焘:《续资治通鉴长编》卷138,庆历二年十二月乙巳,第3328页。
⑨ (宋)李焘:《续资治通鉴长编》卷220,熙宁四年二月辛酉,第5342页。
⑩ (宋)李焘:《续资治通鉴长编》卷123,宝元二年四月癸亥,第2901页。
⑪ (元)脱脱等:《宋史》卷41《理宗纪一》,第802页。

第六节　其他特殊群体

宋初两帝利用赏赐手段，对前割据政权的君臣进行妥善安置，以利于统一战争的顺利进行。受地缘政治的影响，宋朝重视对来往使节的安置与优抚。使节是外交代表，关乎一国的颜面，接待稍有不慎，易于引发外交纠纷。宋朝以周到的礼节，丰盛的礼品，极力安抚外来使节。宋朝对本国使节给予较高的经济待遇，赐予他们丰厚的物品，尤其重奖持节而归者。古代抚恤事业在宋代取得了较大发展，对高年的赏赐即是其中的表现之一。

一、前割据政权的君臣

北宋初年，江南、吴越、湖南、荆南、后蜀、南汉、泉漳、北汉等割据政权并立，宋朝采取"先南后北"的战略，发动统一战争，歼灭各个政权，开疆拓土，稳固统治。宋朝对臣服者的安置与处理多少会影响到对其他割据政权的征战与降服。

统一战争前后，宋帝常赐各国国君生辰礼物，如曾赐南唐李璟银帛及牲口等。降服后的国君生辰礼物虽不及从前，但数量仍十分可观。据邵博《邵氏闻见后录》载，李煜、钱俶先后受赐银帛等生辰礼物，[1]而钱俶恰巧在受赐当晚暴病身亡。[2]

各国国君请降、受降，宋朝赐衣带、银帛、鞍马等物，以示宽大之意。开宝八年(975年)征服江南后，南唐后主李煜着白衣、纱帽至明德楼下待罪，宋太祖下诏释罪，赐其冠带、器币、鞍马等物。[3] 乾德三年(965年)，后蜀孟昶素服待罪阙下，受赐物品多达数万缗：有袭衣、玉带、金鞍勒马、金器1000两、银器1万两、锦绮1000段、绢1万匹；孟母受赐物品接近万缗：有金器300两、银器3000两、锦绮1000匹、绢1000匹；子弟及其官属受赐物品有袭衣、金玉带、鞍勒马、车乘、器币等物。[4] 太平兴国四年(979年)，北汉主刘继元遣客省使李勋奉表请降，宋廷赐给他袭衣、金带、银器、锦彩、银鞍勒等物；受降时又赐袭衣、玉带、金银鞍勒马3匹、金器500两、锦彩2000段、银器5000两，属官各赐衣服，金、银带，器币等物。[5]

---

① （宋）邵博撰，李剑雄、刘德权点校：《邵氏闻见后录》卷22，中华书局1983年版，第173页。

② （元）脱脱等：《宋史》卷480《吴越钱氏世家》，第13906页。

③ （元）脱脱等：《宋史》卷478《南唐李氏世家》，第13860页。

④ （元）脱脱等：《宋史》卷479《西蜀孟氏世家》，第13874页。

⑤ （元）脱脱等：《宋史》卷482《北汉刘氏世家》，第13940页。

降君赐第多构筑在天子脚下,以便中央随时监控。因地位、影响以及与宋朝之间的亲疏关系不同,降君赐第的规模和级别差别较大,既有气势恢宏的离宫,也有修葺改建的旧宅,还有朝廷拨赐钱款、自行购置的宅第。

征战之前,宋廷下令构筑离宫,虚位以待。大军伐蜀前夕,宋太祖下令在宫城南右掖门前修建多达500间的豪宅,准备赐给孟昶。开宝七年(974年),正值征战江南的前夕,宋太祖召见吴越进奉使钱文赟:"朕数年前令学士承旨陶谷草诏,比于城南建离宫,今赐名礼贤宅,以待李煜及汝主,先来朝者赐之",并将诏令拿给钱文赟看,①告诫钱俶,消除割据政权乃大势所趋,不要做无谓的反抗,宋廷以礼相待主动归降者。礼贤宅在开封城南,规模大小如孟昶宅邸,宋太祖还亲自巡视,令大作园池,引灌惠民河水,营造出江南的园林风光,后因李煜称病未朝,礼贤宅转赐钱俶。据宇文绍奕《石林燕语考异》称,礼贤宅只是钱俶的临时公馆,太平兴国三年(978年)钱俶上表纳土,留居礼贤宅奉朝请。此类宅第富丽堂皇,堪与宫室相媲美,"制度略侔宫室"。高大的建筑一方面向世人展示了当朝者的胸怀,另一方面故国旧主妻妾成群,亲属、随从众多,非大宅不可安置。在构筑孟昶府邸时,宋太祖就曾叮嘱:"吾闻孟昶族属多,无使有不足",②宽敞的居所方能容纳众多的随行人员。

乾德元年(963年)荆南平定,周保权被安置在京城旧宅。③ 太平兴国二年(977年),泉、漳地区割据者陈洪进上表纳土,宋太宗赐银1万两作为购房费用。④ 旧国皇亲及官员也有受赐住宅的,如开宝四年(971年),李煜之弟李从善入贡,被强行留居京师,安置在汴阳坊,以钳制李煜。李煜亡故后,宋太宗赐其子李仲寓积珍坊第1区。⑤ 原后蜀官员毋守素授工部侍郎,献上蜀中茶园,宋廷赐钱3000贯及京城宅院1套。⑥

旧国国君遇至疾丧事,宋朝赏赐钱物进行抚慰,太平兴国五年(980年)钱俶身患重病,宋太宗赐钱银绢各1万贯两,金器1000两,并赐二子银各1万两;钱俶不治身亡,赗赠"从于异等"。⑦ 宋廷礼遇孟昶,身后"葬事官给",赗帛1000匹。⑧ 淳化二年(991年)刘继元病故,赠中书令,追封彭城

① (宋)李焘:《续资治通鉴长编》卷15,开宝七年八月丙子,第322页。
② (宋)叶梦得撰,宇文绍奕考异,侯忠义点校:《石林燕语》卷1,第1页。
③ (元)脱脱等:《宋史》卷483《湖南周氏世家》,第13950页。
④ (宋)李焘:《续资治通鉴长编》卷19,太平兴国三年七月乙酉,第432页。
⑤ (元)脱脱等:《宋史》卷478《南唐李氏世家》,第13862—13863页。
⑥ (元)脱脱等:《宋史》卷479《西蜀孟氏世家》,第13893页。
⑦ (元)脱脱等:《宋史》卷480《吴越钱氏世家》,第13904、13907页。
⑧ (元)脱脱等:《宋史》卷479《西蜀孟氏世家》,第13879页。

郡王,赗赙加等,官给葬事。① 降君的直系亲属也享有特恩,孟昶之母亡故,"赗赠加等",与孟昶同葬洛阳,丧事由鸿胪卿范禹偁处理。② 钱俶子钱惟济亡故,朝廷赠平江节度使,谥宣惠,遣使处理丧事,并赙钱 2000 贯、绢 1000 匹。③ 咸平年间(998—1003 年)李煜出家女、明智大师觉修过世,朝廷赙钱 100 贯,绢、茶、烛各 50 匹斤条。④

降国国君虽有万贯家财,但多半已上缴国库,奢华的生活习惯一时又难以改掉,日子久了,难免有捉襟见肘之感。太平兴国二年(977 年)李煜自称家境艰难,宋太宗令增加月俸,并赐钱 3000 贯。⑤ "僭侈之后"多"不知稼穑艰难",后代过惯了养尊处优的日子,生存能力又差,"率多窘迫",逐渐陷入生活无着的境地,朝廷多方接济。刘鋹子刘守正身亡后,家人生活愈发困顿,朝廷每月赐钱 10 贯;另一子刘守素寻求外任,以纾一时之困,朝廷赐银 100 两。⑥ 钱俶后代也有入不敷出者,如钱惟济一向喜欢大宴宾客,家无余财,朝廷赐银 2000 两后,仍欠公使钱 7000 贯。⑦

宋朝多方安抚归降官兵。建隆四年(963 年),宋太祖赐河东乐平县(今山西昔阳)降卒元威等 266 人衣服、钱、绢,改编为效顺指挥。⑧ 乾德元年(963 年)七月,客省使曹彬等率兵攻入北汉,俘获数千官兵,宋廷不仅全部释放,还赏赐钱米等物。⑨ 同年八月,宋廷改编北汉降卒 1800 人为效顺军,赐予钱帛。⑩ 翌年,李继勋率兵攻打辽州(今山西左权),北汉刺史杜延韬投降,宋廷赐袭衣、银带、器币、鞍勒马等;不久钧耀州团练使周审玉等 4 人归降,宋廷赐袭衣、金带、绢 1000 匹、银 500 两、鞍勒马等,并任命周审玉为左千牛卫大将军、领汾州团练使。⑪ 刘继元降服后,原北汉官兵亡命山林,太平兴国五年(980 年)宋廷诏令陈首,赦免罪行,并赏赐钱帛。⑫ 四川地理环境特殊,后蜀政权的残余势力较难消除,对降卒的安置更需谨慎。乾德三年

① (元)脱脱等:《宋史》卷 482《北汉刘氏世家》,第 13941 页。

② (元)脱脱等:《宋史》卷 479《西蜀孟氏世家》,第 13879 页。

③ (元)脱脱等:《宋史》卷 480《吴越钱氏世家》,第 13914 页。

④ (清)徐松辑:《宋会要辑稿·礼》44 之 14,第 1439 页。

⑤ (元)脱脱等:《宋史》卷 478《南唐李氏世家》,第 13861—13862 页。

⑥ (元)脱脱等:《宋史》卷 481《南汉刘氏世家》,第 13929 页;(宋)李焘:《续资治通鉴长编》卷 53,咸平五年十二月乙丑,第 1169 页(后者载刘守素为北汉主刘继元之子,似有误)。

⑦ (元)脱脱等:《宋史》卷 480《吴越钱氏世家》,第 13914 页。

⑧ (元)脱脱等:《宋史》卷 187《兵志一》,第 4571 页。

⑨ (宋)李焘:《续资治通鉴长编》卷 4,乾德元年七月丁巳,第 97 页。

⑩ (元)脱脱等:《宋史》卷 1《太祖纪一》,第 15 页。

⑪ (元)脱脱等:《宋史》卷 482《北汉刘氏世家》,第 13935 页。

⑫ (宋)李焘:《续资治通鉴长编》卷 21,太平兴国五年正月庚辰,第 470 页。

（965 年）征服后蜀后，宋廷诏旧有将士及家属赴阙，父母在者加赐钱 5 贯，①翌年赐原官员钱帛。② 自开封至成都的沿路州县发放医药，赏赐钱帛，③尽可能减少抵触情绪，以免途中生变。以上这些措施有利于新生政权的稳定与发展。

二、使　节

因国情特殊，宋朝尤为重视与西夏、辽、金之间的使节往来，西夏使节在朝贡贸易中已有所述及，且宋廷制定的相关政策法令多针对辽、金使节，故不再赘述。

（一）辽、金使

在邦交正常化时，宋与辽、金之间经常互派使节庆贺正旦、诞圣节、登基等，以示睦邻友好之意；国丧期间，则遣使赠送遗留物，并行吊唁之礼。宋朝对辽、金使节尽力款待，自其到都亭驿、朝见、伴射、就馆、朝辞、归国等各个阶段均赠送礼品，赏赐行为几乎贯穿于整个行程。若使节不幸在境内身亡，宋廷还发放赙赠物品，妥善处理后事，这在前文中已有所述及。

外来使节朝见、朝辞赏赐最多，依据本人的职位和等级接受礼物。如宋太祖开宝八年（975 年），正、副使受赐晕锦旋襕衣 1 袭，带 1 条，银器、绢帛各 100 两匹，金镀银鞍辔马 1 匹及靴帽等物，通事以下 80 余人受赐。④ 外来使节需穿戴赐服朝见宋帝，最初宋廷赐给辽使的冠带多为汉服样式，孟元老《东京梦华录》载，各国使节入朝后"旋赐汉装锦袄之类"。⑤ 景德元年（1004 年），契丹左飞龙使韩杞不守礼仪，着本族服饰入辞，在结伴使、翰林学士赵安仁的抗议下，韩杞改穿赐服朝见。⑥ 翌年朝廷制订辽使赏赐条例，主管官、内侍右班副都知阎承翰以"南北异宜，各从其土俗可也"为由，建议改赐契丹本族服饰，⑦自此辽使赐服便带有北方游牧民族的特点。

大中祥符九年（1016 年）宋廷制定相关仪制，辽使初至都亭驿赐金花银罐器、锦衾褥。朝见日赐大使、副使、三节人衣带、银帛等物，如赐大使金涂银冠、皂罗毡冠衣、金蹀鞢带、乌皮靴、银器、彩帛、鞍勒马等物，就馆后再赐

---

① （宋）李焘:《续资治通鉴长编》卷 6,乾德三年八月戊申,第 156 页。

② （元）脱脱等:《宋史》卷 2《太祖纪二》,第 23 页。

③ （宋）李焘:《续资治通鉴长编》卷 7,乾德四年七月丙寅,第 173 页。

④ （清）徐松辑:《宋会要辑稿·蕃夷》1 之 2—3,第 7673—7674 页。

⑤ （宋）孟元老撰,邓之诚注:《东京梦华录注》卷 6《元旦朝会》,第 159 页。

⑥ （宋）李焘:《续资治通鉴长编》卷 58,景德元年十二月庚辰,第 1288 页。

⑦ （宋）李焘:《续资治通鉴长编》卷 60,景德二年五月乙亥,第 1342—1343 页。

生饩,大使赐粟各 10 石,麦 20 石,羊 50 头,法酒、糯酒各 10 壶。[1] 辽使在玉津园伴射,射中者可获赏赐。辽使朝见后,翌日至大相国寺烧香,次日至南御苑射弓,朝廷选善射武臣伴射,三节人均可参与,射中者"赐闹装银鞍马、衣著、金银器物有差"。[2] 承天节赐衣 1 袭,立春赐金涂银镂幡胜、春盘。朝辞日赏赐的丰厚程度不亚于朝见日,如大使赐盘毬晕锦窄袍及衣 7 件、银器、彩帛各 200 两匹,副使紫花罗窄袍及衣 6 件,银器、彩帛同正使,并加金束带、杂花罗绫 100 匹。归国前再赐银器、瓶、合、盆、沙罗、注碗等物。除正、副使外,随从人员也各有所赐,如上节 18 人各赐练鹊锦袄及衣物 4 件、银器 20 两、彩帛 30 匹;中节 20 人各赐宝照锦袄及衣物 3 件、银器 10 两、彩帛 20 匹;下节 85 人各赐紫绮袄及衣物 4 件,银器、彩帛同中节人。[3]

北宋末年,宋金之间互派使节,宋廷最初参照高丽使节行赏,"自后屡遣使来,帝(宋徽宗)待之甚厚,时引上殿奏事,赐予不赀,礼遇并用契丹故事",[4]随着对金国外交事务的重视,又以辽使的标准行赏。宋室南渡后,国防外交的重点转为金政权,两国之间的使节往来备受关注。

宋高宗绍兴十三年(1143 年),诏令有关部门制订金国贺正旦、生辰使节的赏赐规格,金使到阙,赐龙茶 1 斤,银合 30 两,次日至都亭驿,"如前"赐龙茶、银合,又赐被褥、银、沙锣等。朝见日赐正、副使衣带、鞍勒马等物,共折银 50 两,银沙锣 50 两,色绫绢 150 匹,其余人员"并赐衣带银帛有差"。翌日赐牲,折博生罗、绫各 10 匹,绢布各 2 匹。朝辞日赐袭衣、金带、银沙锣50 两、红锦 2 色、绫 2 匹、小绫 10 色、绢 30 匹、杂色绢 100 匹,"余各有差"。同时增加密赐 1 项,自到阙至朝辞,密赐大使银 1400 两,其中银 1000 两,200 两盆 1 口,100 两瓶 2 只,沙锣 2 面,合 2 具,注碗 2 只;副使 880 两,其中银 500 两,100 两盆 1 口,瓶 2 只,注碗 1 只,沙锣 1 面。另赐袭衣 3 套、金带 3 条;都管、上节各赐银 40 两,袭衣 2 套;中下节各赐银 30 两及袭衣、涂金带。[5] 节日期间往往还有特赐,如宋孝宗乾道元年(1165 年)十一月四日,正值冬节,金国贺生辰正使、副使各赐绢 50 匹,上节人各赐 8 匹,中节人各赐 5 匹,下节人各赐 3 匹。[6] 整体待遇比辽使要高出不少。

① (清)徐松辑:《宋会要辑稿·蕃夷》1 之 36—37,第 7690—7691 页。
② (宋)孟元老撰,邓之诚注:《东京梦华录注》卷 6《元旦朝会》,第 160 页。
③ (清)徐松辑:《宋会要辑稿·蕃夷》1 之 37,第 7691 页。
④ (元)脱脱等:《宋史》卷 119《礼志二十二》,第 2810—2812 页。
⑤ (宋)周密:《武林旧事》卷 8《人使到阙》,第 128 页;(清)徐松辑:《宋会要辑稿·礼》62 之 65,第 1727 页。
⑥ (清)徐松辑:《宋会要辑稿·职官》51 之 23,第 3547 页。

（二）宋朝使节

宋朝对外派出的使节名目繁多。据周宝珠先生统计，仅派往西夏政权的宋使就有持节册封使（或曰册礼使）、旄节官告使、加恩官告使、起复官告使、押赐冬服使、赐生辰礼物使、致祭使（祭奠使）、吊赠使（吊慰使）、诏（招）谕使、议和使、赐皇帝及太后遗留使等。① 使节背负使命，长途跋涉，奔波劳顿，身处不测的几率较高，在双方处于敌对的状态下甚至有生命之虞。宋廷往往给予使节较高待遇，赐予丰厚物品，以减少他们的后顾之忧。

受战争局势的影响，不少使节长期出使在外，不能及时回国复命，有的客死他乡，有的则身陷敌国长达十余年，如建炎二年（1128 年）出使的魏行可、郭元迈，翌年五月出使的洪皓、龚璹，七月出使的崔纵、郭元明、杜时亮、宋汝为，九月出使的张邵、杨宪，十一月出使的孙悟、卜世臣，至绍兴十年（1140 年）均未归国。② 为表彰"奉使日久，守节不屈"的使节，宋廷给予褒奖，并多方抚恤家属。如绍兴元年（1131 年），宇文虚中出使在外，长久未归，"忠节可嘉"，赐家人钱 1000 贯。③ 绍兴四年（1134 年），宋高宗念及宇文虚中，赐家人及出使在外的章谊、孙近家人钱各 1000 贯。④ 绍兴七年（1137 年）又赐宇文虚中黄金 50 两，绫、绢各 50 匹，龙凤茶 10 斤。修武郎朱弁出使金国 10 年未归，赐家人湖州田 5 顷，黄金、绫、帛各 30 两匹，茶 6 斤。⑤ 绍兴十九年（1149 年），使节王云"顷年奉使，忘身为国，至于不免"，朝廷赐子王秬银绢 500 两匹，⑥以表彰忠勇之士。

宋朝制定了相应的给赐法。如绍兴三年（1133 年），尚书吏部侍郎韩肖胄为端明殿学士、同签书枢密院事，充大金军前奉表通问使，给事中胡松年试工部尚书，充副使，诏韩肖胄官子孙 7 人，胡松年官子孙 5 人，上、中节 29 人均迁官 4 资，白身人给初品官，下节 70 人各迁 4 资，三节人共赐装钱 2370 缗，银 380 两，帛 1510 匹，并赐两月探请俸。另外发放养家费用及伙食费，加赐韩肖胄钱 1 万贯，黄金 300 两，绫 250 匹为私觌费。⑦ 绍兴和议签订后，宋廷进一步明确赏赐标准，正使、副使及三节人完成使命后均迁一级官资，正使赐装钱 1000 贯，副使赐装钱 800 贯，银绢各赐 200 两匹。三节人数

---

① 周宝珠：《北宋西夏间贡赐交往中的开封与兴庆（银川）》，《史学月刊》2000 年第 1 期。

② （宋）李心传：《建炎以来系年要录》卷 109，绍兴七年二月辛丑，第 326 册，第 488 页。

③ （宋）李心传：《建炎以来系年要录》卷 49，绍兴元年十一月丁酉，第 325 册，第 666 页。

④ （宋）李心传：《建炎以来系年要录》卷 78，绍兴四年七月甲寅，第 326 册，第 90 页。

⑤ （宋）李心传：《建炎以来系年要录》卷 110，绍兴七年四月丁酉，第 326 册，第 501 页。

⑥ （宋）李心传：《建炎以来系年要录》卷 159，绍兴十九年二月辛巳，第 327 册，第 220 页。

⑦ （宋）李心传：《建炎以来系年要录》卷 65，绍兴三年五月丁卯，第 325 册，第 846 页。

量减少一半,为 50 人,上、中节各 10 人,下节 30 人,按级别赐物,上节人赐银绢 30 两匹,中节人赐银绢 25 两匹,下节人赐银绢 15 两匹,三节人除常俸外每日补给 500 文,仍赐两月探请俸。① 整体水平较战争时期有所下降。

三、高　年

古代社会人至耄耋,通常被认为福泽深厚,受人敬重,宋朝常赐物品给长寿老人,"国家庆寿典礼,千古未闻锡类施泽下逮士庶,妇人、高年亦加版授,诚不世之恩也"。② 宋朝 80 岁以下的高年受赐物品相对较少,如宋仁宗狩猎期间,曾赐耆老绢帛,80 岁以上 7 匹,80 岁以下 5 匹。③ 宋朝赏赐对象多是 80 岁以上的老者,如宋真宗天禧元年(1017 年)朝廷发布赦令,赐西京 80 岁以上的男子茶帛,免除课役。④ 宋仁宗天圣元年(1023 年),西京应天院安放宋真宗御容,80 岁以上的高年受赐茶 3 斤,帛 1 匹,免徭役。⑤ 元祐二年(1087 年),"奉安神宗御容礼毕",宋哲宗赐给西京 80 岁以上的老人酒食、茶绢等。⑥ 宋高宗为皇太后祝寿,赐 80 岁以上的平民束帛,文武致仕升朝官依例赐羊、酒、粟、帛,曾任太中大夫、观察使以上者赏赐加倍,并要求地方官差人递送,不得"呼集烦劳,徒为文具"。文臣致仕官朝奉大夫以上者赐紫服,80 岁以上的僧尼、道士、女冠赐紫衣,已有紫衣者赐师号,还要求州县"尊礼高年,常加存恤"。⑦ 因高年可享受优惠政策,民间出现不少虚冒高龄者,"增加年甲,伪冒寖出",官府采取应对措施:"台臣固已论列,而严保任之制",⑧从制度层面上加以防范,不仅要求御史台严加弹劾,还进一步加强管理,严明担保之责。

80 岁以上的老者已然稀少,90 岁以上的高年更是少见,受赐机会自然要高于前者。如宋真宗大中祥符三年(1010 年),诏令赤县 90 岁以上的男子授摄官,终身赐粟帛,80 岁以上者赐爵 1 级。⑨ 明堂及登基庆典多赏赐90 岁以上的长寿老人。宋仁宗皇祐二年(1050 年)明堂礼毕,四京、诸路州府 90 岁以上的老人受赐米面各 1 石、酒 1 瓶,男子受赐紫绫锦袍 1 领,女子

---

① (宋)李心传:《建炎以来系年要录》卷 145,绍兴十二年五月乙未,第 327 册,第 24—25 页。
② (宋)周煇撰,刘永翔校注:《清波杂志校注》卷 1《庆寿推恩》,第 35—36 页。
③ (清)徐松辑:《宋会要辑稿·礼》9 之 3,第 530 页。
④ (元)脱脱等:《宋史》卷 8《真宗纪三》,第 162 页。
⑤ (宋)李焘:《续资治通鉴长编》卷 100,天圣元年三月丙子,第 2318 页。
⑥ (宋)李焘:《续资治通鉴长编》卷 406,元祐二年十月辛卯,第 9884 页。
⑦ (清)徐松辑:《宋会要辑稿·后妃》2 之 11—12,第 238—239 页。
⑧ (宋)周煇撰,刘永翔校注:《清波杂志校注》卷 1《庆寿推恩》,第 36 页。
⑨ (元)脱脱等:《宋史》卷 7《真宗纪二》,第 143 页。

受赐紫绫 1 匹、绵 5 两。① 宋哲宗元祐四年（1089 年）大飨明堂，赦天下，90
岁以上的高年受赐。② 宋高宗即位，诏赐 90 岁以上的老人粟帛等，令州县
发放，"务令得实，不得扰呼"。③ 宋宁宗嘉泰三年（1203 年），"依格给赐"
90 岁以上的老人粟帛等物，令所在州县于系省钱内拨发，④这说明已成
定例。

　　期颐之年甚为罕见，更有特恩赏赐。如开宝五年（972 年），宋太祖召见
了年近百岁的老人许琼，赐袭衣、犀带、银鞍勒马、帛 30 匹、茶 20 斤。⑤ 淳
化四年（993 年），宋太宗诏赐京城高年布帛，百岁老人加赐涂金带。⑥ 宋真
宗朝，诏令各州县上报百岁老人，赏赐衣帛、米麦等物，并令地方抚慰。⑦ 天
禧五年（1021 年），故凤州团练使张晖之母彭城县君刘氏已 105 岁，"贫无以
养"，朝廷录张晖子张永德为三班借职，赐束帛、缗钱。⑧ 景祐二年（1035
年），有 100 余名父老上尊号，百岁老人张环"视听不衰"，宋仁宗特赐绢 10
匹、米 5 斛及紫衫、银带。⑨

本 章 小 结

　　宋朝受赐对象和人数有所增加，受赐时机和场合超过前朝，这是宋朝赏
赐规模扩大的具体表征之一。宋朝对受赐对象态度的变化往往映射了时代
背景和现实政治的变迁。宋朝优待百官即与政治格局有关，其时中国传统
社会已步入官僚政治阶段，当政者必然要在诸多方面迎合士大夫的需求。
宋朝厚遇宗戚同样基于现实考量："宋承唐制，宗王襁褓即裂土而爵之。然
名存实亡，无补于事。降至疏属，宗正有籍，玉牒有名，宗学有教，郊祀、明
堂，遇国庆典，皆有禄秩"。⑩ 故当秦王赵廷美被告谋反时，宋太宗一面借机
罢去他的要职，一面厚赐钱物。⑪ "外戚使奉法顺理，不敢为非，足矣"，⑫外

---

① （清）徐松辑：《宋会要辑稿·礼》24 之 31，第 915 页。
② （元）脱脱等：《宋史》卷 17《哲宗纪一》，第 329 页。
③ （宋）徐梦莘：《三朝北盟会编》卷 101，建炎元年五月一日庚寅，第 743 页。
④ （清）徐松辑：《宋会要辑稿·礼》59 之 10—11，第 1674—1675 页。
⑤ （元）脱脱等：《宋史》卷 457《陈抟传》，第 13422 页。
⑥ （元）脱脱等：《宋史》卷 5《太宗纪二》，第 91 页。
⑦ （元）脱脱等：《宋史》卷 457《陈抟传》，第 13422 页。
⑧ （宋）李焘：《续资治通鉴长编》卷 97，天禧五年二月戊辰，第 2243 页。
⑨ （宋）李焘：《续资治通鉴长编》卷 117，景祐二年七月戊申，第 2748 页。
⑩ （元）脱脱等：《宋史》卷 244《宗室一·序》，第 8665 页。
⑪ （元）脱脱等：《宋史》卷 244《魏悼王廷美传》，第 8666 页。
⑫ （宋）李焘：《续资治通鉴长编》卷 239，熙宁五年十月丙申，第 5818 页。

戚远离朝堂,不涉政务,朝廷则给予一定的经济补偿。

宋朝对归明、归正人的赏赐带有浓厚的政治色彩,随着政治风云的阴晴不定呈现出多变的特点。傅筑夫《中国封建社会经济史》认为北宋对归明人带有明显政治作用的赏赐只有2次,[1]实际上远超此数。对辽、金使节的赏赐规格高于其他国家和政权,显示了宋朝在外交上的倾向性以及所处的劣势地位。宋朝注重对忠、孝、节、义之士的表彰和奖励,力图重建伦理纲常,增强对基层社会的控制力度。宋朝皇帝大多崇信宗教,非佛即道,或两教并尊,对释道的赏赐往往能反映皇帝对宗教的态度及政策。宋太祖多次赏赐僧人,意味着自周世宗以来的抑佛政策发生变化,佛教再次受到推崇;宋真宗、徽宗两帝崇信道教,故宫观道士受到的赏赐高于其他任何时期。南宋初年释道地位不及从前,赏赐数量有所减少,至宋理宗朝赏赐增加,表明理学在受到尊崇的同时,释道两教的发展并未受到压制。宋朝皇帝对释道的赏赐一方面反映了当政者对宗教所秉持的态度,另一方面对整个社会也起着一定的导向作用。

宋朝上述各项政策和措施取得了较为明显的社会效果,忠义之士在数量上超越了前代,对归明、归正人的安置促进了土地开发与国防建设,对前割据政权的安抚减少了敌对势力和抵触情绪,有利于征战的进行与局势的稳定。不过,赏赐给宋朝社会带来的消极影响同样不容忽视。赏赐实为社会资源的再配置,是政府对社会资源进行再次调节的过程。在等级授职制下,赏赐继续拉大了官员之间的收入差距,加剧了不同阶层之间的利益冲突。这不仅增加了社会不安定因素,而且不利于整体经济的发展。西方经济学家研究表明,收入分配越平等,消费需求就越高,相反收入分配越是不平等,消费倾向就会越低,制约消费需求的增长,从而阻碍社会经济的全面发展。

---

① 傅筑夫:《中国封建社会经济史》(第五卷),人民出版社1981年版,第113页。

第六章 宋朝物质赏赐的特征、功能及存在的问题

唐宋之间社会发生大变革,以至宋代在政治、军事、思想、文化等诸多领域出现与前朝截然不同的面貌,物质赏赐即是其一。在中国古代,制度的推行往往带有强烈的政治目的性,宋朝物质赏赐亦是如此,它在维护公序良俗、强化专制统治等方面起着一定的推动作用。同时,专制社会与生俱来的顽疾又使得宋朝物质赏赐弊端丛生,难以根除。

第一节 宋朝物质赏赐的特征

受历史背景和社会发展的影响,宋朝物质赏赐带有鲜明的时代特征,在物品种类、赏赐标准等方面均发生重大变化。

一、赏赐物品发生明显变化

因社会经济的快速发展,宋朝生产力和生产关系发生剧烈变动,传统社会的阶级结构有所调整,赏赐物品与前朝有较为明显的区别。具体表现如下:

首先,赏赐物品的比重发生变化。随着商品经济的飞跃发展,宋朝赏赐领域内钱币、白银数量增加,绢帛数量减少;由于宋代国有土地大量减少,赐田数量不及前朝;稻、麦在宋代种植面积有所扩大,米、麦逐渐取代了粟,成为赏赐最多的粮食作物;宋代赏赐领域内畜产品的比重也有明显变化。唐代赏赐用量最大的畜产品为马,其次为羊;由于丧失了西北传统的畜牧业基地,宋代官马数量锐减,羊取代了马,成为宋代赏赐用量最大的畜产品。宋代印刷术进一步普及,文化教育事业取得新进展,御书、书籍及文房四宝等文艺作品及文化产品越来越多地出现在赏赐领域。

其次,某些赏赐物品渐趋消失。宋以前,奴婢大量使用于赏赐领域,如唐高祖武德六年(623年),岭南道抚慰大使李靖平定江南叛乱,荣获的战功奖励中就有奴婢100口,参与此役的河间王李孝恭获赐奴婢更达700口。[①]

---

① (后晋)刘昫:《旧唐书》卷67《李靖传》、卷60《河间王孝恭传》,第2478、2349页。

高昌之役中出任行军副总管一职的姜行公受赐奴婢也有 70 口。① 宋代奴婢赏赐锐减,几近消亡,仅见于北宋初年。开宝年间(968—976 年),宋太祖曾将奴婢赐给大将周仁美,以奖战功。② 北汉刘继元降服后,曾献宫妓一百余人,宋太宗分赐给立功将校,其中赐给军使解晖 3 人。③ 官奴婢的大量减少当是造成这一现象的原因之一。北宋大规模籍没奴婢入官的现象已极少见,至南宋则完全停止,"北宋官奴婢以及终身为人奴役的私奴婢不再是奴婢的主体"。④ 唐令中还有关于奴婢赏赐的相关规定,宋令已弃而不用了。生产关系的变化则是宋朝赏赐奴婢大量减少的另一重要原因,契约关系在宋代获得广泛发展的空间,底层劳动者的人身依附关系大为减轻,奴婢身份发生了变化,社会地位有了极大提高,故宋代极少将奴婢作为物品赏赐他人。

最后,出现了新型赏赐物品。宋代商品经济的飞跃发展,极大拓展了社会生产领域,如招标投标制度得到了一定程度的发展,买扑广泛地适用于坊场、官田、商税、酒店等领域,宋朝将授予立功者拥有买扑权作为一种酬奖。除僧人外,度牒在前代极少赐予他人,宋代度牒具有法定价格,定价之外还有市场价格,几乎等同于货币或相当于有价证券,在市场自由流通,⑤应用范围十分广泛,宋神宗熙宁以后,常作为赏赐品赐予有功者。

二、赏赐标准愈发细密,趋于务实

宋朝物质赏赐的标准更加细密,略显烦琐,且趋于务实,功利性较强。

(一)名目繁多,条法细密

宋朝赏格名目极多。如宋孝宗淳熙六年(1179 年),右丞相赵雄等呈上《诸路州军赏法》139 卷、《诸路监司酬赏法》47 卷、《通用赏法》13 卷及《西北州军旧赏》1 卷。⑥ 部门和机构多设立赏格,如群牧司总天下马政,马匹"孳息有赏,耗亡有罚,条教甚备"。⑦ 经济领域更是广设赏格。元丰七年(1084 年)宋神宗下发诏令,税务年终课增额"依盐酒务赏格",⑧这说明宋

---

① (后晋)刘昫:《旧唐书》卷 59《姜行本传》,第 2334 页。

② (元)脱脱等:《宋史》卷 279《周仁美传》,第 9491 页。

③ (元)脱脱等:《宋史》卷 482《北汉刘氏世家》,第 13940 页;卷 271《解晖传》,第 9293 页。

④ 戴建国:《"主仆名分"与宋代奴婢的法律地位——唐宋变革时期阶级结构研究之一》,《历史研究》2004 年第 4 期。

⑤ 程民生:《宋代物价研究》,人民出版社 2008 年版,第 429 页。

⑥ (清)徐松辑:《宋会要辑稿·刑法》1 之 52,第 6487 页。

⑦ (宋)王应麟:《玉海》卷 149《马政·咸平群牧司》,第 2735 页。

⑧ (清)徐松辑:《宋会要辑稿·食货》56 之 23,第 5784 页。

朝先后制定了盐、酒、税务等增剩给赏法。

宋朝赏格条法缜密,如《庆元条法事类》中《畜产门》详细规定了猎物赏格:虎匠捕获狼 1 头,赐绢 2 匹,钱 1 贯;豹 1 头,赐绢 3 匹,钱 2 贯;虎 1 头,赐钱、绢各 5 贯匹。他人捕获狼 1 头,赐绢 2 匹;豹 1 头,赐绢 3 匹;虎 1 头,赐绢 5 匹;幼兽则减半赏赐。① 赏赐标准依据猎手身份、猎物大小及种类而定。不少赏格过于细密,如宋高宗绍兴五年(1135 年),诸路起发纲运根据轻重、远近及少欠等推恩。如若运至三分纲,则 3000 里升 1 年名次,2700 里升 3 季名次,2400 里升半年名次,2100 里升 1 季名次,1800 里赐绢 6 匹半,1500 里赐绢 6 匹,1200 里赐绢 5 匹半,900 里赐绢 5 匹,600 里赐绢 4 匹半,300 里赐绢 4 匹。② 每一种纲运根据里程远近确定奖励标准。南宋广南西路经略安抚司起发纲马运至杭州、镇江、建康府、池州、鄂州、襄阳府等处。为减少马匹病、瘦、倒毙现象,乾道七年(1171 年)出台广马纲运赏罚条例,根据马纲类型(进马、出格马、常纲马)、目的地及马纲各色人等在纲运过程中马匹死损瘠瘦的数目,制定相应的奖惩措施。③ 如起发常纲马赴鄂州、襄阳府都统司,每人牵引 4 匹。若 50 匹全纲到,医兽牵马 4 匹无死损瘠瘦,则转一资;若 1 匹死损瘠瘦,牵马人减半推赏,赐钱 15 贯;50 匹倒毙、寄留不及 1 分,医兽牵马 4 匹无死损瘠瘦,则各赐钱 10 贯,若 1 匹死损瘠瘦,则减半推赏,赐钱 5 贯;牵马将校名下 4 匹全到,若 2 至 4 匹发生疮疥、瘠瘦、病等现象,或倒毙、寄留 1 匹,均不在推恩之列。④

(二) 赏格成为衡量官吏政绩的重要指标

宋朝商品经济获得前所未有的发展,赏赐标准随之发生显著变化,财政收入成为衡量地方官吏政绩的重要指标,在赏格中比重明显加大。自北宋初年始,三司根据诸州盐、曲、市征、地课收入的情况评定地方官员政绩,宋神宗熙宁五年(1072 年),转运司每年评选州县盐、酒、课利最多及最少者两处,"当行赏罚,合黜者不以去官赦降原减"。⑤ 经济收益的增减成为赏罚官员的硬性指标,如推行青苗法"计息推赏,否则废黜";⑥ 又如按元丰赏格,"酒务盐官年终课利增额,计所增数给二厘;酒务专匠,年终课利增额,计所

---

① (宋)谢深甫撰,戴建国点校:《庆元条法事类》卷 79《捕猛兽》,第 896 页。
② (清)徐松辑:《宋会要辑稿·食货》45 之 14—15,第 5601 页。
③ 尚平:《南宋马政研究》,博士学位论文,首都师范大学历史学院,2009 年,第 125 页。
④ (清)徐松辑:《宋会要辑稿·兵》25 之 24—25,第 7212 页。
⑤ (元)马端临:《文献通考》卷 15《征榷考二》,第 439 页。
⑥ (宋)赵与时撰,齐治平校点:《宾退录》卷 1,第 10 页。

增数给一厘",①官吏的年终奖励直接与经济收益挂钩。

南宋地方财政收入的压力更大,"比年以来,外台以财利督郡县,不责守令以治民之效;郡县以财利责民,不暇及抚循安养之术。其甚者笞榜刻剥,穷耗财力,以免一时之责",②财政收入在衡量官吏政绩中的比重持续加大。北宋初年沿袭五代以来的各项杂税,名目繁多,至南宋杂税更为苛暴。"今有和买及经总制等钱,又有无额上供钱。既无名额,则是白取于民也",朝廷"又立赏以诱之,使之多取以民"。③ 经总制钱以绍兴二十六年(1156年)以前输入的最高数额——绍兴十九年(1149年)之数立额,"既诱以厚赏,又驱以严责",以赏罚惩劝官员,地方或为希赏,或为免责,"每至横敛,民受其弊"。④ 起发无额钱,诸路知州、通判"尤更切于受赏,人人竞利",因财赋有限,郡县越小,征发越紧迫,"于常赋之外更事刻剥",⑤常赋外仍有苛捐杂税。朱熹认为这种考核方法极不合理,"又造为比较监司郡守殿最之法以诱胁之,不复问其政教设施之得失,而一以其能剥民奉上者为贤",业绩考核仅以上缴赋入的多少为标准,其他一概不问,只能使那些最能刻剥百姓的官员成为优异者。"于是中外承风,竞为苛急,监司明谕州郡,郡守明谕属吏,不必留心民事,惟务催督财赋,此民力之所以重困之本"。⑥ 为增加地方赋入,地方官员可谓煞费苦心,却将民生放在次要位置上。

（三）针对吏人的赏格大量增加

宋代赏格另一显著的特征是出现大量吏人受赐的情况。官员、吏人常一起推赏,苏轼认为"盐酒税务监官,虽为卑贱,然搢绅士人公卿胄子,未尝不由此进",监官虽地位卑下,但好歹也是政府官员,却"与专栏秤匠一处分钱,民何观焉",⑦实在有损朝廷形象。宋朝出台了不少关于吏人受赏的条令。如宋徽宗政和元年(1111年),枢密院奏川陕茶马司减省钱近100万缗,诏令吏人第一等各赐绢15匹,第二等各赐绢10匹,第三等各赐绢5匹。⑧ 政和六年(1116年),成都陕西等路茶马司因息钱增羡,除优赏官员

---

①　(宋)苏轼撰,孔凡礼点校:《苏轼文集》卷34《乞罢税务岁终赏格状》,第981页。

②　(宋)赵汝愚撰,北京大学中国中古史研究中心校点:《宋朝诸臣奏议》卷72,上官均:《上哲宗乞定州县考课之法》,第792页。

③　(宋)佚名:《皇宋中兴两朝圣政》卷57《无额钱赏格》,第1778—1779页。

④　(元)马端临:《文献通考》卷19《征榷考六》,第550页。

⑤　(清)徐松辑:《宋会要辑稿·食货》35之43,第5429页。

⑥　(宋)朱熹撰,朱杰人等编:《朱子全书·晦庵先生朱文公文集》卷11《戊申封事》,刘永翔、朱幼文校点,上海古籍出版社、安徽教育出版社2002年版,第605页。

⑦　(宋)苏轼撰,孔凡礼点校:《苏轼文集》卷34《乞罢税务岁终赏格状》,第981页。

⑧　(清)徐松辑:《宋会要辑稿·职官》43之92—93,第3319—3320页。

外,吏人赐绢帛,优等赐 20 匹,第一等赐 15 匹,第二等赐 10 匹,第三等赐 5 匹。① 吏人普遍受赐,以至出现"吏有横赐"②的局面。以上情况当与宋代官僚士大夫对吏人的倚重渐次增加有关。宋朝律令格式繁杂,解读困难,推行不易,唯有长时间习读和实践方可吃透其中的条条框框,这导致具体执法时官员多赖胥吏之力,逐渐形成"吏强官弱"及"公人世界"的局面,"其薄书期会,一切惟胥吏之听"。宋朝赏格顾及吏人利益,"滥恩横赐,自占优比"。③ 如按元丰赏格,稽查到受损官物及一分者给三厘充赏,此法使得"人人有所劝激"。元祐更化后减少赏赐力度,规定每及一分只以二厘充赏,至 500 贯止,致使"赏薄而吏怠",吏人"不复用心",④绍圣三年(1096 年)便又恢复了元丰赏格。

三、随机、援例赏赐日渐增多,比重加大

自北宋中期以降常例赏赐虽有所控制,随机、援例赏赐却日渐增多。宋朝赏赐品的颁放有很大的随意性。如阁门编纂条例载:

> 诸赐与物等,多是逐人自乞,方得支给。然赐与者,乃人君所以优宠臣下,有祇受之礼,无自请之文。今当赐者,有司不即举行,必待自言,或至援引比例,章诉纷然,殊失上下之体。⑤

不少赏赐由乞请而来。统治者还多逾规操作。宋仁宗嘉祐七年(1062 年),司马光指出赏赐耗费无数的一个重要原因就在于"颁赐外廷之臣,亦皆踰溢常数,不循旧规"。⑥ 随机赏赐在宋代各类文献中俯拾皆是,宋真宗朝"东封西祀",在外藩侯也可得赏赉。"旧制,藩侯在外,遇大礼无赉及之例,今特赐焉"。⑦ 因工程庞大,军士和役徒人数众多,服役多达数月,为安抚众人,礼成后朝廷遣使抚问,赐茶药、时服。泰山役徒两月一赐缗钱,每月发放麻屦。又赐治道、辇送物色军士缗钱,役卒还营时赐时服、缗钱。⑧ 内外诸

---

① (清)徐松辑:《宋会要辑稿·职官》43 之 99—100,第 3323 页。

② (宋)岳珂:《愧郯录》卷 6《修书恩数》,第 49 页。

③ (宋)叶适撰,刘公纯、李哲夫等点校:《叶适集·水心别集》卷 11《财总论二》,第 772 页。

④ (清)徐松辑:《宋会要辑稿·食货》56 之 30,第 5787 页;(元)脱脱等:《宋史》卷 179《食货志下一》,第 4357 页。

⑤ (宋)李焘:《续资治通鉴长编》卷 191,嘉祐五年六月甲申,第 4629—4630 页。

⑥ (宋)李焘:《续资治通鉴长编》卷 196,嘉祐七年五月丁未,第 4757 页。

⑦ (宋)李焘:《续资治通鉴长编》卷 70,大中祥符元年十一月乙丑,第 1575 页。

⑧ (清)徐松辑:《宋会要辑稿·礼》22 之 6,第 885 页。

军将士,"比南郊例特与加给",因此,"东封及汾阴"耗资巨大,"赏赐亿万"。仅祭祀汾阴所费赏赉与南郊相比,"外道所给,比往年南郊乃多十余万",再加上诸路免除租赋,三司使丁谓不免担忧"有司经费不给"。①

宋徽宗统治时期倡"丰亨豫大"之说,虚夸之风盛行,地方官吏投其所好,不断向朝廷进表,恭请再行封禅大礼,虽未成行,但政和三年(1113年)十一月至翌年四月,进表之人络绎不绝,河南府先后两次送人诣阙,一次就有4600余人,郓州(今山东东平)、濮州两地合计8600余人,前后至少有两万余人。进表之人皆受到皇帝召见,受赐束帛、缗钱。② 束帛即一束的5匹帛,若以每人所得一束帛计算,2万人则需帛10万匹。

宋朝赏赐还存在一种现象,即将临时性的推赏定为条例,成为日后推赏的参考标准,即"援例"赏赐。如按例辅臣加恩并无赏赐,"故事,辅臣加恩无所赐"。景德二年(1005年),参知政事王钦若加阶邑、实封,宋真宗认为王钦若守藩有劳,特赐衣带等物,"自是遂为故事",③之后辅臣加恩均可获赐。绍兴九年(1139年)右正字陈渊入对,以为"比年以来,恩惠太泛,赏给太厚,匪颁赐予之费太过"的主要原因就在于未严格遵守法度,建议"凡有赐赉,法之所无,而于例有疑者,三省得以共议,户部得以执奏,有司得以献其疑,台谏得以论其失,一有失当,即行改正",恳请"援例"增加商议、审核、纠正等环节。奏章送呈后宋高宗颇为不怿。④

要之,随机、援例赏赐成为宋朝赏赐制度的一大特点。宋廷有意削减常例赏赐,对随机、援例赏赐却未加严格控制。随机、援例赏赐看似规模不大,受赐范围有限,但实际上却是宋朝减控效果不甚明显、赏赐渐趋泛滥的重要原因。

四、官员拥有一定的便宜行事之权

"便宜行事"是指在紧急情况下,中央赋予臣下一定的先行后奏的权力。赏赐为皇帝控制臣民的权柄之一,而唐末五代以来因皇权衰微,赏罚之权并不能专决于上。"五代相蹂,乱靡有定,昫濡姑息,务相加厚。奸臣骄将,磨牙择肉,指帑藏为外府,视藩岳为别第"。⑤ 一方面皇帝不得不以重赏笼络将官,另一方面权臣悍将要挟皇权,将国家资财纳入私囊。为杜绝上述

---

① (宋)李焘:《续资治通鉴长编》卷76,大中祥符四年八月丙辰、九月丁亥,第1733、1735页。
② (清)徐松辑:《宋会要辑稿·礼》22之19,第892页。
③ (宋)李焘:《续资治通鉴长编》卷59,景德二年正月己巳,第1313页。
④ (宋)李心传:《建炎以来系年要录》卷133,绍兴九年十月庚寅,第326册,第786—787页。
⑤ (宋)张方平撰,郑涵点校:《张方平集》卷6《如(姑)息之赏》,第91页。

情形,宋朝统治者极为看重赏罚的权柄问题。宋太祖曾在一怒之下斩杀为首的川殿直,即是为显示人主对赏罚权柄的绝对控制权:"太祖责川班援例求赏,尽诛之,所以销人臣悖慢之气,而长人主威权"。①　大中祥符三年(1010 年),知天雄军寇凖擅自拨赐护送契丹使过境的振武军士装钱。宋真宗听闻后极为不悦,认为寇凖"好收人情,以求虚誉",责令寇凖把钱补偿给官府。②　大中祥符七年(1014 年),宋真宗认为枢密院"始则稽留不行,终又擅自超擢,敢以爵赏之柄高下为己任",将枢密使王钦若等 3 人同时罢免。③官员擅自推赏,有拿国家钱财以行私人之情的嫌疑,被当局明令禁止和严加诫谕,情节严重者处以刑罚。

　　不过,由特殊的时代背景决定,在赏赐问题上宋朝官员仍有一定的便宜行事权,即在情况紧急时先行赏赐,然后奏报中央,这种情况多发生在战争期间。如宋太祖乾德初年,段思恭任眉州(今四川眉县)通判,"时亡命集众,攻逼州城",段思恭率兵战于彭山。形势危急,士兵却毫无斗志,观望不前。段思恭以重金为诱饵,激发将士斗志,最终平定叛乱。战后段思恭并未食言,以上供钱帛作为军赏物资,矫诏奖励立功将士。事发后度支部欲治罪于他,宋太祖却对段思恭的果敢行为大加赞许,任命段思恭为眉州知州。④北宋初年征战交州,不少士兵身中瘴气,染病身亡,军中士气低落。广南转运使许仲宣未请示朝廷,便打开府库,将物资发给士兵。事后许仲宣上章待罪,宋太宗同样未治罪于他,相反还予以嘉奖。⑤ 宋仁宗庆历元年(1041年)府州遭遇外敌,情况危急,通判张旨矫诏将库存的数千匹用于购马的彩帛全部赐给士兵,士兵高呼万岁,敌人以为援兵将至,张旨乘机率众力战,终于解围,因事发突然,张旨非但未被治罪,还迁为都官员外郎。⑥ 沈括任延州知州期间,朝廷下令赏赐宿卫之师,而将镇兵排除在外。沈括以为镇兵虽不及卫兵重要,但长期担任着防戍任务,为防不测,沈括藏匿敕书,矫诏赐镇兵数万缗钱。事发后朝廷同样未追究沈括的责任,并从制度上查找问题,认定枢密院处置不当,最终出台相关规定:在事情紧急的情况下,边帅可自行处理类似事宜,⑦以法令的形式赋予了边官在行赏问题上具有一定的"便宜

---

① (宋)李焘:《续资治通鉴长编》卷 242,熙宁六年二月戊戌,第 5905 页。

② (宋)李焘:《续资治通鉴长编》卷 73,大中祥符三年正月丁丑,第 1653 页。

③ (宋)李焘:《续资治通鉴长编》卷 82,大中祥符七年六月乙亥,第 1883 页。

④ (元)脱脱等:《宋史》卷 270《段思恭传》,第 9272 页。

⑤ (元)脱脱等:《宋史》卷 270《许仲宣传》,第 9268—9269 页。

⑥ (宋)李焘:《续资治通鉴长编》卷 133,庆历元年九月壬申,第 3179 页。

⑦ (元)脱脱等:《宋史》卷 331《沈括传》,第 10656 页。

行事"权。

南宋战争频繁,朝廷赋予将帅便宜行事的权限更大。南宋初年,因川陕战区战略地位的重要性,张浚被任命为川陕宣抚处置使,"上许浚便宜黜陟,亲作诏赐之",①明确规定张浚可"便宜从事",故张浚常不经朝廷批准而先行推赏。绍兴元年(1131 年)五月,吴玠大败金人于和尚原(今陕西宝鸡西南),张浚任命吴玠为明州观察使,并提拔吴璘为武德大夫、康州团练使,赐金带,擢秦凤路兵马都钤辖,统制和尚原军马。② 同年十月,熙河马步军副总管刘惟辅战死,张浚除赠其昭化军节度使外,另赙银帛各 200 匹两,恩荫子孙 12 人,并在成州立忠烈庙以示纪念。③

其他官员也拥有一定便宜行事的权力。宋高宗绍兴元年(1131 年),宣抚使孟庾率大军途经温州,因未及时发放军赏,州治军人"塞满庭下,汹汹且不测",紧张的局势一触即发。危急之下知州洪拟擅发封桩钱犒赏军士,平息了骚乱。洪拟自劾待罪,朝廷认为洪拟顺应时变,稳定局势,加秩一等。④ 绍兴十年(1140 年)五月,朝廷令川陕宣抚副使胡世将"如遇军事及赏罚等待报不及,许一面便宜施行"。⑤ 同年六月,令诸军"今次功赏,自节度使至横行,天下并空,以临军给授,不待报明申请,不碍止法,并与转行",以使"将佐、士卒各思奋励,用命杀敌,以赴功名之会"。⑥ 考虑到将帅在外,若皇帝首肯后再行赏,容易延误战机,故赋予将帅一定的赏罚权。

不过,大臣超越职权范围行事,难免与中央产生权力冲突,实际上,允许官员"便宜从事"的实质"是将政策的制定权与执行权合二为一,这与中央集权的主旨必然产生冲突"⑦。政策执行者行便宜之权,稍有不慎便有可能惹祸上身,富弼出任河北宣抚使,"大阅河北之兵,将卒多所升黜",根据教阅成绩升黜官兵,以明赏罚,却被人以"擅命专权,自作威福"的恶名告至朝廷,结果富弼被罢免枢密使一职,改知郓州。⑧ 宋高宗绍兴四年(1134 年)二月,殿中侍御史常同弹劾张浚,历数其罪:"以至擅造度牒,铸印记,赐敕

---

① (宋)李心传:《建炎以来系年要录》卷 23,建炎三年五月戊寅,第 325 册,第 371 页。

② (宋)李心传:《建炎以来系年要录》卷 44,绍兴元年五月癸卯,第 325 册,第 611 页。

③ (宋)李心传:《建炎以来系年要录》卷 48,绍兴元年十月丙戌,第 325 册,第 663 页。

④ (宋)李心传:《建炎以来系年要录》卷 50,绍兴元年十二月庚辰,第 325 册,第 680 页。

⑤ (宋)李心传:《建炎以来系年要录》卷 135,绍兴十年五月庚子,第 326 册,第 815 页。

⑥ (宋)李心传:《建炎以来系年要录》卷 136,绍兴十年六月丙午,第 326 册,第 819 页。

⑦ 何玉红:《"便宜行事"与中央集权——以南宋川陕宣抚处置司的运行为中心》,《四川大学学报》2007 年第 4 期。

⑧ (宋)张邦基撰,孔凡礼点校:《墨庄漫录》卷 8《欧阳文忠公四事》,第 225—226 页。

减降,出给封赠、磨勘绫纸之类,皆有不臣之迹",①张浚被中央赋予的"便宜"之权遭受严重质疑和攻击。

第二节　宋朝物质赏赐的功能

赏赐是中国古代社会维护伦理纲常、集权统治的重要辅助手段,王钦若等人编纂的《册府元龟》搜集了历朝历代的褒奖事例,旨在说明赏赐对于专制社会的重要性。宋朝赏赐功能更加突出,具体表现在以下几个方面。

一、稳定社会秩序,维护边关安全

赏赐在宋朝维稳、安边等方面发挥着积极而有效的作用。

(一) 稳定社会秩序

赵宋立国前夕,赏赐已显示其在稳定社会秩序上的奇效。五代以来,凡兵变皆纵兵大掠,称为"夯市"。建隆元年(960 年)陈桥兵变中,为免开封遭受掳掠,赵匡胤与将士约定"毋得夯市及犯府库。事定之日当厚赉汝"。因重赏承诺在前,此次兵变显得与以往不同:"市里皆安堵,无所惊扰,不终日而帝业成焉",②社会的公共秩序虽遭到破坏,但不至于崩塌,王朝更迭在相对比较平和的氛围中完成。这不仅避免了以往市井动辄被洗劫一空的局面,也使得赵宋王朝以崭新的面貌出现在世人面前,极大地消解了众人的抵抗情绪。

立国伊始,宋太祖诏令"内外百官军士爵赏,贬降者叙复,流配者释放,父母该恩者封赠",赐宰相、枢密使、诸军校袭衣、犀玉带、鞍勒马。③ 开国之君或以恩惠,或以军功,多大行封赏,昭告天下一个新时代的开始。此时又是褒奖宿将功臣的最佳时机。建隆元年(960 年)正月的开国赏赐颇有些论功行赏的意味,故主要受赐对象为宰相、枢密使以及各级武将,王朝的后继者也大抵如此。

非常时期赏赐可在一定程度上消解公众的疑虑,继而阻断不安情绪在社会上的持续蔓延。如为打消后周重臣宿将的疑虑,宋太祖先后赐予李谷、扈彦珂、侯益等器币,④以赏赐的方式释放善意,争取后周高层的支持和拥

①　(宋)李心传:《建炎以来系年要录》卷73,绍兴四年二月丙午,第43页。

②　(宋)司马光撰,邓广铭、张希清点校:《涑水记闻》卷1《陈桥兵变黄袍加身》,第1页。

③　(元)脱脱等:《宋史》卷1《太祖纪一》,第4—5页。

④　(元)脱脱等:《宋史》卷262《李谷传》,第9055页;卷254《扈彦珂传》,第8887页;卷254《侯益传》,第8882页。

戴。反之,在局势不够明朗的情况下,安抚措施若不能及时到位,极易引发叛乱,造成社会的动荡不安。乾德四年(966年)后蜀政权降服,蜀兵遣送赴京。大战过后,降卒的安置问题至关重要。宋太祖深知其中利害,故诏令蜀兵每人赐钱10贯,留蜀士兵则加两月廪食,主帅王全斌却不知其中深意,延迟发放赏赉,致使"蜀军愤怨,人人思乱",最终引发全师雄兵变。①

赏赐还是北宋初年削夺军权的辅助手段。北宋初年尽收武将军权,归德节度使石守信移镇天平军,②忠武节度使高怀德移镇归德军(今河南商丘),③义成节度使王审琦移镇忠正军(今安徽凤台),④均在本州受赐宅第。高级将领调离京城,在本州居住,可使不轨之徒远离朝堂,减少觊觎之心,而留居京师者已无实权,在天子脚下又可随时接受监视,故节度使的赐第颇含政治意味,"宋初革五季之患,召诸镇节度会于京师,赐第以留之,分命朝臣出守列郡"。⑤ 节度使留居京师,地方事务由中央派出的朝臣总理。这当是北宋初期藩镇赐第较多,至中后期以后锐减的重要原因。北宋初年节度使接受赐第可谓一举两得,朝廷既有抚慰功臣之名,又可切实加强防范,这对于局势初稳的新生政权来说意义非同小可。

(二) 维护边关安全

为与辽、西夏相抗衡,宋朝在西北驻扎重兵,派边将防守,确保边关无虞。宋太祖统治期间,往往选派亲信镇守边关,担此大任,"祖宗朝任用边将,赏赐甚厚",善待边将:"倾心委之,谗谤不入。来朝必升殿赐坐,对御饮食。锡赉殊渥,事事精丰"。⑥ 宋太祖用人不疑,不吝赐赉:"西北边军市之租,多赐诸将,不问出入,往往赏赉又辄以千万。李汉超守关南,属州钱七八万贯,悉以给与,又加赐赉"。李汉超与霸州(今河北霸州)监军马仁瑀交恶,宋太祖"虑其生变",特派使节携带赏赐品前往调和,令两人和解。⑦ 安抚措施"使边境无事,得以尽力削平东南僭伪诸国者,得猛士以守四方,而边境夷狄无内外之患"。⑧ 解除了统一战争的后顾之忧,"方隅辑宁几二十年",⑨为边关赢得了几十年的和平局面。

_____

① (元)脱脱等:《宋史》卷255《王全斌传》,第8921页。
② (元)脱脱等:《宋史》卷250《石守信传》,第8810页。
③ (元)脱脱等:《宋史》卷250《高怀德传》,第8822页。
④ (元)脱脱等:《宋史》卷250《王审琦传》,第8816页。
⑤ (元)脱脱等:《宋史》卷167《职官志七》,第3972—3973页。
⑥ (宋)王明清:《挥麈后录余话》卷1,第283页。
⑦ (元)脱脱等:《宋史》卷273《李汉超传》,第9334页。
⑧ (宋)王明清:《挥麈后录余话》卷1,第283页。
⑨ (元)脱脱等:《宋史》卷292《丁度传》,第9762页。

开宝年间(968—976 年)宋太祖下令在御街东营建宅第,赐给捍边十余年的洺州(今河北永年)防御使郭进,当时使用的建筑材料为筒瓦。按制,亲王、公主才有资格使用筒瓦,故遭到有关部门的质疑。宋太祖为之暴怒:"进为我捍契丹十余年,使我不忧西山,岂不可比我儿女!"郭进再三推辞后才敢接受赐第。①

赏赐也是笼络、安抚边关蕃部的重要手段。武陵(今湖南常德)、辰阳(今湖南辰溪)等地为瑶人聚居之地,依山阻江,大概有十余万人,在马希范、周行逢统治期间年年扰边。宋太祖平定荆湖地区后重用瑶人秦再雄,除授辰州刺史,赐予甚厚,秦再雄"感戴异恩,誓死报效",②稳定了北宋初年在西南边境的统治。

宋朝对西北地区少数民族的优抚措施极多,吐蕃等族虽势力稍弱,不能与西夏相抗衡,但若优抚到位,可成为一股重要的牵制力量,"但不与夏人结和,已于边防有助";③略有闪失,吐蕃等族便可能与西夏联手,给宋朝造成更加被动的局面,故宋廷十分重视与这些部族的往来。如与唃厮啰通好后,宋廷赐对衣、金束带、银器、衣著等。宋仁宗天圣十年(1032 年),除授唃厮啰为宁远大将军、爱州团练使,每月赐大彩 15 匹,角茶 15 斛,散茶 50 斛。景祐二年(1035 年)唃厮啰迁保顺军节度留后,每月赐大彩 30 匹,角茶 30 斛,散茶 100 斛。宝元元年(1038 年),除授唃厮啰保顺军节度使,每年赐大彩 1000 匹,角茶 1000 斛,散茶 1500 斛。康定二年(1041 年),唃厮啰迁保顺、河西等军节度使,"自后郊祀,并蒙加恩"。④ 元符二年(1099 年),宋哲宗赐瞎征对衣、金带、银器、绸绢。蕃官分五等授予官职,并赐银绢钱等物。⑤ 吐蕃等部族在宋廷的极力优抚之下颇能尽力,元丰六年(1083 年),宋神宗曾与董氊首领有过一段对话:

> "自归属本朝后,常与夏国通好乎?"对曰:"昨夏国屡来言:'若归我,即官爵恩好如所欲。'臣等拒之曰:'自属圣朝,荷国厚恩,义不敢负。'"⑥

① (宋)叶梦得撰,宇文绍奕考异,侯忠义点校:《石林燕语》卷 3,第 34 页。
② (宋)魏泰撰,李裕民点校:《东轩笔录》卷 1,中华书局 1983 年版,第 1—2 页。
③ (清)徐松辑:《宋会要辑稿·蕃夷》6 之 18,第 7827 页。
④ (宋)张方平撰,郑涵点校:《张方平集》卷 22《秦州奏唃厮啰事》,第 328—329 页。
⑤ (宋)李焘:《续资治通鉴长编》卷 514,元符二年八月丁酉,第 12231 页。
⑥ (宋)李焘:《续资治通鉴长编》卷 341,元丰六年十二月丙子,第 8208 页。

宋朝厚待吐蕃等部族,对于防止其与西夏结为政治、军事联盟,加强国防力量,维护西北边境的稳定与发展起到了一定的积极作用。

二、促进农业生产,增加国库收入

宋朝对地方官吏的考核促进了农业生产的恢复与发展。如守令考核有"四善"、"三最","四善"为"德义有闻、清谨明著、公平可称、恪勤匪懈","三最"为"狱讼无冤、催科不扰为治事之最,农桑垦殖、水利兴修为劝课之最,屏除奸盗、人获安处、振恤困穷、不致流移为抚养之最"。① 主要集中在开垦荒田、增益户口、租税课绩、兴修水利、屏除盗贼等方面。

宋廷经常鼓励地方官吏在发展农业生产方面作出实绩。宋真宗大中祥符二年(1009 年)颁布《幕职州县官招携户口旌赏条制》。② 宋仁宗天圣年间(1023—1032 年)诏诸州长吏、令佐劝民兴修水利,垦辟荒田,增税 20 万以上者推赏,监司若切实起到督察作用,则"赏亦如之"。③ 不少地方官员以此为己任,做了大量有益于地方经济发展的事情。如京西路唐州(今河南唐河)、邓州之间至北宋中期仍有大片未经开发的土地,甚而有人主张将唐州废置为县。嘉祐年间(1056—1063 年),唐州知州赵尚宽劝科农桑,兴修水利,溉田数万余顷,三年后"榛莽复为膏腴,增户积万余",最初的荒芜之地变成肥沃良田。由于治绩突出,赵尚宽先后受到多任皇帝的赞赏和嘉奖,如宋仁宗"闻而嘉之",下诏褒扬,"进秩赐金",④给予其增秩、赐金的双重奖励;宋英宗"嘉其勤",除迁官外,赐钱 200 贯,留其再任;⑤熙宁五年(1072 年)赵尚宽离世,宋神宗感念其"有功于民",赐赵家 500 贯钱,⑥以身后殊荣的方式表彰赵尚宽在地方治理上的突出贡献。

北宋对地方官员的考核有利于流民复业,荒田垦辟。"久之,天下生齿益蕃,辟田益广",⑦人口增殖,荒芜之地得以开发。南宋初年因战乱所致,两淮、荆襄出现大量荒田,招民垦田成为奖励当地官员的主要标准。宋高宗绍兴十年(1140 年),知建康府溧水县李朝正到任两年,召集一万余人户,检括隐漏税赋 4 万贯硕匹两,"委有显效",除迁官外赐五品服。⑧ 这些奖励措

---

① (元)脱脱等:《宋史》卷 163《职官志三》,第 3839 页。

② (清)徐松辑:《宋会要辑稿·职官》59 之 6,第 3720 页。

③ (元)脱脱等:《宋史》卷 173《食货志上一》,第 4165 页。

④ (元)脱脱等:《宋史》卷 426《赵尚宽传》,第 12702 页。

⑤ (元)脱脱等:《宋史》卷 173《食货志上一》,第 4165 页。

⑥ (宋)李焘:《续资治通鉴长编》卷 240,熙宁五年十一月辛亥,第 5824 页。

⑦ (元)脱脱等:《宋史》卷 173《食货志上一》,第 4165 页。

⑧ (宋)李心传:《建炎以来系年要录》卷 135,绍兴十年四月丁未,第 326 册,第 805 页。

施在一定程度上医治了战争创伤,恢复与发展了江南经济。

　　清查隐匿田产也是地方官员主要职责之一。熙宁年间(1068—1077年),权发遣延州赵卨清查近16000顷土地,宋神宗以为清查土地是地方官员的职责所在,降诏奖谕即可,而王安石却认为:"今居此职而不能办此事者皆是,如卨宜蒙厚赏,以劝来者",重奖可激励后者。熙宁五年(1072年)赵卨迁官进秩,升为吏部员外郎,受赐银、绢200两匹。① 同年八月,泾原路清查、典买到不少番部及陇山土地,诏知原州(今甘肃镇原)、兼阁门通事舍人种古等人迁秩外,其余官员"赐银绢有差",此次清查出来的土地"乃是积年隐没侥幸闲田,一旦岁获租课,及招弓箭手人马如此之多,为利非招军比也",②故赏赐甚厚。权势之家隐田漏税在各个朝代都是较为突出的社会现象,这不仅影响了国家的经济收入,还进一步加大了贫富之间的差距,而重奖地方官员在搜检隐漏土地方面的实绩,可减少国家经济损失,减轻民众负担。

三、传承传统文化,营造文治气象

　　在右文政策的倡导下,宋朝采取了多项有利于文教事业发展的措施。

(一) 增加馆阁藏书量

　　宋朝稳步推进对书籍的搜集和整理工作:"卷秩遂充于三馆。藏书之盛,视古为多"。③ 宋太祖乾德四年(966年)诏求亡书令发布后,涉弼、彭干、朱载等人应诏献书,总计1228卷。④ 宋太宗朝屡次发布求书诏令,"自是诱致来者,所获颇众",⑤藏书量迅猛增加,"数年之间,献图书于阙下者不可胜计,诸道又募得者数倍。……图书之盛,近代无比"。⑥ 宋真宗大中祥符八年(1015年)献书者达19人,征集图书共计18754卷。⑦ 宋神宗熙宁七年(1074年),成都府进士郭有直、郭大亨父子献书3779卷,郭大亨除授将作监主簿,"自是中外以书来上,凡增四百四十部,六千九百三十九卷"。⑧宋徽宗宣和四年(1122年)发布征集图籍令后,翌年荥州(今河南荥阳)助

---

① (宋)李焘:《续资治通鉴长编》卷238,熙宁五年九月壬申,第5802—5803页。
② (宋)李焘:《续资治通鉴长编》卷237,熙宁五年八月庚辰,第5758页。
③ (清)徐松辑:《宋会要辑稿·崇儒》4之26,第2243页。
④ (宋)李焘:《续资治通鉴长编》卷7,乾德四年闰八月己丑,第178页。
⑤ (宋)李焘:《续资治通鉴长编》卷22,太平兴国六年十二月癸酉,第506页。
⑥ (宋)程俱撰,张富祥校证:《麟台故事》卷1《储藏》,第40页。
⑦ (宋)李焘:《续资治通鉴长编》卷85,大中祥符八年十二月甲辰,第1960—1961页;(清)徐松辑:《宋会要辑稿·崇儒》4之18记载的献书量有所不同,为10754卷。
⑧ (元)马端临:《文献通考》卷174《经籍考一》,第5207页。

教张颐进献 504 卷,开封府进士李东进献 600 卷。① 在战局不稳、财力吃紧的情况下,南宋仍主张恢复旧制,鼓励献书,绍兴三年(1133 年)四月发布诏令,对献书者"酬以厚赏",五月承奉郎林俨进献各类文籍共 2122 卷。②

在宋廷的倡导和奖励下,民间涌现献书热潮,馆阁藏书量呈数倍上升。北宋初年馆阁图书仅"裁数柜,计万三千余卷"。③ 平定诸国后,"尽收其图籍",朝廷诏令"开献书之路",三馆书籍"篇帙稍备",藏书量初具规模。经多方搜求,宋太宗朝馆阁藏书有了一定规模:"朕(宋太宗)即位之后,多方收拾,抄写购募,今方及数万卷",④大致有数万卷,宋真宗大中祥符年间(1008—1016 年)增至 36280 卷,宋徽宗朝馆阁藏书达 55923 卷。宋室南渡后,制定献书赏格,"自是多来献者",藏书量增长极快,绍兴五年(1135 年)已至 44486 卷,嘉定十三年(1220 年)达 59429 卷,⑤至此已超过北宋《崇文总目》和《秘书总目》所载书籍卷数总和。

(二) 传承传统文化

宋朝对书籍的搜集和整理使大量散落民间的图籍流传至今,有利于文化的传承与延续。至道元年(995 年),宋太宗遣使至江南、两浙等地寻访图籍,"如愿进纳入官,优给价值",征集古书 60 余卷,名画 45 轴,王羲之、贝灵该、怀素等墨迹 8 本等,⑥名人字画得以流传后世。宋徽宗酷爱书画,在位期间皇家收藏得到了极大丰富,"赏以官联金帛,至遣使询访,颇尽采讨"。⑦ 著名书画家米芾曾将其子米有仁的画作《楚山清晓图》进献朝廷,获赐御书画扇,除授春官外郎,"人以为荣"。米芾还将家藏书法、名画进献宋徽宗,宋徽宗赐白银 18 笏。⑧ 一笏为 50 两,共计白银 900 两。朝廷组织人员将书画收藏编纂为《宣和书谱》和《宣和画谱》,成为后世研究绘画史的重要资料。

在访求图书的过程中,不少当代人的文集保留了下来。如北宋著名理学家孙复勤于治学,《春秋》学尤为学人所重,孙复病重期间,朝廷令门人祖

---

① (清)徐松辑:《宋会要辑稿·崇儒》4 之 20,第 2240 页。
② (清)徐松辑:《宋会要辑稿·崇儒》4 之 23,第 2241 页。
③ (清)徐松辑:《宋会要辑稿·崇儒》4 之 15,第 2237 页。
④ (清)徐松辑:《宋会要辑稿·职官》18 之 48,第 2778 页。
⑤ (元)马端临:《文献通考》卷 174《经籍考一》,第 5206、5209 页。
⑥ (宋)程俱撰,张富祥校证:《麟台故事》卷 1《储藏》,第 39—40 页。
⑦ (宋)陈鹄撰,孔凡礼点校:《西塘集耆旧续闻》卷 3《高宗赐曹勋书叙内府所藏法书》,第 318 页。
⑧ (宋)张邦基撰,孔凡礼点校:《墨庄漫录》卷 1《徽宗戏赐米元章白金十八笏》,第 42 页。

无择抄录、整理了 15 卷,藏于秘阁,并特授孙复之子官职。① 孙复是庆历之际经学变古的代表人物之一,学风影响颇大,是后世治《春秋》者竞相效法的对象,留存下来的著述成为探究孙复思想和学术观点的重要依据。嘉祐二年(1057 年),国子博士寇諲进献寇準文集 10 卷,获赐银绢各 50 两匹。② 寇準一生仕太宗、真宗两朝,两任宰相之职,多次遭贬,其政治生涯的起起落落在文集中多有展现。在诗歌创作上寇準才气过人,是宋初晚唐体的代表人物之一。寇準文集具有较高的史料及艺术价值,故寇準后人将文集呈献官府后,被特批送至馆阁收藏,为后世研究宋初文风以及君臣关系、党派之争等政治状况留下珍贵资料。

(三) 推动史学发展

宋朝对民间图籍的搜寻还保存了大量史籍,为官方编修史书提供了丰富的资料。北宋初年知制诰赵邻几留心史学,认为《新唐书》纪传及近朝史书多有遗漏,故寻访自唐以来将相名贤的事迹,搜集大量家状、行状,编修史书。赵邻几过世后,后人将其编修的《补会昌己后日历》26 卷、《文集》34卷,所著《鲰子》1 卷、《六帝年略》1 卷、《史氏懟官志》5 卷等书籍于宋太宗淳化五年(994 年)进献朝廷,得到 100 贯的奖励。③ 当朝史书尤为南宋所重,是征集的主要图籍,“渡江以来,始命搜访典记,祖宗《正史》、《实录》、《宝训》、《会要》”,为的是“国朝之书,永久常存,不至散缺”。绍兴元年(1131 年)七月,处州缙云县若澳巡检唐开进献王珪编纂的《重修国朝会要》300 卷,诏转一官;九月,将仕郎黄濛进献各朝皇帝实录共 510 卷,诏循一资。绍兴三年(1133 年),已故执政林摅家中收藏有自太祖以来的国史、实录、国朝会要等书,朝廷令本州知州“劝诱献纳”。绍兴六年(1136 年),朝廷征集元祐七年(1092 年)十一月至十二月、元祐八年(1093 年)全年的实录,进献者“与转一官”。④ 宋宁宗嘉泰三年(1203 年),朝廷令相关部门搜访旧书,奖励献书之人,以修三朝正史。⑤

对修撰者的鼓励和嘉奖使得宋朝私人修史之风愈加盛行,弥补了官修史书的不足。官府撰修当朝史,多因“岁月深远,文字散逸,首尾考证甚难”,况且官修史书还深受政治形势的影响,宋代变法与反变法两派官僚轮流执政,依据政治立场记录当朝史,不断重修,前后记载不同之处甚多,“国

① (宋)李焘:《续资治通鉴长编》卷 186,嘉祐二年十一月己亥,第 4495 页。
② (清)徐松辑:《宋会要辑稿·崇儒》5 之 24,第 2258 页。
③ (清)徐松辑:《宋会要辑稿·崇儒》4 之 16—17,第 2238 页。
④ (清)徐松辑:《宋会要辑稿·崇儒》4 之 21—23,第 2240—2241 页。
⑤ (元)脱脱等:《宋史》卷 38《宁宗二》,第 734 页。

史凡几修,是非凡几易",①而私人撰述则可补其缺憾,为后人了解历史真相提供极其珍贵的资料。如变法派曾布后人上《三朝正论》,目的在于"付之史官,考验真迹,修定信书,除四十年蔽蚀之妖,正千万世是非之实"。②《三朝正论》虽带有浓厚的个人色彩,但至少为后世提供了解读历史的另一种角度。宋孝宗乾道七年(1171年)朝廷组织人员撰修《四朝国史》,考证艰难,而右修职郎、监临安府都盐仓李丙"乐于收书,勤于考古",曾撰写过《丁未录》,"卷秩浩瀚,起治平之末,迄靖康之元"。《丁未录》被征集后,朝廷对李丙"量加旌擢",这一举动不仅有助于修史,而且"亦足为学者之劝"。③民间进献的史书、文集等对官方记载起到补充、勘定、辩白的作用。

（四）优礼士人,营造文治气象

宋太祖优礼士人,乾德元年(963年)宋白、谭利用等人试拔萃科,以谭利用为左拾遗,宋白为著作佐郎,各赐袭衣、犀带。④宋太宗奖励、提拔文士,着重营造"重文抑武"的氛围。王禹偁在文坛上久负盛名,宋太宗召拜他为右拾遗、直史馆,并赐绯服,按旧制应佩银带,特赐文犀带。⑤士大夫待遇丰厚,连王禹偁也觉得宋太宗过于优宠儒臣:"或一行可观,一言可采,宠锡之数,动逾千万,不独破十家之产,抑亦起三军之心",⑥以为扬此抑彼太过明显。北宋初年优礼士人有着重要意义,这意味着兴文抑武的统治大略将贯彻下去,同时向世人昭示崇信儒学、埋首经卷会有大好前程。

宋朝学士待遇优渥。欧阳修入职学士,宋仁宗赐黄封酒、凤团茶等,入二府后"犹赐不绝。国家待遇儒臣类如此"。⑦经筵官的待遇更是非比寻常:"经筵旧制,讲读经书,每遇终篇,例蒙推恩,其官吏等各转两官资,白身人补大将,及于皇城司赐御筵"。⑧宋室南渡后一度废除恩赏,宋高宗绍兴九年(1139年)恢复旧制。开讲时赐宰执御厨食各20味,执政各15味,经筵官各10味,讲读、说书、修注官每遇讲筵日,赐食1合、法酒各2升。⑨遇至致仕、患疾、节日,经筵官还常得到皇帝眷顾。邢昺告老还乡,获赐袭衣、

---

① (宋)周密撰,赵茂鹏点校:《齐东野语·自序》,第4页。
② (宋)李心传:《建炎以来系年要录》卷102,绍兴六年六月辛酉,第326册,第414—415页。
③ (清)徐松辑:《宋会要辑稿·崇儒》4之30,第2245页。
④ (清)徐松辑:《宋会要辑稿·选举》10之1,第4412页。
⑤ (宋)司马光撰,邓广铭、张希清点校:《涑水记闻》卷3《王禹偁》,第42页。
⑥ (宋)李焘:《续资治通鉴长编》卷30,端拱二年正月乙未,第673页。
⑦ (宋)蔡絛撰,冯惠民、沈锡麟点校:《铁围山丛谈》卷2,第37页。
⑧ (清)徐松辑:《宋会要辑稿·崇儒》7之5,第2291页。
⑨ (清)徐松辑:《宋会要辑稿·崇儒》7之9,第2293页。

金带；①邢昺身体抱恙，宋真宗登门探望，并赐药及钱物。"国朝故事，非宗戚将相，问疾临莫，帝不亲行，惟昺与郭贽以恩旧，特用此礼，儒者荣之"，②被时人视为极高的荣誉。

学士、经筵官等知名儒臣离世，朝廷从优赙赠，以此表达哀思和敬重。嘉祐七年（1062年），龙图阁直学士、吏部员外郎兼侍讲杨畋病故，因家境贫困，宋仁宗特赐黄金200两，并遣使将御飞白书扇置于棺内。③ 宋哲宗元祐五年（1090年）龙图阁直学士孙觉和天章阁待制、国子祭酒颜复先后离世，朝廷分别赙钱500缗。④ 绍兴年间（1131—1162年）龙图阁直学士致仕杨时，徽猷阁待制、提举江州太平观胡安国，翰林学士兼侍读、兼资善堂翊善朱震相继去世，宋高宗甚为痛惜："同学之人，今无存者"，均优赙其礼，赐银绢200两匹。胡安国"所进春秋解义，著百王之大法"，尤为宋高宗看重，数月后加赐银绢300两匹，并赐田10顷，"用为儒林守道之劝"。⑤ 崇政殿说书、秘书著作佐郎叶味道病故，宋理宗"出内帑银帛赙其丧，升一官以任其后，故事所未有也"，⑥享受极高礼遇。

宋朝对新科进士的赏赐有期集钱等。进士、诸科过去以甲次高下缴纳举办宴会的费用，这成为家境贫困者的负担，甚至被迫借高利贷。宋神宗熙宁六年（1073年）始赐新及第进士期集钱3000缗，诸科700缗，⑦解除了不少中举者的困境。宋朝对于前来应试的童子也有赏赐。如元丰七年（1084年），宋神宗面试饶州童子朱天锡，赐钱50贯。⑧ 宋哲宗元祐元年（1086年），赐朱君陟童子出身，并赏绢30匹。⑨ 绍兴三年（1133年），童子朱虎臣者能排阵、步射及背诵七书，补承信郎，特"赐金带以宠异之，此亦前所未有"。宋孝宗乾道八年（1172年）召见童子吕嗣兴，授右从政郎，

---

① （清）徐松辑：《宋会要辑稿·礼》45之4，第1449页。

② （宋）杨亿：《杨文公谈苑·驾亲临问臣僚》，第76页。

③ （宋）李焘：《续资治通鉴长编》卷196，嘉祐七年五月己酉，第4761页。

④ （宋）李焘：《续资治通鉴长编》卷439，元祐五年三月丁卯，第10568页；卷442，元祐五年五月庚午，第10631页。

⑤ （宋）李心传：《建炎以来系年要录》卷88，绍兴五年四月壬申，第326册，第255页；卷119，绍兴八年五月辛丑，第326册，第616页；卷120，绍兴八年六月戊寅，第326册，第632页；（元）脱脱等：《宋史》卷435《胡安国传》，第12915页；（清）徐松辑：《宋会要辑稿·礼》44之21，第1442页（胡安国身亡后曾有两次赙赠诏令，第一次在五月，赙银绢各200两匹，第二次在八月，赙银绢各300两匹，田10顷）。

⑥ （元）脱脱等：《宋史》卷438《叶味道传》，第12987页。

⑦ （宋）李焘：《续资治通鉴长编》卷243，熙宁六年三月壬戌，第5921页。

⑧ （宋）李焘：《续资治通鉴长编》卷345，元丰七年四月丁丑，第8273页。

⑨ （清）徐松辑：《宋会要辑稿·选举》9之25，第4409页。

赐钱 300 缗。①

优礼儒士既是宋朝右文政策的产物，又是这一政策实施的具体体现之
一。宋帝对儒臣的普遍尊重使得民间向学之风更加浓厚，进一步促进了宋
代文化教育事业的发展。

四、维护公序良俗，加强管控力度

所谓"赏一人而千万人劝"，②旌表、奖励典型人物具有较强的示范效
果。宋高宗褒奖张浚时曾说："朕以赏罚治天下，如卿大臣故不俟劝。然赏
不行则四方万里无由知卿之功"，③奖励先进，树立典范，以激励后人。

（一）倡导良好的社会风尚

忠孝伦理观念在传统社会有它固有的价值，其传播和实施有利于公序
良俗的维护。对忠孝节义人士的大力表彰可厚人伦，敦风俗，"匹妇有贞廉
之节，野人有孝行之风，尚旌彼门闾，或赐以粟帛，将以励浇漓之俗，亦以行
风教之规，修身者由此彰名，尚义者因兹立节"。④ 对典范人物加以强化、表
彰和宣扬，可"激劝风俗"，以达到"奖一而劝百"的教化目的。宋朝对孝行
孝德的宣传力度很大，宋孝宗乾道五年（1169 年）广南东路的百姓曾上言：
"仰惟朝廷孝治均被天下，虽在遐陬，民知观感"，⑤偏远地区的民众也深受
孝道思想的影响。

（二）激发潜在的民族意识

生死面前大义凛然需要极大的勇气，"谁无死，择死为难耳"，⑥强敌环
伺，陷入累卵之境的宋廷迫切需要树立大量不畏生死的典范，以弘扬民族精
神，激发民众保家卫国和反抗民族压迫的爱国热情。熙宁九年（1076 年）知
邕州苏缄战死，宋神宗赐京城甲第 1 区，乡里上田 10 顷；元丰三年（1080
年），权发遣鄜延路钤辖曲珍"累有战功"，受赐土地 450 亩。宋高宗建炎四
年（1130 年），右武大夫、宁州观察使李彦仙与金人激战，战败投河自尽，追
赠彰武军节度使，建庙商州（今陕西商洛），赐宅第 1 区，田 5 顷。⑦ 绍兴三
年（1133 年）宋高宗奖赏凤翔府和尚原立功将士，除授官职外，"尚虑无以激

---

①　（宋）李心传撰，徐规点校：《建炎以来朝野杂记》甲集卷 13《童子举》，第 277 页。

②　（明）黄淮、杨士奇：《历代名臣奏议》卷 189，蔡戡奏，第 2486 页。

③　（宋）佚名：《皇宋中兴两朝圣政》卷 21《以赏罚治天下》，第 949 页。

④　（宋）李焘：《续资治通鉴长编》卷 24，太平兴国八年十二月己酉，第 565 页。

⑤　（清）徐松辑：《宋会要辑稿·礼》61 之 8、12，第 1691、1693 页。

⑥　（宋）李心传：《建炎以来系年要录》卷 153，绍兴十五年正月戊辰，第 327 册，第 132 页。

⑦　（元）脱脱等：《宋史》卷 448《李彦仙传》，第 13212 页。

劝",再令宣抚处置使司拨赐土地:都统制吴玠 15 顷,永兴军路经略使郭浩 10 顷,统制官以下一等各 7 顷,统领钤辖路分等各 5 顷,将官一等各 3 顷。绍兴六年(1136 年),战死太原的王禀之子流落异乡,朝廷赐田 10 顷,以抚慰、安置忠勇之家。① 奉议郎、通判建康府杨邦乂为金人所杀,朝廷先后于建炎三年(1129 年)、绍兴五年(1135 年)、绍兴七年(1137 年)赐杨氏后人土地共 8 顷,"以为忠义之劝"。② 南宋厚赐杨邦乂及其后代,是为旌表节义,光大精神,正如赠告所说:"烈士砥节,死有重于泰山……肆颁恩典,庸慰忠魂"。③

　　两宋"忠义"观念深入人心,朝堂上下推崇忠义之道,"故靖康之变,志士投袂,起而勤王,临难不屈,所在有之。及宋之亡,忠节相望,班班可书",④爱国志士在国家危难之际挺身而出,力挽狂澜,而朝廷对这些英雄人物的表彰及宣扬则进一步激发和培育了北宋末年日趋强烈的民族意识和民族精神。

　　(三) 强化对地方的控制

　　中国古代社会一向重视孝道,讲求孝道被视为做人之根本。宋代孝道观念深入社会各个阶层,各类孝道故事使得"宋之教化有足观者矣",⑤有关孝道的故事和传闻层出不穷,真真假假,难以辨别,同一则故事出现不同的版本,悠远绵延,流传甚广。版本虽有不同,但趋同的是其中反映出来的礼法教化的功能愈来愈强烈。经过演绎后的孝行故事"感天动地",夸张、矫饰的成分越来越多,地方官员明知子民明目张胆地弄虚作假,还要上报朝廷,并大张旗鼓地让众人周知,也并非全为政绩。对这些孝子贤孙的表彰更大的益处在于塑造榜样,倡导孝道,以利风化。各地塑造了一个又一个孝子贤孙的"高大形象",有利于孝道观念的形成和发展。朝廷则乐见其成,以表彰和奖励的方式推波助澜,极力营造和渲染孝义氛围。孝行的真伪并不重要,重要的是通过政府的大力表彰和奖励,在民间广为传播,为世人效仿,强化孝道观念,进而加强对基层社会的控制。对义门的旌表和奖励更能强化官府对基层社会的控制力。宋代不少大家族拥有雄厚的经济实力,族长堪称一方领袖。官府通过旌表和奖励义门的方式对地方大家族加以安抚和

①　(清)徐松辑:《宋会要辑稿·食货》61 之 47—48,第 5897 页。

②　(宋)李心传:《建炎以来系年要录》卷 29,建炎三年十一月甲戌,第 325 册,第 447 页;卷 95,绍兴五年十一月乙未,第 326 册,第 337 页;卷 110,绍兴七年四月癸丑,第 326 册,第 506 页。

③　(宋)曾敏行撰,朱杰人点校:《独醒杂志》卷 8,第 70 页。

④　(元)脱脱等:《宋史》卷 287《忠义列传一·序》,第 13149 页。

⑤　(元)脱脱等:《宋史》卷 156《孝义传·序》,第 13386 页。

控制，使其为国家效力，进一步稳定中央对地方的统治。

榜样的作用就是比照、激励和矫正，其社会影响力深远，能够影响民众的信念，树立榜样比空洞的伦理道德教育更能深入人心，取得更好的社会效益。宋朝对忠孝节义等各类行为进行积极的宣传、表彰与强化，引导民众，进而实现有效统治。

五、减少迁官途径，缓解官阙紧张

宋朝官阙紧张为世人熟知："在京官司，有一员阙，则争夺者数人。其外任京城官，则有私居待阙，动逾岁时"。① 一员官阙常有十数人守候，"一官未缺，十人竞逐"。② 给予一定的物质赏赐作为迁官的补偿也可视为缓解官阙紧张的一种途径。

物质赏赐利用的空间更广阔，它适用于各个阶层、时机和场合。尤其在宋朝，以物质赏赐替代加官晋爵，对严重的官阙问题可起到一定的缓释作用。宋仁宗明道二年（1033 年），右司谏范仲淹曾向朝廷建言："酬奖之人，其押汴纲岁改职者，欲止赏以缗钱"。③ 官员过多，可减缓升迁速度，偿之以经济利益。宋仁宗欲提拔国子监直讲林瑀，参知政事程琳以为不妥，林瑀只获赐绯服。④ 嘉祐二年（1057 年）宋仁宗身体不适，右监门卫大将军、柳州刺史赵克循"日夜斋戒，徧为禳禬之事，又镂佛书，身自礼颂"。同宗子弟的行为打动了宋仁宗，宋仁宗欲提拔他，中书省则提出异议，并最终取得了宋仁宗的认同。作为补偿，宋仁宗赐给赵克循银绢各 300 两匹。⑤ 宋哲宗元祐元年（1086 年），因"诸色人援引旧制，侥求入官者甚众。小不如意，则经御史台、登闻鼓院理诉。若不约束，恐入流太冗"，朝廷规定"诸色工匠、舟人、伎艺之类初无法合入官者"，虽有劳绩，"随功力小大支赐"，赏赐钱物，以达到"侥幸之路塞，而赏不滥"的目的。⑥ 建立功绩不再授官，而代之以物质赏赐。该条文的出台虽主要针对有技艺之人，但也堵塞了一部分人的仕途之路。绍兴四年（1134 年），明堂行礼殿建成，户部侍郎兼权临安府梁汝嘉上奏，要求推赏提领官，宋高宗却以为："朕爱惜名器，以待战士，土木之

---

① （宋）范仲淹撰，李勇先、王蓉贵校点：《范仲淹全集·范文正公政府奏议》卷上《答手诏条陈十事》，四川大学出版社 2002 年版，第 525 页。

② （宋）赵汝愚撰，北京大学中国中古史研究中心校点：《宋朝诸臣奏议》卷 101，宋祁：《上仁宗论三冗三费》，第 1084 页。

③ （宋）李焘：《续资治通鉴长编》卷 112，明道二年七月癸未，第 2625 页。

④ （宋）司马光撰，邓广铭、张希清点校：《涑水记闻》卷 4《林瑀以术数侍太宗》，第 64 页。

⑤ （宋）李焘：《续资治通鉴长编》卷 186，嘉祐二年八月庚午，第 4488 页。

⑥ （清）徐松辑：《宋会要辑稿·职官》10 之 1，第 2600 页。

功岂当转官？但可等第支赏耳”，①最后提领官获赐钱物,并未升职。

治狱有方的官员迁秩机会较多,“一岁之内,率当五六迁,人皆指目,谓之侥幸”。② 一年之内便可升迁数次,这种状况引起朝臣非议。宋神宗元丰七年(1084 年)开封知府王存奏狱空,“命如故事迁官”,按旧例应以迁官作为奖励。门下省认为王存等人距离上次狱空迁官不过半年而已,不应再迁官,“上乃命止赐诏及银绢而已”,最后赐王存奖谕赦书、银绢 100 两匹,推判官胡宗愈等银绢 30 两匹。③ 宋徽宗大观二年(1108 年),朝廷规定大理寺治狱若有劳绩,赐束帛或赦书奖谕,④不再授予官爵。

宋朝在不少领域明文规定可以钱物代替转资,并鼓励官民接受物质奖励,如对捕捉盗贼之人先后出台不少奖励措施。宋仁宗皇祐二年(1050 年),规定公人及诸色人等若能率众捉拿盗贼 10 人以上或凶恶者 7 人以上,除授三班差使、殿侍。不愿除授者允许买扑第一等酒场 1 次,赐钱 200 贯；捉拿强盗 7 人以上、凶恶者 5 人以上除授下班殿侍,不愿者允许买扑第二等厢镇或酒场 1 次,赐钱 100 贯；捉拿强盗 5 人以上、凶恶者 3 人以上除授下班殿侍,不愿者允许指射第二等厢镇或酒场 1 次,赐钱 50 贯。⑤ 宋初酒坊场的课利额相对稳定,买扑者的利益较有保障,⑥而宋代对参与竞标者的附加条件较多,故上述奖赏标准对立功者具有相当大的诱惑力。

奖励战功也可以钱物来代替迁资。如宋神宗熙宁七年(1074 年),诏令诸军十将以下至长行“遇有功及呈试武艺当转资不愿转者”,每一资有功人赐绢 15 匹,呈试人赐绢 10 匹。⑦ 元丰六年(1083 年)兰州解围,朝廷褒奖守城将士,规定蕃官、蕃兵第一等迁一资,愿赐绢者每一资为 20匹,⑧有功之人若不愿转资则赐以绢帛作为补偿。在商品经济的刺激下,宋人的思想观念及处事风格与前朝大有不同,趋于务实,看重经济利益,朝廷频频出台以钱物代替转资的相关规定,这说明不少军人更倾向于获得一定的物质利益。这种以钱物代替转资的方法可相对降低军士迁转的速度。

---

① (宋)李心传:《建炎以来系年要录》卷 79,绍兴四年八月壬寅,第 326 册,第 110 页。
② (清)徐松辑:《宋会要辑稿·职官》24 之 13,第 2898 页。
③ (清)徐松辑:《宋会要辑稿·刑法》4 之 86,第 6664 页。
④ (清)徐松辑:《宋会要辑稿·职官》24 之 13,第 2898 页。
⑤ (清)徐松辑:《宋会要辑稿·兵》11 之 21—23,第 6948—6949 页。
⑥ 汪圣铎:《两宋财政史》,中华书局 1995 年版,第 270 页。
⑦ (宋)李焘:《续资治通鉴长编》卷 249,熙宁七年正月庚戌,第 6069 页。
⑧ (宋)李焘:《续资治通鉴长编》卷 334,元丰六年三月辛卯,第 8035 页。

第三节　宋朝物质赏赐存在的若干问题

学者邓小南曾说:"制度之间的互动,制度与非制度因素的互动,作用远远大于单个制度、单个因素的叠加。"①从某种程度上讲,专制社会制度的运作比制度本身更具有探究价值。具体到宋朝物质赏赐,无论是制度本身还是具体运作都存在若干问题,而且愈是在政治黑暗时期表现得愈为明显。

一、弊端丛生

宋朝物质赏赐存在难以克服的问题,"赏典之谬,姑息之轨,犹有存焉",②具体表现在以下几个方面。

（一）赏罚不公

赏罚不公是中国古代社会普遍存在的问题,并由此引发诸多弊端。北宋初年赏重于罚现象就十分突出。宋初两帝为操纵军权,多纵容和姑息贪夫庸将。忠武节度使王全斌征战四川地区,强取豪夺,欺男霸女,其罪当诛,却仅责授崇义军节度观察留后。开宝末年,宋太祖驾幸洛阳还召见王全斌,并任命他为武宁军节度使,厚赐钱帛。李汉超任职关南巡检使,百姓控诉其强抢民女等恶劣行径,宋太祖却未处理李汉超,还赐银数百两。③ 符彦卿镇守大名十余年,政事委托给牙校刘思遇。其时藩镇遣亲吏收受民租,增加量器,多收租税,"公取其余羡,而魏郡尤甚"。宋太祖听闻后,并未处罚符彦卿,而是将多收的租税赐给他,"以愧其心"。④ 宋太宗朝所命将帅"率多攀附旧臣亲姻贵胄,赏重于罚,威不逮恩",⑤这种做法起到很坏的示范作用,为后继者效仿和运用。

宋钦宗靖康年间(1126—1127 年)金人大举入侵,兵败如山倒的宋军乱作一团。开封城沦陷之前,城内混乱不堪:

> 逐急差到统制、统领官不下数十员,每一统制官下使臣不下三四十员,效用三四十员。每使臣一员日给食钱八百或一贯,效用三百或五

① 邓小南:《走向"活"的制度史——以宋代官僚政治制度史研究为例的点滴思考》,《浙江学刊》2003 年第 3 期。
② (宋)张方平撰,郑涵点校:《张方平集》卷6《如(姑)息之赏》,第 91 页。
③ (清)徐松辑:《宋会要辑稿·职官》48 之 131,第 3521 页。
④ (元)脱脱等:《宋史》卷 251《符彦卿传》,第 8840 页。
⑤ (宋)李焘:《续资治通鉴长编》卷 138,庆历二年十月戊辰,第 3316 页。

百。率多权贵、亲戚、门生、故吏,又有朝廷权贵、内侍请求而至者,身未
尝到,而请给论功,倍于将士。或遇出战第功,亲随、使臣并在优等,受
上赏。用命当先者,未必收录,至于伤重军兵,有轻伤而得重赏,伤重而
得轻赏者,有战死而作逃亡自死者。其弊不胜言,此所以败国家之
事也。①

大厦即将倾覆,赏罚愈加不公,出现种种怪象:非参战人员的姓名赫然出现
在军功簿上,而且所得数倍于前线将士;赏功标准严重失当,唯以亲疏和身
份评定等级,以命相搏者未必受赏;重赏轻伤者,而轻赏重伤者等等。

宋高宗绍兴四年(1134 年),神武左副军统制李横以襄阳失守待罪国
门,朝廷并未治罪,而是先后赐钱 15000 缗、绢 10000 匹、银 1000 两。② 庸将
田师中靠阿谀奉承升任节度使,长期担任鄂州御前诸军都统制一职,在军中
口碑奇差:"老而贪,士卒怨,偏裨不服",③兵士怨愤,将帅不服,就是这样一
介贪浊无能之辈,罢免后宋高宗仍将王继先的宅第赐给了他。④ 田师中"退
休祠廷,坐享厚禄",明知"军事未息,费用实繁",却贪心不足,厚颜无耻地
要求"支破真俸",继续享有统兵官的全俸。⑤ 章如愚认为南宋赏重于罚的
情况相当普遍,仅就在蜀军队而言,"一年保守和尚原,朝廷赏其功矣,大将
增封加爵,而全军转五万官资。又一年复失和尚原,大将不闻有败绩之责,
而余兵不复褫一官一资",⑥赏罚并重,方可激励先进,鞭策后进,而当时并
无任何惩处措施。

赏重于罚,极大地削弱了赏赐功能:"赏及无功,则恩不足劝,罚失有
罪,则威无所惧,虽有人不可用矣"⑦。宋理宗开庆元年(1259 年),国子监
主簿徐宗仁在奏章中指出:

　　陛下当危急之时,出金币,赐土田,授节钺,分爵秩,尺寸之功,在所
必赏。故当悉心效力,图报万分可也。而自干腹之兵越江逾广以来,凡
阅数月,尚未闻有死战阵、死封疆、死城郭者,岂赏罚不足以劝惩之耶?

---

① (宋)徐梦莘:《三朝北盟会编》卷 69,靖康元年闰十一月二十五日丙辰,第 522 页。
② (宋)李心传:《建炎以来系年要录》卷 75,绍兴四年四月戊子,第 326 册,第 59 页。
③ (宋)李心传:《建炎以来系年要录》卷 192,绍兴三十一年八月丁巳,第 327 册,第 739 页。
④ (宋)李心传:《建炎以来系年要录》卷 192,绍兴三十一年九月辛巳,第 327 册,第 743 页。
⑤ (宋)李心传:《建炎以来系年要录》卷 194,绍兴三十一年十一月甲申,第 327 册,第 787 页。
⑥ (宋)李心传:《建炎以来系年要录》卷 103,绍兴六年七月乙未,第 326 册,第 425 页。
⑦ (宋)李焘:《续资治通鉴长编》卷 136,庆历二年五月甲寅,第 3253 页。

今通国之所谓佚罚者,不过丁大全、袁玠、沈燾、张镇、吴衍、翁应弼、石正则、王立爱、高铸之徒,而首恶则董宋臣也……而陛下乃释而不问……三军之在行者,岂不愤然不平曰:"稔祸者谁欤,而使我捐躯兵革之间?"百姓之罹难者,岂不群然胥怨曰:"召乱者谁欤,而使我流血锋镝之下?"①

之所以出现朝廷厚待臣民,赏以重金却无人效力的局面,就在于赏罚失当,赏重于罚,致使朝廷失去公信力,军民对当局者失望,继而丧失信心。

赏罚不明是赏罚不公的另一表现。一方面对各地上报的功状,朝廷未认真审核。宋朝功状的总结、上报、确认、审核、勘验、行赏等均有严格的规定程序,相关部门层层担保,枢密院勘验核实,但实际上很难完全按章程操作,不少功状夸大了实际战况。监察御史吴昌裔论及蜀中功赏不实的原因:"大抵功赏之不实有四,以贿赂为重轻,则不实;以亲故为高下,则不实;以僚属先将领,则不实;以厮役厕行伍,则不实。有此四失,而又有徇情娟功之患焉",②一是以行贿为轻重,二是以亲故为高下,三是僚属优先,四是厮役厕足其间。除外,还存在徇私舞弊、冒领功赏的情况。

> 自童贯、谭稹之流用兵以来,第赏之际,专徇请托。上则权势,次则亲旧。甚至于贿赂公行,相与为市。于是膏粱之徒不涉行阵者皆附名其间,而被坚执锐冒犯矢石者,或不得而预也。朝廷惟凭所上功状之等差。③

朝廷推赏,以功状为主要依据,未按流程核查,故赏罚失当的现象较为严重:

> 以至凤凰山之捷,以王师毙而不问,熨斗谷之捷,而招抚怒而不上。襄阳一万八千之奏,而及赏者才四百十人,而半为宣幕之乡亲。汉阳(今湖北武汉)一千二百人之捷,奏及赏才二千(百?)人,而半属朝士之荐。送合肥守城之奏,不及其十分之一,而厚薄之不平已见于沿淮之歌颂。④

---

① (元)脱脱等:《宋史》卷425《徐宗仁传》,第12680—12681页。
② (明)黄淮、杨士奇:《历代名臣奏议》卷100,吴昌裔奏,第1360页。
③ (明)黄淮、杨士奇:《历代名臣奏议》卷189,张守奏,第2479页。
④ (宋)章如愚:《群书考索续集》卷44《兵制门·丙寅用兵赏罚不当》,第1132页。

在前线浴血奋战的将士冒死换来的战绩被上级官员以各种名义冒赏顶替。

另一方面朝廷并未严格执法,宋哲宗元祐三年(1088年),翰林学士兼侍读苏轼曾上言批评这种现象:"去年熙河诸将力战以获鬼章,此奇功也,故增秩赐金。泾原诸将闭门自守,使贼大掠而去,若涉无人之境,此罪人也,亦增秩赐金。"①泾原路闭关不出,任凭敌军大肆劫掠,按制当罚,却仍厕身受赐之列。"其免于罪而蒙赏者,不知愧怍,而反谓朝廷之可欺,偃蹇傲睨,日以滋盛"。②畏战者未受惩戒,还与勇猛之士一同迁官赐金。赏罚不当负面效应极大,将帅更加肆无忌惮地虚报战功,士卒则因此产生惰性。

(二) 赏赐标准模糊

赏赐标准不够明确,易于出现舞弊现象。吏部司勋部掌功勋酬奖、审覆赏格,即赐勋、定赏、审验各类赏格。最初司勋部推赏并无编录条格。

> 内一司一路所载酬奖,自来唯据所属检引条法审覆推赏。谓如招隶将禁军专委将副招填,系在将官敕内,付之诸路,不曾颁降到部之类。本部并无编录赏格,每有关申到该赏之人,类皆旋行取会所引法令有无冲改及系与不系见行。

各级官员的酬奖推赏只凭借条法审验。宋徽宗政和四年(1114年),经翰林学士王甫等提议才开始编订酬奖条格。因赏格长期缺失,以至于"非惟迁枉留滞,设或官司检引差误,以至隐漏,故作欺弊,既无条法遵执,显见无以检察"。③相关部门延迟推赏,并故意隐漏欺瞒,而又无人监管。功绩的大小轻重全由吏人操纵,"吏得舞文为奸"。南宋初年不少条例需要靠老吏追忆,被称为"省记条"。④金兵渡江北归,宋兵惨败,督将却恬不知耻,以"几乎"捉住宗弼的理由奏功,如此荒诞不经,朝廷居然还例行推赏,被时人讥讽为"省记条"在推"几乎赏"。⑤乾道八年(1172年),吏部侍郎张津在奏章中曾提及当时的混乱局面:

> 州县之吏合该赏典,司勋格目不一。……州县场务课息增羡内合起发上供,并无行在交纳朱钞,而推增剩赏。州军禁卒系兵官同管,而

---

① (宋)李焘:《续资治通鉴长编》卷414,元祐三年九月戊申,第10054页。

② (宋)汪应辰:《文定集》卷2《应诏陈言兵食事宜》,丛书集成初编本,第15页。

③ (清)徐松辑:《宋会要辑稿·职官》10之2,第2601页。

④ (宋)李心传:《建炎以来系年要录》卷132,绍兴九年十月庚戌,第326册,第776—777页。

⑤ (宋)庄绰撰,萧鲁阳点校:《鸡肋编》卷中《"省记条"与"几乎"赏》,第46页。

乃巧作名目,分管人数无逃亡而推全赏。巡辖递铺使臣任内催过常递,不具逐一件数经过时日,而推无稽违赏。县邑兴修水利,并无功料实迹,而推水利赏。近里州军非沿边去处,而推控扼赏。①

因管理部门颁行的功赏条目不够明晰,地方官吏想方设法地捞取功名,上报的功赏五花八门,如有“增剩赏”、“全赏”、“无稽违赏”、“水利赏”及“控扼赏”等,其实是将分内事当作劳绩上报朝廷。名臣范仲淹曾在奏章上论及军赏标准不一的情形:“臣等窃见用兵以来,战阵行赏,逐处起请,所见各异。或谓须要首级,或谓当录阵前得力之人。至于使臣军员并不许手下人所获分数亦与士卒一般校功,是以人无适从,最害边事”。② 赏赐标准不一,官兵无所适从。吏人成为定夺立功者的关键,“轻重上下,只在吏手”。③ 由此导致不公正的局面,“赏不特归于不战之人,而且及于从叛之人,恩不特及于无功之士,而反遗于守节之士”。④ 从未上过战场之人,甚至叛乱者获得恩赏,而守节之士却得不到褒奖。

（三）赏赐过多过滥

赏赐过多过滥始自宋真宗一朝,前文已多有述及。宋仁宗朝虽已开始注意控制赏赐规模,但滥赏现象依然存在。直集贤院尹洙曾上书指摘宋仁宗赐予过度:“夫赐予者,国家所以劝功也。比年以来,嫔御及伶官、太医之属,赐予过厚。民间传言,内帑金帛,皆祖宗累朝积聚。陛下用之,不甚爱惜,今之所存无几”。⑤ 苏辙在应试时直言不讳:“今海内穷困,生民愁苦,而宫中好赐不为限极,所欲则给,不问有无。司会不敢争,大臣不敢谏”。⑥ 右司谏范仲淹曾就赏赐过度的问题进言宋仁宗:“国家太平,垂三十年,暴敛未除,滥赏未革,近年赦宥既频,赏给复厚”。⑦ 众大臣同时上书,说明赏赐过滥的问题在当时相当突出。

宋徽宗一朝粉饰太平,号称盛世,是北宋赏赐泛滥最为严重的时期。宋徽宗曾以北珠赐人,“上开箧,御手亲掬而酹之,凡五七酹以赉焉。初不计其数也,且又不知其几箧”,宣和年间（1119—1125 年）北珠“围寸者价至三

① （清）徐松辑:《宋会要辑稿·职官》10 之 9—10,第 2604—2605 页。
② （宋）范仲淹撰,李勇先、王蓉贵校点:《范仲淹全集·范文正公政府奏议》卷下《奏乞重定战功赏格》,第 607 页。
③ （元）脱脱等:《宋史》卷 375《邓肃传》,第 11603 页。
④ （宋）章如愚:《群书考索续集》卷 44《兵制门·丙寅用兵赏罚不当》,第 1132 页。
⑤ （元）脱脱等:《宋史》卷 295《尹洙传》,第 9836 页。
⑥ （元）脱脱等:《宋史》卷 339《苏辙传》,第 10822 页。
⑦ （宋）李焘:《续资治通鉴长编》卷 112,明道二年七月癸未,第 2623 页。

二百万",①价格十分昂贵。宋徽宗喜爱各类奇异之物,"奇器异物、珍卉怪石、法书名画悉归于上,四方梯航,殆无虚日"。天下瑰宝尽入宫中,而献宝之人"大则宠以爵禄,其次赐赍亦称是"。宣和五年(1123 年),朱勔以巨舰载太湖石,就连石头也被封为槃固侯。② 宋室南渡后,滥赏局面仍然存在:"自近年以来,纳级计功之法废,全军推赏之制行。……遂使有司不得核实,朝廷无所考据。一军千人,则千人推赏。一军万人,则万人计功。"③推赏遍及全军,滥赏现象严重:"比年以来,恩惠太滥,赏给太厚,颁赍赐予之费太过"。④ 如绍兴四年(1134 年),诏犒设随驾诸军一次,堂吏以下也引"泛海旧例",各支犒设钱,有的多达数十贯。此番赏赐招致侍御史魏矼的非议:"自临安至平江四日耳,乘舟顺流,有何劳苦?"⑤随驾将士本无功绩,却"援例"获得赐赍。

宋朝对权臣的赏赐更是毫无节制。如政和六年(1116 年),宋徽宗一次便赐予蔡京间金镀银太平花腰带 200 条。⑥ 秦桧所受赐赍非常多,"帝宠眷无比,命中使陈腆续瑾,赐珍玩酒食无虚日"。⑦ 宋度宗朝贾似道权势熏人,归养期间仍赐赍不断,"中使加赐赍者日十数至",至夜则卧于宅外守候。⑧

（四）推赏周期较长,赏金不能及时兑现

该弊端在捕盗领域中表现得较为明显。盗贼出没,官府反应迅速,即刻设立告捕法,"恨不得有功者付之"。盗贼捕后,赏金却不能及时兑现,"幸而贼得矣,而有司不能推奉诏旨,乃苟以文法,赦诰稽留,使人不得亟蒙有劳之利"。⑨ 这种情况相当普遍:"盗贼败获,在法虽有告捕之赏,而今之官司多不以时支给"。⑩ 地方官吏百般推脱,"诸路州军凡有盗贼保明功赏,有司都是曲折问难,逗遛日月,故不圆备。猾胥奸吏得以乞取,甚失劝功除盗之意"。有关部门无故拖延,猾胥奸吏乘机作弊。朝廷先后出台相关法令限定推赏时间。宋神宗元丰二年(1079 年),诏令"诸路州县告捕获盗,速依条限给赏,委提点刑狱等司,半年一取索州县所获盗数及给若干钱数,上

① （宋）蔡絛撰,冯惠民、沈锡麟点校:《铁围山丛谈》卷 6,第 105 页。
② （宋）方勺撰,许沛藻、杨立扬点校:《泊宅编》卷中,第 81—82 页。
③ （明）黄淮、杨士奇:《历代名臣奏议》卷 188,李纲奏,第 2472 页。
④ （明）黄淮、杨士奇:《历代名臣奏议》卷 188,邓肃奏,第 2474 页。
⑤ （宋）李心传:《建炎以来系年要录》卷 81,绍兴四年十月癸卯,第 326 册,第 141 页。
⑥ （清）徐松辑:《宋会要辑稿·礼》62 之 52,第 1720 页。
⑦ （宋）李心传:《建炎以来系年要录》卷 169,绍兴二十五年十月丙申,第 327 册,第 373 页。
⑧ （元）脱脱等:《宋史》卷 474《贾似道传》,第 13783 页。
⑨ （宋）刘挚撰,裴汝诚、陈晓平点校:《忠肃集》卷 6《论贼赏稽违疏》,第 119 页。
⑩ （清）徐松辑:《宋会要辑稿·兵》13 之 28,第 6981 页。

中书",要求提点刑狱司以半年为期限,将缉捕盗贼的相关情况上报中书省。宋哲宗绍圣四年(1097年),秦凤路提刑陈敦夫上言:"捕贼盗给赏,官司故为留难",要求大理寺及时推赏,无故刁难的官员罚杖一百。① 宋徽宗宣和二年(1120年),诏令"自今后应州县保明盗贼功赏,地里近者不得过五日,远者不得过半月,须管推赏了当。故为迁延,不即推赏者,以违制论。监司常切按察,仍著为令",②通过规定时限来减少奸弊现象。相关法令频频出台反映了拖延推赏的现象较为普遍,以致朝廷三令五申,要求地方及时推赏。

尽管朝廷再三要求及时结案、推赏,但地方官府仍置若罔闻,利用各种理由拖延发放。如宋神宗元丰七年(1084年),澶州、滑州两地单安、王乞驴、张谢留等保甲犯事,"掳掠平民,焚荡村落,杀人取财,以至伤杀官吏,屠害军兵",致使一方人情不安。朝廷督责捕盗,并降"专赏指挥"。当年即抓获诸盗,推赏令却迟迟未能执行,"而推赏之典,至今逐司不为保明,首尾二年矣"。此次缉捕案牵涉开封府界提点司、京西北路提刑司及河北东路提刑司三个机构,各官司"弛慢不职,被受圣旨,公然不以为事,经隔岁月,不务结绝"。长久无法结案的原因在于"有争功害能之人,显是吏人别受情弊,毁匿或致窃取"。在主管官员的纵容包庇下吏人受利益驱使,毁灭或盗取案牍,致使开封府界提举贼盗范元本在当年九月"承准朝旨保明,至八年五月,首尾九个月日,并不结绝保明",无法在限期内上报朝廷,牵连另外两个官司滞后结案。河北东路提刑司也于元丰八年(1085年)五月"承准朝旨,元限半月保明,至今将一年,并不专心疾速定夺",将近一年的时间未能结案。京西北路提刑司"遂将别案事一连住滞,致朝廷赏典稽迟",③京西北路提刑司将之与其他案件搁置在一起,各官司互相牵制、推诿,在长达两年的时间里未行推赏令。

二、弊端产生的原因分析

古代社会赏赐最大的问题莫过于赏罚不公。导致赏罚不公的因素很多,而专制社会中央集权下的等级授职制是根源之所在。时人虽对赏罚有深刻的认识:"人君所以鼓动天下,制驭臣民之柄,莫大于赏罚。使赏必及于有功,罚必加于有罪,则四海之内,竦然向风,而无不心服者矣"。④ 但在

---

① (宋)李焘:《续资治通鉴长编》卷489,绍圣四年七月壬申,第11614页。
② (清)徐松辑:《宋会要辑稿·兵》12之20,第6962页。
③ (宋)刘挚撰,裴汝诚、陈晓平点校:《忠肃集》卷6《论贼赏稽违疏》,第119—121页。
④ (宋)赵汝愚撰,北京大学中国中古史研究中心校点:《宋朝诸臣奏议》卷97,刘安世:《上哲宗乞追钱勰误赏之官》,第1048页。

等级授职制下,赏罚不公的现象很难克服。赏赐过滥为古代社会另一难以克服的严重问题。一方面封建时代的财政开支存在一种自发的增长刚性。在封建国家财力许可的范围内,皇室的消费、官吏军兵的人数及禄赐,都存在着易增不易减的问题。① 另一方面为自身利益考虑,大大小小的官员总希望能多分一杯羹,而真正着眼于财政大计,为百姓生计忧心的仅为极少数。具体到宋朝,赏赐弊端产生的原因主要有以下几点。

（一）理财体制互不统属

宋朝理财体制集权过度,行政、军政、财政三权分立,互不统属,"今中书主民,枢密院主兵,三司主财,各不相知,故财已匮而枢密院益兵不已,民已困而三司取财不已"。② 各个部门之间难以沟通和协调,宋真宗朝以后赏赐过滥与此有很大关系。宋太祖、太宗两朝三司虽不得干预内藏库的收支情况,但仍可获知岁入数和存储数。宋真宗咸平六年(1003年)以后,三司逐渐失去对内藏库收支情况的大致了解。③ 元丰改制后,户部理财体制取代三司理财体制,弊端反而有所加重。

> 户部不得总天下财赋。既不相统摄,账籍不尽申户部,户部不能尽知天下钱谷之数,五曹各得支用钱物,有司得符,不敢不应副,户部不能制。户部既不能知天下钱谷出纳见在之数,无由量入为出,五曹及内百司各自建白理财之法,申奏施行,户部不得一一关预,无由尽公共利害。今之户部尚书,旧三司使之任也。左曹隶尚书,右曹不隶尚书,天下之财分而为二,视彼有余,视此不足,不得移用。天下皆国家之财,而分张如此,无专主之者,谁为国家公共爱惜、通融措置者乎?④

财权不一的结果使得天下财赋难以通融调剂。这一局面至南宋仍未有所改观,宋孝宗朝虞允文为相后,"二十余年,内帑岁入不知几何,而认为私贮,典以私人,宰相不得以式贡均节其出入,版曹不得以簿书勾考其在亡,其日消月耗,以奉燕私之费者,盖不知其几何矣。而曷尝闻其能用此钱以易胡人之首,如太祖皇帝之言哉?"⑤皇帝将内藏库作为私人府库,其财物多少和出

---

① 汪圣铎:《两宋财政史》,中华书局1995年版,第676页。
② (宋)李焘:《续资治通鉴长编》卷179,至和二年四月乙卯,第4332页。
③ (宋)李焘:《续资治通鉴长编》卷54,咸平六年二月庚寅,第1182页。
④ (宋)李焘:《续资治通鉴长编》卷368,元祐元年闰二月甲午,第8872页。
⑤ (宋)朱熹撰,朱杰人等编,刘永翔、朱幼文校点:《朱子全书·晦庵先生朱文公文集》卷11《戊申封事》,第605页。

入情况,外朝并不知晓,且多为皇室私用。有宋一代因财权过于集中,未有专门机构全面掌握财赋收支的整体情况,多个机构各主其事,各司其职,资金的利用难免会造成重复性的浪费、无节制的花销等难以克服的问题。

（二）考核制度程式化,掺杂人为因素

赏罚不明与宋朝官员考核制度息息相关。由于手续繁复,条目细密,宋朝考课制度逐渐走向程式化,考校等第形式化、批书印纸名不副实。① 用人凡以资格而论,南宋叶适曾猛烈抨击过"资格之害":

> 艺祖、太宗所用,犹未有定式,惟上所拔,问得魁磊之士。至咸平、景德初,资格始稍严一,寇准欲出意进天下之士,而上下群攻之矣。故李沆、王旦,在真宗时谨守资格;王曾、吕夷简、富弼、韩琦,在仁宗、英宗时谨守资格;司马光、吕公著,在哲宗时谨守资格;此其人皆以谨守资格为贤,名重当世。惟王安石破资格以用人。②

北宋初年选拔官员尚注重才能,宋真宗朝以后多囿于资格,执政者唯资格是论,否则便会遭受非议。不少人成为公文程式化的受害者,这一情形引起时人的注意和抨击,如欧阳修在《论捕贼赏罚札子》中认为"有司拘守细碎之文,不理劳绩",真正有治理才能的人受到压制,"致抑才能,失于旌赏",③得不到应有的奖赏。考课制度甚至沦为考核单位及人员结交权贵、拉帮结派的工具,此风在北宋末年及南宋时期尤为恶劣。如宋徽宗大观初年,"为监司者,或昵于亲故,或狃于贵势,而甚者至于以贪为廉,以暴为良,既上下之等不实,则赏罚遂至于失当"。④ 监司或出于人际关系的考虑,或迫于权贵的压力,颠倒黑白,致使赏罚失当。

（三）缺乏严格的评议标准和监督体制

这在科技领域中表现得尤为突出。除医学、水利等相关领域外,北宋科技奖励缺乏评审机制,奖励标准或参照旧例,或依照科技成果产生的社会效益,甚至完全凭借皇帝个人喜好。这种标准不清、不明的评价方法缺乏公正性,且会造成误差,往往使真正能产生社会生产力的科技发明和创造湮没在民间,一些华而不实的所谓发明和创造反而易于得到皇帝青睐。如宋仁宗庆历元年(1041年),知并州杨偕遣阳曲县(今山西太原北)主簿杨拯献《龙

---

① 苗书梅:《宋代官员选任和管理制度》,河南大学出版社1996年版,第378页。

② （宋)叶适撰,刘公纯、李哲夫等点校:《叶适集·水心别集》卷12《资格》,第792页。

③ （宋)欧阳修撰,李逸安点校:《欧阳修全集》卷102《论捕贼赏罚札子》,第1564页。

④ （清)徐松辑:《宋会要辑稿·职官》59之14,第3724页。

虎八阵图》及神盾、劈阵刀、手刀、铁连槌、铁简等物,上言《龙虎八阵图》"有奇有正,有进有止,远则射,近则击以刀盾",按此布阵,可战无不胜,并鼓吹"历代用兵,未有经虑及此"。宋仁宗阅后降诏褒奖,实际效果却远非如此,"其器重大,缓急难用",实战中并不能运用自如,纯属纸上谈兵。又如宋徽宗崇宁年间(1102—1106年)不顾地方官员反对,朝廷弃用"轻小易用,且可省费"的旧式兵车,改用许彦圭所上"车大而费倍"的新式兵车,熙河转运副使李复抨击许彦圭"但图一官之得,不知有误于国"。① 这些"赏不当赏"的做法实际上为缺乏评审标准、外行评价内行所致。

因宋朝赏赐制度不够健全,漏洞较多,缺乏严格的评议标准和监督,为投机者留下了空子,"又贪功散见于诸房,既无程限,又不委官点检,人吏得以高下其手,使有功者得以愤叹"。② 诸房吏人处理赏功既无明确章程,又无人督察,常借机徇私。宋哲宗朝蔡州(今河南汝南)捕盗吏卒杀害平民一家五六人,遇害者皆为妇女,吏卒为邀功,残忍地屠割尸体,冒充男子首级请赏。而本州长官不闻不问,监司也未尽监察之责,朝廷要求查办,本路仍找理由推卸责任。③ 各级官员负有监察下属之职,却置若罔闻,事发后纵容包庇。元祐二年(1087年)臣僚曾上言:"窃见朝廷自开边以来,罚罪不明,赏功太滥,不求其实,衹信其言,故上下得以相蒙,远近习为欺诳。"④这一现象在白草原冒功事件中尤为突出,前面述及的熙河兰岷路经略安抚判官锺传以实际斩首百倍以上的数额冒功领赏,有关部门和人员并非不知情,但之所以集体沉默,大都考虑到个人利益,最后还是由走马承受阮易简掀开冰山一角。朝廷乃至皇帝也深谙其中规则,以致宋哲宗感叹"唯走马多奏事,走马非内臣者亦不敢奏"。⑤ 南宋因保奏功赏未有太大的约束力,所报战功多有不实,"或亲戚之私,或权贵之荐",甚至连"医巫、卜祝之徒","工商皂隶之贱",未曾临阵遇敌,却虚冒功赏,以致"军士怨愤久矣"。⑥ 上报战绩,各级职能部门需层层担保,但在主观因素的影响下,这一体制形同虚设,很难发挥实效。

除制度本身的缺陷外,宋朝物质赏赐居高不下还有其他外部因素,如物价问题。北宋中期以后,为缓解滥赏带来的财政压力,朝廷有针对性地采取

① (元)脱脱等:《宋史》卷197《兵志一一》,第4911、4918—4919页。
② (明)黄淮、杨士奇:《历代名臣奏议》卷188,李纲奏,第2472页。
③ (宋)李焘:《续资治通鉴长编》卷414,元祐三年九月戊申,第10055页。
④ (宋)李焘:《续资治通鉴长编》卷406,元祐二年十月丁亥,第9882页。
⑤ (宋)李焘:《续资治通鉴长编》卷500,元符元年七月乙卯,第11908页。
⑥ (清)徐松辑:《宋会要辑稿·兵》18之28,第7071页。

了一系列减控措施,并做了多番努力,结果却不尽如人意。除上述提及的原因外,物价上涨也是需要关注的重要因素。乾道六年(1170年)大礼使虞允文曾说:"旧来银一两为钱四百,绢一匹为钱七八百,故千匹两,其直不过千余缗,今则七八千缗矣。或者但言祖宗时锡予甚厚,今多从裁减,不知所赐之直已过祖宗时数倍也"。[①] 物价飞涨部分抵消了朝廷为削减赐赉所做的努力。如宋孝宗绍熙二年(1191年),张构进焕章阁学士、知襄阳府,赐黄金300两,银200两。[②] 隆兴二年(1164年)金子每两大致合35贯,绍熙元年(1190年)银价大致为3贯500文。[③] 若按此换算,则张构可得11200贯。若将物价上涨的因素考虑进去,实际上南宋初年官员所得与北宋相差不多,相对值甚至超过北宋。

说到底,古代社会以人治为主,即使在政治相对清明的时期,制度也难以正常运作。开宝四年(971年)宋太祖平蜀后,挑选亲兵骁勇者一百余人补内殿直,号川殿直,郊祀行赏川殿直比本班少了5贯,聚众击登闻鼓,要求给予同等待遇。宋太祖大怒,派中使告谕:"朕之所与,即为恩泽,又安有例哉!"赏赐与否、多少全凭皇帝个人意志,法令的出台是为了让臣民有章可循,而绝不能成为对抗政府的工具。一旦遭受威胁,法令即可成为统治者强有力的武器,可以任意阐释。在上述事件中,为首的四十余川殿直被斩首示众,其余配隶下军。[④]

三、弊端带来的后果与影响

赏赐是把双刃剑,运用得当,可最大限度地端正民众思想,规范民众行为。运用失当,则会对国家财政造成冲击,并成为社会不公正的渊薮,甚至是不安定的因素。

(一) 加大财政压力,减弱激励效应

滥赏首先给宋朝财政带来极大的负担。北宋初年"内给百官,外奉军旅,诛除僭伪,赏赐巨万,未尝闻财用不足",到了北宋中期以后,赏赐"踰溢常数,不循旧规",成倍增加,以致"今以富大之州终岁之积,输之京师,适足以供陛下一朝恩泽之赐"。[⑤] 除郊赉外,军赏是宋朝财政的一大负担。宋朝

---

①　(宋)李心传:《建炎以来朝野杂记》甲集卷5《乾道郊赐》,第127—128页。

②　(清)徐松辑:《宋会要辑稿·礼》62之83,第1736页;(元)脱脱等:《宋史》卷361《张构传》,第11312页。

③　程民生:《宋代物价研究》,人民出版社2008年版,第271、278页。

④　(宋)李焘:《续资治通鉴长编》卷12,开宝四年十一月壬戌,第274页。

⑤　(宋)李焘:《续资治通鉴长编》卷196,嘉祐七年五月丁未,第4756—4758页。

士兵待遇优渥,赏赐名目繁多。北宋中期以后赏赐规模虽有所控制,军赏却始终居高不下。即使在财政吃紧的情况下,军赏规模一应旧制,很少应机而变。如宋宁宗开禧二年(1206 年)诏:"今岁明堂大礼,令有司除事神仪物、诸军赏给依旧制外,其乘舆服御及中外支费并从省约"。嘉定二年(1209年)、八年、十一年、十四年颁发了同样内容的诏书。①

内廷开支的随意性对国家财政制度造成一定损害。宋代内廷每年有大量的非正常供给,时人多称之为"须索",而赏赐一项所占比例较大,"由于御前密赐及非泛取过、造作、赐物难以列入国家预算,因此都是随要随支、随报随销的。"②这些非正常供给未列入财政预算,给中央财政带来困难,其中的漏洞更难以堵塞。

滥赏不仅耗费国家资财,而且还减弱了激励效应。赏赐的重要功能在于激励先进,赏赐过滥,"赏不患乎吝,患乎滥。赏至于滥,与无赏等",起不到激劝效果。"盖赏以待有功,以功彼赏人则为荣,乐事赴功,率为我用"。滥赏意味着赏罚失去准绳,"今也有功者赏,无功者亦赏,得之固不为荣,亦何必有功而可得。"③无功而赏大量增加,则会降低立功者的期望值及荣誉感,减退进取之心,而他人顿生觊觎之心,最终赏罚失当。赏赐过滥还使人产生骄纵轻视之心,北宋重臣张方平曾谈及将士骄纵问题:"兵骄将惰,无甚于今。未尝竭股肱,扞患难,而号列功臣。未尝识亭障,出营垒,而赏盈私囊"。④ 无事、无功而赏浪费国家资财,还导致战斗力下降,将士骄纵习气也愈发不可收拾。

(二) 扰乱民众生活,增加不稳定因素

滥赏不仅对宋朝财政造成巨大的冲击力,也严重影响了民生,给百姓的正常生活带来极大困扰。宋朝有不少赏赐物资从地方财政划拨,还有的军队直接向地方官府索取,"所至州军,邀求犒赏,守令惮生事,竭取民以奉之",⑤地方长吏担心生事,多竭取民膏。苏洵记录了地方官员筹措军赏的手段:"郡县无以赏兵,例皆贷钱于民,民之有钱者,皆莫肯自输,于是有威之以刀剑,驱之以笞箠"。地方财政困难,便百般盘剥,甚至动用刑罚,"为国结怨"。苏洵还断言:"计今不过秋冬之间,海内必将骚然",⑥极有可能

---

① (清)徐松辑:《宋会要辑稿·礼》24 之 106,第 952 页。

② 英岩:《宋代宫廷的供给制度》,《河北学刊》1991 年第 5 期。

③ (明)黄淮、杨士奇:《历代名臣奏议》卷 188,赵元镇奏,第 2473 页。

④ (宋)张方平撰,郑涵点校:《张方平集》卷 6《如(姑)息之赏》,第 92 页。

⑤ (明)黄淮、杨士奇:《历代名臣奏议》卷 222,季陵奏,第 2924 页。

⑥ (宋)苏洵撰,曾枣庄、金成礼笺注:《嘉祐集笺注》卷 13《上韩昭文论山陵书》,第 365 页。

激起民变。地方上因催征军赏而引发民间骚乱的现象一直存在,且有恶化的趋势。宋代中央对地方财政的征调持续增长,导致基层州县的财政出现亏空的局面,难以供应赏赐物资,但又不得不应付筹办,故多采用强制性手段违法征敛,进一步加深了地方税制混乱的现象。更有部分官员为取得政绩,罔顾民间疾苦。

四川是宋代苛捐杂税的重灾区。宋代蜀锦无论在产量还是质量上都大有进步,其他地区难以企及,无可替代的工艺水平却让蜀民有苦难言。"两川远地,所产虽富,般运实多",因山川阻隔,路途遥远,押纲人员异常艰辛,"押纲衙前,虽有酬奖,户下小客,最受辛勤"。天禧元年(1017年)三月,三司请罢益州(今四川成都)鹿胎、透背。宋真宗以为不妥:"此色皆内藏所实,每郊礼,以充赏给,罢之非便",郊赉所用的贵重丝织品多赖川地供应,故否决了提议。宋仁宗即位之初,朝臣再次建言:"欲乞益、梓两路州军纲运量与减放三二分,庶便民俗。"三司商议意见如下:

> 自来计度圣节、端午、十月一日内人春冬衣赐,并准备取索及国信往来、南郊支用绫罗、锦绮、鹿胎、透背、敏正、生白大小绫、花纱绢等,下益、梓州两路织买出染,计纲上京。(令)[今]除锦三十五段全减不织外,余绫罗、鹿胎、透背、敏正、生白大小绫、花纱绢等,欲且依旧。所贵支用不至阙。又勘会益、梓、利、夔四路州军每年买纳紬、绢、丝、绵,除应副陕西、河东、京西州军及本路衣赐支遣外,余有剩数,即上京送纳,元不曾(椿)[桩]定数目。每年自西川水路起发布帛六十六万匹赴京南路,转般上京,(并)[应]副在京并京西州军衣赐。

节假日、郊赉及使节往来赏赐所需的贵重丝织品须得益、梓州两路上供,故"依旧"般运。川峡四路每年科买的丝织品,除供应本路及陕西、河东、京西各路州军衣赐外,剩余部分还要通过水路转输京师,供给京师及京西路州军衣赐,故"难议减省,欲且依旧",①蜀民始终无法摆脱重负。

南宋蜀民负担更甚,宋高宗绍兴二十六年(1156年),尚书吏部郎中孙道夫入对,论及四川地区的苛捐杂税:

> 税绢之外,有和买,有预俵,又有激赏,而蜀民尤以激赏绢为苦……今边鄙无虞,甲兵不用,总司但给诸屯衣粮耳。而诸州军犹有激犒钱各

---

① 　(清)徐松辑:《宋会要辑稿·食货》64之19—20,第6109页。

不下一二万引,此非横敛乎? 以至咸钱退缩,盐额顿亏,使井户虚纳土产引钱,则破产者十室而九。酒徒零落,课息欠少,使槽户空纳石头钱,则失业者比比皆是。有司不恤园户,务增茶额,以求羡余。合同场计无所出禁,系山氓使输虚息,蜀民被牢盆酒茗之害有年矣。①

南宋时期,宋与金、蒙(元)之间的战争把四川放在了极其重要的战略地位上,屯驻大军的军费全部落在了蜀民身上,蜀民不得不承受剥肤椎髓般的剥削,赋税数倍于昔,开增了不少征调项目:"西蜀折估、青草、水脚、对减、激赏、隔漕名色,其患苦又为特甚"。② 张浚以知枢密院担任四川宣抚处置使期间,任命善于理财的赵开担任随军转运使,赵开为应付军赏,开征额外税收"折估"和"激赏钱绢":"自建炎军兴,赵应祥榷盐酒之课,折绢布之估,科激赏之费,倍籴本之输,商贾农民,征率殆尽"。③ 李心传曾对"折估"进行过解释:"盖诸军月支正色米之外,又有折支估钱者,故以此名之"。其实是一种变相的财赋:"大抵蜀中之折估,与江、浙之月桩,皆以赡军得名,其事相类"。性质大体上与江浙地区设立的月桩钱类似,"其后衣赐犒赏、供给刍豢之属,通以折估为名,而其数浸广矣。"④随着战争的发展,以赏赐之名收敛于民的折估日渐增多。

(三) 败坏官场风气,危及统治根基

赏赐不公进一步催生了官吏的贪婪欲望,为贪污腐化创造了滋生蔓延的空间,败坏了官场风气。宋代不少官吏利用各种途径谋取利益的最大化,凡事皆论功:"今任其职、治其事者,不复以为当然,必皆一一论功取赏于朝廷"。本为职责所在,却成为邀功理由。"开封府之治事,大理寺之决狱,将作监之营缮,榷货务之算钞,此其职也",皆在各部门应当承担的责任范围内,"乃以其职事所当为者,较计积累以为功劳",⑤却当作业绩整理上报。又如三省胥吏享受的待遇要远高于其他部门,本来检查诸司文字差错是职责所在,却"字字论功,日日计赏,或升名次,或减磨勘,或添料钱,或支银绢,以彼易此,有如己物",⑥整日盘算如何获取最大利益。

---

① (宋)李心传:《建炎以来系年要录》卷175,绍兴二十六年十月甲子,第327册,第470页。

② (宋)叶适撰,刘公纯、李哲夫等点校:《叶适集·水心别集》卷15《上殿札子》,第834页。

③ (宋)李心传撰,徐规点校:《建炎以来朝野杂记》甲集卷17《四川总领所》,第393页。

④ (宋)李心传撰,徐规点校:《建炎以来朝野杂记》甲集卷15《折估钱》,第324页。

⑤ (宋)赵汝愚撰,北京大学中国中古史研究中心校点:《宋朝诸臣奏议》卷97,吴执中:《上徽宗论任职治事不当——论功取赏》,第1050页。

⑥ (宋)李焘:《续资治通鉴长编》卷389,元祐元年十月丁酉,第9469页。

宋朝官场还普遍存在冒赏现象："彼缘市易冒赏之人，……有赏至于转官、升任、分取息钱者，莫知其数矣"。右司谏王觌曾提及市易官以何种手段冒领赏赉：

> 臣访闻市易本钱约一千二百万贯，其法每岁收息钱二分。市易官以收息之多，岁岁被赏，行之一十五年之间，若收息皆实，则子本自当数倍矣。今勾收还官及别作支用者，仅足本钱而已。盖奸吏恣为欺罔，凡支钱出外未见增耗，买物入官未经变卖，并先计息而取赏。既以得赏之后，物货损恶，本钱亏损，则皆上下相蒙而不复根究。故朝廷有得息之虚名，而奸吏有冒赏之实弊也。①

市易官年年受赏，长达 15 年，若政绩属实，则本钱当翻番数倍，实际上并非如此。为冒功受赏，官吏相互勾结，欺上瞒下，虚构政绩，给国家造成不小的经济损失。宋室南渡后军赏骤然增多，户部、度支等部官吏乘机钻营，贿赂公行。北宋号称"日夜穷忙"的"户度金仓"至南宋成为"细酒肥羊"的肥差，以致"人人富饶"。②

贪财黩货之风在宋朝武将集团中滋生蔓长，损害了军队战斗力，严重者直接导致战败。雍熙北伐中监军王侁为争功而撤离谷口是置杨业于死地的重要原因，③永乐城的失守也与将帅争功有直接关联。④ 宋徽宗宣和五年（1123 年）金人围平州（今河北卢龙），不战而退，而降宋辽将张毅却以大捷上报。宣抚司未加核实，便拨数万银绢前去犒赏，张毅在郊外迎接，金人乘隙发动攻击，击溃宋军。据称金人缴获宋廷奖励张毅的诏敕后，"由是大怒而憾我矣"，⑤借机再次入侵宋朝。

随着军国财政的渐趋紧张，宋朝物质赏赐的弊病愈发严重，引起统治者的警醒，并采取了补救与矫正措施，但收效却不甚如意，有的措施胎死腹中，有的甫一出台，便遭到既得利益者的反对而夭折，成为难以更改的宿弊，专制社会的痼疾因此表现无遗。

---

① （宋）李焘：《续资治通鉴长编》卷 391，元祐元年十一月戊午，第 9508 页。
② （宋）陆游撰，李剑雄、刘德权点校：《老学庵笔记》卷 6，第 82—83 页。
③ （宋）李焘：《续资治通鉴长编》卷 27，雍熙三年八月，第 622 页。
④ （宋）司马光撰，邓广铭、张希清点校：《涑水记闻》卷 14《徐禧等筑永乐城》，第 284 页。
⑤ （宋）徐梦莘：《三朝北盟会编》卷 18，宣和五年七月十日辛酉，第 128—129 页。

本 章 小 结

宋朝物质赏赐具有鲜明的时代特征,深刻地反映了处于唐宋变革期的中国传统社会发生的若干变化。宋朝赏赐品的变化折射了社会的发展和时代的变迁,赏格的制定顺应了时代需求,促进了社会经济的发展。但由于过于注重对经济政绩的考核,造成不少地方官员不惜以牺牲百姓利益为代价,诛敛不已,掊克过重,激化了社会矛盾。"自数年来,刻虐日甚,商旅为之不行,其间课利虽已不亏,或已有增剩,而官吏刻虐不为少衰"。其原因不仅仅在于"财用窘急,转运司督迫所致",更因为"给钱充赏条贯",故导致"人人务为刻虐,以希岁终之赏"。① 条法细密,意味着朝廷重视官员的政绩和实际执政能力,体现了朝廷对官员管理力度的加强,但过于繁杂的条法必然会出现漏洞和自相矛盾之处,从而束缚官吏手脚,同时为营私舞弊提供可乘之机。

虽自北宋中期始,朝廷开始对常例赏赐进行控制,但因受财政开支自发的增长刚性,"三冗"局面,以及统治者贪图享受的本性等因素的影响,除取得一些成效外,总体效果有限。随机性强的特点虽赋予宋朝赏赐行为很大的灵活性,却成为滥赏难以控制的主要原因。唐末五代以来君权式微的经验教训使得宋帝十分重视赏罚的权柄问题,而特殊的时代背景又迫使其不得不下放部分权力,赋予将帅一定的先赏后奏之权。

赏赐在稳定宋朝社会秩序、维护国防安全、发展社会经济、增加财政收入、促进文教事业等方面发挥着积极作用。以实物替代官爵赏赐,虽对宋朝官阙紧张的局面未有大的影响,但仍起到一定的缓解作用。宋朝物质赏赐存在的种种弊端又削弱了其应有的功能。

---

① （宋）李焘:《续资治通鉴长编》卷 476,元祐七年八月丙辰,第 11339 页。

结　语

　　赏赐制度被宋朝视作政治经济生活中的重要组成部分,广泛施行于政治、经济、军事、司法、文化等领域,推行的广度和力度超越以往任何一个朝代。宋朝赏赐制度在一定程度上维护了国家的统治与稳定,促进了经济的繁荣与昌盛,推动了社会的文明与进步。

　　物质赏赐充分体现了宋朝的统治理念。宋朝"以仁立国"、"以忠厚立国",始终为宋人所津津乐道。[①] 处于社会转型期的宋朝,统治者更加注重多种统治手段和方式的综合运用。宋朝以文治国,将更多的柔性管理理念运用到统治中,给臣民以较多的人文关怀。宋朝为政宽厚,在赏与罚两个对立手段的运用上,尤为注重和强调赏赐功能,致使赏多罚少。

　　物质赏赐的广泛应用是宋朝经济管理发生重大转变的表征之一。宋代政府经济管理出现了从统治到治理的转变,从而使古代政府经济管理出现划时代的变革,即从以管制为主的"统治"开始转变为以协调为主的"治理"。从当代管理学的角度看,这具有重大的历史意义。[②] 物质赏赐即是以协调为主的政府管理手段,是实现社会资源再分配的重要环节。宋朝统治者将之灵活运用于诸多领域:宋初尽收武将军权,不许宗室、外戚染指具有实权的高官职位,而代之以优渥的经济待遇。宋朝在诸多领域广设告赏法,重立赏金,鼓励臣民相互揭发。宋朝利用丰厚的物质利益拉拢吐蕃等族,以达到钳制西夏势力进一步扩张的目的,部分实现了在西北的战略思想。宋朝广设赏格,施以物质诱惑,如"命官之赏等十有七,吏、庶人之赏等七十有七",同时"又有倍、全、分、厘之级凡五卷,有等级高下者皆为格",[③]激励各级官吏尽职尽责,为国效力。

　　物质赏赐还是宋朝皇帝"与士大夫治天下"的实质内容和具体体现之一。宋朝官员受赐时机和场合超过前朝,无论在大型的郊祀典礼上,还是在除授、告谢、朝辞、入对、致仕、诞日、疾丧、节日期间均会获得物质赏赐,各种名目的赐赉让各级文武官员对皇恩浩荡有了切身体会,更何况不少赐赉来

　　① 范学辉:《南宋三衙马政问题试探》,《中国史研究》2012 年第 1 期。
　　② 方宝璋:《略论宋代政府经济管理从统治到治理的转变——基于市场性政策工具的视角》,《中国经济史研究》2014 年第 3 期。
　　③ (宋)李焘:《续资治通鉴长编》卷 344,元丰七年三月乙巳,第 8254 页。

自皇帝的"小金库"——内藏库。内藏库由宋朝皇帝亲自掌握,其资金不仅用于皇室开销,还常用于军费、赈灾、庆典、赏赐等军国大政上,出自皇帝私库的赐赉更能强化官员效忠的信念。这种优厚待遇极大地激励了宋朝官僚士大夫,"唯其给赐优裕,故入仕者不复以身家为虑,各自勉其治行,观于真、仁、英诸朝,名臣辈出,吏治循良,及有事之秋,犹多慷慨报国,绍兴之支撑半壁,德祐之毕命疆场,历代以来,捐躯徇国者,惟宋末独多,虽无救于败亡,要不可谓非养士之报也"。① 使其在忧患之际为国分忧,挺身而出,视国事为己任。

物质赏赐还对维系宋朝国运发挥着至关重要的作用。两宋长期面临着强大的军事压力,战争频仍,国无宁日。而在募兵制下,"军无财,士不来。军无赏,士不往",②相应的物质刺激极大地调动了将兵作战的积极性。宋朝在历史上虽以积弱著称,但却有过一统江南与西蜀的赫赫战绩,并在强敌环伺的险恶环境下维持统治达 320 年之久。南宋前有金人的紧追不舍,后有剽悍的蒙古铁骑,却在江南一隅生存达一百五十余年,虽最终仍遭外敌覆灭,但在蒙古兵征服的众多政权中抵抗时间最为持久,战争最为惨烈,而军功赏赐实在是赵宋王朝能够与其他政权比肩而立、国运绵长的原因之一。

一方面,赏赐具有明显的激励效应。美国学者斯蒂芬·P.罗宾斯将激励定义为"通过高水平的努力实现组织目标的意愿,而这种努力以能够满足个体的某些需要为条件",③现代激励理论同样适用于古代赏赐领域。宋朝统治者充分利用物质赏赐这一经济杠杆,激励臣民发展经济、勤于职守、恪守规范、保家卫国等,以维护公序良俗,稳固专制统治,进而推进社会的繁荣与昌盛。

另一方面,赏赐弊端重重,尤其在政治昏暗、世风日下、道德沦丧的环境下,更多地成为加速统治集团腐化的催化剂。在人治社会统治阶级和长官意志往往又是制度推行的决定因素,再加上各种集团和势力的盘根错节,使得原应遵循公平公正原则推行赏与罚的各项相关制度,反而易于成为不公正的渊薮。这些痼疾的存在一方面证明了专制社会等级制度极大的不公正性,另一方面也在侵蚀着其他相关制度,并不断削弱着赏赐的功能。

---

① (清)赵翼撰,王树民校证:《廿二史札记校证》卷 25《宋制禄之厚》,第 534 页。

② (宋)倪朴:《倪石陵书·拟上高宗皇帝书》,第 539 页。

③ [美]斯蒂芬·P.罗宾斯:《组织行为学》,孙健敏等译,中国人民大学出版社 1997 年版,第166 页。

附 录

附录一 宋朝各级官吏法定赙赠物品一览表

（根据《宋会要辑稿·礼》44 制作）

受赐对象	赙赠物品（熙宁七年以前）（单位:贯匹石口瓶条斤）	赙赠物品（熙宁七年以后）（单位:贯匹石口瓶条斤）
宰相	钱、绢各 500,法酒 50,秉烛、小烛各 50,湿香 3。母、妻之丧,绢 500,米面各 30 或 20,酒 30 或 20,羊 30 或 20。兄弟、子孙之丧及在室姑姊妹女,绢 300,酒 30 或 20 瓶,羊 30 或 20,米、面各 20,或无。殇子、诸侄之丧,绢 150,酒 20,羊 10。	绢 800,布 300,生白龙脑 1,秉烛、常料烛各 50,湿香、蜡、面、茶各 50,法酒、法糯酒各 50,米、麦各 50,羊 50。亲属之丧:三年服,绢 500,酒、米、面、羊各 30。期年服第一等,绢 400,酒、羊各 20;第二等,绢 300,其余同第一等;第三等,绢减 250,其余减半。大功服,绢 200,其余同期服第三等。
参知政事	钱、绢各 500,米、面 80,酒、羊各 30。母、妻之丧,绢 300,酒 20,羊 10。子女、诸妇及伯叔姨舅之丧,绢 200,酒 20,羊 10。	绢 600,布 150,龙脑 1,蜡烛各 30,香、茶各 30,酒各 30,米、面、羊各 30。亲属之丧:三年服,绢 300,酒、米、麦、羊各 20,第一等,绢 250,酒、羊各 10;第二等,绢 200,其余同第一等;第三等,绢 150,其余减半。大功服,绢 100,其余同期服第三等。知枢密院事、枢密副使、同知枢密院事同。
枢密使	钱、绢各 500,酒 50,秉烛、小烛各 50,湿香 3。诸女、诸妇之丧,钱 100,绢 200,酒 25,羊 10。	绢 700,布 200,龙脑 1,烛各 10,香、茶、酒、米、面、羊各 50。亲属之丧:三年服,绢 400,酒、米、面、羊各 20。期年服第一等,绢 300,酒、羊同三年服。第二等,绢 250,酒、羊减半;第三等,绢减 200,酒、羊同第二等。大功服,绢 150,酒、羊各减半。使相亲属同。
宣徽使	钱、绢各 500,米、面 80,酒、羊 30。子、姑姊妹、侄、外甥之丧,绢 200,酒 20,羊 10。堂侄之丧,绢 150 或 100,另加钱 100,酒 20 或 10,羊 10 或 5。侄妇之丧,绢 100,酒、羊 10。	绢 500,布 150,龙脑 1,秉烛、小烛、香、茶、酒、米、面、羊各 30。亲属之丧:三年服,绢 250,酒、米、面、羊 10。期年服第一等,绢 200,酒、羊同三年服;第二等,绢 150,酒、羊各减半;第三等,绢 100,酒、羊同第二等。大功服,绢 80,酒、羊各减半。签书枢密院事同。

续表

受赐对象	赙赠物品（熙宁七年以前）（单位：贯匹石口瓶条斤）	赙赠物品（熙宁七年以后）（单位：贯匹石口瓶条斤）
三公，尚书省左、右仆射	绢300，米、面80，酒、羊30。子女之丧，钱、绢各100，酒10，羊5。	太师、太尉、太傅、太保、司徒、司空，绢600，布150，香、茶、酒、米、面、羊各30。尚书省左、右仆射，观文殿大学士绢500外，其余同。亲属之丧：尚书省左、右仆射，观文殿大学士三年服，绢200，酒、米、面、羊各10。期年服第一等，绢150，酒、羊减半；第二等，绢100，酒、羊同；第三等，绢80，酒、羊各减2。大功服，绢减60，酒、羊同期服第三等。太师、太尉、太保、司空、司徒亲属之丧未载。
东宫三少	钱50，绢100，米、面20，酒、羊各5。	太子太师、太傅、太保，绢500，布150，香、茶、酒、米、面、羊各30。太子少师、少傅、少保，绢250，酒、米、面、羊各10。
三司使、盐铁、度支、户部使	钱、绢各200，酒20，羊5。祖父及母、妻、子女之丧，钱100，绢100或50，酒15或10，羊5。伯叔兄弟之丧，钱绢各50，酒10，羊5。	绢200，酒、米、面、羊各10。亲属之丧：三年服，绢150，酒、米、面、羊各5。期年服第一等，绢100，酒、羊同；第二等，绢80，酒、羊各3；第三等，绢60，酒、羊同第二等。大功服，绢40，酒、羊同期服第三等。
三司副使	钱、绢各100，酒15，羊10。兄弟及子妇之丧，钱100，酒、羊各5。	绢100，酒、米、面、羊各5。太子宾客、给事中、谏议大夫、中书舍人、知制诰、直学士院、待制同。亲属之丧：三年服，绢80，酒、羊各3。期年服第一等，绢60，酒、羊同三年服；第二等，绢50，酒、羊同第一等；第三等，绢40，酒、羊各2。大功服，三司副使不赐，余官绢30，酒、羊同期服第三等。
判官、判诸司	钱100，酒5或3，羊5。祖母、母、妻之丧或迁葬，钱100，也有特加绢50者。兄弟、兄弟之妻、姑姊妹、侄之丧，钱50。	绢60，酒、羊各3。三年服，绢50，酒、羊各3。三司判官、主判官、开封府推判官、中书检正逐房公事、枢密院检详逐房文字、知谏院、修起居注、京朝官以上带馆职、崇政殿说书、侍御史、殿中侍御史、监察御史里行同。亲属之丧：期年服第一等，绢40，酒、羊各2；第二等，绢30，酒、羊同第一等；第三等，绢20，酒、羊同第二等。
知开封府	缺	同三司使
判官、推官	钱100，酒、羊各5。母、妻之丧或迁葬，钱100。兄弟、姑姊妹之丧，钱50。	同三司判官

受赐对象	赙赠物品（熙宁七年以前）（单位：贯匹石口瓶条斤）	赙赠物品（熙宁七年以后）（单位：贯匹石口瓶条斤）
翰林学士、侍读、侍讲、枢密直学士	钱200，绢100，酒20，羊10。母、妻之丧或迁葬，钱100，绢100或50，酒10，羊10或5。男女、兄弟之妻、姑姊妹、孙、伯叔、伯叔母之丧，钱、绢各50，酒10或5，羊5。出嫁女、侄女之丧，钱100或50，酒、羊各5。	同三司使
尚书左、右丞、六部侍郎、给事中、谏议大夫、舍人、知制诰、待制以上、宗正卿	绢200，或绢、钱各100，也有只赐绢100者。米、面20或15，或无；酒20或10、5，羊10或5。父、母、妻、子之丧或迁葬，钱100或50贯，绢100或50，酒15或10、5，羊10或5。诸妇之丧，钱100，绢50或无，酒10或5，羊10。伯叔、伯叔母、兄弟、侄及在室姑姊妹，钱100或钱、绢各50，也有只赐绢100者，酒10或5，羊5或3。出嫁者钱50，酒、羊各5。	给事中、谏议大夫、舍人、知制诰、待制同三司副使。
御史中丞	钱100，绢200，酒、羊各10。妻、子、兄弟、侄之丧，钱、绢各50，酒、羊各5。	绢150，酒、米、面、羊各5。亲属之丧：三年服，绢100，酒、米、面、羊各5。期年服第一等，绢80，酒、羊各3；第二等，绢减60，酒、羊同第一等；第三等，绢50，酒、羊同第二等。大功服，绢40，酒、羊各2。左右丞、诸行侍郎同。
知杂御史	本人缺，兄弟之丧，钱50，酒5。	绢80，酒、羊各3。亲属之丧：三年服，绢60，酒、羊各3。期年服第一等，绢50，酒、羊同三年服；第二等，绢40，酒、羊各2；第三等，绢30，酒、羊同第二等。龙图阁侍讲、天章阁侍讲、直舍人院、朝官以上兼侍读、中书检正五房公事同。
大卿监、少卿监	钱100或50，绢100或50，米、面、酒、羊各5。亲属之丧缺。	绢50。酒、羊各3。亲属之丧缺。

受赐对象	赙赠物品（熙宁七年以前）（单位：贯匹石口瓶条斤）	赙赠物品（熙宁七年以后）（单位：贯匹石口瓶条斤）
朝官直馆阁、集贤院校理、史馆检讨	钱、绢各100，也有只赐钱100者，或另加酒20、羊10。父、母、妻之丧或迁葬，钱100，酒5，羊3，或不给羊、酒，也有给钱50、羊、酒者。兄弟、侄、诸妇之丧，钱50，酒2，羊3。	同三司判官、主判官
翰林侍书、御书	钱100，或绢、钱各50，酒5，羊10或5。	不赐
诸王记室、侍讲、翊善、教授	钱100，酒5，羊5或3。母、妻、男、女、伯叔母、兄弟之妻、姊妹、侄诸妇之丧，钱100或50。迁葬钱100或50。	缺
京官任三馆校理者	钱50，酒、羊各3。	同三司判官、主判官
任伴读者	钱50，酒、羊各2。	缺
节度使	本人缺。母、妻、子之丧，钱、绢各200，酒30或20，羊20，也有只赐绢200，加赐米、面50者。女及诸妇之丧，钱200或100，绢100，酒、羊各20。兄弟、姑侄及妻父母之丧，钱100，绢100或50，酒10，羊20或10。	绢500，布150，香、茶、酒、米、面、羊各30。亲属之丧：三年服，绢250，酒、米、面、羊各10。期年服第一等，绢200，酒、羊同三年；第二等，绢150，酒、羊减半；第三等，绢100，酒、羊同第二等。大功服，绢80，酒、羊同期服第三等。
节度观察留后	本人缺。妻之丧，钱100，绢50，酒20，羊10。	绢250，酒、米、面、羊各10。亲属之丧：三年服，绢150，酒、米、面、羊各5。期年服第一等，绢100，酒、羊同三年服；第二等，绢80，酒、羊各减2；第三等，绢60，酒、羊同第二等。大功服，绢40，酒、羊同。
观察使	钱300，绢、布各200，酒、羊各50。祖母、妻、子之丧，钱100，绢100或50，面15石或无，酒30或5，羊20或5。	同节度观察留后
防御使	本人缺。父、母、妻之丧或迁葬，钱、绢各100，酒20或15、10，羊15或10，面15或10。	绢150，酒、米、面、羊各5。亲属之丧：三年服，绢100，酒、米、面、羊各5。期年服第一等，绢80，酒、羊各3；第二等，绢60，酒、羊同第一等；第三等，绢40，酒、羊各2。

受赐对象	赙赠物品（熙宁七年以前） （单位：贯匹石口瓶条斤）	赙赠物品（熙宁七年以后） （单位：贯匹石口瓶条斤）
团练使	钱 300 或 150、100，绢 200 或 150、100，酒 30 或 20、10，羊 30 或 20、10，米、面共 20 或无。父母之丧或迁葬，钱 150 或 100，绢 150 或 100，酒 20，面 10，羊 20 或 10。妻之丧，钱 100，绢 100 或 50，酒 20 或 10，羊 15。	同防御使
刺史	钱 100，绢 100 或 50，酒、羊各 10。父母之丧或迁葬，钱、绢各 100，酒、羊各 10。妻、子之丧，钱、绢各 50，酒 10 或 5，羊 10 或 5。	绢 100，酒、米、面、羊各 5。阁门使、昭宣使以上及诸司使、带御器械同。亲属之丧：三年服，绢 80，酒、羊各 3。期年服第一等，绢 60，酒、羊同三年服；第二等，绢 50，酒、羊同第一等；第三等，绢 30，酒、羊各 2。阁门使、昭宣使以上同。
殿前司都指挥使	本人缺。父母之丧或迁葬，钱 200，绢 300，米面共 50，酒、羊各 30。子孙及兄弟之丧，钱 200，绢 100，或只赐绢 300、200，或钱、绢各 100，酒 30 或 20、10，羊 30 或 20、10。	绢 600，布 150，香、茶、酒、米、面、羊各 30。亲属之丧：三年服，绢 300，酒 10，米、面、羊各 20。期年服第一等，绢 250，酒、羊各减半；第二等，绢 200，酒、羊同第一等；第三等，绢 150，酒、羊同第二等。大功服，绢 100，羊、酒同期年服第二等。
殿前司副都指挥使	本人缺。父、母、妻之丧或迁葬，钱 300，绢 200，米、面共 50，酒、羊各 20。	同都指挥使
殿前司都虞候	本人缺。父母丧钱、绢各 300，面 20，酒 50，羊 20。或赐钱、绢各 100，酒、羊各 10。迁葬钱、绢各 100，酒、羊各 20。妻、子、孙之丧钱、绢各 100，或赐钱 200，酒 20 或 10、5，羊 20 或 10、5。	同都指挥使
殿前左右班都虞候、诸班直都虞候	本人缺。父、母、妻之丧，钱 200 或 100，绢 100 或 50，或无，酒 10 或 5，羊 10 或 5。迁葬，钱 100，或 50，加绢 100，酒 5，羊 10。	殿前侍卫亲军马步军都虞候，绢 250，酒 10 或 5，羊 10 或 5。殿前侍卫亲军马军步军都虞候亲属丧，三年服，绢 200，酒、米、面、羊各 10。期年服第一等，绢 150，酒、羊各 5；第二等，绢 100，酒、羊同第一等；第三等，绢 80，酒、羊各减半。大功服，绢 60，酒、羊同期年服第三等。任防御使以下不赐。

受赐对象	赙赠物品（熙宁七年以前） （单位:贯匹石口瓶条斤）	赙赠物品（熙宁七年以后） （单位:贯匹石口瓶条斤）
指挥使	钱50,酒、羊各5。父母之丧及迁葬,钱50,或30贯,加绢20,酒6或5,羊5或无。祖父母之丧,钱50或30,绢20。妻丧,钱30,绢20或无,酒5或3。	捧日天武龙神卫四厢都指挥使,绢200,酒、米、面、羊各10。捧日天武龙神卫四厢都指挥使亲属丧,三年服,绢150,酒、米、面、羊各5。期年服第一等,绢100,酒、羊同三年服;第二等,绢80,酒、羊各3;第三等,绢60,酒、羊同第二等。
诸军厢都指挥使	钱200,绢100,酒20,羊10。父、母、妻之丧及迁葬,钱、绢各100,也有只赐钱100者,酒30或10,羊10。	厢都指挥使,绢200,酒、羊各10。厢都指挥使父母,绢150,酒、羊各5;妻,绢100,酒、羊同父母丧。
军都指挥使	钱100或50,绢100或50,酒10或5,羊10或5。父、母、妻之丧及迁葬,钱100,酒10或5,羊10或无。	绢70,酒、羊各3。父母,绢50,酒、羊各2;妻,绢40,酒、羊同父母丧。
殿前指挥都虞候、诸班直都虞候、诸军都虞候、诸班直指挥使、钧容直指挥使、都知	殿前指挥都虞候及父母丧,钱50,酒、羊各5。迁葬,钱50或30。妻丧,钱50或20,酒3或无。	殿前指挥都虞候,绢150,酒、羊各5;诸班直都虞候,绢60,酒、羊各3;诸军都虞候、诸班直指挥使,绢30,酒、羊同;钧容直指挥使,绢25;殿前指挥使都知,绢15,酒、羊同。殿前指挥使都虞候父母,绢60,酒3,羊2;妻,绢50,酒、羊同。军都指挥使父母,绢50,酒、羊同;妻,绢40,酒、羊同。诸班直都虞候父母,绢减35,酒、羊同;妻,绢20,酒、羊同。诸军都虞候、诸班直指挥使父母,绢30,酒、羊同;妻,绢20,酒、羊同。钧容直指挥使父母,绢、酒、羊同诸班直指挥使;妻,绢减5。
御前忠佐马步都军头	钱、绢各100,酒10,羊10或5。现任者或钱150,或绢150,也有只赐50者。父、母、妻之丧及迁葬,钱、绢各50,酒10或6瓶,羊10或5,或无。	绢80,酒、羊各3。父母,绢70,酒、羊各3;妻,绢60,酒、羊各2。
御前忠佐马步副都军头	钱100,酒、羊各5,也有钱、绢各50,酒8、羊7者。父、母、妻之丧及迁葬,钱50,酒、羊各5。	绢30,酒、羊各2。父母,绢25,酒、羊各2;妻,绢15,酒、羊同。
马军、步军都军头、副都军头	本人缺。父丧或母丧或迁葬,钱、绢各50,也有赐钱100,或赐钱50,或绢50,酒10或5,羊5。副都军头也有赐钱30。妻丧,钱30,酒5或3,羊3。	本人同御前忠佐马步副都军头

续表

受赐对象	赙赠物品（熙宁七年以前） （单位:贯匹石口瓶条斤）	赙赠物品（熙宁七年以后） （单位:贯匹石口瓶条斤）
诸卫上将军	钱、绢各 100，或绢 200，米、面 20 石或无，酒、羊各 10。	缺
诸卫大将军	钱 100 或 50，绢 100 或 50，酒、羊各 5，也有加米、面共 20 者。妻丧，钱 100，酒 6，羊 5。	诸卫大将军、客省使、引进使、阁门副使、诸司副使、带御器械，绢 80，酒、羊各 3。亲属之丧缺。
诸卫将军	钱、绢各 50，或钱 100，酒 10 或 5，羊 10。	诸卫将军带遥郡，绢 50，酒、羊各 3。
横班诸使	钱 100，绢 100 或 50，米、面共 20 或无，酒 20，羊 10。母、妻卒及迁葬，钱 100 或 50，绢 50，酒 10，羊 5。	缺
横班诸副使	钱 100，绢 50，酒、羊各 5。母、妻、女之丧，钱 100 或 50，或加绢 50，酒 10 或 5，羊 10 或 3。	缺
东西班诸司副使、通事舍人	钱 100 或 50，绢 100 或 50，或钱 300、100，酒 10，羊 10 或 5，或绢 100，米、面共 20。妇之丧，钱 100 或 50，绢 50，也有赐钱 100 或 50，酒、羊各 5。迁葬，钱、绢各 50，或钱 100、50，酒 10 或 5，羊 10 或 5。	缺
内殿承制、崇班、阁门祗候，五路沿边及广南、川峡亲民以上在任者，知州军、路分总管、钤辖、都监、安抚副使、诸司使副等	内殿承制、崇班、阁门祗候，钱、绢各 50，或钱 100，酒 4，羊 5。父母丧及迁葬，钱 50，酒 5，羊 3。妻丧，钱 30，酒 5，羊 3。其余缺。	五路沿边及广南、川峡亲民以上在任者，诸司使以上知府州依旧例；知州军、路分总管、钤辖、都监、安抚副使、诸司使副，绢 80，酒、羊各 3；逐州军总管、钤辖、知城寨主、都监、军使、同管勾安抚司公事、都同巡检使、都巡检、巡检同诸司使副，绢加 10，酒、羊同；内殿承制、崇班，绢减 20，酒、羊各减 1。其诸司使副、客省使、引进使、阁门副使、五路沿边及广南、川峡亲民以上在任者，诸司副使以上知府州依旧例。父母丧，绢减 10，酒、羊同。

续表

受赐对象	赙赠物品（熙宁七年以前）（单位:贯匹石口瓶条斤）	赙赠物品（熙宁七年以后）（单位:贯匹石口瓶条斤）
入内内侍省、内侍省诸官	入内都知、副都知、押班本人缺。祖父母丧,钱150或100,绢150或100,或50,酒20,羊10。迁葬钱、绢各100,酒20。妻丧,钱100,绢50,酒10,羊5。其余缺。	入内内侍省、内侍省都都知,入内内侍省都都知、都知、副都知,绢600,布150,香、茶、酒、米、面、羊各30。押班,绢300,布100,羊、茶、酒、米、面各20。供奉官、殿头,绢40,酒、羊2。高品、高班,绢30,酒、羊同。黄门,绢15。祗候殿头、祗候高品、祗候高班、内品、祗候内品,绢7。祗候小院品、贴祗候内品、云韶部内品、入内内品、把门内品、后苑散内品、北班内品,绢3。内侍省内侍左右班都知、左班都知、右班都知、左班副都知、右班副都知,绢300,布100,香、茶、酒、米、面、羊各20。押班,绢150,酒、米、面、羊各5。供奉官、殿头,绢40,酒、羊各2。高品、高班,绢20,酒、羊同。高品、祗候高班、内品、祗候内品,绢3。贴祗候内品、内品、后苑内品、勾当事内品、北班内品、散内品、后苑散内品,绢2。入内内侍省、内侍省都都知,入内内侍省都都知、副都知亲属丧,三年服,绢加200,酒、米、面、羊各10。期年服第一等,绢减50,酒、羊各减半;第二等,绢50,酒、羊同;第三等,绢减20,酒、羊各减2。押班三年服,绢加20,酒2,米、面各5,羊加2。期年第一等,绢减20,酒、羊减2;第二等,绢减20,酒、羊同;第三等,绢减10,酒、羊同。内侍省内侍左右班都知、右班都知、左班副都知、右班副都知三年服,绢加50,酒各加2,米、面各加5,羊2。期年服第一等,绢减20,酒、羊各减1;第二等,绢减20,酒、羊同;第三等,绢减10,酒、羊同。押班,三年服,绢加30,酒、羊同。期年服第一等,绢减20,酒、羊同;第二等,绢减10,酒、羊同;第三等,绢减10,酒、羊各减1。
枢密院都承旨	本人缺。弟、侄丧,钱、绢各50,酒10,羊5,或钱100。	绢150,酒、米、面、羊各5。亲属之丧:三年服,绢100,酒、米、面、羊各5。期年服第一等,绢80,酒、羊各3;第二等,绢60,其余同;第三等,绢50,其余同。

受赐对象	赙赠物品（熙宁七年以前） （单位:贯匹石口瓶条斤）	赙赠物品（熙宁七年以后） （单位:贯匹石口瓶条斤）
枢密院承旨、副都承旨、副承旨、诸房副承旨、逐房副承旨、主事、令史、书令史、堂后官等	枢密院副都承旨,钱、绢各50,酒、羊各5。妻丧及迁葬,钱50,酒5,羊3。其余缺。	承旨、副都承旨,绢100,酒、米、面、羊各5。副承旨、诸房副承旨,绢减20,酒、羊各减2。逐房副承旨,绢减10,其余同。主事、令史并守阙,绢15。书令史,绢5。中书提点五房公事、堂后官兼提点五房公事,绢60,酒、羊各3。堂后官绢30,酒、羊各2。主事,绢15。承旨、副都承旨亲属,三年服,绢80,酒、羊各3。（缺期年服,第一等）。第二等绢40,酒、羊各2;第三等,绢30,酒、羊各2。副承旨、诸房副承旨,三年服,绢60,酒、羊各3。期年服第一等,绢40,酒、羊各2;第二等,绢30,酒、羊各2;第三等,绢20,酒、羊各2。逐房副承旨父母,绢20,酒、羊各2。中书提点五房公事、堂后官兼提点五房公事父母,绢50,酒、羊各3。堂后官父母,绢20,酒、羊各2。
司天监判监、管勾本监公事	判监,钱100,绢50或无,酒8或5,羊5。妻丧或迁葬,钱、绢各30,酒5,羊3。管勾本监公事缺。	判监,绢60,酒、羊各3。管勾本监公事,绢40,酒、羊各2。判监父母丧,绢40,酒、羊各2;妻,绢20。管勾本监公事父母,绢20,酒、羊同判监父母;妻,绢10。
五官正、殿中丞、太子洗马	五官正,钱50,酒5,羊3,或只赐钱50。父母、妻丧,钱10。	五官正,绢15,父母,绢10;妻,绢7。殿中丞、太子洗马同。
翰林医官使、副使	钱、绢各50,或只赐钱100,酒10,羊5。亲属缺。	医官使,绢50,酒、羊各3。医官副使绢40,酒、羊各2。医官使父母丧,绢减10,酒、羊同。迁葬钱100。
尚药奉御、医官	钱50,酒5瓶,羊5或无。	缺
天文官、测验浑仪所管勾、测验浑仪、节级、监生、学生	天文官,钱50,酒3瓶,羊3或无。亲属缺。	天文官,绢20,酒、羊各2。节级、监生、学生,绢3。测验浑仪所管勾、测验浑仪,绢20,酒、羊各2。天文官父母,绢10;妻,绢7。节级、监生、学生父母,绢2。

续表

受赐对象	赙赠物品（熙宁七年以前） （单位：贯匹石口瓶条斤）	赙赠物品（熙宁七年以后） （单位：贯匹石口瓶条斤）
翰林图画院待诏、御书院、学士院书写待诏、祗应等	书琴棋待诏，钱 30，绢 20，或只赐钱 50。父母、妻、兄弟之丧，钱 20 或 15。	图画院待诏，绢 15。艺学，绢 5。祗候学生、守阙学生，绢 3。御书院、学士院书写待诏，绢 20，酒 2，羊 3。诸色待诏、书艺，绢 10。诸色艺学、御书祗候，绢 7。诸色祗候，绢 5。玉册官、系笔祗候、诸色祗应、镌字祗应，绢 3。图画院待诏父母，绢 5。艺学父母，绢 3。御书院、学士院书待诏父母，绢 15。诸色待诏、书艺父母，绢 7。诸色艺学、御书祗候父母，绢 5。诸色祗候父母，绢 3。玉册官、系笔祗候、诸色祗应、镌字祗应父母，绢 2。
教坊使、副使	钱、绢各 50，酒、羊各 5。亲属之丧缺。	教坊使，绢 80，酒、羊各 3。副使，绢 50，酒、羊同。亲属之丧缺。
色长	钱 30	缺

说明：

1. 熙宁七年以前，自宰相至宣徽使，迁葬父母，受赐绢 300 匹、酒 30 瓶、羊 10 口。熙宁七年以后，待制以上、三司副使、侍御史知杂、直舍人院、侍讲、侍读、崇政殿说书、知谏院、修起居注、三司、开封府推判官、中书检正公事、枢密院检详文字、三院御史、京朝官以上带馆职、殿前马步军都指挥使、副都指挥使、都虞候、四厢都指挥使及观察使以上，正任防御使、团练使、刺史、驸马都尉、中书堂后官、枢密院逐房副承旨以上，迁葬父母，依父母亡例支赐。

2. 北宋末年以后数额有所减损。

附录二 北宋至南宋乾道九年特恩赙赠一览表

（根据《宋会要辑稿·礼》44 制作）

时间	受赐对象	数额 （单位:贯匹石瓶斤条）	备注
建隆二年	内客省使王赞	绢300，米、面各200	
乾德二年	太子太傅、鲁国公范质	绢500，粟、麦各100	
乾德三年	中书令、秦国公孟昶	罗、绫各 100，绢 500，布 300，钱 500	
乾德三年	原后蜀山南节度使韩保正	帛200，米、面各300	
乾德四年	武平军节度使眷居润	绢100，米、面、羊、酒各50	
乾德四年	太子太师致仕王晏	绢500，面、羊、酒各50	
乾德五年	彭州刺史王继涛、耀州刺史高彦晖	不详	战殁
开宝四年	建武军节度使何继筠	绢500	
太平兴国六年	左谏议大夫、开封知府边珝	绢100，钱200	《宋史》卷 270 载卒于 八 年，赐绢 400 匹、钱 200 贯
太平兴国中	孝明皇后之母秦国夫人	钱、绢各100，面、羊各10，酒20	
雍熙三年	云州观察使杨业	布、绢各100，粟10	战殁
雍熙三年	岳州刺史贺怀浦	钱、绢各100，酒20，羊15	与杨业同阵殁
雍熙三年	如京使高处恭	钱200，酒20，羊10	弟亡
雍熙三年	日骑军都指挥使安朗	钱300，绢100，酒10，羊20	
雍熙四年	饶州观察使杜彦圭	钱300，绢、布各 100，酒20，羊10	
端拱元年	右神武将军、勾当水陆发运使王继昇	钱、绢各100，酒、羊各10。母亡又赐钱100	
端拱元年	越王府记室毕士安	常赐外，出殡日另赐钱200	母亡

续表

时间	受赐对象	数额 （单位:贯匹石瓶斤条）	备注
端拱二年	左谏议大夫刘蟠	钱100	
淳化元年	供奉官、阁门祗候田承让	钱、绢各100,酒20,羊5	
淳化元年	供奉官杜彦昇	钱100,绢50,酒10	
淳化二年	皇城使王延德	钱100,绢200,酒20,羊10	父亡
淳化三年	左千牛卫上将军曹翰	绢200,米、面20,酒、羊各5	
淳化三年	魏国公赵普	绢、布各500,米、面各500	
淳化三年	行军司马徐铉	钱200	
淳化四年	容州观察使刘文裕	钱200,绢100,面15,酒、羊各30	祖母亡
淳化四年	昭宣使王继恩	钱200,绢100,酒10,羊20	母亡
淳化四年	东染院副使刘彦威	钱150,酒、羊各5	迁葬
至道元年	左屯卫大将军孙守彬	钱300,酒、羊各10	
至道元年	供奉官杜俊	钱100,酒、羊各5	
至道二年	礼部侍郎兼秘书监贾黄中	钱、银各300	家贫
至道中	饶州防御使杜彦圭	钱、绢各100,酒20,面15,羊10	妻亡
至道中	故西京作坊使高处俊	钱、绢各50,酒、羊各5	子亡
咸平三年	陇州刺史李守恩	钱、绢各150,米5,面、酒、羊各10。又赐其弟、子各钱50,绢10,米3,面5,酒、羊各2	战殁
咸平三年	阁门祗候曹继白	钱、绢各50,米、面共10石,酒、羊各5	
咸平五年	大理寺丞李德昌	钱50,绢、布各30,米、面共10,酒、羊各5	战殁
咸平五年	阁门祗候王从熙、内供奉官冯文志	各赐钱100,绢、布各50,米、面共10,酒、羊各5	战殁
咸平五年	内客省使裴济	钱300贯,绢、布各200,米、面共40,酒30,羊20	战殁
咸平六年	镇南军节度使裴济	钱100,绢50,酒、羊各20	妻亡
咸平六年	故西京作坊使杜彦超	钱50,酒10,羊5	女亡
咸平六年	邓州观察使钱若水	银300	

时间	受赐对象	数额 （单位:贯匹石瓶斤条）	备注
咸平中	皇侄赵惟能妻母、故汝州防御使武守琪之妻	钱 100,绢 50,酒 10,羊 5	
咸平中	李煜出家女、明智大师觉修	钱 100,绢 50,茶、烛各 50	
景德元年	翰林侍读学士夏侯峤	银 300	
景德三年	浚仪尉房初	钱 50	应制举人,未及殿试而卒
景德三年	光禄寺丞、直集贤院孙暨	钱 100	
景德三年	齐州团练使何承矩	钱、绢各 500	
景德四年	工部侍郎致仕朱昂	不详	
景德中	故天雄军节度使刘延翰	钱 300,绢 200,酒、羊各 10	妻亡
景德中	西京左藏库使杜彦遵	银 1000,钱、绢各 500,酒 80,羊 50,烛 200,茶 50,湿香 5	昭宪皇后父母迁葬
景德中	故保静军节度使王昭远	钱 100,绢 50,酒、羊各 10	妻亡
天禧元年	主客员外郎王拯	钱 100	其父曾在藩府任事
天禧四年	秘书丞致仕李惟简	同上	家贫
明道二年	比部员外郎、知制诰陈知微	绢、米各 50	
景祐二年	天章阁待制刘随	钱 600	家贫
景祐四年	秘书监致仕丁谓	钱、绢各 100	
景祐四年	将作监丞张唐卿	钱、绢各 50,米、麦各 50	
庆历元年	武胜军节度使任福	每月给钱 30,米、麦共 40	战殁
庆历四年	将作监丞杨寔	钱、米、麦、绢各 50	
皇祐元年	翰林侍读学士张锡	银 300	
皇祐元年	翰林学士彭乘	银 200	
皇祐四年	如京使张忠	银、绢各 400,钱、布各 200。《续资治通鉴长编》卷 173、《宋史》卷 326 载,赐第 1 区,给半俸终身,赐银、绢各 400,布 200,钱 300	战殁

时间	受赐对象	数额 （单位：贯匹石瓶斤条）	备注
嘉祐元年	如京使、知府州折继祖	钱 500	迁父葬
嘉祐四年	太常博士致仕胡瑗	绢 100	曾任经筵官
嘉祐四年	端明殿学士兼翰林侍读学士、龙图阁学士李淑	金 200。《续资治通鉴长编》卷 189 载赐金 100 两	
嘉祐四年	天章阁待制李昭遘	绢 100	其母年迈
嘉祐五年	太子少傅致仕王举正	金 100	
治平二年	枢密副使、礼部侍郎王畴	银 3000	
熙宁四年	卫州通判、虞部员外郎聂仪仲	绢 100	殁于王事
熙宁五年	大理寺丞、检详枢密院吏房文字杜纯,权同判刑部杜纮	各赐绢 100	父亡
熙宁五年	天章阁待制齐恢	绢 1000	
熙宁七年	馆阁校勘、检详枢密院兵房文字黎侁	绢 100	
熙宁九年	天章阁待制孙思恭	绢 1000	
熙宁九年	龙图阁直学士王猎	同上	
熙宁九年	中书吏房习学公事孙谔、张元方	各赐 50	父亡
熙宁十年	工部郎中、集英殿修撰吴申	绢 200	
熙宁十年	太子太师致仕张昇	特依见任官例支给孝赠	
元丰元年	崇文院校书张载	馆职之半（馆职赙赠为绢 60,酒各 3,羊 3）	有清节
元丰二年	陕西都转运使、直昭文馆皮光弼	绢 300	出巡致疾
元丰二年	尚书祠部郎中、同提点在京仓场刘昭远	银、绢各 100	家贫
元丰三年	知琼州俞城	银 500	在海外六年
元丰三年	梓、夔州路都监、礼宾使王宣等 12 人	银、绢数目不详	战殁
元丰四年	尚书都官员外郎、通判绵州费琦	银 200	身染疫病而亡

续表

时间	受赐对象	数额 （单位：贯匹石瓶斤条）	备注
元丰五年	翰林侍读学士、知审官东院钱藻	钱 500	家贫
元丰六年	西京左藏库使、内侍押班张允诚	钱 1200（皇太后赐 200）、绢 150 匹	
元丰六年	澄海十将马雅	绢 100	
元丰七年	祁州鼓城县巡检下指使彭太	银 200	殉职
元丰中	翰林学士孙洙	钱 500	赙赠外另赐
元祐元年	天章阁待制李大临	钱 300	战殁
元祐元年	龙图阁直学士、知庆州高遵惠	银 500，元符三年又赐银 500	
元祐五年	太中大夫致仕程瑀（《续资治通鉴长编》卷 439 载程珦）	绢 200	家贫
元祐五年	龙图阁直学士孙觉	钱 500	曾任经筵官
元祐五年	天章阁待制、国子监祭酒颜复	同上	同上
元祐六年	实录院检讨官黄庭坚	绢 200	丁母忧
元祐六年	太子太保致仕李端愿	赙赠加等	献穆公主之子
绍圣元年	宣徽南院使、检校司空、太子太保致仕冯京	同上	
绍圣二年	中书舍人朱服	绢 300	出使在外，母亡而家贫
绍圣二年	保安军节度观察留后、安定郡王赵世准	银、绢各 1000	
绍圣三年	资政殿学士、知太原府王安礼	钱 500	
绍圣四年	武昌军节度使、检校司徒、开府仪同三司、嗣濮王赵宗楚	赙赠加等	
元符元年	奉国军节度观察留后、安定郡王赵世开	同上	

续表

时间	受赐对象	数额 （单位：贯匹石瓶斤条）	备注
元符元年	凤翔府户曹参军王之彦	绢 200	殉职
元符二年	皇城使、昌州刺史种朴	赙赠加等	战殁
元符三年	太仆少卿赵虬	绢 100	
元符三年	步军都虞候贾岩	绢 700	殁于王事，赙赠外另赐
元符三年	殿中侍御史龚夬	绢 300	丁忧
建中靖国元年	观文殿大学士范纯仁	赙赠加等	
崇宁元年	龙图阁待制傅楫	绢 300	藩邸旧臣
崇宁元年	怀远军节度使瞎征	绢 250，布 50，酒 20，羊 10，米 20，麦 10	
崇宁元年	保平军节度观察留后王师约	银、绢各 1000	
崇宁元年	资政殿学士章楶	赙恤甚厚	
大观元年	龙图阁直学士锺传	银、绢各 500	
大观二年	知淮阳军米芾	绢 100	
大观二年	端明殿学士王祖道	绢 500	尽职
大观四年	显谟阁待制李闶	绢 300	
政和二年	显谟阁直学士致仕胡宗回	赙赠加等	
政和五年	显谟阁直学士致仕贾伟节	银、绢 300	赙赠外另赐
政和五年	吏部侍郎致仕霍端友	同上	同上
政和五年	龙图阁待制卢航	钱 300	同上
政和六年	翰林学士冯熙载	绢 400	母亡
政和七年	检校少保、镇东军节度使、开府仪同三司蔡卞	银、绢各 1000	赙赠外另赐
政和七年	前礼部尚书姚祐	特赐绢 400	
宣和二年	尚书户部侍郎虞奕	绢 300	母亡
宣和三年	徽猷阁待制致仕范坦	不详	
宣和四年	观文殿大学士张商英	银、绢各 500	曾任职两府

时间	受赐对象	数额 （单位：贯匹石瓶斤条）	备注
宣和五年	宁远军节度使、开府仪同三司梁子美	赠恤加等	
宣和五年	礼部员外郎程俱	银、绢各1000	赙赠外另赐
宣和六年	显谟阁待制潘兖	银、绢各300	同上
宣和六年	徽猷阁直学士韩纯彦	同上	同上
宣和六年	龙图阁学士致仕钱昂	同上	同上
宣和六年	延康殿学士马防	银、绢300	同上
宣和六年	右文殿修撰致仕孙宗鉴	银、绢各150	
宣和六年	显谟阁待制李伯宗	银、绢300	赙赠外另赐
宣和六年	徽猷阁待制毕桓	银、绢各300	同上
宣和六年	资政殿学士徐勣	赙赠加等	
宣和七年	崇信军节度使、开府仪同三司、安化郡王赵仲营	赙礼有加	皇叔
宣和七年	尚书左丞范致虚	银、绢各1000	母亡
靖康元年	知汾州张克戬	银300，绢500	死节
建炎元年	吏部侍郎李若水	银、绢500	死节
建炎元年	广南西路兵马都监、知融州李拱	银、绢各100	战殁
建炎元年	左正言卢臣中	银、绢100	殁于王事
建炎四年	龙图阁待制刘晏	特依格支赙赠	战殁
绍兴元年	带御器械、权同主管殿前司公事李质	钱500，绢300	
绍兴元年	知济州张存	钱300	尽职
绍兴元年	资政殿学士、提举临安府洞霄宫吕好问	绢500	
绍兴元年	泉州观察使、神武后军统制陈思恭	绢300	劳绩
绍兴元年	通议大夫、试兵部尚书兼侍读胡直孺	绢200	
绍兴元年	故赠承事郎陈东	绢500	

时间	受赐对象	数额 （单位：贯匹石瓶斤条）	备注
绍兴二年	中奉大夫、直秘阁、知宣州李彦卿	钱 1000	
绍兴二年	显谟阁直学士、提举建隆观兼侍读郑亿年	同上	其妻韩氏流寓台州身故
绍兴二年	淮南东路宣抚使刘光世	银、绢 1000	父亡
绍兴二年	左奉议郎汪廷直	银 100	家贫
绍兴二年	给事中廖刚	同上	母亡
绍兴二年	武当军承宣使王殖	银、绢 100	秦魏国惠和大长公主之子
绍兴二年	庆远军节度使、醴泉观使邢焕	银、绢各 1000	
绍兴三年	端明殿学士、左朝议大夫权邦彦	同上	以签书密院事致仕
绍兴三年	尚书右仆射、同中书门下平章事、兼知枢密院事朱胜非	特依格支赙赠	母鲁国太夫人杨氏亡
绍兴三年	大理卿马咸	钱 300	
绍兴三年	福建路转运判官吕庭问	银 100	家贫
绍兴三年	充徽猷阁待制、提举台州崇道观洪炎	银、绢各 100	家贫
绍兴四年	资政殿学士、左中大夫、知衢州谢克家	绢 500	曾任参知政事
绍兴四年	安定郡王赵令畤	银、绢各 100	宗室，家贫
绍兴四年	中书门下省检正诸房公事李大有	同上	
绍兴五年	显谟阁直学士辛炳	银、绢各 200	家贫
绍兴五年	白身董宣等 3 人	绢 30	战殁
绍兴五年	吏部员外郎王纯、李渝，金部员外郎吴并	各赐银 100	家贫
绍兴五年	龙图阁学士、左朝请大夫致仕杨时	银、绢各 200	学识深厚
绍兴五年	大理少卿元衮	银 100	

续表

时间	受赐对象	数额 （单位：贯匹石瓶斤条）	备注
绍兴五年	淮南东路宣抚使韩世忠	银、帛 500	妻秦国夫人梁氏亡
绍兴五年	殿中侍御史张绚	钱 200	祖母亡
绍兴六年	中书舍人潘良贵	钱 500	父亡,家贫无以举丧
绍兴六年	检校少保、湖北京西路安抚副使岳飞	银、绢 1000	母亡
绍兴六年	太常博士李弼直	银 100	
绍兴六年	徽猷阁待制、枢密都承旨郭执中	银、绢 200	殁于王事
绍兴六年	龙图阁直学士、左朝散大夫耿延禧	同上	元帅府属官
绍兴七年	端明殿学士、提举江州太平观董耘	银、绢各 200	同上
绍兴七年	奉议郎、建康府通判杨邦乂	银、绢 100	死节
绍兴七年	知枢密院事沈与求	依例支赙赠	
绍兴七年	嗣濮王赵仲湜	银、绢 500	宗室
绍兴七年	兵部尚书吕祉	加赐银、绢 500	死节
绍兴八年	知台州邹柄	绢 100	家贫,且为忠贤之后
绍兴八年	徽猷阁待制、提举江州太平观胡安国	5 月赐银、绢各 200 匹两;《建炎以来系年要录》卷 119 载,8 月再赐银、绢 300,田 10 顷	
绍兴八年	翰林学士朱震	银、绢各 200	
绍兴八年	左通议大夫、提举亳州明道宫章谊	同上	
绍兴九年	起居舍人薛徽言	绢 100	
绍兴九年	吏部员外郎黄珪	银 100	
绍兴九年	保平静难军节度使、开府仪同三司、四川宣抚使吴玠	绢 1000,银 30000。《宋史》卷 366 载赐钱 300 贯	

时间	受赐对象	数额 （单位：贯匹石瓶斤条）	备注
绍兴十一年	检校少傅、保信军节度使、提举临安府洞霄宫汪伯彦	银、绢各 1000	曾任尚书右仆射
绍兴十一年	长行兵士白安等 197 人	各赐绢 20	战殁
绍兴十二年	中书舍人王铢	银、绢各 150	
绍兴十二年	资政殿学士、左中大夫、提举临安府洞霄宫颜岐	特依格支给赙赠	曾任元帅府参议官，历尚书左丞、门下侍郎
绍兴十二年	左朝请郎、荆湖北路提点刑狱公事刘冠	银 500	殁于王事
绍兴十二年	徽猷阁待制致仕尹焞	钱 300	家贫
绍兴十三年	敷文阁待制、提举江州太平观李易	同上	
绍兴十三年	右司员外郎游损	同上	
绍兴十三年	试尚书兵部侍郎司马朴	银 300	死节
绍兴十四年	少保、感德军节度使、充万寿观使高世则	银、绢各 1000	外戚
绍兴十六年	德庆军节度使、开府仪同三司、提举皇城司钱愐	银、绢各 500	
绍兴十九年	敷文阁直学士、知广州王鈇	银、绢各 500	染病而亡
绍兴十九年	右武大夫、果州观察使、添差两浙东路马步军副总管马秦	银、绢各 50	
绍兴二十年	端明殿学士、提举江州太平兴国宫何若	赙赠外另赐绢 500	曾任签书枢密院事
绍兴二十一年	宝文阁学士、右宣奉大夫、提举江州太平兴国宫杨兴祖	银、绢各 300	
绍兴二十二年	平海军承宣使、知南外宗正事赵士珸	特依节度使例	
绍兴二十七年	太尉、武当军节度使、御前诸军都统制、充利州东路安抚使兼知兴元府杨政	银、绢 1000	

续表

时间	受赐对象	数额 （单位：贯匹石瓶斤条）	备注
绍兴二十七年	四川安抚制置使，兼知成都府萧振	银、绢各 500	赙赠外另赐
绍兴二十七年	大理少卿陈章	银、绢 100	
绍兴三十年	左武大夫、武康军承宣使、知扬州刘纲	同上	
绍兴三十年	故吴王必女、仁寿郡主赵氏	同上	吴荣穆王女
绍兴三十年	太常少卿都民望	同上	曾任谏官，家贫无以归葬
绍兴三十二年	太尉、威武军节度使、提举万寿观刘锜	银、绢各 300	
绍兴三十二年	谏议大夫任古	银、绢 300	家贫
隆兴元年	检校少保、安德军节度使、龙神卫四厢都指挥使张子盖	同上	战功
隆兴元年	建康府前军统领官王拱	银 300	战殁
隆兴元年	检校少保、威塞军节度使萧琦	银、绢 500，设斋钱 2000	母亡
隆兴二年	龙图阁学士、赠端明殿学士张阐	银、绢 200	
隆兴二年	果州团练使、赠宁国军节度使魏胜	银、绢各 1000	战殁
乾道元年	少师、观文殿大学士、鲁国公陈康伯	银、绢各 2000，钱 5000	
乾道三年	太傅、奉国军节度使、利州东路安抚使、新安郡王吴璘	银、绢各 1000，钱 5000	
乾道四年	右仆射蒋芾	小麦 15，白粳米 30	母亡
乾道五年	谏议大夫单时	银、绢 300	
乾道五年	武泰军节度使、侍卫亲军马军都指挥使郭振	同上	
乾道七年	右正言许克昌	银、绢各 300	

时间	受赐对象	数额 （单位：贯匹石瓶斤条）	备注
乾道七年	国子祭酒芮烨	钱 500	
乾道七年	太子詹事王十朋	银、绢 300	
乾道八年	兵部侍郎翟绂	银、绢 200	
乾道九年	起居郎刘季裴	银、绢 300	

说明：按宋代行文习惯，一般情况下所书银绢之数并不代表两者的总和，而是指分别赐予的数量。如载"赐银绢300"，实为赐银、绢各300两匹，总数应为600两匹。也有例外是指银和绢数量的总和，这种情况虽较为少见，但为尽量避免失误，在制作表格时多按原文习惯予以表述。若原文无明确记载，则可按上述原则处理。

附录三　南宋初年赐田一览表

（根据《宋会要辑稿·食货》61 制作）

时间	受赐者	数额	地区、来源	备注
绍兴五年	全州知州薛安靖、秀州通判李彙	各赐 3 顷	绍兴府系官田	归正人
绍兴五年	显谟阁学士孟忠厚	30 顷	两浙系官田	外戚
绍兴五年	资政殿大学士、充国信使宇文虚中	10 顷	福建路系官田	其妻乞请
绍兴六年	已故签书枢密院事王渊	2 顷	宜兴县系官田	以殁于王事获赐
绍兴六年	京东、淮东宣抚处置使韩世忠	不详	平江府陈满塘	
绍兴六年	安化郡王王禀	上等田 10 顷	建康府系官田	以殁于王事获赐
绍兴七年	建康府通判杨邦义	5 顷	不详	以殁于王事获赐
绍兴七年	川陕宣抚副使吴玠	20 顷	兴元府系官田	
绍兴八年	衍圣公孔玠	5 顷	衢州系官田	
绍兴九年	淮南东路宣抚使韩世忠	不详	建康府永丰圩,官田	
绍兴十年	江西兵马都监程师回	10 顷	系官荒田	以战功获赐
绍兴十年	右武大夫、忠州防御使兼阁门宣赞舍人马秦	同上	不详	
绍兴十年	资政殿学士、提举醴泉观郑亿年	20 顷	不详	
绍兴十年	成州团练使、带御器械邢孝杨	同上	系官田	
绍兴十一年	检校少傅、保信军节度使、提举临安府洞霄宫汪伯彦	不详	系官田	
绍兴十三年	知兴元府杨政	50 顷	利州路	
绍兴二十五年	知荆南府刘锜	100 顷	荆湖路官田	以战功获赐

续表

时间	受赐者	数额	地区、来源	备注
绍兴二十六年	承宣使李显忠	不详	绍兴府上虞县官田	归明人
绍兴二十八年	端明殿学士折彦质	10 项	荆湖路	
绍兴三十二年	镇江府都统制李显忠	70 项	浙东路系官田	归明人
绍兴三十二年	昭庆军节度使韦渊	30 项	不详	
隆兴元年	蒲察徒穆、大周仁等	各赐田 20 项	淮东系官田	归明人
隆兴元年	河北招抚使萧琦	20 项	江都县营田、官庄	降将
隆兴元年	忠州团练使萧鹧巴、耶律适哩	分别为 20 项、10 项	淮东营田、官庄	归明人
隆兴二年	恩平郡王赵璩	50 项	官田	
乾道元年	大同军节度使、提举万寿观蒲察久安	5 项	没官田	归明人
乾道元年	彰国军节度使大周仁	10 项	官田	
乾道二年	武德大夫、忠州防御使赵良辅	同上	平江府长洲县	
乾道二年	耶律适哩	同上	镇江府官庄、营田	归明人
乾道四年	故赠太尉萧琦妻、荣国夫人耶律氏	同上	平江府营田	
乾道五年	镇江府驻扎御前前军统制官任寿吉、李元	各 10 项	镇江府官田	
乾道五年	袁州通判韩玉	10 项	没官田	
乾道六年	右领军卫大将军王宏	同上	不详	
乾道六年	北军统领赵受等 4 人	各 5 项	已废屯田	归正人
乾道七年	龙神卫四厢都指挥使耶律适哩	10 项	平江府系官常平营田	归明人
乾道七年	武翼大夫、荣州刺史萧颖	同上	浙西路	归明人
乾道九年	殿前副都指挥使王友直	812 亩	平江府界营田	

附录四　宋朝赐第一览表

时间	受赐者	地点	资料来源	备注
建隆元年	卫融	开封府	《宋史》卷 482《北汉刘氏世家》，第 13942 页。	表彰忠臣
建隆二年	侍卫亲军马步军都指挥使石守信	郓州	《宋史》卷 250《石守信传》，第 8810 页。	
建隆二年	殿前都点检慕容延钊	不详	《宋史》卷 251《慕容延钊传》，第 8834 页。	
建隆二年	枢密副使赵普	不详	《续资治通鉴长编》卷 2，建隆二年三月乙巳，第 41 页。	
建隆三年	宣徽南院使兼枢密副使李处耘	不详	《宋史》卷 257《李处耘传》，第 8961 页。	
建隆三年	冯谧	舒州	《宋史》卷 478《南唐李氏世家》，第 13868 页。	
建隆三年	检校左仆射杜审肇	开封府	《续资治通鉴长编》卷 3，建隆三年九月丙辰，第 71 页。	
建隆四年	高保绅以下九人	开封府	《宋史》卷 483《荆南高氏世家》，第 13954 页。	各赐第 1 区
建隆四年	右千牛卫上将军周保权	朗州邸务	《宋会要辑稿·方域》4 之 22，第 7381 页。	
建隆年间	忠武军节度使高怀德	开封府兴宁坊	《宋史》卷 248《秦国大长公主传》，第 8771 页。	尚秦国大长公主，在里城左军第一厢
乾德元年	高保寅	开封府	《宋史》卷 483《荆南高氏世家》，第 13955 页。	

续表

时间	受赐者	地点	资料来源	备注
乾德元年	高继冲	开封府	《宋会要辑稿·方域》4 之 22,第 7381 页。	赐第 2 区
乾德三年	后蜀主孟昶	宫城右掖门外	《宋史》卷 479《西蜀孟氏世家》,第 13878 页。	在宫城南,临汴水,共 500 间
乾德三年	静江军节度观察留后郭廷谓	不详	《宋会要辑稿·方域》4 之 22,第 7381 页。	
开宝三年	魏国大长公主	东京景龙门外	《宋史》卷 248《魏国大长公主传》,第 8772 页。	下嫁左卫将军王承衍,在里城北门外
开宝三年	节度使王审琦	开封府	《宋史》卷 250《王审琦传》,第 8816 页。	留居京师
开宝三年	洺州防御使郭进	开封府御街东	《宋会要辑稿·礼》62 之 1,第 1695 页。	捍边 10 余年,太平兴国初赐第道德坊
开宝五年	李煜弟、兖州节度使李从善	开封府汴阳坊	《宋史》卷 478《南唐李氏世家》,第 13862 页。	以留居京师赐第,在外城城东厢
开宝七年	吴越王钱俶	开封府	《续资治通鉴长编》卷 15,开宝七年八月丙子,第 322 页。	
宋太祖朝	工部侍郎毋守素	开封府	《宋史》卷 479《西蜀孟氏世家》,第 13893 页。	
太平兴国四年	枢密直学士石熙载	开封府永丰坊	《续资治通鉴长编》卷 20,太平兴国四年正月癸巳,第 443 页;《宋会要辑稿·方域》4 之 22,第 7381 页(《宋会要辑稿》载开宝五年十二月,疑有误)。	在外城城西厢
太平兴国四年	北汉主刘继元	开封府	《宋史》卷 482《北汉刘氏世家》,第 13940 页。	
太平兴国四年	左千牛卫大将军李煜子李仲寓	开封府积珍坊	《宋史》卷 478《南唐李氏世家》,第 13863 页。	

续表

时间	受赐者	地点	资料来源	备注
太平兴国四年	右卫上将军刘元浚	开封府清平坊	《宋会要辑稿·方域》4之22,第7381页。	在外城城南厢
太平兴国五年	礼部侍郎窦偁	开封府崇仁坊	《宋史》卷263《窦偁传》,第9098页;《宋会要辑稿·方域》4之22,第7381页(《宋会要辑稿》载太平兴国七年)。	在里城左军第二厢
太平兴国五年	文明殿学士程羽	开封府泰宁坊	《宋会要辑稿·方域》4之22,第7381页。	在外城城北厢
太平兴国六年	尚食使王延德	开封府寿昌坊	同上	在里城右军第二厢
太平兴国七年	秦王赵廷美	西京	同上	
太平兴国七年	宣徽北院使柴禹锡	开封府宝积坊	同上	在里城左军第一厢
太平兴国八年	度支使陈从信	开封府宝积坊	同上	在里城左军第一厢
太平兴国八年	户部使郝正	开封府昭庆坊	同上	在里城左军第二厢
太平兴国八年	枢密院使王显	开封府道德坊	同上	
太平兴国八年	洛苑使李继隆	不详	同上	
太平兴国八年	右谏议大夫、参知政事吕蒙正	东京丽景门	《宋史》卷265《吕蒙正传》,第9146页。	在里城南门
太平兴国八年	签书枢密院使张齐贤	东京宜秋门	《宋会要辑稿·方域》4之22,第7381页。	在里城西门
太平兴国八年	同签书枢密院事王沔	开封府崇德坊	同上	在里城左军第一厢
雍熙三年	殿前都虞候张训	不详	同上	
雍熙三年	威德军节度使李继捧	不详	同上	
雍熙三年	北面总管刘延让	不详	同上	

时间	受赐者	地点	资料来源	备注
雍熙三年	定州驻泊兵马都部署田重进	不详	同上	
雍熙三年	翰林医官使王怀隐	不详	同上	
雍熙四年	閤门通事舍人李允正	不详	《宋史》卷273《李允正传》，第9339页	遣中使出内府钱赎回府邸
淳化初	团练使王继恩	不详	《宋史》卷466《王继恩传》，第13602页。	
淳化二年	判四方馆王宝	东京安远门外	《宋会要辑稿·方域》4之22，第7381页。	里城东门外
淳化五年	殿直李继周	不详	《宋史》卷253《李继周传》，第8870页。	以军功赐第
淳化五年	夏州赵保忠	开封府	《宋史》卷485《夏国传上》，第13985页。	
宋太宗朝	兵部侍郎程羽	开封府泰宁坊	《宋史》卷262《程羽传》，第9083页。	在外城城北厢
宋太宗朝	刑部尚书宋琪	不详	《历代名臣奏议》卷181，任伯雨奏，第2377页。	所赐第为卢多逊籍没官府之府邸
咸平三年	荆湖、江、浙都巡检使、康州刺史杨允恭	扬州	《续资治通鉴长编》卷47，咸平三年七月庚子，第1022页。	赗赠物品
咸平五年	扬国大长公主	开封府普宁坊	《宋史》卷248《扬国大长公主传》，第8773页。	以下嫁左卫将军柴宗庆赐第，在外城城西厢
咸平五年	卧浪己等	不详	《宋史》卷6《真宗纪一》，第116页。	以归附赐第
咸平五年	种放	开封府昭庆坊	《宋会要辑稿·方域》4之22，第7381页。	在里城左军第二厢
咸平六年	雍国大长公主	开封府永宁里	《宋史》卷248《雍国大长公主传》，第8774页；《石林燕语》卷3，第34—35页。	下嫁右卫将军王贻永，在外城城北厢

续表

时间	受赐者	地点	资料来源	备注
咸平六年	李继迁子阿伊克元	不详	《续资治通鉴长编》卷54,咸平六年二月庚辰,第1181页。	以归附赐第
景德元年	东上阁门使、忠州刺史曹利用	开封府乐游坊	《续资治通鉴长编》卷174,皇祐五年六月辛未,第4212页。	在里城左军第二厢
大中祥符元年	枢密使陈尧叟	开封府安定坊	《宋会要辑稿·方域》4之22,第7381页。	在外城城北厢
大中祥符元年	故相吕端之子	不详	同上	内务府出钱5000贯赎回宅邸。
大中祥符二年	许州参军王中正	开封府通济坊	《续资治通鉴长编》卷71,大中祥符二年二月庚寅,第1593—1594页。	在里城左军第一厢
大中祥符三年	左千牛卫将军傅潜	不详	《宋会要辑稿·方域》4之22,第7381页。	先坐罪籍没田宅,后以封禅赦恩,赐旧宅
大中祥符三年	左监门卫大将军杨琼	不详	同上	同上
大中祥符五年	枢密使、检校太傅、同中书门下平章事王钦若	开封府安定坊	《宋史》卷283《王钦若》,第9561页;《宋会要辑稿·方域》44之22,第7381页(《宋史》载为定安坊,《宋会要辑稿》载为安远坊)。	以原居第出入不便赐第,在外城城北厢
大中祥符六年	宗室赵惟正等	开封府	《续资治通鉴长编》卷80,大中祥符六年五月甲寅,第1826页。	修怀远驿为南宅以赐
大中祥符六年	王继忠诸子	东京天波门外	《宋会要辑稿·方域》4之22,第7381页。	在里城北门
大中祥符八年	知制诰钱惟演	不详	《续资治通鉴长编》卷84,大中祥符八年五月癸巳,第1929页。	献其父所赐礼贤宅,6房各赐第一区

时间	受赐者	地点	资料来源	备注
大中祥符中	万寿长公主	开封府永宁里	《宋史》卷 464《李遵勖传》，第 13568 页。	以下嫁左龙武将军李遵勖赐第，在外城城北厢
天禧二年	女道士王道真	嵩山故种放宅	《续资治通鉴长编》卷 91，天禧二年四月戊寅，第 2108 页。	
天禧五年	枢密使曹利用	开封府	《宋会要辑稿·方域》4 之 22，第 7381 页。	以居室狭小赐第。后赐第没官，至元祐中复还
宋真宗朝	昭宣使李神福	宫城侧	《宋史》卷 466《李神福传》，第 13605 页。	
宋真宗朝	种放	开封府	《续资治通鉴长编》卷 76，大中祥符四年十一月癸未，第 1742 页。	后赐第嵩山天封观侧
天圣六年	枢密使张耆	开封府常乐坊	《续资治通鉴长编》卷 106，天圣六年七月丙辰，第 2477 页。	在里城右军第一厢
景祐二年	宗室	玉清昭应宫故址	《续资治通鉴长编》卷 117，景祐二年九月戊申，第 2757—2758 页。	修盖潞王等宫院，赐名睦亲宅，天波门外
康定元年	永兴军草泽高怿	不详	《续资治通鉴长编》卷 126，康定元年二月庚子，第 2976—2977 页；《宋会要辑稿·方域》4 之 22—23，第 7381—7382 页。	以"高世之行，可励风俗"赐第，嘉祐六年赐其永久居住
康定元年	步军副都指挥使刘平	开封府信陵坊	《宋史》卷 325《刘平传》，第 10503 页。	以殁于王事赐第，在里城左军第一厢
康定元年	兵部尚书张士逊	东京宣化门	《续资治通鉴长编》卷 127，康定元年五月辛巳，第 3015 页。	安重诲旧园，在外城南门

时间	受赐者	地点	资料来源	备注
庆历元年	马军都虞候、贺州防御使任福	开封府金顺坊	《续资治通鉴长编》卷131,庆历元年二月丁酉,第3102—3103页。	以殁于王事赐第,在里城右军第二厢
庆历七年	秦王后代	开封府	《宋会要辑稿·帝系》4之8,第97页。	为故王钦若宅第
皇祐二年	外戚李用和	开封府惠宁坊	《宋史》卷464《李用和传》,第13565页。	在外城城西厢
皇祐四年	广东都监张忠	不详	《宋史》卷326《张忠传》,第10521页。	以殁于王事赐第
皇祐五年	枢密使狄青	开封府敦教坊	《宋史》卷290《狄青传》,第9720页。	在外城城南厢
至和元年	温成皇后母楚国太夫人曹氏	开封府敦教坊	《续资治通鉴长编》卷176,至和元年正月己丑,第4251页。	在外城城南厢
嘉祐六年	昭宪皇太后家	开封府信陵坊	《续资治通鉴长编》卷194,嘉祐六年七月戊子,第4690页。	在里城左军第一厢
宋仁宗朝	建宁留后杨景宗	开封府敦教坊	《续资治通鉴长编》卷176,至和元年正月壬申,第4248—4249页;《东轩笔录》卷15,第168页。	所赐宅第为丁谓旧宅,在外城城南厢
宋仁宗朝	徐国公张耆	尚书省西	《宋史》卷290《张耆传》,第9711页。	共700楹
宋仁宗朝	西头供奉官任泽	不详	《宋史》卷464《任泽传》,第13583页。	
治平元年	宗室成员	芳林园	《续资治通鉴长编》卷202,治平元年六月辛亥,第4892页。	命名睦亲、广亲北宅,在外城固子门里东北
熙宁二年	泽州防御使赵宗愈	同上	《宋会要辑稿·礼》62之43,第1716页。	赐第睦亲北宅,以先帝同母弟获赐,他人不得援例

时间	受赐者	地点	资料来源	备注
熙宁四年	恩州防御使赵宗晟	同上	《续资治通鉴长编》卷220,熙宁四年二月戊辰,第5348页。	计口给屋
熙宁四年	通州防御使赵宗隐	同上	《续资治通鉴长编》卷226,熙宁四年九月癸卯,第5516页。	计口给屋,赵宗傅、赵宗瑗、赵宗玮、赵宗荩皆依此赐第
熙宁六年	章武军节度观察留后赵承选	同上	《续资治通鉴长编》卷247,熙宁六年十月辛卯,第6030页。	
熙宁七年	濮安懿王子赵宗晖、赵宗胜、赵宗楚	同上	《续资治通鉴长编》卷252,熙宁七年四月己卯,第6157页。	
熙宁七年	端明殿学士、熙河路经略安抚使王韶	开封府崇仁坊	《宋会要辑稿·方域》4之23,第7382页。	在里城左军第二厢
熙宁七年	资政殿学士、吏部侍郎、知州邵亢	家乡	《续资治通鉴长编》卷258,熙宁七年十二月戊子,第6304页。	赗赠物品,以藩邸之旧赐第50间
熙宁九年	皇城使、邕州知州苏缄	开封府	《续资治通鉴长编》卷273,熙宁九年二月辛丑,第6684页;《宋史》卷446《苏缄传》,第13158页。	死节
熙宁九年	耀州观察使程昉	不详	《续资治通鉴长编》卷277,熙宁九年九月丙寅,第6782页。	以治水有功赐第
熙宁九年	诚州刺史致仕杨光僭	不详	《续资治通鉴长编》卷278,熙宁九年十月辛亥,第6808页。	
熙宁十年	故燕王曹玘	旧司农寺	《续资治通鉴长编》卷284,熙宁十年九月壬子,第6960页。	

时间	受赐者	地点	资料来源	备注
元丰元年	相州观察使、同知大宗正事赵宗惠	芳林园	《宋会要辑稿·帝系》5 之 1，第 112 页。	以子孙众多赐第于睦亲南宅赵宗绰旧地
元丰元年	饶州防御使赵克惧	同上	同上	在广亲北宅空地
元丰元年	故卫王高遵甫	不详	《续资治通鉴长编》卷 288，元丰元年三月戊戌，第 7055 页。	高遵甫为高太后之父，赐其先借居第
元丰二年	宗室赵克寘等 5 位	开封府	《宋会要辑稿·帝系》5 之 1，第 112 页。	教骏营故址上修建
元丰四年	提举官宋用臣	不详	《续资治通鉴长编》卷 312，元丰四年四月己未，第 7559 页。	
元丰八年	尚书左仆射、门下侍郎王珪	开封府寿昌坊	《续资治通鉴长编》卷 357，元丰八年六月丁卯，第 8529 页；《续资治通鉴长编》卷 486，绍圣四年四月丁未，第 11552 页。	以定策之功赐第，绍圣四年四月夺回，在里城右军第二厢
宋神宗朝	司空兼侍中韩琦	开封府兴道坊	《宋史》卷 312《韩琦传》，第 10226 页。	里城左军第一厢
宋神宗朝	宣庆使李宪	开封府瑞应坊	《宋史》卷 467《李宪传》，第 13639 页。	以功赐第，在外城城北厢
元祐元年	雍王赵颢	宫城西北	《续资治通鉴长编》卷 373，元祐元年三月辛巳，第 9033 页。	以亲贤宅为名
元祐元年	荆王赵頵	开封府咸宜坊	《续资治通鉴长编》卷 412，元祐三年七月戊申，第 10024 页。	在外城城北厢
元祐四年	鬼章	不详	《续资治通鉴长编》卷 432，元祐四年八月乙卯，第 10425 页。	官屋 20 间

时间	受赐者	地点	资料来源	备注
绍圣元年	故嗣濮王赵宗晖	开封府	《宋会要辑稿·礼》62 之 49，第 1719 页。	官屋 100 间
绍圣四年	尚书左仆射蔡确	旧宗子学	《续资治通鉴长编》卷 486，绍圣四年四月甲辰，第 11545 页。	赙赠物品
元符元年	五王	不详	《宋史》卷 18《哲宗纪二》，第 349 页。	赐名懿亲宅
元符元年	司空王安石	开封府	《续资治通鉴长编》卷 502，元符元年九月癸亥，第 11963 页;《续资治通鉴长编》卷 505，元符二年正月庚午，第 12045 页;《宋会要辑稿·方域》4 之 23，第 7382 页。	《续资治通鉴长编》载元符元年、二年均赐第，待考
元符三年	太傅王安石妻越国夫人吴氏	江宁府	《宋会要辑稿·选举》32 之 17，第 4751 页;《宋会要辑稿·方域》4 之 23，第 7382 页。	京师宅第已纳官府，故有是赐。政和七年改赐镇江府行衙
大观四年	太师、楚国公蔡京	苏州南园	《宋会要辑稿·方域》4 之 23，第 7382 页。	
政和二年	鲁国公蔡京	开封府	《宋史》卷 21《徽宗纪三》，第 389 页。	
政和三年	团练使董彦博	成都	《宋史》卷 496《威茂渝州蛮传》，第 14239 页。	
政和六年	给事中盛章	开封府	《宋会要辑稿·方域》4 之 23，第 7382 页。	赐御前钱 2 万贯造第一区
政和六年	宣和殿学士王黼	开封府昭德坊	《宋会要辑稿·方域》4 之 23，第 7382 页;《宋史》卷 470《王黼传》，第 13681 页。	在里城左军第一厢，后又别赐城西
政和七年	宗室赵仲的	不详	《宋会要辑稿·礼》62 之 52，第 1720 页。	

时间	受赐者	地点	资料来源	备注
政和八年	特进、知枢密院事邓洵武	不详	《宋会要辑稿·方域》4之23,第7382页。	
宣和二年	蔡确	不详	同上	拥立之功
宣和三年	太尉、奉国军节度使、充殿前都指挥使高俅	不详	同上	
宣和四年	荣州团练使、责授全州别驾、房州安置曹湜	不详	《宋会要辑稿·帝系》8之57—58,第191页。	
宣和六年	延康殿学士、正议大夫、提举西京嵩山崇福宫薛嗣昌	不详	《宋会要辑稿·方域》4之24,第7382页。	
宋徽宗朝	尚书左丞何执中	开封府信陵坊	《宋史》卷351《何执中传》,第11102	后徙金顺坊
宋徽宗朝	恩州观察使郭药师	开封府	《宋史》卷472《郭药师传》,第13738页。	
宋徽宗朝	防御使朱勔	同上	《宋史》卷470《朱勔传》,第13685页。	
宋徽宗朝	马步军都指挥使王恩	同上	《宋史》卷350《王恩传》,第11089页。	
宋徽宗朝	统制官杨惟忠	京兆府	《历代名臣奏议》卷188,许景衡奏,第2470页。	以战功获赐
宋钦宗朝	资政殿大学士耿南仲	不详	《宋史》卷352《耿南仲传》,第11130页。	以东宫旧臣赐第
北宋末年	外戚潘永思	不详	《宋史》卷465《潘永思传》,第13590页。	所赐第为梁师成第
建炎二年	中书侍郎兼御营副使、提举措置户部财用张悫	不详	《建炎以来系年要录》卷15,建炎二年五月壬寅,第325册,第253页。	赗赠物品,以其为河朔人,无家可归

续表

时间	受赐者	地点	资料来源	备注
建炎三年	刑部尚书郭三益	不详	《宋会要辑稿·方域》4之24,第7382页。	赙赠物品
建炎四年	右武大夫、宁州观察使李彦仙	不详	《建炎以来系年要录》卷31,建炎四年正月丁巳,325册,第461页。	以殁于王事赐第
建炎四年	故尚书右丞许景衡妻胡氏	温州	《宋会要辑稿·选举》32之18—19,第4751—4752页。	以遇事敢言赐没官屋15间
建炎四年	端明殿学士、签书枢密院事郑毅	不详	《宋会要辑稿·方域》4之24,第7382页。	赙赠物品,以其为河朔人,无家可归,特赐屋50间
建炎年间	国信使、资政殿大学士宇文虚中	福州旧都监廨宇	《宋会要辑稿·食货》61之48—49,第5897—5898页。	
绍兴三年	昭慈献烈皇后家	朱勔宅园旧基	《宋会要辑稿·方域》4之24,第7382页。	依钦圣献肃皇后家例,后赐给张俊
绍兴三年	故赠开府仪同三司邢焕妻福国夫人熊氏	临安府	同上	瓦屋15间
绍兴三年	淮南东、西路宣抚使韩世忠	平江府南园	同上	
绍兴四年	伪福国长公主	临安府	《建炎以来系年要录》卷73,绍兴四年二月丁未,第326册,第44—45页。	
绍兴七年	万寿观使刘光世	建康府	《宋会要辑稿·方域》4之24,第7382页。	
绍兴十年	忠州防御使兼阁门宣赞舍人马秦	不详	《建炎以来系年要录》卷137,绍兴十年七月壬午,第326册,第837页。	
绍兴十二年	武翼大夫、荣州刺史萧颖	鄂州	《宋会要辑稿·方域》4之24—25,第7382—7383页。	

续表

时间	受赐者	地点	资料来源	备注
绍兴十二年	益国公张俊	朱勔宅园旧基	《宋会要辑稿·方域》4之24,第7382页。	
绍兴十二年	秀王夫人张氏	秀州华亭县	同上	
绍兴十二年	开府仪同三司赵居广	不详	同上	原田师中借居宅第
绍兴十五年	尚书左仆射、同中书门下平章事秦桧	临安府	《宋会要辑稿·方域》4之25,第7383页。	
绍兴十五年	检校少保萧琦	不详	同上	宣抚司拨宅一所
绍兴十五年	随州观察使李显忠	山阴县	《宋会要辑稿·方域》4之25,第7383页。	营屋30余间
绍兴三十一年	定江军节度使、开府仪同三司田师中	不详	《建炎以来系年要录》卷192,绍兴三十一年九月辛巳,第327册,第743页。	为王继先故宅
绍兴年间	提举祐神观韩公裔	临安府和宁门西	《宋史》卷379《韩公裔传》,第11704页。	
宋高宗朝	开府仪同三司高世则	临安府	《宋史》卷464《高世则传》,第13579页。	
宋高宗朝	淮南东、西路宣抚使韩世忠	临安府前洋街	《宋会要辑稿·礼》12之5,第568页。	
隆兴二年	果州团练使、赠宁国军节度使魏胜	不详	《宋史》卷368《魏胜传》,第11461页。	以殁于王事赐第
乾道四年	嗣濮王赵士輵	临安府	《宋会要辑稿·礼》62之73—74,第1731页。	
淳熙元年	观察使、浙东副总管李显忠	临安府	《宋史》卷367《李显忠传》,第11433页。	

续表

时间	受赐者	地点	资料来源	备注
淳熙三年	秀王赵伯圭	安僖祠侧	《宋史》卷 244《秀王子偁传》，第 8688 页。	
淳熙四年	观察使、浙东副总管李显忠	临安府	《宋史》卷 367《李显忠传》，第 11433 页。	再赐前所赐第
淳熙四年	归正官子孙	不详	《宋史》卷 34《孝宗纪二》，第 663 页。	
淳熙五年	奉国军节度使王友直	不详	《宋史》卷 370《王友直传》，第 11499 页。	
淳熙五年	少保、右丞相史浩	临安府后洋街	《宋会要辑稿·礼》62 之 80，第 1734 页。	
淳熙九年	归明人耶律适哩	平江府	同上	
淳熙十年	皇孙女安康郡主	临安府	《宋会要辑稿·礼》62 之 81，第 1735 页。	以下嫁赐第
淳熙十三年	侍读梁克家	临安府	《宋史》卷 384《梁克家传》，第 11813 页。	
宋孝宗朝	外戚郑兴裔	不详	《宋史》卷 465《郑兴裔传》，第 13594 页。	
绍熙四年	利州观察使、安定郡王赵子涛	临安府	《宋会要辑稿·礼》62 之 84，第 1736 页。	官舍
绍熙五年	武德郎、阁门看班祗候邢汝楫	临安府	同上	官舍一所，房廊屋 3 间
庆元初	昭庆军承宣使、内侍省押班王德谦	临安府	《宋史》卷 469《王德谦传》，第 13674 页。	
庆元三年	知阁门事谯令雍	临安府石版巷	《宋会要辑稿·礼》62 之 84，第 1736 页。	官廨舍一所
嘉定元年	右丞相史弥远	临安府大和楼南	《宋会要辑稿·礼》62 之 85，第 1737 页。	官屋一所

时间	受赐者	地点	资料来源	备注
嘉定八年	参议官杨巨源、沔州副都统制李好义	不详	《宋会要辑稿·礼》62 之 84，第 1736 页。	抚恤
嘉定十七年	济王赵竑	湖州	《宋史》卷 41《理宗纪一》，第 784 页。	
嘉熙元年	知福州、福建安抚使魏了翁	苏州	《宋史》卷 437《魏了翁传》，第 12970 页。	赙赠物品
淳祐四年	少保、观文殿大学士郑清之	临安府	《宋史》卷 414《郑清之传》，第 12420—12421 页。	又赐第于西湖渔庄
景定三年正月	右丞相贾似道	集芳园	《宋史》卷 45《理宗纪五》，第 880 页。	
咸淳三年	全皇后	不详	《宋史》卷 243《度宗全皇后传》，第 8661 页。	以册为皇后赐第
咸淳八年	知台州赵子寅	不详	《宋史》卷 46《宁宗纪》，第 909 页。	为旌廉吏赐没官宅一所
咸淳十年	贾似道母亲秦、齐两国贤寿夫人胡氏	凡 9 处	《癸辛杂识》前集《贾母饰终》，第 49 页。	赙赠物品
咸淳年间	太师贾似道	葛岭	《宋史》卷 474《贾似道传》，第 13783 页。	

附录五　宋朝归明、归正人受赐一览表

时间	受赐者	物品	资料来源	备注
乾德五年	幽州民田光嗣、姚内斌	衣服、缗钱、鞍马	《宋史》卷 273《姚内斌传》，第 9341 页。	归降
太平兴国四年	渤海大鸾河、范阳军民	钱帛	《续资治通鉴长编》卷 20，太平兴国四年六月庚午，第 455—456 页。	归降
太平兴国四年	契丹苏哲等28 人	衣服、钱帛	《续资治通鉴长编》卷 20，太平兴国四年八月茂申，第 459 页；《宋会要辑稿·蕃夷》1 之 6，第 7675 页；（《宋会要》载貌儿，《长编》载苏哲，疑为一批）。	归降
太平兴国七年	丰州刺史王承美	锦袍、金带、绢 100	《续资治通鉴长编》卷 23，太平兴国七年闰十二月庚寅，第 531 页。	战功
太平兴国九年	大鸾河	钱 100 贯，酒	《宋史》卷 491《渤海国传》，第 14130 页。	忠顺
雍熙三年	归明人	田	《宋会要辑稿·兵》17 之 1，第 7038 页。	给以闲田
至道二年	仡党族首领迎罗佶等 3人	锦袍、银带、器币等	《宋会要辑稿·蕃夷》1 之 23，第 7684 页。	内附
咸平元年	契丹骨初等 3人	锦袍、银带、钱、田	《宋会要辑稿·蕃夷》1 之 23，第 7684 页。	归顺
咸平元年	契丹军将刘恕	钱帛	同上	挈三十余人归顺
咸平元年	契丹五寨监使马守玉等175 人	衣服、银带、田	同上	挈族归顺
咸平二年	契丹左教练使杨赟	钱帛、田	同上	挈族归顺
咸平三年	契丹应州节度使萧辖剌肯头等	冠带、银帛、缗钱、鞍马	同上	归顺

时间	受赐者	物品	资料来源	备注
咸平三年	契丹黄颙、张文秀、刘继隆、张显	冠带、袍笏	《宋会要辑稿·蕃夷》1之24—25，第7675—7676页。	挈属归顺
咸平四年	西夏阿约勒等	田、帛	《续资治通鉴长编》卷50，咸平四年闰十二月戊寅，第1101页。	归降
咸平五年	卧浪己等	田宅	《宋史》卷6《真宗纪一》，第116页。	内附
咸平五年	契丹刘澄、张密	袍笏、缗钱	《续资治通鉴长编》卷51，咸平五年正月甲寅，第1111页。	挈族归顺
咸平五年	丰州团练使王承美	银绢各100两匹、茶300斤	《续资治通鉴长编》卷52，咸平五年六月丁卯，第1135页。	家贫
咸平五年	高州刺史田彦伊之子田承宝等	器币、冠带	《续资治通鉴长编》卷52，咸平五年七月癸丑，第1144页。	归附
咸平五年	契丹大林寨使王昭敏等	钱帛，田	《续资治通鉴长编》卷52，咸平五年七月壬戌，第1145页。	归附
咸平五年	河西指挥使拽浪南山等	袍带、茶彩、口粮	《续资治通鉴长编》卷52，咸平五年八月丙戌，第1148页。	加倍存恤
咸平五年	赵州民苏翰	衣物、缗帛	《续资治通鉴长编》卷52，咸平五年八月戊子，第1149页。	
咸平五年	奚人吹赍、汉口李美	衣服、缗钱、田	《续资治通鉴长编》卷52，咸平五年九月戊戌，第1150页。	归附
咸平五年	蕃部谋叛者	闲田、粮种	《续资治通鉴长编》卷53，咸平五年十月辛巳，第1156页。	
咸平五年	杂户2万余人	田	《续资治通鉴长编》卷53，咸平五年十二月壬戌，第1169页。	逃田
咸平五年	麟州界首领勒厥麻三族	金帛	《续资治通鉴长编》卷53，咸平五年十二月壬午，第1171页。	徙置宪州楼烦县

时间	受赐者	物品	资料来源	备注
咸平六年	契丹奚王知客阳勖	冠带、钱彩	《续资治通鉴长编》卷54，咸平六年正月辛丑，第1175页。	归降
咸平六年	契丹平州牙校韩守荣	袍带、钱帛	《续资治通鉴长编》卷54，咸平六年二月庚午，第1180页。	归附
咸平六年	西夏刘荣	居第	《续资治通鉴长编》卷54，咸平六年二月庚辰，第1181页。	归降
咸平六年	蕃部叶市族罗埋等	赐赉有差	《续资治通鉴长编》卷54，咸平六年二月丙戌，第1181页。	帅其族百余帐来归
咸平六年	岑移、麻谋、巢迷等	袍带、物彩	《续资治通鉴长编》卷54，咸平六年三月乙卯，第1186页。	招降
咸平六年	契丹供奉官李信	器币、冠带	《续资治通鉴长编》卷55，咸平六年七月己酉，第12078—12079页。	来降
咸平六年	夏州教练使安晏父子	衣服、缗钱	《续资治通鉴长编》卷55，咸平六年九月壬辰，第1212页。	归附
咸平六年	银州牙校时义等	赐赉有差	《续资治通鉴长编》卷55，咸平六年十月丙戌，第1216页。	挈族归顺
景德元年	拔黄太尉	茶彩，给公田	《宋史》卷491《党项传》，第14146页。	率300余帐内属
景德元年	蕃族万山等	银绢各1万两匹，钱5万缗，茶5千斤	《续资治通鉴长编》卷56，景德元年二月戊午，第1229页。	能率部下归顺者
景德二年	南丹州淮勖	田	《续资治通鉴长编》卷59，景德二年四月辛卯，第1327页。	宜州闲田
景德三年	妙娥、延家、熟嵬等族	袍、带、茶、彩	《续资治通鉴长编》卷63，景德三年五月戊辰，第1404页。	率三千余帐内附
景德年间	夏州刘严	田	《续资治通鉴长编》卷65，景德四年六月庚申，第1465页。	旷土

时间	受赐者	物品	资料来源	备注
大中祥符六年	蒙但	田	《宋会要辑稿·蕃夷》5 之 5,第 7769 页。	挈族来归
大中祥符七年	唃厮啰	田	《宋会要辑稿·蕃夷》6 之 1,第 7819 页。	投奔
大中祥符七年	前望都县尉吴致让、前池州司理参军徐待问	钱 50 贯	《续资治通鉴长编》卷 83,大中祥符七年七月庚寅,第 1888 页。	其后归附者皆授官赐物
天圣七年	契丹李美	田 10 顷	《续资治通鉴长编》卷 107,天圣七年四月丙辰,第 2507 页。	归附
天圣九年	女真晏端等 184 人	田	《续资治通鉴长编》卷 110,天圣九年二月丙午,第 2555 页。	濠州
景祐三年	契丹蒙佐	钱 50 贯	《续资治通鉴长编》卷 119,景祐三年十月丙辰,第 2809 页。	
康定元年	契丹田玮、张珪	衣服、钱绢	《续资治通鉴长编》卷 127,康定元年五月壬戌,第 3010 页。	
庆历元年	契丹赵英	绯衣、银带及钱 50 贯	《续资治通鉴长编》卷 133,庆历元年八月乙未,第 3169 页。	更名至忠
庆历元年	麟府州界熟户马崖等	锦袍、带	《续资治通鉴长编》卷 134,庆历元年十一月辛酉,第 3197 页。	归附
庆历二年	陕西路蕃族	田	《续资治通鉴长编》卷 135,庆历二年正月壬戌,第 3216 页。	京西闲田
庆历二年	埋移香	对衣、金带	《续资治通鉴长编》卷 136,庆历二年五月癸亥,第 3266—3267 页。	赐名白守忠
庆历五年	契丹安忠信、李文吉	银 300、100 两	《续资治通鉴长编》卷 157,庆历五年十月戊辰,第 3804 页。	归附
嘉祐二年	契丹赵二南、马锡	田各 2 顷	《续资治通鉴长编》卷 185,嘉祐二年四月丙寅,第 4474 页。	

时间	受赐者	物品	资料来源	备注
嘉祐二年	契丹郝永言	田 2 顷	《续资治通鉴长编》卷 186，嘉祐二年九月丁亥，第 4491 页。	
嘉祐七年	侬宗旦父子	耕牛、盐、彩	《宋史》卷 495《广源州传》，第 14218 页。	
熙宁元年	归明人子孙叙祖父乞恩泽者	文武升朝官以上给田 3 顷，宽乡 5 顷；以下给田 2 顷，宽乡 3 顷	《宋会要辑稿·兵》17 之 2，第 7038 页。	
熙宁五年	环庆荔原堡、大顺城降羌	每人 50 亩，首领加倍	《续资治通鉴长编》卷 234，熙宁五年六月乙丑，第 5680 页。	职田、逃、绝田、官买地
熙宁六年	黄全谏	银绢、袍带	《续资治通鉴长编》卷 242，熙宁六年二月戊戌，第 5904 页。	
熙宁六年	李崇贵	开封府界房租每日 500 文	《续资治通鉴长编》卷 243，熙宁六年三月戊辰，第 5925 页。	
熙宁六年	南江向永晤	衣带、银币	《续资治通鉴长编》卷 245，熙宁六年六月辛巳，第 5966—5967 页。	
熙宁六年	虞部郎中赵至忠	绢 300	《续资治通鉴长编》卷 247，熙宁六年九月癸卯，第 6009 页。	数言契丹旧事
熙宁八年	赵思忠等	田 50 顷，包氏、俞龙七各 5 顷	《续资治通鉴长编》卷 265，熙宁八年六月丁未，第 6488 页。	熙、河州
熙宁九年	徽州团峒首领龙廷威等	锦袍、银带	《续资治通鉴长编》卷 277，熙宁九年八月己丑，第 6775 页。	归附
熙宁九年	东路都巡检舒光禄等	锡袍、银带，及绢 300 匹	《续资治通鉴长编》卷 278，熙宁九年十月庚戌，第 6807 页。	战功
元丰二年	程诠、程岊、程景	田 2 顷，每月支钱 1 贯、米 1 石 3 年	《续资治通鉴长编》卷 297，元丰二年三月戊寅，第 7219 页。	刺探边情，事发后归附

时间	受赐者	物品	资料来源	备注
元丰二年	交趾刘洪安	田 3 顷	《续资治通鉴长编》卷 300，元丰二年十月己亥，第 7306 页。	
元丰三年	侬智会	全俸	《续资治通鉴长编》卷 302，元丰三年正月癸巳，第 7351 页。	年老有功
元丰五年	归明人	三口以下一顷，每三口加一顷	《宋会要辑稿·兵》17 之 2，第 7038 页。	应给官田者
元丰五年	蕃官高永能	30 顷	《宋史》卷 334《高永能传》，第 10727 页。	赗赠
元丰五年	讹麦等人	迁官、赐袍笏银带有差	《续资治通鉴长编》卷 328，元丰五年七月辛丑，第 7905 页。	归顺后有功
元丰八年	西夏韦州蕃官伯德	银绢各 300 两匹	《续资治通鉴长编》卷 351，元丰八年正月己未，第 8405—8406 页。	率丁 250 人归附
元祐元年	诚州修建罗蒙寨、天村大由堡效用归明班行头首等 804 人	赐帛有差	《续资治通鉴长编》卷 377，元祐元年五月甲子，第 9164 页。	献纳地土，采斫竹木，开通道路
元祐二年	顺清	田	《续资治通鉴长编》卷 402，元祐二年六月壬寅，第 9787 页。	
绍圣四年	公鞠等	田	《续资治通鉴长编》卷 488，绍圣四年五月壬申，第 11587 页。	归附
绍圣四年	西夏穆纳僧格	金带、银器	《续资治通鉴长编》卷 491，绍圣四年九月丙辰，第 11650 页。	归顺
元符元年	西夏没细游成宁	银、绢、钱各 200 两匹贯	《续资治通鉴长编》卷 494，元符元年二月乙未，第 11754 页。	
元符元年	归顺部落子勃哆	绢 50 匹	《续资治通鉴长编》卷 498，元符元年五月乙丑，第 11854 页。	招诱人口

时间	受赐者	物品	资料来源	备注
元符元年	吕永信	牌印、对衣、金带、鞍辔马	《续资治通鉴长编》卷 503，元符元年十月丁亥，第 11978 页。	
元符二年	兰会正钤辖革瓦孃	银、绢、缗钱各 300 两匹贯	《宋史》卷 486《夏国传下》，第 14018 页。	归降
元符二年	西夏钤辖吴名革	银绢各 500 两匹	《续资治通鉴长编》卷 505，元符二年正月甲子，第 12076 页。	归顺
元符二年	西夏首领叶石悖七	银绢各 500 两匹	《续资治通鉴长编》卷 511，元符二年六月甲戌，第 12154—12155 页。	
元符二年	西夏正钤辖格斡宁	银、绢、钱各 300 两匹贯	《续资治通鉴长编》卷 511，元符二年六月己丑，第 12164 页。	归顺
元符二年	青唐王子瞎征	衣带、银绢	《续资治通鉴长编》卷 514，元符二年八月丁酉，第 12231—12232 页。	归附
大观三年	归明北僧	每月钱 3 贯，多者从多给	《宋会要辑稿·兵》17 之 7，第 7041 页。	
宣和年间	郭药师	赐第都城，日赐一樽小槽真珠红	《三朝北盟会编》卷 29，靖康元年正月九日乙亥，第 217 页。	归附
宋徽宗朝	蕃官董彦博	宅第、田 12 顷	《宋史》卷 496《威茂渝州蛮传》，第 14239 页。	
绍兴四年	归正人	上色田 3 顷	《宋会要辑稿·兵》15 之 3，第 7018 页。	官田
绍兴七年	伪齐王宗等	银帛	《建炎以来系年要录》卷 117，绍兴七年十二月壬辰，第 326 册，第 586 页。	率众来归
绍兴十年	契丹千户耶律温	袍笏、金带	《宋会要辑稿·兵》17 之 25，第 7050 页。	
绍兴十年	李显忠	田 43 顷	《建炎以来系年要录》卷 135，绍兴十年五月辛卯，第 326 册，第 812 页。	籍没田
绍兴十年	马秦	袍笏、金带	《宋会要辑稿·兵》15 之 7，第 7020 页。	率众来归

续表

时间	受赐者	物品	资料来源	备注
绍兴十五年	萧琦	宅、田 20 顷	《宋会要辑稿·方域》4 之 25,第 7383 页。	官田
绍兴十五年	李显忠	屋 30 余间	《宋会要辑稿·方域》4 之 25,第 7383 页。	
绍兴三十二年	契丹萧中一	钱 2000 贯	《宋会要辑稿·兵》17 之 27—28,第 7051 页。	赗赠
绍兴三十二年	包氏	绢 100 匹	《宋会要辑稿·礼》62 之 69,第 1729 页。	率众来归
隆兴二年	北界归正蕃军无家累之人	有官充职事人钱 100 贯,散军 30 贯	《宋会要辑稿·兵》15 之 14,第 7023 页。	嫁娶之资
乾道二年	贵州刺史高复	钱 1 千贯	《宋会要辑稿·兵》15 之 16,第 7024 页。	首先归正,甚贫
乾道八年	归正人 217 户	187 顷 3 亩	《宋会要辑稿·兵》15 之 23,第 7028 页。	闲田
淳熙元年	李显忠	银绢各 3 万两匹,绵 1 万两,宅第,岁赐米 2 千石	《宋史》卷 367《李显忠传》,第 11433 页。	
淳熙二年	萧遨古	田 938 亩	《宋会要辑稿·礼》62 之 79,第 1734 页。	常平田
淳熙三年	萧奋里懒	田 10 顷	《宋会要辑稿·礼》62 之 79,第 1734 页。	秀州官田
淳熙四年	归正官子孙	田屋	《宋史》卷 34《孝宗纪二》,第 663 页。	
淳熙六年	襄阳归正人	田	《宋史》卷 35《孝宗纪三》,第 670 页。	
淳熙九年	耶律适哩	平江府宅一区	《宋会要辑稿·礼》62 之 80,第 1734 页。	
宋孝宗朝	萧鹧巴	田	《宋史》卷 385《魏杞传》,第 11833 页。	淮南
嘉定十四年	李全	钱 6 万	《宋史》卷 40《宁宗纪四》,第 776 页。	

说明:南宋初年归明、归正人赐田情况详见附录三。

参 考 文 献

一、著　作

（春秋）管仲撰，黎翔凤校注：《管子校注》，中华书局 2004 年版。

（汉）贾谊撰，阎振益、钟夏校注：《新书校注》，中华书局 2000 年版。

（汉）班固：《汉书》，中华书局 1997 年版。

（唐）房玄龄：《晋书》，中华书局 1997 年版。

（唐）杜佑：《通典》，中华书局 1988 年版。

（唐）魏征：《隋书》，中华书局 1997 年版。

（后晋）刘昫：《旧唐书》，中华书局 1997 年版。

（宋）徐梦莘：《三朝北盟会编》，上海古籍出版社 1987 年版。

（宋）薛居正：《旧五代史》，中华书局 1997 年版。

（宋）李焘：《续资治通鉴长编》，中华书局 2004 年版。

（宋）李心传：《建炎以来系年要录》，上海古籍出版社 1992 年版。

（宋）李心传撰，徐规点校：《建炎以来朝野杂记》，中华书局 1983 年版。

（宋）佚名：《皇宋中兴两朝圣政》，台北文海出版社 1967 年版。

（宋）佚名编，汝企和点校：《续编两朝纲目备要》，中华书局 1995 年版。

（宋）江少虞：《宋朝事实类苑》，上海古籍出版社 1981 年版。

（宋）李攸：《宋朝事实》，中华书局 1985 年版。

（宋）杨仲良撰，李之亮校点：《皇宋通鉴长编纪事本末》，黑龙江人民出版社 2006 年版。

（宋）王应麟：《玉海》，江苏古籍出版社、上海书店 1988 年版。

（宋）欧阳修：《新唐书》，中华书局 1997 年版。

（宋）欧阳修：《新五代史》，中华书局 1997 年版。

（宋）欧阳修撰，李逸安点校：《欧阳修全集》，中华书局 2001 年版。

（宋）章如愚：《群书考索》，广陵书社 2008 年版。

（宋）高承撰，金圆、许沛藻点校：《事物纪原》，中华书局 1989 年版。

（宋）徐自明撰，王瑞来校补：《宋宰辅编年录校补》，中华书局 1986 年版。

（宋）赵汝愚撰，北京大学中国中古史研究中心校点：《宋朝诸臣奏议》，上海古籍出版社 1999 年版。

（宋）苏轼撰，孔凡礼点校：《苏轼文集》，中华书局 1986 年版。

（宋）苏轼撰，王松龄点校：《东坡志林》，中华书局 1981 年版。

（宋）苏辙撰，高秀芳、陈宏天点校：《栾城集》，上海古籍出版社 1987 年版。

（宋）苏洵撰，曾枣庄、金成礼笺注：《嘉祐集笺注》，上海古籍出版社 1993 年版。

（宋）范仲淹撰，李勇先、王蓉贵校点：《范仲淹全集》，四川大学出版社 2002 年版。

（宋）徐兢：《宣和奉使高丽图经》，商务印书馆 1937 年版。

（宋）朱熹撰，朱杰人等编：《朱子全书》，上海古籍出版社、安徽教育出版社 2002 年版。

（宋）刘挚撰，裴汝诚、陈晓平点校：《忠肃集》，中华书局 2002 年版。

（宋）黄震：《黄氏日抄》，文渊阁四库全书影印本。

（宋）张嵲：《紫微集》，文渊阁四库全书影印本。

（宋）李觏撰，王国轩点校：《李觏集》，中华书局 1981 年版。

（宋）叶适撰，刘公纯、李哲夫等点校：《叶适集》，中华书局 1961 年版。

（宋）汪应辰：《文定集》，丛书集成初编本，中华书局 1985 年版。

（宋）夏竦：《文庄集》，四库全书珍本初集本，沈阳出版社 1998 年版。

（宋）王安石：《临川先生文集》，中华书局 1959 年版。

（宋）秦观撰，徐培均笺注：《淮海集笺注》，上海古籍出版社 1994 年版。

（宋）张方平撰，郑涵点校：《张方平集》，中州古籍出版社 1992 年版。

（宋）包拯撰，杨国宜校注：《包拯集校注》，黄山书社 1999 年版。

（宋）曾巩撰，陈杏珍、晁继周点校：《曾巩集》，中华书局 1984 年版。

（宋）苏颂撰，王同策、管成学等点校：《苏魏公文集》，中华书局 1988 年版。

（宋）胡宏撰，吴仁华点校：《胡宏集》，中华书局 1987 年版。

（宋）杜大珪撰，（清）洪业等编纂：《琬琰集删存》，上海古籍出版社 1990 年版。

（宋）楼钥：《攻媿集》，丛书集成初编本，中华书局 1985 年版。

（宋）倪朴：《倪石陵书》，宋集珍本丛刊本，线装书局 2004 年版。

（宋）袁采撰，贺恒祯、杨柳注释：《袁氏世范》，天津古籍出版社 1995 年版。

（宋）王明清：《挥麈录》，中华书局 1964 年版。

（宋）张邦基撰，孔凡礼点校：《墨庄漫录》，中华书局 2002 年版。

（宋）王楙撰，郑明、王义耀校点：《野客丛书》，上海古籍出版社 1991 年版。

（宋）方勺撰，许沛藻、杨立扬点校：《泊宅编》，中华书局 1983 年版。

（宋）王栐撰，诚刚点校：《燕翼诒谋录》，中华书局 1981 年版。

（宋）蔡絛撰，冯惠民、沈锡麟点校：《铁围山丛谈》，中华书局 1994 年版。

（宋）周密撰，张茂鹏点校：《齐东野语》，中华书局 1983 年版。

（宋）周密撰，吴企明点校：《癸辛杂识》，中华书局 1988 年版。

（宋）周密：《武林旧事》，西湖书社 1981 年版。

（宋）周辉，刘永翔校注：《清波杂志校注》，中华书局 1994 年版。

（宋）杨亿：《杨文公谈苑》，上海古籍出版社 1993 年版。

（宋）司马光撰，李文泽、霞绍晖点校：《司马光集》，四川大学出版社 2010 年版。

（宋）司马光撰，邓广铭、张希清点校：《涑水记闻》，中华书局 1989 年版。

（宋）袁褧:《枫窗小牍》,丛书集成初编本,中华书局1985年版。

（宋）朱弁撰,孔凡礼点校:《曲洧旧闻》,中华书局2002年版。

（宋）王辟之撰,吕友仁点校:《渑水燕谈录》,中华书局1981年版。

（宋）庄绰撰,萧鲁阳点校:《鸡肋编》,中华书局1983年版。

（宋）叶梦得撰,宇文绍奕考异,侯忠义点校:《石林燕语》,中华书局1984年版。

（宋）赵与时撰,齐治平校点:《宾退录》,上海古籍出版社1983年版。

（宋）陆游撰,李剑雄、刘德权点校:《老学庵笔记》,中华书局1979年版。

（宋）魏泰撰,李裕民点校:《东轩笔录》,中华书局1983年版。

（宋）陈鹄撰,孔凡礼点校:《西塘集耆旧续闻》,中华书局2002年版。

（宋）邵博撰,李剑雄、刘德权点校:《邵氏闻见后录》,中华书局1983年版。

（宋）曾敏行撰,朱杰人点校:《独醒杂志》,上海古籍出版社1986年版。

（宋）程俱撰,张富祥校证:《麟台故事校证》,中华书局2000年版。

（宋）岳珂:《愧郯录》,丛书集成初编本,商务印书馆1939年版。

（宋）岳珂撰,吴企明点校:《桯史》,中华书局1981年版。

（宋）朱彧撰,李伟国点校:《萍洲可谈》,中华书局2007年版。

（宋）曾布:《曾公遗录》,大象出版社2008年版。

（宋）罗大经撰,王瑞来点校:《鹤林玉露》,中华书局1983年版。

（宋）叶绍翁撰,沈锡麟、冯惠民点校:《四朝闻见录》,中华书局1989年版。

（宋）吴曾:《能改斋漫录》,上海古籍出版社1960年版。

（宋）赵彦卫撰,傅根清点校:《云麓漫钞》,中华书局1996年版。

（宋）费衮撰,金圆校点:《梁溪漫志》,上海世纪出版股份有限公司、上海古籍出版社2012年版。

（宋）赵令畤撰,孔凡礼点校:《侯鲭录》,中华书局2002年版。

（宋）袁说友:《东塘集》,文渊阁四库全书影印本。

（宋）王得臣撰,俞宗宪点校:《麈史》,上海古籍出版社1986年版。

（宋）吴自牧:《梦梁录》,浙江人民出版社1984年版。

（宋）西湖老人:《西湖老人繁胜录》,中国商业出版社1982年版。

（宋）彭乘撰,孔凡礼点校:《续墨客挥犀》,中华书局2002年版。

（宋）孟元老撰,邓之诚注:《东京梦华录注》,中华书局1982年版。

（宋）陈元靓:《岁时广记》,丛书集成初编本,商务印书馆1936年版。

（宋）佚名撰,天一阁博物馆等校证:《天一阁藏明钞本天圣令校证》,中华书局2006年版。

（宋）佚名撰,司义祖整理:《宋大诏令集》,中华书局1962年版。

（宋）谢深甫撰,戴建国点校:《庆元条法事类》,黑龙江人民出版社2002年版。

（宋）曾公亮、丁度:《武经总要》,解放军出版社、辽沈书社1988年版。

（宋）罗濬等:《宝庆四明志》,宋元方志丛刊本,中华书局1990年版。

（宋）范成大撰,陆振岳校点:《吴郡志》,江苏古籍出版社1999年版。

（元）马端临撰：《文献通考》，中华书局 2011 年版。

（元）潜说友：《咸淳临安志》，宋元方志丛刊本，中华书局 1990 年版。

（元）脱脱等：《宋史》，中华书局 1997 年版。

（明）宋濂：《元史》，中华书局 1997 年版。

（明）黄淮、杨士奇：《历代名臣奏议》，上海古籍出版社 1989 年版。

（明）丘濬：《大学衍义补》，文渊阁四库全书影印本。

（清）徐松辑：《宋会要辑稿》，中华书局 1957 年版。

（清）赵翼撰，王树民校证：《廿二史札记校证》，中华书局 1989 年版。

戴锡章撰，罗矛昆校点：《西夏纪》，宁夏人民出版社 1988 年版。

高亨注译：《商君书注译》，中华书局 1974 年版。

梁天锡：《宋枢密院制度》，黎明文化事业股份公司 1981 年版。

傅筑夫：《中国封建社会经济史》，人民出版社 1981 年版。

王曾瑜：《宋朝兵制初探》，中华书局 1983 年版。

黄宽重：《南宋时代抗金的义军》，联经出版事业公司 1988 年版。

杨建新：《中国西北少数民族史》，宁夏人民出版社 1988 年版。

周宝珠：《宋代东京研究》，河南大学出版社 1992 年版。

姚瀛艇：《宋代文化史》，河南大学出版社 1992 年版。

王云海：《宋代司法制度》，河南大学出版社 1992 年版。

邓小南：《宋代文官选任制度诸层面》，河北教育出版社 1993 年版。

周寄中、吴佐明：《科技奖励学——科技奖励系统的机制和功能》，浙江科学技术出版社 1993 年版。

汪圣铎：《两宋财政史》，中华书局 1995 年版。

李金明、廖大珂：《中国古代海外贸易史》，广西人民出版社 1995 年版。

程民生：《宋代地域经济》，河南大学出版社 1996 年版。

苗书梅：《宋代官员选任和管理制度》，河南大学出版社 1996 年版。

龚延明：《宋代官制辞典》，中华书局 1997 年版。

诸葛忆兵：《宋代宰辅制度研究》，中国社会科学出版社 2000 年版。

包伟民：《宋代地方财政史研究》，上海古籍出版社 2001 年版。

游彪：《宋代荫补制度研究》，中国社会科学出版社 2001 年版。

张文：《宋朝社会救济研究》，西南师范大学出版社 2001 年版。

潘吉星：《中国古代四大发明：源流、外传及世界影响》，中国科学技术大学出版社 2002 年版。

游彪：《宋代寺院经济史稿》，河北大学出版社 2003 年版。

汪圣铎：《两宋货币史》，社会科学文献出版社 2003 年版。

杨天宇撰：《周礼译注》，上海古籍出版社 2004 年版。

郭文佳：《宋代社会保障研究》，新华出版社 2005 年版。

邓小南：《祖宗之法：北宋前期政治述略》，生活·读书·新知三联书店 2006 年版。

淮建利:《宋朝厢军研究》,中州古籍出版社 2007 年版。

叶烨:《北宋文人的经济生活》,百花洲文艺出版社 2008 年版。

程民生:《宋代物价研究》,人民出版社 2008 年版。

漆侠:《宋代经济史》,中华书局 2009 年版。

张显运:《宋代畜牧业研究》,中国文史出版社 2009 年版。

汪圣铎:《宋代政教关系研究》,人民出版社 2010 年版。

贾玉英:《唐宋时期中央政治制度变迁史》,人民出版社 2012 年版。

[英]李约瑟:《中国科学技术史》,袁翰青等译,上海古籍出版社、科学出版社 1990 年版。

[美]斯蒂芬·P.罗宾斯:《组织行为学》,孙健敏等译,中国人民大学出版社 1997 年版。

[日]加藤繁:《唐宋时代金银之研究——以金银之货币机能为中心》,中华书局 2006 年版。

二、论　文

贾大泉:《宋代四川同吐蕃等族的茶马贸易》,《西藏研究》1982 年第 1 期。

李埏:《从钱帛兼行到钱楮并用》,载邓广铭等主编:《宋史研究论文集》,上海古籍出版社 1982 年版。

史旺成:《宋代经济财政中的"度牒"》,《首都师范大学学报》1984 年第 2 期。

黄宽重:《略论南宋时代的归正人》,载《南宋史研究集》,新文丰出版公司 1985 年版。

程民生:《论北宋骄兵的特点及影响》,《史学月刊》1987 年第 3 期。

包伟民:《宋代的朝廷钱物及其贮存的诸库务》,《杭州大学学报》1989 年第 4 期。

李华瑞:《试论宋代榷酒制度中的买扑形式》,《西北师大学报》1991 年第 1 期。

英岩:《宋代宫廷的供给制度》,《河北学刊》1991 年第 5 期。

龚延明:《宋代官吏的管理制度》,《历史研究》1991 年第 6 期。

余贵林、张邦炜:《宋代伎术官研究》,《台湾大陆杂志》第 83 卷第 1、2 期,1991 年 7、8 月。

顾吉辰:《北宋军赏制度考述》,《史林》1992 年第 3 期。

张凤仙:《试析宋代的"狱空"》,《河北大学学报》1993 年第 3 期。

邵红霞:《宋代官僚的俸禄与国家财政》,《江海学刊》1993 年第 6 期。

何忠礼:《宋代官吏的俸禄》,《历史研究》1994 年第 3 期。

汝企和:《宋初官方搜求书籍述论》,《阴山学刊》1994 年第 3 期。

徐黎丽:《略论两宋的赐田》,《北方工业大学学报》1994 年第 4 期。

杨果:《宋代后妃参政述评》,《江汉论坛》1994 年第 4 期。

王育济:《论"杯酒释兵权"》,《中国史研究》1996 年第 3 期。

陈广胜:《论宋代对图书文献的收集整理》,《河南大学学报》1996 年第 3 期。

苗书梅：《宋代军资库初探》，《河南大学学报》1996 年第 6 期。

李婷：《略论宋代馆阁藏书的基本来源》，《江苏图书馆学报》1997 年第 2 期。

周宝珠：《北宋西夏间贡赐交往中的开封与兴庆（银川）》，《史学月刊》2000 年第 1 期。

史江：《宋代传统宗教会社综述》，《宗教学研究》2003 年第 1 期。

邓小南：《走向"活"的制度史——以宋代官僚政治制度史研究为例的点滴思考》，《浙江学刊》2003 年第 3 期。

张邦炜：《宋代妇女再嫁问题探讨》，载《宋代婚姻家族史论》，人民出版社 2003 年版。

汪圣铎：《试论宋代绢帛的货币功能》，《中国经济史研究》2004 年第 3 期。

戴建国：《"主仆名分"与宋代奴婢的法律地位——唐宋变革时期阶级结构研究之一》，《历史研究》2004 年第 4 期。

张邦炜：《宋代官吏经济违法问题考察》，载《宋代政治文化史论》，人民出版社 2005 年版。

李安山：《论古代战争对政治权力的影响——以战利品赏赐与人力资源为例》，《世界历史》2006 年第 2 期。

杨建宏：《论宋代的民间旌表与国家权力的基层运作》，《中州学刊》2006 年第 3 期。

李华瑞、郭志安：《北宋黄河河防中的官员奖惩机制》，《河北大学学报》2007 年第 1 期。

何玉红：《"便宜行事"与中央集权——以南宋川陕宣抚处置司的运行为中心》，《四川大学学报》2007 年第 4 期。

苗书梅：《朝见与朝辞：宋朝知州与皇帝直接交流的方式初探》，《首都师范大学学报》2007 年第 5 期。

祁琛云：《宋代图书的征集途经述略》，《图书馆理论与研究》2007 年第 6 期。

程民生：《宋人生活水平及币值考察》，《史学月刊》2008 年第 3 期。

赵冬梅：《试论通进视角中的唐宋阁门司》，《历史研究》2008 年第 3 期。

王晓燕：《宋代官营茶马贸易兴起的原因分析》，《中国藏学》2008 年第 3 期。

汪圣铎、王德领：《宋代寺院宫观中的御书阁、本命殿》，《河北科技大学学报》2008 年第 4 期。

郭东旭、刘志刚：《宋代经济领域中的告赏立法》，《河北法学》2008 年第 10 期。

郭东旭：《立赏告奸：宋代一个广泛的法域》，载姜锡东等主编：《宋史研究论丛》第九辑，河北大学出版社 2008 年版。

马冬：《两汉迄隋中原王朝对"四夷"的服饰赏赐》，载周伟洲主编：《西北民族论丛》第六辑，中国社会科学出版社 2008 年版。

汪圣铎、郑丽萍：《北宋中期宣抚使角色的转型》，《河北学刊》2009 年第 1 期。

马玉臣：《论宋神宗时期宗教改革政策及其影响》，《宗教学研究》2009 年第 3 期。

程民生：《宋代军队数量考》，《社会科学战线》2009 年第 5 期。

杨永兵:《宋代政府对买扑课额的征收、蠲免和使用》,《思想战线》2009 年第 5 期。

张易:《论宋太宗对中国古代图书事业的贡献》,《图书馆工作与研究》2009 年第 7 期。

陈峰:《试论宋朝"崇文抑武"治国思想与方略的形成》,载《宋代军政研究》,中国社会科学出版社 2010 年版。

冯尕才、荣欣:《宋代男子簪花习俗及其社会内涵探析》,《民俗研究》2011 年第 3 期。

黄纯艳:《宋代朝贡贸易中的回赐问题》,《厦门大学学报》2011 年第 4 期。

杨高凡:《宋代祭天礼中三岁一亲郊制探析》,《求是学刊》2011 年第 6 期。

范学辉:《南宋三衙马政问题试探》,《中国史研究》2012 年第 1 期。

秦克宏:《走马承受公事与宋代信息通进研究》,《求是学刊》2012 年第 3 期。

林剑华:《宋代东南地区民间宗教与官方政策》,《福建文博》2012 年第 3 期。

李华瑞:《酒与宋代社会》,载孙家洲等主编:《酒史与酒文化研究》第一辑,社会科学文献出版社 2012 年版。

肖红兵:《宋代御赐神道碑额考述——以文献所见六十余人碑额为中心》,《中原文化研究》2013 年第 5 期。

朱溢:《北宋外交机构的形成与演变——以官僚体制和周边局势的变动为线索》,《史学月刊》2013 年第 12 期。

吴红兵:《略论南宋赏功房的设置》,《开封大学学报》2014 年第 2 期。

彭波、陈争平、熊金武:《论宋代香料的货币性质》,《中国社会经济史研究》2014 年第 2 期。

方宝璋:《略论宋代政府经济管理从统治到治理的转变——基于市场性政策工具的视角》,《中国经济史研究》2014 年第 3 期。

张春梅:《宋代军赏内容考述》,《天中学刊》2014 年第 5 期。

王艳:《宋朝身后抚恤制度的发展与完善——宋朝官赙特征探析》,《信阳师范学院学报》2015 年第 1 期。

王曾瑜:《宋帝御集和御笔述论》,《兰州学刊》2015 年第 3 期。

方宝璋:《略论宋代提点刑狱司的财经职能》,《中国经济史研究》2015 年第 5 期。

杨倩丽、郭齐:《论宋代御宴簪花及其礼仪价值》,《江西社会科学》2015 年第 12 期。

董春林:《财权转移:宋代内藏与左藏"博弈"的依归》,《中南大学学报》2015 年第 5 期。

董春林:《宋代中央财权的分割及其变迁——以内藏财政为中心的考察》,《求索》2015 年第 8 期。

董春林:《角色转变与职能沿传:南宋内藏库的财政实态——以〈建炎以来朝野杂记〉相关记载为中心》,《北京社会科学》2016 年第 2 期。

张志云、汤勤福:《北宋太常礼院及礼仪院探究》,《求是学刊》2016 年第 3 期。

杨富学、彭晓静:《宋代民变与摩尼教的蟠结和原委》,《石河子大学学报》2016 年第

3 期。

李华瑞:《南宋的酒库与军费》,《人文杂志》2016 年第 3 期。

宋小希:《御书赏赐的文治气象——宋太宗与唐宋御书政治文化的传承和转型》,《北京社会科学》2016 年第 12 期。

黄纯艳:《朝贡体系与宋朝国家安全》,《暨南学报》2018 年第 2 期。

丁义珏:《宋代御药院机构与职能考论》,《中华文史论丛》2018 年第 2 期。

[韩]曹福铉:《宋代对官员的郊祀赏赐》,载姜锡东主编:《宋史研究论丛》第六辑,河北大学出版社 2005 年版。

彭康华:《唐代物质赏赐研究》,西南师范大学硕士学位论文,2004 年。

马永娟:《宋代举告制度研究》,河北大学硕士学位论文,2005 年。

王雪莉:《宋代服饰制度研究》,浙江大学博士学位论文,2006 年。

王青松:《南宋军事领导体制研究》,陕西师范大学博士学位论文,2007 年。

姚昆仑:《中国科学技术奖励制度研究》,中国科学技术大学博士学位论文,2007 年。

王化雨:《宋朝君主的信息渠道研究》,北京大学博士学位论文,2008 年。

刘晓多:《宋代"右文"政策与图书业的发展》,山东大学硕士学位论文,2008 年。

尚平:《南宋马政研究》,首都师范大学博士学位论文,2009 年。

钱俊岭:《宋代军队赏罚制度研究》,河北大学博士学位论文,2011 年。

杨高凡:《宋代明堂礼制研究》,河南大学博士学位论文,2011 年。

杨永兵:《宋代买扑制度研究》,云南大学博士学位论文,2010 年。

丁营营:《北宋马政研究》,山东大学硕士学位论文,2014 年。

李晓霞:《宋代官方宴饮制度研究》,河南大学硕士学位论文,2015 年。

黄修珠:《以书致治与祖宗之法——宋太宗的文治与书法》,南京艺术学院博士学位论文,2016 年。

后　记

在恩师的再三敦促及亲朋挚友的鼓励下，拙作即将付梓，激动之余，心情不免忐忑。书稿是在本人博士学位论文的基础上修订完善的，身为仍在求学之路上的行路人，我自知先天不足，又后天失调，书中必然有太多的不足和缺憾。

2010年夏末，我有幸投至恩师程民生先生门下，成为程门弟子。太长一段时间里，我始终徘徊在学术殿堂的大门之外，迷失了心性和方向，这使得本就不够聪慧的我更加愚钝。在恩师的一再鼓励和严格要求下，我重新踏入学术殿堂，并欣赏和体验到人生另一种风景和快乐。恩师认真批改每篇作业，严谨态度令人讶然，小到标点符号，大至论文结构，修改的笔墨处处可见。恩师从不言倦，并言传身教，告诫弟子应有的学术规范和态度，令人肃然起敬。博士学位论文之所以能较为顺利地完成，与恩师的悉心指导是分不开的，从选题立意、篇章结构到遣词造句无不凝聚着恩师的智慧和心血。

在漫长的书稿修订期间，三年苦窗时常浮现在我的眼前，忘不了和同门拜见导师时的局促心情，忘不了已在天堂的马玉臣师兄深切的关照，忘不了选题期间的急切和忙乱，忘不了研究生楼那间逼仄暗淡的居室，忘不了窗外那一抹浓浓的绿意……三年的读书生涯还适时改变了我的生活状态和态度。虽受生活之累，我仍因缘际会在不惑之年重叩学术大门，身上背负着太多的包袱和压力。我的先生无悔地把青葱岁月献给了祖国的国防事业，工作强度和压力之大非常人能够想象，但他未曾有过怨言，陪伴我度过难熬的时光，支持和鼓励我完成人生梦想；亲爱的小孩已然长大，她的懂事与贴心是我前行的巨大动力。同样要感谢林晓欲、马宝红等诸位好友，在我选题、写作遇至瓶颈时，用轻松的方式平息我烦躁不安的情绪，使我得以继续前行。

该书在写作过程中还得到了河南大学苗书梅、李振宏、贾玉英、龚留柱、李玉洁、程遂营等先生，以及中国社会科学院王曾瑜、首都师范大学李华瑞、华中师范大学赵国华、上海师范大学虞云国、郑州大学张民服等先生的关怀和支持，师兄张祥云、张显运，同门学友韩香花、鲍君惠、王德利以及河南大学诸位同学的热心帮助。谨此表示诚挚的谢意！

　　本书的出版得到了国家社科基金后期资助项目的帮助,本书的面世还要归功于洛阳师范学院院长潘留占教授、科研处处长张瑞玲教授及王磊老师的鼓励与支持,历史文化学院吴浩书记、院长郭炳洁教授、河洛文化研究中心主任毛阳光教授也倾注了心血,同时感谢人民出版社编审王世勇、编辑郭娜的辛勤劳动,隆情厚谊,断然不敢相忘!

王　艳

壬寅夏日于洛阳

责任编辑:郭 娜
封面设计:毛 淳 徐 晖

图书在版编目(CIP)数据

宋朝物质赏赐研究/王艳 著. —北京:人民出版社,2023.6
(国家社科基金后期资助项目)
ISBN 978 - 7 - 01 - 025269 - 8

I.①宋… II.①王… III.①奖励制度-研究-中国-宋代 IV.①D691.21

中国版本图书馆 CIP 数据核字(2022)第 216387 号

宋朝物质赏赐研究

SONGCHAO WUZHI SHANGCI YANJIU

王 艳 著

人 民 出 版 社 出版发行
(100706 北京市东城区隆福寺街 99 号)

中煤(北京)印务有限公司印刷 新华书店经销

2023 年 6 月第 1 版 2023 年 6 月北京第 1 次印刷
开本:710 毫米×1000 毫米 1/16 印张:24.75
字数:446 千字

ISBN 978 - 7 - 01 - 025269 - 8 定价:118.00 元

邮购地址 100706 北京市东城区隆福寺街 99 号
人民东方图书销售中心 电话 (010)65250042 65289539